〈자기비움의 길〉
2부 죄인의 길
〈신약성경과 교회사 다시보기〉

자기비움의 길
제2부 죄인의 길

초판인쇄 | 2008년 1월 10일
초판발행 | 2008년 1월 15일

펴낸곳 | 케노시스 영성원
경기도 군포시 둔대동 434
031-437-0592
Homepage www.kenosis.or.kr
Email kenosis@hanmail.net

등록번호 403-2004-3 (2004년 9월 22일)

ISBN 978-89-955785-3-7 93230
printed in korea

※이 책은 케노시스 영성원의 허락없이는 어떠한 형태나 수단으로 이용하지 못합니다.
※잘못된 책은 바꾸어드립니다.

정가 17,000원

자기비움의 길

2부
죄인의 길

신약성경과 교회사 다시보기

길 동 무

케노시스 영성원
Kenosis Spiritual House

《《《 저자 소개
    감리교 신학대학교 신학과 졸업
    감리교 신학대학교 대학원 졸업
    감리교 목사
    케노시스 영성원 길동무
    (www.kenosis.or.kr)

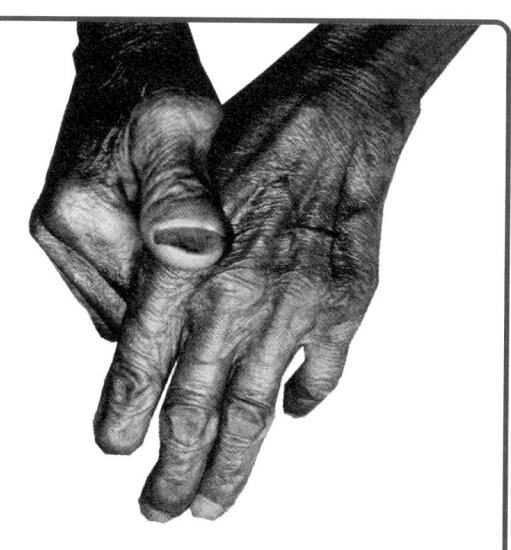

손이 이렇게 되도록
일만 하셨던
일 밖에 모르셨던
어머님께 이 책을 드립니다.

| 추천의 글 |

하비루의 길을 쓴 저자로부터 추천서를 써달라는 부탁을 받고 여러 번 거절을 하였습니다. 그 이유는 너무나 귀한 책의 서문을 쓸만한 자격이 없기 때문입니다. 그러나 결국 이렇게 쓸 수밖에 없는 것은 신학교에서 함께 공부를 했고, 저자의 삶 속에서 일어난 영성의 여정을 가장 가까이에서 지켜본 증인이요 친구이기 때문입니다.

저자는 오염되고 타락하여 하나님의 뜻과는 거리가 먼 방향으로 달려가고 있는 이 시대와 교회를 치유하고 살리기 위해서 하나님께서 관심을 가지시고 찾으시던 사람입니다. 그는 신학교를 졸업하고 목회 현장에서 중병을 앓고 있는 환자와 같은 한국교회 그리고 목표와 방향을 잃어버리고 제동장치도 없이 질주하는 기차와 같은 한국교회를 바라보면서 누구보다도 마음 아파하며 심한 몸살을 앓았습니다. 교회는 영적 감각을 잃어버리고 죽어 가는데 아무 대책이 없는 현실을 바라보면서 통곡하였습니다.

또한 이러한 현실을 학문적인 방법으로 해결해 보기 위해 노력하다가 절망을 경험하기도 하였습니다. 그러나 포기할 수 없어서 한없이 탄식하며 기도하다가 하나님 면전에 서는 사건을 경험하였습니다. 그리고 그 경험을 확장시키며 영성의 눈으로 성서와 그 역사를 재해석하였습니다. 그것이 제1부 「하비루의 길」이고, 제2부 「죄인의 길」입니다. 그리고 제3부는 「비움의 길」로서 하나님께 가는 길을 구체적으로 안내해 주고 있습니다.

저자는 한국교회를 살리기 위해 하나님께서 준비해 놓으신 사람입니다. 화전민의 아들로 태어나 어려서부터 하비루의 삶을 경험하였고, 남다른 고난을 체험하였습니다. 독학으로 고등학교와 대학 과정을 공부하였습니다.

신학교에 들어와서는 교회사를 전공하였고, 졸업할 때는 전국 신학대학 최우수 논문상을 받기도 하였습니다. 목회 현장에서도 학문적인 노력을 게을리 하지 않았습니다. 이러한 준비가 있었기에 성서를 정확하게 해석하고, 지나간 역사를 통하여 오늘의 오류를 정확하게 지적하면서 내일의 나아갈 길을 제시하는 이러한 방대한 작업을 해 낼 수가 있었습니다.

하나님에 관하여 말하는 사람들은 많지만 하나님을 말하는 사람은 적고, 영성에 관하여 말하는 사람은 많지만 영성을 말하는 사람을 찾기가 어려운 시대에, 저자는 하나님과 영성을 자기 체험과 성서적인 근거를 가지고 말하고 있습니다. 이 책은 연구실에서가 아니라 목회현장에서 영적 체험을 바탕으로 해서 만들어졌습니다. 이러한 것들이 이 책이 가지고 있는 가장 큰 강점이라고 생각합니다.

이 책을 읽으면 지도자들의 책임이 얼마나 큰지 두렵고 떨리는 마음이 생깁니다. 성직자의 책임은 그 시대에 대한 역사적인 책임이며, 하나님께서는 지도자들의 타락을 용납하시지 않기 때문입니다.

하나님을 향한 영적 순례의 길에서 진정한 안내자가 필요한 이 시대에 저자를 통하여 영성의 길을 안내 받도록 하신 하나님께 감사와 영광을 돌립니다. 그리고 이 책이 한국교회를 개혁하는 일에 하나님의 도구로 귀하게 쓰임받기를 소망합니다.

2004년 10월
저자의 벗

CONTENTS

머리글 | 6

PART 5

다섯 번째 전환기: A.D 1년 ~ 500년
〈 때가 찼고 〉

〈물음 1〉'때가 찼고', 무엇을 말하는가? · · · · · · · · · 25

〈물음 2〉왜 '그 때' 였을까? · · · · · · · · · · · · · 27
   1. 새계약의 대상
   2. 대비(對比)의 대상
   3. 빈 집

〈물음 3〉종말, 언제 오나? · · · · · · · · · · · · · 41

〈물음 4〉하나님, 왜 사람이 되시었나? · · · · · · · · · 47

〈물음 5〉왜 마구간, 말구유인가? · · · · · · · · · · 49

〈물음 6〉왜 예수님께서 세례를 받으셨나? · · · · · · · 52
   1. 새로운 속죄제도
   2. 새로운 속죄제물
   3. 참인간의 길

〈물음 7〉마귀의 시험, 무엇을 말하는가? · · · · · · · 56

〈물음 8〉왜 갈릴리로 가셨는가? · · · · · · · · · · · 58
   1. 구원의 대상
   2. 계약의 대상
   3. 죄인의 하나님
   4. 죄인을 통해서 일하시는 하나님
   5. 12제자들 - 죄인들

〈물음 9〉예수님께서 오신 목적은 무엇인가? · · · · · · 63
   1. 가난한 자들에게 복음을 전하셔서
   2. 자유케 하고
   3. '주님의 은혜의 해'를 전파하게 하려 하심이라

〈물음 10〉예수님의 사역, 무엇을 말하는가?(1) · · · · · · · · · ·　71
　　　　1. 죄인의 메시아
　　　　2. 죄인 구원
　　　　3. 요나의 표적

〈물음 11〉예수님의 사역, 무엇을 말하는가?(2) · · · · · · · · · ·　101
　　　　1. 옛계약의 완성 – 새계약의 체결
　　　　2. 새계약, 언제 어디서 어떻게 체결되었나?
　　　　3. 죽으심과 성령 강림은 무엇인가?
　　　　4. 새계약, 무엇을 말하는가?

〈물음 12〉예수님의 사역, 무엇을 말하는가?(3) · · · · · · · · ·　107
　　　　1. 율법과 선지자의 완성
　　　　2. 새로운 구원 기준
　　　　3. 왜 완전인가?
　　　　4. 어떻게
　　　　5. 이렇게
　　　　6. 되게 하리라

〈물음 13〉행위인가? 믿음인가? · · · · · · · · · · · · · · ·　122
　　　　1. 시내산 율법과 유대교 율법
　　　　2. 유대인 중의 유대인
　　　　3. 십자가
　　　　4. 성령님의 법
　　　　5. 행위 = 믿음

〈물음 14〉왜 바울인가? · · · · · · · · · · · · · · · · · · ·　129

〈물음 15〉부활하신 주님, 40일 동안 무엇을 하셨나? · · · · · ·　133

〈물음 16〉왜 예루살렘인가? · · · · · · · · · · · · · · · · ·　135
　　　　1. 정공법
　　　　2. 메시아 취임사 실천의 장
　　　　3. 가나안

〈물음 17〉 **어떻게 예루살렘에서?** · · · · · · · · · · · · · 139
    1. 하나님의 방법으로
    2. 무너지는 예루살렘
    3. 주님의 은혜의 해
    4. 악역

〈물음 18〉 **파송식, 어떻게 진행되었나?** · · · · · · · · · · · · 152

〈물음 19〉 **지중해 선교의 주역은 누구였나?** · · · · · · · · 153
    1. 고넬료
    2. 바나바
    3. 바울
    4. 회당과 하나님을 경외하는 자들
    5. 예루살렘 회의

〈물음 20〉 **일어나 잡아먹어라.** · · · · · · · · · · · · · · · · 162

〈물음 21〉 **어떻게 로마제국을?** · · · · · · · · · · · · · · · 164
    1. 보여주는 선교
    2. 희년정신 실천
    3. 죽음을 초월하는 신앙
    4. 하나님의 방법

〈물음 22〉 **왜 박해를 받았나?** · · · · · · · · · · · · · · · · 183
    1. 유대교인들의 질투
    2. 정치적인 이유
    3. 구별된 행동
    4. 선교지상주의
    5. 헛된 소문들

〈물음 23〉 **박해, 무엇을 말하나?** · · · · · · · · · · · · · · 191
    1. 금지
    2. 기회
    3. 훈련과 교육

〈물음 24〉 준비된 사람, 누구였나? · · · · · · · · · · 196

〈물음 25〉 밀란칙령, 무엇을 말하나? · · · · · · · · · 200
    1. 불가능에 도전하라
    2. 보여주어라
    3. 오직 성령
    4. 밀란칙령이 있기까지

〈물음 26〉 로마제국의 국교, 무엇을 의미하나? · · · · · · · · · · 207
    1. 해석의 관점
    2. 새 가나안
    3. 새 가나안 입주
    4. 지중해를 주리라

〈물음 27〉 새 가나안, 어떤 땅인가? · · · · · · · · · 213
    1. 로마문화(Latinism)
    2. 헬라문화(Hellenism)
    3. 히브리문화(Hebraism)

〈물음 28〉 교회가 가야할 큰 방향은? · · · · · · · · · 221
    1. 하나님나라의 모형
    2. 거룩한 체제

〈물음 29〉 새 가나안 입주 후 당면한 과제는? · · · · · · · · · · 224
    1. 정경화(正經化)
    2. 신학화(神學化)
    3. 제도화(制度化)

〈물음 30〉 세속화, 어떻게 대처했나? · · · · · · · · · 232
    1. 몬타누스 운동
    2. 수도원 운동

〈물음 31〉 기독교 영역, 어떻게 넓혀졌나? · · · · · · · · · · 236
    1. 가서 전하는 선교
    2. 로마제국의 후광

        3. 와서 보고 믿게 하는 선교
        4. 도미노

〈물음 32〉 와서 믿게 하는 선교, 어떻게 진행되었나? · · · · · · · 242
        1. 국력 약화
        2. 서로마 멸망
        3. 교회의 부상(浮上)
        4. 와서 보고 믿은 선교

〈물음 33〉 로마제국, 기독교 때문에 망했는가? · · · · · · · · · 249
        1. 이 물음의 의미
        2. 「하나님의 도성」, 어떤 역할을 했나?

〈물음 34〉 어거스틴, 그는 누구인가? · · · · · · · · · · · · 258

〈물음 35〉 성직(聖職), 어떤 자리인가? · · · · · · · · · · · 260

〈물음 36〉 어떤 대답을 해야 했나? · · · · · · · · · · · · · 264
        1. 일원론적인 역사관
        2. 로마의 박해 = 로마로 가는 길
        3. 야만족의 침입 = 유럽대륙으로 가는 길
        4. 말씀 준수 = 땅을 맡기리라
        5. 주는 것 = 받는 것
        6. 시련 = 선교사역
        7. 거룩한 청사진

〈물음 37〉 어떻게 대답을 찾아야 하나? · · · · · · · · · · · 277
        1. 하나님 체험
        2. 하나님의 심정
        3. 사고(思考)의 대전환
        4. 단순한 이해
        5. 상식(常識)의 재발견
        6. 성경과 삶(역사)의 만남
        7. 물음

PART 6

여섯 번째 전환기: A.D. 500년~1000년
〈 어두운 시기 1 〉

〈물음 38〉 **중세 전기, 어디로 갔나?** · · · · · · · · · · · · · 289
    1. 영역의 확대
    2. 잃어버린 기회
    3. 기독교 왕국
    4. 수도원 시대
    5. 부메랑

〈물음 39〉 **수도원 운동, 무엇이 문제인가?** · · · · · · · · · · · 296
    1. 함정
    2. 신기루
    3. 이원론적인 사고
    4. 예언자 음성을 차단
    5. 공론화(公論化) 결여
    6. 목자없는 양들

〈물음 40〉 **수도원 운동, 어디로 가야했나?** · · · · · · · · · · · 305
    1. 성경의 영성 운동
    2. 성경의 전통
    3. 헤브라이즘의 사고
    4. 영성의 모델들

PART 7

일곱 번째 전환기: A.D. 1000년~1500년
〈 어두운 시기 2 〉

〈물음 41〉중세 후기, 어떤 모습이었나? · · · · · · · · · · · · 315
    1. 캄캄한 밤
    2. 봉건제도
    3. 십자군 전쟁
    4. 십자군 전쟁의 여진

〈물음 42〉학문의 여왕, 무엇을 의미하나? · · · · · · · · · · · 341

〈물음 43〉중세 예술, 무엇을 말하는가? · · · · · · · · · · · · 346
    1. 교회가 예술에 관심을 가진 이유
    2. 교회당 건축
    3. 성당을 장식한 예술품들
    4. 문학, 음악, 발레

〈물음 44〉어두움을 밝히려는 운동, 무엇이었나? · · · · · · · · 355
    1. 수도원의 몸부림
    2. 평신도의 몸부림
    3. 맨발과 탁발의 도전

〈물음 45〉중세 개혁운동, 왜 실패했나? · · · · · · · · · · · · 362
    1. 바른 이해의 중요
    2. 죄인의식의 실종

〈물음 46〉선구자, 누구였나? · · · · · · · · · · · · · · · · · 367
    1. 위클리프 (John Wycliffe 1320?~1384)
    2. 요한 후스(Jan Hus 1367-1415)

〈물음 47〉중세기, 무엇이 문제였나? · · · · · · · · · · · · 372
      1. 거룩함에 대한 오해
      2. 죄인의식의 실종
      3. 가진 자의 종교
      4. 잘못된 체제
      5. 재해석 차단
      6. 신 바알체제
      7. 지도자 부재

〈물음 48〉중세교회, 어디로 가야했나? · · · · · · · · · · · · 381
      1. 하나님의 심정
      2. 거룩한 나라 건설
      3. 보여주는 선교
      4. 도미노

PART 8 여덟 번째 전환기: A.D. 1500년~2000년
〈 근대와 현대 〉

〈물음 49〉 **교회사의 대상은 무엇일까?** · · · · · · · · · · · 389

〈물음 50〉 **중세교회, 어떤 재앙을 몰고 왔나?** · · · · · · · · · 391
    1. 제국과 교회의 분열
    2. 회교의 등장
    3. 르네상스와 인문주의의 등장
    4. 계몽주의자들의 등장
    5. 시민혁명
    6. 공산주의 혁명
    7. 제국주의
    8. 세계대전

〈물음 51〉 **이 사건들의 특징은 무엇인가?** · · · · · · · · · · 436
    1. 반기독교(反基督敎)
    2. 기독교 중심지에서 자생

〈물음 52〉 **인간주의, 어디에 이르렀나?** · · · · · · · · · · · 438

〈물음 53〉 **중세교회에 대한 반발, 무엇을 말하나?** · · · · · · · 441
    1. 땅의 상실
    2. 성전(교회)파괴
    3. 자유(역사의 주도권) 상실

〈물음 54〉 **누구의 책임인가?** · · · · · · · · · · · · · · · 445

〈물음 55〉 **무엇을 어떻게 잘못했나?** · · · · · · · · · · · · 447
    1. 잘못된 이해
    2. 잘못된 영성운동
    3. 잘못된 적용
    4. 잘못된 제도
    5. 역사성의 상실

〈물음 56〉 현대 500년은 무슨 시대였나? · · · · · · · · · · · 452

〈물음 57〉 교회의 포로기, 어떻게 지냈나? · · · · · · · · · · 453
    1. 저항(Protestant) 운동
    2. 루터의 한계
    3. 개신교 신정정치 운동
    4. 청교도 운동
    5. 심령부흥 운동
    6. 신앙의 자유
    7. 세계선교 운동

〈물음 58〉 개신교의 한계는 무엇인가? · · · · · · · · · · · 489
    1. 시대의 요청 외면
    2. 교권과 교리에 치중
    3. 독단
    4. 분열

〈물음 59〉 교파의 난립, 어떻게 이해해야 하나? · · · · · · · · 496
    1. '신앙의 자유' 때문이다.
    2. 통제 기구가 없기 때문이다.
    3. 잘못된 전통 때문이다.
    4. 교권 싸움 때문이다.

아홉 번째 전환기: A.D. 2000년~ 현재
〈현대 이후〉

PART 9

〈물음 60〉 우리는 지금 어디에 있는가? · · · · · · · · · · · · · 505
   1. 새로운 전환기
   2. 현대후기(post-modernism)
   3. 동양의 시대
   4. 영성의 시대
   5. 교회의 포로귀환기

〈물음 61〉 하나님, 역사의 주관자이신가?   509
   1. 세계사의 흐름
   2. 세계 지배와 복음 선교
   3. 세속사(世俗史)와 예언사(預言史)

〈물음 62〉 2천 년대, 무엇을 말하는가? · · · · · · · · · · · · 518

〈물음 63〉 아시아의 어느 나라인가? · · · · · · · · · · · · · · 519
   1. 준비된 나라
   2. 준비물
   3. 적임자 한국
   4. 지식산업 시대
   5. 한국의 시대

〈물음 64〉 한국교회, 무엇을 준비해야 하나? · · · · · · · · · 533
   1. 자각
   2. 유일한 자원 발굴
   3. 새로운 신명기 운동
   4. 재해석
   5. 보여주는 선교
   6. 영성(靈性)의 한류(韓流)

〈 그림 차례 〉

그림1	그리스제국	35
그림2	로마제국의 문화	37
그림3	로마제국의 도로망	38
그림4	이스라엘의 세 지방	58
그림5	예루살렘	86
그림6	그리스도 사건	106
그림7	로마제국의 국경선	164
그림8	복음화과정1	204
그림9	복음화과정2	205
그림10	회교의 확산과정	395
그림11	공산주의 판도	420
그림12	공산주의 국가	426
그림13	문명지의 흐름	510
그림14	동아시아 국가들	521

| 머리글 |

    신앙생활을 하면서 기도에 관심을 가지지 않는 사람은 없을 것이다. 또한 이런 저런 이유 때문에 기도를 시도해 보지만 기도가 쉽지 않음을 경험하게 된다. 기도에 전념하려고 하면 맨 처음에 부딪히는 어려움은 '**잡념**'이다. 온갖 잡념이 몰려와서 앉아있는 것 자체가 힘들 때가 많다. 여기가 첫 단계다. 잡념과 싸우면서 기도에 많은 시간을 보내다 보면 그 다음으로 넘어가는데, 간혹 환상(환청)과 예언, 황홀경을 비롯한 여러 '**신비체험**'들을 경험하게 된다. 물론 사람에 따라서는 이런 현상들이 일어나지 않을 수도 있다. 이와 같은 초자연적인 그 무엇들이 일어나면 기도가 대단히 깊어졌으며, 또 무슨 큰 능력이 주어져서 하나님의 일을 해야할 때인 줄 알지만 전혀 그렇지 않다. 이 단계는 영적인 긴 여정의 시작일 뿐이며 지나가야하는 한 과정에 불과하다. 이 단계가 지나가면 '**바라봄**'이 온다. 바라봄은 두 단계로 진행이 되는데, 바라봄의 첫 대상은 자기 자신이다. 여기에 이르면 기도의 집중은 곧 자신의 실상을 대면하는 것인데, 여기서 발견하는 자신의 모습은 온갖 모순과 죄의 속성들이다. 초기에는 행동으로 표현되는 죄성(罪性)들을 보게 되지만 점차 자기 속에 잠재되어있는 죄상(罪狀)들이 드러나게 된다. 이러한 드러남이 끝나면 전혀 다른 세계의 바라봄이 시작된다. 하나님, 절대자, 무한자, 완전자 등의 이름으로 불리는 그분을 바라보게 된다. 이 뵈옴은 어떤 형상이 아닌 시선(視線)으로 다가온다. 절대침묵 속에서 그분과 시선이 마주침을 느끼면서 그냥 바라보게 된다. 여기쯤 오면 잡념이 사라지고 인간의 언어는 기능을 잃게 된다. 눈빛으로 직접 마음의 생각과 상태들이 전달되기 때문이다. 진정한 신비체험은 이 바라봄에서 경험된다. 여기를 가리켜 기도의 이상적인 상태라는 '**관상**'(觀想)이라고 한다. 하지만 여기도 끝은 아니다. 그 다음은 바라봄이 사라지고 '**잠김**'이 찾아온다. 늘 그분 안에 잠겨진 상태가 된다. 이를 하나님과 하나가 된다(합일)고 하며 여기가 마지막이라고 생각한다. 그런데 여기도 마지막이 아니다. 더 가야 한다. 그 다음은 어디일까? 본래의 '**제자리**'로 돌아온다. 여기가 마지막이다. 여기까지 가면 일련의 영적인 순례가 마감이 된다.[1]

출발했던 제자리로 돌아오면 뭐가 달라진 것일까? 놀랍게도 처음모습 그대로다. 그런데 달라진 것이 하나 있다. '하나님의 심정'이 주어진다. 그리고 세상이 다르게 보인다. 왜 그럴까? 세상이 달라졌나? 아니다. 세상은 그대로 있는데 보는 내가 달라져 있다. 나의 무엇이 달라져 있는가? 보는 입장이다. 지금까지 익숙해져 있던 내 입장에서 떠나 이제는 그분의 입장에서 보게 된다.

이 책은 그분의 심정으로, 그분의 입장에서 몇 분야를 다시 본 것이다.

| 구약성경과 이스라엘 역사 다시보기 |

사람의 입장에서 성경을 보면 하나님은 창조주, 심판자 등으로 다가오며, 성경은 하나님을 섬기는 법이고 사람은 하나님의 영광을 위하여 존재하게 된다. 그동안 우리는 주로 이런 입장에서 하나님과 성경, 신앙을 이해했다. 그러나 보는 시각을 바꾸어 하나님의 입장에서 보면 전혀 다르게 보인다. 당신의 형상을 따라 그 모양대로 지음 받은 자식(사람)을 위하여 세상을 만드시고, 사람을 위하여 말씀을 주시며, 자식의 불행이 견딜 수 없어 통곡하시는 하나님을 만나게 된다. 율법과 십계명, 예언서의 말씀들은 전적으로 사람을 위한 말씀으로 해석되어지고 창조주, 심판자, 무한자, 전능자, 완전자 등의 개념으로 포장된 하나님 그분의 실상은 사랑으로 다가온다.

이러한 입장에서 보면 구약성경뿐만 아니라 그 배경인 이스라엘의 역사 또한 다르게 보인다. 하나님께서 선택하셔서 계약을 맺으셨던 이스라엘과 그 역사 2천년은 세상을 구원하시려는 하나님의 몸부림이요 탄식이고 그 숨결이며, 살아있는 생명체처럼 느껴진다. 이스라엘 역사에서 만나는 하나님은 역사의 주인이시다.[2]

---

1) 이에 대해서는 3부「비움의 길」에서 자세히 다루게 된다.
2) 이에 대해서는 1부「하비루의 길」에서 자세히 다루고 있다.

| 신약성경과 교회사 다시보기 |

이러한 입장을 계속 유지하면서 신약성경으로 넘어오면 인간을 향한 하나님 사랑의 완성을 보게 된다. 인간을 위하여 말씀과 법을 주시던 구약의 하나님은 이스라엘의 실패를 회복하기 위하여, 이제는 친히 인간이 되셔서 사람의 삶을 사시며 사람을 섬기시다가 사람을 위하여 당신의 살과 피를 생명의 양식으로 내어주시고 사람의 죽음을 죽으신다. 신약성경에서는 사람을 위하여 존재하실 뿐만 아니라 사람을 위해서 죽으시는 하나님을 만나게 된다.

구약의 이스라엘 역사의 무대는 오리엔트 세계에 불과하지만 신약과 교회사로 넘어오면서 그 무대가 유럽과 세계로 확산된다. 이제는 이스라엘 역사만을 주관하시는 하나님이 아니라 세계사의 주인이신 하나님을 만나게 된다. '창조주이시며 역사의 주인'이라는 신앙의 고백이 과연 세계사 현장과 만날 수 있을까? 세계사 특히 혁명적인 변화를 몰고 온 현대사를 하나님께서 주도하셨다고 역사적으로 해석할 수 있을까? 불가능하게 느껴지겠지만 하나님의 입장에서 보면 단순하면서도 명확하게 보여진다. 성경의 하나님 그분은 분명 세계사의 주인이시다.[3]

| 영성 다시보기 |

기독교를 비롯한 모든 종교의 영성을 들여다 보면 수도(修道)와 신비체험이 중심을 차지하고 있다. 이러한 시도는 일체의 세속적인 것들로부터 초월하여 특별한 경험과 특별한 삶을 살려는 인간적인 시도에서 비롯된다. 그런데 입장을 바꾸어 하나님의 시각에서 보면 이러한 시도가 어떻게 보일까? 수도와 신비체험으로 도달한 초월적인 상태가 인간이 도달할 수 있는 가장 고상한 정신세계일까? 이런 것을 통해서만 최고의 가치기준에 도달할 수 있을까?

전혀 아니다. 아닐 뿐만 아니라 오히려 잘못된 생각이며 잘못된 시도이다.

진정한 진리는 특별한 방법으로 특별한 사람만이 도달할 수 있는 그러한 것이 아니다. 진리가 진리이기 위해서는 누구나 소유할 수 있는 것이어야 한다. 이는 진리에 관한 상식이다. 그러므로 수도와 신비체험의 영성, 다시 해석되어야 한다.[4]

  이 책은 하나님의 심정(영성)으로 성경의 말씀(text)을 그 말씀의 적용무대인 역사(context) 속에서 해석을 시도한다. 즉 **영성과 성경과 역사의 만남**인 셈이다. 새로운 밀레니엄인 2천 년대, 새 시대는 새로운 패러다임을 요구하듯이, 새 술은 새 부대에 담아야 한다. 이것이 가능해지려면 **새로운 관점**에서 물려받은 신앙의 유산을 재해석해야 한다. 분명 하나님의 심정이 **재해석**을 위한 새로운 관점을 제공해 주리라고 생각한다.
  결코 쉽지 않은, 그리고 방대한 이 과제에 '물음'이라는 방식을 사용했다. 지금은 별로 사용되지 않지만 예전에는 궁극적인 문제에 접근해갈 때에 흔히 쓰이던 방법이었다. 일방적인 설명이나 전달보다는 물음-답변의 방식이 방대하고 난해한 문제를 접근해가는 데에 도움이 되리라고 생각한다.

주님, 이 일은 전적으로 주님의 도우심과 인도하심으로 가능했습니다. 홀로 찬양과 영광을 받으시옵소서.

아멘.

길동무

---

3) 이에 대해서는 2부 「죄인의 길」에서 자세히 다루고 있다.
4) 이에 대해서는 3부 「비움의 길」에서 자세히 다루게 된다.

| 전체 내용 요약 |

이 책의 1부 「하비루의 길」과 2부 「죄인의 길」은 영성의 입장에서 구속사로 진행된 4천 년 역사(B.C.2000~A.D.2000)의 전체적인 흐름을 바라보는 데에 초점이 맞추어져 있다. 사건, 사상, 인물의 나열이 아니다.

바라보는 관점은 영성, 즉 케노시스(하나님의 심정) 사관이다. 인류역사에 등장한 최고의 영성가들은 수도사들이 아니라 예언자들과 사도들인데, 그들이 역사를 보던 관점으로 전체를 연결시켰다.

4천 년 역사를 전체에서 보면 한 시대의 큰 흐름이 바뀌는 8번의 대전환기가 있다. 그런데 놀랍게도 그 전환기들은 대략 500년을 주기로 진행이 되었다. 간략히 보면 다음과 같다.

- 첫 번째 전환기 : B.C. 2000~1500년
  아브라함의 선택에서부터 출애굽과 가나안 입주까지
- 두 번째 전환기 : B.C. 1500~1000년
  가나안 입주에서 왕정등장까지
- 세 번째 전환기 : B.C. 1000~500년
  왕정에서부터 남북 왕국멸망까지
- 네 번째 전환기 : B.C. 500~0년
  포로와 귀환, 재건에서 예수님까지
- 다섯 번째 전환기 : A.D. 1~500년
  초대교회(예수님에서부터 초대교회 말기까지)
- 여섯 번째 전환기 : A.D. 500~1000년
  중세초기(라틴로마의 멸망)에서 중세 중기(십자군 전쟁)까지
- 일곱 번째 전환기 : A.D. 1000~1500년
  중세 중기에서 르네상스(종교개혁)까지
- 여덟 번째 전환기 : A.D. 1500~2000년
  근대에서 현대후기(포스트모더니즘)까지

이와 더불어 전역사(前歷史;창조에서 아브라함까지)를 같이 다루었다.

다섯 번째 전환기 : A.D. 1~500년
〈 때가 찼고 〉

PART 5

| 때가 찼고 | 사람으로 오신 하나님
| 주님의 은혜의 해 | 예루살렘을 떠나지 말라
| 로마로 가라

| 지난 내용 요약 |

- 첫 번째 전환기 : B.C. 2000~1500년
  아브라함의 선택에서부터 출애굽과 가나안 입주까지
- 두 번째 전환기 : B.C. 1500~1000년
  가나안 입주에서 왕정등장까지
- 세 번째 전환기 : B.C. 1000~500년
  왕정에서부터 남북 왕국 멸망까지
- 네 번째 전환기 : B.C. 500~0년
  포로와 귀환, 재건에서 예수님까지

케노시스 즉 하나님의 심정으로 살펴본 1부 「하비루의 길」(구약성경과 이스라엘 역사)은 두 출애굽의 이야기로 구성되어 있다.

첫 번째 출애굽은 애굽의 고센에서 종살이하다가 해방되는 이야기이다. 세상구원을 위하여 선택된 이스라엘은 400년 동안 하비루의 훈련을 받은 후 하나님과 계약(시내산계약, 하비루를 위한 법)을 맺고 하비루가 없는 나라를 만들어 보여주기 위하여 가나안에 들어갔으나 실패하였고, 그로 인해 하나님께 버림받아 나라가 멸망당하고 전쟁포로로 끌려갔다.

두 번째는 바벨론에서 포로생활을 하다가 다시 기회가 주어져서 잃었던 땅으로 돌아와 새로운 각오로 시작했으나 유대교(신구약 중간기) 500년을 거치면서 또 잘못된 길로 갔다.

이에 하나님께서는 직접 인간으로 오셔서 당신을 보여주시며 새로운 구원계획을 시작하시게 된다.

이제부터 시작되는 2부 「죄인의 길」(신약과 교회사)의 이해를 위해서는 구약 특히 유대교의 배경에 대한 이해가 반드시 필요하다.

이에 대한 중요성은 아무리 강조해도 지나치지 않다.

'때가 찼고', 무엇을 말하는가?

물음 01

> 여호와가 말하노라. 보라 날이 이르리니 내가 이스라엘 집과 유다 집에 새 언약을 세우리라.(예레미야 31:31)

이 말씀은 B.C. 600여년 경에 남왕국 유다의 예언자 예레미야를 통하여 하나님께서 선포하셨던 말씀이다. 예레미야를 비롯한 예언자들의 선포에 의하면 이스라엘이 나라가 멸망당하고 성전이 파괴되며 전쟁포로로 잡혀가는 것은 그들이 하나님과 맺은 시내산계약을 어겼기 때문에 징계를 받는 사건이었다. 이스라엘에 가나안이라는 '땅'이 주어진 것은 그 땅에서 하나님 나라의 모델을 만들고 세상에 보여주어 세상을 구원하기 위함이었는데, 그들이 이 계약을 지키지 않아서 땅을 다시 환수당하는 사건이 바로 남북 왕국의 멸망이었다.

그러나 예언자들은 계약파기의 선언으로 그치지 않았다. 하나님께서 이스라엘과 시내산에서 계약을 맺은 이유는 그들을 통하여 세계를 구원하시고자 함이었다. 비록 이스라엘의 불순종으로 말미암아 그 계획에 차질이 생겼지만 세상을 구원하시려는 하나님의 계획은 포기될 수 없기에 새로운 계약이 체결되리라고 예언자들은 예고했다.

날이 이르리니

예레미야가 선포한 '날이 이르리니'는 약속된 새계약을 맺을 날의 도래를 말한다. 바벨론 포로에서 귀환한 이스라엘 사람들은 신구약 중간기의 5백여 년 동안 이 날을 기다리고 있었다. 그들은 새계약이 체결될 '그 날'과 계약을 중재할 '그 분'을 기다리던 사람들이었다.

드디어 '그 날'이 밝아 왔다.

그런데 그 날이 왔음을 알리는 소리는 광야에서 들려왔다. 약대 털옷을 입고 메뚜기와 석청(石淸)을 먹으면서 등장한 광야의 사람인 세례요한, 그는 드디어 그 날이 이르렀음을 알리기 위하여 보내심을 받은 사람이었다. 그는 광야 요단강 가에서 다음과 같이 외쳤다.

회개하라. 천국이 가까이 왔느니라.(마태복음 3:2)

옛계약을 맺은 이스라엘의 실패를 극복하고 세상을 구원하러 오신 예수님께서 구원의 사역을 시작하시면서 선포하신 첫 말씀도 같은 내용이었다.

때가 찼고 하나님 나라가 가까왔으니 회개하고 복음을 믿으라.(마가복음 1:15)

'때가 찼고'.

무슨 때가 찼다는 것일까? 드디어 새로운 계약을 맺을 '그 날'이 왔다는 뜻이다.

애굽에서 탈출한 이스라엘 사람들과 시내산에서 계약을 맺으시기 위해 하나님께서는 빽빽한 구름 가운데 친히 강림하셨다. 그리고 모세를 계약의 중재자로 세우셨고, 계약을 맺은 증표로 짐승의 피를 사용하셨다. 옛계약(시내산계약)은 이와 같은 과정을 통하여 맺어졌다.

새계약을 맺기 위해서는 하나님께서 또 오셔야만 했다. 그런데 새계약을 위해서 이번에는 하나님께서 특별한 방법을 사용하셨다. 하나님께서 하나님이시기를 포기하시고 인간이 되어 세상에 친히 오신 것이다. "하나님께서 인간을 구원하기 위하여 외아드님을 주셨다."는 요한복음 3장 16절의 말씀과 "예수님은 본래 하나님이시지만 하나님과 동등됨을 취할 것으로 여기지 않으시고 인간과 같이 되셨다."라는 빌립보서 2장의 말씀은 하나님께서 새로운 계약을 맺으시기 위하여 친히 인간으로 오셨음을 말한다.

옛계약을 대신하는 새계약을 맺으시기 위하여 하나님께서는 직접 인간으로 오셔서 짐승의 피가 아닌 당신의 피로 계약을 맺으셨다. 이는 하나님께서 사용하신 최후의 특별한 방법이며, 이보다 더 큰 방법이나 새계약을 대신하는 세 번째 계약이란 있을 수 없다. 예언자들을 통하여 새계약을 말씀하신 하나님께서는 새계약을 갱신할 그 어떤 계약도 언급하지 않으셨다. 따라서 새계약은 이제 마지막 계약이며 종국적인 성격을 가지고 있다.

날이 이르리니, 때가 찼고.

무슨 날, 무슨 때인가?

인간을 죄에서 구원하기 위하여 구세주께서 오셔서 새로운 계약을 맺으실 때를 말한다.

왜 '그 때' 였을까?

수많은 시간들 가운데서 예수님은 왜 하필 그 때에 오셨을까?
좀 더 일찍 오셨더라면 더 많은 사람들이 구원을 얻을 수 있었을 텐데…

이런 질문을 흔히 듣는다. 누구도 대답할 수 없는 난제(難題) 같지만 의외로 대답은 단순하다. 그 때가 바로 구세주께서 오실 만한 준비가 된 때였기 때문이다. 제 1부에서 하나님께서 일하시는 조건은 '준비' 였음을 보았다. 준비된 장소, 준비된 시간에 준비된 사람을 통하여 일하시기 때문에 하나님의 일에는 반드시 준비가 필요하다.

카이로스.

  하나님께서 어떤 특별한 일을 행하실 준비된 때를 말한다. 시내산계약을 맺을 때가 그 때였고, 또 새계약을 맺을 때가 그 때였다. 그렇다면 예수님께서 오실 때는 무엇이 준비되어 있었는가?

  이에 대한 대답을 하려면 성경과 관련된 4천 년 역사의 흐름에 대한 이해가 있어야 한다. 먼저 '계약'의 관점에서 이스라엘 역사를 이해할 필요가 있다. 성경을 구분하는 구약과 신약은 '계약'을 의미한다. 구약성경에 여러 계약이 나와 있지만 '구약(舊約)이라는 성경 이름과 관련지어진 계약은 시내산계약을 말한다. 시내산계약의 입장에서 구약성경과 이스라엘 역사를 바라보아야 예수님의 활동과 말씀들을 이해할 수 있다. 다른 또 하나의 필요는 신구약 중간기에 대한 이해다. 현재 정경화(正經化)되어 있는 성경에는 신구약 중간기 500여 년에 대한 구체적인 상황을 말해주는 기록이 매우 적다. 신구약 중간기의 이스라엘 신앙을 '유대교'라고 하는데 복음서에서 만나는 서기관-바리새인은 이 유대교의 지도자들이다. 유대교에 대한 정확한 이해가 있어야 복음서는 물론 바울의 서신들을 이해할 수 있다. 복음서를 정확하게 해석하기 위해서는 신구약 중간기에 대한 이해가 대단히 중요하기 때문에, 이의 중요성은 아무리 강조해도 지나치지 않다. 하나 더 지적한다면 구약의 역사적인 맥락의 흐름과 배경에서 복음서와 사도행전, 서신들은 물론 교회사를 이해해야 한다. 구약과 신약을 단절시키지 말고 연결시켜야하는 이유가 여기에 있다. 연결시키는 중요한 고리가 '계약(성경)'과 '구속사(역사)'와 '영성'의 관점이다. 성경과 역사와 영성이 만나야 한다. 성경과 신앙의 문제 해석에 있어서 이 셋은 반드시 갖추어져야 할 필수조건이다.

  왜 그러한가?

오류를 범하지 않기 위해서다. 종교지도자가 범하는 오류는 구원의 대상을 파멸로 몰고 가기 때문에 결코 용서받을 수가 없다. 개인적인, 윤리적인 범죄는 씻을 길이 열려있지만 종교지도자가 종교적인 잘못을 저질러서 교인들을 멸망으로 인도한다면 어디에서도 용서받을 길이 없다. 교인들의 멸망을 책임져야 하기 때문이다. 서기관-바리새인에 대한 예수님의 책망과 저주의 선포는 이것을 말하고 있다.

"왜 예수님께서 그 때 오셨는가?" 다시 말하면 "그 때 무엇이 준비되어 있었는가?"

1. 새계약의 대상

호렙산 기슭에서 처갓집 양을 치면서 늙어가던 모세를 부르신 하나님께서는 모세에게 이렇게 말씀하셨다. "'이제' 네가 애굽에 가서 내 백성을 데리고 이 산으로 와라." 왜 '이제'였는지는 제 1부에서 본 바와 같이 그들이 준비가 되었기 때문이다. 이스라엘 사람들은 애굽에서 가장 낮고 천한 하비루 생활 400년이라는 고난을 겪고 있었는데 이는 자신들도 모르는 사이에 하나님과 계약을 맺을 준비를 하는 시간이었다. 옛계약(구약, 시내산계약)의 하나님은 '하비루'의 하나님이시다. 하비루들은 옛계약의 대상이었고 하나님은 그들의 하나님이 되셨다.

계약을 맺기 위해서는 반드시 계약의 대상이 있어야 한다. 옛계약과 마찬가지로 새계약이 맺어지려면 무엇보다도 먼저 '계약의 대상'이 준비되어야 한다. 계약은 일방적으로 혼자 맺을 수 있는 것이 아니고, 쌍방간의 일이기 때문에 계약의 대상 없이는 계약을 맺을 수가 없다. 옛계약의 대상이 하비루였다면 새계약의 대상은 누구였을까? '죄인'들이다. "예수님께서 죄인들을 구원하시려고 오셨다."함은 죄인들이 계약의 대상이며, 죄인들과 새로운 계약을 맺으려고 오셨다는 뜻이다.

천사가 알려준 예수님의 이름의 뜻은 '자기 백성을 저희 죄에서 구원하실 자' 이다.(마태복음 1:21)

안타까운 것은 새계약의 대상인 '죄인'들은 당시의 유대교 지도자들인 랍비들과 바리새인들에 의해 만들어졌다는 사실이다. 이는 에스라의 율법강해로 시작된 1세대 랍비들은 전혀 예상하지 못했던 일이었는데, 시간이 지나면서 율법의 형식과 '인과응보'의 교리가 삶의 현장에서 일어나는 크고 작은 일들에 적용되다보니 결과적으로 유대교의 구성원은 죄인과 의인으로 양분되었다. 애굽에서 옛계약의 대상이 만들어지는 데에 400여년이 걸렸다면 새계약의 대상이 만들어지는 기간도 역시 같은 시간이 걸렸다. '신구약 중간기'라고 불리는 바벨론 포로 이후부터 예수님께서 오실 때까지의 기간 동안 죄인 대량생산체제로 말미암아 수많은 죄인들이 생겨났으며, 이스라엘 사회는 소수의 의인과 다수의 죄인으로 양분되었고, 400여년을 지나면서 죄인의식, 죄인문화가 정착되었다. 하비루들이 사람들로부터 버림받았다면 죄인들은 사람은 물론이고 하나님으로부터도 버림받은 사람들이었다. 예수님께서 오실 당시의 유대교 사회는 이런 체제였다. 이에 대하여서는 1부 「하비루의 길」 후반부에서 상세하게 이미 다루었다.

예수님 당시의 서기관, 바리새인들은 자신들의 이런 신앙생활이 하나님의 뜻에 부합된다고 믿어 의심치 않았다. 종교지도자들이 이런 착각에 빠지면 그 사회는 아주 불행하게 된다. 후일 이스라엘이 나라를 잃어버리고 2천여 년 동안 세계 각지를 떠돌면서 비참한 삶을 살게 된 것은 종교지도자들이 이런 오류를 범한 결과이다.

지금 우리는 바른 길을 가고 있는가?

매 시대의 교회 지도자들은 끊임없이 물어야 한다. 그리고 바른 길을 찾아야 한다. 이것을 게을리 하면 본래의 의도와는 달리 그들 자신이 선역(善役)이 아닌 악역(惡役)을 하여 심판을 면치 못할 뿐만 아니라, 그 다음 세대, 그 다음 시대는 파국을 맞이하게 된다. 신구약 중간기의 지도자들인 서기관과 바리새인들은 자신들도 전혀 의식하지 못한 채 죄인들을 양산해내는 악역을 함으로써 계약이 파기되는 결과를 가져왔다. 4천년 역사는 '멸망하던 시대의 원인은 종교지도자들에게 있었다는 것과, 그들의 공통점 중의 하나가 자신들이 무슨 일을 하고 있는지, 자신들의 시대가 어디로 어떻게 가고 있는지를 전혀 모르고 있으면서 자신들이 옳다는 생각으로 대단히 열심히 신앙을 지도했는데 결과적으로 파멸 즉 계약파기를 향한 준비를 하고 있었다.'는 것을 말하고 있다. 오늘 우리도 그들과 다를 바 없는 일들을 하고 있는 것은 아닌지 심각하게 돌이켜 보아야 할 일이다.

예수님께서 왜 그 때 오셨는가?

구원의 대상, 즉 새로운 계약의 대상이 준비되었기 때문이다.

2. 대비(對比)의 대상

하나님의 선교방법은 '보여주는 선교'이며, 이런 사실은 「하비루의 길」에서 이미 본 바와 같다. 이스라엘을 고센에서 400년간 훈련시킨 후 시내산에서 계약법을 주셨고 광야에서 40년간 그 법대로 사는 예행연습을 거쳐 가나안에 들어가게 하셨다. 그러나 가나안은 빈 땅이 아니었다. 인근의 메소포타미아, 이집트 문명에 버금가는 가나안 문화가 자리잡고 있었다. 즉 가나안 문화는 당시로서는 가장 앞선 문화라고 할 수 있다. 이런 가나안의 여리고로 가서 그 성을 1주일 동안 법궤를 앞세우고 돌라는 명령은 가나안에서 가장 앞선 세속문화를 가진 여리고에서 이스라엘 문화를 보여주어 서로 비교의 대상이 되게 하라는 뜻이다. 이런 사실은 아브라함과의 계약에서 분명하게 확인된다.[5]

보여주는 선교는 보여줄 대상이 있을 때에 가능해진다. 하나님께서는 인간이 만들어낸 문화가 최고조에 이르러 있을 때에 그 문화를 비교의 대상으로 삼으신다. 구약에서는 가나안의 여리고 문화가 그것이었고, 신약에서는 그리스-로마문화가 그것이다. 그리스-로마 문화는 당시는 물론 지금도 인류문화의 진수를 보여주고 있다. 이들을 간략히 살펴보면 다음과 같다.

❶ 그리스문화

변방 마케도니아 출신으로서 그리스 본토 대부분을 정복했던 알렉산더의 아버지 필립포스는 자녀교육에 남다른 열정을 가진 사람이었다. 그래서 그는 알렉산더에게 그리스문화의 정수를 심어주기 위하여 당시 그리스의 최고 학자 아리스토텔레스를 마케도니아의 수도 펠라 궁정에 초빙하였다. 아리스토텔레스는 알렉산더의 나이 13-16세 때까지 윤리학, 철학, 문학, 정치학, 자연과학, 의학 등을 가르치면서 그리스문화의 우월성을 어린 알렉산더에게 전해주어 그리스문화 전파에 대한 사명감에 불타게 했다. 알렉산더는 호메로스의 시를 애독하여 원정 중에도 지니고 다녔으며, 각 분야의 학자들을 늘 대동했다. 알렉산더는 그리스 본토에서 출발해서 소아시아를 비롯하여 애굽, 페르시아, 인도 접경까지 불과 13년 만에 정복하여 대제국을 이루었다.(그림1 참조)

알렉산더는 스승에게서 배운 바대로 그리스문화의 전도사 역할을 충

---

5) 여호와께서 아브람에게 이르시되 너는 정녕히 알라. 네 자손이 이방에서 객이 되어 그들을 섬기겠고 그들은 사백년 동안 네 자손을 괴롭게 하리니 그 섬기는 나라를 내가 징치할지며 그 후에 네 자손이 큰 재물을 이끌고 나오리라. 너는 장수하다가 평안히 조상에게로 돌아가 장사될 것이요, 네 자손은 사대만에 이 땅으로 돌아오리니, 이는 아모리 족속의 죄악이 아직 관영치 아니함이니라 하시더니 해가 져서 어둘 때에 연기 나는 풀무가 보이며 타는 횃불이 쪼갠 고기 사이로 지나더라.(창세기15:13~17)
위의 본문에서 "이는 아모리 족속의 죄악이 아직 관영치 아니함이니라."는 아직 비교의 대상이 준비되지 않았다는 뜻이다.

실히 해냈다. 가는 곳마다 그리스문화를 전파할 거점이 될 만한 지역에 신도시를 세웠고, 그 지역에 경기장들을 건설하여 그리스의 스포츠 문화를 그리스문화 전파의 선봉으로 적절히 이용했다. 알렉산더는 33세에 요절했지만 그의 그리스문화 전파 전략은 사후에 더 큰 위력을 발휘하여 지중해 전 지역이 그리스문화화 되었을 뿐만 아니라, 그리스제국이 멸망하고 라틴민족이 세운 로마제국시대도 문화적으로는 사실상 그리스문화가 지배했다. "로마에 사로잡힌 그리스가 로마를 사로잡았다."라는 평가는 그리스가 망한 뒤에도 그리스어가 공용어로 쓰인 사실로도 알 수 있으며, 신약성경이 그리스어로 쓰인 연유가 여기에 있다.

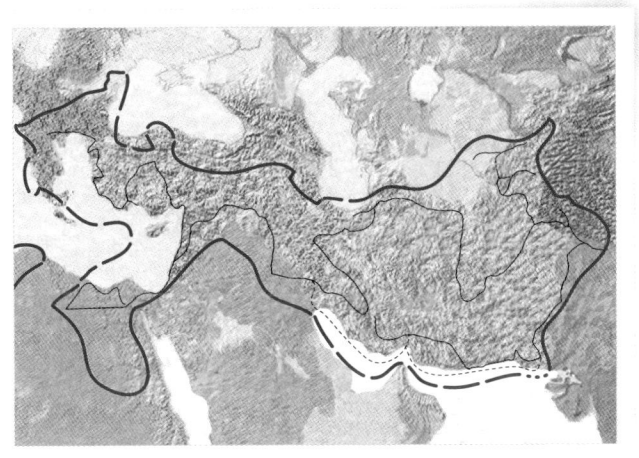

〈그림1 : 그리스제국〉

고대 그리스문화를 꽃피운 사람들은 아테네인들이었다. 도시국가(폴리스)로 세분화되어 있던 당시에 유독 아테네 사람들은 세계 최고의 문화를 다방면에서 만들어 냈다. 아테네에서 빚어낸 철학(소크라테스), 의학(히포크라테스), 역사(헤로노투스), 민주주의(페리글레스), 문학, 건축, 예술(조각, 회화), 스포츠(올림픽) 등은 가히 세계 최고라 평가할 수 있는데 각 분야의 근본 원리들을 정리해 놓았기 때문이다. 아테네와 경쟁 관계에 있던 스파르타는 군사 문화에서 역시 최고를 만들어 냈다. 이와 같이 그리스 본토에서 만들어진 우수한 문화들은 알렉산더에 의해서 오리엔트 세계로 전파되었고 로마가 등장한 이후에는 지중해 전체로 확산되어 서양문화의 기초가 되었으며, 르네상스 시기에 재발견되어 근대 유럽문화를 가능하게 했고 유럽을 통하여 전 세계로 퍼져나갔다.

아테네에서 세계 최고가 만들어진 이유는 그 주민들이 만물의 본질과 그 원리를 끊임없이 추구했기 때문이다. 이들의 이런 자세는 깊이 상고해 볼 가치가 있다. 교회 지도자들은 계속하여 본질과 핵심, 원리를 묻는 자세를 견지하면서 물려받은 전통을 재해석 해내야 한다. 이런 자세를 상실하고 현실에 적응하기 위한 방법에만 치우치면 교회는 세속화의 물결을 견뎌내지 못하고 사라지고 말 것이다. 역사 속에는 이런 실례가 얼마든지 있다. 「하비루의 길」에서 본 바와 같이 고대 메소포타미아, 이집트 문명은 사라졌으나 근본적인 물음을 묻던 유대교는 살아남았다.

예수님께서 오실 당시 그리스문화는 그 시대를 지배하고 있던 비교의 대상이었다.

❷ 로마제국

알렉산더가 세운 그리스제국을 물리치고 등장한 나라가 로마제국이다. 로마제국은 〈그림2〉와 같이 지중해세계 전체, 4개 문화권 즉 메소포타미아, 이집트, 그리스, 로마 등을 통일했다. 지중해 세계의 네 문화권이 통일된 것은 이때가 처음이다. 신약성경과 기독교는 이 로마제국을 배경으로 하고 있기 때문에 로마제국은 기독교와 밀접한 관련이 있다.

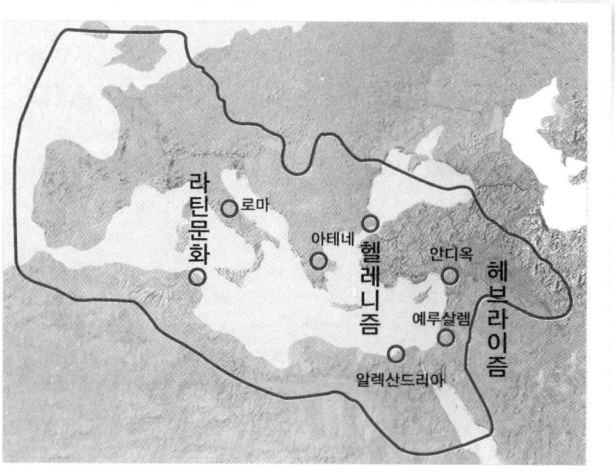

〈그림2 : 로마제국의 문화〉

　로마 문화의 특징은 한 마디로 '실용문화'인데 도로망과 상수도 시설, 건축 기술에서 그 성격이 잘 드러난다. 지중해 전 지역을 다스리기 위해서는 주요 지역들을 연결하는 교통망이 필수였으므로 육로와 해로를 놀라울 정도로 정비했다. 제국의 권위가 미치는 곳이면 어디나 도로를 건설했는데, 도로망을 완성하는 데에는 장장 500여년이 걸렸으며, 그 길이는 지구를 10바퀴나 도는 거리였고, 모든 도로에는 1마일 간격으로 로마 광장으로부터의 거리를 표시하는 이정표가 세워졌다. 로마인이 건설한 도로의 여러 곳은 지금도 사용되고 있다. "모든 길은 로마로 통한다."라는 말은 결코 과장된 말이 아니다. 〈그림3〉에서 보는 바와 같이 그들이 만든 육로는 마치 거미줄처럼 엮여져 있다.(붉은 실선이 도로망) 로마인들이 만든 도로는 직선이고 평평했는데 이를 위하여 터널을 뚫고 다리를 놓았다.

　144년 로마시내에 상수도를 설치하려고 100여km 밖에 있는 티베르 강의 물을 끌어 왔는데, 수평을 맞추기 위하여 10여km 정도는 돌 아치로 건설했으며, 로마시내에 하루에 유입된 물의 양은 80만m³에 달했다. 이 비슷한 수도시설은 로마시내 뿐만 아니라 제국 도처에 세워졌으며, 그 중 일부는 지금도 사용되고 있다. 이외에도 로마인들은 대형 경기장을 비롯한 여러 초대형 건축물들을 건설했는데, 놀랍게도 그 당시에 이미 콘크리트를 사용했고 그런 까닭에 상당수의 건물들이 지금도 건재하다.

〈그림3 : 로마제국의 도로망〉

오리엔트를 비롯한 지중해 지역에 대제국이 자주 등장했지만 로마제국처럼 1천여 년 동안이나 이어간 경우는 없었다. 로마 제국이 오랫동안 유지될 수 있었던 이유는 정치제도와 법이 그만큼 우수했기 때문이다. 로마는 일찍부터 공화정치를 실시했다. 최고의 정치기구인 원로원에서 대표인 집정관을 선출하여 황제의 역할을 맡도록 했지만 종신제가 아닌 임기제였고 유사시에만 병력을 통솔하게 했다. 전권을 휘두르는 황제가 등장하여 세습으로 기울어진 것은 옥타비아누스(B.C. 17~A.D. 14) 이후였다. 그리고 원로원이 상류층 중심으로 구성되어

서민들의 의견이 제대로 반영되지 않자 서민의 의사를 대변하는 정치기구로써 민회가 구성되었는데 호민관은 민회의 대표자이다.

　식민지에 대한 로마의 통치 방식은 포용 정책이었다. 지중해 전 지역을 정치적으로는 식민통치를 했지만 각 나라의 고유 문화와 전통에는 자율권을 부여했다. 즉 정치적으로 로마에 항거하지만 않는다면 내정에 간섭하지 않았다. 식민지에 세금을 부과했지만 로마의 통치는 오히려 식민지의 주민들에게 환영을 받았다. 어차피 세금은 내게 마련인데, 평화와 안정과 더불어 상당부분에서 자율권을 보장받았고, 또 지중해 전 지역에 군사적인 목적으로 만들어진 도로망을 이용하여 마음 놓고 무역 등 통상에 종사하여 유복한 삶을 누릴 수 있었기 때문이다. 그리고 식민지인에게도 로마 시민권을 부여하여 출세할 수 있는 길이 열려 있었다. 이런 이유로 비록 부분적인 반란과 국지적인 전쟁은 있었지만 전체적으로는 수 백여 년 동안 '로마의 평화'(Pax Romana)가 유지될 수 있었다.

　로마제국은 인류역사에 등장했던 가장 강대한 나라로 평가되고 있다. 2차대전 이후 미국과 소련을 중심으로 양대 세력이 형성되자 유럽의 여러 나라들은 '유럽공동체'(EC: European Community)를 결성했는데 이는 고대 로마제국으로 돌아가자는 신로마제국 운동이다.

　그리스-로마문명은 인간의 문화가 도달할 수 있는 최고 수준이었다. 이런 배경에서 예수님은 복음사역을 통하여 보여주는 선교를 시작하셨다. 따라서 그리스-로마문화는 복음과 비교의 대상이 된 셈이었다.

3. 빈 집

　구약성경의 시내산계약법이 적용된 무대인 가나안과 인근의 메소포타미아와 이집트 문명을 비교해 보면, 메소포타미아와 이집트 문명은 문자와 수학, 법전, 정치, 건축술 등에서는 당시로서는 놀라울 정도의 수준에 도달해 있었다. 그러나 신앙과 정신문화라는 측면에서 보면 우상종교의 수준을 벗어나지 못하고 있었다. 종교적으로는 빈 집이었던 셈이다.

같은 현상을 신약의 시대에서도 발견할 수 있다. 그리스문화, 로마문화가 합리-실용적인 면에서는 최고의 수준에 이르렀지만 종교적인 면에서는 아직 우상종교, 신비종교, 황제숭배 등에 머물러 있었다. 복음전파의 일차 대상인 지중해 세계 역시 종교적으로는 빈 집이었다.

이런 종교적인 현실은 기독교가 후일 로마제국의 국교가 되는 데에 가장 중요한 역할을 했다. 기독교가 동양에는 발을 붙이지 못하고 서양을 중심으로 뿌리를 내린 요인은 무엇일까? 기독교가 서양에서만 선교활동을 하고 동양선교는 등한시했기 때문일까? 아니다. 선교의 초기부터 인도를 비롯한 중국 등 동양문화의 중심지에 선교의 심혈을 기울였다. 그런데 왜 동양에서는 기독교가 힘을 발휘하지 못했을까? 여러 이유가 있겠지만 가장 큰 이유는 동양에는 기독교가 등장하기 수백여 년 전부터 힌두교, 불교, 유교 등 고차원적인 토착 종교들이 이미 정신문화로 정착하여 굳건히 자리 잡고 있었기 때문이다. 기독교가 이런 동양의 선교에 지금까지 실패하고 있는 또 다른 이유는 선교의 방법이 잘못되었기 때문이다. 하나님의 선교방법은 삶을 '보여주는 선교'인데 반하여 교회는 문화적으로 또는 정치적으로 '정복선교'를 시도했기 때문이다. 이런 정복선교는 반발을 불러오게 되어있다. 선교를 앞세운 십자군 전쟁과 제국주의 정책으로 말미암아 지금도 회교국가들과 제국주의의 식민통치를 경험한 국가들로부터 기독교가 심각한 반발에 부딪혀 있다. 그 이유는 스스로 선교의 문을 닫았기 때문이다. 지금 우리 한국교회는 선교의 열기가 드높다. 그런데 이스라엘 역사와 교회사를 돌이켜 보면 선교는 열의에 앞서 복음과 선교에 대한 바른 이해가 있어야 한다는 것을 목소리 높여 말하고 있다. 이에 대해서는 이 책의 후반부에서 좀 더

상세하게 살펴보게 될 것이다.

왜 그 때였을까?

역사의 주관자이신 하나님께서 일하실 역사적인 환경이 그 때 준비되었기 때문이다.

종말, 언제 오나?

왜 '그 때' 예수님께서 오셨는가라는 의문과 더불어 '언제' 주님께서 다시 오시는가에 대해 관심이 높다. 이 문제에 대하여 무어라고 대답해야 하나?

성경에서는 '종말'을 말하고 있다. 시간의 시작인 창조가 있었으니 끝이 있는 것은 당연하다. 그렇다면 종말은 도대체 언제 오는가? 이는 초대교회 때부터 큰 관심사였고 자신들의 생전에 종말이 온다고 생각하기도 했다. 종말에 대한 기대감은 세기가 바뀔 때마다 열병처럼 끓어올랐는데, 새로운 밀레니엄인 2천 년대를 맞으면서도 예외는 아니어서 '종말론' 홍역을 치렀다.

계속 문제가 되고 있는 '종말'의 시점, 도대체 어떻게 이해해야 하나? 종말이 계속 문제가 되는 이유는 종말의 '시기'에 물음의 초점이 맞추어져 있기 때문이다. 그러나 사람이 살면서 자신의 죽을 시각을 알 수 없는 것이 창조의 질서며 법이듯이 시간의 마지막 시기는 사람으로서는 알 수 없다. 그것은 오직 시간을 만드신 그분만이 아신다.[6] 이런 이유로 성경에서는 종말의 시기가 아니라 종말의 '자세'를 중요시하고 있다.

---

6) 그러나 그 날과 그 때는 아무도 모르나니 하늘의 천사들도, 아들도 모르고 오직 아버지만 아시느니라.(마태복음 24:36)

종말을 바르게 이해하기 위해서는 '계약' 의 관점이 필요하다. 사실 성경을 이해하는 가장 중요한 관점 중의 하나가 '계약' 이다. 성경의 이름인 '구약', '신약' 이 계약을 말하므로 성경은 두 계약의 책인 셈이다. 옛계약(구약)은 시내산계약을 말하며, 신약(새계약)은 예수님께서 제자들과 맺으신 계약이다. 계약의 역사인 이스라엘 역사를 보면 이스라엘이 계약을 지키지 않아서 일어난 계약파기의 결과는 나라가 망하고 전쟁포로로 잡혀가는 대재앙이었다. 북왕국과 남왕국이 앗수르와 바벨론에 멸망을 당하고 노예로 끌려가는 것이 첫 번째 계약파기였고, A.D. 70년에 예루살렘이 로마군대에 멸망을 당하는 것은 두 번째 파기였다. 옛계약의 파기는 앗수르나 바벨론, 로마의 죄 때문이 아니라 계약의 당사자인 이스라엘의 죄 때문에 일어났고, 심판의 대상은 이방인이 아니라 바로 이스라엘 자신이었다.

옛계약의 파기로 말미암아 새계약이 맺어졌다. 예수님을 구세주로 믿고 따르는 모든 사람들은 주님께서 제자들과 맺으신 새계약에 참여한 새계약의 사람들이다. 두 번째 계약인 새계약은 마지막 계약이며, 더 이상의 세 번째 계약은 성경에서 약속하고 있지 않다. 그런데 새계약이 파기된다면 어떻게 되는가? 계약의 파기는 파국을 말한다. 따라서 새계약은 마지막 계약이므로 마지막 계약의 파기는 온 세상의 파국, 곧 종말을 말한다.

계약의 파기는 계약의 당사자가 계약을 어길 때 생긴다. 옛계약의 대상인 이스라엘 사람들이 계약대로 살지 않았을 때 옛계약이 파기되고 새계약이 맺어졌듯이, 새계약의 대상인 그리스도인들이 불순종하면 새계약의 파기인 종말이 온다. 따라서 종말은 하나님을 모르는 사람들의 죄 때문에 오는 것이 아니라 하나님을 믿고 안다고 생각하는 사람들 때문에 찾아오며, 심판의 1차 대상 역시 하나님을 믿는 사람들이다. 왜냐하면 이들이 선택된 이유는 그들을 통하여 세상을 구원하기 위함이었는데, 그들이 직무를 유기하였으므로 먼저 심판받을 수밖에 없다.

"세상의 죄 때문에 하나님께서 세상을 심판하시리라.", "종말이 오면 세상은 망하더라도 나는 구원을 받아 천국에 간다."라는 생각은 이런 계약의 각도에서 본다면 착각일 뿐만 아니라 용서받지 못할 범죄행위에 해당된다. 진정으로 구원을 아는 사람, 하나님의 심정을 잠시라도 느껴 본 사람은 종말에 대하여 감히 이렇게 생각하지 못한다. 이에 대해서는 예수님께서 누가복음 13장에서 명확히 말씀하셨다.[7]

포도원에 심겨진 무화과나무가 여러 해 동안 열매를 맺지 못하자 보다 못한 주인이 나무를 베어버리라고 했다. 그러자 농부는 "제가 나무를 제대로 가꾸지 못해서 그렇습니다. 다시 거름을 주고 잘 보살피겠습니다. 한 번 더 기회를 주십시오."라고 열매 맺지 못하는 나무를 자기의 책임으로 돌렸다. 이 비유의 말씀은 성전에서 제사를 드리다가 무고하게 죽은 사람들, 망대가 무너져서 깔려죽은 사람들이 죄 때문에 죽었다고 생각하는 사람들에게 하신 말씀이다.

이스라엘이 애굽에서 광야로 나온 후 계속되는 불순종에 화가 나신 하나님께서 모세에게 "내가 더 이상 저들을 용서할 수 없다. 저들을 전염병으로 다 죽이고, 네 후손으로 다시 한 민족을 만들겠다."라고 하시

---

7) 그 때 마침 두어 사람이 와서 빌라도가 어떤 갈릴리 사람들의 피를 저희의 제물에 섞은 일로 예수께 고하니 대답하여 가라사대, "너희는 이 갈릴리 사람들이 이같이 해 받음으로써 모든 갈릴리 사람보다 죄가 더 있는 줄 아느냐? 너희에게 이르노니 아니라, 너희도 만일 회개치 아니하면 다 이와 같이 망하리라."(누가복음 13:1~3)
또 실로암에서 망대가 무너져 치어 죽은 열여덟 사람이 예루살렘에 거한 모든 사람보다 죄가 더 있는 줄 아느냐? 너희에게 이르노니 아니라, 너희도 만일 회개치 아니하면 다 이와 같이 망하리라.(누가복음 13:4~5)
이에 비유로 말씀하시되, "한 사람이 포도원에 무화과나무를 심은 것이 있더니 와서 그 열매를 구하였으나 얻지 못한지라. 과원지기에게 이르되 '내가 삼 년을 와서 이 무화과나무에 실과를 구하되 얻지 못하니 찍어 버리라. 어찌 땅만 버리느냐?' 대답하여 가로되 '주인이여, 금년에도 그대로 두소서. 내가 두루 파고 거름을 주리니 이후에 만일 실과가 열면이어니와 그렇지 않으면 찍어 버리소서!' 하였다."하시니라(누가복음 13:6~9)

자 모세는 그 자리에 꿇어 엎드려 백성들을 용서해 주시기를 빌었다. 이스라엘의 불순종은 결국 지도자인 자신의 지도력 부족이므로 벌을 받을 자는 이스라엘이 아니라 자신이라는 심정으로 모세가 석고대죄(席藁待罪)를 하자 하나님께서 모세를 보시고 백성들을 용서하실 수밖에 없었다. 이스라엘을 멸망시킨 원수 앗수르의 수도 니느웨가 하나님의 심판을 받아 멸망하기를 기대하는 요나에게 하나님께서는 "이 큰 성읍 니느웨에는 좌우를 분변치 못하는 자가 십이만여 명이요 육축도 많이 있나니, 내가 아끼는 것이 어찌 합당치 아니하냐?"(요나 4:11)라고 반문하신다. 소돔과 고모라성을 향한 하나님의 진노와 심판의 비밀을 알게 된 아브라함은 어찌하든지 소돔과 고모라를 구원해내려고 최선을 다해 하나님께 매달려서 "의인 열 명만 있으면 용서하겠다."라는 약속을 받아냈고, 이스라엘의 멸망을 선포해야했던 예레미야는 눈물로 통곡하지 않을 수 없었다.

 부모는 자식이 아무리 못된 짓을 해도 포기하거나 죽도록 내버려 둘 수가 없다. 비록 자식이 끝까지 말을 듣지 않고 파멸의 길로 가고 있어도 그 자식이 돌이켜 돌아오기를 간절히 바라는 것이 부모의 심정이다. 하나님께서 외아들을 보내신 것은 세상을 심판하려 하심이 아니라 세상을 구원하려 하심이다.(요한복음 3:17) 자식이 스스로 파멸로 가는 것이지 부모는 어떤 경우에도 자식을 직접 죽이지 못한다. 스스로 죽음의 길로 가는 자식을 보면서 견딜 수 없는 심정으로 부모는 야단치고 타이르며 눈물로 호소한다. 그래도 듣지 않으면 부모가 택하는 마지막 수단은 자식을 위하여 대신 죽는 것이다. 성경은 이것을 말하고 있다. 예언자들의 타이름과 책망, 눈물은 하나님의 책망과 눈물의 호소였으며, 예수님의 죽으심은 자식을 살리기 위한 아버지의 대신 죽으심이었다. 이 세상을 향한 하나님의 심정이 이와 같다. 이런 하나님의 심정을 조금이라도 이해한다면 세상을 향해서 결코 종말 운운하며

'정죄'(定罪)할 수 없다.

정말로 구원받은 사람은 농부나 모세의 심정을 가진 사람이다. 이들은 자신이 살고 있는 이 시대에 종말이 온다면 그들과 같이 망할 수밖에 없다는 비장한 각오를 가지고 자신의 시대에 계약이 파기되지 않도록 발버둥치는 사람이다. 이는 마치 여객선의 선장과 같다. 수많은 사람의 생명을 책임진 선장이 "만일의 경우 배가 파선되어도, 나는 특별히 준비해 놓은 구명정을 타고 살아남을 수 있다."라는 생각을 가진다면 그는 선장으로서 최소한의 자격조차 없는 사람이다. 선장은 자신이 맡고 있는 배가 파선된다면 최선을 다해서 배에 탄 승객을 구명정에 태워 살려내고 자신은 그 배와 운명을 같이 한다는 각오가 있어야 한다. 하나님을 먼저 깨달아 안 사람들은 자신이 있는 가정, 지역, 그 사회라는 배의 방향타를 쥔 사람들이다. 따라서 계약의 사람들은 종국적인 신앙의 자세를 가지고 자신이 하나님을 보여주는 삶을 살지 못하면 나는 이 시대와 더불어 망할 수밖에 없다는 비장한 심정을 가져야 함은 물론이고, 세상의 멸망은 곧 내 책임이라는 자세로 세상의 죄와 싸워야 하는 사람들이다. 이런 '책임의식'을 가진 사람들이 세상의 빛이요 소금이 될 수 있는 최소한의 기본을 갖춘 사람들이다.

빛이 있는 곳에 어둠이 물러가듯이 그리스도인이 있는 곳에는 죄가 물러가야 한다. 그리스도인은 넘쳐나는데 세상의 죄가 그대로 있다면 기독교인들은 불이 꺼져버린 등잔과 같다. 불 꺼진 등잔은 아무리 많아도 어둠이 물러가지 않는다. 빛이 없기 때문이다. 등잔의 수가 중요한 것이 아니라 등잔에 불이 켜져 있는가의 여부가 더 중요하다.

이 땅에 교회가 넘쳐나고 있다. 어디를 가 봐도 교회없는 곳이 없고 도심에는 교회가 즐비하게 늘어서 있다. 또한 그리스도인의 비율이 전체 인구의 몇 할이 되었다고 자랑을 늘어놓고 있다. 그런데 세상의 죄는 날로 더 심해지고 있다. 무엇을 말하는가? 불이 꺼진 가짜들만 모여 있다는 얘기다. 가짜일수록 진짜와 흡사하게 보인다. 불이 꺼진 가짜일수록 구원에 대한 확신을 지나치게 강조하여 절대시 한다. 중세기의 어두움이 깊었을 때 면죄부라는 것을 교회에서 발매하면서 그것을 가진 사람들은 천국 직행표를 가진 것과 같다고 했다. 오늘도 교회는 면죄부를 팔아먹고 있다. "행위로 구원을 얻은 것이 아니라 믿음으로 구원을 얻는다."라는 구원의 확신을 심어주고 그 확신으로 죽은 후에 천국에 들어간다는 믿음을 가지게 하는 것이 그것이다. 이들은 변화된 삶을 언급하지 않고 구원의 확신을 강조하면서 교회와 예배중심의 신앙생활을 열심히 하면 건강과 물질의 축복이 주어진다고 말한다. 그러면서 세상의 죄 때문에 하나님의 심판과 종말이 임한다고 믿게 한다. 자신이 지금 하나님께서 심판하실 수밖에 없는, 용서받지 못할 불 꺼진 등잔이라는 것을 모르고 있다. "슬피 울며 이를 갊이 있으리라."라고 예수님께서 하신 말씀의 대상자들은 모두 스스로 구원을 받았다라고 착각을 했던 사람들이다.(마태복음 22:13, 24:51, 25:30, 누가복음 13:28)

구원받았다고 생각하면서 자신의 삶으로 하나님을 보여주지 못하는 사람은 기름 떨어진 등잔을 가진 어리석은 처녀와 같다. 구원의 증거는 구원받았다는 확신에 있는 것이 아니라 변화된 구원의 삶에 있다. 진짜 구원받은 사람은 변화된 삶을 살게 마련이다. 나무의 좋고 나쁨은 그 열매가 말해준다. 좋은 열매 맺지 못하는 나무는 절대로 좋은 나무일 수가 없다.

정말로 구원받은 사람은 "내가 하나님을 보여주는 삶을 살지 못해서 세상이 멸망하고 있다."라고 생각하며 가슴을 치고 통곡하며, "주님, 불쌍히 여겨 주시옵소서! 긍휼과 자비를 베풀어 주시옵소서!"라고 울부짖는 상한 심령을 가진 사람이다. 노아의 이야기, 롯의 이야기는 무엇을 말하는가? 노아가, 롯이 세상을 포기하지 않고 버티고 있는 한 하나님은 심판의 물과 불을 내릴 수 없다는 것을 말하고 있다.⁸⁾

신구약 중간기의 유대교인들이 500여 년 동안 세상에 대한 구원의 사명을 잊어버리고 자신들의 욕구를 채워줄 메시아를 기다리는 전혀 잘못된 메시아 신앙을 가졌듯이, 종말을 기다리는 우리 또한 세상에 대한 구원의 사명을 곡해하여 종말의 때를 기다리는 모순을 범하고 있다.

종말, 언제인가?
이는 구원받았다고 생각하는 자가 물을 수 있는 물음이 아니다. 구원받은 사람은 세상의 멸망을 자신의 책임으로 느끼며 단지 세상의 멸망을 막는 데에 관심을 가지기 때문이다. 주님께서는 지금도 이렇게 탄식하신다.

인자가 올 때에 세상에서 믿는 자를 보겠느냐!(누가복음18:8)

하나님, 왜 사람이 되시었나?

예수님의 제자 중에 빌립이라는 사람이 있었다. 예수님께서 하늘에 계신 하나님을 아버지라 부르며 그분에 대하여 늘 말씀하시는 것을 듣고 있던 빌립은 예수님께 "하나님에 대하여 그렇게 말씀으로만 하지 마시고 직접 보여주십시오."라고 요청했다. 그러자 예수님께서는 "빌립아, 내가 이렇게 오랫동안 너희와 같이 있었는데 아직 내가 누구인

---

8) 그(천사)가 그(롯)에게 이르되 "내가 이 일에012 네 소원을 들었은즉 너의 말하는 성을 멸하지 아니하리니 그리로 속히 도망하라. 네가 거기 이르기까지는 내가 아무 일도 행할 수 없노라." 하였더라.(창세기 19:21~22)

지 모르느냐? 누구든지 나를 본 사람은 아버지를 본 것이다. 그런데도 너는 아버지를 보여 달라고 하느냐?"(요한복음14:9, 현대어성경)라고 하셨다.

예수님은 누구이신가? 위의 본문을 비롯하여 빌립보서9) 등에 의하면 예수님은 보이지 않는 하나님의 보이는 형상 즉 사람이 되신 하나님이시다. 그렇다면 하나님께서는 왜 사람이 되셨을까?

여러 가지 대답이 있을 수 있지만 '하나님을 보여주시기 위하여'가 주요 목적이다.10) 왜냐하면 유한한 인간이 보이지 않는 무한한 하나님을 이해한다는 것이 쉽지 않기 때문에, 하나님께서 직접 사람의 삶을 사시면서 하나님이 어떤 분이신지 또 인간이 어떻게 살아야 하는지, 즉 구원에 이르는 길이 무엇인지를 직접 사람들에게 보여주신 것이다.

세상에는 수많은 종류의 신들이 있다. 그런데 성경의 하나님은 다른 문화와 종교의 신과는 판이하게 다르다. 시내산계약법을 통하여 하나님과 우상종교의 신들이 어떻게 다른 지를 「하비루의 길」에서 이미 보았다. 계약법을 통하여 당신을 계시하셨던 하나님은 예수님을 통하여 직접 당신을 보여주셨다. 따라서 복음서에 기록된 예수님의 행적들은 모두 하나님 그분은 어떤 분이신가를 구체적으로 보여주고 있다.

왜 하나님께서 사람이 되셨을까?

사람들로 하여금 하나님을 바로 알고 구원에 이르게 하기 위함이다.

---

9) 너희 안에 이 마음을 품으라. 곧 그리스도 예수의 마음이니, 그는 근본 하나님의 본체시나 하나님과 동등됨을 취할 것으로 여기지 아니하시고, 오히려 자기를 비어 종의 형체를 가져 사람들과 같이 되었고, 사람의 모양으로 나타나셨매 자기를 낮추시고 죽기까지 복종하셨으니, 곧 십자가에 죽으심이라.(빌립보서 2:5~8)

10) 본래 하나님을 본 사람이 없으되 아버지 품속에 있는 독생하신 하나님이 나타내셨느니라.(요한복음 1:18)

물음 05
왜 마구간, 말구유인가?

인구를 조사하기 위하여 호적을 다시 정리하라는 로마제국 황제의 명령에 따라 요셉은 아내를 이끌고 원적지인 베들레헴을 찾아갔다. 여관을 찾아 쉴 자리를 찾은 것을 보면 베들레헴이 조상들의 고향이기는 했지만 찾아가서 하루 저녁 잘만한 친인척조차 없었던 모양이다. 마침 여관들이 만원이어서 잠잘 자리를 찾지 못한 요셉은 할 수 없이 아내 마리아와 함께 어느 여관의 마구간에서 하루 저녁을 보내게 되었다. 그런데 하필 그날 저녁 만삭이던 마리아가 해산을 했다. 마리아와 요셉은 아기 예수님을 뉠 자리가 없어 빈 구유를 가져다가 마른 풀을 깔고 예수님을 강보에 싸서 뉘였다. 예수님은 이렇게 태어나셨다. 우리는 예수님 탄생에 얽힌 이런 이야기를 익히 알고 있다.

예수님께서 마구간에서 태어나셔서 구유에 누우신 것은 우연히 일어난 일일까? 결코 우연이 아니다. 하나님의 치밀한 계획 속에서 일어난 일이다. 하나님께서 당신의 뜻을 성취하시기 위하여 일하시는 방식은 관련된 사람들조차 알지 못하는 사이에 당신의 뜻을 섭리로 이루어 가신다. 요셉은 이런 저런 이유 때문에 베들레헴을 방문했고, 여관에 빈 방이 없어서 할 수 없이 마구간에서 하루저녁을 자야 했지만 하나님께서는 비명시적인 방식으로 개입하고 계셨다. 하나님께서 인간이 되시는 일은 창조에 비할 바가 아니다. 이보다 더 큰 일이란 있을 수 없다. 언제, 어떻게, 어떤 모습으로 인간으로 오실 것인가에 대하여 아무런 계획없이 우연에 맡기셨을 리가 없다. 더 나아가서 전지전능하신 역사의 주관자 하나님께 우연이란 있을 수가 없다. 창조의 경우에도 "우리가 우리의 모양과 형상을 따라 사람을 만들자."라고 계획하셨던 하나님께서, 친히 인간이 되어 오실 때에 아무런 계획이 없으셨을까?

전환기5 때가 찼고

아니다. 더 치밀한 계획을 세우셨다. 더구나 예수님의 탄생은 사람의 모습으로 당신을 계시하시는 '첫 모습'이므로 대단히 중요하다. 즉 하나님께서 사람으로 보여주신 첫 모습은 마구간에서 나셔서 구유에 누우신 모습이다.

이런 탄생이 우연이 아니라 특별한 계획에 의한 것이었음은 천사를 통해서 예수님 탄생의 기쁜 소식을 전하신 데에서도 잘 나타난다. 한밤에 양을 치던 목동들에게 성탄의 소식을 전하는 천사들은 태어나신 아기 예수님께서 메시아라는 증거가 '마구간에서 태어나 구유에 누워 계심'이라고 했다.(누가복음 2:12) 예수님의 탄생의 소식을 처음 듣고 방문한 대상도 우연이 아니다. 하나님께서는 특별한 사람들을 초청하셨다. 그런데 그들은 목동들이었다. 왜 목동들이었을까? 당시 유대인의 사회에서 목동들은 특별한 '죄인' 취급을 받고 있던 죄인의 대명사 중 하나였다.

그렇다면 예수님께서는 왜 하필이면 마구간에서 태어나셔서 구유에 누우셨고 죄인들을 그 자리에 특별히 초청하셨으며, 왜 그 모습이 메시아의 표적일까? 두 가지로 대답할 수 있다.

첫째, 구원의 대상은 죄인이다.

하나님께서는 죄인을 불러 구원하러 인간으로 오셨다. '예수님'이라는 함자(銜字)의 뜻은 '자기 백성을 저희 죄에서 구원하실 자'(마태복음 1:21)이시며, 죄인을 구원하기 위하여 죄인의 모습으로 오셨다. 당시 유대인의 기준에 의하면 마구간에서 태어나 구유에 누워있는 모습은 죄인의 표상이다. 죄인의 모습으로 오셔서 죄인들을 첫 방문객으로 초청하셨다.

둘째, 하나님의 존재양식이다.

마구간, 구유는 인간이 태어날 수 있는 가장 낮고 천한 자리이다. 왜 그런 자리를 당신이 계시는 첫 무대로 보여주셨을까? 이는 하나님의 존재양식이 어떠함을 보여주기 위함이다. 하나님께서 가장 높은 곳에 계신다고 함은 곧 하나님께서는 가장 낮은 곳에 계신다는 말과 같다. 하나님은 가장 낮은 곳에 계시기에 가장 높은 곳에 계시며, 하나님께 있어서 가장 낮은 곳이 곧 가장 높은 곳이다. 그분에게 있어서 알파는 곧 오메가이며 처음은 나중이다. "인자가 온 것은 섬김을 받으려 함이 아니라 도리어 섬기려 하고"(마태복음 20:28), "누구든지 자기를 높이는 자는 낮아지고 누구든지 자기를 낮추는 자는 높아지리라."(마태복음 23:12)는 등의 말씀은 무슨 윤리와 도덕의 교훈이 아니라 하나님의 존재양식을 표현하는 말씀들이다.[11]

그러기에 하나님께 가까이 다가간 사람, 하나님을 닮은 사람들은 낮아진다. 낮아지지 않고서는 그분을 뵈올 수 없기 때문이다. 겸손이 그리스도인의 가장 큰 덕목인 이유는 여기에 있다.

예수님의 모습은 곧 사람으로 오신 하나님의 모습이다. 예수님을 통하여 나타나신 하나님께서 인간에게 당신을 처음으로 보여주신 첫 모습은 무엇이었나?

마구간, 말구유

하나님의 존재양식이며, 인간이 어떤 삶을 살아야 하는지를 잘 보여주는 장면이다.

---

11) 이런 표현들은 '양 극단의 만남'인데, 성경에서 사용하는 표현방식의 두드러진 특징이며 이러한 사고를 '곡선적 사고'라고 할 수 있다. 처음과 나중, 알파와 오메가의 만남, 낮아짐과 높아짐, 섬김과 섬김 받음, 죽음과 삶 등의 양극단이 만나기 때문이다.

물음
06 왜 예수님께서 세례를 받으셨나?

시골 나사렛에서 목수 일을 하시면서 조용히 때를 기다리시던 예수님께서는 세례요한이 요단강 가에서 회개를 선포하며 사죄의 증표로 세례를 베푸는 것을 지켜보시면서 당신의 때가 왔음을 아시고 그를 찾아가셨다. 세례요한의 관심은 자신에게 몰려오는 군중들에게 있지 않았다. 자신의 사명이 무엇인지를 잘 알고 있던 그는 누군가를 기다리고 있었다. 오시기로 약속된 메시아, 그분의 길을 준비하며 사람들에게 그분을 소개하는 일이 요한에게 주어진 사명이었다.

그러던 어느 날 드디어 그분이 오셨다. 그런데 뜻밖에도 가장 작고 초라한 모습으로 나타나신 그분은 세례요한에게 세례를 베풀어 줄 것을 요구했다. 놀란 세례요한은 말했다. "내가 당신에게 세례를 받아야 할 터인데 당신이 내게로 오시나이까?" 주님께서는 조용히 말씀하셨다. "이제 허락하라. 우리가 이와 같이 하여 모든 의를 이루는 것이 합당하니라."(마태복음 3:15)

세례는 죄사함의 증표다. 그런데 왜 예수님께서는 세례를 받으셨을까? 예수님께서도 우리와 같이 죄가 있으셔서 죄사함을 위한 세례가 필요하셨을까? 예수님은 하나님께서 인간의 몸을 입고 오신 분이시므로 죄가 없으시기 때문에 세례를 받으실 필요가 없다. 그런데 왜 세례를 받으셨을까? 또 요한은 메시아의 길을 준비하면서 왜 세례를 주었을까?

1. 새로운 속죄제도

구세주의 선구자로 온 세례자 요한은 구세주께서 오시는 길을 '세례'로 준비했고, 이것을 지켜보시던 예수님께서는 당신의 때가 왔음을 아셨을 뿐만 아니라 세례를 직접 받으셨고 또 공생애 활동 중에 세례를 주셨다. 이런 사실은 '세례'가 특별한 의미를 지니고 있음을 말한다. 그렇다면 세례는 도대체 무엇을 말하는 것일까?

'세례'는 구약의 속죄제도를 완성시키는 새로운 제도라고 할 수 있다. 구약에서는 죄를 지을 때마다 소나 양과 같은 짐승에게 죄를 전가시켜 대신 죽게함으로써 죄를 용서받았다. 그런데 이제 그런 동물제사가 아닌 새로운 속죄방법으로 죄를 용서받는 길이 열렸으니 세례가 그것이다. 예수님께서 예루살렘 성전에 가셨다가 제사장들이 동물제사 제도를 악용하여 폭리를 취하는 것을 보시고 노끈으로 채찍을 만드셔서 짐승들을 내리치셨고 환전상들의 상자를 뒤엎으신 후 반발하는 성전당국자들에게 "성전을 헐어버려라. 내가 다시 세우리라."라고 하셨다. 이는 단지 제도의 악용에 대한 책망만이 아니라 성전과 제사를 대체하는 새로운 제도를 만드시겠다는 선언이었다. 예수님께서 공생애 기간 동안 제자들을 데리고 다니시다가 속죄를 위한 번제를 드리셨다는 기록이 없는 이유는 옛 속죄제도를 세례로 완성시키셨기 때문이다.

2. 새로운 속죄 제물

옛 속죄제도의 제물은 동물이었지만 새 속죄제도의 제물은 예수님, 즉 하나님 당신 자신이었다. 인간의 죄를 용서하시기 위하여 하나님께서 친히 대신 죽으셨으니 이는 부모가 자식을 살리기 위하여 자신을 희생시키는 것과 같은 이치다. 이를 위하여 하나님께서는 인간이 되셔서 인간의 삶을 사시다가 인간으로서 십자가의 죽음을 죽으셔야 했다. 이는 동물제사의 단순한 폐지가 아니라 그 의미의 완성이다.

이런 이유로 세례 요한은 예수님을 '세상 죄를 지고 가시는 하나님의 어린양'이라고 했고(요한복음 1:29), 예수님께서도 "내가 땅에서 들리면 모든 사람을 내게로 이끌겠노라."(요한복음12:32) 라고 하셨다.

성경에서 말하는 메시아는 당신 자신을 속죄의 제물로 드림으로써 인간의 죄의 문제를 해결하는 죄인의 구세주이시다.

3. 참인간의 길

인간이 어떻게 살아야 하는가? 이에 대하여 수많은 현자(賢者)들이 온갖 방법들을 말했다. 이에 대한 성경의 대답은 '하나님처럼' 즉 하나님을 닮은 삶이 가장 현명한 삶이다. 그렇다면 하나님처럼 살기 위해서는 무엇을 어떻게 해야 하나?

하나님처럼은 곧 '예수님처럼' 이다. 예수님은 하나님처럼의 삶을 보여주신 하나님의 자기형상이기 때문이다. 예수님의 모든 삶이 하나님을 보여주고 있는데 세례받으시는 모습에서도 그 특징이 잘 나타나고 있다. 그 몇 가지를 살펴보면 다음과 같다.

❶ 이와 같이

세례 주기를 거부하는 요한에게 주님께서는 "이제 허락하라. 우리가 이와 같이하여 모든 의를 이루는 것이 합당하니라."(마태복음 3:15)라고 말씀하시고 세례를 받으셨다. 죄인을 구원하러 오신 주님은 하나님께서 만드신 새로운 속죄제도인 세례에 참여하심으로써 구세주의 사역을 시작하셨다. 즉 하나님께서 정하신 법을 지키신 것이다. 주님께서 말씀하신 '이와 같이하여'는 '하나님께서 만드신 법을 지킴으로써'라는 의미가 된다.

하나님께서는 세상을 만드시고 법(法)의 지배를 받게 하셨다. 우주 공간의 수많은 행성들, 자연세계의 만물은 정해진 법에 따라 질서와 조화를 이루고 있다. 이런 법의 지배를 벗어나려는 시도나 기적과 같은 초자연적인 현상에 치중하는 신앙은 하나님의 법에 어긋난다. 하나님에 대한 올바른 신앙은 하나님께서 만드신 법을 존중하며 지키는 데에 있다. 기적을 추구하는 신앙은 타락한 인간의 본성에서 비롯된 것이다.

> 그 때에 서기관과 바리새인 중 몇 사람이 말하되 선생님이여 우리에게 표적 보여 주시기를 원하나이다. 예수께서 대답하여 가라사대 악하고 음란한 세대가 표적을 구하나 선지자 요나의 표적밖에는 보일 표적이 없느니라.(마태복음 12:38~39)

❷ 무릎 꿇고

세례를 받기 위해서는 사람 앞에 무릎을 꿇어야 한다. 사람 앞에 무릎을 꿇지 못하는 자는 하나님 앞에 무릎을 꿇지 못하며, 보이는 사람을 섬기지 못하면 보이지 않는 하나님을 섬길 수 없다. 예수님께서 세례를 받으시면서 보여주신 모습은 사람 앞에 무릎을 꿇으시는 모습이다. 예수님께서는 하나님의 자기형상이므로 이는 사람 앞에 무릎을 꿇으시는 하나님의 모습이다.

주님은 사람 앞에 무릎 꿇는 것으로 공생애를 시작하셨으며, 공생애의 마지막 역시 제자들 앞에 무릎을 꿇고 그들의 발을 씻기시는 것으로 마치셨다.(요한복음13:1~17)

❸ 성령님이 임하시며

죄인의 모습으로 오셔서 사람 앞에 무릎을 꿇고 죄인의 세례를 받으시고 올라오실 때 하늘이 열리고 성령님께서 비둘기처럼 임하셨다. 하나님의 영은 누구에게 임하는가? 그 영을 받으려면 무엇을 어떻게 해야 하는가? 그 대답은 세례를 받으시는 예수님의 모습에 담겨 있다. 물이 낮은 곳으로 흐르듯이 성령님은 낮아져있는 사람에게 임하신다. 이는 하나님께서 만드신 '법'(法)이다.

❹ 하늘의 음성

예수님께서 '이와 같이' 하셨을 때 성령님이 임하셨을 뿐만 아니라 "이는 내 사랑하는 아들이요 내 기뻐하는 자라."(마태복음 3:17)라는 하늘의 음성이 들려왔다. 이 음성은 무엇을 말하는가?

저가 지금 보여준 것이 바로 내 모습이다.

물음 07 마귀의 시험, 무엇을 말하는가?

> 그 때에 예수께서 성령님에게 이끌리어 마귀에게 시험을 받으러 광야로 가사……(마태복음 4:1)

세례를 받으신 예수님께서는 광야에 나가 40일 동안 금식하시면서 마귀에게 시험을 받으셨다. 그런데 본문에서는 이 일이 우연히 일어난 것이 아니라 성령님의 인도하심, 즉 하나님의 특별한 계획에 따른 것이라고 말한다. 왜 예수님께서는 마귀에게 시험을 받으셔야 했을까?

예수님의 이름의 뜻은 '자기 백성을 저희 죄에서 구원하실 분'이며 (마태복음 1:21) 예수님께서 오신 목적은 인간의 '죄'의 문제를 해결하시기 위함이다. 여기서 말하는 '죄'는 윤리, 도덕, 사회적인 차원의 죄가 아니라 종교적인 차원의 죄 즉 인간의 타고난 심성인 원죄를 말한다.

그런데 이 죄의 세계를 지배하는 세력이 사탄(마귀, 귀신, 악마)이다. 따라서 예수님께서 인간의 죄의 문제를 해결하려면 초반에 죄의 세력을 지배하는 악마와 부딪힐 수밖에 없었다. 인간을 죄의 노예 상태에서 풀어주시려면 죄의 권세를 가진 악마와의 정면 대결에서 먼저 승리를 거두시는 것이 순서에 맞는 일이다. 마귀와의 대결은 이것을 의미한다. 그렇다면 마귀와 무슨 대결을 하셨을까? 그 구체적인 내용은 마귀의 시험과 그에 대한 예수님의 대응에서 찾아볼 수 있다. 이를 간략히 살펴보면 다음과 같다.

먼저 마귀가 예수님을 시험한 것은 돌이 떡이 되게 하며, 성전 꼭대기에서 뛰어내리라는 것이었다. 이런 기적을 행함으로써 하나님의 아들이라는 사실을 증명하라는 것이다. 마귀는 왜 이런 유혹을 했을까? 마귀의 이런 시험은 유대교의 배경에서만 이해가 된다. 유대인들은 바벨론 포로 이후 500여 년 동안 메시아를 기다리고 있었다. 이들이 기대한 메시아는 앗수르, 바벨론, 파사, 그리스, 로마로 이어지는 대제국의 식민통치로부터 이스라엘을 해방시킬 뿐만 아니라 반대로 이스라엘을 대제국으로 만들어 온 세상을 지배하게 할 유능한 통치자로 생각하고 있었다. 마귀가 예수님에게 하나님의 아들이라는 것을 증명하기 위하여 기적을 행하라는 유혹은 바로 이런 유대인의 메시아가 되어라, 그러면 온 세상을 다스릴 권세를 주겠노라는 뜻이다. 이에 대하여 예수님은 일언지하에 거절하셨다.

마귀와 예수님과의 대적은 이것으로 끝난 것이 아니다. 그 이후에 전개되는 예수님의 사역은 사실 마귀와의 싸움이라고 할 수 있는데, 여기 광야에서는 마귀와 직접 부딪히셨지만 이후로는 유대교 지도자들 즉 유대교와의 대립으로 이어졌다. 유대인들은 예수님을 다윗의 자손이라 부르며 자신들이 생각하는 유대교 메시아가 되어 온 세상을 지배하고 다스리는 왕이 되기를 기대했다. 따라서 왜곡되어진 유대교신앙은 마귀의 충실한 무기가 된 셈이다.

그러면 유대인의 메시아이기를 거부한 예수님은 어떤 길을 가셨나?

죄인의 메시아.

예수님은 죄인을 구원하시는 '죄인의 메시아'로서 왕이 아닌 종의 길을 가셨다. 복음서는 유대인의 메시아와 죄인의 메시아, 이 두 메시아의 대립의 관계로 진행되고 있다. 이것이 복음서 이해의 핵심이다.[12]

물음 08 왜 갈릴리로 가셨는가?

세례를 받으신 예수님께서는 성령님의 인도하심을 따라 광야에 나가 40일을 금식하시면서 악마와 정면 대결을 벌이셨다. 이 과정을 마치신 다음에 구체적으로 인간을 죄로부터 구원해내는 구세주의 사역을 시작하셨는데, 그 장소는 다른 곳이 아닌 갈릴리 지역이었다.(마태복음 4:15~17) 〈그림 4〉에서 보는 바와 같이 당시 이스라엘은 북부 갈릴리와 남부 유다, 가운데의 사마리아 등 세 지역으로 나뉘어져 있었다. 예수님께서 보내신 공생애 기간은 삼 년 남짓이었는데, 갈릴리 지역에서 복음 사역을 시

〈그림4 : 이스라엘의 세 지방〉

---

12) 이 책에서는 유대인들이 신구약 중간기에 대망하던 메시아를 '유대인의 메시아'로, 이를 거부하며 죄인을 구원하시는 사역을 하시던 예수님을 '죄인의 메시아'로 구분하여 사용하고자 한다. 복음서에는 이 두 메시아관이 서로 대립하고 있다.

작하셨을 뿐만 아니라 대부분의 공생애 기간을 그곳에서 보내셨다. 즉 갈릴리 지역을 중심으로 활동하신 것이다.

그런데 세 지역 가운데 왜 갈릴리 지역에서 사역을 시작하셨을까? 우연일까? 이 또한 결코 우연이 아니다. 예수님의 탄생의 시기와 장소, 구원사역을 시작하시는 시점 등을 비롯하여 앞으로 살펴볼 예수님의 활동은 치밀한 계획 속에서 진행되어졌다. 아무런 계획 없이 활동하시다가 우연히 유대인들에게 희생당하신 것이 아니다.

왜 갈릴리로 가셨을까?
이 물음에 대한 대답은 앞에서도 지적한 바와 같이 구약성경의 역사적인 맥락을 알아야 비로소 이해가 가능해진다. 배경에 대한 지식이 없으면 이런 물음이 물어지지도 않고 또 아무런 의미가 없다. 그러나 배경을 알고 나면 예수님께서 갈릴리로 가신 것은 대단히 큰 의미를 가지고 있음을 발견하게 된다.

왜 갈릴리로 가셔서 그 지방을 중심으로 활동하셨을까?

1. 구원의 대상

갈릴리 지역의 특징은 이스라엘의 양식 창고라는 데에 있다. 북쪽에 있는 2,814m의 헬몬산에서 만년설이 녹아 흘러내리는 요단강을 수원지로 하는 갈릴리 호수 주변은 울창한 숲을 이루고 있으며 이스라엘에서는 다시 찾아볼 수 없는 곡창지대다. 갈릴리 호수를 중심으로 농업과 목축, 어업이 발달하여 이스라엘의 양식창고 역할을 했으므로 여기에 거주하는 사람들의 대부분은 농부와 어부들이었다. 예수님 당시의 갈릴리 지역에 사는 사람들은 가난한 자들, 즉 죄인들이었다. 왜냐하면 이스라엘의 정치, 경제, 교육, 종교의 중심지는 유다지역의 예루살렘이었고, 여기에 사는 사람들이 갈릴리 지역의 대부분의 땅들을 소유하고 있어서 갈릴리 지역의 사람들은 소작농에 불과했기 때문이다. 농사나 목축에 종사하는 사람들은 대부분 부재지주인 예루살렘 사람들의 땅에서 농사를 지으며 가축들을 돌보고 있었다. 「하비루의 길」 마지막 부분에서 살펴본 바와 같이 서기관-바리새 종교는 이런 양극화된 체제를 신앙적으로 뒷받침하고 있었다. 유대교 신앙에 의하면 소작농으로 남의 땅을 일구거나 남의 양을 치면서 가난하게 살아가는 농사꾼이나 목동들은 하나님께서 버린 죄인들에 불과했다. 하나님께 죄를 지었기 때문에 대대손손 가난에 시달리며 살고 있다는 것이다. 가난하면 무식해지고 여러 가지 질병에 시달리게 마련이다. 이렇게 배우지 못하고 가난하게 살다가 병든 사람들은 다 죄인으로 취급받고 있었다.

의인-죄인 도식은 단순히 신앙적인 구분만이 아니라, 경제적, 사회적인 구분이기도 했다. 죄인들이 사는 갈릴리 지역은 가난한 사람들이 모여들었고, 의인들이 사는 유다 지역, 특히 예루살렘은 죄인들이 발붙일 수 없는 땅이었다. 예수님 당시의 이스라엘은 신앙적으로 의인-죄인으로 양극화된 사회일 뿐만 아니라 경제적으로도 양극화되어 있었다.

사람들의 마음과 이스라엘의 사회 현실을 꿰뚫어 보시는 예수님께서 갈릴리 지역으로 가신 것은 우연이 아니다. 마태복음에서는 예수님께서 갈릴리로 가신 것은 치밀한 계획일 뿐만 아니라 구약 예언의 성취로 설명하고 있다.

> 스불론 땅과 납달리 땅과 요단 강 저편 해변 길과 이방의 갈릴리여! 흑암에 앉은 백성이 큰 빛을 보았고 사망의 땅과 그늘에 앉은 자들에게 빛이 비취었도다!(마태복음 4:15-16)

예수님 당시 죄인들은 갈릴리 지역에 모여 살고 있었다. 죄인을 구원하러 오신 죄인의 메시아인 예수님께서 오신 목적을 이루시기 위하여 죄인들이 있는 곳으로 가시는 것은 당연한 일이다.

왜 갈릴리로 가셨는가?

갈릴리는 구원의 대상인 죄인들이 모여 사는 곳이기 때문이다.

2. 계약의 대상

예수님께서는 옛계약을 완성시키는 새계약을 맺으러 오셨다. 다음의 성경구절은 이것을 잘 보여준다.

> 내가 율법이나 선지자나 폐하러 온 줄로 생각지 말라. 폐하러 온 것이 아니요 완전케 하려 함이로다.(마태복음 5:17)

예수님께서 오신 목적은 이스라엘 사람들이 실패한 옛계약을 완성시키러 오셨다. 앞에서 본 바와 같이 이것은 이미 예레미야가 예고했던 사실이다.(예레미야 31:31) 계약은 쌍방의 일이기에 계약을 맺으려면 계약의 대상이 있어야 한다. 갈릴리는 새계약의 대상들인 죄인들이 모여 사는 곳이다.

왜 갈릴리로 가셨는가?

예수님과 계약을 맺을 대상들이 모여 있는 곳이기 때문이다.

3. 죄인의 하나님

구약의 하나님은 하비루의 하나님이시다. 구약(옛계약)에서 하나님과 계약을 맺으신 대상들이 하비루였기 때문이다. 시내산계약법은 계약의 대상인 하비루들을 위한 하비루의 법이었고, '하비루의 하나님'이 구약의 하나님이다. 그런데 이제 신약의 하나님은 죄인의 하나님이시다. 신약(새계약)의 대상이 죄인이기 때문이다. 따라서 신약(새계약의 법)의 예수님의 말씀들은 죄인을 위한 죄인의 법이다. 예수님을 통하여 나타나신 하나님은 죄인에게만 하나님이 되어주신다. 하나님을 모시려면 죄인이어야 한다. 자신이 용서받아야 할 죄인임을 알아야 한다.

신약의 하나님은 누구의 하나님이신가?

죄인의 하나님이시다.

죄인의 하나님!
죄인의 하나님!

4. 죄인을 통해서 일하시는 하나님

시내산계약의 중재자인 모세는 애굽의 왕궁에서 왕자의 자격으로 왕자의 교육을 받고 자랐지만 고센땅의 하비루를 위한 사역을 하기 위해서는 그 역시 하비루의 하나가 되어야 했다. 하비루의 하나님께서는 하비루를 통하여 일하시기 때문이다. 이를 위하여 모세는 미디안 광야에 보내져서 40년 동안이나 양을 돌보는 양치기가 되어야 했다.

죄인들과 새로운 계약을 맺으러 죄인의 모습으로 오신 예수님께서 '갈릴리 사람', '나사렛 목수', '무학자', '세리와 죄인의 친구'로 불리시며 죄인들과 같이 계신 것은 결코 우연이 아니다. 하비루의 하나님께서 하비루를 위하여 하비루를 통하여 일하셨듯이 죄인의 하나님께서는 죄인을 구원하시기 위하여 죄인을 통하여 일하신다. 하나님께 쓰임 받는 도구가 되려면 먼저 자신이 쓸모없는 죄인에 불과함을 철저하게 깨달아야 한다.

죄인의 하나님은 누구를 통해서 일하시나?

죄인을 통해서 일하신다.

5. 12제자들 – 죄인들

예수님께서 선택하신 12제자의 면면을 살펴보면 대부분 갈릴리 출신이며 지극히 보잘 것 없는 사람들 이다. 수제자인 베드로는 글을 모르는 무학자였다. 왜 이런 사람들을 제자로 선택하셨을까? 우연일까? 예수님 주변에는 그런 사람들 밖에 없어서였을까?

결코 우연이 아니다. 예수님 주변에 똑똑하고 배움이 있는 젊은이들이 없어서도 아니다. 의도적으로 그런 제자들을 선택하셨다. 12제자 선택을 앞두고 밤을 새워 기도하며 고심하시는 모습을 복음서에서 찾아볼 수 있다.

예수님께서 그런 제자들을 선택하신 이유는 단순하다. 신약의 하나님께서는 죄인의 하나님이시며 죄인을 통해서 죄인을 구원하시기 때문이다. 죄인을 불러 구원하러 오신 예수님께서 죄인의 땅인 갈릴리로 가셔서 죄인의 아들들을 선택하여 제자로 삼으신 것은 당연한 일이다.

죄인들만이 예수님의 제자가 될 수 있다.

예수님의 제자가 되려면 자신이 죄인임을 알아야 한다.

이 사실을 깨달아 안 만큼 그분의 제자가 된다.

예수님께서 오신 목적은 무엇인가?

갈릴리 바닷가에서 사역을 시작하신 예수님은 그곳에서 고기잡이하는 젊은이들을 중심으로 몇 명 불러 모으시고 제자를 삼으셨다. 어느 날 이들을 데리고 당신의 고향 나사렛을 방문하셨다가 마침 안식일이 되자 제자들을 데리고 안식일 회당 모임(예배)에 참석하셨다. 당시의 회당 모임에서는 설교자가 지정되어 있지 않고 참석자 중에서 아무나 나가서 성경(구약)을 찾아 읽을 수 있었다. 이런 순서가 되자 예수님께서 나가셔서 이사야 61:1~2절을 찾아 읽으셨다.[13]

"주님의 성령님이 내게 임하셨으니, 이는 가난한 자에게 복음을 전하게 하시려고 내게 기름을 부으시고 나를 보내사 포로된 자에게 자유를, 눈먼 자에게 다시 보게 함을 전파하며 눌린 자를 자유케 하고 주님의 은혜의 해를 전파하게 하려 하심이라."(누가복음 4:18~19)

예수님께서 이 구절을 찾아 읽으시자 회당은 일순 조용해졌다. 이 말씀은 메시아(구세주)에 대한 예언이며, 메시아가 오셔서 선포할 말씀이었기 때문이다. 어리둥절해진 고향 사람들에게 예수님은 이렇게 말씀하셨다.

이 글이 오늘날 너희 귀에 응하였느니라.(누가복음 4:21)

예수님께서 이 말씀을 하시자 회당은 소란해지기 시작했다. 신구약 중간기 500여년을 보내면서 이스라엘 사람들은 메시아를 기다리고 있었다. 바벨론 포로생활에서 귀환한 이스라엘 사람들은 하나님께서 초인적인 메시아를 보내셔서 이스라엘로 하여금 온 세상을 다스리는 나라가 되게 하리라는 믿음을 가지고 있었다. 이스라엘을 지배하던 나라들인 페르시아, 헬라, 로마 등의 나라를 정복하는 위대한 왕 중의 왕으로 오실 메시아는 아무도 알지 못하는 곳에서 홀연히 나타나시리라고

---

13) 예수님께서 찾아 읽으신 이사야 61:1~2은 다음과 같다. "주 여호와의 신이 내게 임하셨으니 이는 여호와께서 내게 기름을 부으사 가난한 자에게 아름다운 소식을 전하게 하심이라. 나를 보내사 마음이 상한 자를 고치며 포로된 자에게 자유를, 갇힌 자에게 놓임을 전파하며 여호와의 은혜의 해와 우리 하나님의 신원의 날을 전파하여 모든 슬픈 자를 위로하되."
이 본문을 인용한 누가복음 4:18~19절을 비교해보면 차이가 나는 것을 알 수 있다. 그 이유는 현재의 구약성경의 사본은 마소라 본문이고, 누가복음이 인용한 본문은 70인역(그리스어 성경)이기 때문이다. 가장 두드러진 차이는 '우리 하나님의 신원(伸寃)의 날'이 누가복음에는 빠져있다는 점인데, 이는 역사적으로 깊은 의미를 지닌다. 이 구절은 하나님께서 하비루들의 한을 풀어주시는 것을 뜻하는데, 이 책 후반부에서 만나게 될 계약의 파기와 그로 인한 세계적인 대 재앙이 그것이다. 주님께서는 이런 일이 일어나기를 원치 않으셨다.

굳게 믿고 있었다. 그런데 자기들과 같은 동네에서 태어나 목수 일을 하면서 살던 사람, 배움이 없는 지극히 평범한 가난한 사람, 그가 메시아라는 사실을 나사렛 사람들은 도무지 인정할 수가 없었다. 소동을 피우는 사람들에게 다시 말씀하셨다.

> 내가 진실로 너희에게 이르노니 선지자가 고향에서 환영을 받는 자가 없느니라.(누가복음 4:24)

복음서에 나타난 예수님의 활동을 보면 우연히 진행되고 있는 사건은 하나도 없다. 예수님은 고향 나사렛을 찾아가시기 이전부터 이런 일들을 미리 예상하셨다. 그러면서도 의도적으로 고향의 회당을 제자들과 찾으셨고, 이사야에 기록된 말씀을 찾아 읽으셨다. 그렇다면 왜 예수님은 이 일을 하셨을까? 예수님께서 나사렛 회당에서 하시는 일의 의도는 무엇인가?

'메시아 취임식'이라고 할 수 있다. 이 사건은 예수님의 사역 초기에 일어난 일이다. 예수님은 제자들 몇 명을 데리고 고향으로 가셔서 메시아 취임식을 하신 것이다. 제자들도, 고향 사람들도 무슨 일이 일어나고 있는지를 몰랐다. 그럼에도 불구하고 예수님은 메시아 취임식을 강행하셨고, 예수님께서 찾아 읽으신 이사야서는 메시아 취임사에 해당되므로 예수님께서 메시아로서 하시고자 하는 목적을 잘 드러내고 있다. 누가복음 4장 18~19절에 인용된 메시아 취임사에 나타난 목적을 다음 몇 가지로 생각해 볼 수 있다.

1. 가난한 자들에게 복음을 전하셔서

주님의 성령님이 내게 임하셨으니, 이는 **가난한 자에게 복음을 전하게 하시려고**

이 말씀을 통하여 복음의 대상은 가난한 자들이라고 선포하셨다. 여기서 말하는 '가난한 자'란 단순히 경제적인 가난만을 말하는 것이 아니다. 신구약 중간기라고 일컬어지는 유대교, 즉 서기관-바리새 종교에 의해 죄인으로 낙인찍힌 사람들을 말한다. 의인과 죄인으로 양분된 예수님 당시의 유대교 사회에서 '죄인'의 부류들을 통칭 가난한 자라고 했다. 이들은 「하비루의 길」 마지막 부분에서 본 바와 같이 신하비루 계층이라고 할 수 있다. 구약의 하비루들은 사람들로부터 버림받은 사람들이며, 그 사회에서 찾을 수 있는 가장 비천한 사람들이 하비루들이었다. 그런데 유대교인들이 구분해 놓은 죄인들은 사람은 물론 하나님으로부터도 버림받은 사람들이었다. 하비루들은 하나님을 바라볼 수 있는 조그만 창이라도 남아 있었지만 죄인들에게는 그 창마저 닫혀 버리고 말았다. 죄인들은 하나님으로부터 버림받은 자들이므로 사람들도 그들을 버려야 한다고 서기관-바리새인들은 가르쳤고, 온 이스라엘에는 이런 전통이 지배하고 있었다.

그런데 예수님께서는 복음의 대상, 즉 새로운 계약의 대상이 바로 이 죄인들, 즉 가난한 자들이라고 선포하셨다. 그 이후 전개된 예수님의 생애는 취임사에서 선포하신 바와 같이 가난한 자들에게 복음을 전하시는 사역이었다.

복음의 대상, 계약의 대상은 누구인가?

가난한 자들이다.

2. 자유케 하고

내게 기름을 부으시고 나를 보내사 포로된 자에게 **자유를**, 눈먼 자에게 다시 보게 함을 전파하며 눌린 자를 **자유케 하고**

포로된 자에게 자유를, 눌린 자를 자유케한다는 것이 무슨 뜻일까? '포로됨'과 '눌림'은 무엇을 말하는가? 죄의 포로, 죄의 눌림을 말한다. 즉 죄인으로 취급받는 가난한 자들에게 복음을 전하셔서 그들이 지배당하고 있는 죄에서부터 해방을 시키시겠다는 말씀이다. 죄인들이 살고 있는 갈릴리 땅에서 죄인들의 해방을 선포하심으로써 예수님은 유대인의 메시아가 아닌 죄인의 메시아임을 명확히 하셨다.

예수님은 누구이신가?

죄에서 자유케하시는 분이시다.

3. '주님의 은혜의 해'를 전파하게 하려 하심이라

주님의 은혜의 해를 전파하게 하려 하심이라.

'주님의 은혜의 해'는 또 무엇을 말하는 것일까? 이런 저런 의견들이 있지만 '희년'을 말한다. 옛계약인 시내산계약법의 가장 중요한 부분이 안식제도임은 하비루의 길에서 살펴본 바와 같다. 안식일, 안식년, 희년으로 구성된 안식제도는 희년법에서 완성적인 모습이며 시내산계약법에서 가장 중요한 부분이라고 할 수 있다. 그런데 이스라엘 2천년 역사에서 이 희년의 법이 성취된 적이 없었다. 바벨론 포로 이전에는 계약법을 지키려는 의지조차 없었으므로 희년은 고사하고 안식년조차 지켜지지 않았고, 바벨론 포로 이후에는 율법을 절대시하는 율법종교인 유대교가 등장했지만 안식제도를 안식일의 무노동에 초점을 맞춤으로써 안식제도의 본래 정신은 사라지고 말았다.[14]

그런데 예수님께서는 옛계약의 핵심이면서 이스라엘 역사에서 지켜진 석이 없는 희년을 성취하러 오셨다고 나사렛 회당에서 선포하셨다. 「죄인의 길」에서는 예수님께서 메시아 취임사에서 선포하신

두 목적이 예수님의 사역과 사도들의 행적, 교회사를 통하여 어떻게 전개되고 있는지를 살펴보고자 한다. 즉 희년법의 성취 과정이 이스라엘 역사는 물론 교회사 해석의 핵심이라는 뜻이다. 예언자들이 고발하는 이스라엘 멸망의 죄는 안식년과 희년의 법을 불이행한 때문이었다. 이스라엘이 안식년을 지키지 않은 해를 계산하여 그에 해당되는 70년 동안 포로 생활을 하리라고 예언자들은 예고했다.[15]

메시아 취임식에 나타난 예수님께서 오신 목적은 가난한 사람들에게 복음을 전하셔서 그들을 죄에 지배받지 않는 사람들로 만드시고, 이스라엘 역사에서 단 한 번도 지켜진 적이 없었던 희년의 법을 실천하게 하시는 데에 있다.

"예수님께서 오신 목적은 무엇인가?"라고 물으면 두 말 할 필요도 없이 '우리를 구원하시기 위하여'라고 이구동성으로 대답할 것이다. 맞는 말이다. 여기서 말하는 '구원'은 '영혼구원'을 의미한다고 일반적으로 생각한다. 그러나 이 생각은 앞에서 살펴 본 바와 같이

---

14) 구약성경에서는 안식일, 안식년, 희년을 '거룩하게' 지키라고 말씀하고 있다. '거룩하게' 지킨다는 것이 무엇을 어떻게 한다는 것인가? 「하비루의 길」에서 이미 다룬 것이지만 안식제도를 간략히 다시 정리하면 다음과 같다.

안식일 : 노동력으로 살아가는 사람들과 가축들을 혹사시키지 말고 일주일에 하루는 쉬게 하는 것이 거룩하게 지킨다는 의미다. 흔히 생각하는 것처럼 무노동(無勞動)의 개념이 아니다. 유대교는 무노동으로 왜곡 해석했고, 예수님께서는 이를 거부하셔서 마찰을 빚었다.

안식년 : 7년마다 찾아오는 한 해를 단순히 무노동으로 보내라는 뜻이 아니라 가난한 자들에게 일년의 소득을 나누어 주며, 노예를 조건없이 풀어주고, 가난한 자의 부채를 탕감해주며, 땅을 혹사시키지 말고 쉬게 하라는 의미다.

희년 : 안식년이 일곱 번 지난 다음의 해, 즉 50년마다 찾아오는 해인데, 안식년에 지키는 조항들에다 한 가지가 더 들어있는데, 땅과 집 등 부동산을 본래 주인에게 돌려주라는 것이 그것이다.

안식일, 안식년, 희년 등의 법은 전적으로 하비루를 위한 법이라고 할 수 있다.

15) 이리하여 예언자 예레미야가 전한 다음과 같은 여호와의 말씀이 그대로 이루어졌다. "이 땅은 70년 동안 묵은 땅이 될 것이다. 이스라엘이 지키지 않은 안식년이 모두 다 갚아질 때까지 그 땅이 쉬게 될 것이다."(역대하 36:21, 현대어성경)

메시아 취임사에 나타난 예수님의 오신 목적과는 의미가 많이 다름을 알 수 있다.

구약과 신약을 연결선상에서 놓고 볼 때 구원은 단순히 '영혼 구원'만을 의미하지 않는다. 삶의 구원이 포함되어 있다. 구약의 하나님은 가장 비참한 삶을 살아가는 하비루들의 하나님이시다. 애굽에서 하비루살이 하는 이스라엘을 구원해내시는 하나님, 하비루를 위한 법(시내산계약법)을 주시는 하나님, 하비루들을 위한 나라를 가나안에 세우시는 하나님, 하비루의 대명사인 고아, 과부, 나그네를 전적으로 배려하시는 하나님이 구약의 하나님이시다. 이스라엘이 하비루를 배려하는 수평적인 사회를 저버리고 수직적인 사회로 돌아가자 하나님께서는 예언자를 보내셔서 질책하셨다. 이스라엘이 앗수르와 바벨론, 로마에 멸망당한 죄목은 하비루를 저버린 죄다. 하나님께서는 이 죄를 용서하실 수 없어서 이스라엘을 멸망하게 하셨다.

그런데 예수님께서는 이런 하비루들을 복음의 대상으로 삼으셔서 하비루를 위한 법의 대명사인 희년의 법을 성취하시겠다고 메시아 취임사에서 천명하셨다. 그렇다면 예수님께서는 사회운동의 차원에서 하비루 해방신학을 말씀하시는가? 아니다. '죄'의 문제를 먼저 말씀하신다. 예수님께서는 죄의 문제를 해결하러 오셨다. 구약성경과 특히 예수님에게 있어서 죄의 문제와 하비루의 문제는 별개가 아니라 하나다. 죄 문제 해결은 곧 하비루 문제의 해결이며, 하비루의 문제가 해결되어야 죄 문제가 마무리된다.

이 문제에 대한 해석 때문에 교회는 보수와 진보로 양분되고 말았다. 보수주의 또는 복음주의를 표방하는 쪽에서는 예수님의 사역을 '영혼구원'에다 초점을 맞추어 신앙적인 차원에서만 다루었다. 이에 대한 반발로 진보진영에서는 '사회참여'를 강조하며 해방신학, 민중

신학 등 행동의 신학들을 전개했다. 그러나 영혼구원과 사회참여는 서로 양분되어 갈등을 빚을 일이 아니다. 성경에는 이 둘이 다 들어있다. 진정한 신앙은 실천(행동)을 배제하지 않고 진정한 행동은 신앙에서 비롯된다. 신앙과 실천은 같이 가는 것이지 따로 가는 것이 아니다.

그렇다면 이 둘을 다 포괄하면서 치우치지 않고 균형있는 해석을 할 수 있는 관점은 무엇일까? '영성'이라는 관점이 그것이다. 그러나 근래에 보수적인 진영에서 관심을 가지는 수도사적인 영성은 타계적인 경향과 정적(靜的)인 성향을 가지기 때문에 수도사 영성의 관점은 이 문제를 해결하는 데에 적합하지 않다. 그 대안으로 제시하려는 것이 '예언자 영성'의 관점이다. 그런데 그동안 주로 다룬 '예언자'는 행동의 사람이어서 진보적인 성향의 사람들이 관심을 많이 가졌다. 지금까지는 예언자들이 행동가 이전에 '영성의 사람'이었다는 것을 간과했다. 진정한 영성, 가장 깊은 영성에 도달한 사람들은 수도사들이 아니라 예언자들이었다. 이 부분은 3부 「비움의 길」에서 집중적으로 다루게 될 것이다. 예언자들을 영성의 사람으로 보는 관점이 진보와 보수를 통합할 수 있는 관점이다. 예언자들은 신앙에서는 가장 깊은 영성에 도달한 사람들이며, 행동으로는 가장 표본적인 삶을 산 사람들이기 때문이다. 신앙과 행동의 가장 이상적인 조화를 이룬 사람들이 예언자들이다.

진보와 보수를 어디서 어떻게 만나게 해야 하나?

성경의 본문 해석과 성경이 적용되었던 역사의 해석에서 만나게 해야 한다. 성경과 구속사의 해석을 새로운 관점 즉 '영성'의 시각에서 접근하면 진보와 보수가 만나는 만남의 장이 마련된다. 4천 년 역사의 교훈 중의 하나가 의인과 죄인, 성(聖)과 속(俗), 영혼과 육체, 구약과 신약, 진보와 보수가 둘로 나누어지면 비극이 온다는 것이다. 이원론적인 사고가 아니라 일원론적인 사고가 성경의 원리이다.

진보와 보수, 이제 만나야 한다.

성경과 역사와 영성의 자리에서.

예수님의 사역, 무엇을 말하는가?(1) _{물음} 10

복음서에 기록된 예수님의 말씀들과 행적들은 무엇을 말하고 있는가? 어떤 관점에서 바라보는가에 따라서 이해가 판이해진다. 그렇다면 어떤 관점에서 예수님께서 하신 일을 보아야 정확한 이해가 되는가? "성경과 역사와 영성의 맥락에서 보아야 한다." 다시 말하면 '본문'(text)을 '배경'(context) 속에서 해석해야 한다. 이를 위해서는 먼저 성경에 대한 역사적인 접근, 즉 사회적인 접근이 필요하다. 예수님 당시의 시대적인 상황과 맥락에서 예수님의 말씀과 사역을 보아야 한다. 예수님께서는 당시의 현실에서 활동하시며 말씀하셨기 때문이다.

이런 맥락에서 살펴보면 현재 복음서에 기록된 예수님께서 하신 일들과 말씀들은 특별한 사건들이다. 문자 그대로 가히 파격적이라고 할 수 있는 것들만 기록으로 남아 있다.

예수님 당시의 입장에서 본다면 예수님께서 하신 일들은 무엇을 말하고 있는가?

1. 죄인의 메시아

신구약 중간기 500여 년 동안 유대인들은 대제국들의 식민통치를 받으면서 다윗에 주목했다. 이스라엘이 가나안에 입주한 이후 수백여 년 간 주변의 국가들에게 시달리고 있었는데 다윗이 등장하여 주변나라들을 군사력으로 정복하고 애굽과 메소포타미아 사이의 지역을 다스리는 제국을 건설했기 때문이다. 바벨론 포로의 경험을 전후하여 유대인들은 자신들의 역사를 정리하면서 다윗-솔로몬 왕국에 큰 비중을 두고 하나님의 도우심으로 다윗왕국 재건이 가능했다고 해석했다. 이들의 이런 역사관은 구약의 역사서에 반영되어 있다.

이런 이유로 유대인들은 메시아를 다윗의 후손 즉 다윗과 같이 자신들을 식민지배에서 벗어나게 할뿐 아니라 온 세상을 무력으로 정복할 왕으로 생각했다. 약소국에 불과한 유다로 하여금 이런 일을 가능하게 하려면 그는 하늘로부터 온 초인적인 존재여야 했다. 즉 메시아가 갖추어야 할 자격 조건은 초자연적인 능력의 소유였다. 유대인들은 이런 능력을 지닌 메시아가 오기를 수백여 년 동안 기다리고 있었다.

예수님께서 광야에서 40일 금식하실 때 있었던 사탄의 유혹은 바로 이런 능력을 나타내 보여서 유대인들이 기대하는 메시아가 되라는 것이었다. 사탄의 이런 시험은 세 번으로 끝나지 않았다. 그 이후는 메시아를 열망하는 유대인들을 통하여 계속되었는데 그들은 예수님을 '다윗의 후손'이라고 부르면서 하늘로부터 온 표적, 즉 초자연적인 능력을 나타내기를 기대하고 있었다. 이에 대하여 예수님께서는 단호하게 거부하시면서 당신이 보여주실 표적은 '하늘의 표적'이 아닌 '요나의 표적'이라고 하셨다.[16]

하늘의 표적과 요나의 표적은 무엇을 말하는가? 전자는 유대인의 메시아가 보여줄 표적이고 후자는 죄인의 메시아의 표적이다. 즉 예수님께서는 유대인의 메시아를 거부하고 죄인의 메시아의 길을 가셨다. 이

---

16) 바리새인과 사두개인들이 와서 예수를 시험하여 하늘로서 오는 표적 보이기를 청하니 (마태복음 16:2)예수께서 대답하여 가라사대 "너희가 저녁에 하늘이 붉으면 '날이 좋겠다.' 하고 아침에 하늘이 붉고 흐리면 오늘은 '날이 궂겠다.' 하나니, 너희가 천기는 분별할 줄 알면서 시대의 표적은 분별할 수 없느냐? 악하고 음란한 세대가 표적을 구하나 요나의 표적밖에는 보여줄 표적이 없느니라."하시고 저희를 떠나가시다.(마태복음 16:1~4) 같은 내용이 마태복음 12:38~39, 누가복음 11:29~30에도 기록되어 있다.

부분에 대한 명확한 이해는 예수님 이해에 있어서 가장 중요하다. 예수님 주변에는 두 부류가 따르고 있었다. 한 부류는 예수님을 자신들이 기대하던 유대인의 메시아라고 생각하는 사람들이었다. 이들은 예수님께서 많은 병자들을 초자연적으로 치료하신다는 소문을 듣고 이런 기대감을 가지고 예수님께 몰려왔다가 자신들의 기대를 예수님께서 거부하시자 배반감을 느끼고 예수님을 죽였다. 이런 계층은 주로 사두개인, 바리새인, 정통유대인들로 구성된 의인들이었는데 가룟 유다도 그중의 하나였다. 다른 부류는 예수님께서 하시는 일을 보면서 죄인들을 구원하시는 죄인의 메시아를 만나는 사람들인데 이들은 가난한자, 병자, 도덕파탄자 등 그 시대의 죄인들이었다. 복음서는 유대인의 메시아와 죄인의 메시아, 하늘의 표적과 요나의 표적의 대립으로 전개되고 있다. 예수님 그분은 누구이신가? 나는 그분을 누구로 기대하고 있는가? 유대인의 메시아인가? 아니면 죄인의 메시아인가?

죄인의 메시아.

이분을 우리는 복음서에서 만나야 한다.

2. 죄인 구원

예수님의 사역은 죄인의 메시아로서 죄인을 구원하시는 사역이다. 이를 좀 더 구체적으로 살펴보면 다음과 같다.

❶ 죄인 대량생산 체제에 대한 정면 도전

바벨론 포로의 경험을 통하여 유대인들이 터득한 처세론은 "내가 거룩하니 너희도 거룩하라."는 성경의 말씀을 문자적으로 지키는 것이었다. 그것만이 자신들이 살아남는 유일한 길이라는 것을 역사적인 경험을 통하여 확인했기 때문이다. 이런 이유로 에스라를 비롯하여 그 이후에 등장한 랍비들은 사활을 걸고 거룩해지려는 노력들을 했다.

그렇다면 "거룩해진다는 것이 무엇인가?" 또 "어떻게 해야 거룩해지는가?" 이 물음에 대하여 랍비들은 율법의 형식 준수를 대답으로 제시했고, 그 형식을 지키는 데에 초점을 맞추었다. 물밀듯이 밀려오는 그리스의 문화적인 공세에 맞서서 이방인과 무엇인가 형식적으로 구분되어져야만 유대인의 정체성을 유지할 수가 있었기 때문이다. 형식을 강조한 것은 내용을 지키기 위한 수단이었다. 그런데 시간이 지나면서 이에 대한 재해석 없이 형식을 계속 강화한 결과 인과응보의 교리로 전락되어 버리고 말았다. 그 결과 유대사회는 의인과 죄인으로 양분되었다. 이에 대한 구체적인 진행 과정은 「하비루의 길」 후반부에서 다룬 바와 같다. 신구약 중간기의 유대교의 진행 과정에 대한 충분한 이해가 있어야 복음서와 바울서신이 이해된다.

예수님 당시의 유대교 배경에서 볼 때, 죄인의 메시아로 오신 예수님의 말씀과 행적들은 유대교가 만들어낸 죄인 대량생산 체제에 대한 정면 도전이며, 죄인 대량생산 공식에 대한 전면적인 거부다. 이런 특징을 이해하지 못하면 예수님께서 하신 일들을 바로 이해하지 못할 뿐만 아니라 오해하게 된다. 복음서에 그려진 예수님의 행적은 예수님과 당시의 종교 지도자들과의 갈등 관계에서 진행된다. 이 갈등 관계에 대한 이해가 복음서와 예수님의 활동에 대한 이해의 관건이다.

❷ 죄인 대량생산 공식 거부

요한복음 9장을 보면 예수님과 같이 길을 가던 제자들이 길가에 앉아서 구걸하고 있는 소경(시각장애자)을 만났다. 그는 태어날 때부터 장애자였다. 제자들이 예수님께 물었다. "이 사람이 이렇게 된 것은 누구의 죄 때문입니까? 이 사람의 죄 때문입니까? 아니면 그 부모의 죄 때문입니까?"

제자들은 예수님께 왜 이런 질문을 했을까? 서기관-바리새인들은 결과가 좋지 않은 불행한 모든 일들은 '죄 때문에'라고 가르쳤다. 장애인들, 불치병에 걸린 사람들, 예기치 못한 사고를 당한 사람들, 가난한 자들은 하나님께 죄를 지었기 때문에 벌을 받은 것이라고 했다. 그런데 태어날 때부터 장애인이 된 사람들은 설명이 곤란했다. 그 사람은 죄를 지을 기회조차 없었기 때문이다. 그 부모의 죄 때문에 그렇게 되었다고 설명해보지만 그 또한 석연치 않았다. 부모의 죄로 인해 아무 죄가 없는 자식이 벌을 받는다는 연좌제 역시 궁색한 설명이기 때문이다. 이에 대하여 서기관들의 결론은 이러했다. "부모와 당사자 중 누구의 죄 때문인지는 알 수 없지만 죄 때문에 그렇게 된 것은 확실하다. 누구의 죄 때문인지는 하나님께서만 아신다."

이런 이유로 제자들은 마침 날 때부터 시각장애를 가진 사람을 만나자 "누구의 죄 때문입니까?"라고 예수님께 물었던 것이다. 이에 대하여 예수님께서는 무엇이라고 대답하셨는가? "누구의 죄 때문이 아니라 그에게서 하나님의 하시는 일을 나타내시고자 하심이니라."(요한복음 9:3) 즉 그 사람이 태어나면서부터 소경이 된 것은 죄의 대가가 아닐 뿐만 아니라, 그 사람은 하나님께서 버린 사람이 아니고 하나님의 영광을 드러내기 위하여 준비된 사람이라고 말씀하셨다. 이런 해석은 죄 때문에 그가 태어날 때부터 시각장애자가 되었다는 인과응보의 교리는 잘못되었다는 뜻이다. 인과응보 교리는 죄인을 양산하는 공식이었는데 예수님께서는 여기서 그 교리를 거부하셨다. 예수님께서 그 시각장애자를 고치는 과정을 보면 유대교의 서기관-바리새인들을 비롯한 유대인들에게 인과응보의 교리가 잘못된 것임을 천명하고 계심을 알 수 있다.

"그 시각장애자는 죄 때문에 그렇게 된 것이 아니라 그 사람을 통하여 하나님께서 당신의 일을 하시기 위함이다. 지금은 아직 낮이니 그분의 일을 해야 한다. 어두워지면 일을 할 수가 없다."라고 말씀하시고 주님은 진흙을 반죽하여 그의 눈에 바른 후 실로암 못에 가서 씻으라고 하셨다.

그냥 말씀으로 하셔도 되었을 텐데 왜 하필 이런 이상한 방법을 사용하셨을까? 이유는 단순하다. 주변의 유대인들에게 그들의 인과응보 교리가 잘못되었음을 특별한 방식으로 각인시키기 위함이다. 눈(얼굴)에 진흙을 바르고 실로암 연못을 찾아가는 시각장애자를 상상해보면 예수님의 의도를 충분히 짐작할 만하다. 눈에다 진흙을 바르신 이유는 단순하다. 그를 보는 사람마다 모두 의아했을 것이다. "저 소경이 도대체 무슨 짓을 하는 것일까?" 예수님께서는 의도적으로 그 시각장애자를 보는 사람마다 관심을 갖도록 만드셨다. 실로암에서 씻으라는 의도 역시 어렵지 않게 알 수 있다. 예루살렘 지도를 펼쳐놓고 보면 실로암으로 가는 길은 사람들이 많이 왕래하는 큰 길이다. 가능한 한 많은 사람들이 관심을 가지고 이 사건을 지켜보게 하려는 것이 예수님의 의도였다.

그런데 잠시 후 그 시각장애자가 멀쩡해져서 돌아다니자 모두가 놀라서 소동이 일어났다. 당시의 배경에 대한 이해가 없으면 흔히 생각하듯이, 사람들이 소동을 피운 이유는 태어날 때부터 시각장애자이던 사람의 시력이 회복되는 기적이 일어났기 때문이라고 생각하게 된다. 그러나 소동이 일어난 이유는 자신들이 알고 있던 인과응보 교리로는 도무지 설명할 수 없는 일이 일어났기 때문이었다. "죄인에게 어떻게 이런 일이 일어날 수 있느냐?"라는 것이다. 이런 이유로 사람들은 그 사람을 신앙의 지도자인 서기관-바리새인들에게 데리고 갔다. 서기관과 바리새인들은 이 일을 보고 크게 당황했다. 뭐라고 설명하기 곤란한 일이 일어난 것이다. 그들은 시각장애자였던 사람뿐만 아니라 그의 부모까지 불러서 꼬치꼬치 캐물었다. "어떻게 이런 인과응보 교리에 어긋나는 일이 일어났느냐?"라는 것이 신문(訊問)의 요지였다.

시내산계약법의 정신을 상실한 유대교의 형식주의와 인과응보 교리를 누구보다도 잘 아시는 주님께서는, 태어날 때부터 소경된 사람이 유대교의 죄인 대량생산 체제를 와해시키는 데에 쓰일 수 있는 가장 준비가 잘 된 사람으로 보였다. 정통유대인들이나 세상 사람들에게는 아무짝에도 쓸모없는 사람일지라도 하나님 앞에 나오면 가장 귀하게 쓰일 수 있는 사람이 된다.

갈릴리 사람들이 성전에서 희생제물을 드리다가 마침 빌라도가 보낸 군사들의 칼에 맞아 죽었는데 그 피가 제단에까지 튀는 일이 일어났다. 또 실로암에서는 망대가 무너져서 18명의 사람이 죽었다.(누가복음 13장) 이런 일이 일어나면 서기관-바리새인들은 그들이 무슨 죄 때문에 그런 재앙을 당했는지 일일이 판별해 주어야 했다. 그런데 예수님께서는 말씀하셨다. "그들이 너희보다 더 큰 죄를 지었기 때문이라고 생각하지 마라. 너희도 회개하지 않으면 그들과 똑같이 망하리라."

시각장애자의 눈에 진흙을 바른 후 씻게 하는 기이한 방법으로 치료하시는 사건은 죄인을 대량생산하는 유대교에 대한 정면도전이다. 오랫동안 누워 지내던 환자들을 치료하신 후 "네 침상을 들고 걸어가라."라고 말씀하시는 기이한 행동들도 같은 맥락에서 이해할 수 있다. 이는 유대교의 오류를 만천하에 알리는 예수님의 의도를 잘 보여주는 사건들이다.

예수님께서는 서기관-바리새인들과 계속 부딪혔다. 가장 중요한 이유는 죄인 대량생산 체제와 그 공식인 인과응보 교리에 대한 예수님의 정면 도전 때문이었다.

3. 요나의 표적

복음서에는 예수님의 치유의 사건들이 많이 들어있고 이 이야기들이 논란의 대상이 되곤 한다. 현대인들이 신약성경을 읽으면서 가장 곤혹스러워하는 부분은 바로 이 치유의 이야기이다. 과학적인 사고에 길들여진 사람들은 그런 기적을 믿을 수 없기 때문이다. 기적의 문제를 다루는 기존의 방식은 크게 세 가지로 나누어진다.

첫째, 신화(神話)로 보는 입장이다.

이런 시각은 기적을 부인하는 입장으로써 예수님의 기적을 신화로 다루는데 주로 자유주의계통의 방식이다. 예수님 당시는 과학 이전의 시대로서 신화(神話)와 실화(實話)를 구분하지 못하고 예수님께서 하시는 일들을 신화적인 방법으로 해석한 결과, 초자연적인 기적의 이야기라고 본다. 이들은 기적에 대한 이야기 자체를 부인하거나 아니면 신화를 비신화(非神話)하여 신화가 본래 말하려는 의미를 찾아내야 한다고 주장하는데, 역사비평을 통하여 성경이 쓰여지는 과정에 많은 관심을 가진다.

둘째, 실화(實話)로 보는 입장이다.

치유의 사건들을 신화로 보는 자유주의 입장에 대하여 보수주의에서는 복음서에 기록된 예수님의 이적들은 신화가 아니라 실제적인 기적의 사건이라고 주장한다. 이들은 자신들의 주장을 증명하기 위하여 영적인 능력으로 치유의 사건들을 재현하려고 하거나 또는 그와 반대로 그런 기적은 예수님에게나 가능한 것이며 지금은 있을 수 없다고 현재적인 기적을 거부한다.

복음서에 기록된 기적들을 신화로 보는 입장과 실화로 보는 입장은 서로 대립적인 경향을 보이고 있다.

셋째, 애매한 입장이다.

다른 또 하나의 방식은 기적이 실제로 있었느냐 없었느냐에 초점을 맞추지 않고 중간입장을 취하면서 그 사건이 지니는 영적인 의미를 강조한다. 소위 '영해'(靈解;영적인 해석)라는 방식으로 예수님의 기적을 해석한다. 예수님께서 소경의 눈을 띄운 것을 영적으로 해석하여 우리도 영적인 소경에서 눈을 떠야한다고 말하면서 지금 우리의 영적인 소경 상태를 지적한다. 앉은뱅이는 영적인 앉은뱅이로, 중풍병자는 영적인 거동불구자로 해석하는 식이다.

예수님의 치유의 기적들에 대하여 이런 접근 방식만 있는 것일까? 예수님 당시의 시대가 과학 이전의 시대요, 지금보다는 무지한 시대였지만 날 때부터 소경이던 사람이 눈을 뜨는 사건, 날 때부터 앉은뱅이었던 사람이 걷는 사건, 중풍병자가 그 자리에서 일어나 걸어가는 사건, 죽은 자가 다시 살아나는 사건과 같은 사건들을 명확하게 이해하지 못하고, 이를 기록하는 방식에서 신화와 실화를 혼동할 만큼 무식했다고 말하는 것은 그들에 대한 모독이 아닐까? 소경이 보고, 앉은뱅이가 걷고, 문둥이가 깨끗함을 받고, 귀머거리가 듣고, 죽은 자를 살아나게 하신 것은 실제의 사건들이지 영적인 소경, 영적인 앉은뱅이, 영적인 귀머거리, 영적인 문둥이, 영적으로 죽은 자를 영적으로만 살리신 것은 아니다. 예수님께서 일으키신 기적은 실화이기에 오늘 우리도 그와 같은 능력을 받아서 같은 일을 재현해야 한다고 강조하는 태도, 또는 그런 일은 예수님에게만 가능한 것이라고 하여 현재적인 재현을 거부하는 태도가 복음서에서 말하려는 것과 부합하는 것일까? 치유의 이야기에 접근하는 방식이 이런 것들뿐일까? 다른 방법은 없을까?

본문을 배경에서 해석하는 방법이 있다. 치유를 신화로 보려는 시도도 나름대로는 과학 이전의 신화의 시대라는 배경을 중요시한다. 그러나 이것은 초자연적인 기적을 거부하는 과학적인 사고를 앞세운 접근이어서 사실을 사실로 보지 못하고 말았다. 그렇다면 어떻게 접근해야 하나?

'유대교'라는 독특한 배경에서 치유의 사건들을 접근해야 한다. 이를 위해서는 유대교는 물론 유대교의 뿌리인 구약성경과 이스라엘 역사 전체에 대한 충분한 이해가 있어야 한다. 이와 더불어 구약성경과 이스라엘 역사, 유대교에 접근하는 '시각'이 중요하다. 어떤 시각으로 이런 것들을 보아야 하나? 성경이 본래 말하려는 '의도'에서 보아야 한다. 이 의도는 결국 성경을 통해서 말씀하시는 '하나님의 입장'이다. 이런 입장은 하나님을 체험한 영성에서 얻어진다. 영성(하나님 체험)의 입장에서 본문(text, 성경)을 배경(context, 역사)에서 해석해야 그 의미가 명확해진다. 따라서 영성과 성경과 역사가 만나야 예수님께서 하시는 치유의 사건들이 바르게 이해된다. 이런 방법은 치유의 문제뿐만 아니라 구약 2천년과 신약 2천년 전체를 해석하는 데에 적용되어야 한다.

이렇게 접근할 때 예수님께서 행하신 치유의 사건들을 비롯한 활동들은 무엇으로 다가오는가? 죄인의 메시아로서 죄인을 구원하기 위하여 유대교의 **'죄인 대량생산 체제'**와 **'인과응보교리'**에 정면으로 도전하는 죄인구원의 사역, 즉 요나의 표적으로 다가온다. 이를 구체적으로 살펴보면 다음과 같다.

❶ 날 때부터 불구가 된 사람들

예수님 당시의 유대교 율법인 인과응보 교리에 의하면 태어날 때부터 불구자가 된 사람들은 죄인 중에서도 특별한 죄인이었다. 랍비들은 특별히 큰 죄를 지은 경우에 그런 벌이 주어진다고 해석했다. 예수님의 제자들까지도 이런 불구자를 만나면 "이 사람은 무슨 죄를 지어서 이런 불행한 일이 일어났을까?"라고 생각하여 예수님께 질문하곤 했다.

그런데 예수님은 이런 불구자들을 볼 때마다 하나님의 일을 위하여 특별히 준비된 사람이라고 말씀하셨다. 이들의 불구를 치료해주면 유대교의 인과응보의 교리가 오류라는 것이 자명해지기 때문이다. 이런 이유로 시각장애자로 태어난 사람, 앉은뱅이로 태어난 사람은 유대교 체제에 의하면 가장 큰 죄인에 불과했지만, 예수님에게는 유대교의 오류를 바로잡기 위하여 특별히 준비된 사람들이었다.

유대교에 의하면 태어날 때부터 장애자가 된 사람들은 단순히 불구자가 아니라 죄인으로 태어난 사람들이다. 따라서 이들에 대한 예수님의 치료는 단순한 질병의 치료에 그치지 않고 그들이 죄인이 아니라는 것을 증명하는 방법이며 죄인을 구원하시는 사역이다.

❷ 중풍병자

예수님께서 가버나움의 어느 집에 계실 때에 중풍병자를 데리고 온 사람들이 있었다.(마태복음 9:1~6, 마가복음 2:1-12, 누가복음 5:17-26) 사람이 너무 많아 예수님께로 접근할 수가 없자 그들은 막무가내로 지붕을 뜯고 병자를 예수님 계신 곳으로 달아 내렸다. 이 장면을 지켜보시던 예수님은 그 병자에게 "소자야 안심해라. 네 죄가 사함을 받았느니라."라고 말씀하셨다. 예수님께서는 누구에게, 왜 이런 말씀을 하셨을까? 단순히 병자에게 하신 말씀일까? 아니다. 주변에 둘러선 사람들에게 하신 말씀이다. 그렇다면 왜 그들에게 이런 말씀을 하셨을까?

이에 대한 대답은 주변에 둘러선 사람들이 누구였는가에 달려있다. 그들은 갈릴리와 유대, 예루살렘에서 온 서기관과 바리새인들이었다.(누가복음5:17) 메시아를 기다리고 있던 그들은 병자들을 치료하신다는 예수님에 관한 소문을 듣고 갈릴리 가버나움으로 몰려와서 과연 이분이 우리가 기다리던 메시아인가하고 지켜보고 있었다. 그런데 마침 중풍병자를 데리고 온 사람들이 지붕을 뜯고 환자를 달아 내리고 있었다. 그들은 예수님께서 초자연적인 능력으로 병자를 치료하는 하늘의 표적, 즉 하늘로부터 온 메시아의 증거를 기대하며 지켜보고 있었다.

그들의 이런 생각을 잘 아시는 예수님께서는 내가 지금 이 사람을 치료하는 것은 너희가 기대하는 유대인의 메시아의 증거가 아니라 죄인의 메시아의 증거라는 것을 명확히 하기 위하여 병자에게 "네 죄가 사함을 받았다."라고 말씀하셨다. 이 말씀을 하시자 이를 지켜보고 있던 서기관-바리새인, 유대인들 사이에서 큰 소란이 일어났고 의견이 분분했는데, 결론은 예수님의 말씀은 신성모독에 해당된다는 것이었다. 이에 예수님께서는 "인자에게 죄사함의 권세가 있음을 알게 하리라."라고 하시면서 중풍병자에게 "일어나 네 침상을 가지고 집으로 가라."(마태복음 9:6)라고 말씀하시자 그는 일어나 자신의 힘으로 침상을 들고 걸어 나갔다. 즉 병자를 치료하는 것은, 유대인들이 죄인이라고 낙인찍은 사람들에게 죄인이 아니라는 것을 확증시키는 사건인 셈이다.

예수님께서는 이 일을 통하여 두 가지를 보여주고 계신다. 하나는 예수님은 죄사함의 권세를 가지신 죄인의 메시아라는 것이며 또 다른 하나는 인과응보 교리는 잘못되었다는 것이다. 특히 집에까지 침상을 들고 가라는 말씀에는 깊은 의도가 담겨있다. 중풍으로 앓아 누워있던 사람이 자신이 누워있던 침상을 들고 가는 모습은 곧 유대교의 죄인 양산 공식이 잘못된 것임을 보여주는 것이다. 여기에는 단순히 치료되었다는 것을 확인시키려는 의도가 아니라 그보다 더 큰 의미가 담겨있다. 죄 때문에 중풍에 걸린 것이라고 진단을 내렸던 서기관-바리새인들은 중풍병자가 한 순간 나아서 침상을 들고 가는 모습을 보면서 할 말이 없었고, 더불어 자신들이 설 자리도 잃어버리고 말았다.

❸ 문둥병자

복음서에는 예수님께서 문둥병자들을 치료하시는 장면이 여러 번

나오고 있다. 예수님께서 그들을 치료하시는 장면을 주의깊게 살펴 볼 필요가 있다. 문둥병자들이 예수님을 향하여 "우리도 불쌍히 여기소서!"라고 외치자 예수님께서 **그들을 가까이 부르시고 손을 대시면서** 깨끗함을 받으라고 말씀하시는 것을 볼 수 있다. 왜 그들을 가까이 부르시고 손을 대셨을까? 문둥병자까지도 어루만지시는 사랑을 보여주시기 위함일까? 배경에 대한 이해가 없으면 그렇게 생각하게 된다.

당시 유대교 율법에 의하면 문둥병자는 하나님으로부터 저주받은 사람들이다. 문둥병자들은 특별히 큰 죄를 지어서 하나님께서 저주하셨기 때문에 그런 병에 걸렸다는 것이다. 또한 문둥병자들은 하나님께서 저주하신 사람들이므로 그들은 사람들로부터도 버림받아야 했다. 하나님께서 저주하여 버린 사람을 불쌍히 여기고 돌보면 하나님의 뜻을 어기는 것이다. 따라서 문둥병자들이 가까이 다가오면 돌을 던져 때려야 한다고 가르쳤다. 문둥병자들은 이웃들로부터 버림받아 외진 곳에서 살아야 했다. 전염 때문이 아니라 종교적인 이유 때문이다. 문둥병자들이 예수님을 만났을 때 "우리를 불쌍히 여겨 주소서!"라고 멀리서 외친 이유가 여기에 있다.

이런 상황을 잘 아시는 예수님께서는 문둥병자들을 만나면 의도적으로 그들을 가까이 부르셨다. 또 그들을 만지셨다. 왜 만지셨을까? 유대교 율법에 의하면 문둥병자들은 부정한 자들이므로 절대로 가까이 함은 물론 손을 대서는 안되는 자들이었다. 문둥병자를 가까이 부르시고 어루만지시는 행동은 유대교 율법에 대한 정면도전이다. 배경에 대한 이해가 없으면 이런 일을 문둥병자를 어루만지는 사랑의 표시로만 해석하게 된다.

한 순간에 깨끗함을 받은 문둥병자가 걸어가는 모습은 인과응보의 교리가 허구임이 드러나는 모습이며 유대교 체제가 무너지는 사건이다. 동시에 유대교 체제를 이끄는 서기관-바리새인들에게는 견딜 수 없는 모욕이었다.

❹ 열 두 해 혈루병

회당장 야이로라는 사람이 예수님을 찾아와 엎드려 절하며 자신의 딸이 죽어가고 있으니 자신의 집에 가서 고쳐달라고 간곡히 요청했다. 회당장은 그 지역의 장로 중 선임이 맡는 것이 통례였으므로 그 지역의 가장 어른인 셈이다. 예수님은 회당장의 요청을 받아들여 그의 집으로 시급히 가시다가 갑자기 걸음을 멈추셨다. 왜 갑자기 멈추셨는가 하고 모두가 의아해 하면서 예수님을 바라보았다. 모든 시선이 예수님께 집중되자 예수님께서 말씀하셨다. "누가 내 옷에 손을 댔느냐?" 이런 의외의 말씀을 들은 제자들은 어이가 없어서 말했다. "선생님, 지금 사람들이 너무 많이 몰려들어서 야단법석이며 서로 밀치고 있는데 어떻게 주님의 옷자락을 건들지 않을 수 있겠습니까?" 예수님께서는 다시 말씀하셨다. "내 몸에서 능력이 나갔다. 누가 손을 댔느냐?" 모두가 무슨 뜻인지 알아들을 수가 없었다. 그런데 한 여인이 나아와 실토를 했다. "제가 그랬습니다. 저는 열 두 해 동안을 혈루병으로 고생하고 있었는데, 예수님의 옷자락만이라도 만지면 나을 것 같아서 그랬습니다."(누가복음 8:41-48)

예수님께서는 왜 많은 사람들이 지켜보는 면전에서 이 여인으로 하여금 자신이 혈루병(하혈)을 앓고 있었다는 부끄러운 사실을 실토하게 하셨을까? 옷자락으로도 치료를 하시는 예수님의 능력을 나타내시기 위함일까? 아니면 옷자락만 만져도 나을 것이라고 생각했던 여인의 믿음을 강조하시기 위함이었을까? 이 이야기를 전하는 성경의 본문이 말하려는 의도는 예수님의 옷자락만 만져도 치료가 되리라고 생각했던 여인과 같은 믿음을 가지라는 것일까?

본문의 배경과 역사적인 맥락을 모르면 이 이상을 생각하기 어렵다.

본문에 나타난 예수님의 의도는 잘못된 유대교의 교리(도그마)가 사람을 얼마나 고달프게 하고 있는가를 나타내 보여주시는 데에 있다. 12년 동안 그 여인은 자신의 질병을 사람들 앞에 내어 놓을 수가 없었다. 알려지면 자신도 죄인으로 낙인찍히기 때문이다. 질병 자체도 사람을 비참하게 하는 것이지만, 질병에 걸린 사람을 죄인으로 낙인찍어 하나님으로부터 버림받은 사람이라고 내치는 것은 그 사람에게 더 큰 고통을 안겨주는 일이다. 예수님은 지금 이 문제를 지적해주고 계신 것이다.

예수님 주변에 몰려든 사람들 가운데는 병자들이 많았다. 질병을 치료받으려는 목적만이 아니었다. 죄인이라는 낙인으로부터 벗어나려는 필사적인 몸부림이었다. 예수님의 치유사건은 죄인으로 낙인찍힌 사람들은 죄인이 아니라 하나님의 자녀라고 선포하시는 구원사역이었다. 예수님께서 행하신 수많은 치유의 사건들은 죄인구원의 의미를 지니고 있다. 치유의 기적은 이런 이유로 필요했고 또 행하여졌다.

❺ 38년 된 병자

예루살렘에는 베데스다라는 연못이 있었다. 이 연못 주변에는 행각 다섯이 있었는데 그 곳에는 수많은 병자들이 모여들어 진을 치고 있었다. 가끔 천사들이 내려와서 물을 끓어오르게 하는데 그 때 제일 먼저 들어가는 사람은 치유를 받는다고 알려졌기 때문이다. 요한복음 5장에 보면 예루살렘에 올라가신 예수님께서 이 베데스다 연못가를 방문하셨다. 모여 있는 많은 환자들을 돌아보시던 예수님은 그 중에서 38년 된 병자 한 명만 치료해 주셨다.

왜 그 사람 하나만 치료하셨을까? 38년이나 질병에 시달렸고, 이제는 그 주변에 아무도 남아있는 사람이 없어 물이 끓어올라도 물에 들어갈 수 없기 때문에 불쌍해서 그 사람을 치료해 주셨다고 생각하게 된다. 하지만 그 사람이 치료받은 후에 일어나는 일들을 자세히 들여다보면 예수님께서 그 사람을 치료하신 이유는 다른 데 있음을 알게 된다. 38년 동안 누워 지내던 사람은 예수님에게 특별히 쓰임 받을 수 있는 준비가 갖추어진 사람이었다. 이 사람을 치료하시는 예수님의 의도는 무엇이었을까? 그 의도는 당시 예루살렘의 지도를 보면 명확해진다.

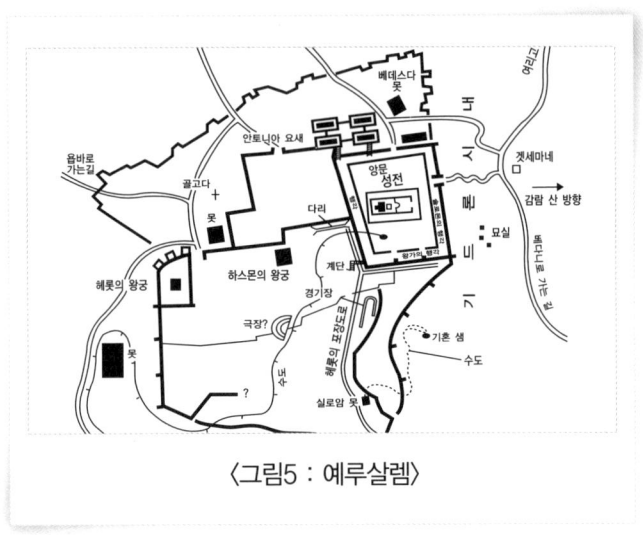

〈그림5 : 예루살렘〉

예수님께서는 그 병자를 치료하시면서 "네 침상을 들고 가라."고 말씀하셨다. 이 말씀에는 깊은 의도가 담겨있었다. 예수님의 말씀을 듣는 순간 38년 동안이나 누워 지내던 병자는 자신에게 무슨 일이 일어나는지도 모른 채 벌떡 일어나서 침상을 들고 달려갔다. 어디로 갔을까?〈그림5〉에서 보듯이 베데스다 연못은 성전의 지척에 있었고 성전으로 향하는 대로가 있었다. 치료받은 병자는 침상을 들고 성전으로 갔을 것이다. 그가 침상을 들고 성전 마당에 들어서자 온통 난리가 났다. 그 날은 안식일이었기 때문이다. 유대인들은 안식일에 바늘 하나도 지니고 다니지 않았다. 그런데 침상을 들고 성전, 즉 유대교 본산으로 돌진을 한 것이다. 서기관-바리새인들이 어떤 반응을 보였을지, 어떤 소동이 일어났을지는 능히 짐작이 간다. 그 당사자를 불러서 야단을 치는 것은 물론 왜 이런 행동을 했는지 문초를 했다. 그런데 문초를 할수록 자신들은 궁지에 몰렸다. 38년 동안이나 병석에 누워서 지내던 사람은 죄인 중에서도 가장 큰 죄인인데, 그 죄인이 한 순간에 나아서 정상인이 되었다는 사실은 자신들의 인과응보 교리가 잘못이라는 것을 말하고 있기 때문이다. 그런데 그 사람을 치료해 준 어떤 사람이 그날이 안식일인줄 뻔히 알면서 침상을 들고 성전을 향하여 돌진하게 한 사실은 곧 자신들에 대하여 정면으로 도전하는 선전 포고와 같았다. 따라서 당국자들은 자신들에게 선전 포고를 한 사람을 찾느라고 혈안이 되었다.

이 일뿐만 아니라 복음서에는 예수님께서 의도적으로 안식일에 병자를 치료하시는 이야기들이 많이 기록되어 있다. 안식일법은 유대인들이 가장 중요하게 생각하던 법이며 이 법 때문에 수많은 죄인들이 생겨났다. 안식일에 불치병자들이 치료된다는 것은 그들이 죄인이 아니라는 것을 반증하는 사건이며 안식일법 위에 세워진 유대교 체제를 뒤집어 엎는 일이다. 이 일을 주목하고 있던 유대교 당국자들은 명분과 논리로써는 도무지 예수님을 공박할 방법이 없었다. 죄인으로 낙인 찍어 놓은 온갖 병자들과 불구자들이 멀쩡하게 나아서 활보하고 다니는 모습 그 자체가 "나는 죄인이 아니다. 나를 죄인이라고 단죄한 너희가 잘못이었다."라고 말하는 것과 같았기 때문이었다. 이제 유대교 당국자들이 선택할 수 있는 길이란 예수님을 제거하는 것 외에는 없었다. 예수님께서 하시는 일을 그대로 놔두면 자신들이 설 자리가 없어질 위기에 처하게 된 것이다.

❻ 죽은 자

유대인들은 하나님처럼 거룩해지려면 자신을 정결하게 유지해야한다고 생각하여 '성결례'를 발전시켰다. 성결례는 음식을 먹을 때 손을 씻는 것(우리처럼 손을 청결하게 하기 위하여 손을 씻는 것이 아니라 손에다 물을 찍어 몸에 뿌리는 것을 말함)과 부정한 물건과의 접촉 금지 등이 중심을 이룬다. 그런데 예수님께서는 이 성결례를 정면으로 거부하셨다. 식사하시면서 의도적으로 손을 씻지 않으셨으며, 이것을 책잡는 유대교인들에게 "입으로 들어가는 것이 사람을 더럽게 하는 것이 아니라 입에서 나오는 것이 사람을 더럽힌다."라고 정면으로 반박하셨다.

부정한 것의 대명사는 시체와 시체가 들어있는 무덤이었다. 시체를 만진 사람은 성 밖에서 붉은 암소를 태운 재로 특별히 정화를 해야 성 안으로 들어올 수 있었고, 시체가 들어있는 무덤 역시 부정하므로 밤에 지나치다가 부정해지지 않도록 무덤에 야광물질인 회칠을 해 놓았다. 하지만 예수님께서는 회당장 야이로의 딸과 나인성 과부의 외아들이 죽었을 때 그 시체에 손을 대시면서 살려내셨다. 말씀으로도 살리실 수 있었지만 의도적으로 죽은 자에게 손을 대시면서 말씀하셨다. 성결례 역시 죄인을 양산하는 법이었기 때문에 죽은 자를 만지시며 다시 살리시는 사건 역시 죄인을 구원하시는 사역이다.

누가복음 10장에 보면 '선한 사마리아인의 비유'라고 알려진 이야기가 나온다. 어떤 사람이 길을 가다가 강도를 만나 피를 흘리며 죽어가고 있었다. 그곳을 지나가던 제사장과 레위인은 죽어가는 그 사람을 그냥 내버려두고 지나갔지만 유대인들이 천시하는 사마리아 사람은 그를 돌보아 주었다는 이야기이다.

이 비유의 초점은 제사장, 레위인보다 사마리아인이 더 사랑이 많다거나, 사마리아인처럼 선을 행해야한다는 것을 말하려는 데에 있지 않고, 유대교 신앙이 얼마나 잘못된 것인가를 지적하는 데에 초점이 맞추어져 있다. 제사장, 레위인은 유대교인 중에서도 대표적인 사람들이며, 제사집례와 성전의 일을 돌보는 사람들이다. 이들은 누구보다도 성결례를 철저히 지켜야 했다. 제사장과 레위인이 피흘리는 사람을 그냥 지나치는 것은 성결례를 지키고 있는 것을 말한다. 또 유대인의 인과응보 교리에 의하면 강도 만난 사람은 뭔가 죄를 지었기 때문에 그런 재앙을 만났다는 얘기가 된다. 따라서 이 비유의 말씀은 성결례를 비롯한 유대인의 법은 사람을 살리는 법이 아니라 죽이는 법이 되어있음을 꼬집는 비유의 말씀이다. 하나님 전문가인 제사장과 레위인이 오히려 하나님을 잘 모르는 사마리아 사람만도 못하다는 것이 이 이야기의 중심이다.

❼ 이방인

유대교인들은 이방인을 '지옥의 땔감'에 불과하다고 생각했다. 그들은 유대인 산파에게 이르기를 "이방인이 난산을 하여 도움을 청하거든 산모와 아이가 같이 죽도록 내버려 두어라. 신생아가 태어나봐야 지옥의 땔감이 늘어날 뿐이다. 죽도록 내버려두는 것이 하나님의 뜻이다."라고 가르쳤다. 이방인은 지옥의 땔감이요 부정하기에 접촉이 금지되었다. 유대인들은 이방인의 집에 들어가지 않았기 때문에, 예수님을 빌라도 총독에게 고발하여 재판을 받게 할 때도 빌라도 관저에는 들어가지 않아서 할 수 없이 빌라도가 법정 안팎을 오가며 재판을 해야 했다. 이방인과 혼혈족인 사마리아인도 같은 방식으로 대했다. 유다 지방과 갈릴리 지방 사이에 놓여있는 사마리아 지역을 지나가지 않으려고 요단강을 건너 우회했다. 피치 못하여 지나가게 되면 사마리아 지역을 벗어나자마자 온 몸과 발, 신에 묻은 먼지를 다 떨어냈다.

그러나 예수님께서는 이방인, 사마리아인, 유대인을 전혀 구분하지 않으셨다. 이방인 백부장이 중풍에 걸린 하인의 치료를 요청하자 주저하지 않고 "내가 가서 고쳐주리라."라고 말씀하시고 출발하셨다. 유대인들의 관습을 잘 아는 로마인 백부장은 다시 사람을 보내서 "유대교인인 주님께서 어찌 이방인인 저희 집에 오실 수 있겠습니까? 지금 계신 자리에서 말씀만 하셔도 제 종이 나을 것이니 그렇게 하여 주십시오."라고 요청했다.(누가복음7:1~) 사마리아 지역을 지나가실 때에는 수가성의 야곱의 우물가에 앉아 쉬시다가 물을 길러 온 사마리아 여자에게 물을 달라고 요청하셨다. 이에 사마리아 여자는 놀라서 "유대인 남자인 당신이 어떻게 사마리아 여자인 나에게 물을 달라고 하십니까?"라고 반문했다. 이뿐만 아니라 예수님께서는 사마리아 동네에서 며칠 묵어가셨다.(요한복음 4:1~)

예수님께서는 유대인, 사마리아인, 이방인을 전혀 구별하지 않으셨다. 이런 일은 정통 유대교인으로서는 상상도 할 수 없는 일이며 동시에 유대교 체제에 대한 정면 도전이었다.

❽ 가난한 자, 소자

예수님의 비유의 말씀들에는 가난한 자와 소자를 주제로 하신 경우가 많이 있다. 거지 나사로, 포도원 품꾼, 천국잔치, 잃어버린 양, 가난한 과부와 불의한 재판관……

가난하고 힘없는 사람들, 병자와 불구자들, 버림받은 사람들, 이들 모두는 유대교에 의하면 죄인들에 불과했다. 그런데 예수님께서는 이들을 '소자'(小子)라고 부르셨고, 당신 자신과 일치시키셨다. 심판의 장면을 말씀하신 마태복음 25장에 의하면 소자들에게 한 것이 곧 예수님께 한 것이요, 소자에게 하지 않은 것이 곧 예수님께 하지 않은 것이며, 이 행위가 심판의 기준이 되는 것을 볼 수 있다. 소자에게 물 한 잔 대접한 것은 천국에서 상을 받을 만한 일이지만, 소자를 업신여기는 죄는 연자 맷돌을 목에 매고 바다에 빠지는 것이 나을 만큼 큰 죄로써 절대로 용서받을 수 없다.

메시아 취임사는 '가난한 자에게 복음을 전하게 하시려고'로 시작된다. 가난한 자에게 복음을 전하시는 것이 메시아이신 증거였다. 소자들은 하나님께서 버리신 죄인들이 아니라 천국의 주인공이요, 하나님의 자녀라고 예수님께서는 선포하셨다.

❾ 세리 출신 제자, 창기 출신 봉사자

예수님께서 여리고라는 지역에 가셨을 때 수많은 군중이 모여들었다. 여리고의 세리장(세무서장) 삭개오는 예수님의 소문을 듣고 거리로 나갔지만 사람이 너무 많아서 길가에 있는 나무 위에 올라가 예수님을 보려고 했다. 로마인들은 세금을 거둬들일 때 일종의 도급제를 사용했다. 세리들이 알아서 세금을 거둬들이되, 일정액만 로마에 바치게 했다. 그러자 도급을 맡은 세리들은 로마에 바칠 세금만 걷는 것이 아니라 더 많이 거둬서 착복을 했다. 유대인들이 볼 때 이들은 매국노요 날강도들이었고 그 결과 세리는 강도와 일반이며 죄인의 대명사가 되고 말았다. 세리 중에서도 우두머리인 삭개오는 왜 체면불구하고 나무 위에 올라가서라도 예수님을 보고 싶어 했을까? "도대체 예수님은 어떤 분이기에 유대인이면서 자신과 같은 세리를 죄인 취급하지 않을 뿐만 아니라 제자로 삼았을까?"라는 생각 때문이었으리라. 예수님의 열 두 제자중의 하나이며 마태복음의 저자인 마태는 세리 출신이었다. 예수님께서는 세리 마태를 불러 제자로 삼으셨다.

삭개오의 마음을 꿰뚫어 보신 예수님은 나무에 올라가 있는 삭개오 앞에 멈춰서서 "오늘 내가 당신 집에서 하루 저녁 쉬어가도 되겠소?"라고 말씀하셨다. 유대인은 누구도 자신을 상종하지 않아서 소외되어 있던 삭개오는 감격하여 예수님을 집으로 모셨을 뿐만 아니라 친구들을 불러 모아 잔치를 벌였다. 삭개오의 친구들이란 세리 이외에는 있을 턱이 없었다. 세리들과 어울려 잔치를 벌이고 있는 예수님을 보고 유대교인들은 예수님을 '세리와 죄인의 친구'라고 불렀다.

정통유대인 법에서는 여인들이 밖에 나가 돌아다니는 것을 극히 제한했다. 꼭 필요해서 나갈 경우에는 얼굴을 가려야 했고, 길에서 남자와 이야기를 나누는 행위는 금지사항이었다. 심지어 자신의 남편이나 오라비와도 길에서는 말을 주고받을 수 없었다. 그러나 가난한 집안의 여인들은 집에 들어 앉아 가정일이나 돌볼 만큼 여유가 없기 때문에 남정네와 뒤섞여 일을 하지 않을 수 없었고, 그 결과 그런 사람들은 모두 다 죄인이 되고 말았다. 당시 유대교법은 건강한 사람, 부자들, 높은 신분의 사람들만 의인이고 가난한 자는 다 죄인이 될 수밖에 없었다.

이런 사실을 누구보다도 잘 아시는 예수님께서는 전도 일행에 남자 제자들만 데리고 다닌 것이 아니었다. 자비로 봉사하며 수발을 드는 몇 명의 여인들을 허락하셨다. 그들은 막달라 마리아, 헤롯의 청지기 구사의 아내 요안나와 수산나를 비롯한 다른 여자들이었다. 그런데 이들 봉사자를 이끌고 있는 여자는 막달라 마리아였다. 막달라 마리아는 일곱 귀신이 들렸던 여자인데 일곱귀신은 도덕적인 파탄을 의미하기도 하며, 전해지는 말로는 그녀가 창기였다고 한다. 정통 유대인은 비록 남편이나 식구들이라도 길거리에서는 여자와 말을 주고받지 않았던 것을 감안한다면 전도 일행에 여인들을 동참시키신 예수님의 행동이 얼마나 파격적이었는지를 가히 짐작할 수 있다. 가난한 자를 죄인으로 매도하는 잘못된 법을 뜯어고치기 위한 세밀한 배려요 의도적인 행위였다.

세리 출신 제자, 창기 출신 봉사자. 예수님께서 하시는 일은 당시로서는 도저히 상상할 수도 없는 혁명적인 도전이며, 동시에 죄인구원 사역을 보여주는 대표적인 표본들이다.

❿ 세례요한과 모친 마리아

세례요한은 메시아의 선구자로서 반 년 먼저 와서 회개의 세례를 선포하며 구세주께서 오실 길을 예비하다가 예수님을 메시아로 선포한 사람이다. 자신의 임무가 끝난 것을 안 그는 자신을 따르던 제자들에게 예수님을 따르도록 종용한 후 역사의 무대에서 감옥으로 조용히 물러나 있었다. 그런데 면회 오는 제자들을 통하여 예수님에 대한 소식을 소상히 들으면서 그는 혼란에 빠졌다. 예수님께서 하시는 일을 도무지 이해할 수가 없었기 때문이다. 답답해진 그는 제자들을 예수님께 보내서 다음과 같이 묻게 했다. "예수님, 당신이 오시기로 약속된 메시아가 맞습니까? 아니면 우리가 다른 사람을 기다려야 합니까?" 예수님께서는 이렇게 전하라고 하셨다.

> 소경이 보며, 앉은뱅이가 걸으며, 문둥이가 깨끗함을 받으며, 귀머거리가 들으며, 죽은 자가 살아나며, 가난한 자에게 복음이 전파된다 하라.(마태복음 11:5)

그러고 나서 덧붙여 말씀하셨다. "누구든지 나를 오해하지 않는 사람은 복이 있다." 무슨 뜻일까? "내가 지금 병자들을 치료하는 것은 죄인을 구원하는 사역이다. 이런 사실을 바로 이해하며 나를 유대인의 메시아가 아닌 죄인의 메시아로 보는 사람은 복이 있다."라는 말씀이다.

마가복음 3장에 보면 예수님의 모친 마리아와 형제들, 친척들이 예수님께 몰려왔다. 그런데 그들은 메시아로서 활동하시는 예수님의 모습을 보려고 온 것이 아니라 예수님이 미쳤다고 생각하여 강제로 데려가려고 찾아왔었다.

이쯤 되면 예수님께서 하신 일이 당시의 통념으로 볼 때 어떤 것이었는지 잘 알 수 있다. 복음서에서 만나는 사람 가운데서 예수님께서 생존하셨을 때 예수님을 바르게 이해한 사람은 단 한 사람도 없었다.

⓫ 하늘에 계신 너희 아버지

복음서에 의하면 주님께서는 당신 주변에 몰려드는 사람들에게 하나님을 소개할 때에 항상 '하늘에 계신 너희 아버지'라고 말씀하셨다.[17] 이 표현은 의미없는 상투적인 표현이 아니라, 의도적인 표현이었다. 유대교의 법에 의하면 소자들은 하나님으로부터 버림받은 죄인들에 불과했다. 그런데 예수님은 하나님 그분이 바로 소자들의 '아버지' 라고 말씀하신 것이다.

예수님은 하나님께서 소자들의 아버지이심을 말씀으로만 전하지 않으시고 증거로 보여주셨다. 그 증거가 바로 질병과 불구로부터의 치료였다. 혼동을 겪고 있는 세례요한에게 "소경이 보며, 앉은뱅이가 걸으며, 문둥이가 깨끗함을 받으며, 귀머거리가 들으며, 죽은 자가 살아나며, 가난한 자에게 복음이 전파된다 하라."고 말씀하신 의미는 메시아로서의 사역은 죄인들을 죄의 굴레로부터 벗어나게 해주시는 것이라는 뜻이다. 예수님 주변에 몰려든 사람들은 예수님을 통하여 자신들은 하나님으로부터 버림받은 죄인들이 아니라 하나님의 자녀들이며, 하나님나라의 주인공이라는 사실을 확인했다. 예수님의 말씀은 그들에게 문자 그대로 기쁜 소식 즉 복음이었다. 예수님 주변에 사람들로 인산인해를 이룬 것은 복음이 있었기 때문이다.

신분 사회에서 대대손손 노예로, 가난한 자로 살아갈 수밖에 없었던 하비루들에게 신분과 지위와 빈부의 차이를 인정하지 않는 시내산계약의 말씀이 복음이었듯이, 예수님의 말씀은 당시의 소자들, 죄인들에게 복음이었다. 예수님께서 사용하신 '하늘에 계신 너희 아버지'(abba)라는 용어는 유대인들이 죄인이라고 낙인찍은 사람들은 죄인이 아니라 하나님의 자녀라는 복음의 선포였다.

신구약 성경은 계약의 대상들에게 복음이다.

---

[17] '아버지'라는 단어는 'abba'인데 '우리말의 '아빠'와 발음도 내용도 비슷하다.

❿ 수고하고 무거운 짐 진 자들아 다 내게로 오라.

"수고하고 무거운 짐 진 자들아, 다 내게로 오라. 내가 너희를 쉬게 하리라."(마태복음 11:28)에서 예수님은 무슨 수고, 무슨 무거운 짐을 말씀하시는 것일까?

이스라엘은 세상 한 복판에다 하나님 나라의 모형을 만들어 온 세상에 보여주기 위하여 부름을 받은 사람들이었다. 하비루를 위한 법인 시내산계약법에 의하면 거룩한 나라(하나님나라의 모형)는 평등의 사회다. 신분, 지위, 빈부의 격차가 없이 살아가는 나라가 거룩한 나라이다. 그런데 왕정을 겪으면서, 신구약 중간기를 보내면서 이스라엘은 세상의 나라와 다름없이 되었을 뿐만 아니라, 더 악한 나라가 되고 말았다. 힘없는 하비루(소자)들을 돌보는 것이 곧 하나님을 섬기는 것이라는 시내산계약법을 저버리는 것은 물론이고, 오히려 하나님의 이름으로 그들을 죄인으로 낙인찍어 놓고 하나님께 버림받았기 때문에 하비루로 살아간다고 했다. 예수님 당시의 절대다수는 이렇게 서기관-바리새인이 지워준 죄인의 굴레에 짓눌려 있었다. 그들은 생활고는 물론이고 죄의 짐에 눌려 사람과 하나님 모두에게 버림받은 사람들이었다. 서기관-바리새인들은 힘겹게 살아가는 사람들에게 죄인이라는 감당할 수 없는 무거운 짐을 지워주는 자들이었다.(마태복음 23:4)

예수님께서는 그런 그들을 향하여 말씀하셨다. "다 내게로 와라. 내가 너희를 쉬게 하리라."

예수님은 소자들의 무거운 짐을 해결해 주시는 분이시며 죄인이라는 낙인으로부터 벗어나게 해 주시는 죄인의 구세주이시다.

⓭ 성전

갈릴리 출신인 예수님의 제자들이 예수님을 따라 예루살렘에 올라갔다가 성전의 위용을 보고서 감탄사를 연발했던 것을 보면 그들은 예루살렘을 방문할 기회가 별로 없었던 것 같다. 로마를 등에 업고 이스라엘의 왕이 된 헤롯이 유대인의 환심을 사려고 다시 지은 성전의 규모는 대단했다. 기본 공사에 10여년이 걸렸지만 완공하기까지는 84년이 걸렸다. 예수님 당시에는 46년 동안 짓고 있는 중이었다. 성전에 사용된 석재 중에는 길이가 12m, 높이가 6m, 넓이가 5.4m, 무게가 100여 톤이 나가는 것도 있었으니 제자들이 놀란 것도 무리는 아니다. 성전의 방대한 규모에 놀라는 제자들에게 예수님은 성전이 돌 위에 돌 하나도 남지 않고 다 무너지리라고 예언하셨고 후일 그대로 이루어졌다.(A.D. 70년)

요한복음 2장에 의하면 유대인들이 가장 크게 지키는 명절인 유월절에 예루살렘 성전에 가셨다가 제사장들이 환전과 양과 비둘기를 전매하여 폭리를 취하는 것을 보시고 채찍을 휘두르시며 환전상을 뒤집어 엎고 짐승들을 몰아내 버렸다. 성전에서 제사에 쓰일 제물에 어찌 이런 불경스러운 일을 하느냐고 윽박지르는 유대인들을 향하여 "성전을 헐어버리라."고 대꾸하셨다. 이 말씀은 후일 예수님을 사형죄로 고발하는 죄목이 되었다. 유대인의 법에 의하면 성전 모독죄는 사형에 해당되었다.

유대교인들은 성전을 하나님의 집이라고 생각하여 절대시 했다. 그러나 예수님께서는 만민의 기도하는 집인 성전이 제사장들의 탐욕을 채우는 강도의 소굴로 전락했으므로 헐어버리겠다고 하셨다. 이는 성전제도의 폐지와 더불어 계약의 파기를 선언하는 무서운 말씀이었다.

⓮ 십자가에서 죽으심

예수님께서 십자가에 매달려 계실 때 많은 사람들이 그 주변에 몰려들었다. 그들은 예수님을 십자가에 못 박도록 주도한 사람들을 비롯하여 예수님을 따르던 사람들이었다. 그런데 그 중에는 혹시 예수님이 메시아일지도 모른다고 기대하면서 예수님의 마지막을 지켜보던 사람들도 있었다. 그들은 이렇게 말했다. "예수님이 십자가에서 스스로 내려오는 기적을 일으킨다면 예수님을 메시아로 믿겠다." 물론 그중에는 냉소적으로 예수님을 향하여 "십자가에서 내려오면 당신을 메시아로 인정하겠다."라고 비아냥거리는 사람도 있었다. 어쨌든 예수님의 마지막 순간을 지켜보던 그들은 예수님께서 돌아가시자 그는 메시아가 아니라고 단정 지었다. 왜 그랬을까? 신명기에 의하면 나무에 매달려 죽은 자는 저주받은 자이기 때문이다.[18]

예수님께서 마지막으로 받은 유혹은 십자가에서 내려오라는 것이었다. 유대인들은 예수님께서 나무에 매달리는 저주의 죽으심을 죽으셨기에 메시아로 인정하지 못했다. 그러나 복음서는 예수님께서 인간을 대신하여 저주의 죽으심을 죽으셨기에 죄인의 메시아라고 말하고 있다.

❻ 화있을진저, 서기관과 바리새인들아

복음서에는 예수님께서 서기관과 바리새인을 향하여 '화있을진저'라고 저주를 퍼부으신 내용이 많이 담겨 있다.(마태복음 23:1~36, 마가복음 12:38~40, 누가복음 11:37~52) 예수님께서는 그들에게 '소경된 인도자들', '시기를 분별할 줄 모르는 자들'(역사의 문맹자), '성경도 하나님의 능력도 모르는 자들', '외식하는 자들', '천국문을 가로막고 저도 못 들어가고 남도 못 들어가게 하는 자들' 등 가장 과격한 표현을 거침없이 사용하셨을 뿐만 아니라, 격한 감정을 전혀 감추지 않으시고 "뱀들아, 독사의 새끼들아, 너희가 어찌 지옥의 판결을 피할 수 있겠느냐?"라고 저주를 퍼부으셨다. 예수님의 이런 모습은 얼핏 이해

---

18) 그 시체를 나무 위에 밤새도록 두지 말고 당일에 장사하여 네 하나님 여호와께서 네게 기업으로 주시는 땅을 더럽히지 말라. 나무에 달린 자는 하나님께 저주를 받았음이니라.(신명기 21:23)

가 되지 않을 수도 있다. 십자가에서 고통당하면서도 "아버지여, 저들의 죄를 용서하시옵소서! 저들은 자기들이 하는 일이 무엇인지도 모르고 있습니다."라고 하시던 주님과는 전혀 어울리지 않는 저주의 말씀들을 어째서 서기관-바리새인들에게는 아끼지 않으셨을까? 이들은 죄인을 대량으로 생산해내고 있었기에 죄인의 메시아인 주님에게는 용납될 수가 없었기 때문이다. 이런 책망은 교회 지도자들의 오류와 타락은 결코 용서할 수 없다는 말씀이다.

바리새인들은 약 6천여 명이었는데, 이들이 당시 이스라엘의 신앙을 지배하며 결정적인 영향력을 행사하고 있었다. 「하비루의 길」 마지막 부분에서 살펴본 바와 같이 이스라엘 사람들이 바벨론 포로에서 귀환한 이후 에스라의 각고의 노력으로 이스라엘은 신앙중심의 국가체제로 접어들었고, 에스라의 역할은 서기관과 바리새인들에게 이어져 내려갔다. 하지만 400여 년의 시간이 지나면서 이들은 서서히 잘못된 길로 접어들었는데, 이들의 오류는 두 가지였다.

첫째는 이해의 오류였다. 율법의 형식을 지키는 것이 하나님처럼 거룩해지는 것이라고 생각했다. 초기의 시도 자체는 당시의 상황에 비추어 잘못이 아니었으나, 이어지는 세대에서 재해석을 게을리 함으로써 형식이 내용을 대신하는 비극이 일어났다. 형식을 강화하는 수많은 교리체계(도그마)를 만들어서 경전으로 만든 후 인과응보의 교리를 삶의 영역에 확대 적용하여 의인과 죄인으로 양분시켜놓고 말았다. 의도 자체가 아니라 이해가 잘못된 경우에 얼마나 큰 비극이 일어날 수 있는지를 잘 보여주는 역사적인 교훈이다. 신앙의 지도자들이 무식하면 그들뿐만 아니라 그 시대가 하나님의 심판을 면하지 못하는 불행을 겪는다. 이스라엘 역사 2천 년과 교회사 2천 년이 이를 증거하고 있다. 신앙을 가르치는 지도자들에게 있어서 이런 오류가 절대로 용서될 수 없다는 사실을 예수님은 그들에게 저주를 선포하심으로써 명확하게 보여주셨다.

둘째는 서기관-바리새 체제가 결국 가진 자의 이념(이데올로기)으로 전락하고 말았다. 제사장, 서기관, 바리새인들이 종교의 영역은 물론 정치, 경제, 교육의 모든 분야를 독점했다. 가난한 자들은 죄인이어서 불행한 삶을 산다고 몰아붙이는 것은 결국 성전을 중심으로 활동하면서 최상류의 삶을 누리는 자신들은 의인이어서 하나님의 축복을 받고 있다는 논리가 성립하게 된 것이다. 이를 보다 못한 예수님은 "성전을 강도의 굴혈로 만들어 놓았다."라고 호통을 치시며 채찍을 휘두르셨다. 주님은 이들을 향하여 저주를 선포하시는 것을 망설이지 않으셨다.

"뱀들아, 독사의 새끼들아, 너희가 어찌 지옥의 심판을 면할 수 있겠느냐?"

이 무서운 심판의 말씀은 무엇을 말하는가? 종교지도자들의 무식과 오류, 타락은 절대로 용서받을 수 없다는 뜻이다. 이 저주의 선포는 과거의 지도자들에게만 주어진 것이 아니다. 같은 길을 가고 있는 오늘의 교회 지도자들에게 지금 여기서 선포되는 말씀이다.

⓰ 자연과 초자연

세상 만물은 창조주 하나님께서 만드신 법과 원리의 지배를 받는다. 이를 흔히 '자연(自然)의 법칙'이라고 부른다. 어쨌든 우주는 자연의 법칙에 따라 진행이 된다. 이 법은 스스로 생겨난 것이 아니라 창조주로부터 나온 것이다. 따라서 자연의 법칙은 하나님의 법이다. 일반적으로 만물은 이 법에 지배를 받지만 특별한 경우에는 하나님께서 초자연의 법으로 개입을 하신다. 이 초자연의 법을 기적, 또는 이적이라 한다. 성서에는 이런 초자연에 대한 기록이 많이 나오는데, 과학적인 사고에 길들여진 현대인들은 이 기적을 신화라고 생각하지만 신화라기보다는 하나님의 개입이다.

어떤 경우에 하나님께서는 초자연적으로 개입을 하시는가? 단순하다. 그 일이 꼭 필요한 경우이다. 앞에서 살펴본 예수님의 치유이적들이 왜 필요했고 어떤 의미를 지녔는지를 생각해보면 이런 사실을 알 수 있다. 죄인 대량생산 체제를 와해시키기 위하여 치유이적이 꼭 필요했다. 출애굽의 경우도 마찬가지다. 출애굽에 관련된 여러 기적들은 이스라엘 사람들은 물론 애굽 사람들에게 살아계신 하나님을 체험시키는 방법으로써 꼭 필요했다. 엘리야의 기도 여부에 따라 수 년 동안 비가 멎기도 하고 내리기도 했다. 왜 그런 일이 일어났을까? 그 일이 꼭 필요했기 때문이다. 당시의 사람들은 하나님께서 농사를 지배하시는 것이 아니라, 가나안의 신 바알이 농사를 지배한다고 믿었는데. 이 잘못된 신앙을 바로잡기 위하여 엘리야를 통하여 독특한 일을 하셨다. 엘리사를 가리켜 '이스라엘의 병거'라고 불렀다. 왜냐하면 엘리사 혼자서 기적을 사용하여 아람군대를 막아냈고, 나라를 지켰기 때문이다. 곧 살펴보게 될 사도들을 통한 이적은 예루살렘에 교회를 세우기 위하여 필요한 일이었다.

초자연적인 기적은 자연 속에서 꼭 필요할 때 하나님께서 허락하신다. 자연의 법칙은 일반법이고 초자연의 기적은 특별법이라고 할 수 있다. 국가의 법에도 일반법과 특별법이 있다. 보통의 경우에는 일반법이 지배하지만 필요한 경우에는 특별법을 적용한다. 특별법의 적용은 대상자가 원해서가 아니라 조건이 충족될 경우 시행되는 것과 같이, 초자연적인 능력 또한 구한다고 주어지는 것이 아니라, 그 일이 꼭 필요할 때 준비된 사람을 통해서 하나님께서 그 일을 하신다.

예수님의 사역, 무엇을 말하는가?(2)

1. 옛계약의 완성 – 새계약의 체결

'구약', '신약'이라는 성경의 이름은 '계약'을 말한다. 성경의 이름이 계약을 말하듯이 계약에 대한 이해가 성경 이해에 가장 중요한 관점 중 하나이다. 이스라엘 사람들이 시내산에서 하나님과 맺은 계약을 '옛계약'이라고 한다. 그 이후의 이스라엘 역사는 계약의 실천 여부와 명암을 같이 한다. 시내산계약법에 근거하여 이스라엘 역사를 해석하던 예언자들은 이스라엘이 겪는 모든 고초와 나라 멸망의 원인이 '계약 위반' 때문이라고 지적했으며, 바벨론 포로로부터의 귀환은 회개하고 돌이켰기 때문에 '계약 회복'이 이루어진 것이라고 해석했다. 이스라엘 역사는 계약을 실천하는 이야기들의 기록이어야 했는데 안타깝게도 실패하고 말았다. 계약의 파기를 선언하던 예레미야는 시내산계약은 파기되지만 하나님께서 인류의 구원을 위하여 새로운 계약을 맺으시리라고 다음과 같이 예고했다.

> 여호와께서 말씀하셨다. "내 백성아, 너희는 똑똑히 듣고 알아라. 이제 얼마 있지 않으면 내가 이스라엘과 유다 백성 전체를 상대로 새계약을 체결하겠다. 물론 내가 그들의 조상들과도 계약을 체결한 일이 있었으나 이번에는 그것과 아주 다른 새계약이다. 그들의 조상들이 애굽에서 종살이를 하고 있을 때에 나는 그들을 데리고 나왔다. 내가 이렇게 그들을 해방시키던 날에 그들과 계약을 체결하였다. 나는 그 계약을 충실하게 지켜 주었으나 그들이 일방적으로 그 계약을 깨뜨려 버렸다. 그래서 나는 그들을 미워하고 징계하였다. 그러나 이제 내가 이스라엘 백성과 체결하려는 새계약은 계약

자체가 완전히 옛 것과 다를 것이다. 이 계약은 내가 각 사람과 개인적으로 체결하겠다. 나는 이제 나의 새계약을 돌판에 써서 그들에게 주지 않고 그들 각자의 마음과 양심에 새겨 놓겠다. 나는 이렇게 내 법을 그들의 가슴속에 새겨 놓고 그들의 부드러운 살과 핏속에 넣어 주어 나는 그들의 하나님이 되고 그들은 나의 백성이 되도록 하겠다. 그러면 아무도 다른 사람을 훈계할 필요가 없고 아무도 자기 형제에게 '주님을 알고 두려워하여라.'고 말하지 않을 것이다. 그때에는 가장 천한 사람에서 가장 존귀한 사람에 이르기까지 모든 사람이 내가 누구인가를 알 것이기 때문이다. 이렇게 모든 사람이 나를 알 때가 오면 나도 모든 인간의 불순종과 반역을 용서하고 더 이상 인간의 악행과 허물을 기억하지 않을 것이다. 이것은 내가 온 세상의 주인으로서 하는 말이다."(예레미야31:31-34, 새번역)

예수님께서 "율법과 선지자를 완성시키러 왔다."라고 하신 말씀은 새계약을 체결하시는 것에서 성취된다. 따라서 예수님의 생애 가운데 새로운 계약 체결이 가장 중요한 사건이다.

2. 새계약, 언제 어디서 어떻게 체결되었나?

예수님께서는 주로 갈릴리 지역에서 활동을 하시다가 주요 절기에는 유다 지방과 예루살렘을 방문하셨다. 이스라엘의 가장 큰 절기는, 구약의 이스라엘이 애굽(이집트)에서 노예살이를 하고 있을 때 하나님께서 그들과 계약을 맺으시기 위하여 그들을 해방시키신 것을 기념하는 유월절(逾越節)이다. '유월'은 '지나감'을 말하는데, 이집트에 내린 죽음의 재앙이 이스라엘 사람들 집에는 그냥 지나갔다는 데에서 유래한다. 유월절 절기에는 각 가정마다 절기를 기념하는 식사를 하게 되어있었다.

예수님께서 예루살렘에서 유월절 절기를 맞게 되었을 때 제자들이 예수님께 어디서 유월절 식사를 해야 할지 물어보자 예수님께서 말씀하셨다. "예루살렘으로 들어가면 물 한 동이를 가지고 가는 사람을 만나게 될 것이다. 그 사람을 따라가서 그 집 주인에게 물어보아라. 그러면 알려줄 것이다." 예수님의 말씀대로 제자들이 그 사람을 만나서 유월절 식사의 자리를 마련했다.(누가복음 22:7~13) 흔히 '최후의 만찬'이라고 불리는 유월절 식사의 자리는 이렇게 마련되었다.

식사시간이 되자 예수님께서는 떡을 떼어 제자들에게 주시면서 "이것은 너희를 위하여 주는 내 몸이다. 나를 기념하면서 이것을 먹어라."라고 말씀하셨다. 그 다음에는 포도주를 따라주시면서 "이것은 너희를 구원하는 하나님의 새계약의 표니, 내가 너희를 위하여 내 피를 흘려서 맺는 새계약의 표다."(누가복음 22:19~20)라고 하셨다.

제자들과 나누신 마지막 식사의 자리, 이 자리가 바로 옛계약을 대신하는 '새계약'이 체결되는 자리였다. 다락방을 내어 준 이름 모르는 어떤 사람은 물론이고 예수님을 약 3년 동안 따라다니다가 유월절 식사자리에서 예수님으로부터 떡과 포도주를 받아 마신 제자들조차도 자신들이 무엇을 하고 있는지를 전혀 몰랐다. 예루살렘의 어느 다락방에서 예수님께서 마지막으로 보내신 유월절 식사 자리, 여기에서 유월절 식사에 사용되는 떡과 포도주로 인류의 구원을 위한 '새계약'은 맺어졌다.

고대에는 계약을 피로 맺었다. 시내산에서 맺어진 옛계약에서는 계약이 맺어졌다는 증표로 짐승의 피를 뿌렸다. 그러면 새계약에서는 무슨 피를 뿌렸는가? 예수님의 피였다. 하나님께서 인간으로 오셔서 대신 죽으시면서 흘리신 십자가의 피, 새계약은 그 피로 맺어졌다.

새계약의 자리에서 주신 말씀은 무엇인가?

"내가 너희를 위하여 내 몸과 피를 내어줄 터이니 내 살과 내 피를 먹어라. 그리고 영원히 살아라."

예수님께서는 당신의 희생을 '밀알'에 비유하셨는데[19] 하나님께서 만드신 피조물의 세계에서 생명을 이어가는 원리는 밀알에 들어있다. 식물의 씨가 싹이 트는 것은 새로운 씨앗(생명)을 맺기 위하여 자신을 내어주는 자기희생이다. 이것은 동물의 세계에서도 마찬가지다. 연어, 가시고기, 사마귀 등은 그 원리를 잘 보여주고 있다. 아버지이신 하나님께서 당신의 자녀인 사람을 구원하는 원리는 세상의 동식물들이 생명을 이어가는 원리와 그 이치가 같다.

새계약은 하나님께서 인간을 살리기 위하여 대신 죽으시겠다는 언약이다.

3. 죽으심과 성령 강림은 무엇인가?

제자들과 최후의 만찬을 하시면서 계약을 맺으신 예수님께서는 식사가 끝나자마자 겟세마네 동산으로 기도하러 가셨다. 땀방울이 핏방울이 되도록 간절히, 참으로 간절히 기도하셨다. 무엇을 위한 기도였나? 계약을 맺으면서도 무슨 일이 일어나고 있는 지도 모르는 제자들, 잠시 후에 무슨 일이 일어날지도 모르고 깊은 잠에 빠져 있는 제자들, 그들이 앞으로 계약의 삶을 살아갈 수 있도록 간절히 온 힘을 다하여 기도하셨다. 요한복음 17장 전체는 그 기도의 내용이 기록되어 있다.

기도를 마치신 후에 체포되어 대제사장 가야바와 로마 총독 빌라도에게 재판을 받으시고 십자가에서 돌아가셨다. 예수님의 이 수난은 최후의 만찬 자리에서 맺으신 계약의 실천이다. 계약의 말씀대로 당신의 살과 피를 내어주심이다. 이 죽으심의 결과로 제자들에게 성령님이 오

---

19) 그러자 예수님께서 말씀하셨다. "인자가 영광을 받을 때가 왔다. 내가 진정으로 말한다. 밀알 하나가 땅에 떨어져 죽는 것과 같이 나는 죽어야 한다. 내가 죽지 않고 그대로 있으면 밀알 하나가 그대로 있는 것과 같다. 그러나 내가 죽으면 한 알의 죽은 밀알에서 많은 밀알이 맺듯이 새 생명들을 풍성하게 거두게 될 것이다.(요한복음 12:23, 새번역)

시는 길이 열려졌다. "내가 가면 너희에게 성령님(보혜사)을 보내 주리라"고 누누이 말씀하신 대로였다.

성령님을 받은 제자들은 전혀 새로운 사람들이 되었다. 예수님 생전에 예수님을 따르면서는 예수님께서 무슨 일을 하시는지 도무지 이해하지 못하던 사람들이 성령님이 그들 마음에 임하자 예수님께서 하신 일들이 무엇을 의미하는지 깨달아 알게 되었고 예수님의 말씀 즉 계약의 말씀을 삶으로 실천하게 되었다. 제자들만이 아니라 제자들을 통하여 예수님의 복음을 받아들인 사람들에게도 같은 현상이 일어났다. 예수님을 본 적이 없어도 성령님이 그 마음에 임하자 예수님을 구세주로 받아들이고 예수님의 말씀을 실천해냈다. 기독교는 이렇게 탄생되었다. 예수님께서 하셨던 말씀대로 되었다.

내가 땅에서 들리면 모든 사람을 내게로 이끌겠노라.(요한복음 12:32)

4. 새계약, 무엇을 말하는가?

다음의 〈그림6〉을 번호 순서대로 보면서 예수님의 생애와 사역에 대하여 설명해 보고자 한다.

①예수님께서 인간으로 오심은 하나님(신성)께서 육체(인성)를 입으심이다. 따라서 예수님은 신성(神性)과 인성(人性)을 동시에 가지신 분이시다. 제자들과 새계약을 체결하신 후 십자가에서 죽으심으로 대속(代贖)의 희생물이 되셨다.

②그러나 예수님께서는 3일 후에 부활, 승천하셨다.

③예수님의 사역은 죽으심과 부활-승천으로 끝난 것이 아니라 가장 중요한 사역이 아직 남아있었다. '성령강림' 이 그것이다. 예수님께서 성령으로 오심은 우리에게는 육체로 오심보다 더 중요하다.

④성령님은 우리에게 오셔서 예수님을 구세주로 믿게 하는 '회심' 의

사건을 일으킬 뿐만 아니라, 회심한 사람의 마음속에 영원히 계시면서 구원의 삶을 살아가도록 인도하시기 때문이다.

⑤즉 인간의 인성(人性)에 신성(神性)을 주신다.

⑥예수님께서 인성을 입으신 것은 ⑦인간으로 하여금 신성(성령님)을 입혀주시기 위함이다.

5. 성령님의 법

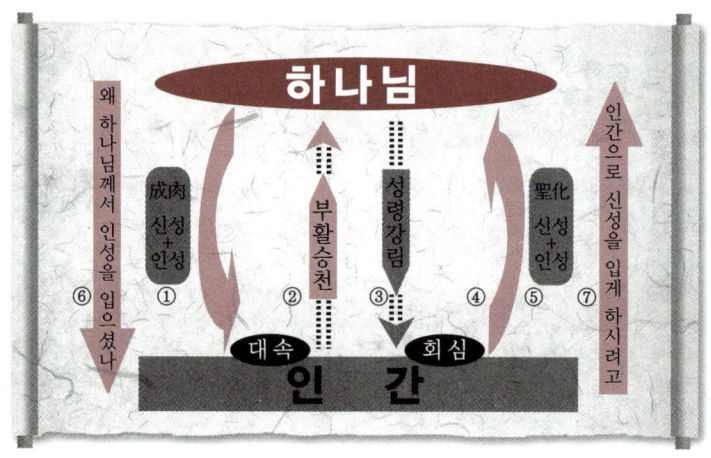

〈그림6 : 그리스도 사건〉

인간(인성)에게 성령님(신성)을 주시는 것은 인간의 신앙생활에서 대단히 중요한 사건이다. 〈그림6〉에서 보듯이 ①예수님께서 사람이 되심으로 말미암아 예수님의 성품이 양성(兩性, 신성+인성)이 되셨듯이 ⑤성령님을 받은 사람들의 성품도 양성(인성+신성)이 되어 예수님의 성품과 같아진다. 예수님을 닮아가는 성화(聖化)의 삶은 이 성령님의 도우심으로 가능해진다. 기독교 신앙의 특징은 여기에 있다. 자력수도의 종교와는 달리 기독교는 인간이 인간 스스로의 힘으로 자신의 죄의 문제를 해결하여 성화의 삶과 구원에 이르는 것이 아니라 성령님의 도우심으로 가능해진다. 기독교의 하나님은 신앙의 대상일 뿐만 아니라 당신의 영을 신자들의 영혼 속에 부어주셔서 신앙의 삶을 살도록 도우시며 인도하시는 분이시다. 인간은 아무런 대가없이 신성을 받지만, 하나님께서는 인간에게 신성을 주시기 위하여 친히 인간으로 오셔서 대신 죽으셨으며, 하나님으로서 치를 수 있는 가장 큰 대가를 치르셨다. 성경에서 "하나님께서 외아드님을 주셨다."라고 함은 이를 뜻한다.

옛계약과 새계약의 중요한 차이는 여기에 있다. 옛계약에서는 계약의 말씀을 돌판에 새겨서 계약상자(법궤)에 넣어두고 읽으면서 지켜야 했다. 그러나 새계약에서는 하나님의 영(성령)께서 인간의 마음에 오셔서 머물러 계시면서 새계약의 말씀대로 살아가도록 도우시며 인도하신다. 예레미야가 말한 것은 이를 말한다.

새계약의 핵심은 우리에게 성령님을 주시는 데에 있다.

예수님의 사역, 무엇을 말하는가?(3)

1. 율법과 선지자의 완성

내가 율법이나 선지자나 폐하러 온 줄로 생각지 말라 폐하러 온 것이 아니요 완전케 하려 함이로다.(마태복음 5:17)

예수님께서는 시내산 율법과 그 율법을 실천하라고 외친 선지자들이 하던 일을 완성하러 오셨는데 예수님의 말씀(설교)에 잘 나타나 있다.

❶ "나는 너희에게 이르노니"($\dot{\epsilon}\gamma\dot{\omega}\ \delta\dot{\epsilon}\ \lambda\dot{\epsilon}\gamma\omega\ \dot{\upsilon}\mu\hat{\iota}\nu$)

구약의 예언자들은 "여호와께서 가라사대"라는 하나님의 권위로 말씀을 선포했다. 그러나 예수님께서는 "나는 너희에게 이르노니"라고 당신의 권위로 말씀하셨다. 산상설교라고 말하는 마태복음 5장~7장의 말씀을 보면 "~라고 너희가 들었으나, 나는 너희에게 이르노니"라는 독특한 형식의 말씀이 여섯 차례 나오고 있다. 살인, 간음, 이혼, 맹세, 보복, 원수 등에 대하여 새로운 해석과 가치 기준이 제시되어 있는데, 이는 구약의 율법에 대한 폐지가 아니라 율법정신의 완성이며 실천이다. 이 말씀들 역시 율법의 형식을 강조하던 유대교의 배경에서 읽어야 정확한 해석이 된다.

❷ 새로운 윤리

시내산계약법은 이스라엘이 가나안에 들어가서 지켜야 할 삶과 윤리의 법도였으며 이스라엘은 이 법을 지킴으로써 하나님나라의 모델을 보여주기 위하여 선택되었다. 그 법의 특징을 보면 신분과 지위, 빈부의 격차가 없는 사회와 거룩한 윤리의 실천이었다. 이런 법도는 그 당시는 어디에서도 찾아볼 수 없는 고귀한 법이며 거룩한 법이었다.

그런데 이제 예수님께서 선포하신 설교에 나와 있는 윤리는 새로운 계약공동체인 그리스도인들이 이 세상에서 실천해야 할 하나님나라의 윤리이다. 시내산계약법과 새계약의 법을 비교해보면 후자는 옛계약법의 형식은 물론 그 정신의 실천까지 요구하고 있다. 대표적인 구절들을 찾아보면 다음과 같다.

> 너희는 세상의 빛이라… 이같이 너희 빛을 사람 앞에 비취게 하여, 저희로 너희 착한 행실을 보고 하늘에 계신 너희 아버지께 영광을 돌리게 하라.(마태복음 5:15,16)

내가 너희에게 이르노니 너희 의가 서기관과 바리새인보다 더 낫지 못하면 결단코 천국에 들어가지 못하리라.(마태복음 5:20)

또 네 이웃을 사랑하고 네 원수를 미워하라 하였다는 것을 너희가 들었으나, 나는 너희에게 이르노니 너희 원수를 사랑하며 너희를 핍박하는 자를 위하여 기도하라.(마태복음 5:43~44)

이같이 한즉 하늘에 계신 너희 아버지의 아들이 되리니, 이는 하나님이 그 해를 악인과 선인에게 비취게 하시며 비를 의로운 자와 불의한 자에게 내리우심이니라.(마태복음 5:45)

너희가 사람의 과실을 용서하면 너희 천부께서도 너희 과실을 용서하시려니와 ,너희가 사람의 과실을 용서하지 아니하면 너희 아버지께서도 너희 과실을 용서하지 아니하시리라.(마태복음 6:14~15)

그러므로 무엇이든지 남에게 대접을 받고자하는 대로 너희도 남을 대접하라. 이것이 율법이요 선지자니라.(마태복음 7:12)

나더러 주여! 주여! 하는 자마다 천국에 다 들어갈 것이 아니요, 다만 하늘에 계신 내 아버지의 뜻대로 행하는 자라야 들어가리라.(마태복음 7:21)

그러므로 하늘에 계신 너희 아버지의 온전하심과 같이 너희도 온전하라.(마태복음 5:48)

내가 율법이나 선지자나 폐하러 온 줄로 생각지 말라 폐하러 온 것이 아니요 완전케 하려 함이로다. 진실로 너희에게 이르노니 천지가 없어지기 전에는 율법의 일점일획이라도 반드시 없어지지 아니하고 다 이루리라.(마태복음 5:17~18)

이 말씀들 즉 하나님나라의 윤리는 한 마디로 '완전에의 요청' 이라고 할 수 있다. 하나님처럼 완전해지지 않고서는 지킬 수 없는 법이며 하나님나라의 윤리이다. 복음서에 의하면 예수님을 따르고자 하는 사람들은 예수님처럼 완전해져야 한다. 예수님께서 보이지 않는 하나님의 보이는 형상이었던 것처럼 그리스도인들은 보이지 않는 예수님의 보이는 형상이어야 한다. 이 윤리는 산상수훈이라고 불리는 마태복음 5장~7장에 있는 예수님의 설교에서 잘 나타나고 있는데, 이 말씀은 구약의 시내산계약법에 대한 재해석이요 완성으로서 시내산계약법의 형식이 아닌 정신의 실천, 곧 하나님나라의 윤리를 제시하고 있다.

그렇다면 인간이 과연 완전해질 수 있는가? 하나님나라의 윤리 실천은 과연 가능한 것인가?

2. 새로운 구원 기준

예수님께서 활동하신 일들에 대한 기록이 담겨있는 책을 '복음서'라고 하는데, 마태복음, 마가복음, 누가복음, 요한복음 등 네 책이 그것들이다. 이 중에서 마태복음, 마가복음, 누가복음은 서로 다루는 관점이 비슷하기 때문에 '공관(共觀)복음'이라고 한다.

공관복음에 기록된 바에 의하면 예수님께서 생전(부활 이전)에 하신 말씀들 중에서 '믿음', '은혜', '용서'로 구원받는다고 명시적으로 하신 말씀이 놀랍게도 단 한 구절도 없다.[20] 오히려 하나님나라의 윤리를 실천함으로써 구원을 받는다고 예수님께서는 못 박으셨다. 대표적인 구절을 살펴보면 다음과 같다.

내가 너희에게 이르노니 너희 의가 서기관과 바리새인보다 더 낫지

---

20) 공관복음에서 믿음으로 구원받는다고 말씀하신 유일한 구절은 "또 가라사대 너희는 온 천하에 다니며 만민에게 복음을 전파하라. 믿고 **세례를 받는 사람은 구원을 얻을 것이요** 믿지 않는 사람은 정죄를 받으리라."(마가복음16:15~16)인데, 이는 부활 이후에 하신 말씀이다.

못하면 결단코 천국에 들어가지 못하리라.(마태복음 5:20)

이같이 한즉(반명제 즉 '나는 너희에게 말하노니'를 지킨즉) 하늘에 계신 너희 아버지의 아들이 되리니……(마태복음 5:45)

우리가 우리에게 죄 지은 자를 사하여 준 것같이 우리 죄를 사하여 주옵시고(마태복음 6:12)

너희가 사람의 과실을 용서하면 너희 천부께서도 너희 과실을 용서하시려니와 너희가 사람의 과실을 용서하지 아니하면 너희 아버지께서도 너희 과실을 용서하지 아니하시리라.(마태복음 6:14~15)

나더러 주여! 주여! 하는 자마다 천국에 다 들어갈 것이 아니요, 다만 하늘에 계신 내 아버지의 뜻대로 행하는 자라야 들어가리라.(마태복음 7:21)

이 외에도 일만 달란트와 백 데나리온의 비유[21], 부자 청년에게 하신 말씀[22], 소사들에 내한 말씀[23], 소자들에게 행동한 대로 심판하시는 말씀 등에서 이런 사실은 잘 나타난다. 공관복음에 기록된 생전의 예수

---

21) 하늘나라는 어떤 왕이 자기 종들과 정해진 날에 셈을 맞춰 보는 것에 비할 수 있다. 셈을 하는 중에 일만 달란트나 되는 돈을 빚진 사람이 왕 앞에 끌려 나왔다. 그가 빚을 갚을 돈이 없음을 알자 왕은 그의 아내와 자녀들과 그가 가진 것을 다 팔아서 갚으라고 명령하였다. 그는 왕 앞에 엎드려 얼굴을 땅에 대고 "제발 조금만 참아주십시오. 곧 다 갚아 드리겠습니다." 하고 빌었다. 왕은 그를 가엾게 여겨 놓아 보내며 빚도 탕감해 주었다. 그런데 그 종이 나가서 자기에게 백 데나리온밖에 안 되는 빚을 진 사람을 만나자 멱살을 잡고 당장에 내놓으라고 다그쳤다. 그 사람이 엎드려 조금만 시간 여유를 달라고 빌었으나 그는 들은 체도 하지 않고 그를 끌고 가서 빚진 돈을 다 갚을 때까지 감옥에 가두었다. 다른 종들이 왕에게 가서 이 일을 낱낱이 고해 바쳤다. 그러자 왕은 용서해 주었던 그를 불러서 말하였다. "이 악독하고 뻔뻔한 놈아! 네가 애걸하기에 불쌍히 여겨 내가 그 엄청난 빚을 탕감해 주지 않았느냐? 그러니 내가 자비를 베푼 것처럼 너도 남에게 자비를 베풀었어야 할 것이 아니냐?" 왕은 몹시 노하여 그를 형리에게 보내고 마지막 한 푼까지 다 갚게 하였다. 그러므로 만일 너희가 진심으로 네 형제들을 용서하지 않으면 하늘에 계신 내 아버지께서도 너희에게 이와 같이 하실 것이다.(마태복음 18:23~35, 새번역)

님 말씀에서는 예수님의 말씀을 실천하는 것이 구원의 기준이 되고 있음은 명확한 사실이며, 완전해지라는 요청과 더불어 완전한 행위로 구

---

22) 어떤 젊은이가 예수님께 와서 물었다. "선생님, 제가 무슨 선한 일을 해야 영원한 생명을 얻겠습니까?" 예수님께서 대답하셨다. "네가 어찌하여 내게 선한 일에 대하여 묻느냐? 선한 분은 오직 하나님 한 분 뿐이시다. 생명으로 들어가려거든 계명을 지켜라." "어느 계명입니까?" 그가 다시 묻자 예수님께서 말씀하셨다. "살인하지 말라. 간음하지 말라. 도둑질하지 말라. 거짓말하지 말라. 네 부모를 공경하라. 그리고 네 이웃을 네 몸같이 사랑하라." "저는 언제나 그 계명들을 다 지키고 있습니다. 아직도 무엇을 더 해야 합니까?" 하고 그 젊은이가 말하자 예수님께서 말씀하셨다. "만일 네가 완전하게 되려거든 가서 네가 가진 것을 다 팔아 그 돈을 가난한 사람들에게 주어라. 그러면 하늘에서 보화를 얻게 될 것이다. 그리고 와서 나를 따르라." 이 말씀을 들은 젊은이는 큰 부자였으므로 침울한 표정으로 돌아갔다. 그러자 예수께서 제자들에게 말씀하셨다. "내가 진정으로 말한다. 부자는 하늘나라에 들어가기가 매우 어렵다. 다시 말하지만 부자가 하늘나라에 들어가는 것보다는 낙타가 바늘귀로 빠져 나가는 것이 더 쉬울 것이다." 이 말씀을 듣고 제자들은 놀라서 "그러면 세상에서 구원받을 사람이 어디 있겠습니까?" 하고 물었다. 예수님께서는 그들을 바라보시며 말씀하셨다. "사람으로서는 할 수가 없다. 그러나 하나님께서는 무슨 일이나 다 하실 수 있다."(마태복음 19:16~26, 새번역)

23) 만일 너희가 예언자를 하나님의 사람이라 하여 환영한다면 너희는 예언자가 받는 것과 같은 상을 받을 것이다. 또 만일 너희가 선하고 믿음이 깊은 사람을 믿음의 사람이라 하여 환영한다면 너희는 그들이 받는 상과 같은 상을 받을 것이다. 또 아무리 보잘 것 없는 사람일지라도 그가 내 제자라고 하여 냉수 한 그릇이라도 대접하는 사람은 반드시 상을 받을 것이다.(마태복음 10:41~42, 새번역)

그러나 만일 나를 믿는 이 작은 사람들 가운데 하나라도 죄짓게 하는 사람이 있다면 그가 누구든지 간에 목에 연자 맷돌을 달고 깊은 바다에 던져지는 편이 나을 것이다.(마태복음 18:6, 새번역)

24) 그리고 왕인 나는 내 오른편에 있는 사람들에게 이렇게 말할 것이다. "내 아버지께 복 받을 사람들아, 와서 천지창조 때부터 너희를 위하여 준비한 이 나라에 들어가라. 너희는 내가 배고플 때에 먹을 것을 주었고, 목말랐을 때에 마실 것을 주었으며, 내가 나그네 되었을 때에 너희 집으로 따뜻하게 맞아들였다. 또 헐벗었을 때에 입을 것을 주었고, 병들었을 때와 감옥에 갇혔을 때에 찾아와 주었다." 그때 그 의로운 사람들이 이렇게 대답할 것이다. "주님, 저희가 언제 주님이 배고프신 것을 보고 잡수실 것을 드렸으며, 목마르신 것을 보고 마실 것을 드렸습니까? 또 언제 주님이 나그네 되신 것을 보고 도와 드렸으며, 헐벗으신 것을 보고 입을 것을 드렸습니까? 언제 주님이 병드셨거나 감옥에 갇히신 것을 보고 찾아가 뵈었습니까?" 그러면 왕은 이렇게 말할 것이다. "내가 진정으로 말한다. 너희가 여기 있는 내 형제 중에 가장 보잘 것 없는 사람 하나에게 해준 것이 곧 내게 해준 것이다!" 그리고 나는 왼편에 있는 사람들을 향해서 이렇게 말할 것이다. "너희 저주받은 자들아 내게서 물러가 마귀와 그 부하들을 가두려고 준비한 영원한 불속으로 들어가라. 너희는 내가 배고플 때에 먹을 것을 주지 않았고, 목마를 때에 마실 것을 주지 않았으며, 나그네 되었을 때에 따뜻하게 맞아들이지 않았다. 또 헐벗었을 때에 입을 것을 주지 않았고 병들었을 때나 감옥에 갇혔을 때에도 찾아와 주지 않았다." 그러면 그들도 대답할 것이다. "주님, 주님이 언제 배고프고 목마르셨으며, 나그네 되고 헐벗으셨으며, 병들고 감옥에 갇히셨던 일이 있었기에 저희가 보고도 돌보아 드리지 않았다 하십니까?" 그때 왕이 말할 것이다. "내가 진정으로 말한다. 여기 있는 내 형제 중에 가장 보잘 것 없는 사람 하나에게 해주지 않은 것이 곧 내게 해주지 않은 것이다. 그리하여 그들은 영원히 벌 받을 곳으로 쫓겨날 것이고 바르게 산 사람들은 영원한 생명으로 들어갈 것이다."(마태복음 25:34~46, 새번역)

원을 받으라고 말씀하고 있다.

공관복음의 예수님 말씀에 의하면 구원에 이르기 위해서는 행위가 완전해져야 한다.

3. 왜 완전인가?

요한복음 17장(11, 21, 22, 23절)에 의하면 예수님과 하나님이 하나인 것처럼 예수님을 믿는 사람들도 하나님 안에서 하나 즉 하나님처럼 된다는 것을 말하고 있다. 하나님의 영이 주어지면 그 영의 도우심으로 하나님처럼 변화가 시작되는데 이를 가리켜 구원이라고 한다. 따라서 구원에 이르려면 하나님처럼 완전해지지 않으면 안된다. 이런 까닭에 주님께서는 하늘에 계신 아버지처럼 완전해지라고 말씀하셨다.

그렇다면 과연 불완전한 인간이 완전해져서 구원에 이를 수가 있을까?

4. 어떻게

계약은 실천을 전제로 한다. 실천하지 않을 계약, 실천할 수 없는 계약은 '계약'이라는 개념에 맞지 않다. 하나님께서 사람과 계약을 맺으시면서 실천할 수 없는 일들을 요청하실 리가 없다. 그런데 계약의 내용 즉 하나님처럼 완전해지라는 예수님의 말씀은 도무지 사람의 힘으로는 실천할 수가 없다. 그렇다면 이 문제를 어떻게 해결해야 하는가?

어떻게

이것이 문제다. 하나님께서는 이 문제를 어떻게 해결하시는가? 이에 대한 대답은 예수님께서 부자 청년에게 하신 말씀 속에 들어있다.

마태복음 19:16~26에 보면 어떤 부자 청년이 예수님을 찾아와서 "선생님, 내가 무엇을 하여야 영생을 얻겠습니까?"라고 물었다. 예수님께서는 "살인하지 말라, 간음하지 말라, 도둑질하지 말라, 부모를 공경해라, 네 이웃을 네 몸과 같이 사랑해라"는 등의 일반적인 말씀을 하셨다. 그러나 그 청년은 "그런 것들은 이미 다 지키고 있습니다. 더 무엇을 해야 합니까?"라고 자신 있게 대답했다. 청년의 마음을 꿰뚫어 보시는 주님께서는 다른 무엇을 더 요구하지 않으셨다. 그 청년이 "이웃을 네 몸과 같이 사랑하라."는 말씀을 이미 지키고 있다고 하므로 그 실천을 확인하기 위하여 "그렇다면 너의 가진 것을 다 팔아서 가난한 자들에게 나누어주고 나를 따르라."는 말씀으로 네가 한 말을 입증하라고 요구하셨다. 마침 청년은 가진 재물이 많았기 때문에 갈등을 겪다가 그냥 돌아갔다. 그 모습을 지켜보시던 예수님께서는 제자들에게 말씀하셨다. "부자가 천국에 들어가는 것은 낙타가 바늘구멍으로 나가는 것보다 힘들다." 그러자 이번에는 제자들이 놀라서 물었다. "천국에 들어가는 것이 그렇게 어렵다면 구원받을 사람이 어디 있겠습니까?"

제자들이 묻고 있는 물음에 대한 해답이 지금 여기서 우리가 묻고 있는 물음에 대한 해답이다.

"사람으로서는 할 수가 없다. 그러나 하나님께서는 무슨 일이나 다 하실 수 있다."

이것이 해답이다. 그렇다면 '어떻게' 하나님께서는 구체적으로 되게 하시나?

5. 이렇게

복음서에 그려진 예수님의 사역은 '말씀사역'과 '치유사역'으로 구분할 수 있다. 말씀사역은 율법과 선지자의 완성으로서의 새계약의 말씀, 하나님나라의 윤리 선포, 새로운 구원기준 제시 등의 설교이며 앞에서 간략히 살펴본 바와 같이 산상수훈에 기록되어 있다. 반면에 치유사역에서 예수님은 "내가 의인을 부르러 온 것이 아니요 죄인을 부르러 왔노라."(마가복음 2:17)라고 말씀하시면서 당시 유대인 사회에서는 죄인으로 분류된 병자와 불구자들을 치유하셨고 세리와 창기들을 찾아다니시며 그들의 친구가 되어 주셨다.

예수님의 말씀사역과 치유사역을 자세히 살펴보면 이 문제에 대한 해답이 들어있다.

❶ 대비법(對比法)

예수님의 말씀사역과 치유사역을 잘 이해한 사람은 '마태'라고 할 수 있다. 아마도 그는 죄인의 대명사로 취급받던 세리 출신이었기 때문에 이런 일이 가능했을 것이다. 마태는 예수님께서 하신 중요한 설교들을 마태복음 5~7장에 모아 놓았는데, 이는 가히 율법과 선지자의 완성인 새로운 계약법이라고 할 수 있다. 마태는 예수님의 중요한 말씀들을 정리해 놓은 후에 이어서 마태복음 8~9장에 열 가지의 치유사역을 또한 압축 정리해 놓았다. 열 가지의 사역은 주로 병자와 불구자, 귀신들린 사람들을 치유하는 이야기들인데, 이들은 하나같이 당시의 유대교에 의하면 하나님으로부터 버림받은 죄인들에 불과했다. 그런데 예수님은 세리와 창기 등을 아무런 조건없이 받아주시며 죄인들이 아니라 하나님의 자녀들이라고 선포하셨다. 말씀사역과 치유사역을 모아서 서로 대비시키는 마태의 의도는 무엇일까?

마태복음을 비롯한 복음서를 보면 예수님께서 말씀사역에서는 완전을 요구하시지만 치유사역에서는 죄인을 무조건 용서하시는 상반된 두 모습을 발견하게 된다. 예수님께서는 도대체 무슨 일을 하시는 것일까? 완전을 요구하시는가, 아니면 무조건 용서를 하시는가?

❷ **무조건 용서**

예수님 주변에는 두 부류의 사람들이 모여들었다. 한 부류는 유대교 율법을 지킴으로써 스스로 의롭다고 생각하는 서기관–바리새인과 정통유대인들인데, 이들은 예수님을 자신들이 기다리던 유대교 메시아이기를 기대하고 있었다. 다른 한 부류는 유대교 율법에 의해 정죄되어 스스로 죄인이라고 생각하는 병자와 불구자 및 도덕파탄자인 세리와 창기, 가난한 자들이었다. 예수님께서는 스스로 의롭다는 사람들은 배척하셨지만, 스스로 죄인이라고 생각하는 사람들은 무조건 용서하시며 받아주셨다. 여리고의 세리장 삭개오(누가복음 19장)와 간음하다가 현장에서 잡힌 여자에 대한 이야기(요한복음 8장) 등과 바리새인과 세리(누가복음 18:10~14), 두 아들의 비유(누가복음 15장) 등이 대표적인 예이다. 예수님께서 만난 마지막 사람인 십자가의 강도 역시 조건없이 그냥 받아주셨다.

왜 무조건 용서, 무조건 이해, 무조건 수용인가?

하나님께서 인간을 구원하시는 데에 있어서 무조건 용서 이외에 다른 방법이 없기 때문이다. 성경에서 말하는 '구원'이란 인간이 하나님처럼 변화되어 신성(神聖)에 참여하는 것인데 이는 사람의 구도적인 노력이나 방법으로는 불가능하다. 예수님께서 "나는 의인을 부르러 온 것이 아니라 죄인을 구원하러 왔노라."라고 하신 말씀은 세상에 용서받을 필요가 없는 의인과 용서받아야 하는 죄인이 있다는 뜻이 아니라 용서받을 죄인만 있다는 뜻이다. 용서받지 않아도 되는 의인은 있을 수 없다. 단지 스스로 의롭다고 생각하는 의인이 있을 뿐이다.

무조건 용서하시는 은혜는 누구에게 임하는가? 용서의 필요를 인정하고 요청하는 사람에게 임한다. 스스로 의롭다고 생각하거나 자기 노력으로 구원에 이를 수 있다고 생각하는 사람들에게는 이런 은혜가 임할 여지가 없다. 은혜는 필요를 느끼는 사람에게 주어진다.

❸ 거룩한 거울

 육체의 모양은 밝은 곳에서 거울을 이용하여 비추어 볼 수 있다. 그러나 마음의 생각들과 인격들은 세상의 거울에는 비추어지지 않는다. 인간 내면의 모습은 거룩한 거울 즉 하나님의 빛 가운데서만 드러난다.

 하나님처럼 완전해지라는 예수님의 말씀들은 무슨 역할을 하는가? 인간의 내면을 비추는 거울과 같다. 그 말씀들은 인간이 구원에 이르려면 어떠한 존재가 되어야 하는가를 말해주고 있기 때문에 거울의 역할을 한다. 그 말씀에 자기 자신을 비추어보면 도무지 구원에 이르지 못할 자에 불과하다는 것을 알게 된다.

 불완전한 인간에게 완전을 요구하시는 이유는 완전을 문자적으로 실행하라는 요청이라기보다는 구원을 받으려면 행위에서 완전해져야 하지만 너는 그렇지 못하다는 사실을 잊지 말라는 뜻이다. 즉 완전이라는 구원의 기준을 제시함으로써 인간은 그 구원의 기준에 도달할 수 없다는 것을 지적하려는 데에 있다. 구원받을 수 없는 자, 하나님의 자녀일 수 없는 자, 하나님 앞에 나아올 수 없는 자, 기도할 수 없는 자, 예수님께서는 이와 같은 자기인식을 기대하신다.

 완전해지라는 예수님의 말씀은 완전해질 수 없으므로 조건없는 용서 즉 '은혜'가 필요한 존재라는 것을 깨달아 알라는 반어법(反語法)의 표현이다.[25]

❹ 십자가의 법

 계약은 자유의사를 지닌 쌍방간에 합의한 조건이기 때문에 당사자에게 계약을 지킬 의무를 부여한다. 시내산에서 하나님과 계약을 맺은 이스라엘 사람들은 그 말씀의 실천을 요청받았다. 구약의 율법의 중심

---

25) 그러므로 율법의 행위로 그의 앞에 의롭다 하심을 얻을 육체가 없나니 율법으로는 죄를 깨달음이니라.(로마서 3:20)

인 시내산계약법은 하나님나라의 모형을 세우는 설계도였고 계약의 당사자인 이스라엘은 세상 나라의 한 복판인 가나안에 들어가서 계약법을 실천하여 하나님나라의 모형을 만들어 보여 주어야 했다.

예수님을 구세주로 영접한 사람들은 예수님과 계약을 맺은 것이다. 지켜야할 계약법은 복음서에 기록된 예수님의 말씀이다. 특히 산상수훈이라고 알려진 마태복음 5장~7장의 설교는 그 계약법을 집약한 것이며, 이 말씀들은 지금 예수님과 계약을 맺은 사람들이 지켜야할 하나님나라의 윤리다. 그리스도인들은 이 윤리를 실천함으로써 보이지 않는 하나님을 보여주어야 한다.

계약에 있어서 조건은 반드시 충족되어야 하며 결코 폐지될 수 없다. 그런데 하나님께서 죄인을 아무런 조건없이 용서하신다면 계약의 조건 즉 공의는 어떻게 되나? 그냥 폐지되는 것일까? 그럴 수 없다. 그렇게 되면 공의는 설 자리가 없어진다. 그렇다면 공의는 어떻게 충족되어야 하나?

죄인이 받아야할 징벌을 하나님께서 대신 받아주심으로 해결이 된다. "내가 너의 죄를 묻지 않으리라. 조건없이 너를 용서하리라."라는 말씀은 "내가 네가 받아야할 형벌을 대신 받아주리라."라는 말씀이다. 하나님께서 인간이 받아야할 형벌을 대신 받으시고 조건없이 인간을 용서하시는 사역이 예수님께서 보여주신 '죄인의 메시야'이다. 하나님께서 하나님이시기를 포기하시고 인간으로 오시되 죄인의 모습으로 오셔서 죄인들을 조건없이 받아주시고 죄인을 대신하여 죄인의 죽음을 죽어주셨다. '십자가'는 바로 이런 대신 죽으심을 의미한다.

죄인에게 무조건의 은혜를 베푸시기 위하여 하나님께서는 가장 비싼 대가를 치르셨다. 이를 성경에서는 하나님께서 외아드님을 대신 희생의 제물로 삼으셨다고 말한다.

❺ 사랑의 법

모세가 하나님을 향하여 '함자'를 물었을 때 '스스로 있는 자'라고 대답하셨다. 어떤 이름으로 부를 수없는 존재라는 뜻이다. 그분에게 가장 적절한 칭호는 무엇일까?

사랑.

이 단어가 가장 적절할 것이다. 사랑이신 하나님은 죄인인 인간에게 무조건의 용서와 이해와 받아주시는 사랑을 베푸신다. 그분은 사람에게 무엇을 기대하실까? 사랑이신 하나님께서 사람에게 기대하시는 것은 '사랑'이다. 하나님과 사람이 진정한 사랑의 관계가 되기를 원하신다. 사랑은 강요나 요구로 되어지지 않는다. 자유의지에 의한 자의(自意)에서만 가능해진다.

진정한 사랑에는 어떤 조건이나 단서가 붙지 않는다. 사랑의 대상을 아무런 조건없이 사랑해야 참사랑이다. 하나님께서는 사람에게 이 사랑을 먼저 보여주셨다.[26] 조건없는 사랑은 반응을 일으키게 되어있다. 무조건적인 사랑을 받음으로써 사랑으로 응답하지 않을 수 없게 하는 법, 이것이 사랑의 법이다.

사랑이신 하나님께서 나를 조건없이 사랑하신다는 것을 내가 지금 어떻게 알 수 있을까?

❻ 성령의 법

성령님.

여기에 해답이 있다. 성령님은 하나님의 영이시다. 주님을 따르는 모

---

26) 우리가 아직 죄인 되었을 때에 그리스도께서 우리를 위하여 죽으심으로 하나님께서 우리에게 대한 자기의 사랑을 확증하셨느니라.(로마서 5:8)

든 사람에게 하나님께서 당신의 영을 부어 주셔서 바른 신앙생활을 하도록 인도하신다. 성령님은 다음과 같은 일을 하신다.

첫째, 깨달아 알게 하신다.

성령이 임하시면 하나님이 존재하신다는 것은 물론이고 예수님께서 나의 죄를 무조건 용서하시기 위하여 하나님이시기를 포기하고 인간으로 오셔서 대신 죽으셨다는 사실을 믿음으로 받아들이게 하신다. 예수님을 구세주로 고백하는 것은 성령님의 도우심이 아니고서는 불가능하다. 이어서 성경은 인간의 문자로 기록된 하나님의 말씀이며 하나님께서 성경의 기록대로 나를 조건없이 사랑하신다는 것을 깨달아 알게 하신다. 동시에 성령님은 나 자신을 보게 하시는데 도무지 하나님의 말씀을 지킬 능력이 자신에게 없다는 것과, 용서받을 수 없는 존재에 불과하다는 것을 알게 하신다.

둘째, 하나님의 말씀대로 살도록 도우신다.

인간에게 무조건 용서의 은혜를 베푸시는 이유는 타락한 인간에게는 하나님의 말씀을 실천할 능력이 없음을 잘 아시기 때문이다. 무능력한 인간에게 하나님께서 대신 죽으시는 무조건의 은혜를 베푸셔서 인간이 하나님을 자발적으로 사랑하게 하실 뿐만 아니라 그 사랑이 결실을 맺도록 도우신다. 성령님께서는 이를 위하여 인간의 마음에 오셔서 영원히 내주하시면서 하나님의 말씀과 죄에 대하여 깊이 깨달아 알며 죄의 노예로부터 벗어나도록 인도하신다.[27]

---

27) 이에 대한 구체적인 과정에 대해서는 3부 「비움의 길」에서 다루게 된다.

6. 되게 하리라

하나님께서 인간에게 무엇을 하라고 하시는 말씀에는 내가 너를 통하여 그 일이 되도록 하겠다는 하나님의 의지가 같이 들어있다. 하나님께서 처가의 양을 치는 80된 모세에게 이집트의 바로와 맞서 이스라엘 백성을 데리고 나오라고 하신 것은 모세에게 하라는 말씀이 아니라 모세를 통하여 하나님께서 하시겠다는 뜻이다. 출애굽기의 이야기는 하나님께서 어떻게 모세를 통하여 당신의 백성을 구원하시는가의 이야기다. 따라서 출애굽기는 사람 모세의 이야기가 아니라 하나님의 이야기이다. 여호수아에게 가나안의 철옹성 여리고 성으로 가라는 말씀도 마찬가지로 그 일이 되도록 하겠다는 뜻이다. 군사가 아닌 법궤를 앞세우고 여리고 성을 하루에 한 바퀴씩 도는 것으로 여리고성은 무너졌다. 군사대결이 아니라 문화적인 대결이라는 방법을 하나님께서는 사용하셨다. 성경에는 이런 이야기들로 가득차 있다.

예수님께서 불치병자들에게 하신 말씀도 마찬가지다. 38년 동안 병석에 누워있던 중풍병자에게 "일어나서 네 침상을 들고 걸어가라."고 하신 말씀은 "내가 너로 일어나서 침상을 들고 걸어가게 하겠다."는 뜻이지, "네가 네 힘으로 일어나서 침상을 들고 걸어가라."는 뜻이 아니다. 갈릴리 바다에서 밤새도록 고기잡이를 했으나 허탕을 친 제자들에게 "오른 쪽으로 그물을 던지라."라고 하셨다. 그 말씀은 그대로 순종하면 고기가 잡히게 하겠다는 뜻이며, 예수님의 말씀대로 그물을 던지자 그물이 찢어질 만큼 고기가 잡혔다.

예수님께서 하신 산상수훈의 말씀들은 하나님처럼 되어야만 실천 가능한 일이다. 하나님처럼 되어야 하나님나라의 윤리를 이 땅에서 실천하여 뜻이 하늘에서 이루어진 것 같이 땅에서도 이루어지게 할 수가 있다. 예수님께서는 이런 말씀을 하시면서 "네 힘으로 하나님처럼 되어라."라고 하시는 것이 아니라 "내가 너로 이런 것들을 할 수 있게 하리라.", 바꾸어 말하면 "너를 통하여 내가 그 일을 하리라."라고 말씀하신 것이다. '하라'는 말씀은 곧 '하게 하리라', '되게 하리라'는 뜻이다.

그렇다면 구체적으로 어떻게 하신다는 것일까?

무조건 용서와 도우심.

이것이 하나님께서 되게 하시는 방법이다.

물음 13 행위인가? 믿음인가?

신약성경에는 구원의 기준에 대한 두 흐름이 있다고 흔히 말한다. 한 흐름은 공관복음(마태, 마가, 누가)과 야고보서의 흐름인데, 앞에서 말한 바와 같이 여기서는 하나님의 말씀에 대한 실천의 행위가 구원의 기준이다. 다른 한편의 흐름은 요한복음과 바울서신의 흐름이며 여기서는 행위가 아닌 믿음과 은혜가 구원의 기준으로 제시된다. 이런 이유로 "구원을 믿음으로 받는가, 아니면 행위로 받는가"가 논쟁이 되고 있다. 개신교의 일반적인 추세는 바울서신과 루터의 신앙의인(信仰義認) 이론에 치우쳐서 율법의 행위가 아닌 은혜와 믿음으로 구원을 얻는다는 입장이다.

이 문제는 단순히 개인적인 구원의 문제 뿐만 아니라 앞으로 전개할 교회사의 흐름과 그 해석에 관련되어 있으므로 대단히 중요하다. 교회사의 주요 사건들과 흐름들은 이 문제와 직결되어 있다. 종교개혁기를 다룰 때 다시 보겠지만 중세기는 '행위'를 강조했고 루터는 이에 반발하여 '믿음'을 주장했다. 따라서 이 문제를 해결하지 않고서는 교회사의 중요한 문제들을 다룰 수가 없다.

바울은 그의 서신에서 행위가 아닌 믿음(은혜)의 구원을 명백하게 말하고 있다. 바울은 왜 그런 말을 하고 있으며, 또 그가 말하는 신앙의인은 도대체 무엇인지 간략히 살펴보고자 한다.

1. 시내산 율법과 유대교 율법

유대교는 이스라엘 사람들이 바벨론 포로를 경험한 이후에 생겨난 독특한 종교이다. 구약성경의 시내산계약 전통에 근거하지만 당시의 상황에 적응하는 과정에서 상당한 변질이 일어났다. 유대교에 결정적인 영향을 준 것은 그리스문화였다. 그리스의 문화적인 침투 때문에 자신들의 신앙이 말살될 위기에 처하자 유대교 지도자들은 율법의 형식들을 강조하는 길을 선택했는데, 신앙과 민족의 정체성을 유지하기 위하여 안식일법, 정결법, 절기법 등을 철저하게 지키도록 강조했다. 그러나 초기의 의도와는 달리 시간이 지남에 따라 형식을 규정하는 세부 조항들이 계속 늘어나서 예수님 당시에는 율법의 정신은 사라지고 형식만 남게 되었다. 그 중에서도 안식일법이 가장 중요시되어서 안식일을 규정하는 조항이 234가지나 되었고 이런 조항은 시간이 지나면서 계속 증가되었다. 유대인들은 이런 율법조항들을 지키면 하나님께서 의롭게 여기신다고 생각했다.

우리가 신약성경, 특히 바울 서신에서 만나는 '율법'이라는 용어는 대부분 유대교 율법을 가리키는 것이지, 구약의 율법서 즉 시내산 율법을 지칭하는 것이 아니다. 바울이 "율법이나 그 행위로 구원받을 수 없다."라고 할 때는 유대교 율법이나 그 형식을 지키는 행위를 말한다. 시내산 율법이나 그 정신을 실천하는 행위를 말하는 것이 아니다. 바울서신과 루터의 신앙의인 신학에 근거하여 "구원은 행위가 아닌 믿음으로 얻는다."라고 말하는 것은 바울이나 루터가 본래 말하려는 것과는 전혀 상관이 없다. 바울은 유대교 율법의 행위를, 루터는 수도원의 수도 행위를 말하고 있다.

신앙생활에서 가장 중요한 비중을 차지하는 구원의 문제를 가르치면서 오늘 우리 교회에서 행하는 가장 심각한 오류는 '시내산 율법'과 '유대교 율법'이 구분되지 않는 데에 있다. 이런 이유로 이스라엘 역사와 유대교에 대한 이해가 없으면 복음서는 물론이고 바울서신도 바르게 이해되지 않는다고 말할 수 있다.

2. 유대인 중의 유대인

바울, 그는 스스로 고백하고 있듯이 유대인 중의 유대인이요, 바리새인 중의 바리새인이요, 가말리엘 문하생 즉 뛰어난 랍비였고, 구원(義)에 이르려고 부단히 노력하던 구도자였다.[28] 그는 의(義)에 이르기 위하여 신앙의 전통을 충실히 지켰다.

바울이 물려받은 것은 '유대교 율법'이었다. 그는 율법의 형식적인 조항들을 지키면 의로워진다는 전통에 충실했다. 신앙적인 열심이 남달랐던 바울은 당시 전통에 따라 유대교 율법을 철저하게 지켰지만 지킬수록 갈등이 생겨났다. "율법의 형식적인 조항들을 지키면 과연 의롭다고 할 수 있는가?"라는 회의가 깊어졌다. 율법의 형식적인 조항은 지킬 수가 있었고 또 지키고 있지만, 율법이 말하고 있는 '정신'은 도무지 지킬 수가 없었던 것이다.

로마서 5장~7장은 바울의 이런 심정을 잘 나타내고 있다. 바울은 자신의 내면에서 두 법을 발견했다. 율법의 정신을 지키기를 원하는 마음의 법과 도무지 그것을 지키지 못하게 하는 육체의 법이 그것들이다. 바울은 이 갈등 때문에 좌절하고 고민했다. 이때의 심정을 "오호라

---

28) 그러나 나도 육체를 신뢰할 만하니 만일 누구든지 다른 이가 육체를 신뢰할 것이 있는 줄로 생각하면 나는 더욱 그러하리니, 내가 팔 일 만에 할례를 받고 이스라엘의 족속이요 베냐민의 지파요 히브리인 중의 히브리인이요 율법으로는 바리새인이요 열심으로는 교회를 핍박하고 율법의 의로는 흠이 없는 자로라.(빌립보서 3:4~6)

나는 곤고한 사람이로다. 이 사망의 몸에서 누가 나를 건져내랴!"라고 탄식하고 있다.(로마서 7:25)

율법의 형식을 통하여 그 정신을 지키려고 하면 할수록 지킬 수가 없고, 율법의 요청들은 자신의 죄를 지적해주는 역할을 하면서 괴롭혔다. 율법의 요청들은 결국 그것을 지키지 못하는 자신을 정죄하는 것 이상 아무 것도 아니었다. 유대교의 형식을 지켜서 내면의 갈등을 해결하려고 남다른 노력을 해보았지만 내용과 정신을 실천하지 못하면서 그 형식을 지키는 것으로는 바울에게 아무런 도움이 되지 않았다.

3. 십자가

유대교의 테두리 내에서는 해결책을 찾지 못하던 바울은 다메섹으로 가던 길에서 예수님을 만나고 나서야 해결이 되었다. 바울에게 있어서 예수님은 어떤 존재인가? 율법의 요청을 실천하지 못하고 있는 죄인을 위하여 대신 죽으시는 은혜, 즉 용서를 베푸시는 구세주(죄인의 메시아)였다.

유대교에서 이단의 괴수라고 지목한 예수님을 박해하던 바울은 다메섹 도상에서 예수님을 직접 만나고 나서 은혜와 용서의 표상인 십자가의 법을 깨닫게 되었다.

4. 성령님의 법

바울은 예수님을 만나고 나서 눈을 다시 떴다. 다메섹 도상에서 예수님을 만났을 때 그는 앞을 볼 수가 없었다. 장님이 되어버린 것이다. 그런데 다메섹으로 가서 예수님의 제자 아나니아의 기도를 받자 눈에서 비늘같은 것이 떨어지면서 다시 보게 되었다. 그 비늘은 유대교의 한계, 율법의 한계, 옛계약의 한계를 말한다. 눈에서 이 한계(비늘)가 벗겨지자 그는 아직 보지 못하던 새로운 세계를 보게 되었다.

눈을 다시 뜬 바울은 무엇을 보았는가?

'성령님의 법' 이것을 보았다.

바울이 새롭게 눈을 뜬 것은 '성령님의 법' 이었다. 바울이 발견한 성령님은 마음으로는 원하지만 자신의 힘으로는 도저히 실천할 수 없었던 율법의 정신을 지키도록 도우시고 인도하시는 분이시다. 로마서 8장에서의 고백은 이것을 잘 보여주고 있다.[29]

그런데 이런 법은 유대교 내에서는 찾아볼 수가 없었다. 바울은 성령님의 법을 발견하고 나서야 신앙적인 갈등에서 벗어날 수가 있었다. 이때의 기쁨을 다음과 같이 고백하고 있다.

그러므로 이제 그리스도 예수 안에 있는 자에게는 결코 정죄함이 없나니 이는 그리스도 예수 안에 있는 생명의 성령의 법이 죄와 사망의 법에서 너를 해방하였음이라.(로마서 8:1~2)

바울에게 있어서 성령의 법은 실천의 법이다. 육체의 힘, 즉 자신의 힘으로는 할 수 없는 것을 하게 하시는 법이다. 바울 서신에서 '복음',

---

[29] 그러므로 이제 그리스도 예수께 속한 사람은 정죄받는 일이 결코 없습니다. 생명을 주시는 성령의 능력이 죄와 죽음의 악순환에서 나를 해방시켜 주셨기 때문입니다. 하나님의 율법을 알고 있는 것만으로는 죄의 지배를 벗어나 구원받을 수 없습니다. 우리는 그 율법을 다 지킬 수도 없거니와 또 실제로 지키려 하지도 않기 때문입니다. 그래서 하나님께서는 우리를 구원하실 수 있는 다른 계획을 실행하셨습니다. 자신의 아들을 사람의 몸으로 보내 우리의 죄를 없앨 희생제물로 삼으심으로써 우리를 지배하는 죄를 멸하신 것입니다.그러므로 이제 우리가 성령을 따라 산다면 하나님의 율법을 지키며 사는 것이며 육신의 죄를 벗어나는 길입니다. 육신을 따라 사는 사람은 자신만을 즐겁게 하기 위해 살지만 성령을 따라 사는 사람은 하나님이 기뻐하시는 일을 위해 삽니다. 성령을 따라 살면 생명과 평안을 누리지만 육신을 따라 살면 죽음에 이르게 됩니다. 육신의 생각은 하나님을 대적하기 때문입니다. 육신의 뜻대로 산 사람치고 하나님의 율법을 지킨 일도 없고 또 결코 지키려 하지도 않습니다. 그러므로 아직도 옛날의 죄에 물든 자아의 지배를 받아 육신의 욕망대로 따라가는 자는 결코 하나님을 기쁘게 해드릴 수 없는 것입니다. 그러나 여러분은 이제 사정이 다릅니다. 만일 하나님의 영이 여러분 속에 계시기만 하다면 여러분은 성령을 따라 사는 것입니다. 그러나 이것을 기억하십시오. 만일 자기 속에 그리스도의 영이 계시지 않는 사람은 그리스도인이 될 수 없습니다. 또한 그리스도께서 여러분 속에 계신다고 하더라도 여러분의 육신은 죄 때문에 죽습니다. 그러나 그리스도께서 여러분의 영혼을 용서해 주셨으므로 여러분의 영혼은 살 것입니다. 그리고 만일 예수를 죽은 자 가운데서 다시 살리신 하나님의 영이 여러분 속에 계시면 하나님께서는 여러분 속에 계시는 이 성령에 의해서 여러분이 죽은 후에도 여러분의 썩을 몸을 다시 살리실 것입니다.

'은혜', '믿음'으로 구원을 받는다는 것은 실천하게 하시는 성령의 법을 말한다.

5. 행위 = 믿음

그러면 바울이 "율법의 행위로는 구원을 얻을 수 없다."고 말하는 것은 무슨 뜻인가? 형식화된 유대교 율법의 조항을 지키는 행위를 말한다. 유대교의 형식적인 조항들을 지키는 행위로는 구원을 받지 못하고, 율법의 정신을 실천해야 구원받는다는 뜻이며, 성령님의 도우심이 없이는 율법의 정신을 실천할 수 없다는 말이다. 율법의 정신을 구현하는 실천을 빼버린 은혜나 믿음을 말하는 것이 아니다. 실천을 배제하는 믿음, 은혜가 아니라 오히려 그 반대로 실천을 강조하는 바울식의 표현이다.

바울 서신은 교회의 현장에서 쓰여졌다. 바울이 세운 교회에서 아직 유대교의 형식에서 벗어나지 못한 유대적 그리스도인들이, 이방인으로서 기독교인이 된 사람들에게 할례와 안식일 등 유대교 율법의 형식을 지켜야 구원을 받는다고 가르치며 성령님의 법을 훼손하였다. 이 일에 대해 바울은 유대교 율법의 행위로는 구원을 얻을 수 없고 오직 믿음과 은혜(성령의 법)로 구원을 얻는다고 강조했다.

바울이 율법(행위)으로는 구원을 받을 수 없고 은혜(믿음)로만 구원을 받을 수 있다고 말하는 것은 자력(自力)이 아닌 타력(他力)으로 구원받는다는 말과 같다. 성령님의 도우심(타력, 은혜, 믿음)이 없이는 아무리 해도 율법의 요구를 자기 힘(자력)으로는 지킬 수 없다. 단지 율법의 조항들은 죄가 무엇인지를 지적해서 깨달아 알게 하며 또 지키지 못하는 것을 지적하며 정죄할 뿐이다. 그런데 성령님은 죄를 깨닫게 하실 뿐만 아니라 최선의 노력을 하도록 도우시고 실천하지 못한 부분들을 뉘우치고 회개하면 용서하시고 다시 시작하도록 위로와 도우심을 주셔서 실천하게 하신다. 도우심과 용서하심이 성령님께서 하시는 주요 역할이다. 그러나 율법은 요청과 정죄가 있을 뿐이다. 성령님께서는 그리스도인의 마음에 내주(內住)하시면서 죄를 용서하시고 죄의 지배를 받지 않도록 도우셔서 율법의 요청을 실천하는 사람이 되도록 인도하신다. 성령님(은혜, 믿음)은 율법의 요청인 행위를 완성시키는 것이지 결코 배제하지 않는다.

공관복음에서 예수님께서 하신 말씀이 바울 서신과 다를 리가 없다. 이 둘이 평행선을 그리고 있다거나, 신약성서에는 다양한 구원관이 있다고 말하는 것은 혼란을 야기한다. 같은 것을 다른 각도, 다른 상황에서 말했을 뿐이다. 믿음(은혜)과 행위는 둘이 아니라 하나다. "구원을 믿음으로 받느냐? 아니면 행위로 받느냐?"라고 묻는 것은 그 물음 자체가 잘못되어 있다. 잘못된 물음은 잘못된 대답을 유도하며 혼란에 빠뜨린다. 어떤 문제에 접근해 갈 때에는 물음을 물을 수밖에 없는데, 물음을 물을 때에는 물음에 대한 대답을 생각하기 이전에 그 물음에 대한 물음 즉 그 물음이 적절한가를 먼저 살펴야 한다.

4천년 역사가 주는 교훈 중의 하나는 거룩함과 속됨, 정신과 육체, 예배와 삶, 의인과 죄인, 믿음과 행위, 복음과 율법, 구약과 신약 등을 둘로 나누는 이분법적인 사고가 늘 오류를 범하게 했으며 그 시대를 불행하게 했다는 점이다. 세속적인 자연문화의 표본이고 이교 문화를 대표하는 헬레니즘은 이원론적인 사고요, 계시에 의한 시내산계약에 근거하는 헤브라이즘은 일원론적인 사고이다.

하나님과 선택된 공동체(교회)와의 관계는 '계약의 관계'이고, 계약은 실천을 전제로 한다. 계약의 조건이 실천되지 않고 용서와 믿음으로 계약의 요구가 충족된다고 말하는 것은 그 자체가 모순이다. 동시에 인간이 스스로의 힘으로 계약의 조건들을 실천하여 구원에 이른다는 생각도 모순이다. 인간은 유한자이기 때문이다. 이 두 평행선을 만나게 할 그 무엇이 필요하다. 십자가와 성령님의 법이 그것이다.

구원은 믿음으로 받는 것도 아니요 행위로 받는 것도 아니다. 믿음에서 비롯되는 행위, 행위가 동반되는 믿음으로 구원을 받는다. 성령님의 법은 이 둘을 하나가 되게 하는 법이다.

행위인가? 믿음인가?

행위도 아니요 믿음도 아니다.

행위와 믿음은 둘이 아니라 하나이기 때문이다.

왜 바울인가?

물음 14

예루살렘교회의 박해에 앞장서서 최초의 순교자 스데반을 죽인 장본인이며, 대세사장의 허락을 받아 다메섹까지 그리스도인들을 체포하러 가던 사람, 바울은 그런 사람이었다. 그런데 그를 향하여 주님께서는 그는 복음을 위하여 내가 특별히 선택한 사람이라고 하셨다.[30] 다메섹 도상(途上)에서 예수님을 만난 바울은 그 이후 초대교회에 가장 중요한 인물이 되었고, 기독교의 신학과 성장에 결정적인 역할을 했다. 일반 문화사를 말하는 이들 중에서는 기독교를 '바울의 종교'라고 평하기까지 한다. 바울의 비중이 그만큼 크다는 뜻이다. 바울은 초대교회에 꼭 필요한 사람이었다. 비록 그가 예수님의 열 두 사도중의 하

---

30) 주께서 가라사대 가라 "이 사람은 내 이름을 이방인과 임금들과 이스라엘 자손들 앞에 전하기 위하여 택한 나의 그릇이라. 그가 내 이름을 위하여 해를 얼마나 받아야 할 것을 내가 그에게 보이리라."(사도행전 9:15~16)

나는 아니었지만 교회의 초기에 가장 큰 공헌을 했다.

왜 바울이었을까?
첫째, 하나님께서는 중심을 보시는 분이시기 때문이다.
겉으로 보기에는 기독교를 박해하여 수많은 순교자를 양산해 낸 사람이 어떻게 교회의 일꾼으로 쓰일 수 있겠는가?라고 생각할 수 있다. 겉으로 드러난 행위로는 교회와 반대의 입장에 서 있었지만 바울에게는 하나님께서 선택하여 특별히 쓰실만한 이유가 있었다. 당시 유대교인들은 물려받은 신앙의 전통에 안주하여 율법조항의 형식을 지키면 의로워진다는 가르침을 아무런 이의 없이 받아들이고 있었다. 그런데 바울은 의에 이르기 위하여 그가 물려받은 신앙에 충실하면서 오히려 많은 갈등을 느끼고 있었다. 율법의 조항을 지켜도 내면의 경험에서는 의롭다하심을 얻었다는 확신이 들지 않았기 때문이다. 물려받은 정통 신학이 그의 신앙의 경험으로는 확인이 되지 않았던 것이다. 아무리 율법조항의 형식을 준수해도 내면의 갈등은 깊어만 갔다. 이러던 차에 유대교를 위협하는 기독교의 세력이 등장하자 율법수호의 차원에서 교회에 대한 박해에 앞장섰다. 바울에게 있어서 기독교에 대한 박해는 참 신앙을 찾기 위한 몸부림이었고, 다메섹으로 가는 길은 이런 몸부림과 갈등의 정점이었다. 그에게 있어서 다메섹으로 가는 길은 예수님을 만날 수 있는 준비된 시간이었고, 다메섹에서 아나니아를 통하여 복음의 법을 배운 후 유대교 율법의 한계에서 벗어날 수 있었으며, 유대교에 정통했던 그의 경력은 후일 유대교를 재해석할 수 있는 기반을 마련해 주었다.

창세기와 출애굽기를 보면 하나님께서 세상 구원을 계획하실 때 '한 사람'을 선택하여 그 후손으로 한 민족을 이루게 하고 그들로 하여금 하나님나라를 보여주는 거룩한 나라를 세우는 것이 하나님의 뜻이었다. 이런 목적으로 하나님께서는 당신의 뜻에 맞는 '한 사람'을 찾아내셨는데, 그 한 사람인 아브라함은 놀랍게도 우상 장사의 가문에서 태어나 우상장사를 가업으로 이어받은 사람이었다. 우상을 만들어 팔던 사람이 구속사의 정점에 서 있다는 것은 아브라함의 겉모습만 보면 불가능한 일이다. 그러나 하나님께서는 비록 우상을 팔고 있지만 보이는 형상을 만들어 신으로 섬기던 시대에 '보이지 않는 참 하나님'을 찾고 있던 아브라함의 중심을 보셨기에 아브라함이 '그 사람'으로 선택될 수 있었다.

둘째, 하나님께서는 현실적으로 일하시기 때문이다.

왜 아브라함인가? 우상 종교의 속성을 누구보다도 잘 알고 있으면서 동시에 참 하나님을 찾고 있었기 때문이다. 당시에 우상 종교에 정통한 사람들은 많이 있었겠지만 우상 종교에 정통하면서 동시에 진심으로 참 하나님을 찾는 사람, 참된 신앙을 바르게 이해한 사람은 아브라함 이외에는 없었다.

왜 모세인가? 애굽의 핵심부에 대하여 누구보다도 잘 아는 사람이기 때문이다. 그는 나이 40세까지 애굽에서 왕자 교육을 받으며 성장했고, 바로의 후계자로 거론되었던 사람이다. 애굽에 대해 정통했을 뿐만 아니라 그는 고센땅에서 종살이 하는 이스라엘 사람들의 고통을 자신의 고통으로 받아들였고, 그들의 해방을 누구보다도 간절히 원하고 있었다. 출애굽의 지도자는 애굽에 대한 정통한 지식과 이스라엘 사람들에 대한 애정 두 가지를 다 갖추고 있어야 했다.

왜 루터인가? 루터는 가톨릭 교회의 모범적인 20년 수도사였다. 당시 실천을 강조하는 수도원의 공적주의는 바울 시대의 유대교 상황과 흡사하다. 루터는 수도원의 수도 형식에 충실하여 구원에 이르려고 했지만 그럴수록 갈등이 깊어졌다. 진정한 구원의 삶과는 다른 자신이 발견되었기 때문이다. 결국 루터의 갈등은 바울의 서신을 통해 발견한 성령님의 법(믿음, 은혜)으로 해결되었다. 루터의 회심 과정은 바울과 유사하며 루터는 제2의 바울이라고 할 수 있다. 누구보다도 수도원 전통과 가톨릭 교회에 익숙해있으면서 그 한계를 보았고, 그 한계를 넘어 설 그 무엇을 신실하게 찾고 있었다. 이런 이유로 그는 바울 서신을 통하여 성령님의 법을 새로 발견한 후 중세 가톨릭 교회를 재해석해서 개신교를 탄생시킬 수 있었다.

왜 바울인가? 그는 로마문화에 정통한 시민권 소유자였고, 다소가 고향이기 때문에 그리스문화에 익숙해있었다. 즉 당시 지중해를 지배하던 3대 문화를 정확하게 이해하여 세계적인 안목을 소유한 사람이었으며, 유대인 중의 유대인, 바리새인 중의 바리새인, 가말리엘 문하생인 랍비였기에 유대교의 핵심에 대하여 누구보다 정통했고, 또 그 한계를 보았다. 그리고 그 한계를 뛰어넘으려는 몸부림이 예수님을 만나게 했고, 예수님을 발견하고 난 후에는 유대교를 재해석하여 기독교 신학의 기초를 놓을 수 있었다.

세상을 만드시고 지배하시는 하나님께서는 누구보다도 역사 현실에 무엇이 필요한지를 잘 아신다. 따라서 하나님께서 사람을 통해서 어떤 결정적인 일을 하실 때는 역사적으로, 현실적으로 그 일이 가능하도록 인도하신다. 역사적, 현실적 방법은 하나님께서 세상에서 일하시는 방법과 대립되지 않는다. 대립되지 않을 뿐만 아니라 하나님께서 사용하시는 일반적인 방법이다. 역사와 현실 자체가 하나님으로부터 나온 것이기 때문이다. 초자연적인 방법은 그 일이 꼭 필요할 경우에만 사용하신다.

하나님은 역사적으로, 현실적으로 일하신다.

부활하신 주님, 40일 동안 무엇을 하셨나? 물음 15

부활하신 주님은 즉시 승천하지 않으시고 40일 동안 지상에 머물러 계셨다. 왜 40일 동안 세상에 계셔야 했고 또 그동안 주님은 무엇을 하셨을까?

복음서를 읽어나가다 보면 예수님의 사역은 완전히 실패한 것처럼 보인다. 공생애 기간 동안 제자들은 예수님을 전혀 이해하지 못하였고, 예수님께서 체포되시자 제자들은 주님을 배반하고 도망갔으며, 다른 무리들도 다 흩어지고 말았다. 주님께서는 도대체 제자들에게 무슨 교육을 하셨고 또 무엇을 기대하셨는지 도무지 납득이 되지 않는다. 이에 대한 대답은 부활하신 주님의 40일 사역을 자세히 읽어보면 발견이 되는데, 놀랍게도 우리가 생각하는 것과는 정반대로 제자들이 '완전한 실패'를 경험하기를 기대하셨다.

그렇다. 주님께서 제자들에게 기대하신 것은 자신들의 힘으로는 주님을 따를 수 없다는 사실을 경험을 통하여 체득하는 것이었다. 예수님을 따르겠다고 다짐했지만 끝내 배반한 자신에 대한 자괴감과 예수님의 죽으심으로 기대하던 모든 것이 사라졌다는 실망감으로 본래 자신의 고향으로 돌아간 제자들을 부활하신 주님은 어떻게 하셨는가? 그들을 찾아가셔서 조건 없이 다시 받아주셨다.

왜 예수님은 제자들에게 완전한 실패의 경험을 기대하셨을까? 실패를 통한 자기부정, 바로 이것 때문이다. 자기를 부정하지 않으면 주님을 따를 수 없는데,[31] 자기부정은 실패의 경험을 통하여 얻어진다. 주님께서 당신을 배반하는 제자들에게 실망하지 않으셨던 이유는 여기

---

31) 무리와 제자들을 불러 이르시되 "아무든지 나를 따라오려거든 자기를 부인하고 자기 십자가를 지고 나를 좇을 것이니라."(마가복음 8:34)

에 있다. 예수님의 이런 의도는 세리와 바리새인의 기도, 두 아들(탕자)의 비유 등에서 잘 나타난다. 당시 유대교의 기준으로 볼 때 완전한 실패자의 대명사인 세리의 기도가 받아들여지며, 집 나간 탕자를 지켜보는 아버지(하나님)는 놀랍게도 그 아들이 완전히 실패하여 아들의 자격조차 없다는 무자격자 의식 즉 자기부정에 도달해 돌아오기를 기다리고 계신다.

부활하신 주님은 당신을 따르던 사람들이 흩어진 현장으로 찾아가셔서 그들을 다시 불러 모으셨다. 예수님의 지상사역은 십자가 이전만이 아니라 부활 이후 승천 직전까지 계속되었다. 제자들은 두 번 부름 받은 사람들이다. 처음에는 자신감과 유자격자 의식으로 주님을 따랐으나 결과는 실패였고, 두 번째는 실패를 통한 자기부정에서 얻어진 무자격자 의식으로 주님의 부르심을 받았으며 이번에는 성공했다. 예수님 부활 이전의 사역도 중요하지만 제자들에게는 부활 이후의 사역이 훨씬 더 중요했다. 주님을 따를 수 있는 조건은 실패의 경험에서 얻어지는 무자격자 의식이다. 자기를 신뢰하지 않고 주님을 신뢰하는 사람만이 주님을 따를 수 있기 때문이다.

갈릴리에서 두 번째 부르심을 받고 예루살렘의 마가 다락방에 모여 있던 그들에게 성령님이 임하셨다. 성령님은 자기를 부정하는 사람에게 주어진다. 교회는 이런 무자격자 의식을 가진 사람들의 모임이다.

부활하신 주님, 40일 동안 무엇을 하셨나?

실패한 무자격자들을 다시 불러 모으셨다.

왜 예루살렘인가? 물음 16

"예루살렘을 떠나지 마라."

예수님께서는 부활하신 후 제자들이 자기 고향인 갈릴리 지역으로 돌아가 흩어지자 다시 예루살렘으로 불러 모은 후 그들에게 예루살렘을 떠나지 말라고 신신당부하셨다.[32] 이 말씀은 교회와 복음의 전파를 예루살렘에서 시작하라는 말씀이다. 왜 예루살렘에서 시작하라고 하셨을까? 앞에서 본 바와 같이 예수님께서는 복음의 전파를 갈릴리 지역에서 시작하셨다. 갈릴리 지역에 새계약의 대상인 죄인들이 모여 있었기 때문이다. 예수님께서는 공생애의 대부분을 주로 갈릴리 지방에서 활동하셨고 제자들도 갈릴리 사람들이었다. 그런데 정작 갈릴리 사람인 그 제자들에게는 갈릴리 지방이 아닌 유다 지방의 예루살렘에서 활동하라고 특별히 강조하셨다. 무슨 이유일까?

1. 정공법

시내산에서 계약을 맺은 이스라엘로 하여금 가나안의 '여리고'로 가라고 하셨던 것과 같은 이치이다. 시내산계약을 맺은 사람들에게 계약의 법을 가나안의 중심지요 철옹성인 여리고에서 먼저 실천하라고 하셨던 것처럼 새계약을 맺은 제자들에게 먼저 당시 이스라엘의 중심지인 '예루살렘'에서 계약의 법을 실천하라고 하셨다.

하나님께서 일하시는 방법 중의 하나는 '정공법'이다. 지팡이를 의지하는 80노인 모세를 단신으로 바로에게 보내시고, 소년 다윗으로 하여금 조약돌을 들고 골리앗을 향해 돌진하게 하시며, 예언자들에게 맨

---

[32] 사도와 같이 모이사 저희에게 분부하여 가라사대 "예루살렘을 떠나지 말고 내게 들은 바 아버지의 약속하신 것을 기다리라."(사도행전 1:4)

주먹으로 절대 왕권을 가진 자들과 당당히 맞서게 하셨다. 갈릴리 어부들 몇 명에게 예루살렘 당국자들과 정면으로 대결하게 하실 뿐만 아니라 역사에 등장한 가장 강대한 나라인 로마제국을 향하여 걸어가게 하셨다. 하나님께서 주로 사용하시는 정공법은 사람의 기준으로 볼 때는 불가능해 보인다. 하나님께서는 늘 당신의 사람들에게 말씀하신다.

불가능에 도전해라.

2. 메시아 취임사 실천의 장

앞에서 살펴 본 바와 같이 누가복음 4:18~19는 메시아 취임사라고 할 수 있다.

> 주님의 성령님이 내게 임하셨으니 이는 가난한 자에게 복음을 전하게 하시려고 내게 기름을 부으시고 나를 보내사 포로된 자에게 자유를, 눈먼 자에게 다시 보게 함을 전파하며 눌린 자를 자유케 하고 주님의 은혜의 해를 전파하게 하려 하심이라.(누가복음 4:18~19)

가난한 자들을 부르고 복음을 전하셔서 그들의 죄의 문제를 해결하시고 그들로 하여금 주님의 은혜의 해(희년)를 실천하게 하시겠다는 것이 취임사의 초점이다. 정공법을 사용하시는 하나님께서는 또한 가장 작은 자를 부르시어 가장 큰 일을 하게 하신다. 애굽의 가장 작은 자들인 '하비루'를 불러서 가나안에서 하나님나라의 모형을 만들게 하시던 하나님의 방식은 신약에 와서 같은 방식으로 재현된다. "예루살렘을 떠나지 말라."는 말씀은 비천한 갈릴리 사람 몇 명에게 메시아 취임사에서 천명한 것을 예루살렘에서 실천으로 옮기라는 뜻이다.

이스라엘 역사 2천 년 동안 희년의 법은 실천되어 본 적이 없다. 희년은 고사하고 안식년조차 지켜지지 않았다. 신앙의 열의가 뜨거웠던 바벨론 포로 이후 유대교 내에서도 안식일 법은 강조했으나 종을 풀어주고 부채를 탕감하며 부동산을 돌려주어야 하는 안식년과 희년은 실천할 엄두를 내지 못했다.

그런데 이제 그 법을 당신의 제자들에게 '실천'으로 옮기라고 하신 것이다. 예수님께서는 산상수훈을 비롯하여 당신의 말씀에서 항상 '실천'을 요구하시되 '완전'을 실천하라고 하신다. '주님의 은혜의 해'는 인간이 이룰 수 있는 가장 완전한 법을 말한다. 이제부터 시작되는 교회사는 이 완전에의 요구가 어떻게 실천되어졌는가의 이야기이다. 이것이 교회사를 들여다보는 기준이 되어야 한다.

"예루살렘을 떠나지 말라."는 구절은 이렇게 말하고 있다.

메시아 취임사의 정신을 먼저 예루살렘에서 실천해라!

3. 가나안

가나안은 하나님께서 하나님나라의 모형을 만들기 위하여 특별히 선택하신 땅이었다. 이런 이유로 가나안을 '계약의 땅', '약속의 땅', '거룩한 땅'이라고 한다. 가나안에다 천국 모형을 만들어 놓고 주변 나라들이 보고 구원에 이르게 하려는 하나님의 구원 계획에 따라 이스라엘은 가나안에 들어가서 하나님나라의 모형을 만들었다. 그 나라의 외적인 특징은 신분, 지위, 빈부의 격차가 없는 수평사회에서 잘 드러난다. 당시의 우상 종교에 기초한 다른 나라들은 모두 왕과 귀족이 지배하는 수직적인 사회였다. 그런데 이스라엘은 신분, 지위, 빈부의 격차가 없는 이상적인 나라에서 출발했으나 왕정으로 넘어가면서 세상나라와 다를 바 없이 되고 말았다. 이렇게 되면 이스라엘의 존재 이유가 없어지고 만다. 하나님의 말씀을 직언한 예언자들은 바로 이것을 이스라엘 멸망의 죄목으로 고발하고 있으며, 실제로 그렇게 되어서 나라가 멸망하고 말았다.

구약의 이스라엘 역사 2천 년은 하나님과 계약을 맺고 가나안에 입주하여 하나님나라의 모형을 만들었다가 그것을 유지하지 못하고 상실한 실패의 역사이며, 이스라엘이 B.C. 586년 바벨론과 A.D. 70년 로마에 멸망한 것은 하나님과의 계약이 파기된 결과이다.

예수님께서는 이스라엘이 실패한 옛계약을 대신할 새계약을 체결하여 구원의 역사를 성취하러 오셨다. 새계약 공동체를 '교회'라고 한다. '교회'라는 단어는 교회 건물을 말하는 것이 아니라 '신앙 공동체'를 뜻한다. 교회 공동체는 이제 예수님과 맺은 새계약을 실현해야할 계약 공동체이다.

부활 승천하시는 예수님께서는 이 새계약 공동체에게 이렇게 말씀하셨다.

> 오직 성령이 너희에게 임하시면 너희가 권능을 받고 예루살렘과 온 유대와 사마리아와 땅 끝까지 이르러 내 증인이 되리라.(사도행전 1:8)

예루살렘에서 시작하여 유대와 사마리아, 땅 끝까지 계약의 지경이 확대되어 나가게 될 것이라는 말씀이다. 이 순서는 구약 공동체에게 주셨던 말씀과 같다. 여리고에서 출발하여 가나안과 가나안 이웃 나라들인 블레셋, 에돔, 모압, 암몬, 아람, 메소포타미아, 애굽 등으로 구원의 지평선이 확대되어 나가는 것이 하나님의 계획이었다. 그런데 이스라엘 공동체는 이것에 실패했다. 구약 공동체인 이스라엘이 실패한 것을 신약 공동체가 이뤄야 한다. 이제 그 일이 시작된 것이다.

이런 이유로 예수님께서는 제자들에게 예루살렘을 떠나지 말고 기다리라고 당부하셨고, 또 예루살렘에서 출발하여 땅 끝까지 가야한다고 하셨다. 예루살렘에서 시작한다는 것은 예루살렘에다 하나님나라의 모형을 만들어 보여준다는 의미이다. 하나님의 선교는 '보여주는 선교'이다. 하나님나라의 모형을 만들어 놓고 보여줌으로써 와서 보고 구원에 이르게 하는 것이 하나님의 선교전략이다.

이제부터 시작되는 교회 역사는 예루살렘에서 만들어 보여 주는 하나님나라의 모형이 어떻게 땅 끝까지 확산되어졌는가에 대한 이야기이며, 이런 관점에서 계약의 지경(地境)이 넓혀지는 과정을 더듬어 보게된다.

어떻게 예루살렘에서?

예수님 당시의 예루살렘은 어떤 곳일까?

예루살렘은 이스라엘의 특수층만이 모여 사는 곳이며 신구약 중간기 500여 년을 지탱해 온 유대교의 중심지이다. 제사장들과 서기관-바리새인이 주축이 된 유대교는 문자 그대로 엄격한 신앙 공동체였다. 예루살렘은 '의인'이라 불리는 정통유대인이 아니고서는 살아갈 수 없는 곳이다. 조상 대대로의 혈통증명서가 있는 사람들, 유대교 율법을 철저하게 지키는 사람들, 이들이 정통유대인이며 의인들이다. 유대교에서 제정한 율법조항들은 건강한 사람, 부자들, 높은 지위에 있는 사람만이 지킬 수 있는 법이었다. 그들이 금과옥조(金科玉條)로 여기는 안식일법 234가지 조항은 가난한 사람은 결코 지킬 수 없었고, 가난한 사람, 병든 사람, 율법을 지키지 못하는 죄인들은 예루살렘에서 살아갈 수가 없었다. 예루살렘은 양극화된 사회였는데, 의인이라 불리는 최상류의 사람들과 그들의 체제를 뒷받침하면서 연명하는 죄인이라 불리는 노예와 날품팔이 등 하층민들로 구성된 사회가 예루살렘이었다.

유대교는 가진 자의 종교였다. 구약의 에스라로부터 시작된 유대교는 시간이 지나면서 점차 변질되어 가진 자의 이념(이데올로기)이 되고 말았다. 가난한 사람들은 율법에 의하여 죄인으로 낙인찍혔다. 예루살렘의 중앙성전에 봉직하는 사제들을 비롯하여, 예루살렘에서 활동하는 정통유대인들은 신분과 지위에서는 물론 경제적으로도 최상류의 귀족들이었다. 특히 사제들의 사치는 극을 달렸다. 예루살렘에 거주하는 부자들은 혼례의 예물로 신랑, 신부의 체중에 해당하는 귀금속들을 주고받았고, 미리암이라는 신부의 지참금은 일백 만 데나리온이었다. 귀족 부인들의 사치가 도에서 지나치다고 생각하여 율법학자들이 귀부인들의 사치품 구입을 위해 하루의 용돈을 400 데나리온(한 데나리온은 장정의 하루품삯)으로 제한하자 나크디몬의 딸은 율법학자들을 저주했다고 전해진다. 하르솜의 아들 엘르아잘이 물려받은 상속은 1천 개의 마을과 배 1천 척이었고 노예들이 하도 많아서 주인의 얼굴을 알아보지 못했다.[33] 제사장들이라고 다 이런 사치를 누린 것은 아니다. 예루살렘의 소수의 중앙사제들은 사치의 극을 달리는 반면 변방의 제사장들은 먹을 것이 없어서 날품팔이로 전락할 정도로 성직자들의 사회 역시 극과 극을 달렸다.

예루살렘 부자들의 이런 사치의 이면에는 가난한 자들에 대한 구호활동에 열심이 있었다. 따라서 예루살렘은 모든 걸인들의 집합소였고 천국이었으며 구제와 구걸은 자랑거리였다. 특히 절기행사는 곧 거지들의 잔치자리였다. 부자들이 신앙을 과시하기 위하여 거지들에게 잔치자리를 마련해 주었기 때문이다.

신앙이 잘못되면 이렇게 된다. 교리는 부자들을 지원하고 부자들은 최상류의 삶을 누리면서 길거리로 내몰린 사람들을 구호하는 것으로

---

[33] 이 시대의 예루살렘의 실제적인 상황에 대하여서는 요아킴 예레미아스의 「예수시대의 예루살렘」(한국신학 연구소)에 상세히 나와 있다.

자신들의 신앙의 명분을 지탱한다. 왕정시대의 신앙이 그러했다. 왕조신학, 성전신앙, 제의신앙은 사실상 가진 자들의 만행에 대한 면죄부였다. 신앙이 가진 자를 위한 면죄부로 전락하면 반드시 계약이 파기되어 가장 비참한 재앙을 만나게 된다. 바벨론 포로와 로마에 의한 예루살렘 멸망이 그것이다. 그런데 이런 비참한 역사는 이스라엘 역사에만 들어있는 것이 아니다. 앞으로 살펴보게 될 중세기 교회사에도 들어있고, 또 지금도 반복되고 있다.

4천년 역사의 살아있는 교훈을 명심해야 한다. 하나님의 말씀을 선포하는 설교가 부자들의 권익을 뒷받침해주면서 구제와 선교로 그 여백을 채우고, 일부의 성직자들과 그 가족들은 상류 사회의 삶을 누리고 다수의 가난한 성직자들이 호구지책(糊口之策)으로 노동에 시달린다면 이미 말기현상이 나타난 것이며, 곧 이어 가장 비참한 재앙을 동반하는 계약 파기가 등장한다. 교회의 빈익빈 부익부는 용서받을 수 없는 범죄 행위다.

예수님 당시의 예루살렘은 그 표본이었다. 그리하여 40여 년 뒤에 계약이 파기되었고 예루살렘은 로마에 멸망당하면서 상상조차 할 수 없는 가장 비참한 일을 겪었다. 그 실상이 요세푸스의 「유대인의 전쟁사」에 생생하게 기록되어서 역사의 교훈을 말해주고 있다.

귀 있는 자는 역사를 통해서 울려오는 하나님의 음성을 들으라.

1. 하나님의 방법으로

하나님께서 "~을 하라"고 말씀하실 때에는 "그 일이 되게 하리라."라는 뜻이 같이 들어있다. 그 말씀대로 따라 순종하기만 하면 된다. 베드로에게 "물 위를 걸어라."고 하심은 "너로 하여금 물 위를 걷게 하겠다."라는 말씀이며 그대로 되었다. 성경에 이런 이야기들은 얼마든지 있다. 옛계약을 맺은 이스라엘에게 하나님께서는 가나안의 여리고로 가라고 하셨다. 여리고는 철옹성일 뿐만 아니라 철기문화로 무장한 정규군이 진을 치고 있었다. 여리고와 가나안을 정탐하고 온 열 명의 사람들은 이구동성으로 가나안을 점령하는 것은 현실적으로 불가능하다고 보고했다. 그런데 하나님께서는 가나안에서도 가장 강대한 성인 여리고를 먼저 점령하라고 하시면서 그 방법을 상세히 알려주셨다. 그 방법은 법궤를 앞세우고 온 이스라엘 사람들이 하루에 한 번씩 여리고 성 주위를 도는 것이었다. 군사작전과는 거리가 멀었다. 왜냐하면 이스라엘은 군사작전을 시도할만한 정규군도 무기도 없었기 때문이다. 하나님께서 사용하신 방법은 문화적인 대결이었다. 우상종교의 문화와 참 하나님의 문화를 대결시키는 방식이 여리고 성 주변을 도는 것이었다. 여호수아가 이스라엘 사람들을 이끌고 하나님께서 알려주신 방법대로 하자 여리고성은 무너져 버리고 말았다.

하나님께서는 새계약 공동체인 갈릴리 사람들 소수에게 예루살렘에서 시작하여 예루살렘을 무너뜨리라고 하셨다. 갈릴리와 예루살렘은 서로 상극의 삶을 살아가고 있었다. 갈릴리 어부들이 중심이 된 100여 명의 사람들이 예루살렘을 무너뜨린다는 것은 상식 밖의 일이다. 역사의 주인이시며 운행자이신 하나님께서는 이 사실을 너무나도 잘 아신다. 모르고 계시는 것이 결코 아니다. 잘 알고 계시면서 불가능에 도전하라고 하신다. 불가능을 가능하게 하시겠다는 것이다.

불가능을 가능하게 하시는 하나님의 방법이 있다. 아무리 위기가 닥쳐왔다고 하여도 돌파구는 언제나 있게 마련이다. 성경과 역사를 통하여 이것을 배워야 한다. 오늘의 그리스도인들에게 가장 필요한 필수품은 하나님의 방법을 배우는 것이다.

예루살렘을 무너뜨릴 하나님의 방식은 무엇인가?

❶ 기다려라

예수님께서는 제자들에게 "예루살렘을 떠나지 말고 기다리라."고 누누이 당부하셨다. 이 말씀 속에 해답이 들어있다.

기다려라.

기다리라는 말씀은 하나님께서 정해놓으신 '때'가 있다는 뜻이다. 제자들이 먼저 해야 할 일은 그 때를 기다리는 것이었다. 제자들은 예수님의 말씀대로 마가 다락방에 모여서 기도하면서 그 때를 기다렸다.

오순절.

이 날이 바로 하나님께서 정해놓으신 그 때였다.

오순절이란 이스라엘 사람들이 가장 중요한 절기로 지키는 유월절로부터 50일 되는 날에 지키는 절기로서 3대 절기 중의 하나이다. 특히 이 절기에는 외국에 나가 살고 있는 교포들(디아스포라)이 예루살렘에 모여들었다. 당시 유대교는 절기행사를 대단히 중요하게 생각하여 외국에 나가 사는 유대인들은 평생에 한번은 예루살렘 유월절 행사에 참여해야 한다고 강조했다. 유월절 절기에 맞춰 평생에 한 번 예루살렘을 방문한 디아스포라들은 대부분 오순절까지 머물렀다가 집으로 돌아갔다.

예수님께서 승천하신지 열흘 만에 찾아 온 오순절,

드디어 그 날이 왔다. 그 날 무슨 일이 일어났는가?

❷ 준비된 방법

방언.

누구도 생각지 못한 기상천외한 방법이었다. 이날도 제자들은 마가 다락방에 모여서 기도회를 하고 있었다. 그리고 오순절 아침이 되자 성령님이 그들에게 임하셨는데, 성령님께서 임하시는 모양이 '불의 혀' 같이 각 사람에게 임하였다라고 성경에 기록되어 있다.(사도행전 2:3)

성령님의 임하시는 모습이 왜 하필 불의 '혀' 같았을까? 또 불의 혀 같이 임한 성령님은 무슨 일을 하셨나? 방언 즉 외국어를 하게 하셨다. 그 당시 사람들의 통용어는 아람어였는데 120여명 각 사람에게 불의 혀같이 임한 성령님은 '자동통역기' 역할을 해 주셔서 그들이 만나는 각 지역의 사람들에게 그 지역의 언어를 자유자재로 말하게 하셨던 것이다.

성령님으로 충만해진 사람들은 예루살렘으로 흩어져서 이렇게 각 지역의 언어로 예수님께서 구세주이심을 담대하게 외쳐댔다. 그러자 그 말을 듣는 사람들은 말의 내용이 아니라 외국어를 배운 적이 없는 갈릴리 사람들이 로마 제국 내에 있는 각 지역의 말을 본토인처럼 유창하게 말하는 그 현상 때문에 깜짝 놀랐다. 어떻게 해서 이런 놀라운 일이 일어났는지 궁금해진 사람들이 마가다락방 앞으로 구름 떼처럼 몰려들었다. 수많은 사람들이 몰려오자 누군가가 나서서 설교를 해야 했는데, 이는 수제자 베드로의 몫이었다.

베드로는 자신들에게 일어난 일은 성령님께서 하시는 일이며, 예수님으로 말미암아 구약에 예언된 성령님이 모든 사람에게 임하시는 길이 열렸다는 것과, 유대인들이 십자가에 못을 박아 죽인 예수님은 바로 성경에서 예고된 구세주시라는 것을 담대하게 외쳤다. 마지막으로 누구든지 자신의 죄를 회개하면 구세주이신 예수님께서 죄를 사해주시고 성령님을 선물로 주시리라고 말하자 그 설교를 듣고 감동을 받아 그날 세례를 받은 사람이 삼천여 명이나 되었다.

오순절 그리고 방언.

이 둘은 서로 기가 막히게 맞아떨어졌다. 로마제국 각 지역에 흩어져 사는 유대인들이 모여드는 절기인 오순절과, 그 절기에 맞추어 그 지역의 언어를 말하게 하는 방언의 사건, 이 둘은 서로 어우러져서 삼천여 명의 사람들을 회심시켰다. 하나님께서는 불가능해 보이는 일을 되게 하시며, 사람의 방식이 아닌 하나님의 방식으로 일하신다.

성령이 너희에게 임하시면 너희가 권능을 받고

이 말씀대로 되었다. 예루살렘에서 교회는 이렇게 세워졌다.

❸ 준비된 사람
성전 문에서 구걸하는 앉은뱅이.

태어날 때부터 앉은뱅이로 태어나서 구걸로 먹고 사는 40여 세 된 사람, 예루살렘을 무너뜨리기 위하여 특별히 준비된 사람은 놀랍게도 이 사람이었다. 이 사람으로 말미암아 예루살렘은 무너지고 말았다. 예루살렘에 사는 유대인들은 하루 세 번씩 성전에 가서 기도하는 습관이 있었는데, 이 사람도 늘 기도 시간에 맞추어 성전 출입문인 '미문'(美門)에서 구걸을 했다.

어느 날 베드로와 요한이 기도하러 성전에 들어가다가 이 사람을 만나자 그는 무엇을 좀 달라는 눈빛으로 베드로와 요한을 쳐다보았다. 그와 눈빛이 마주치는 순간 베드로에게 성령님의 감동이 임하였고, 베드로는 그 감동에 따라 그 사람에게 말했다.

은과 금은 내게 없거니와 내게 있는 것으로 네게 주노니 곧 나사렛
예수 그리스도의 이름으로 걸으라.(사도행전 3:6)

이 말을 하면서 그의 손을 잡아 일으키자 그 앉은뱅이는 벌떡 일어나서 걷기도 하고 뛰기도 했다. 날 때부터 앉은뱅이로 태어나서 40여 년 동안을 구걸로 먹고 살던 사람이 갑자기 멀쩡해져서 뛰어다니자 예루살렘에는 큰 소동이 일어났다. 흔히 생각하는 것처럼 불구자가 한 순간 치료된 기적 때문에 그런 소동이 일어났다고 생각하기 쉽다. 그

러나 그렇지 않다. 예루살렘은 정통 유대인들이 주축을 이루고 있었으며, 특히 서기관-바리새인들은 모든 불행은 '죄 때문에'라고 해석했는데, 자식이 불구자로 태어나는 것은 그 부모나 그 자신의 죄때문이라고 했다. 이런 인과응보의 교리는 유대교의 체제를 유지하는 대들보였다. 그런데 온 예루살렘 사람들이 잘 알고 있는 이 앉은뱅이가 일어나서 뛰어다니는 모습은 인과응보교리가 틀렸다는 것을 반증하는 것으로서 유대교 체제가 무너지는 사건이었다. 그가 뛰어다니는 발자국소리는 유대교의 대들보가 부러지는 소리였다. 이 문제가 유대교인들에게 얼마나 심각한 문제였는지는 이 일 때문에 유대교 최고의 정치기구인 산헤드린공회가 소집되었고 또 베드로와 요한을 불러다가 심문을 했지만 마땅한 해결책이 없어서 전전긍긍하는 것을 보면 잘 알 수 있다.(사도행전4장)

  이런 이유로 예루살렘은 발칵 뒤집혔고 그 일의 장본인인 베드로와 요한이 있는 솔로몬 행각(성전 바로 앞에 있음. 그림5 참조)으로 사람들이 모여들었다. 베드로는 이들을 향하여 또 즉흥 설교를 해야 했다. 태어날 때부터 불구자였던 사람을 고친 것은 자신이 아니라 자신에게 함께 하시는 예수님께서 하신 일이라는 것과, 예수님은 바로 성경에 예언된 구세주인데 당신들이 그를 알아보지 못하고 십자가에 매달아 죽였다는 것과, 예수님은 돌아가셨지만 다시 살아나셨으며, 그분이 지금 이 불구자를 온전하게 하셨다는 것을 담대히 전하자 그 날 회개하고 예수님을 믿기로 작정한 사람이 오천여 명이나 되었다.

  글자를 깨우치지 못한 무학자 베드로의 설교에 이스라엘 최고의 지식층들이 자신들의 신앙이 잘못되었음을 발견하고 개종을 했다. 이 일은 베드로가 한 일이 아니다. 미련한 자를 통하여 지혜로운 자를 부끄럽게 하시는 하나님께서 베드로를 통하여 직접 하신 일이다. 베드로는 마무리 작업만 했을 뿐 실제로 이 일에서 결정적인 역할을 한 사람은 태어날 때부터 앉은뱅이였던 사람이다. 예루살렘을 무너뜨리는 일에 가장 요긴하게 쓰임 받은 사람은 이 사람이었다. 불구자로 태어나서 40여 년 동안 앉아서 지내던 사람과 고기잡이 이외에는 아는 것이 없는 무학자 어부 베드로, 이 두 사람이 주역이었다. 이런 이들도 하나님께는 가장 귀하게 쓰임 받는 일꾼이 될 수 있다.

2. 무너지는 예루살렘

오천 명.

이 숫자는 무엇을 말하는가? 오순절에 삼천 명 회개했던 것과는 차원이 다른 이야기이다. 오순절은 이스라엘의 3대 절기이기 때문에 이스라엘 국내외에서 수많은 순례객들이 몰려들었다. 또 회개했던 사람들은 주로 국외거주자들이었다. 그런데 오천 명이 회개한 날은 명절이 아니라 평일 오후였으며, 이날 모여든 사람들은 모두가 예루살렘 지역의 거주자들이었다. 당시 예루살렘에 얼마나 많은 주민이 살았을까? 전문가들이 연구한 것에 의하면 성 내에 2만여 명, 성 밖에 5천~1만여 명이 살았을 것으로 추산한다. 이 숫자는 최대로 잡은 것이다. 아무리 많이 잡아도 5만이 넘을 수는 없었다고 한다. 전체 인구가 3만여 명이라면 남자는 1만 5천여 명이었을 것이다. 그런데 이 중에서 장정 5천여 명이 회개하고 예수님을 믿기로 작정했다. 이 이야기는 예루살렘에 사는 장정의 절반 이상이 이날 하루에 유대교에서 기독교로 개종을 했다는 뜻이다. 그리고 이어서 계속 개종자는 늘어났다.

장정 오천 명이 베드로의 설교를 듣고 회심을 했다는 말은 여리고가 무너지듯이 예루살렘성이 무너졌다는 이야기이다. 갈릴리 사람들 120여 명이 마가 다락방에서 시작한 예루살렘교회, 사람의 입장에서 보면 이들이 500년의 역사를 지닌 유대교의 중심지 예루살렘을 무너뜨린다는 것은 아무리 보아도 불가능해 보인다. 그러나 하나님께서는 하나님의 방식으로 일을 하신다. 인간에게는 현실적으로 전혀 가능하지 않은 일을 하나님은 당신의 방식으로 간단하게 해결하신다.

예루살렘은 이렇게 무너졌다.

❶ 긴장하는 유대교 당국자들

예루살렘의 장정 절반 이상이 한 순간에 개종을 하고나자 유대교 당국자들은 크게 당황해서 베드로와 요한을 현장에서 체포하여 감옥에 가두었다가 이튿날 문초를 했다. 사안이 심각하므로 대제사장 안나스와 모든 지도자들과 장로, 랍비들이 다 모여 엄하게 심문하고 엄벌에 처하려고 했으나 마땅한 죄목이 없었다. 게다가 베드로를 통해서 앉은뱅이에서 치료가 된 사람은 감옥과 법정까지 베드로를 떠나지 않고 옆에 붙어 다녔는데, 이 사람을 대하는 순간 심문하려던 사람들은 할 말이 없어지고 말았다. 베드로와 요한을 심문하던 유대교 당국자들의 난감함을 사도행전에서는 이렇게 기록하고 있다.

> 병 나은 사람이 그들(베드로, 요한)과 함께 섰는 것을 보고 힐난할 말이 없는지라.(사도행전 4:14)

이 문제는 이미 예루살렘 온 주민이 주목하는 화제가 되어있으므로 편법을 사용할 수도 없었기에, 진퇴양난에 빠진 유대교 당국자들은 베드로와 요한에게 대충 엄포를 놓은 후 풀어주는 것 외에는 달리 방도가 없었다.

베드로와 요한이 감옥에서 돌아와 그 동안에 있었던 일을 고하자 예루살렘 교회는 큰 힘을 얻었고 모여드는 숫자는 날로 늘어났다.

3. 주님의 은혜의 해

하나님께서는 당신의 방식으로 하루에 3천 명, 5천 명이 개종하여 예루살렘 교회에 들어오게 하셨다. 이들이 교회에 와서 한 일은 무엇일까? 이에 대하여 사도행전은 두 차례에 걸쳐 세밀하게 전해주고 있다. 자신들의 재산을 교회에 가져다 놓고 누구든지 필요한 만큼 가져다 쓰게 하는 놀라운 일이 벌어졌다. 자신들의 재산을 아까워하지 않고 가난한 사람들에게 기쁜 마음으로 나누어 준 것이다. 오순절에 3천 명이 회심하고 난 후에도 이 일을 실천했고, 두 번째로 5천 명이 회심하고 난 후에도 같은 일을 실천했다.

이 일은 무엇을 말하는가? 이스라엘 역사에 실천해본 적이 없는 희년의 법을 실천에 옮기는 일이다. 희년 법은 매 50년마다 실천하게 되어 있었다. 그런데 예루살렘 교회에서는 희년을 기다렸다가 실천한 것이 아니라 희년의 형식이 아닌 정신을 즉시 실행했다.

부자들이 자신의 전 재산을 아끼지 않고 가난한 자에게 나누어 주는 일은 인간의 힘으로는 불가능하다. 그러기에 예수님께서는 부자가 천국에 들어가는 것은 낙타가 바늘귀로 들어가는 것보다 더 힘들다고 하셨다. 사람으로서는 불가능하지만 하나님으로서는 다 하실 수가 있다. 사도행전에 기록된 예루살렘교회의 이야기가 그 증거이다.

성령님께서 임하시는 증거를 흔히 '방언'이라고 말한다. 오순절에 방언의 사건이 있었음을 염두에 두고 하는 말이다. 그러나 성령님께서 임하신 진정한 증거는 그런 외적인 어떤 현상에 있는 것이 아니라 희년의 정신을 실천하여 자신의 재산을 아끼지 않고 나누어 주는 데에 있었다. 이런 놀라운 일은 이스라엘 역사에서는 단 한 번도 찾아볼 수가 없었다.

예루살렘 교회는 희년의 정신을 실천함으로써 계약 공동체로서의 정통성을 확보할 수가 있었다. 계약 공동체의 정통성은 계약의 정신을 실천하는 데에 있다. 예루살렘 성전은 계약의 형식과 모양만을 간직하고 있었으나 예루살렘 교회는 계약의 정신을 실천했다. 이로써 교회는 성전에 대한 우위성을 삶으로 보여주었다.

예수님께서 취임사에서 천명하신 '주님의 은혜의 해'는 이렇게 성취되기 시작했다.

4. 악역

너도 나도 앞을 다투어 재산을 정리하여 공평하게 나누어 쓰는 일이 일어나자 아나니아라는 사람도 자신의 땅을 팔아서 동참하기로 아내 삽비라와 합의했다. 그러나 땅을 판 돈의 일부를 떼어서 남겨두고는 전부를 가지고 온 것처럼 속였다. 성령님의 도우심으로 아나니아의 마음을 꿰뚫어보던 베드로는 아나니아를 책망했다. 땅을 판 돈의 일부를 남겨둔 것이 문제가 아니라 일부를 떼어놓고서 전부 다 가지고 온 것처럼 거짓된 행동을 한 것을 지적하며 책망하자 아나니아는 그 자리에서 숨을 거두고 말았다. 잠시 후 삽비라는 무슨 일이 벌어졌는지 모른 채 나타났다. 베드로가 삽비라에게 헌금한 것이 땅을 판 돈의 전부인가를 묻자 그녀도 그렇다고 대답했다. 이에 다시 그녀의 거짓된 행동을 야단치자 그녀 역시 그 자리에서 즉사했다. 이를 지켜보던 사람들과 그 일을 전해들은 사람들은 모두 다 두려운 마음을 가졌다.

이 일이 있고난 뒤의 반응을 사도행전 5:13에는 다음과 같이 적고 있다.

> 감히 그들(사도)과 상종하는 사람이 없으나

여기서 말하는 '상종'은 훈수 두는 것을 말한다. 이 일이 있기 전에는 사도들에게 훈수 두는 사람들이 있었다는 뜻이다. 사도들은 갈릴리 출신이며 배움과 지도적인 활동경력이 거의 없는 사람들인데 반하여 교회에 출석하는 예루살렘의 유대인들은 이스라엘 최고의 지식층이며 지도자들이다. 베드로를 비롯한 제자들이 이들을 지도한다는 것은 힘에 벅찬 일이다. 아나니아와 삽시라의 사건은 하나님께서 사도들의 권위를 세워주시는 사건이었고 아나니아와 삽비라는 이 일을 위하여 악역을 한 셈이다. 이 사건 이후로는 베드로를 비롯한 사도들을 두려워하는 마음이 생겨서 누구도 감히 그들을 얕보지 못하게 되었다. 하나님께서는 지극히 현실적으로 인도하신다.

  아나니아와 삽비라 사건은 계약 공동체(교회)가 어떠해야 하는지를 잘 보여준다. 교회는 지극히 순수해야 한다는 교훈을 보여주시기 위하여 아나니아와 삽비라를 즉사하게 하는 극단의 처방을 내리셨다. 지식과 경험을 앞세워 교회 지도자를 경시하거나 사소한 거짓된 행동이라도 교회에서는 용서될 수 없다. 모세와 아론의 권위에 도전했다가 멸망당한 고라 일당의 이야기와 아간의 범죄도 같은 성격을 가지고 있다. 여리고를 접수하는 과정에서 아간은 재물에 욕심이 생겨서 탈취물의 일부를 자신의 천막에다 숨겼다. 하나님께서는 이 일을 들춰내셔서 아간은 물론 아간이 한 행동을 알고 있던 그 가족들까지 돌로 쳐 죽이게 하셨다.

  교회는 세상 속에서 하나님나라의 모형을 보여주어서 세상이 보고 구원을 받게 해야 한다. 따라서 교회의 순수성을 해치는 행위는 세상의 구원을 가로막는 적대적인 행위이기에 용서될 수가 없다. 교회에서는 두렵고 떨리는 마음으로 교회의 순수성을 해치지 말아야 한다.

  예루살렘교회는 이런 과정을 거쳐서 세워졌고, 성전을 대신하는 기관으로 자리를 잡았다.

물음

18 파송식, 어떻게 진행되었나?

　베드로의 설교를 듣고 3천 명, 5천 명이 유대교에서 기독교로 개종했을 뿐만 아니라 이스라엘 역사에서 실천할 엄두를 내지 못하던 희년의 법을 그 정신에서부터 실천했다는 것은 예루살렘과 성전이 실질적으로 무너졌다는 이야기다. 예루살렘 인구의 비율로 보아서도 그렇다.

　유대교 당국자들은 이제 막다른 골목에 이르게 되었다. 성전체제와 자신들의 설 자리가 없어졌기 때문이다. 이들이 선택할 수 있는 길은 두 갈래였다. 하나는 자신들의 과오를 인정하고 교회에 자리를 양보하는 길이요 다른 하나는 국가권력을 이용하여 교회를 말살시키는 길이었다. 그들은 후자를 선택했다. 헤롯 왕을 비롯하여 제사장(사두개인), 서기관(바리새인) 등 이스라엘의 지도자층은 합세하여 교회를 핍박하기 시작했고, 그 선봉을 사울(바울)이 맡았다. 사울은 우선 본보기로 스데반을 지목하여 돌로 쳐 죽였고, 기독교인들에 대한 대대적인 숙청 작업에 나섰다. 이에 예루살렘 교인들은 유대로 사마리아로 주변 나라와 로마 각 지역(땅 끝)으로 피난길을 떠나야 했다.

　그런데 놀랍게도 "예루살렘과 유다와 사마리아와 땅 끝까지 이르러 내 증인이 되리라."라는 말씀은 박해를 통해서 성취되었다. 박해는 결국 선교사 파송식이었던 셈이다.

박해 = 로마로 가는 길

지중해 선교의 주역은 누구였나? 물음 19

이제 교회의 무대는 예루살렘에서 로마제국으로 옮겨지는 제 2단계를 맞게 되었다. 그 흐름을 지켜보면 하나님의 치밀한 섭리와 계획에 의해서 진행되고 있음을 알 수 있다. 이 큰 일을 위하여 준비된 사람들을 살펴보고자 한다.

1. 고넬료

'고넬료'라는 사람은 이스라엘을 식민통치하러 온 로마 관리(백부장)였는데 해변 도시 가이사랴에 거주하고 있었다. 그는 로마인이었지만 이스라엘에 와 있는 동안 유대교에 매료되어 있었다. 고넬료 뿐만 아니라 당시 이방인들 가운데는 유대교에 귀의하는 사람들이 꽤 있었다. 지중해 세계의 종교들은 다 우상종교와 미신에 불과했고, 또 로마 사회의 윤리와 도덕은 타락해 있었기 때문에 참 신앙을 찾던 사람들은 유대교인들의 신앙생활을 지켜보면서 매력을 느꼈다. 이들 이방인 가운데서 유대교로 완전히 개종하는 사람들도 있었지만 유대교적인 신앙생활을 하면서 회당 예배에 출석하는 사람들이 있었는데 이들을 '하나님을 경외하는 사람'(God-fearer)이라고 불렀다. 고넬료는 이런 경건한 사람이었다.

고넬료는 하나님을 섬기는 일 뿐만 아니라 어려운 이웃을 돕는 실천에도 앞장을 서서 유대인들로부터 존경을 받던 신실한 사람이었다. 그가 어느 날 오후 3시에 유대인의 관습에 따라 기도를 하고 있을 때 하나님께서 천사를 보내셔서 욥바에 사는 피장이(피혁공) 시몬의 집에 머물고 있는 베드로를 초청하라고 알려주었다. 이에 고넬료는 사람을 보내서 베드로를 데려오게 하였다.

다음날 고넬료가 보낸 사람들이 도착할 즈음, 베드로가 시장기를 느끼면서 옥상에서 기도하고 있던 중에 하나님께서 환상을 보여주셨다. 큰 보자기가 하늘에서 내려왔는데 그 안에는 짐승들과 새들, 뱀 등이 들어있었으며, 하나님께서는 베드로에게 잡아먹으라고 하셨다. 이런 짐승들은 율법에서 금하고 있었기 때문에 베드로가 이런 부정한 것들을 먹을 수 없다고 거절하자 "내가 정결하다고 한 것을 네가 부정하다고 하지 말라."는 음성이 들려왔고 이런 환상은 세 번이나 반복되었다. 환상을 보고난 베드로가 "환상이 무슨 뜻일까."라고 생각하고 있는데 마침 고넬료가 보낸 이방인들이 집에 도착하여 자신을 찾고 있었다. 유대인들은 이방인과 접촉은 물론 집으로 불러들이지도 않았기 때문에 베드로가 망설이고 있자 하나님께서 "내가 그들을 보냈으니 그들을 받아들여라. 그리고 그들을 따라가라."고 하셔서 베드로는 시키는 대로 그들을 영접하여 자초지종을 들은 후 다음날 그들을 따라 고넬료의 집으로 갔다. 친지들을 모아놓고 자신을 귀빈으로 대접하는 고넬료의 집에서 베드로가 예수님께서 구세주이심을 전해주자 성령님께서 그들 가운데 임하셨다.

고넬료의 집에서 일어난 사건은 당시 예루살렘교회에 큰 전환점이 되었다. 그때까지 베드로를 비롯한 사도들과 교회 지도자들은 복음을 유대인에게만 전해야 한다고 믿고 있었다. 이방인은 복음의 대상이 아직 아니었다. 그런데 성령님께서 오순절에 마가다락방에 모여 있던 사람들에게 임하시던 것과 똑같이 이방인들에게도 주어지는 사건을 겪으면서 "하나님께서 이방인에게도 복음을 전하라고 하신다."라는 생각을 하게 되었다.

이제 이방인 선교의 문이 열린 것이다.

2. 바나바

새로운 시대를 열어가는 일에는 늘 선각자가 있어서 앞장을 섰다. 갈릴리 사람 몇 명으로 시작한 예루살렘교회가 예루살렘을 무너뜨리고 유대인의 한계를 넘어 지중해와 세계로 나가는 길에도 결정적인 역할을 하는 선각자가 있었다.

바나바.

그가 이 일을 해낸 사람이다. 예루살렘 교회에 있어서 바나바의 중요성은 아무리 강조해도 지나치지 않다. 이 사람이야말로 예루살렘 교회와 세계 선교를 위하여 준비된 사람이었고 선구자로서의 이상적인 모형을 보여주었다. 바나바의 주요 역할을 살펴보면 다음과 같다.

❶ 희년운동

그는 최초로 등장한 교회공동체가 해야 할 가장 중요한 일과 복음에 대하여 그 핵심을 꿰뚫어 보았을 뿐만 아니라 앞장서서 실천으로 옮긴 사람이다. 예루살렘 교회의 한 구성원이 된 바나바는 자신의 재산을 정리하여 교회에 가져다 놓고 가난한 사람들이 필요에 따라 가져다 쓰게 했다.(사도행전 4:36~37) 바나바가 이 일을 실천하자 이 일에 동참하는 사람들이 늘어나서 이후 희년정신의 실천은 교회생활의 모형으로 뿌리를 내렸다. 이 일은 대단히 중요한 의미를 가진다. 희년법은 구약과 신약, 이스라엘 역사와 교회사를 관통하는 가장 큰 맥이다. 이스라엘은 이 법을 실천하지 못하여 계약이 파기되고 멸망당했다. 희년법은 이 세상에 건설되는 하나님나라의 모형 즉 보여주는 선교의 핵심이기 때문에 이 법의 실천 여부는 세상 구원의 문제와 직결되어 있다. 여리고와 가나안이 무너진 것도 이 법 때문이었고, 예루살렘의 성전체제도 교회가 이 법을 실천하는 것 때문에 무너졌다. 희년법의 실천은 곧 하나님나라를 보여주는 것이며 세상을 구원하는 선교의 지름길이다.

잠시 뒤에 살펴 볼 로마제국도 희년법의 실천 앞에 무릎을 꿇었다.

나아갈 방향 제시.

바나바는 교회 역사에서 가장 중요한 일을 시작했고 교회가 가야 할 큰 방향을 제시했다. '바나바', 그는 초대교회에서 찾아볼 수 있는 가장 큰 인물이었다. 그 때 거기에 바나바가 있었다는 것은 참으로 큰 축복이었고 주님의 은혜였다.

❷ 안목(眼目)

예루살렘 교회에 박해가 가해지자 각지로 흩어진 교인들 중에 수리아 안디옥으로 간 사람들이 있었다. 안디옥은 알렉산더 사후 사실상 그리스제국을 이끌어간 시리아의 수도였던 곳이다. 예루살렘에서 흩어진 교인들이 이곳에서 그리스사람들에게 복음을 전해서 결신자들이 생겨났다. 이 소식이 예루살렘 교회에 전해지자 사도들은 크게 당혹해 했다. 이방인에게 복음을 전해도 되는가에 대해 아직 정리가 명확하게 되어있지 않은 상태였기 때문이다. 그런데 바나바는 복음이 이방인에게도 전해져야 한다는 확신을 가지고 있었다. 예루살렘교회에서 복음에 대한 이해가 가장 깊은 사람은 바나바였다.

바나바는 안디옥에서 이방인들에게 복음이 전해지는 것을 보면서 그 일의 의미와 중요성을 간파한 사람이었다. 그는 안디옥을 복음이 유대인의 울타리를 넘어서 로마제국으로 나아가는 중심지의 역할을 할 요충지라고 내다봤다. 시기적으로도 이제는 교회의 중심축이 예루살렘에서 이방인 지역으로 옮겨져야 할 때였다. 이런 것들을 내다 본 바나바는 사도들을 설득하여 정식 파송을 받은 후 안디옥으로 활동의 무대를 옮겼다. 바나바는 결단과 도전의 사람이었다. 자신의 사재를 털어서 희년운동을 주도하는 결단을 내렸던 그는 이번에는 미개척지인 이방인 지역에 교회를 세우는 모험적인 도전을 시도했다. 그리고 그 일을 성공적으로 해냈다.

안디옥 교회.

이 교회는 전적으로 바나바의 작품이다. 시대와 세계를 내다보는 눈이 있는 사람, 또 결단과 도전과 역량을 갖춘 사람, 바나바는 그런 사람이었다. 바나바의 판단은 틀리지 않아서 후일 안디옥 교회를 통하여 로마제국 선교의 길이 열려졌고 또 교회사에서 안디옥 교회는 중요한 역할을 했다. 4세기 말의 안디옥 인구는 50여 만 명이었는데, 그중 약 50%가 기독교인이었다. 박해시대에 이렇게 복음화가 되었다는 것은 안디옥의 신앙적인 열의가 어느 정도였는지를 잘 보여주는데, 이는 바나바의 헌신이 맺은 결실이었다.

❸ 인재 양성

유대인 중의 유대인, 바리새인 중의 바리새인, 가말리엘 문하생의 랍비, 이스라엘 최고의 정치 기구인 산헤드린의 회원, 유대교의 차세대 주자로 촉망받던 사람, 이것이 바울의 이력서다. 유대교 신앙에 대한 헌신이 남달라서 이단이라 여기던 예루살렘 교회에 대한 박해에 앞장섰던 사람, 그래서 교인들에게는 '죽음의 사자'로 통하던 바울이 다메섹까지 교인들을 체포하러 갔다가 예수님을 만난 후 예루살렘에 돌아와 교회에 등록하려고 할 때 베드로를 비롯한 사도들은 당황했고 바울을 만나는 것조차 두려워했다. 바울은 예루살렘교회 공동체에 들어오고 싶었으나 누구 하나 그를 믿어주지도, 받아주지도 않아서 외톨이가 되어 있었다. 그런 바울을 찾아가 그의 진심을 확인하고 교회에 들어와 사도들과 만날 수 있도록 길을 열어준 사람이 바나바였다.

바울이 개종을 하자 배신감을 느낀 유대교인들은 바울을 죽이려고 혈안이 되었다. 바나바는 바울을 대하면서 그의 인물됨과 그릇을 알아보고 그냥 죽게 내버려두지 않았다. 바울로 하여금 조용히 있으면서 때를 기다리도록 설득한 후 항구 도시 가이샤라에서 배를 타고 고향 다소로 돌아가는 길을 주선해 주었다. 바울은 바나바의 배려로 목숨을 건졌을 뿐 아니라, 유대교를 재해석하여 기독교 신학을 체계화 시키는 데에 필요한 기도와 사색의 시간을 가질 수 있었다.

여러 해(약 10년)가 지난 후 안디옥에서 교회를 세워 놓은 바나바는 다소에 있는 바울을 찾아가 안디옥 교회로 데리고 왔다. 그리고 바울을 그 교회의 지도자로 세워 안디옥 교회를 발판으로 지중해 전역과 로마 제국을 상대로 복음사역을 할 자리를 마련해 주고 자신은 뒤에서 바울을 지원해주는 역할을 했다. 바나바의 위대성은 여기서 잘 나타난다.

바나바의 판단은 틀리지 않았다. 바울은 세계적인 안목을 가지고 지극히 효과적으로 선교 사역을 해냈을 뿐만 아니라 기독교가 세계화되게 하는 위업을 달성했다. 신약성서는 복음서와 사도들의 서신으로 구성이 되어 있는데 그 서신의 대부분은 바울이 쓴 것이며, 바울의 선교 사역과 서신들이 교회사에 미친 영향은 지대해서 바울 때문에 기독교가 가능했다는 평가를 받고 있다.

바나바.

그는 바울의 친구였고 스승이었으며 후견인이었다. 바울은 전적으로 바나바가 낳은 작품이다.

3. 바울

바울의 위대성과 비중은 새삼 거론할 필요가 없다. 교회가 팔레스틴의 한계에서 벗어나 지중해와 로마제국과 세계로 뻗어나가는 데에 있어서 가장 큰 영향을 끼친 바울의 됨됨이를 몇 가지만 짚어보고자 한다.

❶ 열정과 헌신

바울은 진리를 위하여 자신의 몸을 불태울 수 있는 준비가 된 사람이었다. 한 평생을 오로지 한 곳을 향하여 집중할 수 있는 정신력, 자신의 몸에 남아있는 마지막 힘 한 방울까지 기꺼이 내어주는 그런 사람이었다. 성경과 교회사에 등장하는 큰 사람들의 공통점은 이런 열정이었다. 온갖 위험을 무릅쓰면서도 좌절과 절망을 모르고 끊임없이 지치지 않고 앞으로 나가는 사람들, 이들은 자신의 온 몸을 주님께서 기뻐 받으실만한 번제물로 바쳤다.

지중해 세계를 향하여 최초로 선교를 나서는 일에는 이런 열정과 희생이 없이는 불가능했다. 바울은 이것을 갖추고 있었다.

❷ 식견(識見)

지중해세계는 서양 역사에 큰 영향을 끼친 그리스, 로마, 히브리 등 여러 문화권이 어우러져 있었다. 복음을 세계화시키는 재해석을 하기 위해서는 이 세 문화에 정통해야 했다. 그런데 바울은 이 조건을 갖추고 있었다. 조상 때부터 로마 시민권을 가지고 있었고, 그의 고향 다소는 그리스문화의 중심지였으며, 가말리엘 문하에서 랍비 수업을 받은 사람이었다.

바울의 중요성은 선교에 대한 성과보다는 유대교에서 기독교를 해석해내는 신학적인 작업에서 더 크게 드러난다. 기독교 신학의 기틀은 바울에 의해서 만들어졌다. 이런 이유로 기독교는 바울의 작품이라고 평가된다.

바울은 이 일을 해 낼만한 준비가 된 사람이었다.

❸ 안목(眼目)

사도바울이 선교하러 다닌 지역을 살펴보면 지중해의 주요 거점들을 거쳐 간 것을 알 수 있다. 특히 여러 해를 머물며 역점을 둔 곳은 고린도와 에베소였다. 고린도를 그리스 선교의 중심지로 삼았고, 에베소는 소아시아 선교의 거점으로 삼았다. 이 두 지역에 제법 규모를 갖춘 교회들이 생겨나자 그 다음으로는 제국의 중심지인 로마를 대상으로 삼았다. 로마에 선교한 다음에는 스페인으로 갈 계획을 세웠다. 이런 전략은 세계적인 안목을 갖추었기에 가능한 일이다.

초대교회가 유대에서 지중해로 나가는 데에 가장 큰 공헌을 한 사람들은 바나바와 바울이었다.

4. 회당과 하나님을 경외하는 자들

유대인들은 로마제국 도처에 흩어져서 회당을 짓고 철저하게 율법을 지키며 살았다. 이들은 하나같이 생명을 내어놓고 우상숭배 거부, 안식일 준수 등을 고집하고 있었기 때문에 로마 당국은 할 수없이 유대인들을 예외적으로 취급하여 병역을 면제시켜 주었다. 유대인들은 안식일을 고집하기 때문에 군대 생활을 할 수가 없었던 것이다. 유대인들의 삶을 지켜보던 이방인들 가운데 유대교의 고차원적인 윤리와 지혜에 매력을 느낀 사람들이 많이 있었다. 그러나 유대교로 개종을 하려면 할례를 받아야 하는 등 사실상 실천하기 어려운 부분들이 많았으므로, 회당 예배에 참석하고 하나님을 믿으며 경건한 삶을 사는 것으로 만족하는 이방인들이 많이 있었다. 이들을 '하나님을 경외하는 자', 또는 '경건한 자'라고 했다. 앞에서 살펴본 고넬료도 이런 사람이었다.

이들은 구약에 익숙해 있었지만 할례를 비롯한 유대교 율법의 조항을 준수하지 않고 있었기 때문에 기독교의 복음은 이들에게 쉽게 접근할 수 있었다. 바울이 선교 초기에 각 지역의 유대인 회당을 선교의 발판으로 삼은 것은 이런 이유 때문이었다. 이런 사람들은 의외로 많았으며, 기독교가 지중해 전역으로 급속히 전파되는 데에 좋은 디딤돌과 징검다리 역할을 해냈다.

5. 예루살렘 회의

유대인들은 수 천 년 동안 이민족에 시달리거나 식민통치를 받으면서 자연스럽게 이방인들에 대한 적개심이 생겨났다. 특히 바벨론 포로를 경험한 이후 그리스의 무력과 문화에 시달리면서 이방인에 대한 반감은 종교적인 차원으로 뿌리를 내렸고 한편으로는 자신들에 대한 선민의식으로 치달았다. 이방인들이 자신들의 하나님을 믿으려면 개종하는 길 이외에는 없다는 생각이 확고부동했다.

이런 생각은 예루살렘 교회의 지도자들에게도 이어졌다. 베드로를 비롯한 교회의 지도자들은 이방인들은 복음의 대상이 아니라고 생각했었다. 베드로의 이런 생각을 바꾸는 사건이 고넬료의 이야기이다. 베드로가 고넬료의 집에 가서 이방인들과 접촉을 하고 같이 식사를 하며 그 집에서 묵었다가 돌아오자 예루살렘 교회 지도자들이 베드로를 향하여 비난의 화살을 퍼부은 이야기가 사도행전에 그대로 적혀있다.(11장)

복음이 이방인들에게도 전해져야 한다고 생각한 사람들은 이방인 지역의 삶을 경험한 유대인들(디아스포라)이었다. 최초로 이방인 이디오피아 내시에게 복음을 전한 빌립과, 이방인 지역인 안디옥에서 교회를 세운 바나바, 이방인 선교사역에 앞장선 바울 등은 모두 디아스포라였다. 이들은 복음이 유대인에게서 이방인에게로 전해지는 징검다리 역할을 해냈다.

안디옥에 교회가 세워져서 뿌리를 내리고 안디옥 교회를 중심으로 이방인 선교가 본격적으로 전개되자 이방인 선교에 대한 교회의 공식적인 입장을 밝혀야 할 필요성이 대두되었다. 이로 인해서 A.D. 49년 예루살렘교회에서 회의가 열렸다.(사도행전 15장) 본래 바리새인이었던 사람들을 중심으로 일부의 사람들은 이방인들도 유대교 율법을 지켜야 한다고 주장하여 논란이 거듭되었다. 충분히 토의한 다음 베드로가 나서서 자신이 이방인 고넬료의 집에 가게 된 동기와 그곳에서 성령님께서 유대인과 이방인에게 구별없이 동일하게 임하시던 일들을 이야기 하면서 이방인들에게 유대교의 율법이라는 짐을 지우는 것은 옳지 않다고 주장했고, 바나바와 바울은 선교 중에 하나님께서 이방인들에게 베푸신 기적들과 은혜들을 감동적으로 보고했다. 이에 예루살렘교회의 지도자인 야고보는 이방인 지역 회당에서 일반적으로 지키던 조항 즉 우상에게 바친 제물과 음행을 멀리할 것, 목매어 죽인 짐승의 고기를 먹지 말 것 등을 요구함으로써 회의를 마무리 지었다.

이로써 이방인 선교는 교회에서 공식적으로 인준을 받게 되었다.

물음
20 일어나 잡아먹어라.

베드로가 욥바의 피장이 시몬의 집 옥상에서 기도하다가 같은 환상을 세 번이나 반복해서 보았다. 내용은 다음과 같다. 하늘로부터 네 귀퉁이를 맨 큰 보자기 같은 것이 내려왔는데 그 안에는 율법에서 먹지 말라고 규정한 온갖 짐승들이 들어있었다. 그리고 하늘로부터 음성이 들렸다.

"베드로야, 일어나 잡아먹어라."

"아닙니다. 주님, 저는 지금까지 율법에서 금한 부정한 것을 먹지 않았습니다."

"내가 정결하다고 하는 것을 네가 부정하다고 하지 말아라."

베드로가 본 이 환상에는 단순히 이방인 고넬료에게 복음을 전하라는 의미만 들어있는 것이 아니다. 이제부터는 이방인의 세계 즉 땅 끝인 로마까지 교회에 맡기겠다는 말씀이다. 성경에서 선교를 한다는 것은 단순히 정신적, 신앙적 차원에만 머무르는 것이 아니다. 이스라엘 사람들이 계약의 말씀을 가지고 여리고와 가나안에 들어가서 신분과 지위와 빈부의 격차가 없는 신앙공동체 사회를 건설했던 것처럼 현실적인 삶과 사회의 구조적인 변화까지 구원의 범주에 포함된다. 갈릴리 사람 몇 명으로 시작한 예루살렘교회는 곧 예루살렘 인구의 태반을 수용하여 희년의 정신을 실천하는 공동체로 성장했다. 실질적으로 예루살렘의 유대교 체제가 무너졌다고 할 수 있다.

그런데 이제 이방인에게 복음이 전해질 즈음 초대교회를 대표하는 베드로에게 하나님께서는 말씀하셨다.

"일어나 잡아먹어라."

이것은 예루살렘에서 시작했던 일을 이제 로마 제국을 상대로 다시 도전하라는 말씀이다.

로마제국.

이제 판도는 로마제국으로 옮겨졌다. 이후 A.D. 70년에 예루살렘이 로마에 멸망당하는 등의 과정을 겪으면서 예루살렘교회는 쇠퇴했고 안디옥을 출발점으로 하여 에베소 등 이방인 지역이 교회의 중심지가 되었다.

물음 21 어떻게 로마제국을?

베드로에게 온갖 짐승을 보여주시면서 잡아먹으라고 하신 말씀은 이제 로마제국에 도전하라고 하신 말씀이다.

로마제국.

도대체 어떤 곳인가?

〈그림7〉에서 보는 바와 같이 지중해 세계 전체를 최초로 통일한 국가이다. 인류의 최초 문명 발상지라고 일컬어지는 메소포타미아지역과 이집트, 그리스, 로마 등 지중해를 중심으로 생겨난 네 문화권 전체를 최초로 통일한 나라가 로마제국이다. 알렉산더가 등장하기 이전의 오리엔트 시대에는 주로 메소타미아 지역에서 통일 제국이 등장하여

〈그림7 : 로마제국의 국경선〉

가나안과 이집트까지 지배하는 대제국으로 발전하기는 했지만, 소아시아(지금의 터키)지역을 넘어서 그리스지역까지 진출하지는 못했다. 반대로 마케도니아 출신 알렉산더가 그리스 전역을 통일한 후 소아시아를 넘어서 이집트와 페르시아를 정복했는데, 이로써 지중해 역사에서 처음으로 세 문화권과, 영토의 넓이로는 지중해 유역의 약 절반 정도가 통일되었다. 그러다가 그리스의 지배를 이어받은 라틴민족의 로마제국에 이르러서야 비로소 지중해 전역이 하나의 제국으로 통일되었다.

로마제국은 역사 이래 등장한 가장 강력한 나라로 평가받고 있다. 영토의 넓이나 국력으로는 일시적으로 로마제국을 앞서는 나라들이 있었지만 로마제국처럼 오랫동안 강력한 통일왕국을 유지하면서 로마의 평화(Pax Romana)를 지켜낸 나라는 없었기 때문에 이런 평가가 내려진다. 기독교가 로마제국을 향하여 나아갈 때는 제국의 전성기였다.

로마제국은 네 문화권을 망라하는 지중해 세계 전체를 지배할 만한 능력과 문화를 가지고 있었다. B.C. 510년부터 왕정을 폐지하고 공화정을 실시했으며, 초기에는 귀족 중심으로 운영되었으나 점차 평민의 의사를 반영시키는 체제를 갖추어서 정치 기구가 원로원과 민회로 나뉘어졌다. 방대한 영토를 지배할 만한 정치 제도와 법, 도로 등 실용문화와 더불어 정신문화가 뒷받침되었기에 로마의 평화가 가능했다. 수많은 나라와 민족을 다스리기 위하여 각 나라와 민족의 고유문화를 인정해주었고, 일정한 범위 내에서의 자치를 허용했다. 하지만 정치적인 반란은 결코 허용하지 않았고 또 무자비하게 진압했다. 이탈리아 반도의 작은 지역에서 출발하여 지중해세계 전체를 통일하는 과정에서 수백 년 동안 수많은 전쟁을 겪었고 그 결과 천하무적의 군사력을 갖추게 되었다. 로마제국의 통일과 번영은 이런 군사력 때문에 가능했다.

아우구스투스 황제(B.C 27~A.D 14)는 로마의 국경선은 다뉴브, 라인, 유브라테스 등의 세 강을 넘어서서는 안된다라고 못을 박았다. 남쪽 아프리카쪽은 사하라 사막이 경계선이었다. 아우구스투스가 이런 정책을 쓴 이유는 그 이상을 정복할 수 없어서가 아니라 정복해 보아야 야만인들의 땅이어서 아무런 실익이 없고 방비에 어려움만 가중된다고 생각했기 때문이다. 마음만 먹는다면 땅을 얼마든지 넓힐 수 있었으나 그럴 필요성이 없어서 그만두었다. 〈그림7〉에 나타난 제국의 북쪽 국경선은 대략 그렇게 그려져 있는데, 이는 로마인들이 땅을 가지고 싶은 만큼 차지한 모습이다. 로마제국이 세워진 이래로 단 한 번도 수도가 유린을 당한 적이 없었고, 북아프리카 카르타고의 한니발(B.C. 247~B.C. 183)의 공격 이래로 600여년 이상 로마의 국경선에서 침략자의 그림자도 찾아볼 수 없었으며, 내적으로도 반란을 일으키는 나라가 거의 없었고 식민지들이 오히려 로마의 통치를 환영하였다. 잦은 전쟁과 혼란, 포악한 군주에 시달리기보다는 평화를 보장해주면서 반란과 세금 징수 이외에는 관여하지 않는 로마의 통치가 오히려 나았기 때문이다. 따라서 로마는 내외적으로 수백여 년 동안 평화를 누렸다. 역사 이래 이런 나라가 등장한 것은 처음이었고 그 후에도 없었다. 이런 이유로 '로마의 평화', "성 로마는 영원하리라."라는 말들이 생겨났고, 로마제국보다 더 강대한 나라는 없었다라는 평가가 가능하다.

   로마제국이 통일되어 안정에 접어들자 로마제국은 전설적인 부귀영화를 누렸다. 이탈리아 반도를 배경으로 하는 라틴민족은 지중해 전역에서 들어오는 식민지 공물이 넘쳐나서 사치 이외에는 돈을 쓸 곳이 없었고 여가를 즐기는 것 이외에는 할 일도 없었다. 대형 운동장의 경기와 각종 연회가 유일한 소일거리였다. 경기장에서는 구경꾼들에게 즐거움을 주기 위하여 온갖 방법들이 동원되었다. 초기에는 순수한 경기로 진행되었지만 시간이 지나면서 더 큰 흥미를 주기 위하여 실제로 서로 죽이는 싸움으로 발전했고, 전쟁 포로나 노예를 굶주린 맹수의 밥이 되게 하는 비인간적인 놀이들을 서슴지 않았다.

연회의 주요 관심사는 "얼마나 비싼 음식을 장만할 수 있는가?"였다. 세상에 가장 귀한 것은 로마에 다 모여 있으며 로마에 없는 것은 세상에 없다고 했다. 현재 세상에서 가장 사치스럽게 사는 사람도 로마시대에 비하면 중간 이하 수준이라고 한다. 탈무드에 의하면 세상에 있는 보화 열 개 중 로마가 아홉 개를 가지고 있고 나머지 한 개를 전 세계가 나누어 가지고 있다고 했다. 귀족들의 식사와 연회에 주로 사용되는 고기들은 꿩이나 공작의 뇌, 홍학이나 나이팅게일의 혀 등이었고, 물고기 요리로는 새우(pike)의 간, 장어의 젖이 애용되었는데 이런 것들은 페르시아나 스페인에서 수입해왔다. 열 두 단계로 이어지는 연회를 이런 요리들로 열려면 매번 7천여 마리의 새와 물고기가 필요했다. 막시무스(Valerius Maximus)는 한 모금에 1백만 세스테르스(sesterce, 1/4데나리온, 한 데나리온은 장정 하루의 품삯)를 마신다는 것을 보여주기 위하여 진주를 식초에 녹인 음료를 손님들 앞에서 마셨다. 칼리굴라(Caligula)는 하루에 10만 파운드(약20억 원), 일 년에 이천만 파운드(약4천억 원)를 유흥비로 썼으며, 진주음료와 금으로 만든 빵, 고기를 대접했다. 652,000파운드(약 130억 원)를 가진 사람이 극빈자로 취급받았고, 일백만 파운드(약 200억 원)를 유흥비로 탕진하다가 1십만 파운드(약 20억 원)가 남게 되자 가난을 비관하여 자살하는 사람이 있었다. 진주를 녹인 음료는 특별한 음료가 아니라 일상적인 것이었다.

사치가 극을 달리는 만큼 쾌락에 젖어 살았다. 초기 로마황제 15명 중 14명이 호모였으며, 세네카는 "여자는 이혼하기 위해 결혼하고 결혼하기 위해 이혼한다."라고 했다. 23번 결혼한 여자, 5년 동안 8번 결혼한 여자에 대한 기록들이 남아있다. 쾌락을 추구하기 위하여 온갖 수단과 방법들이 동원됐다.

로마의 사치는 보석의 사용에서도 잘 나타난다. 로마의 여인들은 은으로 만든 욕조에서만 목욕을 했으며, 가난한 여인들도 은으로 장식한 신을 신었고, 노예들도 은제 거울을 사용했다. 만찬에 쓰이는 모든 그릇들은 다 은으로 만들어졌고, 파울리누스(Pompeius Paullinus)는 전시에도 은으로 만든 접시를 싣고 다녔으며, 행진할 때마다 최소 1천대 이상 동원되는 네로의 마차를 끄는 노새들은 은으로 만든 신을 신었다. 다이아몬드, 에머랄드, 녹주석, 단백석을 비롯한 각종 보석들이 애용되었고, 약혼식에 사용된 여인의 장식품에 425,000파운드(약 85억원)가 들기도 했다. 중국산 대리석, 인도산 향료, 진귀한 대리석과 아프리카산 향나무로 만든 테이블 등 상상할 수조차 없는 온갖 사치품들이 차고 넘쳤다.

로마제국은 또한 노예제도 위에 세워져 있었다. 약 6천 만 명 정도의 노예들이 있었는데 주로 전쟁포로들이었다. 로마시민은 최소한 10명 안팎의 노예를 가지고 있었으며, 수 백여 명의 노예를 두고 사는 경우도 흔한 일이었다. 갈리아지방의 말단 관리였던 무시쿠스라고하는 사람은 집사 1명, 비서 3명, 의사 1명, 구매담당 1명, 경리담당 남녀 각 1명, 하인 1명, 잡부 2명, 마부 2명, 소녀 1명 등 14명의 노예를 거느렸으며, 해방 노예의 아들이며 신분이 낮았던 시인 호라티우스도 10여 명의 노예를 두고 있었다. 건설 현장이나 광산에 배정된 노예의 삶은 비참하기 짝이 없었으나, 도시에 있는 노예들이 하는 일은 농사나 목축에 동원된 것이 아니라 단순한 집안일이었다. 각자에게 분담된 일이 있었는데, 외출수행원, 겉옷 관리, 횃불 관리, 책 낭독, 식사 시간과 취침 시간 알려주기, 손님맞이와 배웅, 고객이나 식솔의 이름을 외우고 있다가 알려주는 대리사고(代理思考), 대화에 필요한 시나 소설의 인용문을 암기하는 일, 연회에서 눈요기 제공하는 일, 재치있는 음담패설로 화답하는 일, 연회시 손을 씻도록 머리카락 대어주기 등의 일을 각자 한 가지씩 맡았다. 특별한 기술, 예술, 요리 등 전문적인 기능을 지닌 노예들이 등장하기도 했다. 노예들은 시장에서 매매가 되었는데 꼽추, 거인,

기형, 불구자, 정신박약아 등이 구경거리로 높은 가격에 거래되므로 높은 값을 받기 위하여 고의로 불구자를 만드는 경우도 있었다.

이상은 간략히 살펴본 로마제국의 실상이다.
이제 예루살렘교회에 이런 로마제국을 향한 진군 명령이 떨어졌다. 그 명령은 앞에서 살펴본 바와 같이 '박해'였다. 교인들은 박해가 로마제국으로 가라는 명령인지도 모른 채 박해를 피하여 로마제국 각지로 흩어졌다. 하나님께서 일하시는 특징의 한 단면이다.
하나님께서 무슨 일을 하라고 하실 때에는 늘 "내가 그 일을 가능하게 하리라."라는 뜻이 포함되어 있다. 모세에게 세계 최고의 권력자 바로에게 가라고 하실 때도 그랬고, 이스라엘로 하여금 가나안 최고의 철옹성 여리고로 가라고 하실 때도 그랬다. 예수님께서 제자들에게 예루살렘에서 시작하라고 하실 때도 마찬가지였다. 하나님께서 인도하시는 방식대로 하면 불가능하게 생각되는 일들이 가능해진다.
자, 이제 판도는 인류의 역사 이래 가장 강대한 나라라고 하는 로마제국이다.
어떻게 이 로마제국을 무너뜨릴 것인가?
로마제국을 무너뜨리는 하나님의 방식은 무엇인가?

1. 보여주는 선교
바나바와 바울이 안디옥 교회에서 최초로 선교 여행을 떠난 때가 A.D. 47년경이고 두 번째 여행은 50년경으로 추정된다. 이때부터 바울을 비롯한 초대교회는 지중해 지역에서 선교 활동을 활발하게 했다. 사도행전을 읽으면서 받는 느낌은 초대교회는 바나바와 바울처럼 계속 선교 활동을 했으리라는 것이다. 그러나 현실은 전혀 그렇지 않았다. 로마제국은 각 나라의 종교 생활에 간섭을 하지 않았기 때문에 초기의 교회는 자유롭게 선교를 할 수 있었다.

그런데 A.D. 64년이 되면서 환경이 바뀌었다. 로마시에 대 화재가 일어나서 큰 피해가 나자 민심이 흉흉해졌는데 민심을 안정시킬 대책을 찾던 황제 네로는 기독교인들을 희생양으로 삼았다. 기독교인들이 고의로 화재를 냈다고 죄를 뒤집어씌운 것이다. 이로 인해서 기독교인들에 대한 대대적인 색출 작업이 벌어졌고, 베드로와 바울을 비롯하여 수많은 기독교인들이 이때 순교했다. 기독교에 대한 탄압은 로마시에 국한되지 않고 제국 전역으로 확대되었다. 이후 정도의 차이는 있었으나 박해는 계속 이어져서 그 이후 기독교의 선교 활동은 불가능해졌다. 선교는 고사하고 기독교인이라는 사실이 발각되기만 해도 처형되었으므로 교인들은 숨어 지내야 했다. 가서 전하는 선교 활동은 생각보다 빨리 종식되었다. 겨우 20여 년 동안 자유롭게 선교를 할 수 있었을 뿐이다.

선교활동 중단, 이제 어떻게 선교를 해야 하는가? 선교는 고사하고 박해를 받으면서 교회가 살아남을 수 있는가? 그런데 살아남았다. 살아남았다는 표현은 적절하지 않다. 살아남았을 뿐만 아니라 가서 전하는 시대보다 더 활발하게 선교가 되었다. 참으로 놀라운 일이다. 기독교인이라는 사실이 알려지기만 해도 가장 잔혹한 방법으로 죽였는데 어떻게 이런 일이 일어났을까?

보여주는 선교.

이것이 그 대답이다. 박해 시대를 맞이한 당시의 교인들은 선교를 전혀 할 수가 없었다. 단지 박해를 받으면서 그리스도인의 삶을 살았을 뿐인데 시간이 지나면서 그리스도인들은 크게 늘어났다. 믿기지 않는 일이다. 그리스도인의 삶을 살면서 사는 모습을 통해서 선교하던 시대, 그런 선교의 시대였다.

이 당시의 그리스도인들은 어떤 삶의 모습을 보여주었을까?

❶ 구별된 모습

초대교회 교인들은 확신에 사로 잡혀 살았다. 예수님께서 말씀하신 대로 예수님을 대신하는 보혜사 성령님에 충만하여 그 열매를 맺는 삶이 곧 초대교회 교인들의 삶이었다. 하나님의 존재는 물론 예수님의 메시아 되심과 부활과 심판에 대한 확신에 사로잡힌 초대교인들은 일반인과 전혀 다른 삶의 모습을 보여주었다. 신약에서 성도(saints)라고 번역되는 단어 '하기오스'(hagios)는 본래 '다르다'(different)의 뜻을 가지고 있다. 교회는 세상과 분리되면서 동시에 세상으로 들어가야 한다. 빛과 소금의 기능은 이 둘의 긴장관계 속에서 실현된다.

그 당시 기독교인이 된다는 것은 전혀 다른 삶을 사는 것을 말했다. 스스로 기독교인이라고 말로 하기 이전에 삶이 그것을 말해주고 있었다. 초대교회는 말이 아닌 삶으로 보여주던 시대였다.

교회가 망할 때 나타나는 주된 현상은 세상 사람이나 교인이나 교회 생활하는 것 이외에는 다른 것이 없다는 점이다. 이렇게 되면 이미 말기 증상이 나타나기 시작하여 온갖 썩는 냄새가 나게 마련이며, 하나님의 심판이 가까이 이른 징조이다. 성경에서 말하는 하나님의 심판의 대상은 세상 사람과 다를 바 없는 삶을 살아가는 계약의 대상들이다.

❷ 고결한 윤리

지중해 전역을 통일하여 안정기로 접어든 로마제국은 정신적으로 부패하기 시작했다. 사치와 향락, 퇴폐문화가 극을 달렸다. 당시의 사회가 정신과 윤리면에서 타락한 것은 지중해 세계 전체에서 나타난 현상이었다. 우상종교와 미신적인 신앙들이 이런 현상을 부추겼다. 풍요를 기원하는 것에서 출발한 고대종교(자연종교)의 제사에는 신에게 성을 상납한다는 의식이 들어있다. 이런 종교들은 신이 성을 가지고 있다고 생각했으며 남신과 여신에게 성을 바치는 것을 제사의식의 기초로 삼았다. 농사와 목축을 주업으로 하던 고대인들은 식물과 동물이 성의 교배를 통하여 생산되는 것이 남신과 여신의 성적인 관계와 관련이 있다고 보았고, 그 결과 풍요를 기원하는 제사를 성적인 축제로 바쳐야 한다고 생각했다. 고대에 있어서 식량문제 해결은 생존의 문제와 직결되어 있었기 때문에 풍요에 대한 기원은 살아남기 위한 절박한 염원이었다.

남신과 여신을 섬기기 위해서는 남자 사제와 여자 사제들이 같이 필요했다. 제사 자체가 신에 대한 성적인 상납의 의미를 가지기 때문에 신전에는 항상 남녀 사제가 있어서 제사를 드리러 오는 사람들의 성을 신을 대신해서 상납 받았고, 공동으로 행하는 종교의식은 혼음의 형태였다. 이런 고대의 사회에서 모계혈통의 관습이 생겨난 이유는 아버지가 누구인지 알 수가 없었기 때문이다. 고도로 발달한 그리스문화의 중심지인 아테네와 고린도에도 대규모 신전이 있었는데 여기에는 여사제들이 수백여 명이 있었다. 이들의 하루 일과는 시가지를 배회하며 남정네들을 신전으로 유인하여 성을 상납받는 일이었다. 이들의 이와 같은 행위는 사제로서의 종교적인 의무였다. 이런 종교가 지배하는 지역은 거대한 사창굴과 다름이 없었다. 이 당시의 이런 미신과 윤리적인 타락에 염증을 느낀 지성인들 가운데서 유대교에 관심을 가지는 사람들이 꽤 있었는데 유대교의 엄격한 윤리에 매료되어서이다. 신약성경에서도 이런 사람들에 대해 여러 군데에서 언급하고 있다.

그리스문화가 철학과 정치, 예술 등에서는 우수한 면이 있지만, 종교의 측면에서는 신비종교나 미신신앙에 불과했다. 이들의 신관(神觀)은 그들의 '신화'에서 잘 나타난다. 반신(半神) 반인(半人)의 모습을 한 수많은 남신과 여신들이 등장하고 있다. 어떤 신관을 가지느냐에 따라서 그 신앙공동체의 윤리가 결정된다. 풍요와 다산을 기원하는 자연종교의 신은 남신과 여신으로 구성되어있고 종교의식은 성적인 축제로 이어지며 그 사회에는 성윤리라는 것이 존재하지 않는다. 성적인 타락을 종교가 조장하고 있기 때문에 고대의 자연종교와 우상종교에서는 성윤리를 찾아볼 수가 없다.

이에 반하여 하나님으로부터 출발한 계시종교는 풍요와 다산을 기원하는 것이 아니라 하나님의 뜻을 실현하는 것을 기원한다. 제사의 중심이 '죄'의 문제 해결에 초점이 맞추어진다. 구약성경의 주요 제사인 '번제'는 하나님의 뜻대로 살지 못한 것을 뉘우치며 회개하는 제사이다. 성경에는 여신(女神)이 존재하지 않는다. 오직 하나님 한 분만이 계실 뿐이다. 결혼과 가정을 통하여 새로운 생명이 태어나서 사회의 구성원으로 자라나기에 성윤리의 타락은 용납되지 않는다. '간음'한 사람에 대하여서는 공동체 구성원이 모여서 돌로 쳐 죽이게 되어있다. 이런 윤리는 자연종교에서는 찾아볼 수 없는 윤리다. 순결한 성윤리는 여인들뿐만 아니라 남자들에게도 동일하게 적용이 되었다는 점 또한 성경의 특징이다.

초대교회 공동체의 자료들을 살펴보면 여행을 갈 때 여관을 이용하지 않고 그 지역에 있는 교인의 집에서 묵어가는 것을 발견하게 된다. 당시의 기독교인들은 여행할 때 서로 숙박을 제공해 주었는데 그 이유는 단순하다. 숙박업소는 곧 사창굴이었기 때문이다. 초대교회 교인의 삶 가운데 드러나는 주요 특징 중의 하나가 고상한 성윤리였다. 성윤리라는 것 자체가 존재하지 않던 그 당시 사회에서 기독교인은 특별한 윤리를 가진 사람들이었다.

성윤리 이외에도 초대교인들은 거짓과 불의 등에 타협하지 않았다. 당시 교인들 가운데는 노예들이 많이 있었다. 그런데 놀랍게도 노예들을 통하여 주인이 전도되는 경우가 적지 않았다. 노예들이 어떻게 주인에게 전도를 했을까? 당시에는 교회에 다닌다는 것은 곧 죽음을 각오한다는 말과 같았다. 신분사회에서 노예가 주인에게 국법으로 금하고 있는 교회에 나오도록 전도하는 일은 사실상 불가능하다. 노예 신분인 교인은 주인에게 전도를 하려고 특별히 무슨 노력을 하지 않았다. 그냥 그리스도인으로서의 삶을 살았을 뿐이다. 자신에게 주어진 노예의 비참한 삶을 감사하면서 진실하고 성실하게 최선을 다하는 것이 전부였다. 그런데 그 삶을 지켜보던 주인이 감동을 받아서 그런 삶의 원천인 기독교신앙을 선택하였다. 진짜는 사람을 감동시키게 되어 있다. 비록 노예였지만 진짜의 삶을 보여줌으로써 주인으로 하여금 스스로 죽음을 각오하는 결단을 내리고 동굴 무덤 속에서 모이는 교회에 등록하게 했다.

초대교회에는 산상수훈에 기록된 하나님나라의 윤리를 실천하는 고상한 삶을 실천으로 보여주었다.

❸ **가정지키기**

로마제국의 번영과 사치의 뒷면에는 도덕적인 타락이 드리워져 있었는데, 특히 성윤리에서 그러했다. 남자들만 성적으로 문란한 것이 아니었다. 앞에서도 언급한 바와 같이 여자들은 이혼하기 위해 결혼하고 결혼하기 위해 이혼했다. 성윤리라는 것 자체가 없었다고 해도 과언이 아니다. 성적인 제의를 드리는 고대 우상종교에서는 종교가 성적인 방탕의 온상이었고, 성윤리 타락의 이념을 제공했다. 고대문화에서 가장 앞섰다는 그리스의 종교들도 예외가 아니었다.

로마제국의 성의 타락, 특히 여인들의 타락은 곧 가정의 붕괴로 이어졌고 가정 주부들의 성적인 순결을 유도할 장치는 그 어디에도 없었다. 그런데 유일하게 가정의 순결을 지켜내는 여인들이 있었으니 기독교 신앙을 가진 부인들이었다. 이런 사실은 소리없이 로마제국 전지역에 전달되었고 가정을 소중히 여기는 사람들은 비록 자신은 기독교 신앙이 없었지만 가정의 성적인 순결을 지키기 위하여 기독교인들을 자신의 아내나 며느리로 받아들이는 데에 적극적이었다.

놀랍게도 로마제국의 복음화에는 이런 여인들의 역할이 컸다. 비록 법으로 금하는 신앙을 가지고 있었지만 어떤 경우에도 신뢰할 수 있다는 믿음을 불신자들에게 심어주었고 인정을 받아서 로마시민의 가정을 복음화시키는 가장 중요한 일을 해냈다.

지금 우리 사회도 비슷한 상황에 놓여있다. 서양 사람들을 앞지르는 이혼율, 가정주부들의 채팅중독 등 가정이 붕괴되어 가고 있다. 우리는 "기독교인의 가정은 붕괴되지 않는다."는 사실을 이 사회에 각인시켜야 한다. 로마제국의 복음화는 말로 되지 않았다. 보여주는 삶이 로마제국을 무너뜨리는 가장 큰 무기였다.

❹ 진정한 인간애(人間愛)

노예제도는 고대사회의 기본 요소였으므로 로마도 예외가 아니었다. 로마제국에는 6천여 만 명에 이르는 노예들이 있었고, 로마에 거주하는 다섯 사람 중 한 명은 노예였다. 한 때 노예에게 구별된 옷을 입히려는 시도를 했다가 노예들에게 자신들의 수효가 얼마나 많은지 확인시킬 수 있다는 이유로 포기했다.

노예는 사람이 아니라 물건이었다. 아리스토텔레스 같은 철학자도 "노예는 살아있는 재산이며 살아있는 연장이다."라고 했다. 따라서 그들은 어디에서도 사람 대접을 받지 못했다. 노예들은 '육체 매매소'(somatemporos)라고 불리는 상점에서 물건처럼 매매되었다. 로마제국 초기에는 주인이 노예를 마음대로 죽일 수 있었으며 노예는 사람으로 취급되지도 않았다. 그런데 로마제국 내에서 유일하게 노예들을 사람으로 받아줄 뿐만 아니라 극진하게 대접해주는 곳이 있었으니 교회가 바로 그 곳이었다. 교회는 노예들을 자유인과 아무런 차별 없이 받아주었다. 교회에서는 신분의 차별이 없었으며, 인간이 인간을 소유하는 것을 가장 큰 죄악이며, 타락의 결과로 보았다. 노예들이 교회의 지도자가 되는 경우는 흔한 일이었다. 초창기 기독교는 '노예들의 종교'라고 불리기도 했는데 교회의 구성원 가운데 노예들이 많았기 때문이다. 교회만이 유일하게 자신들을 사람으로 대우해주었으므로 노예들이 많았던 것은 당연한 일이다. 이처럼 노예들에게 있어서 교회는 특별한 곳이었다.

당시에는 여자를 천시해서 여자 아이를 낳으면 산속에 내다 버리는 일이 흔했다. 짐승의 밥이 되어 버릴 위기에 처한 여아(女兒)들에 대하여 어느 누구도 관심을 가지지 않았으나 그들을 데려다가 자식으로 여기며 길러주는 것은 기독교인의 몫이었다.

오늘의 노숙자처럼 파산하여 길거리를 방황하다가 죽어가는 사람들이 도처에 널려있었고 그들은 그냥 방치되어 들짐승과 날짐승의 먹이가 되고 있었다. 또 전염병이 나돌면 모두가 피해 도망가는 것이 상례였으나 기독교인들은 이런 현장을 외면하지 않고 사랑을 실천할 기회로 여겼으며, 죽은 사람들의 장례를 도맡아 치러주었다. 하나님의 형상으로 지음 받은 인간들은 누구나 본래 나왔던 흙으로 다시 돌아가야 한다고 생각하여 대상을 가리지 않았다.

기독교인이라는 것이 확인이 되면 누구에게든지 3일 동안 숙식을 제공해주었다. 당시의 공식적인 숙박업소들은 다 사창굴과 다름이 없었기 때문이었으며, 또 나그네를 접대하는 것을 기쁨으로 여겼기 때문이었다.

이런 모습은 로마제국내의 많은 사람들에게 더할 수 없는 큰 감동을 주었고 이교도들까지 감탄하게 만들었다.

초대교회에서는 시내산계약법의 정신과 마찬가지로 신분, 지위, 빈부의 차이가 없었다. 신분 차별이 제도화 되어있는 사회에서 교회는 특별한 기관이었고, 특별한 윤리, 진정한 윤리를 삶으로 보여주었다. 인간의 욕심이 세워놓는 바벨탑이 아무리 견고하고 빈틈이 없어 보여도 하나님나라의 윤리를 실천하며 보여주기만 하면 무너질 수밖에 없다. 구속사 4천 년은 곧 이것을 증거하고 있다.

2. 희년정신 실천

리치니우스(Licinius)라는 황제는 기독교를 공인한 콘스탄티누스와 이복형제이며, 한 때는 콘스탄티누스와 더불어 로마제국을 공동으로 통치했었다. 기독교가 공인되기 이전, 그가 내린 칙령 가운데 이런 것이 있다.

"감옥에 갇힌 자를 돌보아주지 말라. 이를 어기는 자는 갇힌 자와 같은 죄로 다스리겠다."

로마제국의 황제가 왜 이런 칙령을 내렸을까? 황제가 이런 명령을 내려야만 할 배경은 무엇이었을까? 감옥에 갇힌 죄수를 너무나 적극적으로 도운 결과 로마제국의 화제가 되었으므로 이런 칙령을 내렸던 것이다. 도대체 어떤 부류의 사람들이 누군가가 감옥에 갇힌 죄수를 그토록 열심히 도와서 사회적인 관심을 불러일으켰을까?

기독교인들이었다. 기독교인들은 감옥에 갇힌 교우들을 지성으로 보살폈다. 감옥에 갇힌 사람들은 크게 두 부류였는데, 기독교인이라는 사실이 밝혀져서 수감되었거나 아니면 생활고로 인해 생긴 빚을 갚지 못한 경우였다. 초대의 교인들은 대부분 가난한 사람들이었다. 가난한 사람들이 빚을 지는 경우는 기근 때문에 식량이 모자라서 빌려다 먹고 갚지 못한 것에 대한 이자가 늘어나기 때문이었다. 이런 일이 생기면 교우들이 협력하여 빚을 대신 갚아주려고 노력했으나 한계가 있었다. 가장이 옥에 갇히면 그 가족들은 더 큰 어려움에 봉착하게 된다. 이를 보다 못한 교인들 가운데서 돈을 마련할 길이 없자 자유인인 자신의 몸을 노예로 팔아서 그 돈으로 옥에 갇힌 교우의 빚을 갚아주는 일들이 비일비재하게 있었다.

초대교회 교인들이 어떤 삶을 살았는가에 대해서는 이 사실 하나만으로도 능히 짐작이 되고도 남는다. 박해받던 당시에 기독교인이 된다는 것은 죽음을 각오하는 결단이 있어야 했다. 이런 결단을 가지고 모인 사람들이 서로 재물을 나누어 쓰는 것은 특별한 일이 아니라 오히려 당연한 일이었다.

예루살렘교회에서 시작된 희년정신 실천운동은 초대교회에서는 기독교인들이 실천하는 일상적인 삶의 모습이었다. 자신의 소유물을 전혀 자신의 것으로 여기지 않고 하나님께서 맡겨주신 것으로 알고 서로 나누어쓰던 그런 공동체가 초대교회였다. 이런 모습은 그 사회에 큰 충격으로 다가갔다. 기독교인이라는 사실이 알려지기만 해도 죽임을 당하던 시대에 이런 삶의 모습으로 말없는 선교를 했고 기독교인은 급속도로 늘어갔다. 이런 이유로 리치니우스 황제는 기독교 신앙을 엄단하려는 의도에서 앞에서 언급한 칙령을 내려야 했다.

리치니우스 칙령은 초대교회 교인들이 희년의 정신을 어느 정도로 실천했는지를 잘 보여주는 실례라 할 수 있다.

3. 죽음을 초월하는 신앙

초대교회를 언급하면서 박해를 빼놓을 수가 없다. 초대교회 신앙의 특징은 박해에 임하는 자세에서 가장 잘 나타나며, 초대교회에 가장 큰 영향을 미친 것은 로마제국의 박해였다. 지금도 당시의 지역을 방문해보면 박해를 받을 때 피신했던 지하 동굴 등의 흔적이 생생하게 보존되어 있다.

　로마제국으로부터의 기독교에 대한 최초의 박해는 잘 알려진 대로 네로황제에 의해 일어났다. 64년 6월 18일 로마시내에 대화재가 발생하여 7주야 동안 계속되었으며 도시 14구역 중 10구역이 불에 탔고 민심은 흉흉해졌다. 네로가 고의로 불을 질렀다는 소문이 확산되자 네로는 위기를 모면하기 위하여 희생양으로 기독교인을 지목하였다. 마침 화재를 모면한 지역에는 기독교인이 많이 살고 있었다. 성난 시민들을 무마시키기 위하여, 또 네로 자신의 잔인성을 만족시키기 위하여 네로는 찾아낼 수 있는 가장 잔혹한 방법으로 기독교인들을 죽였다. 베드로와 바울도 이때에 순교했다고 전해진다.

　네로의 박해는 로마 시내에 국한되었다. 그러나 도미시안(Domitian, 81~96년) 황제 때부터는 보다 조직화되고 또 광범위하게 박해가 가해졌다. 이후 기독교가 공인되던 313년까지 박해는 황제의 성향에 따라 잠시 중단되기도 했지만 거의 지속적으로 이어졌다. 요한계시록은 도미시안 황제가 지배하던 90년대에 에베소에서 쓰여졌다. 요한계시록이 쓰여질 당시 에베소 항구에는 로마로 가는 배를 타기 위해 몰려드는 인파로 붐볐는데 이들의 대부분은 체포된 기독교인들로서 로마로 압송되어 가는 길이었다. 이 시기에 이미 기독교에 대한 대대적인 박해가 진행되었고 수 많은 사람들이 죽음의 길로 갔다. 요한계시록은 이런 순교의 길을 가는 사람들에게 신앙을 북돋아주기 위하여 묵시의 형태로 쓰여 졌던 것이지 흔히 생각하는 것처럼 종말의 시간표를 알려주기 위함이 아니었다.

　박해와 순교자들에 대한 이야기는 「순교자 행전」(Acts of the martyrs) 등을 비롯하여 여러 곳에서 전해지고 있다. 초대교회 교인들은 순교를 '가장 큰 영광' 으로 받아들였다. 순교는 인간이 선택하는 것이 아니라 하나님께서 특별히 베푸시는 특권이라고 생각했으며, 순교의 고통은 혼자 겪는 것이 아니라 주님께서 함께하셔서 고통을 함께 나누시며 힘을 주시기 때문에 이겨낼 수 있다고 생각했다. 박해자들은 인간이 생각해낼 수 있는 가장 고통스런 방법들을 동원했다. 단두대, 십자가, 화형(火刑)을 비롯하여 굶주린 맹수의 먹이가 되게 하는 등의 방법을 사용했다. 여인들을 뱀이 들어있는 자루에 알몸으로 넣어서 자루 입구를 묶은 후 물에 던지기도 했으며, 처녀의 경우는 사창굴로 보내지기도 했고, 또 산 채로 소에 매달아 끌고 다녔다. 특히 네로는 기독교인들의 온 몸에 새끼줄이나 천을 감고 기름을 끼얹은 후 기둥에 묶어놓고 살아있는 횃불로 사용하면서 연회를 열었다.

이런 잔학한 박해는 주로 대형 경기장에서 집행되었는데 할 일없는 사람들에게 볼거리를 제공해주고 또 호기심을 만족시키기 위해서였다. 그런데 놀랍게도 박해자들의 의도와는 반대의 현상이 일어났다. 순교를 가장 큰 영광으로 받아들이고 있던 순교자들은 순교의 순간 고통과 두려움을 이겨냈을 뿐만 아니라 진심으로 감사하게 받아들였다. 단두대 앞에 서서 자신의 팔과 다리를 자르는 집행자들을 향하여 원망과 증오의 눈빛이 아니라 연민과 사랑의 눈물을 보여주었고, 화형을 당하면서도 큰 소리로 "주님이시여, 저들을 용서하여 주시옵소서! 저들은 자신들이 무슨 일을 하고 있는지도 모르고 있습니다!"라고 모여있는 사람들을 위하여 기도하며 죽어갔다. 굶주린 맹수를 향하여 걸어나가면서도 두려움에 떠는 것이 아니라 개선장군처럼 당당했다. 순교자들은 하나같이 자신들을 고통스럽게 죽이는 자들을 위하여 대신 용서를 빌었고, 죽음을 초월한 모습으로 죽음을 맞이했다. 순교자들의 이런 모습을 지켜보던 경기장의 군중들은 숙연해질 수밖에 없었고 "기독교인들은 죽음을 극복한 사람들이다.", "우리는 그들을 죽이지만 그들은 우리를 증오하지 않는다."라는 충격적인 인상이 마음속 깊은 곳에 새겨졌다. 남자들뿐만 아니라 여자들도 죽음을 두려워하지 않고 순교의 길을 가는 모습 역시 결코 잊혀질 수 없는 충격이었다.

아이러니 하게도 순교는 가장 효과적인 전도였다. 본래 '순교자' (martyr)라는 말에는 '증인'(witness)이라는 의미가 들어있다. 순교자들은 가장 고통스럽게 죽어가면서 자신들의 신앙이 죽음까지도 초월하는 참된 것임을 보여주는 증언자들이었다. 보여주는 선교의 극치는 '순교의 장면'이었다. 기독교가 공인되기 이전의 300여 년 동안 언제나 박해의 위협이 도사리고 있었으므로 당시에 교회에 나오려는 사람들은 죽음을 각오해야만 했다. 죽음을 이겨내는 사람들이 재산이나 명예 등에 연연할 리가 없었고, 이들은 예수님의 말씀을 삶에서 문자 그대로 실천해냈다. 그 당시의 기독교인들이 다 순교의 길을 간 것은 아니지만 특별한 결단을 내린 사람들만이 교회에 나올 수 있었다.

4. 하나님의 방법

예수님께서 세상에서 마지막 밤을 보내실 때 예수님을 체포하려고 몰려드는 군사들을 향하여 제자 베드로는 칼을 들고 맞섰다. 그러자 예수님께서는 "베드로야, 칼을 내려놓아라. 칼을 쓰는 자는 칼로 망하느니라."라고 말씀하셨다. 이것은 창조주 하나님께서는 어떤 방식으로 역사를 주관하시는가를 보여주는 말씀이다. 하나님은 칼이 아니라 사랑으로 세상과 역사를 지배하신다.

1부 「하비루의 길」에서 가나안 최고의 성 여리고가 어떻게 무너졌는지를 살펴보았다. 법궤를 앞세우고 여리고성을 한 주일 도는 것은 우상종교가 지배하는 여리고에 하나님 나라의 법을 보여준 것이다. 인간은 본능적으로 '진짜'를 찾게 되어있다. 예전의 여리고와 가나안 사람들뿐만 아니라 지금도 마찬가지다. 이런 사실을 누구보다도 잘 아시는 하나님께서는 거짓과 가짜, 사탄이 지배하는 세상 속에서 진짜를 보여주라고 말씀하신다. 어두움의 세력이 아무리 강하다 해도 빛이 오기만 하면 어두움은 그 순간에 사라질 수밖에 없다.

여리고보다 더 강대하게 쌓아올렸던 예루살렘 유대종교 체제도 진짜를 보여주는 선교 앞에 무릎을 꿇었고, 인류역사 이래 등장한 가장 강력한 나라인 로마제국도 마찬가지였다. 하나님께서는 그 시대의 하비루들에게 당신을 온전히 신뢰하게 하시고 그들로 하여금 당신을 보여주는 방식으로 일하신다. 주님께서는 로마제국의 하비루들인 노예들을 통하여 당신의 나라를 보여주셨다. 고차원적인 윤리와 죽음을 극복하는 신앙이 보여주는 하나님나라였고, 이것을 보는 사람들은 감동을 받고 교회에 나왔다. 이 시대의 이런 상황을 잘 표현하는 상징이 (ICHTHUS)인데 이는 기독교인들이 사용하던 암호였으며, 기독교인이라는 사실을 드러낼 수가 없었음을 말해주는 증거다.[34] 드러내놓고 전도를 할 수 없던 시대, 기독교인이라는 것조차 숨겨야 했던 시대, 기독교인이라는 사실이 발견되면 죽임을 당하던 시대, 이런 시대가 300여년이나 지속되었다. 그런데 놀랍게도 기독교는 사라지지 않았을 뿐만 아니라 급속도로 늘어났다. 당시 로마제국 인구의 약 10%정도가 기독교인이었으리라고 추정하고 있다.[35]

하나님께서는 하나님의 방식으로 일하신다. 우리가 성경과 역사를 통하여 배워야 할 가장 중요한 것 중의 하나가 이 방법을 터득하여 그 방법대로 하나님의 일을 하는 것이다. 하나님의 일을 하되 사람의 방법이 아닌 하나님의 방법으로 일을 해야 한다. 하나님의 일은 하나님의 방법으로만 할 수가 있다. 하나님의 일에 사람의 방법이 동원되면 그 일은 틀림없이 잘못되게 마련이다.

---

34) 헬라어 물고기 단어는 '익스투스'(ICHTHUS)인데 잘 알려진 대로 그것은 "예수 그리스도, 신의 아들, 구세주."(Iesous Christos Theou Uios Soter)의 노타리콘 형태이다. 노타리콘은 단어나 단어들의 첫문자와 끝문자를 취하여 합성시켜서 하나의 단어를 만들거나 문장의 축약형을 통하여 종교적 비의 또는 비밀회원을 지켜나가는 상징적 '암호'와 같은 것이다.

35) 학자들에 따라 차이가 있는데, 적게는 5%, 많게는 10% 이상으로 추산한다.

물음 22 왜 박해를 받았나?

기독교, 왜 박해를 받아야 했나?

최초의 박해는 64년에 있었던 로마시의 대화재에 대한 누명 때문이었다. 로마시의 방화자로 혐의를 받던 황제 네로는 위기를 모면하기 위하여 기독교인들을 희생양으로 삼아서 대대적인 박해를 가했다. 네로는 제국 차원의 어떤 정치적인 이유가 아니라 개인적인 이유로 박해를 했고, 박해지역도 로마시내에 국한되었고 또 일시적이었다. 그러나 곧 이어서 박해는 제국 전체로 확산되었고 지속적으로 진행되었다. 기독교는 무슨 이유로 그렇게 심한 박해를 그렇게 오랫동안 받았을까? 그 이유들을 열거해보면 다음과 같다.

1. 유대교인들의 질투

사도행전과 사도바울의 서신을 보면 바울이 당하는 시련은 대부분 유대인의 훼방 때문이었던 것을 알 수 있다. 유대교인들은 기독교 박해에 앞장섰던 바울이 기독교인이 되었을 뿐만 아니라 복음을 이방인에게 전하는 것을 못마땅하게 여겨 결사적으로 방해했다. 유대교인들은 기독교를 이단이라고 생각하여 박멸하려고 온 힘을 기울였다. 예루살렘교회에 대한 박해는 앞에서 살펴본 바와 같다. 기독교에 대한 유대교인들의 박해는 바울 이후에도 계속되었으며, 70년에 예루살렘이 멸망당한 다음에는 더 거세졌다. 사도요한의 제자로 알려진 서머나의 감독 폴리캅(Polycarp, 70~155)이 경기장에서 화형을 당할 때 "폴리캅을 잡아오라."고 소리를 지르며 군중을 선동하고, 화형에 쓸 장작을 나르는 등 가장 극성을 부린 사람들은 유대교인들이었다. 폴리캅이 순교를 당하던 155년 2월 23일은 안식일이었다. 유대교인들은 기독교를 박해하기 위해서는 그들이 가장 중요시하던 안식일법조차도 안중에 없었다. 팔레스틴에서 뿐만 아니라 이방 지역에서도 기독교에 최초로 박해를 가한 사람들은 유대교인들이었다.

유대인들은 당시 로마제국 전역에 흩어져 살았다. 그들의 철저한 안식일 준수와 우상숭배 거부, 병역 거부 등으로 골머리를 앓던 로마 당국은 유대인들에게 예외적인 관용을 베풀었다. 초기에는 로마정부는 기독교를 유대교와 같은 것으로 여겨서 별로 관심을 기울이지 않았지만 기독교의 세력이 점차 커지고 또 로마제국의 정책이 바뀌면서 기독교는 로마제국의 주목을 받기에 이르렀다.

2. 정치적인 이유

로마는 지중해 세계의 대제국을 다스리는 데에 있어서 문화적인 포용 정책을 썼다. 세금 거부와 내란 등은 엄격하게 다루었지만 각 나라와 민족의 고유한 종교와 문화생활에는 간섭하지 않았다. 그러나 수많은 식민지 국가로 구성된 대제국을 다스리는 로마의 고민은 제국의 어떤 통일성과 일체감을 유지하는 일이었다. 이런 의도에서 고안된 것이 황제숭배라는 국가예식이었다. 각 지역에 신전과 황제의 신상을 만들어놓고 사제를 파송하여 정기적으로 황제를 신으로 섬기는 제사의식을 치르게 했고, 모든 사람이 참여하게 하기 위하여 증명서를 발부했다. 다신(多神)을 섬기는 다른 이교도들에게는 이것이 국가 행사에 참여하는 정도 이상의 어떤 의미를 지니지 않았기 때문에 전혀 문제가 되지 않았다.

그러나 유일신(唯一神) 신앙을 가진 그리스도인들에게 이것은 신앙의 핵심에 거슬리는 중대한 문제였다. 황제의 신상에 향을 피우고 절을 하며 "황제는 주님이시다."(Caesar is Lord)라고 고백하는 황제예배를, 하나님 이외에 다른 어떤 것도 신으로 섬기지 않는 그리스도인들은 받아들일 수가 없었다. 따라서 기독교인들이 황제숭배를 정면으로 거부하면서 황제를 정치적인 지도자로는 인정하지만 신으로는 인정하지 않자 그들은 로마 제국을 부정하는 반역자나 혁명가로 몰려서 철저한 응징의 대상이 되었다.

대부분의 황제들은 자신을 신이라고 생각하지 않았다. 단지 국가의 통일성을 유지하기 위하여 황제숭배를 정치적으로 시행하고 있었을 뿐이었다. 그러나 간혹 스스로를 신이라고 실제로 착각하는 황제들이 있었는데 도미시안은 자신의 공식적인 칭호를 '주 하나님'(kurios kai theos)으로 사용했으며 공문에도 그 칭호를 썼다. 이런 부류의 황제들은 자신을 신으로 인정하지 않는 기독교인들에 대하여 극도의 증오감을 가졌고 또 혹독한 박해를 가했다. 박해의 정도는 황제가 어떤 성향을 가지고 있는가에 달려있었다. 기독교가 공인될 당시까지 10여 차례의 대대적인 박해가 있었고(10대 박해사건)[36] 그 외에도 수많은 산발적인 박해들이 릴레이식으로 이어졌다.

3. 구별된 행동

당시에 기독교인이 된다는 것은 우리가 생각하는 것보다 훨씬 더 많은 희생과 결단을 요구했다. 기독교인들은 황제숭배 이외에도 모든 사교적인 모임에 참여할 수가 없었다. 이교도들의 명절이나 친교의 자리는 그들의 신을 섬기는 의식과 더불어 진행이 되었으며 대부분이 신전에서 모임을 가졌기 때문이다. 노예들과 전쟁포로들을 죽을 때까지 싸우게 하는 경기장 출입도 그리스도인들은 삼가야 했다. 당시의 석공이 하는 일은 대부분 이교도 신전을 짓는 일이었고, 양복 재단사는 이교

---

[36] 대대적인 박해를 가했던 10명의 황제들은 다음과 같다. Nero(54~68), Domitian(81~96), Trajan(98~117), Hadrian(117~138), Marcus Aurelius(161~180), Septimus Severus(193~211), Maximinus(235~238), Decius(249~251), Valerian(253~259), Diocletian Galerius(284~305)

도 사제의 옷을 만들었으며, 교사는 이교도(異敎徒) 신화(神話)가 들어 있는 교재를 가르쳐야 했다. 또 공직자는 달력에 명시된 이교도의 절기를 지켜야 했고, 향은 대부분 이교신전에 쓰였고, 병원에서의 치료는 이교신(異敎神)에 대한 제사의식과 결부되어 있었다. 따라서 기독교인들이 선택할 수 있는 직업은 극히 제한되어 있기에, 기독교 신앙에 충실하는 그 자체가 다른 사람들에게는 그들의 신을 부정하는 것일 뿐만 아니라 그들의 삶의 자세를 비판하거나 조롱하는 것처럼 보였으므로 자연히 증오심을 유발할 수밖에 없었다.

노예제도하에서 노예를 동등한 인간으로 대해주는 일, 여자 아이를 낳으면 내다버리는 관습이 지배하는 사회에서 버려진 아이들을 데려다가 기르는 모습, 성(性)의 순결성을 강조하는 태도 등은 기독교인들 이외에서는 찾아볼 수없는 구별된 행동이었기에 자연히 기독교인들은 자신들의 사회와 제도, 풍습을 부정하는 위험한 사람들로 보였다.

4. 선교지상주의

바벨론에서 귀환한 유대인들은 페르시아와 헬라, 로마의 지배를 받는 신구약 중간기를 거치면서 율법의 형식을 준수하는 데에 심혈을 기울였고, 그 결과 안식일, 할례, 먹거리 구별 등을 지키는 데에 생명을 걸었다. 이런 자세는 가나안 본토에 사는 사람들뿐만 아니라 로마제국 전 지역에 흩어져 살고 있는 모든 유대인들이 한결 같았다. 본토에 사는 사람들보다 해외에 사는 유대인들이 훨씬 더 많았는데, 당시 지중해 인구의 약 10%를 차지했으리라는 주장이 제기되기도 한다. 다른 신을 섬기지 않는 유일신 신앙과 안식일 준수와 음식 구별은 군대생활을 불가능하게 했다. 온갖 박해를 동원했지만 유대인들이 죽으면서도 포기하지 않자 이 문제 때문에 골머리를 앓던 로마당국은 결국 유대인들을 특별하게 취급하여 유대인들에게는 병역과 황제숭배 등을 면제해

주었다. 유대인에 대한 이런 관용은 유대인들이 로마에 항거한 대반란(66~70년)이전까지 지속되다가 반란 이후 중단되었으나 클라디우스(Cladius)에 의해 다시 회복되었다.

기독교가 선교를 시작한 초기에는 로마당국은 기독교를 유대교의 범주에서 취급을 했다. 그러나 기독교인들의 숫자가 늘어나면서 그 생각이 바뀌었는데 유대교와 기독교의 차이가 확연히 다르기 때문이었다. 그 두드러진 차이는 선교에 대한 열정이었다. 유대인들은 자신들의 신앙생활이 방해받지 않으면 만족하였으며 선교에 대하여는 적극적이지 않았다. 그러나 기독교인들은 유대교를 비롯한 모든 이방 종교들을 부정했고, 대상을 가리지 않고 그들 모두를 개종시키는 것을 지상과제로 여겼으며, 또 실제로 개종하는 사람들이 크게 늘어났다. 소아시아 지역과 그리스 지역, 이탈리아 본토는 물론 이집트, 아프리가 북단, 스페인, 프랑스, 영국 지역까지 무서운 속도로 기독교는 퍼져나갔다. 250년경에는 이탈리아 지역에만 100개의 감독구가 있었다. 유명한 교부인 터툴리안(Tertullian 160~225)이 "우리는 비록 어제 시작했으나 당신들이 가진 모든 장소 즉 도시, 섬, 요새, 촌락, 시의회, 궁중, 원로원과 재판소들을 채웠다. 당신들에게는 단지 신전만이 남아 있다."[37]라고 말한 것은 결코 과장이 아니었다. 기독교인들조차 급속한 선교의 속도에 스스로 놀라고 있었다.

기독교가 이토록 급속도로 퍼져나가자 첫 번째로는 유대인들이 시기하여 박해를 부추겼고, 그 다음으로는 로마당국이 긴장하여 기독교에 대하여 주목하게 되었고, 자신들의 정책과 마찰을 빚자 박해의 손길을 뻗게 되었다.

---

37) 터툴리안의 「변증서 37권」

5. 헛된 소문들

기독교가 복잡한 문화를 지닌 지중해 세계로 전해지면서 기독교에 대한 온갖 소문들이 나돌았는데 이런 괴상한 소문들은 기독교가 박해를 받는 데에 크게 기여했다. 그 대략을 살펴보면 다음과 같다.

❶ 근친상간자들

박해를 받는 기독교인들은 밤에 비밀의 장소에서 남녀가 같이 만났으며, 서로 '형제', '자매'라고 불렀고 부부간에도 이런 칭호를 사용하는 경우가 많았다. 이런 것이 빌미가 되어 기독교인들은 남녀가 같이 모여서 혼음을 일삼는 음란한 무리들이라는 소문이 나돌았다.

❷ 인육을 먹는 자들

지하 무덤과 같은 비밀스러운 장소에서 밤에 모인 교인들이 예배와 더불어 성만찬을 진행하면서, "이는 내 살이니 받아먹어라.", 또 "이는 내 피니 받아마셔라.", "내 살을 먹고 내 피를 마시는 자는 살리라."라는 등의 예문을 사용했다. 이를 듣는 사람들은 그리스도인들은 무덤에서 인육제(人肉祭)를 거행한다고 생각을 했다. 이런 이유로 기독교인들은 모여서 사람을 잡아먹는다는 소문이 생겨났다.

❸ 무신론자들

당시의 사람들은 형상이 없는 신(神)을 생각할 수가 없었는데 이는 고대의 우상종교를 믿던 사람들의 공통점이다. 그런데 기독교인들은 유독 형상이 없는 신을 믿고 있었고 우상을 신으로 인정하지 않았으며, 다른 종교에 대해서도 배타적이었다. 따라서 그들의 눈에는 기독교인들은 모든 신을 부정하는 무신론자로 보였다.

❹ 무정부주의자들

로마제국의 국가종교인 황제숭배를 거부하는 행위는 황제에 대한 모독일 뿐만 아니라 국가 자체에 대한 부인이라는 비판을 받았고, 그 결과 무정부주의자들이라는 낙인이 찍혔다. 특히 당시의 사회 체제는 우상제의와 밀접한 관계가 있었는데, 이런 행사에 참여하지 않을 뿐만 아니라 행사 자체를 거부했기 때문에 사회 체제를 부정하는 사람들로 보였고, 다른 종교와 우상숭배를 인정하지 않고, 노예를 형제로 여기며 종말의 심판을 선포하는 것은 로마제국에 대한 적대적인 행위로 보이기에 충분했다.

❺ 불행을 몰고 오는 사람들

전쟁이나 전염병, 기근과 같은 재앙이나 천재지변들이 닥치면 기독교인들이 다른 신들을 부정하기 때문에 신들의 노여움을 사서 이런 불행이 생긴다고 덮어 씌웠다. 기독교가 국교가 된 후에도 이런 일은 계속되었는데, 로마제국의 세력이 약화되자 그 원인이 기독교에 있다는 지식인들의 비판들이 나왔다. 어거스틴의 「신의 도성」이라는 책도 이런 비판을 배경으로 하고 있고, 네로 황제로부터 로마시내의 방화자로 지목되기도 했다. 기독교인들은 불행한 일이 생길 때마다 희생양이 되어야 했다.

❻ 방화범들

네로 치하에서 로마시의 화재범으로 지목되던 것과 유사한 일은 계속 이어졌는데, 그 이유는 기독교인들이 종말에 있을 '불의 심판'을 말하기 때문이었다. 따라서 원인모를 화재가 나면 기독교인들이 언제나 의심을 받았다.

❼ 무식한 자들

"로마 총독 빌라도에게 십자가형을 선고받고 죽은 유대 갈릴리 출신의 한 젊은이가 3일 만에 다시 육체적으로 부활했으며, 그는 동정녀에게서 태어났고 온 인류의 구세주이다. 이것은 어떤 신화(神話)가 아니라 역사적인 사실이다."라고 주장하는 기독교인들의 말이 당시의 사람들, 특히 지식층에게는 어떻게 들렸을까? 재고할 여지가 없는 황당무계(荒唐無稽)한 소리에 불과했다. 또한 기독교에서 말하는 기본적인 교리는 그리스의 철학과 사상적인 배경을 가진 지식인들의 입장에서는 도무지 받아들일 수 없는 천박한 것으로 여겨졌다. 영은 선하고 물질은 악하다는 이원론에 근거한 그리스의 신관(神觀)은 절대적인 초월성에 기초해있으므로 기독교가 말하는 창조주 하나님, 인간이 되신 하나님 등은 상식 이하의 것이었다. 스스로 엘리트라고 자부하며 그리스철학에 익숙한 사람들은, 교육이 없는 노예들과 변두리 사람들이 중심인 기독교인들을 기본적인 상식이 결여된 무식한 자들이라고 생각했다.

초대의 기독교인들은 이런 터무니없는 누명을 뒤집어써야 했고, 이런 소문들은 기독교를 잔혹하게 박해하는 데에 크게 일조했다. 이에 대하여 기독교인들은 삶으로 그릇된 소문을 바로잡는 것과 동시에 기독교의 실상을 알리는 데에 관심을 기울였다. 이런 일에 앞장을 섰던 사람들을 '호교론자'(護敎論者) 또는 '변증가'(辨證家)라고 한다.

변증가들은 다양한 방법으로 변증을 했다. 그리스철학에 익숙한 이들은 철학적인 변증을 했고, 법률에 능통한 이들은 법적인 논증을 동원했다. 그러나 변증가들이 공통적으로 의존한 것은 기독교인들의 삶이었다. 유명한 변증가 중의 한 사람인 저스틴[38]은 자신이 기독교로 귀의한 동기가 기독교인들의 고결한 삶의 모습 때문이었다고 고백했다. 기독교인들은 자신들의 신앙이 옳다는 것을 그들의 삶으로 증언하고 있다고 변증가들은 주장했다. 이런 사실은 기독교인이 아닌 총독의 글에서도 확인이 된다. 111년 비두니아(Bithynia, 터키북부 해안)의 총독으로 임명된 플리니(Pliny)는 황제신상에 절하지 않는 기독교인들을 심문한 결과 "그들은 새벽에 모여서 그리스도를 신으로 찬양하며, 절도와 간음을 비롯한 부정한 일을 하지 않기로 맹세한다."라고 트라얀 황제에게 보고했다.

이 시대의 기독교인들은 삶으로 자신들의 신앙을 변증하고 있었다.

물음 23 박해, 무엇을 말하나?

기독교인들은 300여 년 동안 모진 박해를 받았다. 왜 이런 박해를 받았을까? 그 역사적인 배경은 앞에서 살펴보았다. 그러나 그것만으로는 뭔가 부족하다. 창조주, 역사의 주인이신 하나님을 인정하지 않을 때에는 그 이상의 것을 물어 볼 여지가 없다. 그러나 하나님을 인정한다면 박해에 대하여 다시 물을 수밖에 없다. 왜 인간이 당할 수 있는 가장 고통스러운 박해를 300년이나 받아야 했는가? 우연이라고 대답한다면 하나님을 역사의 주관자라고 인정할 자리가 없다. 300년 박해에 들어있는 하나님의 계획과 섭리는 무엇인가라고 묻지 않을 수 없다. 이제 그것을 물어보고자 한다.

왜 이런 물음을 물어야 하나? 단순히 호기심을 충족시키거나 지적인

---

38) 저스틴(100~165)은 순교자로 잘 알려져서 '순교자 저스틴'(Justin the Martyr)이라고 불린다. 그는 기독교인이 되기 전에 그리스철학의 여러 학파들을 찾아다니며 진리를 찾다가 그리스도인들을 만나면서 진리를 발견한 후 철학적인 변증을 했던 사람이며, 로마에서 복음을 전하다가 당당하게 순교의 길을 가서 '순교자'의 대명사로 불리고 있다.

만족을 주기 위함이 아니라 과거의 사건을 현재화하기 위함이다. 4천년 역사를 이런 식으로 다루는 이유는 과거의 사건을 지난 것으로 다루자는 것이 아니라 오늘 우리의 것으로 만들기 위함이다. 세속 문화사에서는 과거의 사건을 나열하는 역사를 전개한다. 그러나 우리는 다르다. 역사를 주관하시는 하나님을 믿기 때문이다. 하나님의 입장에서 지난 역사를 보는 것은 곧 지금 우리의 현실의 의미로 다가온다. 지금 우리에게 필요한 것은 이런 역사 해석이다.

어떻게 이 물음에 대답할 수 있는가라는 질문이 제기된다. 하나님의 입장에서 지난 역사를 바라볼 수 있는 영적인 상태가 되면 가능하다. 이런 일을 해낸 사람들이 구약의 예언자들과 사도들이다. 그들은 과거의 사건을 통해서 현재를 말했고, 현재를 말하기 위하여 과거의 사건으로 돌아갔다. 즉 과거와 현재가 만난 것이다.

1. 금지

유대인들에 의한 예루살렘 교회에 대한 박해, 로마인들에 의한 초대교회의 박해, 우연히 일어난 사건이 아니라면 하나님의 뜻이요 계획이라고 말할 수밖에 없다. 그렇다면 박해에 담긴 하나님의 뜻은 무엇이었을까? 대답이 어려울 것 같지만 의외로 쉽다.

말로 전하는 선교를 더 이상 하지 말아라.

바로 이것이다. 박해로 말미암아 선교활동을 더 이상 할 수 없었다면, 또 이것이 우연이 아니라면 결과적으로 말로 전하는 선교에 대한 금지가 하나님의 계획이었다는 뜻이 된다. 이는 선교 자체에 대한 금지라는 뜻이 아니다. 단지 선교의 방법을 '말로 전하는 선교'로 하지 말라는 뜻이다. 그렇다면 무엇으로, 어떤 방법으로 선교를 해야 하나?

이제부터는 보여주어라.

이것이 그 대답이다. 실제로 로마제국의 복음화는 보여주는 선교로 진행되었다.

2. 기회

「하비루의 길」에서 살펴본 바와 같이 근동의 지도를 펼쳐놓고 보면 이스라엘이 정착한 가나안 땅은 이집트와 메소포타미아 문명의 충돌지점에 놓여있을 뿐만 아니라, 가나안 주변에도 블레셋, 에돔, 모압, 암몬, 아람 등 여러 나라들이 포진했던 것을 알 수 있다. 이런 지역에 들어가서 정착한 이스라엘의 두드러진 특징 중의 하나가 '국방 포기'였다. 총사령관인 왕과, 장수들, 군인들과 더불어 방비를 위한 성곽 축조, 무기 제조 등의 기본적인 방비 대책조차 없었다. 국제법이라는 개념이 없던 고대시대에 살아남기 위한 필수적인 요건들이 결여된 시내산계약법은 무엇을 말하는가? 왼쪽을 때리면 오른쪽을 내어주고, 겉옷을 구하는 자에게 속옷까지 내어주고, 원수를 사랑하라는 산상수훈의 정신과 일치한다.

구약공동체는 이 말씀의 실천에 실패하여 그들의 영역이 가나안에 국한되었다가 그것마저 잃어버리고 말았다. 그런데 신약공동체인 초대교회는 이 말씀을 '순교'라는 최악의 고난을 당하면서도 실천해냄으로써 지중해 전체를 다스리던 로마제국에 무혈 입성했다. 여리고 성이 무너지는 이야기, 예루살렘의 유대교체제가 붕괴되는 이야기, 인류 역사 이래 가장 강대하다는 로마제국이 무너지는 이야기에는 하나님께서 일하시는 중요한 원리가 들어있다.

터무니없는 모함과 비난, 전혀 근거없는 소문, 온갖 시기와 질투, 박해, 고난 등은 거부하거나 고통스러워야할 대상이 아니라 기쁨으로 감수하고 받아들여야할 감사의 조건들이다. 그 일들을 통하여 하나님의 뜻이 성취되어가고 있기 때문이다.

나를 인하여 너희를 욕하고 핍박하고 거짓으로 너희를 거스려 모
든 악한 말을 할 때에는 너희에게 복이 있나니 기뻐하고 즐거워하
라. 하늘에서 너희의 상이 큼이라. 너희 전에 있던 선지자들을 이
같이 핍박하였느니라.(마태복음 5:11~12)

구약과 신약의 신앙 공동체들이 군사력으로 여리고나 로마제국을 정복하는 것은 도무지 불가능한 일이었다. 하지만 칼보다 더 강력한 무기가 있는데 그것은 하나님의 사랑이다. 칼은 악마의 무기이고 사랑은 하나님의 무기다. 하나님께서는 사랑으로 칼을 제압하신다. 박해가 있다는 것은 나에게 지금 밥상이 차려지고 있다는 것과 같은 말이다. 그러므로 박해는 감사의 조건이다. 감사하는 사람들에게 박해는 밥상이 된다. 초대교회는 순교를 가장 큰 영광으로 알고 눈물로 감사하며 형극의 길을 걸어갔고 그 다음 수순은 로마제국이 무너지는 것이었다. 이것이 하나님께서 인도하시는 역사의 원리다. 성경은 이것을 말하고 있다.

고난과 시련, 위기는 무엇인가?

하나님께서 주시는 기회다.

3. 훈련과 교육

구약성경에 보면 이스라엘 사람들을 선택하여 하나님나라를 보여주는 공동체로 성장시키는 과정에 400년이 걸렸던 것을 알 수 있다. 그들을 길러낸 훈련의 장소는 고센이라는 땅이었고 그들을 교육시킨 내용은 호된 노예살이였다. 400년 동안의 노예생활을 통하여 이스라엘이라는 신앙공동체가 만들어졌으며, 그와 때를 같이하여 모세를 통하여 고난에서 해방시켰다. 이는 하나님께서 어떤 방식으로 어떻게 당신의 사람들을 만드시는지를 잘 말해주는 이야기이다.

같은 이야기가 교회사에서 반복되고 있다.

교회 공동체는 옛계약의 이스라엘 공동체를 대신하는 새계약의 신앙공동체다. 옛계약공동체가 만들어지는 데에 400여 년이 걸렸다면 신구약 중간기를 거치면서 계약공동체가 만들어지는 데에도 비슷한 기간이 걸렸다. 수백 년이라는 오랜 시간이 걸린 이유는 「하비루의 길」에서 살펴본 바와 같다. 온 세상의 구원의 문제가 걸린 중차대한 일이기에 훈련 기간이 길었다. 교육과 훈련 기간이 길다는 것은 그만큼 그 일이 중요하다는 것을 의미한다.

하나님께서는 구약 이스라엘 공동체를 하비루로 만드셨다. 하비루란 그 시대에 찾을 수 있는 가장 낮고 천한 계층이며 그 사회로부터 버림받은 사람들을 말한다. 이 책의 앞부분에서 살펴본 바와 같이 새계약공동체의 대상은 '죄인'들이다. 죄인은 사람은 물론 하나님으로부터도 버림받은 사람들이다. 하비루보다 더 비참한 사람들이다. 하나님께서는 이와 같이 당신의 사람들을 가장 낮고 천한 사람으로 만드신다. 그렇게 만드시는 방법이 고난이다. 구약 욥기의 주제는 이것을 다루고 있는데, 욥은 고난을 통하여 하나님을 뵈옵는 길로 나아갔으며 신구약의 계약공동체는 수백 년 동안 가장 큰 고난을 통하여 하나님의 사람들로 만들어 졌다. 이스라엘 공동체와 교회 공동체는 "세상 구원을 위하여 부름을 받았다."는 이유로 수백 년간 형극의 길을 가야했다. 이처럼 고난은 하나님의 사람으로 만들어지는 교육 내용이기에 피할 수 없다.

하나님께 붙들려서 수동적으로 만들어지는 영적인 수련 과정을 겪어보면 말로는 형언할 수 없는 정신적, 현실적 고통이 주어진다. 예언자나 사도들이 도달했던 영적인 상태에 이르기 위해서는 한계를 오가는 내면의 갈등과 악한 영과의 투쟁의 시간을 오랫동안 거쳐야 한다. 수동적인 상태에서는 극단적인 고통이 주어진다.

하나님을 신실하게 믿고 있는 사람들이 살아가면서 당하는 어려움은 이런 훈련의 성격을 지니고 있다. 단순하게 '죄 때문에'라고 단죄한다면 욥의 친구들과 서기관-바리새인의 오류를 답습하고 만다. 그리스도인이 당하는 고난은 하나님의 사람으로 만들어지는 과정이다. 그 시간이 길면 길수록 더 큰 사람으로 만들어지는 중이다. 따라서 고난은 감사함으로 받아들여야 한다. 불평하고 피하려 한다면 훈련을 기피하는 것과 같다. 고난을 감사함으로 받아들여야 하나님의 도구로 만들어지게 된다. 세상의 이치나 영적인 이치나 원리가 같다. 귀한 것치고서 쉽게 만들어지는 것은 없다. 피와 땀과 눈물을 통하여 어렵게 만들어져야 귀한 것이 된다.

300년 박해의 기간은 계약의 공동체로 만들어지는 훈련이요 교육이었다.

물음 24 준비된 사람, 누구였나?

역사 전체의 흐름에서 볼 때 고난과 박해는 비명시적으로 행하여지던 하나님의 교육이었다. 세상구원의 사명이 주어진 계약공동체를 훈련시키는 하나님의 방식은 특별한 고난이었다. 교육과 훈련은 '사역'을 위해서이며, 훈련 그 자체가 목적이 아니다. 언제까지나 고센의 종살이, 로마제국의 박해가 계속되는 것은 아니다. 하나님께서 의도하시는 사람으로 만들어지는 훈련이 끝나면 구체적인 사명이 주어진다. 로마제국의 박해 종식은 교회에 전 세계 구원이라는 본격적인 사명이 주어진다는 것과 같다. 이제부터 전개될 교회사는 그 사명이 어떻게 수행되었는지를 보여주고 있다.

이스라엘 사람들의 고센 땅 종살이 400년을 종식시키기 위하여 준비된 사람이 모세였고, 이스라엘이 바벨론에 멸망하여 전쟁포로로 노예생활을 하고 있을 때 이를 해방시키기 위하여 준비된 사람은 고레스였다. 고레스는 파사(페르시아)의 황제이며 하나님을 알지 못하는 이방인이었다. 하나님께서는 필요한 경우 모든 사람을 도구로 사용하시는 것을 알 수 있다. 모세와 고레스는 한 전환기의 중요한 역할을 맡았던 사람들이다.

3세기인 200년대의 로마제국은 한마디로 혼란과 무질서의 시대였다. 중앙정부가 제 구실을 하지 못하자 군부가 득세하여 이 시기에 30여명의 황제들이 등장했으며, 자신의 혈연이나 후계자에게 자리를 물려준 사람이 거의 없다. 독살, 암살, 쿠데타에 의해서 수시로 황제가 바뀌었다. 이런 혼란에 종지부를 찍은 사람이 디오클레시안(Diocletian 284~305)이었다. 디오클레시안은 급선무인 제국의 정치를 안정시키기 위하여 '분할통치'라는 방법을 사용했다. 두 명의 황제 아우구스투스(Augustus)와 부황제인 두 명의 시저(Caesar)로 하여금 제국을 분할통치하면서 선임자가 황제의 역할을 하게 했다. 어쨌든 디오클레시안의 정치적인 역량과 이런 정책의 결과 제국은 안정을 되찾았다. 그러나 그는 마지막 2년 동안 기독교에 대한 말살정책을 펴서 교회에 피바람을 몰고 왔던 사람으로 악명이 높다. 그의 아내와 딸도 기독교인이었고, 궁중의 요직에 기독교인들이 많이 있어서 교회사상 가장 잔혹한 박해가 있으리라고는 누구도 예상치 못했던 일이었다.

네 명의 황제가 다스리는 박해 기간 동안 브리튼(Great Britain)과 고울(Gaul)지역을 맡은 시저 콘스탄티우스(Constantius)만이 기독교를 옹호하는 정책을 폈다. 콘스탄티우스가 죽자 그의 휘하 군대들은 그의 아들 콘스탄티누스(Constantinus, 274~337)를 아우구스투스로 선포했다. 306년 7월 25일 요크에서 있었던 일이다.

이후 권력싸움이 전개되자 콘스탄티누스는 고울지방에서 군대를 이끌고 알프스를 넘어 로마로 진군하여 밀비안(Milvian)다리를 사이에 두고 막센티우스와 마지막 결전을 하게 되었다. 군사력에서 열세인 콘스탄틴은 잠을 이루지 못하고 있다가 "이것으로 싸우라."는 주님의 음성을 듣고 환상 가운데 본 XP(그리스어 *Χριστος*의 약자)를 모든 방패에 그려 넣게 했다. 후일 이 X와 P를 조합한 문양을 '라바룸' (labarum)이라고 불렀다. 점쟁이의 말을 듣고 성에서 나와 밀비안 다리에서 콘스탄티누스를 대적했던 막센티우스는 전력의 우세에도 불구하고 형편없이 패하고 말았다. 교회사가(敎會史家) 유세비우스는 이 장면을 홍해 바다에 잠기는 바로의 군대로 비유했다. 312년 10월 28일에 일어난 일이었다.

이 후에도 콘스탄티누스는 자신보다 군사력이 강한 군대와 몇 차례의 싸움을 했는데 매번 대승했고, 하나님의 도우심으로 이겼다고 확신했다. 이런 과정을 겪은 콘스탄티누스는 313년 기독교를 공인하는 칙령을 밀란에서 선포했다. 역사는 이를 '밀란 칙령'이라고 부른다. 스스로를 그리스도의 사도라고 확신한 그는 여기서 그치지 않고 10년 뒤에는 기독교를 제국의 국교로 선포했으며, 교회에 대하여 황제와 제국 차원에서 적극적인 지원정책을 펼쳤다.

밀란칙령.

인류의 역사가 진행된 이후로 수많은 왕들, 황제들이 있었고 수많은 칙령이 반포되었다. 그런데 그 중 세계의 역사를 뒤바꾼 가장 큰 영향을 준 황제의 칙령은 콘스탄티누스의 밀란칙령이라고 할 수 있다.

콘스탄티누스.

그가 스스로를 기독교인이라고 생각했는가, 또 그가 내린 밀란칙령의 동기가 순수한 신앙에서 비롯된 것이었는가에 대하여 근래에 논란이 분분하다. 그가 자신을 어떻게 생각했든지, 또는 역사가 어떻게 평가하든지 상관없이 그는 역사의 가장 중요한 위치에 서 있는 사람들 중의 하나이며, 300여 년간 진행된 기독교에 대한 박해에 종지부를 찍은 사람이다. 다른 황제들은 기독교를 박멸하려고 혈안이 되어있을 때 유독 그의 아버지 콘스탄티우스만이 기독교를 보호해주었고, 그의 누이 아나스타샤(Anastasia, '부활'이라는 뜻)는 이미 기독교인이었으며, 또 그의 어머니 헬레나가 후일 독실한 그리스도인으로 활동한 점을 감안한다면 콘스탄티누스는 본래부터 기독교와 관련이 있었다. 또한 혹독한 박해를 견뎌 내는 그리스도인들을 지켜보면서 황제인 그는 정신적으로 부패를 향해 치닫고 있는 로마제국을 살리는 유일한 길은 죽음을 초월하는 기독교 신앙을 제국적인 차원에서 받아들이는 것이라고 판단했다고 전해진다. 게다가 전쟁을 치루는 과정에서 하니님께서 자신을 도우신다는 확신을 가지게 되었다. 이런 것들이 복합적으로 작용하여 그는 기독교신앙을 받아들였고, 사도적인 사명을 다하려고 했다.

세계 역사를 바꾸는 일에 준비된 사람, 그는 콘스탄티누스였다.

물음
25 밀란칙령, 무엇을 말하나?

　지금 다루고 있는 부분은 기독교 역사에서는 물론 세계 역사에서도 가장 중요한 사건 중의 하나다. 기독교는 수백 년 동안 박해를 받다가 밀란칙령을 기점으로 로마제국을 다스리는 위치에 서게 되었다. 콘스탄티누스 황제가 주도한 니케아회의(325년)의 과정에서 당시의 상황이 잘 나타난다. 이 회의에는 각 지역의 감독 300여 명이 참석했는데, 그들은 하나같이 박해의 흔적으로 온전한 몸을 가진 사람들이 없어 일명 '불구자들의 회의'라고 불렸다. 황제의 특별대우를 받으며 참석한 감독들은 로마제국의 황제와 같은 식탁에 앉아 식사를 했고, 회의를 마친 후에는 황제와 감독들이 모두 편안한 자세로 같이 시간을 보내면서 제국과 교회의 앞날을 설계했다. 선교가 시작된 이래 가장 극적인 장면은 아마도 이때였을 것이다. 이후 교회는 로마제국의 실질적인 주인 역할을 해냈다.
　이와 같이 중요한 밀란칙령은 무엇을 말하는가?

1. 불가능에 도전하라
　모세의 지시에 따라 40일 동안 가나안을 정탐하고 돌아온 열 두 명 중 열 명은 가나안을 점령하는 것은 절대로 불가능하다고 입을 모았다. 그들은 가나안에서 무엇을 보았기에 그토록 겁에 질렸을까? 견고한 성곽과 최신식 철제 무기 때문이었다. 고대에는 정규군 수십 만 명을 동원해도 튼튼하고 높게 쌓아올린 성을 무너뜨리려면 한 가지 방법밖에는 없었다. 포위하여 양식이나 물이 떨어지기를 기다리는 것, 이것이 유일한 방법이었다. 북왕국 이스라엘이 멸망할 때 메소포타미아 지역을 통일한 앗수르가 수십 만 대군을 이끌고 와서 사마리아성을 포

위하고 3년을 기다려야 했고, 예루살렘성이 로마에 멸망당할 때도 같은 과정을 겪었다. 달리는 방법이 없었기 때문이었다. 아무런 군사훈련이 없을 뿐만 아니라 지휘관과 무기가 없는 이스라엘이 각 지역마다 성을 쌓아 요새화시킨 가나안을 정복한다는 것은 사실상 불가능했다. 정탐꾼들은 이 사실을 언급한 것이다.

그런데 하나님께서는 여호수아에게 가나안의 철옹성 여리고로 진격하라고 말씀하셨다. 이는 곧 문자 그대로 "불가능에 도전하라."는 말씀이다. 앞에서 본 바와 같이 예수님께서 제자들에게 "예루살렘을 떠나지 말라."고 하신 말씀도 같은 의미를 지니고 있다. 갈릴리 사람 몇 명이 당시의 예루살렘에 도전을 한다는 것은 어불성설이다. 그런데 하나님의 말씀은 여기서 그치지 않는다. "땅 끝으로 가라." 즉 "로마에 도전하라."고 말씀하셨다. 로마제국은 지금까지 등장한 국가 중 가장 강대한 나라라고 평가된다. 그런 로마에 도전한다는 것은 불가능 그 자체에 도전하는 것과 같다. 과거에 이렇게 말씀하셨던 하나님께서는 지금 무어라고 하실까? 이렇게 말씀하신다. "세계에 도전하라."

주님께서는 언제나 "불가능에 도전하라."고 말씀하신다. 이 말씀에 직면한 사람들은 이렇게 묻지 않을 수 없다.

어떻게?

2. 보여주어라

불가능한 현실의 벽에 당면하여 던지는 "어떻게?"라는 물음에 대한 대답은 "보여주어라"이다. 보여주는 것이 세상을 구원하려는 하나님의 방법이며 무기이다. 그분은 칼이나 힘을 사용하지 않으신다. 하나님께서는 거짓과 가짜가 지배하는 세상의 철옹성에 진짜를 보여줌으로써 간단하게 허물어 버리신다. 가나안 최고의 성 여리고가 한 주일 만에 무너졌고, 예루살렘은 몇 년, 로마제국은 300여년 만에 굴복하고 말았다.

  악마가 지배하는 세속적인 것들의 장벽들은 마치 어두움과 같다. 어두움의 권세가 큰 것 같지만 빛이 비취기만 하면 어두움은 견디지 못하고 사라진다. 가짜의 지배를 받는 세상은 진짜에 목말라 있다. 죄악과 어두움의 세력에 갇혀있는 사람들을 구원해내는 하나님의 방식은 어두움에 참 빛을 비추는 것이다. 삶으로 진짜를 보여주는 것이 곧 빛이 됨이다.

  이스라엘 공동체는 시내산계약법을 실천하여 하나님 나라를 보여줄 사명을 받았었다. 그들이 실패하자 하나님께서는 보이는 인간으로 세상에 오셨는데 예수님은 보이지 않는 하나님의 보이는 형상이셨다. 예수님으로 말미암아 탄생된 교회공동체에는 보이지 않는 예수님을 보여주어야 할 새계약의 사명이 주어져 있다. 거짓의 허상이 아무리 드높아 보여도 빛 즉 진짜를 보여주기만 하면 맥없이 무너지고 만다. 이론이 아니라 역사의 증거이며 교훈이다.

  지금 주님께서는 이렇게 우리에게 말씀하신다.

보여주어라.

네가.

나를.

3. 오직 성령

보이지 않는 주님의 보이는 형상이 되어라.

네가 나를 보여 주어라.

  맞는 말이며 수긍이 간다. 그러나 다시 묻지 않을 수 없다. 인간이 과연 하나님을 보여줄 수 있는가? 가능하다면 어떻게 해야 하나?

  하나님께서 "~을 하라.", "~이 되어라."라고 말씀하시는 것은 "내가 그것을 가능하게 하리라.", "내가 그것이 되게 하리라.", "내가 너를 통하여 그 일을 하리라."라는 말씀이다. "여리고로 가라."는 말씀은 "여리고를 무너지게 하리라."라는 말씀이며, "예루살렘에서 시작하라. 로마로 가라."는 "예루살렘이, 로마가 무너지게 하리라."라는 말씀이다. 전능하신 그분은 당신의 계획과 뜻을 반드시 성취하시며, 어떤 일을 시작하시면 그 일이 되게 하신다.

인격을 지니신 하나님께서는 하나님의 형상으로 지음받은 인격체인 인간과 관계를 맺으실 때 인격적인 관계를 맺으시며, 또 인간을 통하여 당신의 일을 하시는데 그 방법이 '성령'이다. 하나님께서는 당신의 사람들에게 당신의 영을 부어주시며 그 영에 힘입어 당신의 뜻을 실현하게 하신다. 앞의 〈물음8〉에서 살펴본 바와 같이 성령으로 채워진 인간은 '양성'(인성+신성)이 되어 주님의 성품(신성+인성)과 같아진다. 인간이 하나님처럼 되는 것, 삶으로 하나님을 보여주는 것은 사람의 힘으로 되는 것이 아니라 성령님의 도우심으로만 가능하다.

초대교회 교인들이 박해라는 극한적인 상황에서 두려워하지 않고 자원하여 순교의 길을 가며, 원수를 사랑하는 아가페를 실천으로 옮긴 것은 그들의 힘만으로 한 일이 아니다. 전적으로 성령님의 도우심과 인도하심으로 가능한 일이었다. 밀란칙령은 이에 대한 역사적인 증거이다.

내가 누구이기에, 무슨 재간으로 삶으로 하나님을 보여줄 수 있겠는가? 다시 묻지 않을 수 없다.
"어떻게 내가?"
이에 대한 대답은 승천하실 때 제자들에게 하신 말씀이다.

오직 성령.

4. 밀란칙령이 있기까지

〈그림8 : 복음화과정1〉

예루살렘에서 출발하여 안디옥을 거쳐서 지중해 세계를 지배하던 로마제국 전체에 급속도로 퍼져나간 복음의 전파 과정을 지도를 통해서 살펴보면 다음과 같다.

〈그림8〉에서 볼 수 있는 붉은색 부분은 A.D. 100년경에 복음화 된 지역이다. 사도행전에 기록된 복음 전도의 지역을 중심으로 하여, 요한계시록이 쓰여지던 1세기 말경에 복음화 된 지역들을 보여주고 있는데, 예루살렘과 사마리아, 유대 지역을 비롯하여 최초의 이방교회가 세워진 수리아 안디옥과 그 인근, 바울이 선교하러 다니던 구브로, 빌립보, 데살로니가, 베뢰아, 고린도 등 그리스 지역과, 에베소를 중심으로 하는 소아시아 지역 등에 집중적으로 복음이 전해진 것을 알 수 있다. 바울이 로마서를 쓸 당시에는 로마에도 상당한 수의 기독교인들이 있었던 것으로 알려지고 있다. 여기에서는 사도행전의 기록을 중심으로 표시했다. 그러나 12사도들을 비롯하여 1세대 기독교인들은 각지에

흩어져 복음을 전했기 때문에 여기 표시되지 않은 다른 지역에서도 복음 전도의 활동은 활발했다고 할 수 있다. 단지 기록이 정확하게 남아 있지 않아서 확인이 어려울 뿐이다.

〈그림9〉의 연한색 부분은 도미시안(81~96) 황제의 박해를 시작으로 본격적인 박해가 진행되던 시기인 185년까지의 복음 전도 상황을 보여주고 있다. 심한 박해가 가해졌음에도 불구하고 복음은 놀라울 정도로 확산되었다. 전도는 고사하고 기독교인이라는 사실을 드러낼 수도 없었던 시대, 그런데도 복음은 소아시아 지역과 그리스 지역, 이탈리아 본토는 물론 이집트, 아프리카 북단, 스페인, 프랑스, 영국 지역까지 무서운 속도로 퍼져나갔다. 이 시기에 활동했던 터툴리안은 "우리는 비록 어제 시작했으나 당신들이 가진 모든 장소 즉 도시, 섬, 요새, 촌락, 시의회, 궁중, 원로원과 재판소들을 채웠다. 당신들에게는 단지 신전만이 남아있다."라고 자신있게 말할 수 있었으며, 기독교인들 스스로도 너무나 빠르게 복음이 전해지는 것에 놀라고 있었다. 무엇이 이것을 가능하게 했을까?

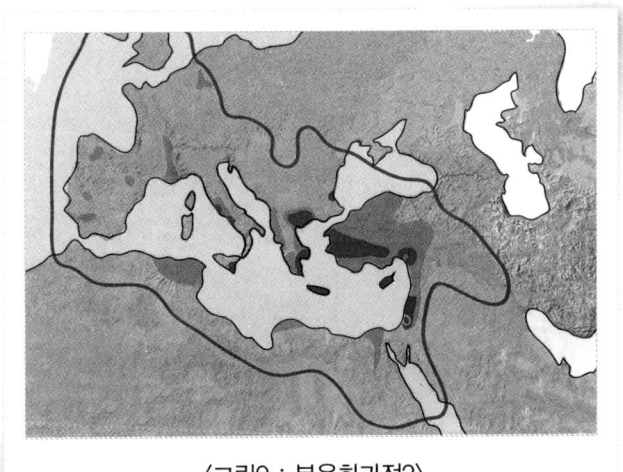

〈그림9 : 복음화과정2〉

'보여주는 선교'가 그 대답이다. 이것 말고는 다른 그 무엇으로도 설명이 되지 않는다. 박해가 한창이던 200년대 중반의 수도 로마의 교세는 교인 숫자가 3만 여명이었고, 성직자가 150여명, 돌보는 과부와 빈민들이 1,500여명이었다. 보여주는 선교가 어떤 것인지는 이 사실에서 명확하게 알 수 있다. 역사의 주관자이신 하나님께서는 가장 효과적인 방법으로 일을 하시며, 의도대로 일이 되도록 추진하신다. "여리고로 가라.", "예루살렘에서 시작해라.", "로마로 가라."는 말씀 속에는 이런 놀라운 결과가 내포되어 있다. 지난 날의 역사를 하나님의 입장에서 보아야 하는 가장 큰 이유 중의 하나는 하나님께서 일하시는 방식에 눈을 뜨기 위함이다. 사람이 일하는 방식과 하나님께서 일하시는 방식에는 큰 차이가 있다. 하나님의 일을 하려면 하나님의 방식을 따라야 한다. 하나님께서 쓰신 하나님의 사람들은 하나님의 방식을 따라 일을 했다. 하나님의 방식은 자칫 불가능할 뿐 아니라 비현실적이라고 느껴질 수 있다. 인간적인 사고방식에만 젖어있는 사람들에게는 그렇게 보여 진다.

〈그림9〉는 밀란칙령 당시의 로마제국 국경을 보여주고 있다. 근동과 소아시아, 그리스, 이집트, 북아프리카 연안, 스페인, 프랑스, 영국 등 유럽의 주요 지역을 다 포함하고 있다. 박해의 기간 동안에 기독교는 급속도로 성장하여 원로원을 비롯한 최고위층과 황제 측근들, 가족들에게까지 전파되었다. 기독교가 로마제국의 국교가 된 것은 콘스탄티누스 한 사람의 돌출적인 행동으로 말미암은 것이 아니라 교회가 실질적으로 로마제국의 정신적인 지주의 역할을 하면서 정신문화를 이끌어가고 있었기 때문에 가능하였다.

밀란칙령 당시 교회는 양적으로는 물론 질적으로도 크게 성장하여 그 시대의 요청에 부응하고 있었으며 새로운 시대를 위한 준비가 되어 있었다.

로마제국의 국교, 무엇을 의미하나? 물음 26

갈릴리 사람 몇 명으로 시작된 예수님의 복음은 채 300년이 되기 전에 공인의 과정을 거쳐 로마제국의 국교가 되었으며 이는 세계역사에 가장 큰 영향을 준 사건이었다. 이 사건을 어떻게 보아야 하며 무엇을 의미하는가?

1. 해석의 관점

지극히 작은 소수 민족에 불과한 유대인들이 지금까지 살아남았을 뿐만 아니라 온 세계의 주목을 받는 사람들이 되었고, 소수의 갈릴리 사람들이 시작한 기독교가 로마제국을 점령하는 사건이 우연일까? 진화론적인 사고를 가진 사람들은 '우연'이라고 말한다. 우주의 탄생과 인류의 등장 자체가 그들에게는 우연히 일어난 것이기 때문에, 역사의 사건들도 우연성의 원리에서 해석할 수밖에 없다. 따라서 이들이 전개하는 역사는 사건의 나열이다. 우연히, 또는 일정 범위 내에서의 인과론에 의해 어떤 사건들이 어떤 과정을 거쳐서 어떻게 일어났으며 어떤 영향을 끼쳤는가에 관심을 가진다. 우연성에 기초하면 사건들의 궁극적인 원인과 목적, 의미에 대해서는 물을 수도 없고 또 관심의 대상도 아니다.

그러나 창조주 하나님을 인정하면 역사를 바라보는 입장이 전혀 달라진다. 우주와 인간이 우연히 생겨난 것이 아니라 창조주의 의도에 의하여 만들어졌으므로 역사 속에서 진행되는 사건들도 우연히 일어나는 것이 아니라 창조주의 어떤 목적에 따라 진행되어진다. 따라서 역사의 사건들에 들어있는 하나님의 의도가 최대의 관심사이며 그 사건의 의미를 물을 수가 있다.

같은 사건을 바라보는 두 관점의 시각 차이는 현저하다. 이스라엘이 앗수르와 바벨론, 로마에 멸망당하는 사건에 대하여 진화론적인 사관에서는 국제 정세를 비롯한 정치, 경제, 사회적인 문제들과 관련하여 사건의 원인과 과정, 결과를 분석한다. 그러나 창조주이시며 역사의 주관자이신 하나님을 인정하는 예언자들은 이스라엘의 계약 위반과 하나님의 징계의 관점에서 신앙적인 해석을 한다.

구약의 이스라엘에는 매 시대마다 예언자들이 있어서 그 시대가 당면하는 주요 문제에 대하여 하나님의 관점에서 해석을 해주었고, 또 그들은 이스라엘 역사에 지대한 영향을 주었다. 그러나 교회사로 넘어오면서 이런 예언자의 기능이 사라지고 말았다. 그 이유에 대하여서는 뒤에서 살펴보게 될 것이다. 그 결과 교회사에 등장하는 주요 사건들이 하나님의 관점이 아닌 일반 세속사의 관점에서 해석되고 있다. 시중에 나돌고 있는 교회사 책들을 펼쳐보면 정치, 경제, 사회적인 관점에서 사건들을 해석하고 있으며 예언자적인 역사해석은 찾아볼 수 없다.

기독교의 사가들은 이율배반에 빠져있다. 신앙적으로는 창조주, 역사의 주관자 하나님을 인정하지만 막상 역사해석에서는 하나님의 관점이 배제되어 있다. 하나님은 배제된 채 사람들의 이야기로 교회사 책들이 채워져 있다. 새로운 시대를 맞은 지금 우리 기독교가 해야 할 가장 중요한 과제 중의 하나는 역사의 사건들 속에서 하나님께서 설 자리를 마련해드리는 것이다. '하나님으로 하나님 되시게'가 교회사의 가장 중요한 과제여야 한다.

어떻게 하나님의 관점을 가질 수가 있는가? 하나님의 입장에서 역사를 바라보면 된다. 이치는 단순하지만 인간이 하나님의 입장에 선다는 것이 문제다. "가능한가?", "가능하다면 어떻게 해야 하나?"라는 쉽지 않은 문제들이 제기된다. 이런 입장은 세속적인 학문 수련이나 역사 이론의 습득으로 주어지는 것이 아니라 하나님에 대한 깊은 체험에서 비롯된다. 즉 영성의 문제다. 이 문제에 대해서는 긴 설명이 필요한데, 3부 「비움의 길」은 이것을 다루게 되므로 여기서는 문제를 제기하는 것으로 그치고자 한다.

이런 관점 즉 하나님의 시각에서 바라본 '밀란칙령'은 무엇을 말하는가?

2. 새 가나안

교회 역사와 관련된 주요 사건들에 담긴 하나님의 의도를 읽어내려면 인간의 역사를 향한 하나님의 가장 큰 관심과, 역사 속에서 인간을 구원하시는 하나님의 구원 계획과 방법에 대한 이해가 있어야 한다. 이에 대하여서는 1부 「하비루의 길」 초반부에서 이미 다루었다. 여기서 묻고 있는 물음에 답하기 위하여 간략히 다시 간추리면 다음과 같다.

하나님의 가장 큰 관심사는 '세상구원'이며, 세상을 구원하시는 방법은 '보여주는 선교'다. 이 목적을 실현시키기 위하여 세우신 계획은, 신앙공동체로 하여금 당신의 나라의 모형을 세상에 만들어 놓게 하신 후 사람들이 그것을 보고 구원에 이르도록 한 것이었다. 이스라엘은 이를 위하여 부름 받은 첫 번째 공동체였고 그들과 맺은 계약이 구약(옛계약)인데 이를 흔히 시내산계약이라고 한다. 이 법에 따라 가나안에 세워놓은 특이한 체제는 그 시대에 다른 어떤 곳에서는 결코 볼 수 없는 하나님 나라의 모형이었다. 그 나라의 특징은 신분, 지위, 빈부의 차이가 없었을 뿐만 아니라 왕과 군대, 세금, 노역이 없고 땅을 공평하게 소유하는 수평적인 체제였다. 구약에서 말하는 '거룩함'의 개념은 이런 것이었다. 구도자적인 어떤 초탈의 모습은 성경에서 말하는 거룩함의 개념이 아니다. 거룩함에 대한 바른 이해가 하나님과 역사 이해와 직결되어 있다. 가나안에 세워졌던 이스라엘은 당시를 시점으로 할 때 세상 그 어디에서도 찾아볼 수 없는 '거룩한 나라'였다. 그런데 이스라엘은 본분을 망각하고 곁길로 감으로써 결국 실패하였고 그 사명은 신약의 새로운 신앙 공동체 즉 교회 공동체에 주어졌다. 이상이 이스라엘 역사의 요약이다.

이런 배경과 구속사 전체에 대한 명확한 이해가 있어야 복음서에 기록된 그리스도 사건과 신약성경, 초대교회와 교회사를 하나님의 관점에서 해석할 수 있다. 이런 해석의 기준이 마련되지 않으면 초대와 중세교회는 물론이고 세계사의 주요 문제와 결부된 현대교회사를 해석할 관점을 갖기 어렵다. 작금의 수많은 교회사와 관련된 서적들이 사건과 사상의 분석과 나열 이상으로 나아가지 못하는 원인은 여기에 있다.

인간으로 오신 예수님께서 지상에 계시는 동안 하신 가장 중요한 일은 '새로운 계약의 체결'(신약)이었으며 흔히 알려진 '최후의 만찬'이 그 계약의 자리였다. 새계약의 대상은 죄인들을 대표하는 열 두 제자들이었고, 그들은 이를 위하여 부름을 받았다. 마가다락방의 오순절 사건은 새로운 계약 공동체인 교회 공동체가 발족되는 순간이었다. 계약 공동체에게는 지상에다가 하나님나라의 모형을 만들 사명이 주어져 있고, 그 사명을 다할 역군들로 만들어지는 훈련과 교육을 받아야 했다. 구약 공동체의 고센땅 400년 종살이와 광야 생활 40년은 이런 훈련의 시간이었고, 신약 공동체인 초대교회가 겪은 모진 박해 300여년은 그런 교육의 과정이었다. 훈련을 마치고나면 그 다음 수순은 지상에다 하나님 나라의 모형을 만드는 것인데, 그 모형을 만들기 위하여 주어진 땅이 '로마제국'이었다.

드라마틱하게 전개되는 로마제국의 기독교화 과정은 하나님나라의 모형을 만들기 위한 땅이 주어지는 사건이었다.

따라서 로마제국은 새계약 공동체에 주어진 새 가나안인 셈이다.

3. 새 가나안 입주

구약의 이스라엘 사람들이 가나안에 입주한 것은 실질적인 땅의 소유였다. 땅을 공평하게 분배받았고 또 신분, 지위, 빈부의 격차가 없는 정치체제를 지닌 나라를 세웠다. 이 나라는 당시의 어디에서도 찾아볼 수 없는 거룩한 나라였다.

로마제국이 기독교에 주어진 새로운 가나안이라고 할 때 기독교의 역할이 단지 신앙의 영역에만 국한된다면 그 땅에서 하나님 나라의 모델을 만들어 갈 수가 없다. 그런 일은 교회가 실질적으로 로마제국을 지배해야만 가능한 일이다. 밀란칙령 이후에 전개되는 사건들을 지켜보면 이런 과정이 진행되었다는 것을 알 수 있다.

밀란칙령 이후 로마제국 내에서는 혁명적인 변화가 일어났다. 로마제국에서 가장 큰 비중을 차지하던 신은 태양신이었다. 태양신의 생일인 12월 25일은 큰 명절로 지켜지고 있었는데, 이 날을 예수님의 탄생일로 바꾸어 지키기 시작했다. 그리고 7일간 일하고 8일째 되던 날을 장날(market day)로 지키던 것을 폐지하고 일주일을 7일로 규정하였으며, 주님께서 부활하신 주일을 휴일로 정하여 예배를 드리는 날로 지키게 했다. 321년에 공포된 법에 의하면 노예를 해방시키기 위한 경건한 재판 이외에는 주일날 법정을 열지 않았으며, 농장에서도 꼭 필요한 경우 외에는 노동을 금했다. 어린이, 농부, 죄수, 노예 등 약자를 보호하기 위한 법률을 만들었고, 노예의 이마에 낙인을 찍는 것도 금했다.

콘스탄티누스는 자기의 둘째 부인인 파우스타(Fausta)가 쓰던 라테란(Lateran) 궁을 로마교회 감독의 관저로 쓰게 했으며, 각 지역의 교회 감독들에게 그 지방의 행정과 사법 등의 실권을 맡기기도 했다. 목회자들이야말로 믿고 맡길 만한 양심적인 사람들이라고 생각했기 때문이다. 후일 콘스탄티누스가 하나님의 계시에 따라 수도를 동쪽의 비잔틴(콘스탄티노플)으로 옮겨가자 서로마지역은 사실상 로마 감독이 실권을 가지게 되었다. 후일 '콘스탄티누스의 양도문서'라는 것이 발견되었는데, 그 내용인즉 콘스탄티누스가 동로마로 천도하면서 서로마 전체의 땅을 교회에 주었다는 것이다. 진위여부가 논란의 대상이지만, 중요한 것은 이런 문서가 등장하여 효력을 발휘할 만큼 교회가 유럽을 지배했다는 점이다.

콘스탄티누스는 또한 교회에 대하여 파격적인 재정지원을 아끼지 않았다. 교회가 박해받은 동안 입은 모든 피해들을 보상하기 위하여 성경을 필사하고 각지에 교회 건물을 신축하였으며, 지방 재정의 일부를 교회에 할당했다. 이런 재정적 지원은 반기독교적인 정책을 폈던 줄리안(Julian)황제 때 잠시 중단 되었다가 재개될 때에 예전의 3분의 1규모로 축소시켰는데도 '충분한 금액'이라고 여겼을 정도였으니 가히 그 규모를 짐작할 만하다.

기독교가 공인되기 이전부터 사람들은 죽을 때 재물과 토지를 교회에 상속시키는 유언을 남겼으나 기독교 자체가 불법이었으므로 교회 재산은 법적인 보호를 받지 못했다. 그러나 콘스탄티누스는 321년 법으로 교회재산을 인정했을 뿐만 아니라 과거에 피해를 입은 것까지 찾아주었고 논란의 여지가 있는 것들도 다 교회에 귀속시켰다. 이 법으로 인해 300년대 말부터 소아시아와 시리아지역에서는 재산의 일정 부분(약 3분의 1정도)을 교회에 유산으로 물려주는 전통이 생겨났으며, 이런 풍조는 제국 전역으로 퍼져나갔다. 시간이 지나면서 교회는 대지주가 되었고, 교회와 수도원이 소유한 토지는 유럽 전체의 절반이 넘었다.

게다가 교회와 수도원이 종교 영역은 물론 교육을 독점하다시피 했고 실질적으로 정신문화를 이끌었으므로 교회의 영향력은 가히 절대적이었다고 할 수 있다.

따라서 "로마제국은 교회에 주어진 새로운 가나안이었다."라는 말은 결코 지나친 말이 아니다.

4. 지중해를 주리라

가나안에다 하나님 나라의 모형을 세우시려는 하나님의 계획은 실로 오묘하다고 할 수 있다. 가나안은 지중해를 연안으로 하는 네 문화권의 충돌 지점이었다. 이런 곳에서 시작하신 이유는 하나님의 방식으로 거대한 네 문화권을 가나안에 주시기 위함이었다. 가나안에 세워진 하나님 나라의 모형은 네 문화권을 흡수하여 지중해 영역으로 확대한 후 지중해를 발판으로 하여 다시 전 세계로 확산시키려는 것이 하나님의 계획이었다.[39] 그러나 이스라엘이 실패하여 가나안 이외에는 아무런 영향을 미치지 못하였다.

그런데 이제 이스라엘에 이어 등장한 교회 공동체에게 지중해가 주어졌다. 이렇게 해서 구약에서 성취되지 못한 하나님의 계획이 신약의 교회 공동체, 특히 초대교회에 와서 실현되었다. 로마제국의 복음화는 지중해 연안에 자리 잡은 거대한 네 문화권(메소포타미아, 이집트, 그리스, 로마)이 주어졌다는 뜻이며, 이로써 복음이 전 세계로 확산될 수 있는 발판이 마련되었다.

물음 27. 새 가나안, 어떤 땅인가?

이스라엘 공동체에게 하나님나라의 모형을 만들라고 주어졌던 가나안, 하지만 그 땅은 빈 땅이 아니라 일곱 부족과 여러 나라가 뒤엉켜 살아가는 복잡한 땅이었다. 왜 하필이면 작고 다민족, 다국가가 얽혀서 사는 그런 땅에다 하나님나라를 보여주라고 하셨을까? 이유는 단순하다. 여러 민족, 여러 나라에 하나님나라를 보여주라는 것이다. 자연

---

39) 이에 대해서는 『하비루의 길』에서 상세히 다루었다.

적으로 생겨난 세속 문화인 우상종교와 그 정치체제를 가지고 살아가는 사람들에게 거룩한 문화를 보여주어서 대비시키고, 그들로 하여금 자신들의 것과 비교해 보고 선택하게 하려는 것이 하나님의 의도였다. '거룩함'이라는 단어의 의미는 '차이', '구별'을 말한다. 세상 문화와는 판이하게 다른 하늘의 문화를 보여주면 사람들은 서로 비교해 보고 본능적으로 더 좋은 것을 선택하게 되어있다. 가나안에 들어가는 과정에서 겪은 여리고 전투는 이런 비교, 선택의 자리였다. 이와 같이 보여주는 선교는 하나님의 선교 방식이며 원리이다. 이런 선교는 단순히 영혼구원만을 지향하지 않는다. 삶의 질을 높이는 문화적인 구원을 같이 추구한다.

초대교회에 주어진 가나안인 로마제국, 이곳이 어떤 땅인지는 세계지도를 펼쳐놓고 보면 한 눈에 들어온다. 지중해를 중심으로 초대형 문화권이 넷이나 들어있으니 메소포타미아, 이집트, 그리스, 로마 문명이 그것들이다. 나라와 민족과 종교, 신들의 숫자는 세기가 어려울 만큼 많고 복잡하다. 구약의 가나안이 동네 시장이었다면 로마제국은 이제 국제 시장인 셈이다. 시장 판도가 대단히 넓게 확대되었다. 이제 이런 큰 국제 시장에다가 초대교인들이 진짜 물건을 펼쳐놓고 비교시키자 처음에는 진짜를 알아보지 못하고 오해하던 사람들이 결국 진짜를 알아보고 인정했다. 초대교회가 겪은 박해와 밀란칙령은 이런 성격의 것이다. 진짜는 진짜라는 이유 하나만으로 통하게 되어있다. 진짜이신 하나님께서 일하시는 원리는 진짜에 기초해 있다.

지중해 세계에는 수많은 나라, 민족들이 있었는데, 그중에서 기독교와 밀접한 관계를 가진 큰 문화권을 중심으로 새 가나안의 특징을 간략히 살펴보면 다음과 같다.

1. 로마문화(Latinism)

　로마제국은 이탈리아 반도를 중심으로 하는 라틴민족이 세운 나라였으며, 역사 이래 등장한 가장 강대한 나라로 평가받고 있다. 그러나 그들의 출발은 지극히 초라했다. 초기 로마는 척박한 땅에 사는 농민으로 출발을 했다. 그런 그들이 로마제국을 건설할 수 있었던 것은 그것을 가능하게 하는 문화를 만들었기 때문이다.

　그들이 만들어 낸 가장 주목할 만한 발명품은 '공화정치' 였다. 건국 초기부터 최고의 정치기구인 원로원에서 대표자인 집정관을 선출하여 황제의 역할을 맡게 했다. 그리고 유사시에만 군대통수권을 주어서 황제가 무력에 힘입어 독재로 치닫는 것을 막았다. 원로원이 귀족 중심으로 구성되어 평민의 의견이 묵살되자 이를 보완하기 위하여 평민 중심의 '민회'를 탄생시켜 균형을 맞추었으며, 민회의 대표자인 호민관에게도 최고의 권력자가 될 수 있는 길을 열어놓았다. 아우구스투스라고 불린 옥타비아누스(B.C. 17~A.D. 14) 이후에 세습제로 기울어지기는 했지만 원로원과 민회 중심의 정치 구조는 유지되었다.

　또한 라틴민족은 세계 최강의 나라를 건설하여 유지할만한 군사문화를 만들어 냈다. 로마군대와 직접 치열한 접전을 치렀던 유대인 장군 요세푸스는 "로마병사는 무기가 신체인 듯이 싸웠다."라고 기록하고 있는데, 이는 로마인들이 선천적인 싸움꾼이었음을 말해주고 있다. 또 율리우스 케사르, 폼페이우스 같은 유능한 장수들이 있었고, 천하무적이 될 만한 군대조직과 병법, 군사훈련 등이 뒷받침되었으며, 투창기, 투석기, 공성탑 등 최신의 무기들을 개발해냈다. 이런 군사력을 바탕으로 제국의 영토를 확보했고 또 유지했다.

　게다가 제국내의 수많은 나라들, 민족들을 그토록 오랫동안 큰 반발 없이 지배할 수 있는 적절한 식민지 정책이 있었는데, '포용정책' 이 그것이었다. 정치적인 반란은 절대로 용서하지 않고 잔혹하게 응징했지만 로마에 저항하지 않고 납세의 의무만 다하면 일정 한도 내에서의 정치적인 자율과 종교적인 자유를 허락했다. 그 결과 대다수의 나라들이 로마의 통치를 환영하였다. 이런 포용정책으로 수많은 나라, 민족, 종교들이 공존하면서 근동과 아프리카 북단, 유럽 대륙이 정치적으로 통일되어 '로마의 평화'(Pax Romana)를 유지할 수 있었다.

정치제도, 식민통치 정책과 더불어 앞에서도 언급한 법, 도로, 수도 시설 등의 실용문화가 라틴문화를 상징하는 특징이라고 할 수 있다. 이와 같이 라틴문화는 실용문화여서 기독교와 종교적으로 충돌할 부분이 별로 없었다. 라틴 로마제국으로부터 교회가 정치적으로 박해를 받기는 했지만 이는 문화적인 충돌은 아니었으며, 박해는 겉으로 보기에는 교회를 말살시킬만한 위협이었지만 오히려 기독교가 로마제국의 국교가 되는 발판이었다.

기독교는 이런 로마제국을 배경으로 출발했고 결국 제국을 접수했다. 겨자씨 한 알이 자라서 큰 나무가 된 셈이다.

2. 헬라문화(Hellenism)

실용문화인 라틴문화와는 달리 그리스문화는 인류사에서 찾을 수 있는 가장 발달한 정신문화였다. 기독교가 그리스문화와 정치적으로 충돌할 이유는 없었지만 문화적으로는 정면으로 부딪혔다. 그리스문화가 기독교에 끼친 영향에 대하여 별로 주목하고 있지 않지만 사실 이 문제는 대단히 중요하다. 이 책의 마지막 부분에서 구체적으로 살펴볼 일이지만 2천 년대를 맞이하면서 기독교는 새로운 전환기를 맞이했다. 그리스의 합리주의에 바탕을 두었던 서양의 시대가 가고 동양(아시아)의 시대가 오고 있으며, 동시에 이성의 시대가 가고 영성의 시대로 접어들고 있다. 대전환기를 맞아 기독교가 해야 할 일은 지금까지 서양의 토양에서 자라온 기독교에 대하여 전면적인 재해석을 해야 한다. 즉 새 술을 새 부대에 담아야 할 시점이다. 이런 재해석에서 기독교와 그리스문화의 관계는 빼놓을 수 없는 비중을 차지하고 있다.

기독교가 그리스문화를 기독교화 했는가? 아니면 그리스문화가 기독교를 그리스화 했는가?

이제 이 문제를 심각하게 물어보아야 한다. 이 책은 이 문제를 집중적으로 다루는 데에 목적이 있지 않지만 영성과 관련된 부분은 명확히 짚어보려고 한다. 특히 영성의 문제를 다루는 3부 「비움의 길」에서는 이 문제를 구체적으로 다루게 된다. 단지 여기서는 "기독교에 있어서 그리스문화는 무엇이었는가?"에 대한 대답에 초점을 맞추어 보고자 한다.

앞의 물음에서 본 바와 같이 로마제국은 두 번째 계약공동체인 교회에 주어진 '새 가나안'이었다. 로마제국이 새 가나안이었다면 로마제국을 지배하던 문화인 그리스문화는 무엇이었을까? 이에 대한 대답은 시내산계약에서부터 이어서 생각해 보아야 발견된다. 구약의 가나안은 빈 땅이 아니라 당시 수준에서는 고도로 발달한 풍신(豐神; 풍요를 기원하는)종교인 바알문화가 지배하고 있었다. 두 번째 가나안인 지중해 세계역시 문화적으로 빈 땅이 아니라 여러 분야에서 고도로 발달된 그리스문화가 지배하고 있었다. 따라서 이렇게 말할 수 있다.

그리스문화는 새로운 가나안의 새 바알문화였다.

구약의 이스라엘에게 있어서 바알문화는 받아들여 할 대상이 아니라 바꾸고 변화시켜야 할 대상이었다면 교회에 있어서 그리스문화도 마찬가지였다. 큰 흐름에서 본다면 그리스문화권이 기독교를 받아들였기 때문에 교회가 그리스문화를 변화시킨 것 같지만 속을 들여다보면 교회가 그리스문화를 수용하고 말았다. 교리와 신학은 합리주의적인 그리스철학을 이용하여 만들어졌고 기독교 영성운동은 그리스의 금욕주의의 영향을 받아서 은둔수도의 길을 갔다. 결국 겉으로는 기독교가 이겼지만 속으로는 완패한 셈이다. 그 결실이 중세 암흑기다. 기독교가 지배하던 시대가 암흑기로 평가되고 있다는 것은 기독교가 완전히 실패했다는 뜻이다.

이에 대해서는 앞으로 계속 언급하겠지만 여기서는 그리스문화의 특징을 간략히 살펴보고자 한다.

발칸반도에 산재해 있던 수많은 도시국가(폴리스)들 중에서 유독 아테네 사람들은 세속적인 삶에 휩쓸려 사는 것에 만족하지 않고 사물의 원리와 본질을 끊임없이 묻고 찾았다. 그 결과 그들은 정치, 철학(물리학), 문학, 역사, 건축, 예술(조각, 회화), 의학, 등 각 분야에서 세계 최고의 걸작들을 만들어 냈다. 이를 고대 그리스 문명이라 한다. 특히 시민이 직접 통치자를 선거로 뽑는 민주정치를 실현한 그들은 자신들이 완전한 정치제도를 가지고 있다는 강한 자부심을 가졌고, 아직 전제정치에 시달리는 '야만인'들을 구제해야 한다는 일종의 사명감을 가지고 있었다.

드디어 이 사명감을 충족시키는 사람이 등장했다. 아테네 출신은 아니지만 아테네가 배출한 최고의 지성인(아리스토텔레스)에게서 교육을 받은 마케도니아의 알렉산더가 그 사람이다. 약관 20세에 시작하여 10여 년 남짓한 동안에 그리스에서 인도에 이르는 지역을 통일한 그의 전쟁 목적은 그리스 문명의 전파였다. 이것을 위해 알렉산더는 정복한 지역마다 수많은 신도시를 세웠는데 자신의 이름을 딴 '알렉산드리아'라는 지명만도 16개나 되었다. 특히 효과적으로 그리스문화를 전파하기 위하여 대형 경기장을 곳곳에 세우고 각종 스포츠경기를 정기적으로 열어서 열광적인 바람을 일으켰는데, 가장 인기를 끈 것은 전차

경주 대회였다. 알렉산더는 아쉽게도 33세의 젊은 나이에 죽었지만 그의 꿈은 실현되어, 그가 일군 제국이 로마에 멸망당했어도 오히려 그리스 문화가 지중해 세계를 지배하게 되었다. 그리스어가 라틴어와 더불어 로마제국의 공식 언어로 사용되었기 때문에 신약성경이 그리스어로 쓰일 수가 있었다. 이 시기를 헬레니즘시대라고 한다.

기독교에 지대한 영향을 준 주목해야 할 헬레니즘의 특징은 다음과 같다.

❶ 합리적인 사고

사물의 근본을 묻던 아테네 사람들이 거둔 성과들 가운데 가장 두드러진 것은 철학이었다. 이로 인해서 그리스는 서양 철학의 발상지가 되었고, 합리주의적인 사고의 전통을 만들어내서 서양의 정신문화로 자리 매김을 했다. 그리스의 철학은 기독교 신학을 만들어내는 데에 중추적인 역할을 했다.

❷ 이원론(二元論)

헬레니즘의 두드러진 특징은 이원론적인 사고다. 그리스인들은 영과 육, 정신세계와 물질세계를 구별하여 전자는 선하고 후자는 악하다고 생각했다. 이런 생각은 신과 사람에 대한 이해에 영향을 주어서 진정한 신은 물질세계로부터 초월해 있다고 생각했고, 육체는 영혼의 감옥이므로 영혼을 육체에서 해방시키려면 육체에 고통을 가해야 한다는 금욕주의가 등장했다.

❸ 신비주의

악한 인간과 물질의 세계로부터 완전히 초월해 있는 신과, 인간이 관계를 가지기 위해서는 중간적인 존재들이 필요했다. 여기서부터 유명한 그리스신화가 생겨났는데, 수많은 반신반인(半神半人)의 존재들이 그것이며 이런 배경은 영지주의로 대변되는 다양한 신비주의와 밀의종교를 가능하게 했다.

이와 같은 특징을 지닌 그리스문화는 기독교에 지대한 영향을 주었다.

3. 히브리문화(Hebraism)

그리스문화가 지중해 세계의 대표적인 이교문화인데 반하여 히브리문화는 구약성경의 율법과 예언자, 예수님과 사도들, 초대교회 문화를 가리킨다. 즉 헤브라이즘은 성경의 문화라 할 수 있는데, 이것은 하루아침에 만들어진 것이 아니다. 이스라엘 역사 2천년과 그 맥을 같이하고 있다.[40]

인류 최초의 문명은 메소포타미아 지역에서 일어났고 이어서 이집트 문명이 시작되었다. 양자는 서로 영향을 주고받는 지리적인 위치에 있었으며, 이들 문화를 '오리엔트 문명'이라고 한다. 지중해 지역을 지배한 오리엔트 시대가 수천 년을 지나면서 그 힘을 잃고 그리스-로마가 지배하는 시대가 도래하자 오리엔트문화는 영향력을 상실했다. 그러나 거대한 문명들의 틈바구니에서 시달리던 가나안의 이스라엘 사람들은 온갖 시련을 겪으면서 그리스-로마 문명과 필적할만한 새로운 문화를 창조해냈다. 이스라엘의 역사를 통하여 만들어진 문화는 둘인데 하나는 바벨론포로 이후 등장한 유대교문화(Judaism)이고 다른 하나는 헤브라이즘이다. 유대교는 유대인들 이외에는 별로 영향을 주지 못했으므로 주목의 대상이 아니지만 '헤브라이즘'(히브리, 즉 하비

---

[40] 흔히 헤브라이즘과 유대문화를 구분없이 사용하기도 한다. 그러나 이스라엘 역사에 들어있는 제왕전통과 결탁한 왕정기의 제사장들, 그리고 포로귀환 이후에 등장한 유대교(사두개인과 바리새인의 종교)는, 시내산계약법과 이에 기초한 예언자들의 흐름과 명확히 구분되어야 한다.

루 문화)은 헬레니즘과 더불어 서양문화의 양대산맥이 되었다. 헤브라이즘은 시내산계약에서 출발하여 그 계약의 실천을 강조한 예언자들을 통하여 흘러왔고, 기독교로 이어졌다.

 헬레니즘과 비교해볼 때 헤브라이즘의 가장 중요한 특징은 일원론이다. 영과 육, 정신과 물질을 둘로 나누어서 생각하지 않는다. 이원론적인 사고와 일원론적인 사고는 앞으로 전개되는 교회사 이해에서 대단히 중요한 비중을 차지한다. 뒤에서 다시 살펴보겠지만 중세교회는 안타깝게도 헤브라이즘이 아닌 헬레니즘에 뿌리를 내리고 말았다. 중세교회의 실패는 결국 헬레니즘인가 헤브라이즘인가의 선택의 문제였다.

 새 가나안인 지중해 세계는 이와 같이 거대한 세 문화가 자리를 잡고 서로 영향을 주고받는 그런 지역이었다.

교회가 가야할 큰 방향은?

 초대교회의 흐름을 이렇게 바라보게 되면 초대교회가 겪은 주요 사건들, 즉 박해와 밀란칙령이 무엇을 의미하는지가 명확해진다. 이것들이 명확해지면 그 다음에는 교회가 무슨 일을 했어야 하는지, 어디로 가야했는지, 그 방향이 선명하게 드러난다. 초대교회에 무슨 일이 일어났느냐에 대하여 아는 것도 중요하지만 그에 앞서서 그 일들이 무엇을 의미하느냐, 교회가 무슨 일들을 해야 했느냐에 대한 정확한 이해와 기준을 가지는 것이 더 중요하다. 이런 평가 기준이 있어야 지나간 과거는 물론 현재 진행되는 사건들을 바르게 평가하며 또 나아갈 방향을 설정할 수 있다. 흔히 "과거에서 교훈을 얻지 못하면 망한다."라는 말을 한다. 전적으로 맞는 말이다. 그런데 지난 과거의 사건으로부터 어떤 교훈을 어떻게 얻을 수 있는가? 보는 관점에 따라서 다가오는 것이 다를 수밖에 없을 것이며, 그 관점이라는 것도 천태만상이다. 어떤 관점에서 보아야 하는가? 어려운 문제일 것 같지만 의외로 단순하다. 관점은 유한한 인간의 한계에서 벗어날수록 가치가 있다. 인간의 한계를 벗어나는 것만큼 무한자 하나님께 가까이 가게 된다. 하나님의 관점이 가장 가치가 있는 이유는 여기에 있다. 세상 사람들에게 구약의 예언자들이 인류 역사 이래로 등장한 가장 위대한 정신적인 지도자로 평가받는 것은 결코 우연이 아니다. 예언자들은 하나님과의 내밀한 관계에서 하나님의 심정을 가지고 세상을 바라보며 자기 민족 이스라엘의 역사를 해석해 주고 길을 잘못 든 것에 대하여 책망하며 갈 길을 제시했다. 이들로 말미암아 회생 불가능한 이스라엘은 질곡에서 벗어날 수가 있었고 세계사의 기적을 일구었다. 지금 우리에게 가장 필요한 것은 예언자들처럼 하나님의 심정으로 과거의 역사를 들여다보면서 그 사건들의 의미를 하나님의 관점에서 읽어내는 것이다. 이것이야말로 죽은 시체를 무덤 속에서 다시 살려내는 일과 같다. 따라서 하나님의 관점에서 과거를 말하는 것은 과거가 아닌 현재를 말하는 것이며 또한 나아갈 방향인 미래를 말하는 것이 된다.

로마제국의 교회, 어디로 가야했나?

1. 하나님나라의 모형

로마제국이 초대교회에 주어진 가나안 땅과 같다면 그 다음의 수순은 명확하다. '하나님 나라의 모형', 즉 '거룩한 나라'를 만드는 것이 교회가 했어야 할 일이다. 구약과 신약의 계약 공동체에 대한 하나님의 요청은 다를 바가 없다. 하나님의 관심사는 세상 구원이며, 신앙 공동체는 이것을 위하여 부름받은 사람들이다.

이렇게 물을 수 있을 것이다. "성경 어디에 그런 것들이 기록되어 있느냐?", "성경 어디에 근거하여 그런 말을 하느냐?" 이런 물음에 대한 대답은 이것이다. "성경은 원리와 원칙만을 말하고 있으며, 구체적인 시행 규칙을 담고 있지 않다. 그 이유는 매 시대는 새로운 해석과 적용을 필요로 하기 때문이다. 따라서 성경의 어느 구절이 아닌 성경 전체에서 말하는 것을 보아야 한다." 성경의 구절을 보기 이전에 그 전체를 먼저 보아야 방향을 잃지 않는다.

재해석이라는 중요한 임무는 그 시대의 성직자들에게 주어져 있다. 그러므로 성직자의 가장 중요한 일은 물려받은 성경과 전통을 자신의 시대의 입장에서 재해석하여 나아갈 방향을 제시하는 것이다. 한 시대의 죽고 사는 문제는 결국 성직자의 손에 달려있다. 종교가 인간이 살아가는 문화의 핵심이기 때문에 성직자의 역할은 이처럼 중요하다. 이스라엘 역사와 교회 역사 4천 년은 이것을 증거하고 있다.

초대교회, 공인 이후 어디로 가야했나?

하나님나라를 보여주는 '거룩한 나라' 건설이었다. 이스라엘이 가나안에 입주하여 거룩한 나라를 만들어 내야 했던 것처럼 밀란칙령 이후 교회는 로마제국이라는 거대한 땅에서 이런 나라를 만들어야 했다.

2. 거룩한 체제

하나님나라를 보여주는 '거룩한 나라' 라는 것이 구체적으로 무엇을 말하는가? 시내산계약법과 그 법을 재해석하신 예수님의 말씀이 기록된 복음서에서 말하는 '거룩함' 의 개념을 먼저 이해해야 한다. 성경에서 말하는 거룩함이란 신분, 지위, 빈부의 차이가 없는 평등과 공의의 실현을 말한다. 이런 것이 집약된 것이 '희년법' 이며, 예수님께서 오신 목적은 누가복음 4:18~19[41])에 잘 나타나있듯이 이 법(주의 은혜의 해)을 실현하러 오셨고, 그를 따르던 초대교회 교인들은 이 법을 충실히 지켜서 기독교가 로마제국의 국교가 될 수 있었다.

박해를 받던 소수의 교인들로서는 이 법을 국가적인 차원에서 실현할 수가 없었다. 단지 그들이 속해있는 교회 공동체에서 실천했을 뿐이다. 그러나 이제는 상황이 달라졌다. 국가적인 차원에서 거룩한 체제를 시도할 기회를 부여받은 것이다.

이제 이런 기준을 가지고 초대교회를 들여다보려고 한다.

어떻게 거룩한 나라를 만들었는가?
제대로 만들었는가?
당시의 지도자들에게 이런 문제의식이 얼마나 있었는가?

물음 29 새 가나안 입주 후 당면한 과제는?

밀란칙령 이후 교회의 행보는 바빠지기 시작했다. 박해받던 소수의 교회에서 로마제국의 공식 국교로서의 역할을 해야 했기 때문이다. 제국의 국교로서의 역할을 해내기 위해서는 꼭 필요한 것들이 있었다. 여기서는 중요한 몇 가지를 간략히 살펴보려고 한다. 이 책의 목적은 하나님의 관점에서 역사의 흐름과 그 윤곽을 파악하며 중요한 사건들에 담겨져 있는 의미들을 더듬어 보는 것이기 때문이다.

---

41) "주의 성령이 내게 임하셨으니 이는 가난한 자에게 복음을 전하게 하시려고 내게 기름을 부으시고 나를 보내사 포로된 자에게 자유를, 눈먼 자에게 다시 보게 함을 전파하며 눌린 자를 자유케 하고, 주의 은혜의 해를 전파하게 하려 하심이라."

1. 정경화(正經化)

　기독교의 세력이 커지면서 부딪힌 가장 중요한 문제 중의 하나가 성경과 관련된 것이었다. 최초의 기독교인들은 모두 다 유대인들이었으므로 유대인들이 성경으로 인정하고 있는 구약을 경전으로 받아들이는 데에 아무런 문제가 없었다. 따라서 선교 초기에는 구약성경이 유일한 경전이었으나 1세기 말에 이르러 복음서와 바울 서신 등이 교회에서 성경에 준하는 권위를 가진 책으로 읽혀지게 되었다. 또한 현재 신약성경에 들어있는 책들 이외에도 많은 문서들이 있었고 그 중의 상당수는 교회에서 인정하기 어려운 내용이 담긴 것들도 있었다. 이런 문서들 중에서 어떤 것을 성경으로 사용해야 할 것이냐에 대하여 여러 의견들이 제시되자 교회는 이에 대한 결론을 내려야 했다. 이를 '정경화' 작업이라고 한다. 정경(canon)은 본래 '잣대'를 뜻하는데, '교회의 표준', 또는 '교회의 측정기준', '신앙과 행위를 규정하는 원리'의 의미로 사용되었다.

　정경화의 문제에 도화선을 당긴 사람은 마르시온(Marcion)이었다. 감독(목사)의 아들로 태어난 그는 부유한 선주가 되어 여러 지역을 방문하다가 140년경 로마에 와서 목회를 했는데, 상당수의 사람들이 모여들었다. 그리스의 영지주의에 영향을 받은 그는 구약의 하나님과 신약의 하나님을 구분했다. "구약의 하나님은 유대인들만을 사랑하며, 분노와 전쟁을 즐기는 악마적인 신이므로 신약의 하나님이 될 수 없다."하며 구약성경은 물론 구약과 신약의 연속성을 부정했다. 신약성경에서도 유대인들이 중시하는 마태복음, 마가복음, 사도행전, 히브리서 등을 비롯하여 목회서신(디모데서, 디도서) 등도 거부했다. 마르시온은 바울이 이방인의 사도로서 율법을 대적하고 복음을 대변했다하여 지존(至尊)의 인물로 여겼으며, 누가복음의 일부(탄생이야기 제외)와 바울서신 10개만을 인정했다. 결국 마르시온은 144년 교회로부터 추방되었으나 그로 말미암아 정경화의 필요성이 대두되어 정경화를 앞당기는 결과를 가져왔다.

이레니우스가 활동하던 2세기 말에는 현재 우리가 사용하는 대부분의 신약성경이 인정되었지만 야고보서, 유다서, 베드로후서, 요한2,3서, 히브리서, 계시록 등은 여전히 논란의 대상이었다. 동방교회에서는 367년에 현재 우리가 사용하는 27권이 받아들여졌다는 사실이 아다나시우스의 부활절 편지에서 확인된다. 서방교회에서는 382년 로마회의에서 현재의 신약 27권의 목록이 작성되었고, 395년 카르타고 회의에서 최종적으로 지금과 같은 27권과 그 목차가 결정되었다.

구약성경은 구약과 신약의 연결과 신약성경의 배경이라는 입장에서 기독교의 경전으로 받아들여졌다. 현재 교회가 사용하는 구약의 정경화는 유대인들의 몫이었고 교회는 일체 간섭하지 않았다. 즉 구약성경의 정경화는 유대인들이 했으며 교회는 이를 성경으로 인정했다.

정경화와 관련하여 기억해야 할 것은 제롬(Jerome 340~420)이 라틴어로 번역한 신구약 성경을 서방교회의 표준성경으로 사용했으며, 타국어로의 번역을 금했다는 점이다. 이전에는 그리스어 성경이 쓰였다. 일반인들이 쓰던 언어인 그리스어판 성경을 라틴어로 번역한 후 다른 언어로 된 성경을 금지한 이유는 "성경을 읽지 말라."는 뜻이었다. 지금으로서는 이해가 되지 않지만 당시에는 성경을 읽고 제멋대로 해석을 하다보니 잘못 해석하여 이단이 되는 경우가 많았으므로 이것을 막기 위한 고육지책이었다. 성경과 신앙의 문제에 있어서 해석상의 논란의 여지가 있는 부분은 교황이 해석하여 교서(敎書)로 내려 주었다.

그후 이런 정책은 계속되어 중세기에 이르러서는 성경 번역은 화형의 대상이 되었고, 이후의 교인들은 사실상 성경 없이 신앙생활을 했다. 성경이 공식적으로 번역된 것은 루터가 독일어로 번역한 것이 처음이다. 루터가 종교개혁을 성서번역과 더불어 시작한 이유와 "인쇄술이 없었더라면 루터의 개혁은 성공하지 못했으리라."라는 평가 뒤에는 이런 배경이 있다.

2. 신학화(神學化)

복음이 이방인 지역으로 확산되면서 많은 논란을 불러일으켰다. 최초의 선교사 바울이 주로 회당을 중심으로 복음을 전하면서 유대인들과 많은 논쟁을 벌였던 것을 사도행전에서 찾아볼 수 있다. 초기에는 유대인들과 율법 준수 문제를 중심으로 논쟁을 벌였으나 선교의 중심 무대가 이방인들에게로 옮겨지면서 다양한 물음이 제기 되었다. 이런 물음들에 대하여 교회는 두 가지 측면에서 대처했다.

❶ 신앙고백

현재 교회의 예배순서에서 고백하는 사도신경의 초기 형식은 이런 물음 때문에 등장했다. 이런 원형은 바울 서신에서 이미 찾아볼 수 있다.[42] '신경'(creed)이라는 말은 "나는 믿습니다."를 뜻하는 라틴어 크레도(credo)에서 유래되있다. 각종 이단들이 발흥하자 교회에서는 바른 신앙을 구체적으로 고백하도록 하기 위하여 이런 신경을 가르쳤다. 그리고 이를 '사도' 신경이라 부르는 이유는 사도들이 영감에 의해서 작성했다는 권위를 강조하기 위함이다. 이 신경은 오랜 기간을 거치면서 발전했는데, 이레니우스와 터툴리안 때인 2세기 말에 이르러서는 현재의 신경이 담고 있는 내용들이 거의 다 들어있으며, 340년 마르셀

---

42) "이는 성경대로 그리스도께서 우리 죄를 위하여 죽으시고 장사지낸 바 되었다가 성경대로 사흘 만에 다시 살아나사……."(고린도전서 15:3~4)
너희 안에 이 마음을 품으라. 곧 그리스도 예수의 마음이니 "그는 근본 하나님의 본체시나 하나님과 동등 됨을 취할 것으로 여기지 아니하시고 오히려 자기를 비어 종의 형체를 가져 사람들과 같이 되었고 사람의 모양으로 나타나셨으매 자기를 낮추시고 죽기까지 복종하셨으니 곧 십자가에 죽으심이라."(빌립보서 2:5~8)

루스가 줄리우스 1세에게 보낸 신경에서는 현재 우리가 고백하는 것과 매우 유사한 형태를 찾아볼 수 있다. 사도신경은 서방교회에서 발전되어 먼저 채택되었다.

150여년 경부터 사도신경은 신앙의 표준과 세례입문교육의 기초, 성경해석의 안내라는 세 측면에서 중요하게 사용되었으며, 이단에 대항하여 정통신앙을 변호하는 역할을 해냈다.

❷ 교리제정

라틴문화의 중심지인 서방교회[43]는 사도신경과 같이 단순한 신앙고백으로 만족하며 별 문제가 제기되지 않았지만 그리스철학의 중심지인 동방에서는 고차원의 철학적인 문제들이 대두되었다. 이에 대해 차원 높은 대답을 필요로 하였으므로 교회는 대답을 찾아내기 위하여 오랜 기간 동안 고심했다. 그 과정에서 교리논쟁이 일어났다. 교리논쟁의 중심지는 그리스적인 배경을 가진 알렉산드리아와 콘스탄티노플, 히브리 배경의 안디옥이었는데, 그리스문화와 히브리문화가 대립하는 방향으로 흘러갔다. 동방에서의 교리논쟁은 교회의 사활이 문제가 될 정도로 치열하게 전개된 반면 서방교회는 문제를 직접 제기하기보다는 중재적인 역할을 했는데, 라틴문화의 실용적인 특징이 교리논쟁에서도 반영되었다고 할 수 있다.

교리논쟁의 초점은 '신론'(삼위일체)과 '기독론'이었으며 수세기 동안 열띤 논쟁을 거듭했다. 이 시기는 가히 '교리논쟁의 시대'라고 할만한데, 논쟁이 너무 지나쳐서 교회의 기초까지 흔들리게 했다. 기

---

43) 동양과 서양의 분기점은 발칸반도(그리스)다. 그리스의 서쪽의 교회를 '서방교회', 그리스를 포함한 동쪽의 교회를 '동방교회'라고 한다. 서방교회는 라틴문화권에 속하고 동방교회는 그리스문화권에 속하여 각자 독특한 성격을 가지게 되었다. 교회가 동방교회, 서방교회로 분열된 것에는 이런 문화적인 배경이 있다.

독교를 공인한 콘스탄티누스황제는 교리논쟁을 방치하면 제국이 분열될 위험이 있으므로 보다 못해 문제의 해결에 발 벗고 나서서 전체 교회의 회의를 개최했는데 니케아 회의(325년)가 그것이다. 이 회의에서 황제가 직접 사회를 맡았다는 사실은 황제가 교리논쟁을 해결하기 위하여 얼마나 고심했는가를 보여준다. 교리논쟁이 안고 있는 문제가 그만큼 심각했다는 뜻이다.

니케아 회의를 비롯하여 콘스탄티노플 회의(381년)는 "하나님과 예수님은 어떤 관계인가?"라는 삼위일체 문제를 해결하기 위한 교회회의였는데, 그 결론은 성부와 성자는 '동일본질'(homousios)이었다. 하나님에 대한 예수님의 종속관계 여부가 논의의 초점이었다. 영육이 원론적인 사고에 젖어있는 그리스사람들은 종속적인 입장을 끝까지 강조하여 논의가 길어졌다. 삼위일체 문제가 일단락되자 그 다음은 "예수님은 누구인가?" 라는 그리스도론이 대두되었다. 즉 "예수님은 하나님인가, 아니면 사람인가?"라는 물음이다. 그리스를 배경으로 하는 사람들은 하나님이신 예수님을 강조했고, 예언자 전통을 가진 히브리 문화권에서는 인간이신 예수님을 주장했다. 에베소회의(431년)와 칼케돈회의(451년)는 이 문제를 해결하기 위한 것이었는데, 결론은 "예수님은 완전하신 하나님이시며, 동시에 완전하신 인간이시다."라고 하여 예수님은 완전한 신성(神性)과 완전한 인성(人性)을 동시에 가지신 분이라고 결말이 났다. 이외에도 논쟁을 한 문제들이 많이 있고 또 여러 회의들이 있으나 위의 문제들이 핵심이었다.

이런 교리논쟁과 교회회의를 통하여 교회는 정통교리를 확립해 나갔으며, 이런 교리들은 사도신경과 더불어 이단에 대처하여 정통교회를 수호하는 데에 표준으로서의 역할을 했다.

3. 제도화(制度化)

초대교회는 박해와 이단 등 안팎으로 여러 가지 도전을 받으면서 효과적으로 대처하기 위하여 같은 교리, 같은 신앙을 고백하며 하나가 되어야 했다. 또한 교리논쟁 과정에서 경험한 교회의 무질서는 강력한 통솔력과 지도력의 필요성을 절감했다. 이런 요청에 따라 생겨난 것이 '감독제'였다. 신약성경에 등장하는 감독, 장로, 집사는 모두 성직자다. 본래 감독과 장로는 같은 의미로 사용되었으며 교회행정, 예배, 새신자 교육을 맡았고, 집사는 감독(장로)을 보좌하며 성찬을 집례했다. 그러나 이단 특히 영지주의자들과의 투쟁의 과정을 겪으면서 사도들을 계승한 사람들에게 특별한 권위를 부여하기 위하여 '감독'으로 부르게 되었다.

감독의 권위는 자연스럽게 도시의 크기와 비례했다. 따라서 로마, 알렉산드리아, 안디옥, 콘스탄티노플 등에 있는 교회의 감독들이 구심점이 되었다. 초기에는 황제가 거주하는 로마의 감독이 수위권을 차지했으나 콘스탄티누스가 동로마의 콘스탄티노플로 천도한 후에는 콘스탄티노플이 로마와 맞서는 교구가 되었다. 그러다가 서로마제국이 게르만민족의 침입을 받는 과정에서 보인 로마교회 감독의 지도적인 역할 때문에 로마감독의 위상은 더 높아졌다. 그후 외부의 침략에 의하여 476년 라틴민족 황제의 시대가 막을 내리고 이민족 통치의 시대가 열렸는데 침략자들이 모두 기독교를 받아들이자 로마 감독의 영향력은 급속히 확대되어 명실공히 교황제도가 발전할 입지가 다져졌다. 또한 각 지역의 감독(주교)들의 역할이 크게 증대되어 실질적으로 로마를 이끌어가는 행정관료의 역할을 맡았다. 일찍이 이레니우스는 로마교회는 베드로와 바울에 의하여 세워졌고 그들의 권위를 계승한 교회라는 입장에서 로마교회의 우월성을 강조한 바 있다. 반면에 터툴리안은 이에 대하여 부정적인 입장이었다.

서방교회에서는 다마수스(Damasus I, 366~384), 레오1세(Leo,

440~461) 등의 노력에 힘입어 교황제도가 정착되기에 이르렀다. 로마교회는 마태복음 16:18~19, 요한복음 21:15~17에 근거하여[44] 초대 교황은 베드로이며, 로마의 감독은 베드로의 후계자요 '그리스도의 대리자'라고 주장하여 로마감독(교황)의 우위성을 강조했다.

점차로 교황은 절대적인 존재로 추켜세워졌다. 교황 겔라시우스 1세(Gelasius I, 492~496)는 "축복받은 베드로의 교구는 다른 어떤 감독들의 회의에 의하여 매어진 결정이라 할지라도 다시 풀 수 있는 권리가 있다."라고 주장했다. 다마수스 이후 교황은 천국열쇠를 지닌 베드로의 후계자라는 법적인 해석에 근거, 서방교회를 획일적으로 지도하기 위하여 '교서'(敎書)를 반포하기 시작했다. 서방교회가 교황제도로 치닫자 동방교회는 콘스탄티노플의 감독을 '총대주교'라 하여 맞섰다.

밀란칙령을 전후하여 급격한 변화를 겪으면서 교회가 만들어낸 가장 중요한 정치체제는 '교황제도'(총대주교)와 '성직제도'(hierarchy)였다. 이런 제도는 로마제국의 정치제도로부터 많은 영향을 받았다. 로마는 제국을 통치하기 위하여 각 지역에 속주(屬州)를 두고 있었는데, 교회는 이 속주에 주교(主敎)를 두었다. 교회는 제국의 행징조직을 본떠서 조직을 제도화시켰다.

---

44) 또 내가 네게 이르노니 너는 베드로라. 내가 이 반석 위에 내 교회를 세우리니 음부의 권세가 이기지 못하리라. 내가 천국 열쇠를 네게 주리니 네가 땅에서 무엇이든지 매면 하늘에서도 매일 것이요, 네가 땅에서 무엇이든지 풀면 하늘에서도 풀리리라. (마태복음 16:18 ~19)

저희가 조반 먹은 후에 예수께서 시몬 베드로에게 이르시되 요한의 아들 시몬아 네가 이 사람들보다 나를 더 사랑하느냐 하시니 가로되 주여 그러하외다. 내가 주를 사랑하는 줄 주께서 아시나이다. 가라사대 내 어린양을 먹이라 하시고 또 두 번째 가라사대 요한의 아들 시몬아 네가 나를 사랑하느냐 하시니 가로되 주여 그러하외다. 내가 주를 사랑하는 줄 주께서 아시나이다. 가라사대 내 양을 치라 하시고 세 번째 가라사대 요한의 아들 시몬아 네가 나를 사랑하느냐 하시니 주께서 세 번째 네가 나를 사랑하느냐 하시므로 베드로가 근심하여 가로되 주여 모든 것을 아시오매 내가 주를 사랑하는 줄을 주께서 아시나이다. 예수께서 가라사대 내 양을 먹이라.(요한복음 21:15~17)

정경화, 교리정비, 제도정비 등은 밀란칙령 이전부터 자연스럽게 진행되어왔다. 어느 순간 인위적으로 시작한 것이 아니다. 단지 밀란칙령 이후 급속도로 진행되어 매듭이 지어진 것이다.

물음 30 세속화, 어떻게 대처했나?

교인이 갑작스럽게 늘어나게 되면 교회는 어수선해지면서 세속적인 모습들이 나타나게 마련이다. 아직 박해의 시기였던 2세기 중반에도 많은 사람들이 교회로 몰려들었다. 순수한 신앙을 사모하는 사람들, 좀더 예수님을 진지하게 따르기를 원하는 사람들은 언제나 있어왔는데, 이런 사람들은 교회가 흐트러지고 세속화되면 늘 선명한 깃발을 높이 쳐들고 광야의 소리를 외쳐댔다. 교인들이 급격히 늘어나던 2세기 중반의 박해시대에도 그런 사람이 하나 나타났다.

1. 몬타누스 운동

소아시아의 몬타누스(Montanus, 156~172년 활동)가 그 사람이다. 그는 많은 사람들이 교회에 들어오면서 세상 사람과 교인의 삶이 별로 구별되지 않자 기독교인들의 고상한 삶과 순수한 신앙을 강조하고 나섰다. 이 시대에 활동하던 유명한 교부 터툴리안도 이 운동에 가담한 것을 보면 몬타누스의 개혁과 순수성을 외치는 목소리는 꽤 우렁차게 울려 퍼졌던 것 같다. 터툴리안이 이 운동에 관심을 가진 이유는 철저한 신앙을 강조하는 것에 매료되었기 때문이다. 그러나 안타깝게도 몬타누스는 깊은 영적인 체험에 대한 분별력이 없어서 지나치게 신비적인 경향으로 치우치고 말았다. 그를 따르던 프리스카(Prisca)와 막시밀라(Maximilla)라는 두 여인이 엑스타시 상태에서 예언을 했는데, 몬타누스는 이것을 성령님의 인도하심이라고 오판해서 수용을 했다. 이들의 예언활동은 많은 물의를 일으켰고 그 결과 몬타누스 운동까지 교회로부터 배척을 받고 말았다.

몬타누스 운동은 신앙의 순수성과 교회의 엄격성을 강조하면서 등장한 최초의 개혁운동이라고 할 수 있다.

2. 수도원 운동

밀란칙령이 있던 300년 대 이후에 교회가 당면한 상황은, 박해가 남아있던 몬타누스의 시대와는 너무나 달랐다. 제국의 황제가 기독교인임을 자처하고 나서서 교회를 공인하고 국교로 선포하는 극적인 상황이 벌어지자 교회에는 큰 변화가 생겼다. 박해 때 교회가 당한 손해를 정부가 보상해주고, 각지에 정부의 지원으로 초대형 교회가 세워지고, 지방 세금의 일부가 교회 재정이 되고, 교회의 목회자들이 그 지역의 최고 실권자가 되고, 교회에 수많은 기부금과 유산들이 주어지고, 지역 주민들이 법에 의하여 교회로 몰려오고, 세속적으로 성공하려는 사람들이 교회에 관심을 가지고……. 도무지 상상하지 못하던 일들이 갑자기 벌어졌다. 이렇게 되자 박해를 받으면서 생명을 내어놓고 순수하게 신앙생활을 하던 모습은 옛 추억으로 사라져갔다.

교회와 저자거리의 구분이 모호해지자 여기저기서 반발하는 사람들이 생겨났는데, 순교를 각오하고 순수한 신앙을 지향했던 사람들이 그들이다. 이들은 결코 현실과 적당히 타협하려 하지 않았다. 순교에 버금가는 극단적인 그 무엇이 있어야만 했는데 이런 그들을 사로잡아 감탄하게 하는 것이 하나 있었다.

은둔 수도.

바로 이것이었다. 그리스사상의 주요 특징 중의 하나가 영육이원론이다. 영, 정신은 선한 것이요 육, 물질은 악한 것이며, 육체는 정신을 가두는 감옥인데, 영혼이 육체로부터 자유로워지려면 육체에 고행을 가해야 한다고 했다. 그리스에는 고대로부터 이것을 실천하는 사람들이 있었다. 세상을 철저하게 등지고 극도의 고행과 금욕, 은둔의 삶을 사는 은둔자들이 그들이다. 알렉산더와 동시대에 아테네에 살았던 디오게네스(Diogenes, B.C.412?~B.C.323)가 대표적인 은둔자로서 유명하다.[45]

세상 모든 것을 다 버리고 금욕과 고행을 벗 삼아 한 평생을 독방에서 은둔하며 예수님처럼 거룩해지기를 추구하는 삶, 교회의 세속화된 모습에 염증을 느끼고 순교적인 신앙을 추구하던 사람들은 너 나 할 것 없이 이런 삶에 매료되고 말았다. "이것이 옳은 것이냐?", "성경과 기독교의 전통에 맞느냐?", 이런 것들은 물을 겨를도 없었다. 용기있는 누군가가 은자(隱者)처럼 살면서 기도와 사랑을 실천하자 기다렸다는 듯이 앞을 다투어 따라나섰다. 이런 운동의 시조는 애굽 사람 안토니(Anthony, 251~356)로 알려져 있지만 그 이전에도 있었다. 순교적인 신앙의 삶을 살기를 동경하던 사람들은 적당히 신앙 생활하는 것에 만족할 수가 없었다. 초기에는 소수가 시작했으나 그 숫자가 급속히 늘어났다. 이런 수도원 운동은 이집트와 시리아의 사막지대에서 불길이 타올랐다. 이 지역이 신앙의 열기가 가장 높았기 때문이다. 은둔과 고행의 모습이 사람들에게 큰 감동을 주자 점점 더 극단적인 고행을 추구하는 사람들이 늘어나서 전설적인 이야기들이 많이 전해지고 있다. 어떤 이들은 풀만 뜯어먹고 살았고, 돌기둥이나 나무 위에서 살기도 했으며, 목욕을 하지 않고 지내기도 했다.

수도원 운동은 초기에는 개인적으로 시작했으나 그 수가 늘어나면

---

45) 금욕적 자족을 강조하고 향락을 거부하는 견유학파(犬儒學派)의 전형적 인물이다.

서 공동체 운동으로 발전했는데, 최초의 공동체 수도원은 파코미우스(Pachomius, 285~346)에 의해서 시작되었고, 이어서 여자들을 위한 수녀원도 생겨났다. 공동체 수도원에서는 극단적인 고행을 금했고 노동을 통하여 필요한 물품을 조달했다. 동방지역에서 수도원 운동을 교회, 사회와 연결하여 봉사활동을 강조한 이는 바질(Basil)이었다. 갑바도기아의 감독이었던 그는 노동과 자선, 공동생활을 통한 수도를 강조하였다. 동방교회에서 시작된 수도원 운동을 서방교회로 전달한 이는 투루의 마틴(Martin of Tours, 316~397)인데 그는 파코미우스의 공동체를 본받아 갈리아 지방에서 수도원 운동을 시작했다. 이후 베네딕트(Benedict, 480~542)에 의해 수도원의 규율이 등장했다. 동방과 서방 모든 지역에 수도원 운동이 불길처럼 퍼져 나가서 4~5세기에는 모든 계층에 영향을 주는 운동으로 성장했다. 베네딕트는 순결, 순명, 청빈을 강조했으며, 수도사들은 자신들이 선출한 원장에게 무조건 복종해야 했고 비록 잘못된 명령이라도 순종했다. 또한 하루의 시간을 넷으로 구분하여 4시간은 예배에 바쳤고, 개인적으로 기도하며 경건서적을 읽는 일에 4시간을 보냈다. 그리고 식량을 자급하기 위한 노동에 6시간을 할당했고, 나머지 10시간은 먹고 자는 일에 쓰였다.

밀란칙령 이후의 교회에 가장 큰 영향을 준 사건을 찾는다면 바로 이 수도원 운동이라고 할 수 있다. 수도원 운동의 동기를 여러 관점에서 짚을 수 있겠으나, 가장 중요한 동기는 주님처럼 살려는 거룩한 열망을 품은 사람들이 교회의 세속화에 실망하여 세상을 버리고 사막의 모래밭이나 산속으로 들어가서 거룩한 삶을 살아보려는 몸부림이었다.

그러나 안타깝게도 이 운동은 성경의 헤브라이즘이 아닌 이교문화 헬레니즘의 영향에서 생겨났다. 수도원 운동이 불길처럼 타오르고 있을 때 누구하나 이 문제의 핵심을 꿰뚫어보며 그 오류와 위험성을 지적하는 사람이 없었다. 세속적인 것들로부터 초월해있는 수도사들의 모습이 너무나 감동적이어서 하나같이 수도사들을 예찬하고 말았다. 이런 현상은 그 시대로 그치지 않고 지금도 기독교 영성에 대하여 관심을 가지는 이들은 수도사들이 갔던 길을 따라 밟기 위하여 안간힘을 쓰고 있다.

이에 대해서는 뒤에서 다시 다룰 것이며, 특히 3권 「비움의 길」에서는 이 수도원 영성에 대하여 재해석을 시도하려고 한다.

물음
31 기독교 영역, 어떻게 넓혀졌나?

사도행전의 오순절 사건 이후 교회는 선교를 지상명령으로 알고 이 명령을 수행하기 위하여 온힘을 기울였다. 첫 단계는 예루살렘에서 유다와 사마리아로 복음을 전하는 것이었으며 그 다음으로는 바나바와 바울에 의하여 안디옥에서 이방 지역 선교가 시작되었다. 이렇게 지중해 전 지역을 대상으로 활발하게 선교 활동을 전개했으나 베드로와 바울이 순교하던 네로 치하에 이르러 공개적인 선교활동은 막을 내리고 말았다. 박해가 시작되면서 가서 말로 전하는 시대가 마감된 것이다.

이후부터는 보여주는 선교 시대였다. 기독교인이라는 사실조차도 드러내지 못하고 암호를 사용해야 했던 상황에서는 선교가 중단되었을 것 같은데 놀랍게도 제국 인구의 10%정도가 교인이 되었다. 간헐적이기는 했으나 밀란칙령이 있기까지 박해는 지속적으로 있었다. 그럼에도 불구하고 이런 선교의 성과가 있었다는 것은 이 시대의 교인들의 삶이 세속의 사람들과 얼마나 뚜렷하게 구별되었는가를 보여주는 확실한 증거라고 할 수 있다. 이런 저력에 힘입어 기독교는 이제 제국의 국교가 될 수 있었다.

밀란칙령 이후 기독교의 영역은 유럽 대륙으로 급속히 확대 되었다.

이 과정에서 전개된 선교의 특징을 간략히 살펴보면 다음과 같다.

1. 가서 전하는 선교

기독교에 대한 박해가 사라지자 다시 활발한 선교활동이 시작되었다. 이런 선교활동은 주로 국경 너머의 야만족이라 불리던 민족들을 대상으로 했다. 제국 내에서는 법에 의해 기독교인이 되어야 했으므로 사실상 선교가 필요 없었다. 그러나 아직 야만의 상태를 벗어나지 못한 지역에 대한 선교는 죽음을 각오해야만 하는 위험천만한 일이었다.

이 시기에 이런 위험을 감수하고 나선 사람들이 있었는데 대부분이 수도사들이었다. 수도원에서는 죽음이 기다리고 있는 이민족의 땅에 언제나 갈 각오가 된 사람들을 계속 배출해 냈고, 이들은 기독교 영역을 넓히는 선교에 앞장을 섰다.

2. 로마제국의 후광

로마제국 영역 밖의 선교는 영역 내의 선교와는 사뭇 달랐다. 로마제국은 정치적으로 통일이 되어 있어서 제국 내에서는 활동이 자유로웠고, 종교적으로 개별적인 접촉과 개종이 가능했다. 그러나 제국 이외의 지역은 전적으로 부족, 또는 국가의 힘이 지배하는 사회여서 개인으로 개종하는 것은 불가능했다. 추장과 왕, 부족 또는 나라 전체가 종교를 바꾸지 않는 한 개인이 개종하려고 해도 결실을 맺을 수가 없는 시대였다. 따라서 선교사들이 아무리 목숨을 내놓고 선교활동을 한다 해도 그 성과는 크게 기대할 수가 없었다. 지금도 회교권에서 개인이 개종을 하는 것이 얼마나 어려운 것인가를 생각해 보면 그 당시의 사정은 이보다 훨씬 더 심했음을 알 수 있다. 이런 시대에 '가서 전하는 선교'가 결실을 맺으려면 정치적인 힘의 후광이 필요했다.

로마제국의 존재는 이런 의미에서 기독교 선교에 가장 효과적인 역할을 해냈다. 선교의 과정을 자세히 살펴보면 로마제국의 국력의 정도와 가서 전하는 선교의 성과가 비례하고 있음을 알 수 있다. 유럽은 물론 당시 세계 어디에도 로마제국보다 더 강대한 나라는 없었기 때문에 로마제국과 인접한 나라들은 시간이 지나면서 로마제국의 국교인 기독교를 받아들이지 않을 수 없었다.

인간의 현실을 누구보다도 잘 아시는 하나님께서는 온 세상을 구원하기 위하여 가장 적절한 선교의 방법을 사용하신다. 구약에서는 가나안에 하나님 나라의 모형을 국가적인 차원에서 만들어 보여주게 하셨다. 당시는 국가적인 접촉으로만 선교의 결실이 가능하기 때문이었다. 신약으로 넘어와서는 로마제국을 하나님 나라의 모형으로 만드시기 위하여 기독교 국가가 되게 하셨다. 구약에서는 가나안 밖으로는 선교가 확대되지 못하고 말았다. 이는 전적으로 그 시대의 지도자들이 바라보는 역사적인 시야가 좁아서 보여주는 삶을 제대로 살지 못했기 때문이다. 교회사로 넘어와서 초대교회 공동체는 보여주는 삶을 훌륭하게 실천했고 이로 말미암아 로마제국의 국교가 되었으며, 이런 저력은 국교가 된 후에도 계속 이어져서 주변 나라들인 유럽 대륙 전체를 기독교화 할 수 있었다. 북부 유럽 대륙의 선교 과정을 보면 주변 국가들이 먼저 로마문화를 선망하여 받아들이려고 했기 때문에 그들을 명목상의 기독교인으로 만드는 것은 별로 어려운 일이 아니었다. 집단 개종 이후에 개인들로 하여금 회심으로 이어지도록 하는 것이 더 어려운 과제였다.

씨족, 부족 사회에서 개인적인 개종이 확산되어 집단 개종으로 이어진다는 것은 현실적으로 대단히 어렵다. 로마제국은 지중해 전 지역이 정치적으로 통일과 안정이 되어 있었고, 수많은 민족, 사상, 종교들이 교류가 되어있었으며, 또 유대인들과 회당이 이미 제국 전 지역에 산재해 있어서 징검다리 역할을 했으므로 개인적인 회심의 확산이 가능했다. 그러나 다른 문화와 교류가 단절된 폐쇄적인 지역에서는 집단적인 개종이 아니고서는 사실상 선교가 불가능했다. 따라서 로마제국이라는 강대한 정치적인 후광이 없었다면 수도사들의 선교적인 노력은 결실을 기대할 수 없었을 것이다. 그 증거는 로마제국의 정치적인 힘이 미치지 않는 곳에도 수도사들이 수없이 파견되었지만 결국 실패하고 말았다는 것이다. 인도, 중국에까지 수많은 선교사들이 갔지만 무위로 끝나고 말았으며, 후일 근세와 현대에 들어서 서양의 월등한 국력과 앞선 문화를 앞세워 다시 선교가 시작되었다. 기독교를 선교하는 서양의 국가들이 모든 면에서 선진국이 되어있었기에 그들의 선교가 더 큰 효과를 얻을 수 있었다. 개인적인 회심을 시도하는 선교의 성과는 18세기 이후에 등장했다. 그 이전에는 집단개종이 아니고서는 선교의 효과를 기대하기가 어려웠다.

이런 시대에 시도하는 선교는 국가의 후광이 필요하다. 이 시기 뿐만 아니라 근대의 선교들이 다 이런 양상을 띠었다. 그러나 힘으로 밀어붙이는 제국주의적인 선교는 초기에는 성과를 거두는 것 같지만 결국 실패할 뿐만 아니라 오히려 선교의 길을 가로막고 만다. 로마제국 당시는 물론 근대에 들어서서 시도된 제국주의적인 선교는 현재 회교권을 비롯한 제3세계에서 그 실패를 맛보고 있다. 힘을 사용하면 언제나 반발을 불러오게 마련이며, 칼을 쓰는 자는 칼로 망하게 되어 있다. 지금 전 세계가 테러의 공포에 휩싸인 것이 그 증거이다.

선교는 '보여주는 선교' 여야 한다. 그런데 그 보여줌은 개인이 아닌 공동체가 해야 한다. 보여주는 공동체 운동이 선교의 지름길이며 현실성을 가진다. 교회사에 등장하는 개혁운동들이 작은 공동체로 시작하는 이유는 여기에 있다.

3. 와서 보고 믿게 하는 선교

믿기지 않는 일이지만 우리나라가 미국에 이어 세계 선교 2위 국가라고 한다. 이런 수치는 선교비와 선교사 숫자를 참고한 것이므로 객관적 수치로는 맞다고 할 수 있다.[46] 개신교 선교 역사가 이제 겨우 100년을 넘어선 나라, 남한 인구 5천여 만의 작은 나라가 세계 선교사에서 한 획을 긋고 있다고 할 만하다.

기독교인에게 주어진 지상명령인 선교를 수행하는 데에 있어서 가장 중요한 것은 무엇일까? '선교정책' 이다. 선교는 물론이고 전쟁, 사업, 무슨 기획 등에 있어서 정책과 전략이 가장 우선시 된다. 초대형 일류기업이 한순간에 무너지는 것은 정책과 전략이 잘못 세워졌기 때문이다.

선교의 정책과 전략을 세우는 데에 있어서 제일 먼저 고려해야 할 것은 "하나님께서는 어떤 방법으로 세계(인간)를 구원하시는가?"에 대하여 눈을 뜨는 것이다. 사람의 머리에서 나온 지혜와 지략이 아무리 뛰어나다 할지라도 전지하신 하나님을 따를 수가 없으며, 하나님의 방식에 맞지 않으면 결코 성공할 수가 없다. 우리는 4천년 구속사에서 반드시 이것을 배워야 한다.

세상을 구원하시려는 하나님의 선교 전략은 무엇일까?

보여주는 선교, 와서 보고 믿게 하는 선교.

이것이다. 이에 대해서는 1부 「하비루의 길」에서부터 누누이 지적한 바다.

---

46) 한국선교연구원에 의하면 2006년 말 현재 한국 선교사 1만4905명이 168개국에서 사역하고 있는 것으로 조사되었으며 미국(6만4084명)에 이어 2위를 기록하고 있다.

4. 도미노

동식물을 막론하고 생명체는 더 좋은 것을 찾고 또 받아들이려고 한다. 민주주의를 전 세계 대부분의 국가에서 받아들이는 이유는 그것이 왕정이나 독재보다 더 좋다는 것을 경험을 통하여 확인했기 때문이다.

성경의 말씀을 '복음', 즉 복된 소식이라고 한다. 이 좋은 소식을 어떻게 전해야 하나? 이치는 간단하다. 그 복음을 받아들인 사람들의 사는 모습이 더 좋아야 한다. 예수님을 영접한 사람들의 가정이, 그 사람들의 사는 모습이, 그들이 모인 모임이 더 좋아 보이면 된다. 박해시대의 기독교는 이렇게 해서 전해졌다. 기독교인들이 모여서 희년의 정신을 실천하는 모습이, 순교하면서 보여준 죽음을 초월하는 모습이 박해자들에게까지 감동을 주었다. 후일 로마제국의 국력이 약해졌을 때 로마를 약탈하러 왔던 사람들도 같은 이유로 복음화 되었다. 자신들이 정복한 지역에 사는 사람들의 삶의 수준이 자신들과는 비교가 되지 않을 만큼 좋으므로 자원해서 복음을 받아들였다.

기독교인들이 전 세계를 복음화시키려고 한다면 자신들이 사는 삶의 질적인 수준이 세계 최고가 되지 않으면 불가능하다. 전인적으로 세계 최고의 삶을 살고 있기만 하면 선교는 저절로 되게 마련이다. 값이 싸면서 품질이 제일 좋으면 그 물건은 저절로 팔리게 되어있다. 사람들은 좋은 것을 찾느라고 혈안이 되어있기 때문이다. 하나님께서 우리에게 요구하시는 선교의 전략은 지극히 단순하다. 각 분야에서 세계 최고의 삶을 보여주라는 것이다.

성경의 말씀들은 세상 그 어느 것보다도 고상한 삶을 말하고 있다. 성경의 해석은 여기에 초점이 맞추어져야 한다. 시내산계약법의 중심은 '희년'에 있다. 예수님의 말씀도 희년의 정신을 재해석하신 것이며, 예수님의 오신 목적은 희년법의 성취에 있으며, 예수님을 따르던 제자들은 그 법을 삶으로 살아냈다. 그 결과 무슨 일이 일어났는가? 예루살렘에서 시작하여 도미노 현상이 일어났다.

진정한 기독교인의 삶이 있는 곳에는 주변이 기독교화되는 도미노 현상이 일어나게 되어있다.

도미노가 멈추었다면 진단은 자명하다.

기독교인의 진짜 삶이 멈춘 것이다.

물음 32 와서 믿게 하는 선교, 어떻게 진행되었나?

사람의 생각과 하나님의 생각은 너무나 달라서 인간이 하나님께서 하시는 일을 측량한다는 것은 가당치가 않다.[47] 사도행전에 기록된 예루살렘교회에 주어진 박해는 지금 돌이켜보면 사마리아, 땅 끝까지 이르러 복음을 전하게 하는 일종의 파송식이었지만 스데반의 순교로 시작된 박해를 받은 사람들은 전혀 그것을 알지 못했으리라. 로마제국이 초대교회를 박해한 것은 결국 교회에 제국을 내어주는 결과가 되었다. 박해하던 로마인들은 물론 300여 년 동안 박해를 견뎌낸 당시의 교인들 역시 이런 사실을 전혀 몰랐을 것이다. 뉘라서 이런 일들을 예측할 수 있었겠는가?

그런데 이제부터 전개되는 사건은 더더욱 기상천외한 방식으로 진행되었다. 세속의 역사학이 제공하는 역사관으로 지나간 역사를 더듬어 보는 것도 큰 유익을 주겠지만, 하나님체험에서 얻어지는 하나님의 심정(케노시스)으로 역사를 들여다보면 하나님께서 역사를 이끌어 가시는 방법을 배우게 된다. 이런 방법은 세상의 학문에서는 터득될 수

---

[47] 여호와께서 이렇게 말씀하신다. "…… 나의 계획은 너희가 생각해서 알아낼 수 있는 것들이 아니며 내가 할 수 있는 일들은 너희들이 보기에 가능한 것들만이 아니다. 하늘이 땅보다 높은 것과 같이 나의 생각도 너희가 생각할 수 있는 모든 것들보다 높다. 내가 할 수 있는 일들도 너희가 가능하게 보는 모든 것들보다 훨씬 더 높다."(이사야 55:8~9, 현대어성경)

가 없다. 따라서 세속적인 역사관과 영성의 역사관은 바라보는 입장이 다를 수밖에 없다.

이스라엘에 가나안을 주신 이유는 가나안을 통하여 지중해 네 문화권을 먼저 구원하시기 위함이었다. 그러나 이스라엘이 실패하자 그 사명은 예수님으로 말미암아 시작된 교회공동체에 주어졌다. 교회 공동체의 사명은 예루살렘으로부터 시작하여 지중해 세계는 물론 전 세계를 구원해내는 일이었다. 초대교회 박해의 300년 기간을 통하여 지중해 세계가 교회에 주어졌다. 역사의 흐름에서 보면 '구원'이라는 개념 속에는 지극히 현실적인 의미를 담고 있다. 이스라엘의 가나안 입주를 가나안 구원이라는 시각에서 보면 가나안의 땅과 주도권이 이스라엘에게 주어진 것이었다. 초대교회가 지중해 즉 로마제국을 구원한다는 말은 곧 지중해 세계를 지배하던 로마제국의 땅과 주도권이 초대교회에게 주어진다는 의미가 담겨 있다. 그러기에 로마제국은 교회에 주어진 새 가나안이었다는 해석이 가능하다. 기독교를 공인하고 이어서 로마제국의 국교가 되는 역사적인 사건은 로마제국의 땅과 주도권이 교회에 주어지는 구체적인 과정이었다. 로마제국이 교회에 주어진 가나안이었다면, 그 다음으로 진행될 수순은 로마제국 국경선 밖으로 영역이 확대되어 교회의 지경(地境)이 확대되는 것이다. 어떻게 이런 일이 진행되었을까? 얼핏 생각하면 주변 국가에 부지런히 선교하여 그들을 기독교인으로 만들어 영역을 넓혀갔으리라고 추측이 되지만 역사에서 일어난 사건은 그와는 정반대로 진행되었다.

이에 그 과정을 간략하게 더듬어 보고자 한다.

1. 국력 약화

로마제국이 지중해 전 지역을 지배하여 태평성대를 구가하고 있었으나 시간이 지나면서 초기의 위대한 정신은 서서히 시들어가고 지도자들이 부패하기 시작했다. 180년에서 284년까지 100여 년 동안 25명의 황제가 등극했는데, 그중 21명이 암살되었고 한 사람은 전쟁 중에 부하에게 배신당했고, 한 사람은 페르시아에 포로로 잡혀가서 실종되었고 자연사한 이는 단 두 명뿐이었다. 서로마제국이 멸망하던 당시의 20여년(455~476) 동안에는 9명의 황제가 등장했다. 정권 핵심부는 군대의 실력자들이 좌지우지했고, 황제의 자리를 경매에 붙이는 기막힌 일이 벌어지기도 했다.

다뉴브강과 라인강을 경계선으로 하는 북쪽 경계선에는 이민족의 침입이 잦았는데, 로마정부는 이 문제를 해결하기 위하여 그들을 포용하고 용병으로 삼았다. 국경을 수비하는 군대는 대략 50~60여만 명이었는데, 주요 지휘관 중에 게르만족 용병들이 많았다. 이민족의 용병으로 군대가 유지된다는 것은 로마인의 애국정신이 그만큼 약해졌다는 뜻이다. 410년에 수도 로마를 점령한 고트족 알라릭(Alaric, 370~410)도 용병대장 출신이었다.

제국의 국력을 약화시킨 요인 중의 하나가 제국이 동, 서로 나뉜 것이었다. 380년 기독교를 국교로 선포하여 기독교 이외의 종교들의 신전을 파괴하고 이교사제들을 엄벌했던 데오도시우스(379~395)는 두 아들 아카디우스(Arcadius)와 호노리우스(Honorius)에게 동로마와 서로마를 물려주었다. 제국을 분할통치하는 일은 종종 있었고 그것이 재앙으로 이어지지는 않았는데 이번에는 악수(惡手)가 되고 말았으며, 호노리우스는 제국의 수도를 지키지 못한 무능한 황제로 이름을 올리게 되었다.

2. 서로마 멸망

로마제국의 국경선은 아라비아사막과 사하라사막, 티그리스강과 다뉴브강과 라인강을 기준으로 그어져 있었다. 그 이상은 점령하려고 하지 않았는데, 그 이유는 미개인들이 살고 있어서 점령해봤자 별로 이득되는 게 없었기 때문이다. 특히 다뉴브강과 라인강 건너편 지역이 그러했다. 국경선이 확고해진 이후 로마제국은 수백 년 동안 태평성대를 보냈다. 제국 내에 있는 수많은 식민지 국가들은 기꺼이 로마제국의 통치를 받아들였기 때문에 별로 저항이 없었고, 국경선 밖의 야만족들은 감히 로마제국을 넘볼 엄두조차 내지 못하고 있었다. 북아프리카 해안의 카르타고와의 전쟁 이후 로마의 국경선에는 600여 년 동안 침략자의 그림자조차 찾아볼 수 없었다는 말은 결코 과장이 아니었다.

그런데 400년을 전후하여 사정이 달라졌다. 흔히 말하는 게르만 민족의 대이동이 시작된 것이다. 게르만 민족의 이동은 중앙아시아 지역에 거주하던 훈족이 유럽 지역으로 이동하므로 밀려난 결과였는데, 이후 유럽의 판도를 바꾸어 놓았다. 이 시기의 훈족의 지도자 아틸라는 이후 유럽에서 전설적인 인물이 되어서 수많은 문학작품과 오페라의 주인공이 되었다.

406년 12월의 겨울은 유난히 추워서 국경선 라인강이 얼어붙자 게르만족의 일부가 강을 건너 로마제국의 갈리아 지역에 침입하면서 로마제국의 국경은 무너지기 시작했다. 이때 침입한 군대가 약 1만 5천여 명이었는데, 별로 저항을 받지 않고 주민이 약 2천 만 명이나 되는 갈리아 지역을 점령했다. 로마의 국경이 서고트족의 알라릭에게 힘없이 유린을 당하자 반달족, 프랑크족, 롬바르트족, 부르군트족, 동고트족 등 게르만민족의 여러 부족들이 떼를 지어 몰려들었다. 게르만족들은 이탈리아 반도는 물론 스페인과 북아프리카 지역까지 진출하여 서로마제국은 게르만족의 무대가 되고 말았다. 이후 황제들은 실권을 잃었고, 군대의 권력자에 의해 황제가 수시로 바뀌는 등 파행을 거듭하다가 결국 476년에 멸망함으로써 라틴민족의 시대는 막을 내리고 게르만민족의 시대가 막을 열었다.[48] 이후에도 동로마제국은 1453년 멸망할 때까지 지속되었으나 동로마제국은 발칸반도(그리스본토)와 소아시아지역에서 그리스문화를 배경으로 하고 있으므로 엄밀한 의미에서 라틴 로마제국이라고 할 수는 없다. 어쨌든 라틴로마제국은 476년 막을 내렸다. 천하무적의 군대를 자랑하던 로마제국이 이토록 어이없게 무너져 버렸다는 것이 도무지 이해되지 않지만 역사에서 일어난 사실이다.

3. 교회의 부상(浮上)

수도 로마가 약탈을 당한 후 황제가 유명무실해지자 행정 조직이 마비되어 국가의 기초가 무너지고 말았다. 이민족들이 끊임없이 쳐들어오는데도 황제와 고위 관리들은 아무런 역할을 하지 못했다. 국가와 정치조직이 힘을 잃어버리고 사회가 극심한 혼란에 빠지자 교회의 성직자들이 나서서 사태를 수습하게 되었다. 이 당시 로마의 감독은 레오(Leo 1세)였는데, 그는 직접 군대를 통솔하고 또 적장을 만나 담판을 짓는 등 사실상 황제의 역할을 해냈다. 특히 그가 452년 훈족의 전설적인 지휘관 아틸라를 직접 찾아가 외교적인 수완을 발휘하여 로마시를 지켜낸 일화는 가히 영웅적이었다. 3년 후에는 북아프리카에서 배를 타고 건너온 반달족 지도자 가이세릭을 만나 담판을 지어 로마를 파멸의 구렁텅이에서 구해냈다. 레오의 이런 역할은 서로마에 교황제도가 정착되는 계기가 되었고, 일반인들에게 교회의 중요성과 필요성을 일깨워 주었다.

교회의 중요한 역할은 이후에도 계속되었다. 라틴제국이 게르만제국으로 대치되었으나 야만인으로 살아온 게르만인들은 나라를 이끌어

---

48) 410년 로마시가 함락된 후 명목상의 황제가 있었으나 사실상 게르만인 장군들이 실권을 장악했다. 476년 오도아케르(Odovacar)가 마지막 황제 로물루스 아우구스툴루스(Romulus Augustulus)를 폐위시키고 스스로 왕이 되었다. 이 시점을 서로마의 멸망으로 본다. 그러나 비잔틴(콘스탄티노플)을 중심으로 하는 동로마는 1453년 오스만 투르크에 멸망당할 때까지 계속되었다.

갈 행정력은 물론 정신문화가 없었다. 황제와 더불어 관료들이 사라져서 행정조직이 마비되어 있을 때 유능하게 그 역할을 대신하는 사람들이 있었는데, 각 지역의 감독(주교)들이 그들이었다. 이들은 신실하였고 또 학문을 깨우치고 있었기 때문에 대단히 우수하게 행정과 사법의 직무를 해냈다. 게르만인들은 주교들이 없이는 나라를 통치할 수가 없게 되었고, 동시에 교회의 위상은 높아졌으며, 이후 서로마제국은 사실상 교회가 지배하는 제국이었다.

서로마제국이 게르만인들에게 멸망당하고 교회가 실권을 쥐게 되자 라틴인들의 민족감정은 자연히 교회에 대한 적극적인 지원으로 나타났다. 라틴인들 위주로 구성된 교회의 주교 조직은 곧 라틴제국의 마지막 흔적이라고 생각되었기 때문이다. 이런 현상 역시 교회가 부상하는 데에 한 몫을 해냈다.

4. 와서 보고 믿은 선교

누란(累卵)의 위기에서 보여준 레오의 역할과, 각 지역의 혼란을 수습해 나가는 주교들의 모범적인 행동은 교회를 세상에 새롭게 각인시켰으며, 새로운 지배자로 등장한 게르만인들을 교회로 흡수했다. 이로 인하여 교회는 사실상 제국을 지배했으며, 무지하고 단순하던 야만인 게르만족들은 자연스럽게 서서히 기독교인이 되어갔다. 초기에 로마제국으로 몰려온 게르만족 가운데 일부는 정통 기독교에서 이단시한 아리우스교인들이었으나[49] 서방지역에 정착하면서 정통 가톨릭으로 변화되었다.

게르만인들은 로마를 약탈하러 왔다가 라틴제국을 무너뜨리고 나라를 차지했지만 최후의 승자는 교회였다. 외형으로는 제국의 주인이 라

---

49) 아리우스는 아타나시우스와 더불어 기독론 논쟁의 주역이었는데, 예수님의 신성을 지나치게 강조하고 인성을 배제시킴으로써 이단정죄를 받았다.

틴인에서 게르만인으로 바뀌었지만 내적으로는 교회가 제국의 지배자 요 주인이 되었다. 먹으러 오는 자가 먹히는 원리가 적용된 전형적인 실례다. 사실 역사에는 이런 예가 얼마든지 있다. 군사적으로는 스파르타가 아테네를 이겼지만 문화적으로는 아테네에 흡수되었고, 로마가 그리스제국을 물리치고 지중해의 패권을 차지했지만 문화적으로는 그리스문화의 지배를 받았다. 군사문화와 비교할 수 없이 강한 것이 정신문화이며, 문화적인 전쟁이 진정한 전쟁이다. 그 시대를 이끌어갈 수 있는 정신문화를 가진 집단이 최후의 승자가 된다.

하나님께서 세상을 구원하시는 선교 전략은 '보여주는 선교'다. 하나님나라를 닮은 가장 위대한 정신문화를 세상에 보여주어 그들로 하여금 보고 구원에 이르게 하신다. 구약의 시내산 율법은 당시에는 세계 최고의 정신문화를 만들어낼 수 있는 법이었다. 이것을 다시 재해석 하신 예수님의 말씀은 당시는 물론 영원히 세계 최고의 정신문화를 유지해 갈 수 있는 기틀이다. 이런 보여주는 선교로 여리고를 비롯한 예루살렘, 로마를 무너뜨렸고, 게르만민족을 비롯한 유럽의 여러 민족들을 흡수했다. 사람은 누구나 본능적으로 좋은 것을 선호하며 따라 배우게 되어있다. 보여주는 선교는 가장 좋은 것을 보여주는 선교로써 가장 고차원적인 정신문화로 표현되어야 한다.

초대교회가 로마제국의 국교가 될 수 있었던 것은 박해를 받으면서도 기독교인들이 가졌던 고상한 신앙이 제국내의 다른 모든 문화보다 앞선 정신문화로 표출되었기 때문이다. 열심히 전도한 결과가 아니었다. 라틴로마제국은 멸망하여 없어졌지만 야만적인 침략자들을 복음화시킨 것은 당시의 교회가 살아있는 신앙에 기초한 정신문화를 보여주었기 때문이다. 교회로 말미암아 제국의 정치적인 주인은 바뀌었지만 제국의 기틀은 계속 이어졌고, 중세유럽의 신성로마제국으로 승화

되어 1천년 이상을 유지할 수 있었다. 야만인들에게 선교사를 계속 보내서 유럽 전체가 기독교 국가가 되고 하나의 기독교 제국으로 묶여진 것이 아니다. 게르만 민족의 대이동과 때를 같이하여 기독교 국가로 몰려들어오는 침략자들이 와서 보고 믿는 자들이 되었기 때문이다. 초대교회가 당한 박해는 로마제국의 국교가 되는 길이었고, 제국의 국교가 된 후 당한 게르만 민족의 침입은 유럽을 기독교화시키는 길이었다. 이는 하나님의 지혜에서 비롯되는 기상천외한 방식이었다.

보여주는 선교, 와서 보고 믿게하는 선교는 이렇게 역사 속에서 성취되었다. 이는 본래 이스라엘 사람들이 가나안 공동체를 통하여 성취했어야 할 일이었다. 그들이 실패한 것을 교회공동체는 해냈다.

보여 주는 선교.
와서 보고 믿게 하는 선교.

지금 우리가 시급히 눈을 떠야할 과제이다.

로마제국, 기독교 때문에 망했는가? 물음 33

밀란칙령 이후 기독교가 제국의 종교로 자리를 잡아가고 있던 4세기 후반에 나타난 중요한 현상은 로마제국의 국방력이 급속히 약화되었다는 점이다. 그 결과는 국경수비에 그대로 반영되어 국경선이 무너지고 오랑캐라고 여기던 이민족들이 로마까지 몰려와서 약탈을 일삼았다. 50~60만 명으로 구성된 천하무적의 로마군대가 어떻게 1만 5천여 명의 야만족에게 그토록 허망하게 무너졌는지 역사의 수수께끼로 남아있다.

국경선이 무너지고 난지 몇 년 후인 410년 8월 24일, 제국의 중심지로마가 함락되어 약탈을 당하자 시민들은 큰 혼란에 빠지고 말았다. 로마시가 침략을 당한 것은 800여 년만의 일이었다. "어쩌다가 성 로마제국이 이지경이 되었는가?"라는 탄식과 함께 여론이 흉흉해졌다. "로마제국을 망하게 하는 원인이 무엇이냐?"라는 시민들의 절규에 대한 여러 대답들이 나왔는데, 가장 설득력이 있던 것은 **"기독교 때문에 로마제국이 망하고 있다."**라는 것이었다. 그 이유는 두 가지였는데, 하나는 기독교가 세상을 거부하라고 가르쳤기 때문에 국가에 대한 봉사와 애국심을 감소시켜 국력이 쇠퇴했다는 것이며, 다른 하나는 로마제국은 개국이래로 수많은 신들을 믿어왔는데 밀란칙령 이후 그 모든 신들을 부정하고 그 신전을 파괴하였기 때문에 그 신들이 진노하여 로마제국에 재앙을 내렸다는 것이다. 이렇게 로마제국의 몰락에 대한 책임을 기독교에 전가하는 것이 당시의 일반적인 여론이었다. 법으로 금지당하고 신전을 파괴당한 이교도인들이 이런 비판에 결사적으로 앞장을 서서 여론을 주도하고 있었다.

교회는 난감한 문제에 부딪혔다. 뭐라고 대답해야 하나? 죄를 지은 것에 대한 하나님의 징계라고 해야 하나? 그러기에는 석연치가 않았다. 기독교는 이제 막 제국의 종교로 출발을 한 상태였기 때문이다. 313년의 밀란칙령은 종교의 자유, 즉 기독교에 대한 박해를 금하는 규정이었고, 기독교가 로마제국의 공식적인 국교가 된 것은 380년의 일이었다. 그런데 제국의 국교가 되자마자 죄 때문에 심판을 받는다는 것은 앞뒤가 맞지 않는다. 그렇다면 뭐라고 해야 하나? 그냥 우연히 일어난 사건이라고 해야 하나? 도대체 대답이 쉽지 않았다. 이 문제에 대하여 납득할 만한 대답을 하지 않는다면 기독교는 국교로서의 명분을 잃을 수도 있는 심각한 위기에 놓여있었다.

할 수 없이 이 문제에 팔을 걷어붙인 사람이 있었다. 아프리카의 북단 타가스테(Tagaste)에서 태어나 인근의 항구도시 히포(Hippo)의 감독으로 있던 아우렐리우스 아우구스티누스(Aurelius Augustinus, 354~430)였다.[50] 그 당시 최고의 지성인이자 교부였으며, 교회사에 등장하는 최고의 학자 중의 하나라고 일컬어지는 그에게 그 시대가 당면한 가장 어려운 문제가 주어진 것은 어쩌면 당연한 일이다. 그가 이 물음에 답을 할 준비가 된 사람이었다. 어쨌든 히포까지 몰려오는 피난민 행렬을 바라보며 59세였던 그는 남은 생의 전부라고 할 수 있는 14년 동안을 이 문제와 씨름하여 「하나님의 도성」(De Civitate Dei)[51] 이라는 책으로 이 물음에 대답을 남겼다. 이후 이 책은 교회와 세속권력과의 관계를 다루는 데에 있어서 하나의 지침서 역할을 해왔고 중세와 현대에 거쳐 가장 큰 영향을 준 책 중의 하나가 되었다.

어거스틴은 다양한 분야의 저서들을 남겼는데, '인식론', '교회론'(도나투스논쟁), '인간론'(펠라기우스 논쟁), '신론'(삼위일체론) 등이 주로 언급된다. 그러나 신학, 학문, 사상의 분야를 망라해서 그 이후의 시대에 가장 큰 비중을 차지하는 것은 「하나님의 도성」이다. 특히 구속사 4천 년을 예언자 영성(사관)의 관점에서 볼 때 이 책은 대단히 중요하므로 주목할 필요가 있다. 아우구스티누스, 영어발음으로는 어거스틴(Augustine)으로 불리는 그의 대답은 무엇인가? 「하나님의 도성」

---

50) 바울 이후 교회사에서 가장 큰 영향을 끼친 사람은 어거스틴이다. 그는 초대의 신학을 완성한 사람으로 평가받는다. 소아시아와 알렉산드리아를 중심으로 하는 동방 신학과, 서방 로마의 라틴신학의 거대한 흐름은 어거스틴에게 와서 하나의 물줄기로 종합이 되었다. 어거스틴은 동방신학과 서방신학을, 헬레니즘과 헤브라이즘을 서로 대립적으로 보지 않고 조화시켰다. 신앙을 강조하면서 지성을 거부하는 터툴리안(예루살렘과 아테네가 무슨 상관이 있는가?)의 전통과 지성을 강조하는 저스틴(그리스철학자들은 복음을 위한 이방의 선지자다.)의 상반적인 입장을 어거스틴은 "신앙은 찾고 지성은 발견한다."(Fides quaerit, intellectus invenit)라는 원리속에서 융합해냈고 이런 입장에서 삼위일체, 은총론, 인식론 등 주요 교리와 신학을 정리했기 때문에 '초대신학의 완성' 이라는 평가가 가능하다. 중세사상과 종교개혁은 물론 역사철학, 실존주의, 개인주의 등 현대사조의 근원을 추적하면 어거스틴에 이르게 된다.

51) 「신의 도성」은 최초의 기독교 역사철학으로 평가받는다. 그는 역사 속에는 흥망성쇠의 지배를 받는 '세상나라' 인 세속 국가와 교회에 임하는 영원한 '하나님나라' 가 존재한다고 구분하고 있는데, 이런 두 왕국설은 후일 중세에서 교회가 세속국가에 대하여 우위권과 교황권을 주장하는 데에 이용되었을 뿐만 아니라, 이후 서양의 정신사에 큰 영향을 끼쳤다.

에 나타난 그의 대답을 간추리면 다음과 같다.

　22권으로 구성된 방대한 분량의 이 책은 어거스틴이 말년에 쓴 마지막 저서이기에 그의 사상이 집약되었다고 할 수 있다. 이 책은 크게 전반부(1~10권)와 후반부(11~22권)로 나뉘는데 '마르셀리누스'(Marcellinus)에게 답변하는 형식으로 시작하고 있다. 어거스틴의 친구였던 마르셀리누스는 자신이 이 문제에 대답을 하려고 했지만 어려움을 느껴 어거스틴에게 대답을 요청했는데, 마침 어거스틴 역시 그 문제에 관심이 지대하였기에 그의 요청을 받아들여 집필을 시작한 까닭에 이런 형식이 취해졌다.

　전반부는 호교론을, 후반부는 두 왕국에 기초한 이원론적인 역사철학을 전개하고 있다. 호교론을 전개시키기 위하여 전반부에서 어거스틴은 당시 최고의 지성인답게 로마의 역사와 그리스의 철학사를 해박하게 꿰뚫으면서 조목조목 교회에 대한 누명을 벗겨내고 있는데 주요 골자는 이렇다.

　　로마제국의 번영은 로마제국이 섬기던 다른 신들에 의한 것이 아닙니다. 기독교를 받아들이기 이전에도 로마는 여러 차례 재난을 겪었음이 그 증거다. 로마제국의 번영은 아직 그들이 알지 못하고 있었으나 하나님으로부터 주어진 것이었으며, 로마의 몰락은 로마인들의 도덕적인 타락과 부정, 부패 때문에 스스로 멸망을 자초한 것이며, 또 공의의 하나님으로부터 징계를 받는 것이다.

　교회사에 크게 영향을 끼친 것과 지금 여기서 주목해야 할 부분은 후반부인데, 이는 두 왕국에 기초한 최초의 역사철학이라고 할 수 있으며, 요지는 다음과 같다.

역사가 시작된 이래 '세상나라'와 '하나님나라'가 공존해왔는데, 그 나라는 사랑의 대상에 따라 결정된다. 전자는 자기사랑(amor sui), 즉 탐욕, 이기심, 불순종, 파당, 질투 등에 지배를 받으며 약육강식(弱肉强食)이 생존의 원리이기에 흥망성쇠를 겪으며 전쟁의 역사로 진행된다. 그러나 후자는 하나님의 사랑(amor dei)에 지배를 받으며 그 사랑이 구체적으로 실현되는데 교회(구속사)를 통해 역할을 해낸다. 이 두 나라는 역사 속에 얽혀있으면서 갈등을 겪지만 종국에는 하나님의 나라가 승리한다. 로마의 몰락은 정신적, 도덕적 타락에 대한 결과이며 세상나라의 운명을 겪고 있다. 그러나 교회는 세상나라의 흥망성쇠를 초월하여 하나님나라의 영광을 위하여 존재하며 영원할 것이다.

어거스틴의 이와 같은 대답은 크게 두 가지로 요약된다. 첫째, 로마제국이 이민족에게 약탈을 당하는 것은 처음이 아니라 전에도 있었던 일이며, 도덕적인 타락으로 말미암은 자멸이자 하나님의 심판이다. 둘째, 역사란 사탄이 지배하는 세상나라와 하나님께서 지배하시는 하나님나라의 대립과 갈등이며, 두 나라는 서로 엎치락뒤치락 하고 있는데 지금은 잠시 세상나라가 득세하지만 결국 하나님나라가 승리하리라는 것이다.

어거스틴 이후의 시대를 알고 있는 우리는 어거스틴의 이런 대답에 대하여 어떤 평가를 내려야 할까? 로마제국이 세워진 이래로 단 한번도 수도가 유린당한 적이 없었고, 한니발(B.C. 247~B.C. 183)[52]의 공격 이래로 600여년 이상 로마의 국경선에서 침략자의 그림자도 찾아볼 수 없었을 만큼 전성기를 누리던 로마제국이 왜 하필이면 기독교가

---

52) 한니발(B.C.247~B.C.183), 아프리카 북부 카르타고의 정치가, 장군, 26세에 아버지를 이어 에스파니아 주둔군의 총사령관이 되어 어릴적부터 적대감을 가지고 있던 로마의 접경지역을 공격, 상당한 전과를 올렸으나 결국 패하였으며, 칼타고로 돌아가 집정관이 되어 다시 보복의 계획을 세웠으나 실패했다.

제국의 국교가 된 후 패망의 길로 접어들어야 했을까? 전후 사정이 이렇다 보니 당연히 기독교 때문에 로마가 망했다는 비판적인 평가는 있을 만했다.

　로마제국의 멸망 원인에 대해서는 역사적인 진단이 얼마든지 가능하다. 정신적-윤리적인 타락, 무능한 정치가들로 인한 내분과 혼란[53], 군사문화의 쇠퇴……. 역사가들은 늘 이런 식으로 진단한다. 그리고 또 이런 진단은 객관적인 면에서는 사실이다. 한 나라와 민족이 멸망할 때는 늘 내적인 부패가 있었고, 흥망성쇠의 지배를 받고 있다. 로마제국의 멸망에 대하여 기독교인은 무어라고 해야 하나? 기독교 사가들은 이런 재앙은 세속적인 '죄에 대한 하나님의 심판'이라고 하여 일반 역사가의 평가에 하나의 진단을 덧붙인다. 역사에 대한 세속인의 판단과 기독교인의 판단의 차이가 이것뿐일까? 이로써 기독교인의 역할을 다 한 것일까? 이런 문제에 대하여 어떻게 이해하고 어떤 진단과 판단을 내리느냐에 따라서 그 시대는 물론 그 이후의 시대의 운명이 결정된다는 것을 우리는 「하비루의 길」에서 수차례 확인했었다.

　452년 훈족의 지도자 아틸라가 군대를 이끌고 나타나자 당시의 한 수도자는 "당신은 하나님께서 보내신 징계의 채찍입니다."라고 외쳤다. '재앙=하나님의 심판'이라는 상투적인 도식이 유대인들뿐만 아니라 기독교인들의 의식을 지배하고 있으며, 하나의 성역(聖域)처럼 다루어지고 있다. 성직자들은 개인이 당하는 시련이나 나라가 당하는 시련에 대하여 늘 이런 식으로 단죄했다. 물론 하나님의 심판이 있다. 예언서를 비롯한 성서의 여러 곳에서 이런 진단의 근거를 찾는 것은 어렵지 않다. 그러나 설교자들이 "모든 재앙과 고난은 다 하나님의 심판

---

53) 180년에서 284년까지 25명의 황제가 등극을 했는데, 그중 21명은 암살을 당했고, 한사람은 전쟁 중 부하에게 배신당했고, 한 사람은 페르시아에 잡혀가서 실종되었다. 자연사를 한 이는 겨우 두 명이었다.

이다."라고 몰아붙이는 것은 무지(無知)의 정도를 넘어서 용서받을 수 없는 범죄의 문제가 되기도 한다. 온갖 불행을 '죄 때문에' 라는 낙인을 찍는 서기관 바리새인들을 향하여 주님께서 지옥의 심판을 면할 수 없는 자들이라고 저주를 선포하신 이유에 대해서는 이미 이 책의 앞에서 다룬 바와 같다. 성직자가, 설교자가 자신이 무슨 말을 하고 있는지를 모른다면 이보다 더한 비극은 없다.

자기사랑이라는 원리를 지니고 약육강식의 전쟁으로 점철되며 흥망성쇠를 겪고 있는 세상나라의 패망의 역사와, 300년대 말에 이르러서 국경선이 무너지고 400년대 초에 서로마의 수도가 함락되어 약탈을 당하고 명목상의 황제가 겨우 버티다가 476년에 서로마제국이 멸망하면서 라틴민족의 통치가 끝나고 게르만족의 황제가 등극하는 이 역사는 서로 무엇이 다르며 어떻게 설명되어야 하나?

1. 이 물음의 의미

로마제국이 기독교 때문에 망했는가?

어거스틴이 이 문제에 대하여 어떤 대답을 했느냐를 파악하는 것은 크게 어렵지 않다. 「하나님의 도성」을 읽어보면 되기 때문이다. 그러나 "어떤 대답을 했느냐?" 보다 "이 물음이 어떤 물음이냐? 얼마나 중요한 물음이냐?"를 아는 것이 훨씬 더 중요하다. 문제에 따라서 대답보다 물음이 더 중요한 경우가 많다.

왜 59세의 노인 어거스틴이 남은 생애 전체의 에너지를 이 문제에 쏟아 부었을까? 이 문제의 중요성을 알았기 때문이다. 또 그의 대답이 그 이후 시대의 흐름에 지대한 영향을 주었다는 사실은 이 물음이 그만큼 중요했다는 증거이다.

이 물음은 구속사 4천 년, 즉 이스라엘 역사와 교회사에서 선교정책과 관련되어 만날 수 있는 가장 중요한 물음이다. 이 물음에 어떻게 대답하느냐에 따라 세계구원과, 그 시대와 오는 시대의 생존의 여부가 달려있다.

왜 이 물음이 그토록 중요했는가?
이에 대한 대답은 어거스틴이 살았던 시대가 어떤 시대인가에 대한 파악에서 찾을 수 있다. 앞에서 본 바와 같이 로마제국은 새로운 계약공동체(초대교회)에 주어진 가나안 땅이었다. 313년(밀란칙령)에 그 땅에 입주한 이후 교회는 가나안에다 거룩한 체제를 만들기 위하여 각종 제도를 정비해 나갔다. 300년대는 이런 과정이라고 보면 된다. 이 때의 상황 역시 앞에서 살펴보았다. 한 세기 정도 이런 기간을 보낸 400년대 전후는 거룩한 나라를 세워놓고 보여주고 와서 보게 해야 하는 시기, 즉 신약의 사사기인 셈이다.

「하비루의 길」에서 본 바와 같이 거룩한 제도를 정착시킨 이후인 사사기에는 세상구원을 판가름할 가장 중차대한 전환기의 질문이 주어지는데, 그 이유는 사람의 기대와는 전혀 다른 방향의 일들이 벌어지기 때문이다. 성직자들은 그 질문에 대답해야 하는 사람들이다. 이 물음에 대한 성직자들의 대답에 따라 그 시대와 다음 시대의 생존과 멸망이 결정된다. 성직자의 주요 임무는 이런 교사의 역할이다.

이 시대의 교사였던 어거스틴은 이런 사실까지는 몰라도 적어도 이 물음의 중요성을 잘 알았기 때문에 남은 생애를 이 대답을 위하여 보냈다.

2.「하나님의 도성」, 어떤 역할을 했나?

어거스틴이 말년의 십 년 이상을 고심하며 쓴 역작인 이 책은 기대에 부응했는가? 또 어떤 결과를 가져왔는가?

결론부터 말하자면 대단히 유감스럽게도 이 책은 시대적인 요청에 부응하지 못하고 말았다. 최초의 역사철학서라는 평가를 받을 수는 있겠지만 전환기의 물음에 대한 대답과 그 다음 시대가 나아갈 방향을 제시하는 데에는 미흡했다.

어거스틴은 세상나라와 하나님의 나라를 분리하는 이원론의 각도에서 문제를 다루었다. 역사란 두 나라의 갈등관계로 진행이 되지만 결국은 하나님나라가 승리한다는 것이 요지이다. 어거스틴의 이런 시각은 후일 루터의 '두 왕국설'로 이어졌고, 지금은 정교분리(政敎分離)가 하나의 원칙으로 굳어져서 당연하게 받아들여지고 있다. 이원론적인 역사관의 문제점은 세속 정치 세력과 교회 세력이 서로 주도권을 선점하기 위하여 갈등과 투쟁을 벌일 수 있는 근거를 제공했다는 데에 있다. 실제로 중세기는 이런 역사로 이어져서 세속 정권의 정점에 있는 황제와 교권의 수장 교황의 주도권 싸움이 곧 중세기 역사라고 할 만큼 두 세력의 대결은 심했다. 중세의 교황은 물론 황제까지도 자신의 우위권을 주장하는 근거로 어거스틴의「하나님의 도성」을 최대한 활용했다. 어거스틴의 의도와는 상관없이 이 책은 가톨릭 교황체제를 받쳐주는 이념(이데올로기)이 되고 말았다.

어떤 역사관을 가지느냐 하는 것은 대단히 중요한 문제이다. 역사관이 사실상 그 시대를 지배하기 때문이다. 곧 이어서 다루게 될 중세기와 그 이후의 비극은 이런 잘못된 역사관이 빚어낸, 없어야 했을 상처라고 할 수 있다.

물음 34 어거스틴, 그는 누구인가?

모세.

출애굽의 지도자였던 그는 가나안을 바라보면서 이스라엘 사람들에게 마지막 유언을 남겼다. 모세의 유언은 부모가 자식을 키워 출가시키면서 당부해주는 말과 같다. 세상의 삶이 어떤 것인지를 잘 아는 경험자의 입장에서 아직 세상살이의 경험이 없는 사랑하는 자식 이스라엘에게 행복하게 살아갈 비결을 알려준 유언이 '신명기'이다. 신명기의 요지는 다음과 같다.

첫째, 너희가 사는 유일한 길은 오직 말씀을 순종하는 것이다. "가나안에 들어가면 온갖 재난이 닥쳐오겠지만 어떤 경우에도 신앙을 포기하지 마라. 그것을 극복하고 행복해지는 유일한 길은 시내산에서 받은 계약의 말씀을 따라 주어진 사명을 다하는 길이다."라는 것을 누누이 당부하고 있다. 신명기는 이것을 계속 반복하고 있다.

둘째, 거룩한 삶을 계속 유지해라. 구약에서 말하는 거룩이란 '시내산계약 체제의 유지' 즉 신분, 지위, 빈부의 격차가 없는 삶을 말한다. 신앙을 유지한다는 것은 곧 이 거룩한 체제를 끝까지 지키는 것임을 거듭 강조했다.

가나안에 들어간 이스라엘 사람들은 여러 가지 우여곡절을 겪으면서 결국 모세의 신명기로 돌아왔다. 요시아왕의 종교개혁이나 바벨론 포로기에 활동한 예언자들의 활동은 신명기에 기초를 두었다. 이스라엘에 가장 큰 영향을 준 책은 신명기이며, 예수님께서 가장 많이 인용하신 책도 신명기이다. 신명기는 구약의 산상수훈과 같다.[54]

---

54) 이 부분에 대하여서는 「하비루의 길」의 시내산계약법 부분 참조.

어거스틴.

그는 누구인가? 바울 이후 기독교에 가장 큰 영향을 준 사람, 초대교회 신학을 완성한 사람, 중세 가톨릭 교회의 아버지, 천 년에 하나 등장 할만한 천재 등등 극찬의 평가들이 이 사람에게 주어진다. 어쨌든 어거스틴은 교회사에서 가장 비중이 있는 인물이며, 큰 영향을 끼친 사람인 것은 사실이다. 이런 평가들은 주로 그가 이룩한 신학적인 업적에 근거한 것이다. 그러나 여기서는 그를 다른 각도에서 평가해 보고자 한다.

그는 초대에서 중세로 넘어가는 전환기의 분기점에 서서 전환기의 물음에 답변하며, 새로운 시대의 기초를 놓아야 했던 사람이다. 그가 살았던 시대는 구약의 이스라엘이 가나안에 정착하여 사사시대로 넘어가는 시기와 같다. 가나안에 들어간 그들은 모세의 유언에 따라 거룩한 나라를 세워 놓았다. 그러나 그 다음 세대인 사사기에서는 곤혹스러운 문제에 부딪혔다. "주변 국가들의 침입을 어떻게 해결해야 하는가?" 그 시대의 성식자들인 세사장, 레위인들은 이 물음에 대한 대답을 신명기에서 찾아야 했다. 신명기에는 이에 대한 대답이 들어있었기 때문이다.

어거스틴이 살았던 시대(354~430)는 기독교가 공인, 국교가 되어 로마제국을 거룩한 나라(기독교 국가)로 만들어 놓고, 주변 나라에 보여주던 시기였다. 고대에는 '관광'의 개념이 없던 시기이기에 보여준다는 것은 이민족의 침입을 말한다. 로마제국의 국경선이 무너지면서 게르만 민족을 중심으로 주변 나라들이 약탈을 하러 몰려들었다. 당연히 사사기 시대와 같은 질문이 터져 나왔다. "왜 우리가 이런 전쟁에 시달려야 하는가?" 이런 물음은 "로마제국이 기독교 때문에 망했다."라는 비판으로 이어졌다. 어거스틴은 이 물음의 중요성을 잘 알았기에 그의 남은 생애를 다 바쳐서(13~16년) 「하나님의 도성」으로 대답을 했다. 따라서 이것은 어거스틴의 유언 설교인 셈이다. 이스라엘에 가장 큰 영향을 준 책이 모세의 유언인 신명기였던 것처럼, 이후 교회에 가장 큰 영향을 준 사람이 어거스틴인 이유는 여기에 있는데, 그의 많은 저서 중 특별히 주목해야 할 책은 유언집 「하나님의 도성」이다. 이 책에서 전환기의 물음을 다루었기 때문이다.

어거스틴이 신학적으로는 동방과 서방, 헬레니즘과 헤브라이즘을 종합, 완성시켜서 신학사에서 부동의 위치를 차지하고 있으나, 더 큰 비중을 차지하고 있는 역사 해석과 시대가 가야할 방향 제시에 있어서는 잘못 짚었으니, 참으로 애석한 일이다.

물음 35 성직(聖職), 어떤 자리인가?

아우렐리우스 아우구스티누스.

한 시대의 전환기인 초대에서 중세로 넘어가는 역사의 분수령에 살았던 그는 자신에게 몰려드는 피난민들이 "우리가 하나님을 믿기 이전에는 이런 일이 없었는데 하나님을 믿고 난 이후에 왜 이런 재앙에 시달려야 됩니까?"라며 울부짖는 물음을 들으면서 그 물음이 전환기의 질문인 것을 알았다. 그러기에 노구의 몸을 이끌고 혼신의 힘을 다해 역작(力作)을 만들어 냈다. 그러나 참으로 안타깝게도 그 역작에 담긴 대답은 다음 전환기를 살려내지 못하고 말았다. 중세 가톨릭주의자들은 이것을 자신들의 교권을 확립하기 위하여 내세운 교황체제의 이념으로 써먹다가 암흑기라는 파멸의 구렁으로 빠져들었다.

일찍이 학자로 크게 성공하여 공채로 로마제국의 궁정교사가 되었

던 사람,

　진리에 목말라 헤매다가 수도사 「안토니의 생애」를 읽고 회심을 했던 사람,

　주님을 만난 후 세상 사람들이 부러워하는 그 지위, 그 명예 다 버리고 고향의 작은 교회로 돌아와 가장 작은 일을 시작했던 결단의 사람,

　초대교회 최고의 학자, 초대교회 신학의 완성자, 천 년에 하나 나올까 말까한 사람이라고 찬사를 받는 사람,

　구약의 사사기에는 그 시대의 물음에 대한 문제의식조차 가진 사람이 단 한 명도 없었는데, 그런데 신약의 사사기에는 적어도 문제의식을 가졌을 뿐만 아니라 해결을 시도했던 사람이 한 사람 있었노라고 만족하기에는 너무나 아까운 사람,

　무엇이, 무엇이 이 사람으로 하여금 자신의 역사적인 한계에 매여 그 시대의 사람 이상으로는 나가지 못하게 했을까?

안토니의 생애.

　이것이었다. 안토니의 생애는 그를 회심시키는 데에 결정적인 역할을 했지만 동시에 그를 얽어매는 구속이었다. 수도사의 생애를 통하여 회심의 과정을 겪은 그는 수도사적인 삶을 열망하여 젊은 날의 방탕을 속죄하는 마음으로 평생 충실하게 그 길을 갔다. 그리고 그 한계에 갇히고 말았다.

수도사 영성.

　이것이 「하나님의 도성」을 절음발이로 만들어 놓은 원흉이었다. 수도사 영성의 가장 큰 문제점은 '역사성의 실종'이다. 수도사들이 지배하던 중세 천 년 동안 예언자의 목소리가 전무했고 그 결과 교황청이 상식이하의 저질적인 정치집단으로 전락하고 말았다. 초탈적인 신비체

험과 버림받은 자를 향한 사랑의 실천을 이상적인 영성으로 여기던 그런 분위기에서는 예언자의 음성이 등장할 수가 없다. 세상(역사)을 창조하시고 역사를 주관하시는 하나님을 믿는 기독교에서 영성과 역사성은 떼어 낼 수가 없다. 역사성이 배제된 것은 기독교 영성이 아니다.

세속으로부터의 초탈과 해탈을 추구하는 수도는 이교문화와 타종교 영성의 산물이다. 수도사들이 지배하던 중세기는 신앙의 가장 핵심적인 문제인 영성에 대하여 집단적인 무지에 **빠졌던** 시대였다. 이런 연유로 그 시대를 암흑기라고 한다. 영성의 전문가인 수도사들이 도처에 널려있던 시대에 영성이 잘못되어 있었다는 이런 기막힌 모순을 어떻게 설명해야 할까? 그러나 역사 전체를 멀리서 바라보면 별로 크게 놀랄 일도 아니다. 하나님 전문가들인 서기관, 바리새인들이 지배하던 시대에 하나님을 가장 잘못 이해하고 있었던 악순환이 되풀이 된 것 뿐이다. 이런 것들보다 훨씬 더 심각한 문제는 지금 우리가 이런 악순환의 전철을 또 따라가고 있으면서도 그 사실을 전혀 눈치 채지 못하고 있다는 점이다. 이 문제는 3부 「비움의 길」에서 집중적으로 다루게 된다.

그 시대 최고의 사람 어거스틴, 그 역시 영성에 있어서는 수도사 영성의 한계에 머물고 말았다.

성직자, 설교자.

"너희는 랍비(선생)라 칭함을 받지 말라. 너희 선생은 하나요, 너희는 다 형제니라."[55]

설교자, 참으로 어려운 자리이다. 자칫 저도 천국에 못가고 남도 못

---

55) 그러나 너희는 랍비라 칭함을 받지 말라. 너희 선생은 하나요, 너희는 다 형제니라(마태복음 23:8)
내 형제들아, 너희는 선생 된 우리가 더 큰 심판 받을 줄을 알고 많이 선생이 되지 말라(야고보 3:1)

가게 하는 비극의 원인을 제공하기 때문이다. 성경은 우리에게 구체적인 조항이 아닌 원리와 원칙만을 제공해준다. 설교자는 성경의 원리와 원칙에 근거하여 물려받은 전통을 재해석하며 자신의 시대에 맞도록 적용시켜야 한다. 이 해석이 잘못되면 그 시대가 망한다.

어거스틴, 그는 참으로 그 시대의 음성을 들은 선각자였고 최고의 스승이었다. 그리고 그 음성에 화답하기 위하여 가진 전부를 바쳤다. 그런데, 그런데, 왜 어거스틴 혼자였는가? 어거스틴의 역사해석을 보충하여 완성할 제2, 제3의 어거스틴은 왜 없었는가? 왜 노년에 혼신의 힘을 다하여 혼자서만 그 무거운 짐을 떠맡아 짊어지고 고독하게 그 길을 가게 했는가? 짐을 나누어지고 거들 사람이 그렇게도 없었는가? 문제는 어거스틴에게 있는 것이 아니다. 그래도 그는 그 문제의 심각성을 알고 노후를 불태웠다. 그런데 그 이후 스콜라 신학자들은 시시콜콜한 문제에 그토록 많은 논쟁과 시간을 쏟아 부었으면서도, 수도사들은 예수님을 닮아보겠다고 그토록 험난한 길을 마다하지 않았으면서도, 어째서 이런 가장 중요한 것에는 문제의식조차 없었는가? 그들이 지상목표로 내세웠던 영성적인 '합일'과 '일치'는 도대체 무엇이었던가?
  이 시기를 지나가면서 이렇게 탄식하지 않을 수 없다.

포스트모더니즘(현대후기)이라고 불리는 2천 년대의 시대 사조는 영성이다. 설교자들은 자신이 살고 있는 시대에 무슨 일이 일어나고 있는지, 무슨 물음이 던져지고 있는지를 먼저 알아야 한다. 다행히 영성에 눈을 뜨는 이들이 있어 영성이라는 용어가 난무하고 있으며, 영성의 지도자를 자처하는 사람들이 도처에 널려있다.
  그런데 그들은 지금 무슨 영성을 말하고 있는가? 가르치는 자들이

스스로 무슨 소리를 말하고 있는지도 모르고 떠들고 있으니 참으로 답답한 노릇이다. 길을 잘못 들었던 영성, 그래서 저도 망하고 남도 망하게 했던 영성, 그 시대는 물론이고 그 다음 시대까지 파멸로 몰고 간 영성, 그 영성을 무슨 보물단지인양 극구찬양하면서 떠들고 있다. 수도사 영성을 말하려는 사람은 먼저 수도사들이 도달했던 관상, 합일, 일치 등을 경험으로 확인한 후 가르쳐야 한다. 영성은 그 어느 것보다도 실천을 요구하며, 가장 진실해야한다. 그런데 자신이 직접 겪어보지 않은 채, 기웃거린 것을 가르치고 있으니 이런 한심한 작태가 어디 있는가? 교사로서의 기본적인 양심도, 책임감도 전혀 찾아볼 수가 없는 것이 오늘의 현실이다.

> **너희는 랍비라 칭함을 받지 말라. 너희 선생은 하나요, 너희는 다 형제니라.**
> **내 형제들아, 너희는 선생 된 우리가 더 큰 심판 받을 줄을 알고 많이 선생이 되지 말라.**
> **화 있을진저! 소경된 인도자여, 만일 소경이 소경을 인도하면 둘이 다 구덩이에 빠지리라.**

물음 36 어떤 대답을 해야 했나?

이제 다시 "로마제국이 기독교 때문에 망했는가?"라는 물음으로 돌아가 보자. 이 물음에 어떻게 대답을 해야 했을까? 이 대답은 멀리서 어렵게 지식인의 어떤 상아탑에서 찾을 수 있는 그런 문제가 아니었다. 바로 이전 세대의 신앙인들이 겪고 부딪혔던 박해의 현장과 그 이후에 일어난 역사적인 사건에서 지극히 단순하게 그 대답을 발견할 수 있다.

1. 일원론적인 역사관

어거스틴이 제시한 역사관은 하나님나라와 세상나라가 대결하여 둘이 서로 뒤섞여 갈등을 겪다가 종국에는 하나님나라가 승리한다는 이원론적인 역사관인데, 이것은 중세교회로 하여금 황제(세상나라)와 교황(하나님나라)의 대결을 뒷받침해주는 이론적인 근거로 전락하고 말았다. 기독교 역사에서 가장 안타까운 부분은 바로 이것이다. 이 역사관으로 인하여 중세기는 암흑기가 되었고 이어서 전 세계를 피로 물들이는 근대의 비극들이 찾아왔기 때문이다.

2천 년대를 맞아 기독교가 세계구원이라는 본연의 역할을 다하려면 이 지점에서부터 다시 시작해야 한다. 세상을 구원하려면 세상을 하나님의 입장에서 바라보아야 한다. 세상은 악마로부터 생겨난 것이 아니라 창조주 하나님께서 심혈을 기울여 만들어 놓으신 작품이다. 비록 타락하여 죄의 지배를 받고는 있지만, 멸망하여 지옥 불에 내던져질 대상이 아니라 구원해야할 대상이다. 피조물의 모든 것이 다 그러하지만 하나님의 형상과 모양대로 지음받은 인간은 누구나 예외 없이 구원받아야할 대상이다. 이 세상을 구원하시기 위하여 하나님께서는 하나님이시기를 포기하고 인간으로 오셔서 대신 죽으셨으며, 외아들을 희생의 제물로 내어 주셨다.("하나님께서 그 아들을 세상에 보내신 것은 세상을 심판하려 하심이 아니요, 저로 말미암아 세상이 구원을 받게 하려 하심이라."요한복음 3:17) 세상의 역사를 세상나라와 하나님나라의 대립과 갈등으로 보는 식의 두 왕국설(루터)은 재고되어야 한다. 이 두 왕국설에서는 세상나라가 정복의 대상이 됨으로써 구원과 정복이 혼동된다. 구원은 결코 정복사업일 수 없다. 여호수아서를 정복설로 해석하는 것은 성서해석의 가장 큰 오류 중의 하나이다. 가나안을 정복하는 역사가 아니라 구원하는 역사로 해석해야 한다. 이런 '정복'이라는 잘못된 시각이 이스라엘을 멸망으로 끌고 갔고, 근대 기독교국가로 하여금 전 세계를 식민지배하는 제국주의를 서슴지 않게 했고, 그 결과 선교대상들로 하여금 기독교를 철천지원수로 여기게 했다.

성경의 역사관은 세상을 구원의 대상으로 보는 역사관이다. 세상나라는 하나님나라와 갈등 관계에 있다가 정복되거나 아니면 지옥의 불더미에 내던져 버릴 그런 멸망의 대상이 결코 아니다. 그렇다면 이것을 어떻게 역사관으로 정리해야 하나? 그 원리를 짚어보면 다음과 같다.

❶ 빛과 어두움

빛과 어두움은 둘이 아니라 하나다. 어두움이 따로 존재하는 것이 아니라 빛이 없으면 어두움이 저절로 생겨날 뿐이다. 어두움을 만들기 위한 특별한 무엇이 필요하지 않다. 단지 빛을 차단하면 어두움이 만들어 진다. 따라서 어두움은 '빛의 결핍'이지 별개의 존재가 아니다. 오직 빛만 존재할 뿐이다. 빛이 있으면 어두움이 사라지고 빛이 없으면 어두움이 깃든다.

성경에서는 하나님 나라와 세상나라의 관계를 빛과 어두움의 관계로 설명하고 있다.[56] 따라서 두 나라는 결코 갈등과 대립의 관계가 아니며, 세상나라는 정복의 대상이 아니다. 어두움을 몰아내기 위하여 특별히 애쓸 필요가 없다. 빛이 있기만 하면 어두움은 자연히 물러간다. 세상이 어두움의 지배를 받고 있다면 어두움을 탓할 일이 아니다. 빛이 없음을 탓해야 한다. 빛이 없거나 있어도 작아서 희미하기 때문에 어두움이 지배자 노릇을 하고 있을 뿐이다. 문제는 어두움에 있는 것이 아니라 빛에 있다. 하나님나라 즉 교회와 교인은 세상과 세상 사람들에 대하여 빛의 역할을 해야 한다.

---

56) 너희는 세상의 빛이라 산 위에 있는 동네가 숨기우지 못할 것이요, 사람이 등불을 켜서 말 아래 두지 아니하고 등경 위에 두나니 이러므로 집안 모든 사람에게 비취느니라. 이같이 너희 빛을 사람 앞에 비취게 하여 저희로 너희 착한 행실을 보고 하늘에 계신 너희 아버지께 영광을 돌리게 하라.(마태복음 5:14~16)

예수님께서 말씀하신 빛과 어두움의 비유는 기독교인들의 윤리 뿐만 아니라 역사 해석의 원리가 되어야 한다.

❷ 누룩과 반죽

세상나라와 하나님나라는 대립, 갈등의 관계가 아니라는 것은 누룩의 비유말씀에서도 잘 나타난다.[57] 누룩은 반죽 속에 섞여 들어가서 반죽을 발효시켜야 한다. 이 둘은 결코 대립이나 갈등관계가 아니다. 반죽이 부풀지 않는 것은 누룩이 제 역할을 하지 못했기 때문이므로 문제는 반죽에 있는 것이 아니라 누룩에 있다. 타락한 인간은 스스로 죄에서 벗어날 능력을 상실했기 때문에 세상이 죄의 지배를 받는 것은 당연하다. 죄의 지배를 받는 세상이 문제가 아니라 죄의 지배로부터 벗어나게 할 누룩이 문제다. 누룩이 제 역할을 하지 못하기 때문에 세상이 죄의 지배로부터 벗어나지 못하고 있다. 누룩의 역할을 하라고 선택된 자는 세상을 탓할 것이 아니라 누룩의 역할을 못하는 자신을 탓해야 할 일이다. 문제는 항상 '너'가 아니라 '나'에게 있다. 너의 눈에 들어있는 '티'가 문제가 아니라 내 눈에 들어있는 '들보'가 문제다. 하나님께서는 죄의 지배를 받는 세상 때문이 아니라 세상의 죄를 몰아내지 못하는 병든 누룩 때문에 고통을 당하신다.

❸ 소금과 음식

같은 이치는 소금의 역할에 대한 말씀에서도 찾아볼 수 있다.[58] 소금과 음식은 갈등이나 대립의 관계가 아니라 소금이 녹아서 음식 속으로

---

[57] 또 비유로 말씀하시되 천국은 마치 여자가 가루 서 말 속에 갖다 넣어 전부 부풀게 한 누룩과 같으니라.(마태복음 13:33)
[58] 너희는 세상의 소금이니 소금이 만일 그 맛을 잃으면 무엇으로 짜게 하리요. 후에는 아무 쓸데없어 다만 밖에 버리워 사람에게 밟힐 뿐이니라.(마태복음 5:13)

스며들어야 한다. 음식에 맛을 내고 부패로부터 음식이 상하는 것을 막으려면 소금이 제 역할을 해야 한다. 음식이 싱겁거나 부패가 된다면 음식 자체가 문제가 아니라 소금이 문제다.

하나님나라는 세상나라에 들어가 빛처럼 어두움을 몰아내고, 떡 반죽을 부풀게 하는 누룩처럼 사탄(죄)이 지배하는 세상을 변화시키는 것이며, 새들이 모여와서 보금자리를 틀게 하는 겨자씨의 역사로 보아야 했다. 이런 해석의 원리는 이미 여호수아서에 들어있었다. 이스라엘의 가나안 입주는 침략과 정복이 아니라, 악마와 죄가 지배하는 우상종교 문화를 거룩한 문화로 변화시키는 구원 활동이었다.

예수님께서는 죄인들을 멸망시키러 오신 것이 아니라, 죄를 용서하시고 변화시켜 구원하시려고 오셨으며. 당신의 제자들도 같은 목적으로 보내셨다. 창조주께서는 역시 같은 목적, 같은 원리로 역사를 이끌어 가신다.

4천 년 역사를 돌이켜 볼 때 대상을 둘로 나누는 이분법의 사고방식은 항상 오류의 근원이었다. 이방인과 유대인, 죄인과 의인, 거룩한 것과 속된 것, 영과 육, 수도원과 세속, 교회의 예배와 세상의 삶, 세상나라와 하나님나라 등을 나누어 갈등과 대립의 관계로 해석하는 것이 늘 문제였다. 그러나 성경의 사고는 이런 이분법을 용납하지 않는다. 하나님의 계시에서 출발하는 성경의 헤브라이즘은 일원론적인 사고요, 자연적인 사고에서 출발하는 헬레니즘을 비롯한 이교문화는 이원론적인 성격을 갖고 있다.

2. 로마의 박해 = 로마로 가는 길

사람의 생각과 하나님의 생각, 사람의 방법과 하나님의 방법은 너무나도 다르다. 예수님을 체포하러 몰려드는 군병들을 향하여 칼을 빼들고 맞서고 있는 베드로를 향하여, "칼을 내려놓아라. 칼을 쓰는 자는 칼로 망하리라."라고 하시며 아무런 저항없이 체포되어 가신 예수님의 모습에는 세상을 구원하시는 하나님의 방법과 원리가 들어있다.

　예수님께서 인간을 구원하시는 길(방법)이 십자가, 즉 무저항의 길이었다면 예수님을 따르는 신자들이 세상을 구원하는 사역의 방법 역시 같은 길이다. 초대교회 교인들이 로마제국을 구원하는 길, 즉 복음을 전하는 길은 박해의 길이었다. 속절없이 때리면 맞고, 뺏으면 내어주고, 죽이면 죽고……. 300여 년을 그렇게 살았다. 그 결과 로마제국이 교회 앞에 무릎을 꿇었다. 지중해 지역의 네 문화권을 포함하는 영토와 천하무적의 군대를 거느린 로마, 인류역사에 등장했던 가장 강대한 나라라고 말하는 로마제국을 굴복시키는 하나님의 방식은 놀랍게도 박해였다. 이는 예수님께서 말씀하신 밀알의 비유와도 일치한다.[59] 밀알이 땅에 떨어져 죽음으로써 많은 열매를 맺듯이, 박해의 시련은 선교의 열매를 맺는 기회였다.

　세상을 구원하는 길은 십자가의 길이다. 그러기에 예수님을 따르고자 하는 자는 제일 먼저 십자가를 질 다짐을 해야 한다. 개인이 당하는 고난과 여러 가지 어려움도 같은 성격을 가지고 있다. 고난과 시련을 거부하려고 하지 말고, 원망하지 말고 감사함으로 받아들이며 영광으로 생각해야 한다. 초대교인들이 순교를 영광으로 생각했듯이, 온갖 어려움을 감사함으로 이겨내는 모습을 보여줄 때 그것을 지켜보는 사람들이 감동을 받게 되어있다. 하나님을 보여 주는 것은 먼 곳에 있지 않다. 지금 나의 삶에서 보이지 않는 하나님이 보여져야 한다.

---

59) 내가 진실로 진실로 너희에게 이르노니 한 알의 밀이 땅에 떨어져 죽지 아니하면 한 알 그대로 있고 죽으면 많은 열매를 맺느니라.(요한복음12:24)

3. 야만족의 침입 = 유럽대륙으로 가는 길

로마제국이 기독교 국가가 된 후 부딪힌 문제는 로마제국의 국력, 즉 군사력의 약화와 이민족의 침입과 제국의 멸망이었다. 왜 이런 일이 일어났을까? 하나님만을 믿으니까 그동안 섬기던 신들이 진노하여 내린 재앙이었을까? 흥망성쇠가 반복되는 역사의 자연스런 결과일까? 그동안 로마사람들이 지은 죄에 대한 하나님의 심판일까? 아니면 교회가 하나님을 잘못 믿어서 내린 징계일까?

아니다. 그러면 무엇인가? 유럽대륙을 구원하시는 하나님의 구원사역이다. 구원사역은 칼의 사역이 아니다. 로마제국의 칼(군사력)이 무뎌지고, 이민족이 침입해오는 것은 결코 우연이 아니다. 구원사역이 본격적으로 시작된 것이다. 이민족들이 야수처럼 달려들어 약탈을 일삼았지만 몰려오는 순서대로 기독교인이 되고 말았다. 하나님의 선교 방식은 먹히는 자가 먹고, 먹는 자가 먹히는 원리이다. "죽고자 하는 자는 살 것이요, 살고자 하는 자는 죽으리라.", "왼쪽을 때리면 오른쪽을 내어주라.", "오 리를 가자는 자에게 십 리를 가주라."는 등의 말씀은 단순한 무슨 윤리 강령이 아니라 역사 진행, 즉 하나님의 가장 큰 관심사인 세상구원의 원리이다.

박해의 시대에 적용되었던 원리는 교회가 로마제국의 국교가 된 이후에도 같은 원리로 적용된다. 단지 적용 단위가 커졌을 뿐이다. 하나님께서 세상을 구원하시는 원리, 역사를 이끌어 가시는 원리는 '십자가의 원리'이다. 예수님께서 당신 자신을 비우고, 버리고, 희생하는 십자가의 길을 가심으로 세상에 구원의 길이 열렸듯이, 주님을 따르는 사람들이 같은 십자가의 길을 따름으로써 세상을 구원하는 사역을 하게 된다. 기독교 국가가 된 로마제국이 외부의 침입에 약탈을 당하고 시련을 겪는 것은 이런 십자가의 원리와 부합한다.

4. 말씀 준수 = 땅을 맡기리라

구약과 신약성경에서는 끊임없이 반복하여 "성경에 기록된 말씀대로 살아라.", "내가 거룩하니 너희도 거룩하라."고 강조하고 있다. 그것만이 살아남을 뿐만 아니라 복되게 사는 유일한 길이라는 것이다. 구약에서 이것을 누누이 강조하고 있는 대표적인 책은 「신명기」이다. 신명기는 모세가 광야생활을 끝내고 가나안에 들어가는 이스라엘 사람들에게 남겨준 유언의 설교다.

이스라엘 사람들은 가나안에 들어가 모세의 유언대로 거룩한 나라를 세웠다. 그 나라에 대하여서는 구체적으로 「하비루의 길」에서 살펴보았다. 신분, 지위, 빈부의 격차가 없는 나라였으며, 두드러진 특징은 중앙정부와 왕과 군대가 없는 지파중심의 신앙공동체였다. 가나안이라는 지역 자체가 7종족으로 구성되어 있고, 주변에는 모압, 에돔, 블레셋 등 여러 나라들이 진을 치고 있으며, 메소포타미아와 이집트 문명의 충돌지점에 놓여있었다. 이런 지정학적인 여건을 가진 곳에서 군대와 성벽이 없다는 것은 주변 국가의 침략을 불러들이는 것과 다름이 없었다. 신명기에서 말씀대로 살라는 것은 이민족의 침입을 당하더라도 이런 '거룩한 체제'를 끝까지 포기하지 말라는 뜻이다. 사사기의 기록에 의하면 이스라엘 사람들은 이런 체제를 300여 년간 유지하다가 결국 포기하고 말았다.

현실의 상황과 어긋나는 것처럼 보이는 '거룩한 체제'를 신명기는 왜 그토록 강조하고 있을까?

이에 대한 구체적인 대답은 신약의 사도행전 이후에 전개된 역사적인 사실 속에 들어있다. 구약의 율법을 재해석하신 예수님의 산상수훈의 말씀들은 율법의 형식만이 아니라 정신까지 요구하고 있다. 사도행전에서 시작되는 초대교회 교인들은 이 말씀들을 '박해'라는 극단적인 조건에서 포기하지 않고 지켜냈다. 그 결과는 어떻게 되었는가? 이미 이 책의 앞부분에서 다룬 바와 같이 로마제국을 굴복시켰고, 그 나라를 접수해서 교회가 실질적으로 로마제국을 이끌어가는 주도권을 가지게 되었다. 이는 정신적인 차원의 이야기만이 아니라 물질적인 차원의 이야기이다. 각 지역의 주교(감독)들에게 행정, 사법권이 주어지고 나라 땅의 대부분이 교회에 맡겨졌다. 사람을 통해서 일하시는 하나님께서 교회에 그 시대와 그 나라를 정신적으로 뿐만 아니라 물질적으로 이끌어가도록 맡겨주신다. 앞에서 본 바와 같이 로마제국의 영역을 넘어서 야만족의 땅이라 불리던 유럽대륙으로 복음이 전파되고 그 지역들이 역시 교회에 맡겨졌다.

성경에서 말하는 '구원'의 개념은 단순히 정신적인 또 내세적인 개념에 제한되지 않는다. 지금 이 세상에서 하나님나라의 모형이 확장되도록 '땅'과 '경제적인 주도권'이 맡겨지는 개념이 포함되어 있다. 사람을 통해서 일하시는 하나님께서는 하나님의 심정을 가지고 그 시대와 역사를 바라보며, 구원사역 즉 복음화에 힘쓰는 이들에게 그 시대의 주도권과 경제권을 맡기신다. 세상의 주인이시며, 역사의 주인이신 그분은 당신의 사람들을 통해서 일하시기 때문이다.

5. 주는 것 = 받는 것

세상은 하나님께서 만드신 법(法)대로 움직인다. 중력의 법에 따라 물은 낮은 곳으로 흘러가고, 천체의 운행, 계절의 변화, 생로병사(生老病死) 등 모든 만물은 창조주의 법에 지배를 받는다. 하나님의 형상대로 지음 받은 인간의 세계에도 사는 법이 있다. 성경은 이런 법을 말하고 있다. 타락한 본성에 의하여 이기심에 지배를 받는 인간에게 성경은 '주라'고 말한다. 왜 '주라'고 할까? 가난하고 불쌍한 사람들 그들을 돕기 위해서일까? 대부분 이렇게만 생각한다. 하지만 '주라'는 말씀을 실천으로 옮겼던 역사의 경험에 의하면 '너'를 위해서가 아니라

'나'를 위해서다. 왜냐하면 '주는 것이 곧 받는 것'이기 때문이다. 가나안의 거룩한 체제는 주는 체제를 말한다. 가나안 체제의 무방비는 침략자들에게 저항하지 말고 주라는 뜻이다.

도무지 비현실적인 것 같은데, 그런데 재산은 물론이고 생명까지도 내어줄 때 놀라운 일이 생겼으니 밀란칙령이 그것이다. 빼앗고 노략질하던 사람들, 박해하며 죽이던 사람들이 백기를 드는 일이 일어났다. 기독교 국가가 된 후 로마제국의 군사력이 약화되어 북방의 야만족들이 떼를 지어 몰려들었으나 그들은 곧 기독교 국가가 되고 말았다.

주는 것=받는 것, 지는 것=이기는 것, 죽는 것=사는 것, 이는 하나님께서 만드신 법이다. 주는 사람에게 하나님께서는 더 큰 것으로 맡기신다. 이런 이치 때문에 주는 것은 너를 위한 것이 아니라 나를 위한 것이 된다. 성경은 영적인 일들뿐만이 아니라 현실의 문제를 현실적으로 해결하는 법을 말하고 있다. 다음의 성경구절이 좋은 예다.

> (예수님께서) 이르시되 내가 진실로 너희에게 이르노니 "하나님의 나라를 위하여 집이나 아내나 형제나 부모나 자녀를 버린 자는 금세에 있어 여러 배를 받고 내세에 영생을 받지 못할 자가 없느니라." 하시니라.(누가복음 18:29~30)

6. 시련 = 선교사역

순수한 열의로 교회생활과 신앙생활에 충실하던 사람들이 어느 날 교통사고, 불치병으로 가족을 잃거나, 사업파탄 등을 당하여 한숨과 눈물로 통곡하는 경우가 종종 있다. 이럴 때 이들은 공통적으로 묻는다. "왜 내게 이런 비극이 일어났는가?" 사실 목회현장에서는 이런 일을 자주 목격하게 되는데, 문병이나 장례식 심방을 하면서 난감해지곤 한다. 뭐라고 대답을 해야 하나? 대답이 쉽지 않다.

시련의 원인은 몇 가지로 정리할 수 있을 것이다.

첫째, 죄에 대한 징계다.

이스라엘에 대한 하나님의 징계가 그 대표적이다. 하나님 나라의 모형을 보여주어야 할 사명을 저버리고 세상나라와 같이 되었을 때에 그들의 행위는 개인적인 죄 문제가 아니라 세상구원을 훼방하는 용서 받지 못할 죄이므로 이스라엘을 심판하셔서 나라가 망하고 바벨론 포로의 생활을 해야 했다. 가나안을 향하여 진군하는 이스라엘을 가로막은 아말렉 부족과 아이성과 관련된 아간의 범죄, 사도행전에 기록된 아나니아와 삽비라 등도 같은 죄목이다. 교회에서 분란을 일으키거나 교인의 신분으로서 세간의 지탄의 대상이 되어 교회와 하나님을 욕되게 하여 결과적으로 구원의 사역을 방해하는 죄들은 묵과될 수 없는 것들이다. 죄의 징계에 대한 이야기들은 성경에서도 많이 발견된다.

그러나 이런 죄의 징계의 대상은 대부분 공적인 죄에 해당된다. 개인이 지은 개인적인 죄 하나하나를 다 징계의 대상이라고 보면 유대교의 인과응보교리에 빠지게 된다. 예수님께서 책망하시는 대상들은 제사장, 랍비 등 공적인 자리에 있으면서 잘못을 범하는 경우이다. 개인적인 죄에 대하여서는 아무런 언급이 없으셨을 뿐만 아니라 무조건 용서하시고 받아주셨다.[60]

둘째, 훈련과 교육이다.

자식을 낳은 부모는 자식이 훌륭한 삶을 살아가는 데에 필요한 여러 가지 교육을 시킨다. 하나님께서도 마찬가지다. 당신께서 선택하신 사

---

60) 예수님의 말씀들 가운데 그냥 받아주시는 이야기는 많다. 간음하다 현장에서 잡힌 여자에게 하신 "나도 너를 정죄하지 아니 하노니 가서 다시는 죄를 범치 말라."는 말씀을 비롯하여, 바리새인과 세리의 기도, 두 아들의 이야기(탕자의 비유) 등이 대표적인 경우이며, 가난한 사람, 병자, 불구자들은 그들의 지은 죄 때문에 그렇게 되었다는 바리새인들의 정죄에 대하여 전면적으로 거부하셨다.

람들이 해야 할 일에 필요한 훈련과 교육을 시키신다. 이스라엘 사람들의 애굽 고센 400년의 시간, 광야 40년 등은 이것을 말한다. 오늘 우리가 살면서 겪는 대부분의 시련들은 하나님께서 우리를 만드시는 교육과 훈련들이다.

셋째, 선교의 기회다.

이스라엘 사람들이 가나안에 입주한 후 찾아오는 시련의 경우가 여기에 해당된다. 이스라엘의 가나안 체제는 군사문화가 배제되어 있었기 때문에 주변나라들로부터 잦은 침략에 시달릴 수밖에 없었다. 이 시련과 고난은 선교의 기회였다. 약탈자들이 몰려와서 일 년 동안 애써 얻은 농산물과 가축들을 다 가져가고, 부녀자들을 겁탈하고, 건장한 남녀를 노예로 끌어가고, 먹을 것을 빼앗기고, 가족을 잃고 울부짖고 있을 때 누가 나서서 이 문제를 수습해야 했나? 제사장들이다. 이들은 이 일을 위하여 선택된 사람들이었다. 이 시대의 제사장들은 이런 사건들을 뭐라고 해석해주어야 했나? 거룩한 체제를 지키기 위하여 당하고 있는 지금의 이런 고통은 '선교사역'이라고 했어야 했다. 선교사는 사지(死地)에서 위험을 무릅쓰고 생명을 내던지며 구원의 사역을 해내는 사람들이다. 이스라엘이 선택된 이유는 이스라엘을 통하여 세상을 구원하기 위함이었다. 즉 이스라엘은 선교사로 선택된 것이다. 사사기의 성직자들은 이스라엘의 '선택'의 개념을 명확히 설명해주어야 했다. 이스라엘의 거룩한 체제는 세계구원을 위한 선교사의 삶을 말하는 것이었다. 약탈자들에게 포로로 잡혀간 것은 전쟁 포로로 붙들려 간 것이 아니라, 선교사역을 하러 파송받은 것이며, 물품을 빼앗긴 것은 선교비를 보내는 것이라고 알려주었어야 했다. 그러나 제사장들의 직무유기로 말미암아 이스라엘은 실패하고 말았다.

구약의 이스라엘은 실패했으나 신약의 초대교회는 이를 성공적으로 완수했다. 300년 박해의 기간을 포기하지 않고 견뎌냈을 뿐만 아니라 순교를 가장 큰 영광으로 생각함으로써 죽음을 초월하는 모습을 보여주었고, 자신들을 박해하는 사람들을 진정으로 용서하며 사랑했다. 이런 삶을 통하여 초대교회는 박해를 선교의 기회로 이용할 수가 있었고 그 결과 로마제국의 국교가 되었다.

어거스틴은 기독교를 국교로 받아들인 로마제국에게 닥쳐온 이민족의 침입을 어떻게 설명해야 했나? '선교의 기회'라고 했어야 했다. 지금까지는 로마제국 내에서 보여주는 선교를 해서 로마제국의 국교가 되는 목적을 달성했으니 이제는 국경선 밖에 있는 사람들에게 보여줄 차례라고 했어야 했다. 그런데 어거스틴은 이것을 로마의 타락에 대한 하나님의 징계라고 해석했다. 어거스틴 뿐만 아니라 당시의 교회 지도자들은 하나같이 그렇게 생각했다. 어거스틴은 여기서 더 나아가 이민족의 침입을 하나님나라와 세상나라의 투쟁관계라고 했다. 결국은 '고난'에 대한 해석에서 오류를 빚었고 이 오류는 중세교회로 하여금 길을 잘못 들게 했다.

바벨론 포로 이후의 유대교 랍비들이 고난을 죄의 결과라고 해석함으로써 유대교가 잘못된 길을 가게 되었던 것을 「하비루의 길」에서 지켜본 바 있다. 마찬가지로 이스라엘 역사와 교회사에서도 '고난'과 '거룩함'에 대한 해석에서 심각한 오류를 빚음으로 말미암아 그 다음 시대가 길을 잘못 들었던 것을 보게 된다.

고난=죄의 결과라는 인과응보 도식을 천편일률(千篇一律)적으로 적용하는 것은 위험천만하며 가장 경계해야할 대상이다.

7. 거룩한 청사진

어거스틴은 「하나님의 도성」에서 현재 로마가 겪고 있는 일이 무엇인지에 대한 설명과 더불어 앞으로 교회가 가야할 이런 방향까지 제시

했어야 했다. 교회가 가야할 방향은 거룩한 나라와 거룩한 체제였다. 사람들로 하여금 예수님을 구세주로 고백하는 신앙을 가지게 하는 것으로 그치지 않고 그들의 삶이 하나님나라의 모형이 되게 해야 한다. 교회가 가야할 길은 이것이다.

어거스틴이 그 시대의 교회지도자들에게 과연 이런 방향제시를 하는 것이 가능했을까? 라는 물음이 생길 수도 있다. 어려운 문제 같지만 시내산계약법과 예언서에 대하여, 또 구약과 신약의 역사적인 흐름에 대하여 진지하게 관심을 기울였더라면 충분히 가능했던 일이며, 또한 반드시 이루었어야 했던 일이다. 초대교회 교인들이 박해의 시대를 어떻게 보냈으며, 그들이 겪은 박해가 어떤 의미를 갖고 있는지를 세밀하게 살펴보면 그 안에 이미 답이 들어 있었다.

매 시대의 성직자들이 해야 할 가장 중요한 일은 바로 이와 같은 바른 해석이다. 이런 바른 해석이 곧 하나님의 말씀이 된다. 이것이 바로 성직자들의 존재이유다.

물음 37 어떻게 대답을 찾아야 하나?

성직자의 주요 임무가 그 시대에 주어지는 가장 어려운 문제에 대답하며 가르치는 교사의 역할이라면 어떻게 그 대답들을 찾아낼 수가 있을까? 이에 대하여 몇 가지 측면에서 생각해 보고자 한다.

1. 하나님 체험

성직자가 신앙의 문제와 관련한 어려운 문제들을 이해하려면 먼저 하나님에 대한 깊은 체험이 있어야 한다. 철학의 문제가 아닌 신학의 문제는 사변과 논리만으로는 해결되지 않는다. 신학은 신앙경험이 있고난 뒤에 이론적으로 정리하는 작업이다. 따라서 하나님체험이 신학적인 작업에 우선하며, 난해한 문제들에 대한 이해를 가능하게 한다. 삼위일체론은 삼위로 계시는 하나님체험을 하지 않으면 이해할 수 없으며, 기독론 역시 예수님에 대한 체험이 있어야 알 수 있다. 깊은 기도와 사색, 성령님의 도우심 없이는 난해한 신학적인 문제들을 명확히 파악한다는 것은 불가능하다. 성령님은 진리의 영이시므로 신앙과 관련된 문제에 대하여 바른 깨달음으로 인도하신다.[61]

따라서 하나님에 대한 심오한 체험이 난해한 신학적인 문제 해결에서 가장 중요한 역할을 한다.

2. 하나님의 심정

하나님에 대한 깊은 체험, 즉 영성의 길은 어떻게 진행되는가? 3부 「비움의 길」에서 다룰 일이지만 간략히 다룬다면 다음과 같다. 하나님체험은 기도의 형식으로 진행이 되어진다.

기도에 전념하려고 하다보면 맨 처음에 부딪히는 어려움이 '**잡념**'이다. 온갖 잡념이 몰려와서 앉아있는 것자체가 힘들어 진다. 그러다가 기도가 점차 깊어지게 되면 이런 잡념에서 벗어나게 되고 그 다음 부터는 간혹 '**황홀경**'을 비롯한 여러 신비체험들이 있게 된다. 황홀경과 초자연적인 그 무엇들이 일어나면 기도의 가장 깊은 단계인줄 알지만 그렇지 않다. 이것도 거쳐 지나가야하는 한 과정에 불과하다. 이 단계가 지나가면 '**바라봄**'이 온다. 절대 침묵 속에서 하나님 그분과 시선이 마주침을 느끼면서 마냥 바라보게 된다. 여기쯤 오면 인간의 언어가 기능을 잃는다. 눈빛으로 직접 마음이 전달되기 때문이다. 하지만

---

61) 저는 진리의 영이라. 세상은 능히 저를 받지 못하나니 이는 저를 보지도 못하고 알지도 못함이라. 그러나 너희는 저를 아나니 저는 너희와 함께 거하심이요 ,또 너희 속에 계시겠음이라.(요한복음14:17)

여기도 끝은 아니다. 그 다음은 '**잠김**'이다. 늘 하나님 안에 잠겨진 상태에서 독특한 느낌으로 하나님과 교감을 주고받는다. 하나님과 하나 된다는 것(합일)이 이런 상태이다. 그런데 놀랍게도 여기도 마지막이 아니다. 제일 마지막은 여기서도 벗어나서 '**평상**'으로 돌아온다. 여기가 마지막이다.

이런 과정을 거치고 나면 무엇이 남게 되나? 입장이 바뀌어 '하나님의 심정', '하나님의 입장'이 된다. 지금까지는 나의 생각으로 나의 입장이었다면 이제부터는 하나님의 심정, 하나님의 입장에서 세상의 사물을 보게 된다. 책상에서는 어렵게만 느껴지던 난해한 신학의 문제가 여기서는 명료하게 보이게 된다.

3. 사고(思考)의 대전환

지금까지 서있던 내 입장에서 하나님의 입장으로 바뀌어지면서 내면에서 사고의 큰 전환이 일어난다. 인간적인, 세상적인, 이교적인 사고방식과 성경의 사고방식이 명확하게 대비된다. 전자는 직선적-평면적 사고이고 후자는 곡선적-곡면적 사고라고 할 수 있다. 직선-평면의 사고는 고대의 사고로써 지구가 평면이라는 생각에서 자연적으로 생겨난 산물이다. 그러나 지구가 평면이 아닌 곡면(구, 球)이라는 것이 밝혀졌는데도 사고방식은 여전히 직선과 평면으로 생각을 한다. 세상에 직선과 평면은 없다. 지구, 우주를 비롯하여 물질의 가장 작은 입자인 원자 역시 구의 형태로 존재한다. 따라서 직선-평면의 사고는 지구-우주의 원리 즉 현대의 세계관과 맞지 않다. 헬레니즘을 비롯한 이교문화가 이원론 구조를 가지는 이유는 세계가 직선과 평면으로 구성되어 있다고 생각하던 고대의 사고이기 때문이다. 그러나 성경에 기초하는 헤브라이즘은 고대의 산물이면서도 곡선적인 사고구조와 일원론을 특징으로 하고 있다.

하나님과 성경, 영성이 바르게 이해되려면 사고가 곡선의 사고로 바뀌어야 한다. 성경은 곡선적인 사고를 요구하기 때문이다. "나는 알파와 오메가요, 처음과 나중이요, 시작과 끝이라."(계 22:13)라는 말씀을 비롯하여, 낮아짐이 높아짐이요, 좁은 문이 넓은 문이며, 섬김이 다스림이며, 버림이 얻음이요, 나중 된 자가 먼저 된 자요, 죽음이 삶이라는 등의 말씀은 곡선적인 사고에서만 이해가 된다. 곡선적인 사고에서는 극과 극이 만나며 반대의 일치가 가능해진다. 영성체험에서 맨 마지막 단계가 본래의 자리로 돌아오는 것도 같은 이치다. 「비움의 길」에서 다룰 일이지만 영성의 과정 역시 직선으로 진행되지 않고 곡선으로 진행된다.

4. 단순한 이해

하나님의 입장에서 곡선적인 사고로 세상을 보면 매사가 단순하게 이해된다. 사물이 그 근본과 원리와 이치에서 파악되기 때문이다. 성경과 역사, 영성의 문제도 지극히 단순하게 보인다. 여기서 다루고 있는 「죄인의 길」을 비롯하여 「하비루의 길」, 「비움의 길」은 이런 이해로 말미암아 가능해졌다.

단순한 이해는 구원의 진리에 대한 재인식으로 이어진다. '구원'의 문제가 인간에게 있어서 가장 중요한 문제라면 그 진리는 모든 사람이 삶 속에서 경험하고 있고, 알 수 있고, 소유할 수 있어야 한다. 성경이 인간의 평범한 삶에 대하여 '이야기형식'으로 쓰여진 이유는 누구나 쉽게 이해하여 구원에 이르게 하기 위함이다.

5. 상식(常識)의 재발견

전문적인 지식을 요구하는 특수한 분야가 있다. 여기에서는 전문가만을 대상으로 하는 전문적인 용어와 이론들이 필요하며 그런 서적이 있게 마련이다. 그러나 신학(神學)의 분야는 다르다. 신학의 대상은 인간의 구원문제와 삶과 죽음, 세상과 하나님이다. 여기에는 전문가가 따로 있을 수 없다. 인간으로 태어나는 순간 모두가 여기에 참여하고 있기에 사실 모두가 전문가라고 할 수 있다. 성경이 고대에 고대의 언어로 쓰여졌기에 그 문화와 언어를 이해하고 역사를 더듬어 보기 위하여, 또 목회 활동이 전문적인 지식과 훈련을 요구하기에 그 분야에 종사할 성직자가 별도의 교육과정을 받아야 하지만, 신학을 전개시킬 때에는 전문지식이 아닌 '상식'을 바탕으로 해야 한다. 신앙의 문제를 다룰 때에는 상식으로 접근해서, 상식으로 설명을 하고, 상식으로 진위여부를 가려내야 한다.

신학은 학문의 여왕이며, 신학을 하려는 자는 특별한 학문적인 훈련을 받아야 한다고 생각하던 때가 있었다. 중세기 신학자들은 개념적인 학문의 최고봉인 아리스토텔레스의 「형이상학」(形而上學)을 바탕으로 형이상학적인 신학을 전개했다. 그리고 자신 있게 "신학을 공부하려는 자는 먼저 아리스토텔리안(아리스토텔레스 추종자)이 되어야 한다."라고 말했다. 회교가 배출한 최고의 전재직인 철학지 아비첸나(Aviecenna, 980~1037)는 아리스토텔레스의 책 「형이상학」을 40번이나 읽었으나 도무지 이해하지 못하고 있다가 알파라비(Al-Farabi)의 해설서를 읽고서 겨우 이해했다고 한다. 아퀴나스 이후 가톨릭 신학은 형이상학에 기반을 둔 '스콜라신학'이 지배했는데, 중세기가 암흑기로 전락하는 데에 이런 신학이 크게 일조했다. 이런 신학적인 훈련을 받고 사제가 되어있던 루터가 종교개혁을 하면서 내건 표어 가운데 하나가 "아리스토텔리안으로서는 누구도 신학자가 될 수없다."였는데, 백 번 옳은 말이다. 하나님께로 가까이 가는 체험을 하면서 와닿은 것 중의 하나가 '엘리트 의식'에 대한 철저한 회개였다. 아리스토텔레스의 형이상학을 기반으로 신학의 완성을 시도했던 아퀴나스는

「신학대전」(Summa Theologica)에 자신의 정열을 모두 쏟아 부었는데 어느 날 쓰기를 멈추었다. 이상히 여긴 측근 제자가 이유를 묻자 "얼마 전 기도(관상) 중에 하나님의 영광을 뵈었는데, 그 후에 내가 하는 일이 쓰레기만도 못하다는 것을 알게 되어서 더 이상 쓸 수가 없다."라고 대답했다. 실제로 「신학대전」은 그 후 더 이상 쓰여지지 않아서 미완의 작품으로 남아있으며, 할 일을 잃은 아퀴나스는 얼마 뒤에 죽었다.

신학은 개념 놀이나 말장난의 대상이 아니다. 읽는 사람으로 하여금 인간의 지식이 아닌 생명에 이르게 하고, 그 시대가 나아갈 방향을 제시해야 한다. 그러기 위해서는 상식을 가진 사람이라면 누구나 읽을 수 있는 평범한 문장으로 쓰여져야 한다. 하나님께서는 지극히 평범한 사람들을 통하여 일하신다.[62] 구약의 예언자들은 대부분 평범한 '평신도'였다. 예언서는 평신도들이 성직자들을 향하여 한 설교다. 예수님 당시 이스라엘의 최고 지식인들은 예루살렘에 모여 있었는데, 그들에게 설교하여 하루에 5천여 명을 개종시킨 베드로는 어부 출신의 문맹자였다. 필요에 따라 당시 최고의 지식인인 바울을 통하여 유대교에서 복음을 재해석해내는 일을 하게 하셨지만 바울이 남긴 것은 서간문이었고, 바울 자신도 자신의 지식을 비롯한 자랑할 만한 모든 것들을 배설물로 여겼다.(빌립보서 3:8)

4천 년 구속사를 돌이켜 보면 실패하던 시대의 특징은 어떤 특별한 지식이 없어서가 아니라 상식이 무시되고 지켜지지 않아서였다. 하나님을 아는 데에 필요한 지식은 상식이면 족하다.

---

62) 하나님께서는 이 세상에서 어리석고 아무 쓸모없어 보이는 여러분을 일부러 선택하셔서 이 세상에서 현명하고 훌륭한 자라고 자처하는 사람들을 부끄럽게 하셨습니다. 하나님께서는 이 세상에서 업신여김을 받는 하찮은 사람들을 불러 쓸모있게 하심으로써 이 세상에서 위대하다고 하는 자들을 아무 것도 아닌 자로 만드셨습니다.(고린도전서 1:27~1:28, 현대어성경)

6. 성경과 삶(역사)의 만남

하나님 체험과 삶의 실천은 서로 연관되어 있다. 하나님을 체험하는 만큼 삶에서 성경의 말씀을 실천하려는 열망이 일어나기 때문이다. 하나님에 대한 깊은 체험은 하나님과 성경말씀, 인간의 삶에 대한 근원적인 이해에 관심을 가지게 한다. 성경이 쓰여지던 당시의 배경과 적용의 과정인 역사는 성경의 삶의 자리이기에 성경에 대한 역사적인 해석을 중요시함으로써 성경과 역사의 만남이 이루어진다. 예수님의 설교는 물론이고 구약의 예언서를 비롯하여 사도행전에 기록된 베드로의 설교와 스데반의 설교가 이런 해석이다.

지금 우리에게 필요한 성경과 역사 해석은 이런 것이어야 한다. 사람으로부터가 아닌 하나님으로부터의 '역사해석'과 사람의 말이 아닌 하나님의 '말씀'이 있어야 한다. 하나님 그분이 지식의 근본이기 때문이다.[63] 교회에, 신학교에, 신앙-신학서적에 사람으로부터의 말과 이론은 넘쳐나고 있으나 하나님으로부터의 말씀과 해석은 찾아보기 어렵다. 문제는 여기에 있다.

순수학문 중 가장 어려운 분야 중의 하나가 '역사철학'이다. 합리적인 사고와 철학적인 지식을 도구로 전개하는 역사철학은 비범한 재능과 지성의 소유자가 아니고서는 접근을 허락하지 않는다. 이런 역사 해석도 나름대로 쓸모가 있겠지만, 사람들에게 생명을 불어넣고 나아갈 길을 제시하는 역사 해석은 하나님으로부터 나온다. 구약의 예언자들은 지극히 평범한 사람들이었으나 하나님의 영의 도움을 받아 하나님의 입장에서 역사와 성경을 해석했다. 때문에 이들이 인류 역사에 가장 공헌한 사람들이라고 평가받고 있다.

---

63) 여호와를 경외하는 것이 지식의 근본이어늘 미련한 자는 지혜와 훈계를 멸시하느니라(잠언 1:7)

빛과 어두움, 소금과 음식, 누룩과 떡 반죽에 대한 비유의 말씀들을 비롯하여 예수님께서 가신 십자가의 길 속에 역사 해석의 원리가 이미 들어있다. 십자가는 인간의 죄의 문제가 '용서'를 통하여 해결되는 사죄의 원리이면서 동시에 세상을 구원하는 구속사의 원리다. 예수님의 십자가의 고난으로 사죄가 주어지듯이, 예수님을 따르는 공동체의 고난을 통하여 구원의 사역이 진행된다. 초대교회의 박해를 통하여 로마제국이 구원에 이르렀고, 기독교 국가인 로마제국이 이민족의 침입이라는 고통을 겪음으로써 침략자들이 구원에 이르게 되었다.

7. 물음

예언자들은 어떤 사람들이었는가? 그들은 끊임없이 하나님을 향하여 물었을 뿐만 아니라 대답을 들었고 그것을 선포했다.[64] 오늘 우리는 이 예언자적인 물음을 시급히 회복해야 한다. 이스라엘의 지도자들에게 이 물음이 멈추고 전통과 유산이 그 자리를 대신 차지했을 때에 민족과 나라와 그 시대가 참혹하게 멸망당하는 비극이 일어났다. 역사에서 배워야 할 가장 중요한 교훈은 이것이다.

이런 비극의 망령은 이스라엘 역사에만 있는 것이 아니다. 교회사에서 또 등장하는데 중세기가 그것이다. 그런데 더욱 가슴 아픈 것은 그런 비극이 지금 우리에게 반복되고 있다는 사실이며, 더더욱 기가 막힌 것은 그런 사실조차 모르고 있다는 것이다. '이루었다', '얻었다',

---

64) 이에 대한 성경의 예는 많이 있다. 다음의 구절은 그중의 하나다.
"내가 내 파수하는 곳에 서며 성루에 서리라. 그가 내게 무엇이라 말씀하실는지 기다리고 바라보며, 나의 질문에 대하여 어떻게 대답하실는지 보리라." 그리하였더니 여호와께서 내게 대답하여 가라사대, "너는 이 묵시를 기록하여 판에 명백히 새기되 달려가면서도 읽을 수 있게 하라……." (하박국 2:1~2)
"내가 말하겠사오니 주여 들으시고, 내가 주께 묻겠사오니 주여 내게 알게 하옵소서!"(욥기 42:4)

'되었다', '알았다' 등의 생각은 직선적인 사고의 결과일 뿐 곡선적인 사고에서는 허락되지 않는다.[65] 전통과 관습에 안주하지 말고 끊임없이 묻고 배워 과거의 오류를 또 다시 답습하지 말아야 한다.

성경과 역사, 영성이 만나야 한다. 이는 전체와 흐름과 방향을 말한다. 전체와 흐름과 방향이 맞지 않으면 부분을 아무리 깊이 파헤쳐도 오류를 피할 방법이 없다. 숲을 먼저 보고 나무를 보아야 한다. 이는 상식이다. 이스라엘 역사와 교회사의 오류는 결국 전문적인 지식이 아닌 상식의 오류였다.

---

65) 내가 이미 얻었다 함도 아니요 온전히 이루었다 함도 아니라. 오직 내가 그리스도 예수께 잡힌바 된 그것을 잡으려고 좇아가노라.(빌립보서 3:12)

여섯 번째 전환기 : A.D. 500~1000년
〈 어두운 시기 1 〉

PART 6

| 어거스틴(430년) | 서로마 멸망(476년)
| 공동체 수도원(529년)

| 지난 내용 요약 |

세상 구원을 위하여 선택되었던 이스라엘, 그들은 결국 실패하고 말았다. 그러나 하나님의 구원계획은 중단되지 않고 예수님을 통하여 새로운 차원으로 전개되었다. 예수님의 사역은 이스라엘 역사의 배경에서만 정확한 이해가 가능하다. 유대교의 인과응보라는 교리의 배경에서 보면 예수님께서 병자들을 치유하시는 사건은 단순한 기적이 아니라 죄인들을 구원하시는 사역이며, 예수님의 설교들은 새로운 계약의 대상인 교회공동체에 주시는 말씀이며, 예수님의 죽으심은 계약체결이라는 의미를 지닌다.

기독교가 로마제국의 종교가 되는 사건은 모진 박해를 통하여 새로운 가나안인 로마제국이 교회공동체에 주어지는 사건이며, 게르만민족의 침입이라는 고난은 복음이 북유럽으로 확산되는 기회였다.

그러나 안타깝게도 당시의 교회 지도자들은 이런 고난에 대한 해석에서 실패하였다. 어거스틴이 「신국론」을 통하여 이 문제를 해결하려고 했지만 결국 이원론적인 역사관을 제시함으로써 아무런 대답이 되지 못했을 뿐만 아니라 자신의 의도와는 반대로 중세기를 잘못된 방향으로 인도하는 역할을 하고 말았다.

어거스틴의 실패는 교회사에서 만날 수 있는 가장 가슴 아픈 부분이다.

중세전기, 어디로 갔나? 물음 38

어거스틴은 초대에서 중세로 넘어가는 분기점에 살았던 사람이다. 어거스틴 이후의 중세교회는 어떻게 되었을까?

1. 영역의 확대

시간이 지나면서 로마제국 북쪽에 살던 게르만 민족을 비롯하여 슬라브족, 바다의 침략자로 유명한 바이킹족 등 대부분의 민족들이 기독교인이 되어 교회의 울타리에 들어왔다. 앞에서 본 바와 같이 이들은 로마제국에 약탈을 목적으로 몰려와서 라틴 로마를 멸망시켰으나 문화적인 싸움에서 패배하여 오히려 기독교에 흡수되었다. 이 당시의 세계 지도를 펼쳐놓고 보면 유럽의 거의 모든 지역이 이 시기에 기독교 국가가 되었음을 알 수 있다. 이후 서양은 지금까지 기독교 문화권이 되어 있다.

어거스틴의 시대에 로마제국은 동-서로 분리되었다가 476년 서로마는 게르만 민족에게 멸망을 당했으나 동로마는 후일 1453년 오스만 트루크에게 멸망당할 때까지 명맥을 유지했다. 로마문명을 배경으로 하는 서방교회는 (로마)가톨릭이라는 이름으로, 그리스문화를 배경으로 하는 동방교회는 그리스(그리스) 정교회라고 불리고 있다. 북쪽의 게르만 민족들은 주로 서로마로 쳐들어 왔다. 동로마의 수도 비잔틴은 천혜의 요새였고 국방이 서로마에 비하여 견고하여 침입할 여지가 없었기 때문이다. 서로마로 쳐들어간 게르만 민족이 라틴로마제국을 멸망시킨 후 게르만 민족이 다스리는 시대가 되었으며, 이후 북유럽의 모든 지역이 그 관할에 들어왔기 때문에 슬라브족의 영역(러시아지역)을 제외한 유럽은 대부분 로마 가톨릭 신앙을 가지게 되었다. 따라서 중세기 기독교의 주도권은 로마 가톨릭에게 주어 졌으며, 회교도들에게 동로마가 망한 후, 그리스 정교회는 러시아로 옮겨져 오늘날까지 겨우 그 명맥을 유지하고 있다.

  기독교의 순수성이 강하게 살아있던 중세 초기에는 침략해오는 주변의 민족들이 흡수되어 기독교인이 되었다. 그러나 시간이 지나면서 신앙의 순수성이 퇴색되고 난 뒤에는 이런 경향이 사라졌을 뿐만 아니라 기독교의 중심지들을 오히려 회교도들에게 내어주고 말았다. 인도와 중국 등 동양에는 초대교회 때부터 수많은 선교사를 보냈으나 별로 성과가 없었다. 여러 가지 이유가 있겠지만 이 지역은 지정학적으로 로마제국의 후광이 미치지 않는 곳이었으므로 가서 전하는 선교가 먹혀 들어가기가 어려웠다. 가서 전하는 선교와 대비되는 보여주는 선교, 와서 보고 믿게 하는 선교는 이런 점에서 큰 차이를 보인다.

2. 잃어버린 기회

  동양에 기독교가 전해질 수 있는 좋은 기회가 한번 있었다. 13세기에 동양인들이 스스로 기독교의 중심지까지 찾아왔던 때가 있었다. 세계 역사상 가장 넓은 영토를 가졌던 징기스칸(재위 1206~1227)의 몽고제국 시대였다. 그는 동양은 물론 서양의 상당 부분을 손에 넣었다. 이 때 몽고족들이 서양에 머무르던 시기는 그들을 복음화시킬 수 있는 좋은 기회였다. 몽고족이 대제국을 만들었지만 그들은 본래 초원에서 목축을 기반으로 하는 유목민이었으며, 특별히 내세울 문화나 종교가 없었다. 징기스칸이라는 영웅에 의해서 여러 부족이 하나로 통합되고 그 여세를 몰아 중국대륙은 물론 서남아시아, 동유럽, 남러시아를 휩쓸었으나 문화에서는 빈 집과 같았다. 이런 빈 집이 기독교로 채워지는 것은 불가능한 일이 전혀 아니었다. 메소포타미아, 이집트, 그리스, 로마 등 고대문화의 발상지들도 기독교화되었던 것에 비한다면 문화적으로 공동(空洞)상태인 몽고족을 복음화시키는 것은 지극히 쉬운 일이었을 것이다. 그러나 이때에는 유럽의 기독교가 그 생명력과 순수성을 상실해서 신앙의 발상지를 비롯한 중심지의 태반을 회교에게 내어주고 있을 때였다. 복음화 되었던 제 식솔도 간수하지 못하는 주제에 찾아온 손님에게 감화를 주어서 보고 믿게 한다는 것은 어불성설이다. 몽고제국이 분열된 이후 소아시아와 페르시아 지역에 세워졌던 '일한국'(一汗)[66]은 회교를 국교로 선택했으며 이후 이 지역에 회교가 정착하는 데에 일조했다. 그러나 기독교 지역에 머물렀던 몽고인들이 기독교화된 흔적은 찾아볼 수가 없다. 당시 기독교의 영향력은 회교에도 미치지 못했다는 증거이다. 역사에 가정이란 있을 수 없다고 하지만, 이때 몽고족에게 복음이 전해졌다면 동양의 복음화 즉 세계복음화는 사실상 마무리 되었을 것이다. 세계구원을 위한 절호의 기회는 이렇게 사라지고 말았다.

이 시대를 살았던 기독교인들, 특히 교회 지도자들은 이 책임을 면치 못하리라. 서기관-바리새인들이 예수님에게 저주의 책망을 들은 것은 그들의 무슨 개인적인 죄목 때문이 아니라 역사적인 방향을 잘못 제시한 오류의 죄 때문이었다. 따라서 성직자라는 이름으로 불리는 것은 매우 두렵고 떨리는 일이다.

3. 기독교 왕국

인류 역사에는 '그리스도 왕국'(Christendom)이라 불리던 시대가 있었다. 문자 그대로 교회가 왕 노릇하며, 마음 내키는 대로 세상을 통치하던 시대였다. 오늘 우리 그리스도인들에게는 꿈같은 이야기이지

---

66) 칭기즈 칸이 네 왕자에게 분봉한 사한국(四汗國-킵차크한국, 차가타이한국, 오고타이한국, 일한국)의 하나. 시조인 훌라구는 칭기즈 칸의 손자이자 세조 쿠빌라이의 아우이며, 1258년에 세워져 1353년 티무르에게 멸망되었다.

만, 실제로 그런 기간이 무려 1200여 년 동안이나 지속되었다. 그것도 지구 어느 한 귀퉁이가 아니라 지금의 유럽, 즉 서양이라고 불리는 곳에서 일어난 일이다. 라틴민족이 다스리던 서로마 제국이 476년에 멸망했지만 주인만 바뀌었을 뿐 제국의 형태는 그대로 유지되었고 오히려 유럽 전 지역으로 확대되었다. 이 일이 가능했던 것은 전적으로 교회 때문이었다. 로마제국을 차지한 야만인들은 스스로 제국을 통치할 능력이 없었으므로 교회 조직의 도움을 받지 않고는 이미 행정 조직이 마비된 로마제국을 다스릴 수가 없었다. 교회는 교황을 정점으로 하는 일사불란(一絲不亂)한 제국 차원의 조직을 가지고 있었을 뿐만 아니라 사제들은 최고의 지식인들이었다. 이들이 제국의 통치 세력으로 부상한 것이다. 이 시기에 교황과 주교에게는 막강한 권한이 부여되었고 사실상 그 지역의 정치적인 지배자였다.

중세의 '신성(神聖) 로마제국'[67]의 등장은 교회의 영향력을 잘 보여준다. 황제는 교황을 찾아와 대관식(戴冠式)을 받아야 황제로서 등극할 수가 있었다. 또 '종교재판'이라는 것이 있었는데 본래는 이단박멸이 목적이었으나 점차 교황으로 하여금 모든 기독교국가에서 절대권력을 행사하게 하는 제도가 되었다. 교황의 '교서'(敎書)는 주요 문제에 대하여 교황이 공식적인 의견을 발표하는 것인데, 교황의 의견은 잘못될 수 없다하여 '무오설'(無誤說)이 등장했다. 교황이 잘못을 범할 수 있느냐 없느냐를 떠나서 이런 교리가 등장했다는 것은 교회에 절대권이 주어졌다는 의미이다.

로마제국은 교회에 주어진 가나안이었다는 표현은 결코 과장이 아

---

[67] 신성로마제국의 시작을 800년 성탄절에 있었던 샤를마뉴 대제(혹은 칼 대제)의 대관식이냐 아니면 962년 오토 1세의 대관식이냐에 대하여 견해가 나뉘고 있다. 신성로마제국은 라틴 로마제국의 부활이라는 의미를 지니는데, 나플레옹의 등장으로 종말을 고한 1806년까지 계속되었으며, 정식명칭은 독일을 중심으로 했기 때문에 '독일민족의 신성(神聖)로마제국'이다.

니다. 교회에는 자신들의 뜻을 실현할 수 있는 현실적인 여건이 주어져 있었다. 이스라엘 역사와 교회사를 펼쳐놓고 보면 하나님께서 인도하시는 '구원의 역사'는 단순히 신앙적인, 정신적인, 영혼만을 구원하는 영적인 차원의 역사가 아니라, 이 세상에다 하나님나라의 모형을 확장시키는 '현실적인 구원'의 역사였다. 정신(영혼)과 육체를 분리시키는 이분적(二分的)인 사고는 지양되어야 한다. 영혼이 구원을 받았다면 정신은 물론 육체(세상)의 삶도 구원을 받아야 한다. 땅에서 구원의 삶을 살지 못하면서 하늘에서 구원의 삶을 살겠다고 말하는 것은 상식에 맞지 않는다. 상식에 맞지 않는 것은 진리일 수 없다. 땅에서 매인대로 하늘에서도 매이며, 땅에서 푼대로 하늘에서도 풀리게 마련이다.

4. 수도원 시대

초대교회 신앙의 순수성과 열의를 잘 보여주는 지표(指標)가 있는데, 순교와 수도에 대한 열망이 그것이다. 후일 유명한 교부가 된 오리겐은 어렸을 때 박해가 일어나서 아버지가 붙들려가자 자신도 같이 순교를 하겠다고 난리를 피웠는데 어머니가 그의 옷을 벗기고 옷을 감추는 바람에 순교를 못했다. 그 당시 기독교인 중에는 순교를 가장 큰 영광으로 알고 기꺼이 받아들일 뿐만아니라 적극적으로 사모한 사람들이 생각보다 많았다. 이런 순수한 신앙은 박해가 사라진 뒤에는 수도사 운동으로 이어졌다. 문자 그대로 '생명을 내어놓는 신앙생활'에 대한 열망이 은둔수도 운동으로 표출된 것이다. 사막에서 혼자 독방에 은거하면서 금욕과 철야, 금식을 일삼는 은둔수도는 세상은 물론 생명에 대한 애착이 조금이라도 남아있으면 할 수 없는 것이다.

그런데 4세기를 전후하여 은둔수도 운동이 불길처럼 타올랐다. 은둔수도가 인기 있었던 이유는 '순교적인 결단'이 요구되기 때문이었다.

기독교인들이 다수가 되고 또 국교가 되면서 교회가 세속화되어지는 것에 대한 반발은 이렇게 나타난 것이다. 수도사 운동의 불길은 애굽의 사막지대에서 시작되어 시리아와 팔레스틴 등 동방지역을 거쳐서 서방지역으로 번져 나갔는데 유럽 어느 지역에도 수도원이 없는 곳이 없었다. 초기에는 개인적으로 독방을 짓고 수도했으나 워낙 많은 사람들이 몰려들다 보니 공동체 수도원으로 발전했고 또 수도원 규칙이 생겨났다. 중세기에는 대규모의 공동체 수도원만 약 2,000여 곳이 되었으니 이 시대는 가히 수도원 시대라고 할 수 있다. 수도사의 길은 어려운 십자가의 길이기에 오히려 인기가 있었던 그런 시대가 교회 역사 속에 실제로 있었다.

　수도원의 영향력 또한 막강했다. 공동체 수도와 규칙이 만들어지면서 주요 일과 중에 성경을 비롯한 경건서적 읽기, 성경의 필사 등이 포함되었고 또 수도사들을 체계적으로 교육시키면서 수도사들은 당시 최고의 지식인들이 되었으며 수도원은 세상을 향한 교육 기관의 역할을 했다. 수도원에 대한 일반인의 관심과 호응이 높아지자 많은 땅과 재물이 헌납되어 수도원은 곧 대지주가 되었으며, 큰 수도원의 원장은 권력의 요직으로 선망의 대상이 되었고, 후일에는 수도원이 개혁의 대상이 되는 어처구니없는 일이 일어났다.

　"당시의 교계 지도자들이 수도원 운동의 방향을 잘 설정해주었더라면 틀림없이 전 세계를 거룩한 불로 타오르게 했을 텐데……."라는 아쉬움을 금할 길이 없다. 교회사를 들여다보면 세계를 복음화시킬 기회가 여러 번 있었다. 그런데 지도자들의 이해의 한계 때문에 그 기회가 빛을 잃고 말았다. 이런 시기들을 도리켜 볼 때면 "만약……."이라는 부질없는 가정을 하지 않을 수 없게 된다. 이런 부질없는 가정은 동시에 "오늘 우리는 제발 그 기회를 잃지 말아야 할텐데……."라는 간절한 염원이기도 하다.

5. 부메랑

　기회를 살리지 못하고 그냥 보내면 그것으로 끝나는 것이 아니라 그 기회는 재앙이 되어서 다시 찾아온다. 무슨 소설의 이야기가 아니라 교회사의 이야기이다. 왜 그럴까? 이치는 단순하다. 무엇이든지 심은 대로 거두게 마련이다. 그 시대와 세계를 구원할 수 있었던 기회들을 놓쳐버리자 그 시대와 세계를 피로 물들게 하는 재앙(징계)이 찾아왔다. 잠시 뒤에 적어 내려가려는 중세기와 그 이후의 이야기들이 그것이다. 참으로 눈물과 탄식이 없이는 쓸 수도 읽을 수도 없는 이야기들이다. 이스라엘이 패망하리라는 신탁을 전하던 예레미야는 이렇게 통곡하고 있다.

> 어찌하면 내 머리는 물이 되고 내 눈은 눈물 근원이 될꼬! 그렇게 되면 살육 당한 딸 내 백성을 위하여 주야로 곡읍하리로다!(예레미야 9:1)

　전 세계를 태우고도 남을 거룩한 불길이 이해의 한계로 소멸되자 그 불길은 재앙의 불길이 되어 덮쳐왔다. 이 시대에 도무지 상상할 수 없는 온갖 반인륜적인 일들이 저질러졌는데 그 시대를 르네상스 시대의 인문주의자들은 '암흑기'(暗黑期)라고 불렀다. 근래에 이에 대하여 기독교인들 사이에 반대하는 목소리들이 높다. 기독교인의 한 사람으로서 그 시대를 암흑기라고 부르는 것에 대하여 수치스럽기 짝이 없지만 인정하지 않을 수 없다. '암흑기'라고 불리던 그 시대에 대하여 우리는 인정하는 것은 물론 참회해야 하지만, 그보다 더 중요한 것은 지금 우리는 암흑기를 만들고 있지 않는지 두려운 마음으로 살펴 볼 일이다.

물음 39 수도원 운동, 무엇이 문제인가?

북아프리카 코아라는 지역에 부자집 아들로 태어난 젊은이가 있었다. 스무 살쯤 되었을 때 교회에서, 예수님께서 부자 청년에게 하셨던 "네가 온전하고자 할진대 가서 네 소유를 팔아 가난한자들을 주라. 그리하면 하늘에서 보화가 네게 있으리라 그리고 와서 나를 좇으라."(마태복음 19:21)는 말씀을 듣는 순간 바로 자신에게 하시는 말씀으로 듣고 그대로 순종을 했다. 당시 그는 부모가 죽고 막대한 재산을 물려받았는데 그것을 처분하여 가난한 자들에게 나누어주고 혼자 예수님의 가난을 몸소 실천하며 은둔수도의 길로 들어서서 온갖 고초를 무릅쓰고 초인적인 금욕과 고행의 삶을 살았다. 이 소문이 퍼지자 그 주변에는 많은 사람들이 몰려들었고, 그로 말미암아 수도사 운동이 불붙듯이 번져나갔다. 이 사람이 수도사의 아버지라 불리는 안토니(Anthony, 251~356)이다.

수도원 운동이 급속히 퍼져나간 배경은 앞에서 본 바와 같이 기독교가 로마제국의 종교가 되면서 세속화 현상이 나타난 것에 대한 반작용 때문이었다. 아직 순교적인 신앙의 열기가 식지 않았던 시기에 안토니와 같이 모든 것을 버리고 오직 예수님만을 따르기 위하여 극단적인 고행을 감내하는 모습은 이상적인 신앙인으로 투영되었고 사람들이 몰려들었다. 400년대 말에 이르러서 동방은 물론 서방교회 전체에서 수도원운동이 확고한 자리를 잡은 것을 보면 이운동에 대한 열기가 어느 정도였는지 짐작이 된다. 이후 중세기는 수도원 시대가 되었다. 수도원이 중세기에 지대한 영향을 끼친 가장 큰 이유는 교육을 수도원에서 독점하다시피 했기 때문이다. 시간이 지나면서 수도원은 조직과 체계, 규율을 갖추게 되었는데, 수도의 일과 중 하나가 독서, 성경 필사 등이 들어 있었기 때문에 수도사들은 곧 그 시대의 최고의 지식인들이 되었다. 아직 공적인 교육 기관이 없던 시대에 자연스럽게 수도원은 교육의 기능을 맡게 되었고, 그 결과 수도원을 통하여 지도자와 인재들이 배출되었다.

중세기 역사를 읽어나가다 보면 이해하기 어려운 모순을 발견하게 된다. 순교적인 각오로 예수님을 믿고 따르려던 수많은 남녀 젊은이들이 그토록 넘쳐났으며, 그 시대를 교회가 지배하고 있었는데 그런데 왜 그 시대는 성경의 가르침과는 상관없는 길로 갔는지 이유를 납득하기가 쉽지 않다. 교회 지도자들의 타락상을 지적하지만 그런 사람은 전체 숫자에 비하면 소수였으며, 수많은 성자(聖者)들이 배출된 시대가 중세였다. 모든 사람이 다 성인(聖人)이기를 기대한다는 것은 현실성이 없다.

무엇이 문제였을까?

1.함정

안토니에 대한 열광.

이것이 문제였다. 안토니는 살아있는 동안에 성자로 칭송받았고 황제와 귀족을 비롯한 수많은 사람들이 그의 수도하는 모습을 보거나 그의 설교를 듣기 위하여 몰려들었다. 이런 것들을 싫어한 안토니는 자신을 감추기 위하여 더 깊은 산속, 더 먼 사막으로 숨었으나 소용이 없었고, 그가 머무는 곳은 곧 성지 순례의 장소가 되어 마을이 생겨났다. 그를 직접 보거나 소문으로 들은 허다한 남녀 젊은이들이 안토니의 삶을 모방하기 위하여 산으로, 광야로 나갔다.

이후 이런 운동은 하나의 열병같이 번졌다. 뭔가 좀 생각이 있고 결단력이 있는 신앙인들은 하나같이 이 길을 선택했다. 세상에 묻혀있는 사람은 시대에 뒤쳐진 사람처럼 여겨졌고, 순수한 신앙을 추구하는 사람들, 예수님을 따르려는 사람들은 이 길을 가야한다는 어떤 풍조가 생겨났고, 누구도 이에 대하여 의심하지 않고 당연히 받아들였다. 이런 수도가 예수님을 따르는 삶이요, 수도에 따르는 고통은 주님을 따르는 데에 필요한 십자가라고 생각했다.

안토니, 그 자신은 물론 그를 따르는 사람들도 몰랐지만 결과적으로 이런 현상은 큰 함정이었다. 이 길을 간 사람들은 이 함정에 빠져서 평생을 금욕과 고행으로 일관하느라 죽도록 고생했고, 1천 년 이상 이런 암흑의 구덩이에 빠져 헤어 나오지 못하여 그 시대가 암흑기가 되고 말았다.

안토니의 운동이 왜 함정이었을까?

2. 신기루

옛계약 공동체인 이스라엘이 들어갔던 가나안 땅은 빈 땅이 아니었다. 일곱 부족이 살고 있었을 뿐만 아니라 주변 메소포타미아, 이집트에 버금 갈 정도로 발달된 문화를 누리고 있었으며 이들의 정신문화 즉 신앙문화를 '바알문화'라고 한다. 이스라엘에 대한 하나님의 당부는 이들 바알문화를 절대 받아들이지 말라는 것이었다. 인간의 자연적인 사고에서 출발한 바알문화는 신앙적으로는 허상을 추구하게하고 현실의 삶에서는 가진 자의 이념(이데올로기)의 역할을 하여 불행을 몰고 오기 때문이었다. 가나안 사람, 그들의 문화는 수용의 대상이 아니라 변화 즉 구원시켜야 할 대상이었다.

새계약 공동체인 교회가 들어간 로마제국을 교회에 주어진 계약의 땅이라는 입장에서 본다면 수도원 운동의 문제점이 무엇인지를 쉽게 이해할 수 있다. 로마제국을 지배하던 그리스문화는 교회공동체에게는 바알문화와 같은 존재였다. 그리스의 합리적인 철학은 교리의 형성과정에서 지대한 영향을 주어 기독교 교리가 영성적이기 보다는 관념적인 경향으로 흐르게 했다. 더더군다나 정신(영혼)은 선하고 물질(육체)은 악하다는 이원론적인 사고에서 비롯된 은둔사상은 기독교의 영성운동에 신기루와 같은 역할을 하여 광야로 몰려갔던 순진한 사람들로 하여금 헛고생을 하게 했을 뿐만아니라 그 시대가 잘못된 방향으로 가게 했다.

이 운동이 신기루였다고 단언할 수 있는 근거는 그들이 수도로 추구한 영적인 지고의 상태인 관상(觀想)기도, 합일(일치) 등은 현실성이 없었으며, 성경에 근거한 영성이 아니었다는 데에 있다. 다시 말하면 그렇게 많은 사람들이 천여 년이 넘도록 수도의 삶을 통하여 이런 신비적인 상태에 도달하고자 했지만 실제로 관상기도와 합일에 이르렀다는 사람은 극히 드물었다. 왜 이런 현상이 빚어졌을까? 수도원 영성신학의 골격인 정화-조명-합일이라는 이론은 그리스 철학자 플라톤의 철학에서 비롯된 것이기 때문이다. 은둔이라는 수도의 방법 뿐만 아니라 추구하는 수도의 내용이 모두 다 그리스문화의 산물이었다.

이런 기초적인 문제가 아직까지 해결되지 않고 있다는 것은 참으로 놀라운 일이며 안타까운 일이다. 이 문제에 대해서는 3부 「비움의 길」에서 집중적으로 다루고자 한다.

3. 이원론적인 사고

영혼은 선하고 육체는 악하다는 그리스의 이원론적인 사고는 육체는 영혼의 감옥이므로 영혼을 육체에서 해방시키기 위하여 육체를 학대해야 한다는 금욕주의자들을 양산했는가 하면 반대로 육체는 영혼에 아무런 영향을 끼치지 못하므로 육체가 원하는 대로 살아도 된다는 쾌락주의를 가능하게 했다. 이런 이원론적인 사고 중에서 금욕주의가 수도원 운동에 지대한 영향을 끼쳤다.

❶ 은둔수도

그리스문화권에서는 금욕주의의 입장을 받아들여서 실천하는 사람들이 있었다. '은자'(隱者)라고 불리던 이들은 금욕과 고행의 삶을 실천했는데 디오게네스(Diogenes)가 그 대표적인 사람이었다. 초기의 수도사들은 은둔자들의 모습에서 영향을 받았다. 그 이유는 세속적인 것에서 초월하려는 그들의 삶이 거룩해보였기 때문이다. 안토니가 이것을 받아들인 이후 그 길을 가는 사람들은 모두가 은둔수도자가 되었고 이후 은둔수도는 기독교의 영성으로 뿌리를 내렸다.

❷ 성속 이원론

은둔수도의 문제점은 그 자체보다 그것이 몰고 온 파장에 있다. 은둔수도가 큰 호응을 얻음으로써 세상의 삶은 속된 것이요 은둔수도의 삶은 거룩하다는 생각이 교인들의 의식 속에 자리를 잡게 되었다. 이런 생각은 세상의 삶보다는 수도의 삶이, 세상보다는 수도원이 더 중요하다는 가치관을 형성하도록 했다. 예수님을 닮는다는 것은 곧 세속의 모든 것을 버리고 수도사적인 삶을 통하여 세속적인 삶을 초월하는 것이라고 생각했고, 이는 또한 '거룩함'에 대한 오해를 불러왔다. 이런 경향은 세상의 삶을 충실하게 사는 것 보다, 교회생활, 예배, 기도 등 종교의식(儀式)을 더 중요하게 생각하여 삶을 등한시 하게 한다.

거듭 지적하는 바와 같이 성경에서 말하는 거룩함은 수도적인 삶이 아니다. 인간을 비참하게 하는 수직적인 사회체제를 수평적인 체제로 변화시키는 것이 성경에서 말하는 그 시대에서 실천해야 할 거룩함이었다.

❸ 이원론적인 구원

성속 이원론으로 말미암아 구원에도 등급이 매겨졌다. 수도사적인 삶을 사는 사람들은 거룩한 구원을 받는 사람들이요 세속인들은 저속한 구원을 받는다고 생각하게 되었다. 특히 수도사적인 삶의 실천이 구원에 이르는 것과 관련이 있다는 의식이 생겨나기 시작했으며, 이것은 인간 행위의 비중이 높아져서 공적주의가 등장하는 배경이 되었다. 이로 말미암아 순수한 은혜, 믿음으로 구원에 이른다는 신앙이 상대적으로 약해지게 되었다. 고차원적인 삶을 산 수도사들의 은덕 또한 구원에 도움이 된다는 생각에서 여러 성인들의 동상과 유품, 추모예배 등이 중요하게 여겨졌다.

❹ 이원론적인 윤리

수도원과 세상을 구분시킨 결과 윤리 또한 수도원 윤리와 세속의 윤리로 양분되었다. 좀 더 고상한 것을 추구하는 사람은 수도원의 규칙들을 지키는 사람이요 이를 따르지 못하는 사람들은 세속적인 삶을 사는 것으로 여겨졌다. 그 결과 뭔가 보람된 일을 하려는 사람들은 수도사가 되어야한다는 생각이 지배했다.

❺ 이원론적인 사회

이런 윤리는 거룩한 삶을 사는 사람들과 속된 삶을 사는 사람들로 구분해 놓았다. 신구약 중간기의 유대인 사회가 의인과 죄인으로 나뉘어진 것과 같은 양상이 나타나서 중세사회는 수많은 속인(죄인)들을 양산하는 체제가 되었다.

거룩함에 대한 이해가 성속 분리에서 출발하여 여기에 이르면 그 다음 수순은 사회의 신분, 지위, 빈부의 격차를 심화시킨다. 유대교가 이런 절차를 밟았었다. 유대교 율법은 특수한 사람만 지킬 수 있는 법이었다. 가난한 사람들, 병든 사람들 평범한 사람은 도저히 지킬 수가 없었다. 그 결과 소수의 의인들이 그 사회의 지배계층이 되고 다수의 죄인들은 피지배계층을 형성했으며, 유대교는 신앙으로 이런 체제를 뒷받침했다.

중세기도 같은 수순을 따랐다. 수도원 윤리를 지키는 소수의 성직자, 수도사들이 그 사회의 지배계층이 되고 세속의 삶에 머무는 다수의 사람들은 농노로 전락했다. 초기의 수도사들은 예수님의 가난과 청빈을 실천하려는 이상에서 출발했지만 그 종착역은 교회와 수도원이 최대의 지주가 되어 수많은 농노를 거느리다가 철퇴를 맞는 비극이었고, 그 사회는 인류 역사에 등장한 가장 어두운 시기였다고 평가받고 있다.

4. 예언자 음성을 차단

지나온 역사를 들여다보면 간혹 지식의 어떤 공동화(空洞化) 혹은 착시(錯視) 현상을 보게 된다. 어느 한 시대를 살았던 사람들이 모두 같은 방향을 바라보고 있어서 다른 쪽은 전혀 보지 못하는 놀라운 일을 발견하게 된다. 중세기가 그러했다.

교황무오설, 면죄부판매, 마녀사냥, 화체설 등 기본적인 상식만 있어도 용납될 수 없는, 터무니없는 일들이 벌어져도 그 시대의 최고의 지성인인 수도사들은 별로 관심을 기울이지 않았다. 세상에서 일어나는 일들은 부질없는 진흙탕 싸움이므로 개입하는 것 자체가 속된 행위이며, 그런 것들은 초월의 대상이지 개입하여 뜯어고칠 대상으로 여겨지지 않는 풍조가 만연했기 때문이다. 중세기 천 년 동안에 비판적인 기능을 하는 예언자의 음성과 저항운동을 거의 찾아보기 어려운 이유는 여기에 있다.

은둔수도 영성의 가장 큰 병폐는 현실의 삶을 초월하거나 버리려는 타계적인 경향에서 비롯되는 역사의식의 상실이다. 이는 곧 예언자적인 음성을 차단하여 최고 권력층에 대한 비판의 목소리가 사라지게 한다. 이런 것은 당시의 정치지도자들이 내심 바라던 것이다. 은둔수도에 전념하는 사람들은 세상의 진흙탕 싸움에서 뒤쳐진 가난하고 병든 사람들을 돌보는 것을 최고의 덕목으로 알았을 뿐 인간을 비참하게 하는 악마적인 정치구조, 사회체제에는 전혀 무관심하며 관여할 바가 아니라고 생각했다. 성(聖)과 속(俗)을 분리시키는 열매는 이것이었다. 중세기는 이런 열매가 풍성했던 과수원이었다.

5. 공론화(公論化) 결여

초대교회에는 교리 논쟁이 대단히 활발했다. 특히 동방교회에서 그러했다. 가히 '교리논쟁 시대'라고 할만한 때가 있었다. 너무 격화되어 심각한 부작용이 있기도 했지만 이런 과정을 통하여 이교의 사상이 교리에 침투하는 것을 차단하여 '정통교리'가 만들어졌고 지금까지 이어지고 있다.

그런데 영성의 분야를 보면 아무런 공론화의 과정이 없었다. 이교도 철학자 플라톤의 '정화→조명→합일' 이라는 이론이 영성신학에서 아직까지 정통이론으로 남아있으며, 지금도 아무런 거부 반응 없이 기독교의 영성신학으로 받아들여지고 있다. 참으로 믿기지 않는 일이다. 1500년대에 스페인에서 쓰여진 테레사의 「영혼의 성」은 가톨릭의 영성신학 분야에서 지금도 유일한 교과서로 쓰이고 있다. 놀라고 또 놀랄 일이다. 신앙의 근간은 '영성' 인데 그런데 영성신학의 분야는 전혀 손을 대지 못하고 있으며 발전이 전무하다. 지금 우리에게 가장 시급한 것은 이 영성신학을 다시 정비하는 것이다.

왜 영성분야에는 공론화 과정이 빠져 있을까? 이유는 단순하다. 영성은 경험과 실천의 분야이므로 경험이 없이는, 그 삶의 실천이 없이는 뭐라고 할 말이 없기 때문이다. 합일이라는 최고의 상태까지를 경험해봐야 영성의 문제에 대하여 검토와 토론이 가능하게 된다. 따라서 영성의 분야에서 공론화가 없었다는 것은 영성의 속성상 자신의 체험을 드러내지 않으려는 것도 이유이겠지만 더 큰 이유는 공론화에 참여할 만한 사람이 없었기 때문이다. 수많은 수도사들 가운데서도 관상기도에 도달하는 사람은 지극히 드물었다고 전해지고 있으니, 공론화는 현실과 거리가 멀었다.

평생을 수도의 길을 가면서도 관상, 합일에 이르는 사람이 그렇게 적다면 그 이론과 접근 방법이 잘못되었다는 뜻이다. 기독교 영성이 진리라면 그 진리에는 누구나 도달할 수 있어야 한다. 대중성이 없는 것은 진리가 아니다. 구원은 누구나 받을 수 있어야 하듯이, 관상, 합일이 진리라면 누구나 거기에 갈 수 있어야 한다. 이제라도 이 문제를 심각하게 검토해 보아야 한다.

6. 목자없는 양들

중세기의 수도원 운동을 살펴보면 안타까운 마음을 금할 길 없다. 순교적인 각오로 최선을 다하려는 젊은 남녀들이 믿기지 않을 만큼 많이 있었다. 수도의 길이 힘들고 고통스럽고 좁은 길이었기에 오히려 더 몰려들었고, 전설적인 일화를 남긴 수도사들만도 부지기수다. 그 시대에 좁은 길, 십자가의 길을 갈 준비가 된 사람들은 얼마든지 있었다. 이런 뜨거움을 바른 길로 나아가게 했다면 능히 유럽 대륙은 물론 전 세계를 변화시키고도 남았을 것이다. 그런데, 그런데, 길을 잘못 들어서 그 아까운 에너지를 허공에 쏟아 붓고 말았다. 삶으로 순교의 길을 가려고 몰려들었던 단순하고 순진했던 양들, 그들을 바른 길로 인도할 목자는 그렇게도 없었던가?

중세기를 뭐라고 해야 할까?

목자의 탈을 쓰고 양떼를 잡아먹으려는 이리와 늑대는 득실거렸으나, 양떼를 위하여 생명을 내던지며 세상을 구원의 길로 인도하는 예언자적인 목자는 없었던 캄캄한 밤, 이것이 중세기였다.

수도원 운동, 어디로 가야했나? 물음 40

수도원의 영성 운동이 길을 잘못 든 이유는 이교 그리스의 은둔사상에 뿌리를 내려 은둔수도의 길을 갔기 때문이다. 그렇다면 수도원 영성은 어디에 뿌리를 내려야 했는가? 어디에 뿌리를 내려서 어디로 가야했는가? 역사의 전체적인 흐름 속에서 살펴보면 대답은 어렵지 않게 발견된다.

1. 성경의 영성 운동

성경에는 영성 운동을 어떻게 해야 하는가에 대한 원리와 본질이 들어있다. 여기에서 방법을 찾아내야 했다. 성경에서 발견할 수 있는 영성에 관한 주요 원리들은 다음과 같다.

첫째, 성경에서는 성(聖)과 속(俗)을 둘로 나누지 않는다. 세상은 속된 것이어서 버리고 떠나거나 초월해야할 대상이 아니라 타락하여 잘못된 길로 가고 있으므로 고치고 변화시켜서 구원해야할 대상이다. 세속적인 것으로부터 벗어나는 것이 거룩한 것이 아니라 세속 속에 들어가서 누룩과 소금이 되어 세속적인 것을 변화시키는 삶이 거룩한 것이다. 세속을 버리고 떠나는 출가(出家)의 개념은 성경에는 없다. 성경에 등장하는 하나님의 사람들은 하나님을 만나고 소명을 받은 후 하나같이 세상 속으로 들어가 세상의 죄와 싸워 변화시키고 구원하는 길을 갔다. 세상은 속된 것이므로 초월해야한다는 생각은 이교적일 뿐만 아니라 오히려 반기독교적(反基督敎的)인 사고이다. 성경의 중심적인 가르침인 성육신(成肉身)과 어긋나기 때문이다. 하나님께서는 인간을 구원하시기 위하여 인간의 몸을 입고 세상에 오셔서 세속의 삶을 사셨다. 성경에는 성속이원론이 설 자리가 없다.

둘째, 성경에서는 수도의 삶이나 수도원을 말하고 있지 않다. 이스라엘 사람들이 어떻게 살아야 하는가를 말해주는 구약의 계약법을 비롯하여 예언서, 예수님의 말씀, 사도들의 서신 등 그 어디에도 수도의 삶을 말하지 않는다. 세상 속에서 하나님의 뜻을 실현하는 삶을 강조하고 있을 뿐이다. 따라서 세상과 수도원은 둘이 아니라 하나다. 세상이 곧 수도원이요 세상의 일이 곧 수도 일과다. 또 예배와 세상 일이 구별되지 않는다. 세상의 일, 삶을 통한 예배가 중요시 된다. 성경은 누누이 이것을 강조하고 있다. 고아와 과부와 나그네를 돌보는 것이 곧 하나님께 드리는 제사며, 금식이며 기도다. 세상을 떠나서 은둔, 금욕, 고행 등 수도의 삶을 사는 것이 거룩하다는 생각은 성경에서는 설 자리가 없을 뿐만 아니라 성경에 정면으로 위배되는 생각이다. 구약에 등장하는 레갑인(엣세네파), 또는 신약 초기의 공동체로 알려진 쿰란공동체는 세상과의 타협이나 세속화를 거부하여 광야의 삶을 고집했지만 은둔, 금욕, 고행의 수도를 하는 단체는 아니었다. 엄격한 신앙의 실천을 강조하는 사람들이었으며, 중세기에서 만날 수 있는 수도사들과는 전혀 다르다.

셋째, 성경에서는 인간을 육체와 영혼으로 분리하거나, 육체는 악하고 영혼은 선하다고 말하지 않는다. 인간 구원의 대상 자체가 영혼과 육체 둘 모두이다. 이런 사실은 예수님의 부활 사건에서 잘 나타난다. 예수님께서 보여주신 부활은 영혼의 부활이 아니라 '육체'의 부활이었다. 육체는 벗어버려서 썩어 없어질 대상이 아니라 변화된 몸으로 다시 살아날 대상이며 영혼-정신과 분리되지 않는다. 따라서 육체의 삶과 정신의 삶이 성(聖)과 속(俗)으로 구별될 수 없다.

넷째, 성경의 영성은 특별한 사람이 아니라 평범한 사람 모두를 대상으로 한다. 세상을 등지고 수도원에 들어갈 결단을 내리는 사람, 고된 은둔수도를 견뎌낼 정신력을 소유한 사람 등 특별한 사람이 아니라 세상을 사는 사람이면 누구나 실천할 수 있는 삶을 성경은 말하고 있다. 영성적인 삶이 인간이 도달할 수 있는 최고의 진리라면 그 진리는 대중성을 가져야한다. 대중성이 없는 것은 아무리 고상해보여도 결코 진리일 수 없다. 성경에서는 특별한 사람이나 할 수 있는 세속에 대한 출가나 초탈을 말하지 않는다. 하나님의 뜻을 세상에서 실현하는 삶, 뜻이 하늘에서 이루어진 것 같이 땅에서도 이루어지는 삶, 그런 평범한 삶을 중요시한다.

밀란칙령 전후에 등장하는 수도원 운동, 그들은 교회의 세속화를 거부하고 순수화 운동을 펼치려고 했지만 뿌리를 잘못 내렸다. 이교 문화인 '헬레니즘'에 뿌리를 내릴 것이 아니라 '성경의 전통'에 뿌리를 내렸어야 했다.

2. 성경의 전통

성경에는 영성운동에 지침이 될 전통이 흘러오고 있다. 그 흐름은 시내산계약법에서 시작되었다. 가나안에서 세워질 하나님나라의 모형을 위한 시내산계약법, 이것이 기독교 영성의 원천이다. 이 샘은 예언자들의 활동으로 이어졌다. 예언자들은 이스라엘 사람들이 길을 잘못 들었을 때에 바른 길로 가라고 재촉하며 그 길을 제시한 사람들이다. 하나님의 영에 사로잡혀서 하나님의 말씀을 일인칭화법으로 직언했던 사람들, 그 시대와 역사와 성경을 동시에 해석하던 사람들, 이들은 그 시대가 길을 잃었을 때에는 바른 길을 알려주었고, 구렁텅이에 빠졌을 때에는 팔을 걷어붙이고 뛰어 들어가 건져내 주었다. 예언자들이 선포한 말씀의 핵심은 "시내산계약법으로 돌아가라. 그 길만이 사는 길이다."이다. 이스라엘 사람들이 살아남아서 오늘처럼 되는 기적은 이 사람들 때문에 가능했다. 예언자들은 인류 역사에 등장한 가장 위대한 정신적인 지도자들로 평가받고 있다.

예언자들의 영성은 예수님에게로 이어졌다. 예수님께서 "율법(시내산계약법)과 선지자들을 완성하러 오셨다."함은 이것을 뜻한다. 예수님은 예언자 사역의 완성된 모습을 보여주셨다. 예수님께서는 시내산계약법에서 시작하여 예언자 전통으로 이어진 흐름에서 벗어나서 도그마(율법주의)라는 함정에 빠져있는 서기관-바리새인들을 향하여 책망하셨으며, 시내산계약법을 "나는 너희에게 말하노니."라는 말씀으로 다시 해석하셨다. 그 핵심이 산상수훈이라 불리는 마태복음 5~7장에 기록되어 있다. 예수님의 영성은 사도들을 통하여 초대교회 교인들에게 이어졌다. 로마제국을 붕괴시킬만한 저력의 삶은 이런 큰 흐름을 가지고 있는 영성에서 비롯된 것이다. 결코 우연이 아니었다.

이렇게 흘러온 물줄기를 **'헤브라이즘'**(Hebraism)이라고 부른다.

3. 헤브라이즘의 사고

헤브라이즘의 우선적인 특징은 '일원론'이다. 성(聖)과 속(俗), 영혼과 육체, 정신과 물질, 세상과 수도원 등을 둘로 나누지 않고 하나로 본다. 그 이유는 만물의 근원이 한 분 하나님에게로 귀속되기 때문이다. 만물이 하나님으로부터 나왔으므로 근원을 하나로 볼 수밖에 없다. 영원한 난제인 선과 악의 문제에서도 하나의 근원을 말하게 된다. 악의 근원이 따로 있는 것이 아니라, 즉 이원론이 아니라 악은 선의 결핍이라고 설명된다. 헤브라이즘의 일원론 전통은 헬레니즘을 비롯한 타문화의 이원론 전통과 뚜렷이 구분된다.

헤브라이즘의 또 다른 특징은 순수성의 강조에 있다. 신명기를 비롯하여 율법서와 예언자들이 강조하는 것은 가나안의 바알사상을 받아들이지 말라는 것이었다. 성경의 이런 기록들을 오해하면 바알사상이나 이교문화를 '배척'이나 '타도'의 대상으로 생각하게 되지만 이교문화를 가진 세상은 타도나 정복의 대상이 아니다. 타락한 죄성에서 비롯되는 악마의 세력이 지배하고 있는 세상은 바로 잡고 변화시켜서 구원할 대상이지 없애야할 대상이 결코 아니다. 이스라엘의 가나안 입주는 가나안 정복이 아니라 그들을 구원하기 위한 선교였다. 빛과 어두움, 누룩과 떡덩이, 소금과 음식의 관계는 정복이나 수용의 대상이 아니다. 빛이 있으면 어두움이 설 수 없듯이, 누룩이 있으면 떡덩이가 부풀듯이, 소금이 들어가면 음식이 맛이 나듯이 변화시키고 구원해야 한다. 순수성을 강조하는 것은 빛, 누룩, 소금의 역할을 명확히 하라는 구원자의 사명을 말한다.

4. 영성의 모델들

성경과 그 역사가 보여주는 최고의 영성가들과 그 삶은 어떤 것일까?

❶ 영성가

기독교 역사와 거의 같은 기간 동안 수도사들이 존재했었기 때문에 '수도사=기독교 영성가'라는 고정관념이 굳어져서 누구도 이에 대하여 의문을 갖지 않는다. 그러나 성경 영성의 역사, 즉 헤브라이즘 전통에 따르면 초대교회 후기에 등장하는 수도사들은 정도(正道)를 벗어났으며, 초대교회의 맥은 종교개혁기에 와서 다시 이어진다. 이런 시각에서 보면 수도사에 대한 기본 개념을 수정해야 한다. 수도사들은 기독교 역사가 배출한 최고의 영성가들이 아니라 기독교 영성을 잘못된 길로 이끌어 간 길 잃은 방황자들이었다. 근래에 쏟아져 나오고 있는 기독교 영성사를 다루는 서적들을 보면 수도사로 출발해서 수도사로 마치고 있으며, 수도사들이 최고의 영성가들이라는 데에 아무런 이견이 없다. 이는 지금 우리 기독교가 당면하고 있는 심각한 비극이며 빨리 청산해야할 대상이다. 이 고정 관념을 씻어내는 것이 오늘 우리가 해야 할 영성운동의 출발점이다.

기독교 영성을 대표하는 영성가는 누구인가? 헤브라이즘의 흐름을 본다면 이 물음은 답이 필요없을 만큼 단순하다. 성경에 등장하는 하나님의 사람들이 최고의 영성가들이다. 구약에는 '예언자들'이 있었으며, 신약에는 사도들이 있었다. 예언자들과 사도들, 이들이 최고의 영성가들이다.

영성에 대한 이해와 영성운동이 잘못되면 그 사람, 그 교회, 그 나라, 그 시대가 망한다. 영성은 그만큼 중요하다. 4천 년 역사는 지금 우리에게 이것을 말하고 있다. 유대교 영성가들인 서기관-바리새인들이 잘못됨으로써 그 시대가 멸망했고, 중세의 영성가인 수도사들이 길을 잘못 들어서 그 시대와 다음 시대가 비싼 대가를 치렀다.

이런 자들을 향해서 예수님께서는 "화있을진저! 천국 문을 가로막고 저도 못 들어가고 남도 못 들어가게 하는 자들아!"라고 책망하셨다.

❷ **영성의 삶**

최고의 영성가가 예언자, 사도들이라면 그 영성의 삶을 산 사람들은 어떤 사람들의 어떤 삶일까?

기독교에서 말하는 영성의 삶은 성경의 말씀을 세상의 복잡한 문제들 속에서 실천하는 데에 있다. 시내산계약법의 말씀을 따라 가나안에 세워진 체제가 거룩한 삶이며, 예수님의 말씀에 따라 살았던 초대교회 교인들의 삶이 거룩한 삶의 진정한 모형이었다. 초대교회 교인들은 어떤 유별난 삶을 산 것이 아니다. 지극히 평범했던 사람들, 가난하고 노예와 같은 사람들, 그런데 그들은 성령님으로 충만하여 하나님의 심정을 가지고 서로 도우며, 진심으로 사랑하며 살아갔다. 금욕, 고행, 은둔 등의 특별한 행동은 이들에게 찾아볼 수 없었다. 단지 세속에 물들거나 타협하지 않고, 순수한 신앙을 지키며 살아가다가 박해와 순교의 순간이 오면 도살장으로 끌려가는 양같이 붙들려갔고, 죽어가는 순간에도 죽이는 사람들을 축복하며 감사함으로 죽어갔다. 그런데 이들은 자신들도 모르는 사이에 사람들에게 하나님을 보여주고 있었다. 세상의 삶을 최선을 다하여 살았던 순박한 사람들, 이들이 최고의 영성가들이었고 그들의 삶이 이상적인 영성의 삶이었다. 무슨 관상, 조명, 합일에 대하여 그들은 그 이름도 몰랐다. 그러나 그들은 말이 아닌 삶으로 전도하여 그 사회를 변화시켰고 결국은 나라, 제국까지 변화시켜서 기독교가 로마제국의 국교가 되게 했다. 이들의 삶은 영성적인 삶의 영원한 표본이다.

참된 영성의 표준은 '변화'에 있다. 주님의 은혜로 말미암아 자신이 변하고, 가정이 변하고, 이웃이 변하고, 그 사회가 변하고, 그 나라가 변하고, 그 시대가 변화되어야 참 영성이다. 어떤 영성운동에 대한 판단 기준은 이것이다. 열매는 그 나무를 말해준다.

밀란칙령 전후에 등장하는 수도원 운동, 그들은 세속화를 거부하고 순수화 운동을 펼치기 위하여 떨쳐 일어났지만 그들의 의도와는 상관없이 엉뚱한 길로 갔다. 그들은 이교 문화인 '헬레니즘'에 뿌리를 내릴 것이 아니라 성경의 전통인 '헤브라이즘'에 뿌리를 내렸어야 했다.

헬레니즘이냐?, 헤브라이즘이냐?

이 물음은 교회의 생사와 관련된 문제였다.

지금도 이 물음은 유효하다. 이 물음에 대한 답변은 여기서 이렇게 간단하게 끝낼 성질의 것이 아니다. 3부 「비움의 길」에서는 영성의 문제를 주제로 하여 재해석(paradigm shift)을 시도하게 된다.

일곱 번째 전환기 : A.D. 1000~1500년
〈 어두운 시기 2 〉

PART

7

| 동방-서방교회 분열(1054년) | 십자군전쟁(1059년)
| 추기경회의, 독신제도(927년, 1079년) | 스콜라 신학

| 지난 내용 요약 |

로마제국의 국교,
예루살렘에서 시작된 교회가 300여년 만에 도달한 성적표였다.
그러나 중세기로 접어들면서 교회와 수도원은 길을 잘못 들었다.
무엇이 길을 잘못 가게 했는가?

그리스문화,
새 가나안의 새 바알문화였던 그리스문화,
초대교회는 이것을 청산하지 못한 채 중세로 넘어왔고,
그 결과 중세교회는 길을 잃어버리고 말았다.

지도자,
한 시대의 갈 길을 제시하는 사람,
그 사람이 없었다.
구약의 이스라엘에는 그나마 예언자가 있어서 그 역할을 했었건만
중세교회에는 그 흔적도 찾을 수 없었다.
이것이 비극이었다.

이제부터 전개되는 중세후기에는
지도자 없는 열매들이 어떤 것인지를 보게 된다.

지도자여!
지도자여!

중세 후기, 어떤 모습이었나? 물음 41

중세 후기(1000~1500년)는 전기(前期)에서 시작된 '기독교 왕국'의 연장이면서 동시에 그 병폐들이 굳어져가는 시기였다. 이 시기의 특징들은 다음과 같다.

1. 캄캄한 밤

중세 천 년 동안 진행된 왕국의 중심축은 서로마의 바티칸이었다. 로마제국이 동로마와 서로마로 분리된 후, 서로마는 400년 전후 국력이 급속히 약화되어 로마의 주인이 라틴인에게서 게르만인으로 바뀌었다. 이 과정에서 사실상의 황제 역할을 로마의 감독이 해냄으로써 교황제도가 등장하게 되었으며, 이후 유능한 교황들이 서로마제국의 패권을 차지하여 사실상 교회가 제국을 지배하게 되었다.

반면 동로마는 천혜의 요새 콘스탄티노플을 중심으로 국력이 건재하여 황제 중심으로 제국이 운영되었기 때문에 교회는 국가에 종속되어 힘이 없었다. 또한 동로마 제국은 일찌감치 회교에 대부분의 영토를 내주고 그리스와 터키 지역에서 겨우 명맥을 유지하고 있다가 그것마저 잃어버리고 말았기 때문에 외부에 영향력을 별로 주지 못했다. 따라서 천 년 왕국의 중심은 서방교회였다.

교회가 하나님을 대신하여 다스리던 이 시대를 역사는 '암흑기'라고 부르고 있다. 왜 이런 평가가 나왔을까? 그 이유를 간략히 짚어보고자 한다.

❶ 주도권 싸움

중세기로 접어들면서 교황의 세력은 독주하다시피 했다. 교황권이 부상한 최초의 계기는 로마제국이 멸망하던 476년을 전후하여 당시 로마의 감독이었던 레오1세(Leo, 440~461)의 적극적인 활동 때문이었는데, 이에 대해서는 앞에서 살펴본 바와 같다. 레오는 로마 감독의 우위를 강조하기 위하여 베드로의 수위권(首位權)을 근거로 베드로가 초대교황이라고 주장함으로써 교황 제도의 기초를 놓았다. 레오 이후 등장한 유력한 교황은 그레고리1세(590~604)였다. 그는 본래 유능한 관리였으며 수도사 출신으로서는 최초의 교황이었다. 병약했던 그는 섬기는 종의 자세를 끝까지 유지했으며, 흑사병으로 폐허가 된 로마를 재건하고, 제국의 혼란을 수습하여 교회가 제국의 중심에 서게 했다. 그의 뛰어난 업적은 후일 '그레고리 대제'로 불린 명칭에서 잘 나타난다.

중세기가 깊어가면서 교회는 어거스틴의 「하나님의 도성」에 나타난 이상을 실현하려는 시도를 끊임없이 반복했다. 그 책에 의하면 역사에는 세상나라와 하나님나라의 갈등이 일어나고 있지만 종국에는 하나님나라가 승리하게 되어있다. 교회는 이에 근거하여 세상나라를 대표하는 황제보다 하나님나라를 대표하는 교황이 우위에 있다고 강조했으며, 제사장 사무엘이 사울이나 다윗에게 기름을 부어 왕으로 세웠음을 아울러 지적했다. 이에 대하여 황제는, 하나님의 은혜로 세워진 왕권은 지상에서 가장 고귀한 것으로서 백성들의 속적, 영적인 일을 돌볼 책임이 있다고 주장했으며, 멜기세덱과 다윗의 역할을 예로 들었다. 이 싸움은 결론이 나지 않았다. 교황이 유능한 경우는 교황이, 황제가 유능한 경우는 황제가 주도권을 차지했다. 이들의 유능함이란 인격이나 신앙의 감화력이 아닌 세속적인 정치력을 말한다.

800년 12월 25일, 교황 레오 3세가 샤를마뉴에게 황제의 면류관을 씌워주는 대관식을 거행했다. 이 대관식의 집례는 속권에 대한 교권의 우위를 보여주는 상징으로서 중요한 의미를 가졌으며, 이후 신성로마제국의 황제는 로마로 찾아와서 교황에게 대관식을 받아야 정식 황제로 인정받았다. 그러나 시간이 지나면서 중앙 정부의 세력이 약화되고 지방의 귀족들이 자신들의 영지에서 사실상 왕 노릇을 하는 봉건제도가 등장하게 되자 상황이 달라졌다. 영지에 있는 교회의 성직자들은 영주의 봉신이 되어버렸으며 영주들이 자신의 영지에 있는 수도원장과 성직자들을 임명하는 현상이 나타난 것이다. 교회는 이에 대하여 월권이며 '성직매매'라고 항변했다. 이권과 주도권이 결부된 이 문제에 있어서 양측은 서로 양보하려고 하지 않았다. 교황 힐데브란트 (1073~1085 재위)와 황제 하인리히의 유명한 일화는 이런 다툼의 한 단면이다. 교권과 속권은 첨예하게 맞서서 오랫동안 갈등을 빚다가 1122년 보름스협약(Concordat of Worms)에서 성직 임명권은 교회가 갖되 황제(혹은 대리인)가 임석한 자리에서 해야 한다고 타협을 했다.

 중세교회를 어둡게 한 가장 큰 요인은 교황이 황제와 주도권 다툼을 벌이다가 교황청이 세속적인 정치세력으로 전락한 데에 있다. 중세기에 비춰진 교황청과 교회는 세속정치 집단에서도 그 유례를 찾아보기 힘들만큼 타락한 모습 그대로였다. 아무리 좋게 보려고 해도 도무지 변명의 여지가 없다. 교회의 지도자들이 낮아져서 섬기려하기 보다는 지배하고 군림하기 위하여 온갖 수단과 방법을 다 동원했다. 참으로 놀라운 것은 예수님처럼 낮아져서 섬김의 길을 간다는 수도사들을 비롯하여 학문의 여왕이라는 신학에 심취한 학자들이 그렇게 많았음에도 불구하고 그 어떤 계층에서도 교회의 타락상에 대하여 비판하고 나서는 예언자의 목소리를 도무지 찾아볼 수가 없었다는 데에 있다. 희미하게나마 비판의 소리가 터져 나오기 시작한 것은 르네상스기에 접어들면서 부터였다. 천여 년 동안 고요한 정적만이 흘러 넘쳤고, 정치적인 술수에 의하여 교황을 비롯한 추기경, 주교, 수도원장 등에 오른 자들은 아무런 저항을 받지 않은 채 필설로 표현할 수 없는 범죄행위를 마음 놓고 저질렀다.

지금 우리 교회가 해야 할 시급한 과제 중의 하나는 교회가 저지른 범죄 행위에 대하여 낱낱이 눈물로 참회록을 써내려가는 일이다. 이런 치부들을 가리거나 덮어두려고 한다면 비겁한 공범자가 될 뿐이며 세상을 기만하는 행위이다.

❷ 철옹성

중세교회는 권세와 부귀영화를 누리기 위해서 천 년 이상을 지탱할 만한 철옹성을 쌓았다. 인간이 쌓아올린 숱한 죄악의 왕국 중에서 이보다 더 견고한 성은 없었으리라. 바벨탑에 비견할 이 성을 쌓아 올린 건축 재료들은 다음과 같다.

첫 번째 재료는 '교황신학' 이었다.

교회의 숫자가 많아지고 로마제국 영역 전체에 흩어짐에 따라 관리와 정체성과 통일성 유지를 위한 조직의 필요성이 대두되었다. 초기의 교회제도는 그렇게 탄생했다. 그러나 교회가 제국 내에서 가장 큰 비중을 차지하게 되자 본연의 자세를 잃고 권력을 쟁취하고 유지하기 위한 온갖 방법이 동원되었는데 가장 노골적인 방법이 교황 제도였다. 교회가 절대권력을 행사하기 위해서 교황에게 특별한 권위를 부여했는데, "교황에게는 오류가 있을 수 없다."라고 주장하는 데까지 이르렀다. 이를 '교황 무오설'(無誤說)이라 하며 이를 뒷받침하기 위해 신학자들은 심혈을 기울여 신학적인 작업을 했다. 베드로 우위론은 이런 노력의 일환이다. 교황은 오류가 없으므로 성경과 신학적인 문제에 대한 해석인 '교서'(敎書)는 성경과 동일한 권위를 가진다고 했다. 이로써 교황은 신적인 존재가 되었고, 신학자들은 앞을 다투어 우상화 신학에 매달렸다.

교황이 교회의 정점에서 교회의 문제를 총괄하자 현실적으로 교황을 보좌할 기구가 필요하게 되어 추기경 회의가 등장했는데, 이는 로마제국의 원로원과 같은 성격을 띠었다. 추기경 임명권은 교황이 가지며, 반대로 교황 피선거권과 선출권은 추기경들이 가지고 있다. 10세기 초반부터(927년) 추기경 회의가 구성되기 시작했으며, 1059년 니콜라우스 2세(NicholausII)의 칙서로 인해 교황 선출권이 추기경들에게 주어졌고, 15세기까지는 추기경의 수가 24명으로 제한되었다가 1586년에는 70명(모세를 보좌했던 장로 70인에서 유래)으로 확대되었으며, 1962년부터 100명을 넘어섰다.

교황과 추기경들로 구성된 교황청은 지금도 가톨릭의 중심이며 절대권력을 행사하고 있다.

두 번째 재료는 '은총신학' 이었다.

교회가 절대권력을 휘두르기 위해서는 교회와 사회의 체제를 수평이 아닌 수직화 시켜야 했다. 교황-추기경(대주교)-주교-신부로 구성되는 성직체계는 물론 성직자와 평신도의 관계를 절대적인 수직체제로 만들었다. 이를 뒷받침하기 위해서 온갖 신학작업이 진행되었는데, 은총신학이 그 중심을 이룬다. 하나님의 은총은 평신도에게 직접 임하는 것이 아니라 성직자들을 통해서 임한다고 했다. 이를 위해서 성직자를 목회자가 아닌 제사장으로 보아야 했다.

이런 은총론에 의하면 평신도들이 하나님과 관계를 맺기 위해서는 성직자라는 중재자가 반드시 있어야 한다. 평신도는 하나님으로부터 죄를 직접 용서받을 수 없다. 성직자에게 먼저 죄를 고백하고 성직자를 통해서 용서와 보속(補贖; 죄에 대한 보상)을 받아야 했다. 이를 고해성사라 하는데, 이 제도는 평신도를 성직자에게 무조건 복종시키려는 치밀한 의도의 산물이었다.

하나님께 드리는 예배 신학에서도 이런 의도는 잘 드러난다. 예배가 미사(mass) 중심이어서 성직자 없이는 예배가 불가능하며, 성찬에 사용되는 떡과 포도즙은 사제의 기도에 의하여 화학적으로 예수님의 피와 살이 된다고 주장한다. 이를 '화체설'(化體說)이라 하는데, 아무리 돌이켜 보아도 설득력이 없는 이런 이론을 가톨릭이 그토록 중요시하는 까닭은 이것이 성서에 근거한 진리이기 때문이 아니라 자신들의 철옹성을 지탱하는 중심 기둥이기 때문이다. 가톨릭 교리에 의하면 실제로 예수님의 살과 피로 변한 성찬미사는 산 자는 물론 죽은 자의 죄도 사해주는 능력이 있다고 했다. 죽은 자란 지옥이 아닌 연옥에 있는 자를 말하는데, 이런 연유로 연옥설과 죽은 자를 위한 미사 및 기도도 중요한 교리가 된다.

지금도 가톨릭에서는 마리아를 비롯한 성자들에게 기도와 예배를 드리며 성당 내에 온갖 동상과 성물들이 전시되어 있는 것을 볼 수 있다. 왜 그럴까? 이 역시 은총신학의 산물이다. 그런 것들이 은총의 중재역할을 한다고 가르쳐서 온갖 미신적인 신앙과 성지순례 신앙이 판을 치게 했다.[68] 성당마다 성자들의 유물을 확보하는 데에 혈안이 되었으며, 순례자들을 불러들이기 위해서 이런 유물과 성지순례에 특별한 의미를 두었고 이는 곧 교회의 수입으로 이어졌다. 예수님과 관련이 있다는 수의(壽衣), 십자가, 성창(聖槍)[69], 성배(聖杯)[70], 강보(襁褓) 등에 대한 지대한 관심은 이런 배경을 가지고 있다. 성지순례는 속죄와 관련되었기 때문에 더 큰 관심을 불러일으켰는데, 예루살렘을 향한 성

---

[68] 중세교회는 선행으로 구원받는다고 생각하여 성지순례, 금식, 고행, 독신생활 등에 많은 관심을 가졌으며, 성자들의 유품과 성녀의 유두(乳頭) 등을 수집했고, 성자와 성녀의 뼈를 갈아서 물에 타서 마시면 구원받는다는 착각과 미신에 빠지기도 하였다.
[69] 십자가에 달리신 예수님의 옆구리를 로마군사가 찔렀다는 창을 말한다.
[70] 예수님께서 최후의 만찬에서 사용하셨고 아리마대 요셉이 십자가에서 흘리시는 예수님의 피를 받았다는 잔을 말한다.

지순례는 후일 십자군 전쟁을 선동하는 주요 원인이 되었다. 성지순례의 종착지는 로마였다. 로마는 거룩한 뼈와 순교자의 유물로 가득찬 도시였고, 각 성당마다 순례자를 위한 진기한 성물들을 준비해놓고 그 성물을 숭배하면 특정 죄들이 용서함을 받는다고 경쟁적으로 선전하다보니 어떤 교회에서는 지은 죄에 대한 벌이 48,000년 동안 유예된다고 약속하기도 했다.

은총에 대한 이런 이해는 성직자들에게 사죄의 특권이 주어져 있기 때문에 '면죄부'의 발행 역시 신학적으로 설 자리를 얻게 된다. 1095년 제1차 십자군 전쟁 당시 우르반 2세(UrbanII)에 의해 등장한 면죄부는 1190년 공식적으로 인정되었으며, 고해성사와 화체설은 1215년(4차 라테란회의)에, 일곱 성례론(칠성사론)[71]은 1439년에 확정되었는데, 이는 하나같이 성직자의 절대성을 강화하는 조치다. 철옹성을 해칠 수 있는 모든 가능성을 완벽하게 차단하는 장치를 마련해 놓고 있는 이런 체제에서는 그 어떤 반대의 목소리도 나올 틈이 없다. 가톨릭은 범세계적인 통일성을 자랑하고 있으나 그것을 유지하기 위하여 하나님과 성경과는 아무런 상관이 없는 체제 유지 신학들을 동원하고 있다. 이런 신학에서는 성직자와 평신도는 질적으로 다르며, 평신도가 직접 하나님께로 나아가는 통로가 차단될 수밖에 없다. 신앙생활에 있어서 가장 중요한 죄의 문제를 고해성사와 성찬미사에 묶어 놓음으로써 교인들은 성직자에게 문자 그대로 무조건 매여 있을 수밖에 없었다.

세 번째 재료는 '우민(愚民)정책'이다.

이런 체제가 유지되려면 교인들을 우민화해야 했는데, 이를 위해서 예배의식을 극도로 발달시켰다. 예배를 의식 중심으로 진행하면 여러

---

71) 칠성사(七聖事)는 다음과 같다. 영세(세례)성사, 견진성사(견신례), 성체성사(성찬례), 고백성사(고백), 종부성사(임종), 신품성사(성직임명), 혼배성사(결혼).

가지 효과를 얻을 수 있다. 의식을 집행하는 성직자의 비중이 커진다. 성직자 없이는 예배를 드릴 수가 없기 때문이다. 또 설교의 비중이 작아져서 성경을 가르치거나 배울 필요성이 없어지게 된다. 게다가 라틴어 성경 이외에는 사용을 금지해서 읽지 못하게 했으며, 예배의식을 라틴어로 집행하여 교인들은 무슨 소리인지 알아들을 수도 없게 했다. 중세기에는 성경없는 신앙생활을 한 셈이며, 무지의 극치를 달렸다. 중세 교회를 터무니없는 암흑의 구렁텅이에 빠지게 한 주범은 바로 이 우민화교육이었다. 후일 종교개혁자들이 성경 번역에 힘쓰고 예배를 설교 중심으로 전환한 이유는 바로 이 우민정책을 청산하기 위함이었다.

네 번째 재료는 '공적신학' 이다.

성직자들이 이런 절대권을 행사하려면 그들은 평범한 사람들과 다른 그 무엇이 있어야만 했다. 이에 딱 부합하는 것이 1079년 그레고리 7세의 칙령으로 확정된 사제들의 '독신제도' 이다. 독신의 특별함을 강조하기 위하여 고행과 속죄를 연결시켰다. 세례 이전에 지은 죄는 세례를 통하여 사죄의 은총이 주어지지만 세례 이후에 짓는 죄들은 인간 스스로가 행하는 형벌인 고행을 통하여 해결된다고 했다. 회개가 효력을 발생하기 위해서는 자선, 금욕, 지속적인 기도 등 인간의 공로가 필요하며, 고행을 통한 공로로 스스로의 죄를 해결하지 않으면 하나님께서 징계를 내리시므로 심각한 죄일수록 더 큰 고행이 요구된다고 했다. 그런데 세속의 삶을 살아가는 평범한 사람들이 이를 다 지킨다는 것은 불가능하다. 이들을 위해서 존재하는 것이 성자들과 그들의 유물이며, 이것은 은총을 중재하는 역할을 한다. 평신도들은 이들의 중보에 의지하여 속죄를 받으므로 이들은 대단히 중요하게 여겨진다. 가톨릭에서 성직자들의 독신을 강조하는 것은 이것이 체제유지와 직결되어있기 때문이다.

수도사들의 은둔-금욕수도와 더불어 성직자들의 독신제도는 성속(聖俗)을 분리시켜서 사회를 속인(俗人)과 성인(聖人)으로 구분할 뿐만 아니라 수도와 성직의 삶을 공적화시키는 역할을 했다. 교황제도, 수직적인 은총론, 공적주의 등 가톨릭교회가 지키고 있는 이런 모든 전통들은 성경과 같은 권위를 가진다고 1545년 트렌트 회의에서 확정지었다. 이런 교묘한 방식들을 동원하여 반대의견이나 아래로부터의 저항이 불가능하도록 완벽한 장치를 마련해 놓았다.

다섯 번째 재료는 '종교재판' 이다.
혹시 있을 수 있는 저항을 원천적으로 제거하기 위하여 종교재판 제도를 만들었다. 종교재판의 기원은 가톨릭교회와 의견을 달리하는 집단들이 창궐하던 제 11세기와 12세기로 소급해 가는데, 공식적으로 창설된 것은 1184년에 이탈리아의 베로나 공의회에서 교황 루시우스 3세에 의해서였다. 초기에는 이단 신앙의 박멸에 초점이 맞추어졌으나, 곧 정치적인 색채를 띠기 시작했다. 교황의 전횡과 성직자들의 타락이 극에 달하자 이에 대한 반발이 일어났는데, 당시 교회가 이단이라고 지목한 대상들의 대부분은 사실상 개혁을 부르짖은 사람들이었다. 11세기 초에 프랑스 남부 알비(Albi)지역을 중심으로 활동했던 '카타리파' (Cathari, 순결이라는 뜻)와 '왈도파' (Peter Waldo, ?~1217) 등은 가톨릭교회의 타락에 대하여 강력하게 비판하던 저항 운동이었다. 카타리파는 마니교의 특징을 가진 이단이라고 하지만 남아있는 자료의 대부분은 이들을 응징했던 교회당국이 남긴 것이다. 교회는 이들을 박멸하기 위하여 십자군을 결성, 20년 전쟁(1209~1229)을 벌여 잔인하게 죽여 없앴다. 평신도 중심으로 일어났던 알비파와 왈도파의 파급효과가 어느 정도였는지는 후일 등장한 도미니칸 교단과 프란시스 교단이 이들의 청빈실천 운동을 받아들였다는 점에서 잘 알 수 있다.

교황권이 절정을 이뤘던 이 시기에는 가톨릭 교리와 상반되는 발언을 하거나 사상을 품는 것도 파문과 처벌의 대상이 되었으며, 종교재판을 전담하는 대리자와 심문관을 두었는데 1233년 그레고리 9세는 당시에 큰 비중을 차지하고 있던 도미니크와 프란시스 교단의 수도사들에게 이 일을 맡겼다. 종교재판에서 고문이 공식적으로 허락되면서 상상도 할 수 없는 참극이 빚어졌다. 특히 종교재판의 피해는 스페인 지역에서 심했다. 이 지역은 오랫동안 회교도들이 지배하던 지역이었고, 또 유대인들이 많아서 이단적인 성향이 강하기도 했지만 세속 정치와 교황청이 결탁하여 각기 정치적인 목적을 달성했기 때문에 피해가 더 컸다. 종교재판은 정적 제거와 피해자의 재산을 몰수하기 위한 목적으로 악용되었는데, 몰수된 재산은 사실상 고발자와 집행자의 몫이었으므로 온갖 악랄한 방법들이 동원되었다.

종교재판이 저지른 비인간적인 악행은 '마녀사냥'이라 불리는 재판에서 그 극치를 보여주었다. 마녀사냥이라는 이름으로 수십만의 사람들이 교살, 화형 등의 방법으로 죽어갔으며, 유럽 전체를 공포의 도가니로 몰아넣었고 수많은 마을을 황폐화 시켰다. 1239년 샹파뉴에서 이단자 약 180명이 불태워졌고, 1513년에 제네바에서는 불과 3개월 동안에 500명이 화형을 당했고, 독일의 트레이브즈에서는 7,000명이 불태워진 탓에 두 개의 마을이 전멸되었고, 다른 두 개 마을에서는 여자 2명만이 살아남았을 뿐이다.(1580년) 작센에서는 하루 사이에 133명(1589년), 알사스의 마을 상 아라만에서는 1년 동안 200명 이상(1596년), 라부르에서는 4개월 동안 600명(1609년), 스트라스부르크에서는 5,000명(1615~55년), 뷔르츠부르크에서는 800명, 밤베르크에서는 1500명이 희생되었다. 이단 재판관으로서는 도미니크 수도사였던 스페인의 토르케마다가 가장 악명이 높았다. 그는 1483년부터 15년간 심문관으로 있으면서 114,000여명을 희생시켰는데 그중 10,220명은 화형을 당했다. 불행하게도 이런 참극은 가톨릭에만 있는 것이 아니라, 종교개혁 이후 개신교에서도 비슷한 악행이 저질러졌으며 특히 재세례파들이 희생의 대상이었다. 인류 역사상 행해질 수 있었던 가장 야만적인 행위가 이 시대의 교회에 의해 저질러졌는데 그 이유는 교황청의 권세를 지키기 위해서였다. 종교재판은 중세 교황청의 절대 권력을 지켜내는 완벽한 방패였고 누구도 감히 교황청에 도전할 엄두를 내지 못하게 했다. 파스칼(Blaise Psacal, 1623~62)은「명상록」(Penssees)에서 이렇게 말하고 있다. "사람이 종교적 확신을 갖고 악을 행할 때만큼 그토록 완벽하고 거리낌 없이 악을 행하는 경우는 결코 없다." 종교재판은 1834년에 가서야 폐지되었는데 여기에 크게 공헌한 사람은 나폴레옹이다.

합리주의와 휴머니즘을 내세운 르네상스시기에 종교재판과 마녀사냥이 극성을 부린 이유는 인문주의, 종교개혁 등 교황청을 위협하는 시대적인 흐름에 대한 가톨릭교회의 불안감 때문이었다. 중세기가 끝나갈 무렵 교회는 자신의 체제를 지키기 위하여 인류역사에서 전무후무하며 결코 용서받지 못할 악랄한 범죄를 저질렀다.

2. 봉건제도

로마제국의 강력한 중앙 정부가 흔들리면서 제국의 사회 질서에는 많은 변화가 일어났다. 게르만족과 회교, 바이킹의 침입, 잦은 내전 등 숱한 전쟁을 겪으면서 각 지역은 알아서 자신을 방어해야 했으므로 자연스럽게 지방 분권화 현상이 일어났다. 이 과정에서 힘없는 평민들은 자신의 보호를 그 지역의 세력가에게 의탁함으로써 농노로 전락되었으며, 중앙의 세력가는 지방의 귀족들(公爵, 侯爵, 伯爵)과 기사(騎士)들에게 영지(領地)를 봉토(封土)로 주는 대신 충성을 서약받는 독특한 봉건제도가 등장했다. 봉건영주는 자신의 영지에서 사법, 행정 등 전권을 행사했다. 이런 봉건제는 화폐 제도가 발달하기 이전의 시대, 즉 땅이 생산과 재산의 축적에서 독보적인 비중을 차지하던 시대의 산물이었다. 그런데 이런 현상은 정도와 성격에서 근소한 차이가 있을 뿐 고대사회의 일반적인 특징이었다. 왕을 정점으로 해서 중앙의 무장(武將)과 사제 계층, 지방의 세력가들이 피라미드식으로 수직적인 구조를 이루고 있었으며 이런 사회 구조는 현대의 민주국가와 사회주의국가가 등장하기까지 모든 나라에 공통적으로 적용되었다.

그런데 대략 3,500여 년 전에 주어진 시내산계약법은 놀랍게도 이와 정반대의 수평적인 사회구조를 제시하고 있다. 중앙정부와 왕과 고위 귀족이 없고 모든 사람이 법적으로 평등할 뿐만 아니라, 땅을 골고루 분배하여 부의 균형을 유지하는 사회를 지향하는 것이 가나안의 이스라엘 공동체였다. 문자 그대로 신분·지위·빈부의 격차가 없는 사회였다. 구약성경에서 말하는 거룩한 삶은 이런 삶이다. 따라서 세속적인 모습을 초월한 어떤 수도적인 삶과 성경에서 말하는 거룩함과는 아무런 상관이 없다. 이와 같은 거룩한 사회 구조는 강력한 신앙 공동체에서만 실현이 가능하기 때문에 하나님께서는 수평적인 거룩한 사회 구조를 신앙적인 제의와 연결을 시키셨다. 이러한 사회의 근간이 되는 십일조, 맏물, 안식일, 안식년은 종교적인 의무 조항이었고, 희년은 가장 큰 종교행사인 대속죄일에 선포해야 했다.

고대의 종교에 있어서 성경의 하나님을 믿는 것과 다른 신들을 믿는 것의 가장 큰 차이는 어디에 있었을까? 신관(神觀), 종교의식, 신전 등으로 비교하는 방법도 있겠지만 가장 중요한 것은 그 종교의 열매를 가지고 비교하는 것이다. 그 종교를 믿는 사람들이 어떤 삶의 열매를 맺었는가를 비교해보면 그 종교의 진위와 우열이 명확히 드러난다. 이런 각도에서 보았을 때 다른 종교에서 찾아볼 수 없는 성경만의 유일한 특징이 있는데 그것은 사람의 신분과 지위, 빈부의 격차를 전혀 인정하지 않는 수평적인 사회 체제이다. 당시의 수많은 신들 중 그 어떤 신도 이런 체제를 요구하는 신은 없었다. 오히려 가진 자, 권력자들을 옹호하는 이념(이데올로기) 역할을 했다. 그러나 성경은 이와 전혀 다르다. 구약성경의 시내산계약법을 보면 이런 사실이 분명해진다. 구약성경에서 이스라엘 사람들에게 하나님을 말할 때는 언제나 따라다니는 수식어가 있다. "나는 애굽에서 종살이하던 너희를 인도하여 낸 여호와라."가 그것이다. 내가 종살이 하던 너희를 해방시켜주었으니 너희는 누구도 종살이를 시킬 수 없다고 시내산계약법은 선언하고 있다. 하나님만이 유일하게 왕이시며 모든 사람은 하나님 앞에서 식객이고 평등하다. 그 시대의 가장 낮은 계층의 대명사인 고아, 과부, 나그네를 절대로 푸대접하지 말라는 것이 시내산계약법의 정신이다. 가나안에 세워졌던 초기 이스라엘 공동체는 철저하게 이런 법 위에 세워졌으며, 왕정기 이후 예언자들이 고발하는 이스라엘의 죄목은 이런 평등의 사회구조를 파괴하고 왕과 권력자들과 대지주들이 등장하여 수직적인 사회를 만든 죄였고, 이 죄는 결코 용서받을 수가 없어서 이스라엘은 이방민족에게 멸망을 당하여 나라와 땅을 잃고 전쟁포로로 잡혀가야 했다. 구약성경을 이해하는 데에 있어서 이 점을 간과하면 핵심을 놓치게 된다.

  신약성경은 무엇을 말하고 있는가? 이스라엘이 실패한 이런 수평적인 사회의 정신을 실현하는 것이 예수님의 말씀이다. 예수님의 메시아 취임사라고 할 수 있는 누가복음 4:18~19절의 선언은 이것을 말한다.[72]

  초대교회는 박해를 받으면서도 예수님의 말씀을 철저하게 지켰고

---

72) 예수께서 그 자라나신 곳 나사렛에 이르사 안식일에 자기 규례대로 회당에 들어가사 성경을 읽으려고 서시매 선지자 이사야의 글을 드리거늘 책을 펴서 이렇게 기록한 데를 찾으시니 곧 **"주의 성령이 내게 임하셨으니 이는 가난한 자에게 복음을 전하게 하시려고 내게 기름을 부으시고 나를 보내사 포로된 자에게 자유를, 눈먼 자에게 다시 보게 함을 전파하며 눌린 자를 자유케 하고 주의 은혜의 해를 전파하게 하려 하심이라."** 하였더라. (누가복음 4:16~19)

이런 신앙문화로 말미암아 로마제국을 굴복시킬 수 있었다. 수많은 사건과 사상, 인물들이 얽히고설킨 교회사를 해석해나가는 가장 큰 줄기는 구약에서부터 내려오는 이런 큰 흐름이다. 이 흐름을 놓치면 교회사는 오리무중에 빠진다. 인간의 삶에 가장 큰 영향을 끼치는 것은 정치와 경제다. 성경이 이런 정치구조와 경제라는 인간의 현실을 외면하고 정신이나 신앙의 문제, 내세의 문제만을 다루고 있다고 생각하면 창조주, 역사의 주관자 하나님을 부정하는 결과를 초래한다. 하나님께서는 인간의 정신문제 뿐만 아니라 정치와 경제의 문제도 주관하신다. 그 하나님께서는 당신을 믿고 따르는 사람들에게 당신의 나라를 보여주는 삶을 인간의 사회 현실 속에서 **제도로** 정착시키라고 말씀하신다. 신구약 성경의 계약의 법은 평등한 사회의 제도화를 말한다.

　이런 시각에서 바라본다면 중세교회의 가장 큰 오류가 어디에 있었는지 한 눈에 들어온다. 중세교회는 성경의 요청과는 정반대의 길을 갔다. 교회가 지배하던 시대에 '봉건제도'라는 제도가 생겨났는데, 이런 전통은 성경의 말씀과는 정면으로 어긋난다. 중세교회가 탄생시킨 봉건제도는 이후 교회는 물론 세계사에 가장 크게 영향을 끼친 중요한 사건이다. 「하나님의 도성」에 근거한 황제와 교황의 주도권 다툼과 주민의 절대다수를 노예계층으로 전락시킨 봉건제도는 중세기는 물론이고 그 이후의 시대를 파국으로 몰고 갔다. 이스라엘에 왕정이 시작되면서 소수의 대지주와 다수의 노예 계층이 생겼고 그에 따른 계약 파기의 범죄 행위로 인하여 나라가 멸망의 길을 간 것과 중세교회가 간 길은 너무나 유사하다.

　중세봉건제도는 세속 정치의 산물이 아니라 전적으로 교회가 만들어 낸 작품이다. 왜냐하면 교회가 유럽 대륙 전체 토지의 태반을 차지한 대지주였고 수많은 농노를 거느리고 있었기 때문이다. 도시에 사는 사람과 지주들은 약 10%정도에 불과했고 나머지는 농노였다. 지배자들은 하나님께서는 인간을 농노와 기사와 성직자의 세 종류로 만들었다는 노래를 유포시켜서 농노들에게 자신들의 처지를 숙명으로 받아들이도록 유도했다. 교회와 수도원이 절대 권력을 행사하던 중세시대에, 성경과 반대되는 이런 사회 구조에 대하여 진지하게 검토해 본 흔적을 찾아보기 어렵다. 왜 그럴까? 성직자들이 이런 체제의 가장 큰 수혜자였기 때문이다. 이스라엘이 망하던 당시의 최고위 귀족은 제사장들이었고, 중세시대에도 신부들이 최고의 신분과 지위, 사치를 누리고 있었으므로 제도 수정의 필요성을 전혀 느끼지 않는 것은 물론 그 체제를 유지하거나 강화하는 데에 혈안이 되어 있었다. 세상의 명예와 재산을 포기하고 수도사가 된 사람들의 사정도 별반 다르지 않았다. 초기의 수도사들은 초심을 가지고 살아갔으나 공동체 수도원 제도가 정착되고 나서는 상황이 달라졌다. 수도원에 많은 땅들이 들어옴으로써 교회와 더불어 수도원이 최고의 대지주가 되었고 역시 수많은 농노를 거느리고 있었을 뿐만 아니라 수도원 내에도 노예를 두고 일을 시켰다. 어떤 수도원에는 수도사보다 노예의 수가 더 많았다. 따라서 수도사들조차도 제도개혁을 운운하는 것은 생각도 할 수 없는 일이었다.

　정작 당사자인 농노나 노예들은 무지몽매하여 사회나 정치의 구조를 들여다 볼 이해력이 없었으며, 성경을 읽는 것조차도 차단되었으니 전혀 분별력을 가질 수가 없었다. 종교재판소에서 다룬 가장 중요한 임무는 라틴어 이외의 성경을 소유한 자를 색출하여 엄벌하고, 성경을 압수하여 불태우는 것이었다. 고대에 있어서 지배 계급이 지식을 독점하고 피지배 계급의 교육을 철저하게 차단했는데, 그 이유는 단순하다. 피지배 계급이 무지해야 마음 놓고 부려먹을 수가 있기 때문이다. 현실적으로 가난한 자는 교육을 받을 기회가 없었다. 어려서부터 호구지책 때문에 노동에 시달려야 했으므로 공부할 시간이 있을 리가 없었다. 현대가 가져온 가장 큰 혜택이 '교육의 평등화' 라는 평가는 이런 배경을 이해할 때 수긍이 간다.

수직적인 사회의 정치, 경제 구조에 대한 논의와 비판은 르네상스 이후에나 가능한 일이었다. 인문주의자들이 등장하고 교육받은 지식인들이 늘어나면서 서서히 비판적인 시각이 생겨났다. 중세의 봉건주의 타파는 이들의 손에서 이루어졌는데 이는 피바람 부는 큰 비극을 대가로 치루어야 했다.

인간에게 가장 큰 영향을 주는 것은 의식주 문제이다. 간혹 초인적인 사람이 있어서 이를 초월하는 삶을 살아갈 수는 있겠지만 이는 특수한 사람의 경우이고 대부분은 그렇지 않다. 인간에게는 어느 정도 유복한 삶을 살아갈 수 있도록 의식주가 해결되어야 하는 것이 무엇보다도 급선무다. 그런데 이를 가로막는 가장 큰 장애물이 부와 권력의 불균형으로 말미암아 생기는 사회의 양극화 현상이다. 하나님께서는 골고루 나누어 먹으면 모두가 굶주리지 않을 만큼의 양식을 허락하신다. 그런데 일부의 사람들이 욕심을 내어 초호화판으로 놀아나면 나머지 사람들은 굶주려야 한다. 이런 현상은 양쪽 모두에게 불행을 가져온다. 가난한 사람들은 굶주림으로 불행해지고 부유층의 사람들은 전쟁이나 사회혁명으로 비참하게 최후를 맞기 때문이다. 인류역사에는 이런 이야기들로 가득차 있다.

그러면 성경은 무엇을 말할까? 성경의 시작인 창세기는 인간이 행복하게 살아갈 수 있도록 하나님께서 좋은 환경과 먹거리를 만들어 놓으시는 이야기로 시작하고 있으며, 이스라엘과 계약을 맺은 시내산계약법은 의식주 문제의 해결에 초점이 맞추어져 있다. 인간에게 이 세상의 삶을 살 수 있는 기회가 주어진 것은 하늘의 천사들도 부러워할 만큼 귀한 것이다. 그런데 그런 인간의 삶이 의식주 문제로 말미암아 비참해진다면 그보다 더한 비극은 없다. 성경의 해석을 인간의 현실 문제 해결과는 상관없이 신앙적이며 천국의 삶을 바라보는 것에만 초점을 맞춘다면 하나님께 용서받을 수 없는 범죄 행위가 된다. 이는 이스라엘 역사와 중세기 역사의 교훈이다. 반대로 성경을 세상의 문제 해결이나 무슨 경영의 원리로 여기는 것도 마찬가지로 문제가 된다. 균형을 맞추어야 한다. 하나님을 경외하는 신앙의 입장에서 세상 문제의 근원적인 해결을 시도하는 실천적인 삶이 중요하게 여겨져야 한다.

중세교회는 스스로가 천년왕국을 세워놓고 그 체제를 유지하기 위한 온갖 안전장치들을 고안해냈고 또 모든 관심이 체제 유지에 쏠려있었다. 이로 말미암아 그 사회는 대지주와 농노로 양분되는 양극화 사회가 되고 말았으니 봉건제도는 교회의 작품이라고 할 수 있다. 성직자들이 사제귀족-기사-농민으로 구성된 사회에서 최상위의 계급이었고, 최고의 특권을 가졌으며(민형사 책임, 재판, 세금 면제), 최고의 수입을 올리는 사람들이었으므로 봉건제도의 가장 큰 수혜자들은 그들이었다.

교회가, 성식자가 이렇게 되면 그 다음 수순은 누구나 짐작할 수 있다. 하나님께서는 이런 범죄 행위를 절대로 묵과하지 않으시고 심판하신다. 죽은 다음이 아니라 지금 여기 이 세상에서 그 징계는 주어진다. 잠시 후에 다루게 될 중세 이후에 전개되는 피비린내 나는 사건들은 이런 성격을 가지고 있다.

3. 십자군 전쟁

중세 후기의 주요 사건 가운데 십자군 전쟁을 빼 놓을 수 없다. 1095~1291년에 이르는 동안 10여 차례에 거쳐 회교도가 지배하고 있던 성지 예루살렘을 탈환하기 위해 전쟁을 벌인 것을 '십자군 전쟁'이라 하는데 이 전쟁에 참여한 병사들의 옷과 방패 등에 십자가를 그렸기 때문에 붙여진 이름이다.

 십자군 전쟁의 가장 두드러진 특징은 온 유럽이 참여하는 대대적인 전쟁이었는데 이 전쟁을 '교황'이 주도했다는 점이다. 두 세기 동안 진행된 전쟁을 교황이 이끌었다는 것은 교황의 권세가 그만큼 컸다는 이야기이다. 교황이 전쟁을 선포한 명분은 '성지탈환'과 형제인 동로마 원조였다. 회교도들이 득세한 이후 그들은 팔레스타인을 지배하고 있었지만 성지순례에는 방해를 주지 않았다. 그런데 회교의 새로운 세력인 셀주크 투르크족[73]이 이 지역을 차지한 이후는 성지순례의 길이 끊겼으며, 또한 위기에 처한 동로마제국의 황제가 도움을 청해왔다. 교황 우르반 2세는 이를 자신의 권세를 확장할 좋은 기회로 여겨 1095년 클레르몽 회의에서 성전(聖戰)을 선포하기에 이르렀다.

 교황이 십자군 전쟁을 선포하자 유럽 전역에서 열화와 같은 호응이 일어났다. 성직자는 물론 각 나라의 왕들, 수도사, 일반 시민 등 모든 계층이 적극적으로 참여했다. 우르반은 첫 출정일을 1096년 8월 15일로 정했으나 성급한 사람들은 이를 무시하고 1096년 4월에 먼저 선발대로 출발했다. 이들을 이끈 사람은 은둔수도사 베드로(Peter the Hermit)였다. 웅변에 능했던 그가 긴 머리카락을 휘날리며 선동을 하고 다니자 그를 초인적인 사람으로 여긴 수만 여명(2만5천명, 혹은 5만 명이라고 함)의 사람들이 따라나섰는데, 기사들도 있었지만 대부분 가난한 농민과 부녀자, 어린이들이었다. 이들의 열기가 너무 폭발적이어서 교황도 속수무책이었다고 한다. 프랑스와 독일에서 모여온 이들은 콘스탄티노플을 향하여 가면서 유대인 마을을 만나자 "예수님을 죽인 자들의 후손을 살려둘 수 없다."하여 무자비하게 학살했는데 실상

---

[73] 10세기에 중앙아시아와 러시아 동남부에서 투르크족(돌궐족과 관련이 있는 민족들)의 이동이 있었는데 그 때 셀주크가 이끄는 한 부족이 아랄해 북동쪽 해안에 이주하여 회교의 수니파에 귀의하였고, 그의 손자에 이르러 회교세계의 새로운 지배자가 되었다. 이들을 셀주크 투르크라 한다.

은 유대인에게 진 빚을 갚지 않으려는 의도도 있었다. 당시 유대인들은 돈놀이를 통해서 많은 재물을 모으고 있었기 때문이다. 은둔자 베드로를 따라나선 십자군들은 식량이 떨어지자 인근 지역 주민 약탈을 서슴지 않다가 1096년 10월 회교 군대에 괴멸되었고 은둔자 베드로만 살아서 돌아왔다. 이들은 '몰지각한 광신도' 그 이상도 이하도 아니었다. 이후 크고 작은 원정을 합하여 10여 차례 진행된 십자군들의 대체적인 모습은 여기에서 크게 벗어나지 않는다.

  선발대의 패배를 교훈삼아 1차, 2차 십자군은 제대로 준비를 하여 예루살렘과 팔레스타인 등을 정복하여 잠시 정착하는 듯 했으나 곧 이어 회교군의 반격으로 곤경에 처했다. 초기 십자군의 공격을 받을 당시 회교는 내분으로 힘을 발휘하지 못했지만 내분을 극복한 회교도의 명장 살라딘이 등장한 이후로는 전세가 역전되어 십자군은 속수무책이었다. 4차 십자군은 배 삯을 마련할 길이 없자 베니스 상인의 배를 이용하기 위하여 그들의 요구대로 베니스 상인들의 경쟁 상대인 같은 기독교 국가인 헝가리의 짜라와 콘스탄티노플을 공격하여 동로마제국을 더 약화시켜서 후일(1453년) 멸망하게 만들었다. 회교의 공격을 받고 있는 형제국 동로마를 돕는다는 명분으로 시작한 전쟁이 반대의 결과를 가져온 셈이다. 1212년의 5차 십자군 전쟁은 소년들로 구성이 되었다. 프랑스 클로외의 에티엔트라는 12살 된 목동은 어른들이 믿음이 적어서 실패하고 있으니 소년들을 이끌고 예루살렘으로 가서 그곳을 탈환하라는 계시를 하나님에게서 받았다고 주장했다. 이들의 말에 현혹된 어린이들과 일부 어른들 3만여 명이 마르세이유 항구로 따라나섰다. 그들은 모세의 기적처럼 바다가 갈라져서 예루살렘까지 걸어가리라고 생각했으나 바다는 갈라지지 않았고, 이를 지켜보던 상인들의 권고에 따라 배에 올라탔다가 일부는 풍랑에 난파되어 익사했고 살아남은 어린이들은 노예로 아프리카에 팔려가고 말았다. 독일 퀼른의 니

톨라스라는 10살의 소년도 계시를 받아 2만여 명을 데리고 출발해서 이탈리아까지 진출했지만 바다에 길이 열리지 않아서 더 이상 가지 못했다. 이후 몇 차례 더 십자군이 출정했으나 역시 비참하게 실패했다. 결국 200여 년 동안 진행된 십자군 전쟁은 역사상 부끄러운 전쟁의 대명사로 남게 되었다.

왜 이런 어처구니없는 일이 벌어졌을까?

❶ 하나님과 상관없는 방법

성경에 의하면 하나님께서는 살육전쟁으로 당신의 뜻을 성취하지 않으시며, 칼이 아니라 사랑으로 세상을 지배하신다. 따라서 무력에 의존하여 하나님의 뜻을 실현하려고 했던 십자군 전쟁은 하나님의 방법에 대한 오해에서 비롯된 것이다. 그런데 이런 시도는 이스라엘 역사와 교회사에서 자주 만나게 된다. 더더욱 안타까운 것은 이런 생각이 지금도 기독교인들 사이에 널리 퍼져있다는 사실이다. 여호수아서를 이스라엘 사람들의 가나안 정복전쟁으로 해석하는 것이 바로 대표적인 경우다. 가나안 정복설, 이스라엘의 선민의식, 중세교회의 십자군 전쟁, 근대 기독교 국가의 제국주의와 제국주의적인 선교, 구원받지 못한 자들을 향한 심판 운운 등은 같은 맥락을 가진다.

성지 팔레스타인을 지배하고 있는 회교도들을 향하여 중세교회는 어떤 자세를 가져야 했을까? 자신들이 신앙생활을 잘못해서 기독교의 출생지인 예루살렘을 비롯하여 초대교회의 중심지였던 안디옥, 소아시아, 이집트, 칼타고 등이 마호메트의 황당무계한 이단사설에 넘어가버리고 말았다는 것에 대하여 참회를 해야 했다. 당시의 성직자는 물론이고 은둔 수도사들 그 누구에게서도 이런 자세를 발견하기가 어렵다. 이름을 날리던 은둔수도자가 앞장 서서 십자군 선발대를 이끌고 가면서 온갖 만행을 일삼는 일을 어떻게 이해해야 할까? 수도사들은 죽은 회교도의 시체를 가마솥에 넣어 끓이고 어린아이들의 인육을 꼬챙이에 끼워 불에 구워 뜯어 먹으면서 "양념한 공작고기보다 맛있다."라고 했다고 전해지고 있다. 이런 사실을 보고받은 교황은 아연실색했으나 자신들이 부추긴 광신도들의 만행을 막을 방법이 없었다. 이들은 신앙인이 아니라 이교도만도 못한 광신도들 즉 미치광이들이었다.

❷ **돌무더기의 경고**

모세의 무덤이나 법궤, 예수님의 탄생일이나 무덤 등은 전혀 남아있지 않다. 이는 결코 우연이 아니라 자칫 그런 것들이 우상이 될 우려가 있기 때문에 하나님께서 발견되지 못하도록 하신 것이다. 그런데 중세 교회는 거꾸로 길을 갔다. 큰 신앙의 발자취를 남긴 선배들을 '성자'(聖者)로 추켜세우며 그들의 이름으로 세례명을 주고 그들의 유품을 경배의 대상으로 삼았으며 그들을 동상으로 만들어 기도의 대상으로 삼도록 부추겼다. 그들의 공적이 은총을 중재한다는 이유에서 그렇게 했는데 이는 그들의 인격과 신앙에 대한 모독이며, 가톨릭 체제를 지탱하기 위한 인간적인 술수일 뿐이다. 교회는 교인들에게 올바른 신앙교육을 실시하여 성경과 신앙의 문제에 대한 핵심을 꿰뚫어 보며 허황된 것에 속지 않게 해야 한다. 이보다 더 중요한 것은 없다.

교회가 잘못될 때 나타나는 현상 중의 하나가 성지순례가 신앙에 큰 유익이 된다는 풍조다. 지금도 이스라엘과 이집트, 터키, 요르단 등으로 성지순례의 인파가 몰리고 있다. 지금 그곳에 가서 무엇을 보고 오는가? 수없이 많았던 교회들은 다 어디로 갔는가? 회교국가들이 지배하고 있는 이 지역에는 제대로 된 교회당이 단 한 개도 남아있지 않다. 대부분 흔적도 없이 사라졌고 겨우 몇 군데에서 무너진 돌무더기를 보게 된다.

이 돌무더기는 무엇을 말하는가?

  과거 이스라엘 역사에도 돌무더기가 있었다. 이스라엘이 앗수르와 바벨론에 망할 때 성전과 성벽이 무너진 채 방치되어 잡초가 무성했던 돌무더기였다. 이 돌무더기들은 무엇을 말했던가? 예언서에 의하면 '계약파기'를 말하고 있는 증거물들이다. 이런 돌무더기를 돌아보면서 '성지순례'라고 할 수 있을까? '성지'는 이미 남아있지 않다. 성지순례가 아니라 '계약파기의 현장 답사'이다. 이곳을 돌아보려거든 성지순례가 아니라 잘못된 역사의 현장을 돌아보면서 선조들의 오류를 대신 참회하며 지금 우리의 모습을 돌아보는 교육의 기회여야 한다.

❸ 불순한 동기

  교황 우르반2세가 십자군 전쟁을 선포하자 유럽 대륙은 열광의 도가니가 되었고 전쟁을 200년이나 지속했다. 왜, 어떻게 그럴 수가 있었을까? 당시의 교인들이 열광적인 신앙에 치우쳐서 아무런 분별력이 없었기 때문이다. "성전에 참여하는 사람은 모든 죄가 용서함을 받으며, 전사하는 사람은 천국에서 보상을 받는다."라는 교황의 말에 현혹된 단순한 신자들의 대다수는 땅과 가재도구를 팔고 빚을 얻어서 동참하였다. 이 시대 최고의 신학자며 수도사였던 버어나드(Bernard of Clairvaux, 1090~1153)조차도 직접 나서서 2차 십자군 전쟁을 선동하면서 이렇게 말했다. "하느님은 자신을 위해 싸우러 나가는 사람들에게 보상해 주기 위해 하느님 당신이 곤란에 처하신 것처럼 꾸미고 계십니다. 죄의 사면과 끝없는 영광… 확실한 그 기회가 당신을 비켜가지 않도록 하십시오. 십자군에 서명하십시오, 그러면 당신이 고백하는 모든 죄의 사함을 받을 것입니다." 이 말을 듣고 따랐던 단순한 신자들은 전쟁이라는 살육의 현장에 임하자 광신도로 변해버렸다. 반면에 세속적인 야망을 가진 사람들은 "회교도들을 몰아내면 땅을 비롯한 양식, 보화 등 우리가 필요로 하는 모든 것을 얻을 수 있다."는 약속에 현혹되어 일확천금의 기회로 알고 흥분해서 참여했고, 상인들은 새로운 돈벌이가 생긴다고 생각하여 적극적으로 지원했다. 유럽대륙을 손에 넣은 교황은 이번 기회에 동로마까지 차지하려는 생각에서 열심을 냈다.

  십자군 전쟁에 반대하는 소수의 목소리가 아주 없지는 않았다. 잔인한 방법은 기독교에 맞지 않으며, 공격에 대한 방어는 가능하지만 평화시에 먼저 공격해서는 안되며, 폭력을 통한 복음화는 불가능할 뿐 아니라 오히려 기독교에 대한 반감만 커지며, 거짓 예언자들의 현혹은 파멸의 길이라는 것이 이들의 주장이었으나 아무런 영향을 끼치지 못했다. 안타까운 일이다.

  십자군 전쟁에 참여한 자 중 순수한 동기를 가진 사람을 찾아보기가 어렵다. 구약의 성전은 이런 세속적인 동기를 철저하게 배제한다. 부득이 전쟁을 치루더라도 약탈을 위한 전쟁이 아님을 온 천하에 선포했다. 약탈의 대상인 양식, 가축, 기물 등은 불에 태우거나 성전에 모아서 고아와 과부와 나그네를 위하여 쓰라는 말씀이 곧 그것이다. 이것을 어긴 아간은 돌에 맞아 죽어야 했다.

  십자군 전쟁이 겉으로 내세운 명분은 성지 탈환이었으나 속셈은 따로 있었으며, 성지 탈환이라는 명분조차도 성경에 비추어보면 명분으로서의 가치가 없었다. 하나님의 일에 있어서는 불순한 동기로 시작한 것은 좋은 결실을 맺을 수가 없다. 동기가 순수하더라도 그 동기가 성경에 비추어 타당한지를 다시 점검해보아야 한다.

  종교재판(마녀사냥)과 봉건주의, 십자군 전쟁은 그 무엇으로도 변명할 수 없는, 변명해서도 안되는 교회의 오류 중의 오류였고 역사가 다하는 날까지 세상을 향하여 참회해야 할 비극 중의 비극이었다.

4. 십자군 전쟁의 여진

교황이 직접 나서서 성전을 선포하고 각 지역의 주교들과 수도사 등 전 교회가 동원되어 추진한 전쟁이 완벽한 실패작으로 돌아가자 그 후폭풍은 부메랑이 되어 고스란히 돌아와서 교회는 몰락의 길로 접어들었으니 스스로 화를 자초한 결과였다. 오류는 언제나 비싼 대가를 치르게 마련이다. 십자군 전쟁이 장장 두세기 동안이나 유럽 대륙을 열광과 광신의 도가니로 몰아넣었던 만큼 몰고 온 후폭풍 역시 그만큼 컸다. 이를 간략히 살펴보면 다음과 같다.

❶ 교회의 위신 추락과 악수(惡手)

땅에 떨어진 추락한 위신을 회복하기 위하여 절치부심하던 교황청이 찾아낸 방법은 성당 건축이었다. 교인들이 딴 생각하지 못하도록 성당 건축을 추진하면서 여기에 또 온갖 명분을 붙여서 헌신을 유도해냈다. 이후 유럽은 초대형 성당 건축 경쟁 시대로 돌입했다. 그러나 이는 십자군 전쟁 못지않은 악랄한 범죄행위였다. 200년 동안 전쟁에 시달린 백성들에게서 막대한 건축비를 조달할 길이 없자 마지막 남은 고혈(膏血)을 짜내기 위하여 '면죄부(免罪符)'라는 희대의 사기극을 서슴지 않았다. 위에서 이런 일을 추진하면 아래에서 신학자들은 그 일에 신학적인 명분을 부여하느라고 여념이 없었다. 이 시대의 신학은 체제유지를 위한 도구에 불과했고 신학자들은 교황청의 충실한 하수인이었다.

봉건제도, 마녀사냥, 십자군전쟁, 면죄부판매 등 도무지 상식에 맞지 않는 무지와 사기가 하나님의 이름으로 통하던 시대, 기독교가 왕노릇하던 중세기는 이런 시대였다.

❷ 봉건제도 몰락

전쟁에 출전하느라 자신의 영지를 제대로 돌아보지 못해서, 또는 무리하게 전쟁 자금을 조달하는 바람에 다수의 봉건영주들이 몰락했다. 그러나 봉건제도에 결정적인 타격을 준 것은 다른 데 있었다. 오랜 전쟁으로 가장 큰 이득을 본 사람들은 상인들이었는데 동서의 활발한 교류로 말미암아 상업이 발달하면서 화폐의 사용이 크게 늘어났다. 화폐 사용은 중세시대 부(富)에 대한 개념과 더불어 사회 구조를 바꾸어 놓았다. 그 이전에는 토지가 유일한 재산 축적과 측정의 방법이어서 땅이 중요시 되었으나 이제는 땅보다는 화폐가 더 큰 비중을 차지하게 되었다. 따라서 대지주들인 귀족들은 몰락하고 상인들의 지위는 상대적으로 급상승하여 '부르주와'(bourgeois)계층이 탄생하게 되었다. 봉건영주들인 귀족층이 몰락하자 반대로 왕권과 시민권은 강화되었다.

봉건제도에 결정적인 치명타를 가한 것은 어이없게도 '흑사병'이었다. 십자군 전쟁이 실패로 돌아간 뒤 얼마 후 흑사병이 전 유럽을 강타했다. 1348~1350년 사이에 유럽 전체 인구의 1/3정도가 흑사병으로 죽었다. 영국은 인구의 절반을 잃었고, 독일 함부르크는 시민의 2/3가 죽었고, 90%이상의 주민이 죽은 지역들도 있었다. 농민의 대다수가 흑사병으로 죽자 농노로 운영되던 장원 제도가 가장 큰 타격을 받았다. 살아남은 농노들 가운데는 상업의 발달로 말미암아 새로 등장한 신도시로 이주하는 숫자가 늘어나면서 봉건제도는 더 어려워졌다.

중세사회를 이끌던 두 축은 교회와 봉건제도였다. 십자군 전쟁을 일으킨 사람들은 성직자(수도사)들과 귀족들(봉건영주)이었는데 이들은 자신들이 벌인 전쟁으로 말미암아 스스로 멸망을 자초했다. 뿌린 대로 거둔 셈이다.

❸ 중세기의 몰락

십자군 전쟁 이후 중세사회에는 지각변동(地殼變動)이 일어났다. 상업의 발달로 말미암아 화폐의 가치가 높아지면서 화폐를 손에 쥔 상인들의 지위가 높아졌고, 토지밖에 가진 것이 없는 귀족들은 어려워졌으며, 동방과 서방의 활발한 교류는 새로운 세계에 대해 눈을 뜨게 했다. 상인을 중심으로 하는 신도시가 등장하자 시민의 비중이 커지면서 귀족층의 독점물이던 교육이 대중화되기 시작하여 곳곳에 대학이 세워졌다. 그리고 지식인들이 늘어나자 세상을 보는 눈이 달라져서 중세기의 허구를 지적하기 시작했고, 이런 움직임은 곧이어 르네상스 운동으로 이어졌다. 귀족의 몰락은 상인과 더불어 각 나라의 왕권이 강화되는 결과를 가져왔으며 시민의식과 민족의식이 높아지면서 국민국가가 탄생하기에 이르렀고 로마제국은 해체의 길을 걷게 되었다.

백성들의 우매함을 담보삼아 신앙이라는 이름으로 전횡을 일삼던 중세 기독교 왕국은 이제 설 자리를 잃어버리고 말았다. 시내산계약법의 가장 중요한 부분은 전 국민의 교육에 있다. 모든 국민이 신앙과 지식에서 최고의 수준에 이르러 있으면 지배자들이 터무니없는 일을 할 수가 없게 된다. 중세기의 만행이 통할 수 있었던 것은 전 국민이 무지했기 때문이었다. 그런데 이제 교육으로 말미암아 시민의식이 깨어나면서부터 세상을 바꾸는 일이 시작되었는데 십자군전쟁이 그 일에 불을 붙였고 그 불은 걷잡을 수 없이 번져서 중세 천년왕국을 태우고 말았다.

흔히 십자군 전쟁의 동기를 '성지탈환'이라고 말한다. 그러나 그것은 전쟁을 일으키기 위한 구실이었고 숨겨진 의도는 다른 데 있었다. 동로마를 손에 넣으려는 교황의 야심이 성지순례라는 명분으로 포장되었을 뿐이다. 중심을 지켜보시는 하나님 앞에서 이런 거짓이 통할 리가 없었다. 무자비한 무력을 통하여 자신의 야망을 이루려던 중세교회는 오히려 그 일로 말미암아 멸망의 길로 들어섰다.

학문의 여왕, 무엇을 의미하나? 물음 42

　로마제국으로 퍼져 나간 초대교회는 성경을 읽고 해석하는 것 이상의 어떤 학문적인 관심을 기울이지 않았다. 그러나 기독교인들이 늘어나고 많은 사람들이 기독교에 대하여 관심을 가지면서부터는 상황이 달라졌다. 이런 변화는 교회 안팎에서 같이 일어났는데, 교회 밖의 사람들이 교회를 오해해서 터무니없는 소문을 만들어내자 이에 대하여 교회의 지도자들은 진상을 규명해 주어야 했다. 호교론자라 불리는 교부(敎父)들이 그 역할을 맡았다. 또 교회 안에서는 교인들이 늘어나면서 사이비 이단적인 경향이 속출했다. 이들은 교회로 하여금 정통교리를 확립하는 동기를 제공해주었는데, 수세기 동안의 논쟁을 통해서 삼위일체론(신론), 기독론, 구원론, 교회론 등 기초적인 교리들이 만들어졌다. 따라서 초대교회 신학자들의 주요 관심사는 교리문제였다.

　그러나 중세기로 접어들면서 교회는 새로운 국면을 맞이했다. 교회가 로마제국의 국교가 되어 유럽 전 지역의 정치, 종교, 문화 등을 지배하게 되자 이를 위한 신학이 요구되었다. 이런 필요에 의해 등장했던 신학(철학)을 '스콜라주의'(Scholasticism)라고 하는데 이런 학문이 성당이나 수도원에 부설된 '학교'(schola)에서 시작되었기 때문에 붙여진 이름이다. 중세기의 교육과 학문은 교회의 전유물이었고 이는 수도원 운동에서 비롯되었다. 평생을 수도원에 갇혀 지내는 수도사들의 주요 일과 중 하나가 성경 읽기와 필사, 거룩한 독서(lectio divina) 등 이었으므로 자연스럽게 수도원은 학문의 중심지가 되었고, 또한 중세초기의 샤를마뉴 대제(Charlemagne; 742~814)는 교육에 관심이 많아서 교육 진흥책을 쓴 결과 유럽 각지의 성당과 수노원에 학교(신학원)들이 생겨나게 되었다. 이런 이유로 당시 최고의 학자들과 지도자들은 수도원에서 배출되었다.

스콜라 신학의 일차적인 관심은 신앙의 경험과 계시에 근거하여 확립된 정통교리들이 논리적으로, 철학적으로 어떤 의미를 가지는가에 있었다. 따라서 계시와 이성, 신학과 철학의 관계가 주요 문제였다. 교리들을 합리적으로 규명하기 위하여 사용한 도구는 '그리스 철학'이었다. 초기에는 플라톤 철학이 사용되었는데 이에 공헌한 사람은 에리우게나 (Johannes Scotus Eriugena; 810~877)였다. 그는 위(僞) 디오니시우스(Pseudo Dionysius Areopagite)[74]의 신플라톤주의적인 입장에서 기독교 신학과 어거스틴의 신학을 해석하려고 했는데 초기 스콜라 신학자들에게 지대한 영향을 주었다. 이런 입장에 서 있는 대표적인 사람이 안셀름(Anselm of Canterbury; 1093~1109)이었다.

십자군 전쟁 이후 스콜라 학문은 다른 각도에서 진행이 되는데, 그 이유는 십자군 전쟁을 통하여 회교의 영향을 받았기 때문이다. 회교도들은 동방교회의 중심지인 그리스를 침략하여 아리스토텔레스의 원고들을 약탈해갔는데, 후일 이 철학은 회교의 신학을 전개시키는 데에 유용하게 쓰였다. 이때까지 기독교에서는 플라톤의 철학에는 관심을 기울였으나 경험과 현실 분석에서 출발하는 아리스토텔레스의 철학은 기독교에 쓰일 수 없다고 생각하고 있었다. 그런데 반대로 회교권과의 교류를 통하여 아리스토텔레스 철학이 중세 교회에 전해지자 교회 내에서도 이에 관심을 가지기 시작하여 아리스토텔레스 철학에 기초한

---

[74] 서기 500년경에 살았던 사람으로 자신의 이름을 감춘 채 사도행전 17장34에 나오는 디오니시우스의 이름으로 저서를 남겨서 위(僞) 디오니시우스(Pseudo-Dionysius)라고 불린다. 그는 플라톤의 신비철학에 영향을 받은 신비신학자의 대표적인 인물로서 후세에 지대한 영향을 주었다. 그를 흔히 '부정의 신학자' 라고 하는데 "하나님에 대하여 '이렇다' 라거나 '저렇다' 라고 긍정적으로 말할 수 없고, 오직 '이것도 아니고 저것도 아니다' 라고 부정적으로만 말할 수 있다."라는 주장 때문이다. 그가 남긴 저서는 『천상의 위계』(Celestial Hierarchy), 『교회의 위계』(Ecclesiastical Hierarchy), 『신의 이름들』(The Divine Names), 『신비주의 신학』(Mystical Theology), 그리고 10편의 『편지들』(Letters)이 있다.

스콜라 신학이 등장했다. 이를 집대성한 사람이 아퀴나스(Thomas Aquinas, 1225~1274)였다.

교리에서는 "하나님은 존재한다."라고 선언하며 이에 대한 믿음을 요구하지만, 스콜라 신학은 계시에 의해 확립된 교리에 대한 합리적인 이해를 시도하므로 신존재에 대한 합리적인 증명을 시도한다. 플라톤 철학에 기초한 안셀름은 관념에서 출발하기 때문에 '하나님은 생각할 수 있는 가장 큰 존재'(이를 본체론적인 증명이라고 함)라고 하는데 반하여 아리스토텔레스의 철학에 기초한 아퀴나스는 경험에서 출발하므로 운동의 법칙, 인과율, 우연과 필연, 만물의 목적 등에 대한 논리적인 증명을 시도하여 대조를 이룬다. 교리에서는 아담의 불순종으로 원죄가 시작되었다고 선언하는데, 이에 대한 합리적인 시도에서는 아담의 타락이 아담 개인의 타락이냐 아니면 모든 인간 즉 인간성의 타락이냐를 묻게 된다. 이런 물음은 개별자와 보편자의 관계 문제인데 스콜라 철학의 가장 첨예한 문제여서 유명론과 실재론이라는 이름으로 중세기 내내 논쟁의 대상이 되었다.[75]

십자군 전쟁 이후 도처에 학교들이 세워지고 유대교와 회교의 철학이 인기를 끌면서 합리적인 사고에 대하여 눈을 뜬 사람들이 늘어나고 또 전통적인 신앙의 문제에 대하여 비판적인 질문들이 쏟아져 나오자 가톨릭 당국은 곤란한 문제에 봉착했다. 이 시기에 교회의 입장에 서서 대변한 사람이 아퀴나스였다. 아퀴나스는 아리스토텔레스의 형이상학을 기반으로 '신앙과 이성의 조화'라는 방법을 사용했다. 아퀴나스에 의하면 철학과 신학은 상반되지 않는다. 왜냐하면 이성과 믿음은

---

[75] 개체를 강조하는 유명론(唯名論)의 대표자는 오캄(William of Ockham; 1285?~1349)이며 반대로 보편성을 강조하는 실재론(實在論)의 대표자는 스코투스(John Duns Scotus; 1265~1380)였다. 그러나 가장 큰 영향을 미친 사람은 양 극단을 배제하고 온건한 입장이었던 아벨라드(Peter Abelard; 1079~1142)였다.

둘 다 그분에게서 오는 것이므로 충돌할 수 없으며, 감각기관과 이성을 통해 도달된 지식은 계시와 믿음으로써 터득한 진리와 모순 될 수 없는 것이다. 비록 이성으로 증명하기 어려운 신비적인 것들도 있지만 그것은 초이성적 혹은 초합리적인 것이며 반(反)이성적인 것이 아니다. 그가 남긴 「신학대전」(Summa Theologica)은 이런 시도의 산물이다.

스콜라 신학(철학)은 중세기와 운명을 같이했다. 중세기가 무르익을 무렵인 9세기에 피기 시작하여 12~13세기에 만개했다가 르네상스를 맞이하면서 시들어 버렸다. 왜 그랬을까?

그 이유는 두 가지 측면에서 생각해 볼 수 있다. 스콜라 철학은 중세 가톨릭 체제를 유지하기 위한 학문이었기 때문이다. 이런 사실은 스콜라 신학의 집대성이라고 할 수 있는 「신학대전」을 보면 잘 나타난다. 이 책은 어려운 신학적인 문제들에 대한 합리적인 추구의 절정을 보여주고 있지만 교황무오설, 면죄부, 화체설, 연옥, 고해성사, 성인들의 은총매개 등 교황청 체제를 떠받치고 있는 큰 기둥들을 합리적으로 설명하려고 애쓰고 있다.

다른 또 하나의 이유는 이 학문이 수도원의 산물이었다는 데에 있다. 수도원 운동은 그 시대를 성(聖)과 속(俗)으로 나누어 놓았다. 세상과 수도원, 세속의 삶과 수도 생활, 세상 윤리와 수도원 윤리가 수직적으로 분리되었다. 따라서 인간의 현실적인 삶과는 동떨어진 형이상학적인 개념의 유희를 일삼는 스콜라 철학은 세상과 분리된 채 초월의 세계를 추구하던 수도사들에게 딱 맞았다. 수도원 운동 초기에는 계시, 신앙을 중시했으나 스콜라철학이 전개되면서 합리적인 공리공론으로 치달았다. 합리적인 사고의 최고봉인 아리스토텔레스의 형이상학을 기반으로 가장 난해한 신학을 형이상학적으로 전개하면서 이를

'학문의 여왕'이라고 했다. 이는 엘리트 의식의 절정에 이른 사람들이 전개하는 신학이 어떤 것인지를 보여주는 대표적인 표본이다.

이런 운동은 성경의 요청과는 거리가 멀다. 보여주는 선교를 지향하는 신구약 성경의 계약법은 인간의 현실적인 문제에 초점이 맞추어져 있다. 당장 끼니 문제를 해결할 길이 없는 고아와 과부, 나그네, 소자들이 살아갈 대책을 세우는 것, 인간이 인간 위에 군림하며 사람을 짐승처럼 부려먹는 신분 제도의 청산, 빈부의 양극화를 해결하기 위한 방안, 전 국민을 대상으로 하는 평등교육 등 현실의 삶에서 공의와 사랑을 실현하는 것이 시내산계약법과 이를 재해석한 예수님의 말씀의 핵심이다. 그런데 초인적인 노력으로 예수님을 모방하던 수도원 운동과 중세교회는 어이없게도 이와 반대 방향으로 나가고 말았다.

중세기 체제는 절대다수의 백성들이 무지몽매할 때에는 유지될 수 있었으나, 십자군 전쟁을 통하여 상인과 시민계층이 부상하고 교육이 대중화되어 사람들이 중세의 미몽(迷夢)에서 깨어나면서 붕괴되고 말았다. 중세교회는 십자군 전쟁과 스콜라신학을 통하여 철옹성을 강화시키려고 했으나 둘 다 자충수가 되었다. 십자군 전쟁은 앞에서 지적한대로 복합적으로 중세기를 와해시키는 도화선 역할을 했고, 유대교와 회교의 영향으로 말미암아 도출된 합리적인 욕구에 대처하기 위하여 스콜라신학으로 체제 변호를 시도했지만 르네상스로 이어지는 합리주의의 길을 닦는 결과가 되었다.

하나님의 뜻을 거스르며 인위적으로 쌓아올리는 바벨탑은 무너지게 마련이다.

물음 43 중세 예술, 무엇을 말하는가?

중세기는 문자 그대로 '교회의 시대'로서 교회가 정치, 경제는 물론이고 교육과 건축, 예술 등 제반 분야를 지배했다. 지금도 중세 건축 예술의 극치인 성당에는 수많은 조각, 그림 등의 예술품이 소장되어 있는 것을 볼 수 있다. 교회가 왜 예술에 그토록 큰 관심을 가졌을까? 지금 우리는 이것을 어떤 시각으로 보아야 할 것인가?

1. 교회가 예술에 관심을 가진 이유

중세기인들은 "예술은 하나님의 손자다."(단테)라는 사고방식을 가지고 있어서 예술에 지대한 공력을 들였다. 하나님으로부터 지음을 받은 인간은 만물의 창조주 하나님께 어울리는 것을 만들어 드려야 된다는 신앙 즉 '하나님의 영광을 위하여'라는 신앙적인 관심에서 숱한 예술 작품들을 만들어 냈다. 그리스인들이 '예술을 위하여'라고 생각했던 것과는 사뭇 다르다. 교회는 이런 신앙적인 이유에서 건축, 조각, 그림, 금은세공, 모자이크 등에 심혈을 기울였다.

다른 또 하나의 이유는 믿는 것과 아는 것을 예술로 표현하려고 했다. 중세기의 신학과 사상, 정신 등이 교회의 종탑, 창, 천장, 조각 등의 장식에 나타나 있다. 중세기의 사상이 돌에 스며들지 않은 것은 하나도 없었다. 고딕, 바로크풍의 건축 기술 등을 비롯하여 유리, 세공 기술들은 이런 목적으로 개발되었다.

이 시대에 있어서 예술은 곧 신앙의 표현이었다.

2. 교회당 건축

교회당 건축은 기독교 공인 이후 황제 콘스탄티누스에 의해 본격적으로 진행되었다. 이전에는 지하동굴이나 개인집에서 예배를 드렸기 때문에 독립적인 건물이 없었다. 따라서 교회 건축에 대한 어떤 선례가 없었으므로 고대 로마의 초기 바실리카(basilica)[76]의 형식을 받아들였는데 이것이 이후 교회 건축의 기본 양식이 되었다. 콘스탄티누스는 로마와 소아시아, 북아프리카 등에 수십 개의 교회를 지었다. 초기의 교회는 4각형이며 강단을 동쪽 즉 예루살렘을 향하여 지었다. 그러나 본격적으로 교회당 건축이 시작된 것은 수도를 비잔틴으로 옮긴 이후인데 특히 유스티아누스(Justinianus)가 세운 소피아 성당은 비잔틴양식의 대표적인 건물로써 다각형이며 바실리카에 돔(Dome; 둥근 지붕)을 추가했다. 돔은 오리엔트 세계에서 신성(神聖)을 상징했기 때문이었다. 소피아 성당은 길이 81m, 너비 70m인데, 돔의 크기는 지름 33m, 높이가 55m이며, 40개의 창, 40개의 은 샹들리에, 조각무늬 대리석, 모자이크, 프레스코(fresco; 회 반죽이 마르기전에 물감으로 그림을 그리는 기법) 등으로 화려하게 장식한 소피아 성당은 1만여 명이 5년간 동원되었고, 1억 3,400만 달러의 비용이 들었다. 건물이 완성되자 감격한 유스티아누스는 봉헌식 때 설교단에서 이렇게 외쳤다고 한다.

내가 이토록 위대한 사업을 이룩할 만하다고 여기신 하나님께 영광이 있기를! 솔로몬이여, 내가 당신을 이겼노라!

3세기까지만 해도 예수님에 대한 그림을 금지했으나 그레고리 대제 이후 "책이 글자를 해독하는 사람에게 할 수 있는 일을 그림은 문맹자에 대하여 할 수 있다."라고 하여 교회 내에 성화를 허락했다. 초기에는 돔을 목조로 제작했으나 11세기 무렵부터 석조 돔과 아치(arch)를

---

76) 고대로마의 시장과 법정을 겸비한 공공건물. 이 말은 본디 건물의 내부에 있는 주랑(柱廊; 기둥만 있고 벽이 없는 복도)으로 둘러싸인 홀을 가리키는 것이었다.

사용하는 로마네스크양식이 등장했고 이어서 뾰족탑의 위용을 자랑하는 고딕양식이 주류를 이루게 되었다. 고딕양식은 '쌍방통행'을 표현하려고 했다. 기둥, 아치, 뾰족탑은 일렬로 늘어서 하늘을 향해 나아가고 있는데 이는 인간이 하늘에 이르고자하는 소망의 표현이다. 반면에 채색유리(stained glass)를 통하여 비취는 황홀한 빛은 하나님께서 인간 가운데 오셔서 교통하심을 의미한다. 고딕양식은 이 두 가지를 동시에 표현하는 데에 가장 적절한 것이어서 교회건축의 기본으로 자리를 잡았다.

각 도시의 사제들은 서로 제일 큰 교회당을 지으려고 아귀다툼을 벌였다. 샤르트르(Chartres) 성당은 30층, 스트라스부르그 성당은 40층 높이의 건물이었다. 크기 경쟁에서는 궁륭(穹窿;둥근천장)의 크기를 중요시했다. 파리의 노틀담 성당의 궁륭 높이가 34.8m였는데, 그 다음에 시작한 샤르트르 성당은 37.5m를, 랑스(Rance)는 37.8m를, 아미앵(Amiens)은 42.1m를 지었다. 그러나 보베(Beauvais)는 이보다 5.1m를 더 높이 만들려다 궁륭이 무너지자 다시 시작했는데 또 무너졌다. 하지만 그래도 단념하지 않고 다시 시작했으나 이번에는 자금이 바닥나서 중도에 그만 둘 수밖에 없었다. 이런 공사에는 보통 몇 세대가 걸렸다. 노틀담 성당은 90년이 걸렸으며, 100년 이상 걸리거나 중도에 미완성으로 끝난 건물들도 많았다. 주민들은 재산과 더불어 노동력을 제공해야 했으므로 여간 시달린 것이 아니다. 천문학적인 돈이 들어가는 대성당을 짓기 위하여 갖가지 방법으로 자금을 조달했다가 여의치 않자 결국 면죄부를 팔기 시작했다. 가톨릭의 연옥교리는 면죄부 판매와 관련이 있다. 연옥을 부정하면 죽은 자에게 면죄부를 팔아먹기가 곤란하기 때문이다.

11세기 중엽부터는 교회 건축이 경쟁적으로 진행되어 프랑스에서만 1,587개의 대형 교회당이 건축되었다. 프랑스에서만 1170년부터 1270

년 사이에 초대형 고딕양식의 성당들이 500개 이상이나 지어졌는데, 그 중에서 샤르트르 대성당이 대표적인 건물이다. 1만여 명의 주민들이 온 힘을 기울여 지었고 화재가 나서 다시 지은 이 건물은 조각된 대리석과 색유리로 장식한 기념비적인 교회다. 이들은 이 성당을 천상의 여신인 마리아를 위한 지상의 집을 짓는다고 생각하여 최선을 다했다. 여기에는 아기예수님을 낳을 때 마리아가 입고 있었다는 저고리가 성물(聖物)로 보관되어 있으며, 이 저고리를 최고의 자랑으로 여겼다. 봉헌식에서 이 건물은 "경외로운 땅이며, 하나님의 법정이며, 천국의 문이다."라고 선포되었다.

중세기에 있었던 초대형 교회 건축의 대표적인 표본은 로마의 '베드로 성당'이었다. 기독교를 받아들인 콘스탄티누스는 황제가 된 후 로마에 있는 베드로와 바울의 무덤 위에 교회를 지었다. 326년에 지어진 이 교회가 오랜 시간과 외부의 침략에 시달리면서 볼품이 없어지자 1506년 교황 율리우스 2세에 의해 재건축이 시작되어 120년 뒤인 1626년 봉헌식을 거행했다. 동서의 넓이가 186.36m, 남북의 길이가 137.5m이며, 돔의 지름이 42m, 높이는 132.5m인 이 교회의 주요 설계자는 유명한 이탈리아 화가 미켈란젤로(Michelangelo)였다. 여러 차례 설계를 변경하면서 120년간 총공사비 4,600만 스쿠디(Scudi; 매년 36,000달러를 120년간 지불한 액수)를 들여 지은 당시 세계 최대의 건물인 베드로 성당 건축은 초기부터 자금부족에 시달렸다. 교황청이 앞장서서 전 유럽을 상대로 자금을 끌어들였으나 여의치 않자 면죄부 판매로 자금을 충당했다. 잘 아는 바대로 건축비를 마련하기 위한 면죄부 판매는 결국 종교개혁의 직접적인 원인이 되어 교회가 신교와 구교로 나누어지는 비극을 만들었다.

베드로 성당을 비롯하여 지금도 유럽의 곳곳에 남아있는 대형 성당들의 뛰어난 건축 기술과 보는 사람을 압도하는 위용은 무엇을 말해주고 있는가? 그 지역의 사제들과 지도자들이 교회당 건물의 크기로 자신들의 위세를 드러내려고 했던 증거물들이다. 베드로 성당과 주요 성당을 재건축하는 주요 목적에는 교황이 주도한 십자군전쟁이 비참할 정도로 참패하여 교황청의 권위가 땅에 떨어지자 이를 만회하려는 의도가 들어있었다. 이런 이유로 초대형 성당을 짓는 데에 관심을 쏟게 했으며, 성당 건물의 위용으로 권위를 얻으려고 했다. 이는 마치 우상종교 시대에 지배자들이 자신이 섬기는 신의 신전을 거대하게 지어놓고 통치 기반으로 삼으려고 했던 것과 다를 바 없다. 지금도 불가사의(不可思議)로 남아있는 고대의 건축물들은 예외 없이 신전이다. 그런 신전을 지으려면 재물은 말할 것도 없고 수많은 장정의 노동력을 수십 년 동안 혹은 그 이상으로 동원해야 했으므로 실제 백성들이 당하는 고초는 이만저만이 아니었다. 교회의 신앙이 왜곡되어 인간이 지상에다 하나님의 집을 짓는다고 생각하거나 교회 건물의 크기로 위세를 부리기 위하여 건물에 치장을 하기 시작하면 이미 말기적인 현상이 나타난 것이다. 솔로몬은 하나님의 성전을 짓기 위하여 대형 토목공사를 하다가 나라가 분열이 되는 비극을 맞았고, 중세기는 초대형 성당을 짓기 위하여 면죄부를 팔아먹다가 망했다. 즉 중세기는 교회를 짓다가 망했다고 할 수 있는데 지금 우리 교회도 같은 길을 가고 있다.

 구약의 시내산계약법은 무엇을 말하고 있는가? 성전이 아닌 성막(천막)을 그것도 놀라울 정도로 작게 지으라고 했으며,[77] 번제단 등을 만들 때에는 정으로 쪼아 다듬은 돌을 사용하거나 계단을 만들지 못하게 했다. 그런 것들은 다 부정한 것이다. 즉 하나님께서 원하시지 않는다고 했다. 그 이유가 무엇일까? 그런 것을 만들려면 수많은 노동력과 돈

---

[77] 성소와 지성소를 합한 크기는 27m×9m이며, 전체 크기는 45m×22.5m에 불과했다.

이 들어가고 백성들이 고생해야 하기 때문이다. 비싼 돌을 다듬어서 화려하게 초대형으로 성전을 지으려는 자세는 다른 신들에게는 해당되는지 몰라도 성경의 하나님께는 전혀 어울리지 않을 뿐만 아니라 하나님 모독에 해당된다.

하나님께서는 이렇게 말씀하신다.

"나는 조그마한 성막(천막)이면 족하다. 나를 위하여 큰 집을 짓겠다고 하지 말라."

3. 성당을 장식한 예술품들

베드로 성당을 비롯하여 중세의 성당을 둘러보면 온갖 예술품들로 가득 차있는 것을 볼 수 있다. 기둥은 물론이고 천장, 내외 벽면, 바닥 등 모든 부분이 온갖 종류의 조각, 모자이크, 회화 등으로 채워져 있어서 보는 이로 하여금 감탄을 자아내게 한다. 이런 예술적인 표현들을 어떻게 이해해야 할까? 미술관이나 박물관에서 발견해야할 온갖 예술품들이 왜 교회에 들어와서 자리를 차지하고 있을까? 성경과 하나님, 기독교 신앙과 이런 예술품들은 무슨 관련이 있는 것일까? 구약성경에서는 어떤 신의 형상을 만드는 것을 엄히 금하고 있음에도 불구하고, 성당의 건물은 예수님을 비롯한 사도들, 성인들과 천사, 동물, 마귀 등의 조각과 온갖 모자이크, 그림들로 채워져 있다.

이런 현상은 기독교가 로마제국의 국교가 되는 토착화 과정에서 생겨났다.

로마제국은 수준 높은 이교문화 전통을 가진 고대 그리스-로마의 문화가 오랫동안 지배하던 곳이었다. 박해받던 시절에는 교회 건물 등에 관심을 가질 여유가 없었으나, 기독교 공인(313년)과 국교 이후에는 사정이 달라졌다. 국가의 지원을 받으며 생겨나기 시작한 대형 교회 건물은 이교신전을 염두에 두면서 세워졌다. 이교신전보다 더 화려

하고 장엄하며 종교적인 분위기를 자아내는 데에 신경을 쓰다 보니 많은 부분을 이교신전에서 수용했다. 우상종교에서는 신을 어떤 형상으로 표현해야 했기 때문에 이교신전에는 온갖 신의 형상들과 신화적인 영웅들이 조각되어 있는 것을 볼 수 있다. 이교신전보다 더 눈길을 끌게 하려는 의도에서 조각과 그림 등의 내용을 바꾼 채 교회에서 사용하게 된 것이 교회에 이런 것들이 들어오게 된 동기였다. 또한 대부분의 사람들이 문맹이다 보니 성경의 내용들을 조각과 그림 등으로 표현하는 것이 교육적인 성과를 가져오기도 했다. 더군다나 성경을 라틴어 이외의 언어로 번역하는 것을 금했고, 미사도 라틴어로 드리다 보니 일반 교인들은 보는 것 이외에는 신앙을 접할 방법이 없었으므로, 이런 예술적인 표현과 더불어 성인들의 동상이나 유물을 전시하여 신앙적인 자극을 받도록 하는 데에 치중하게 되었다.

  이 외에도 이교문화가 교회에 들어와 자리 잡은 것은 의외로 많다. 성탄절로 지키는 12월 25일은 본래 이교 태양신의 축제였으며, 이교문화에서는 개인과 지역, 또는 직업의 수호신들이 있었는데 이를 본받아서 사도들을 비롯한 성인들을 내세웠다. 개인에게 그들의 이름으로 세례를 주며, 지방과 직업에 따라 각각 수호성자들이 있었다. 루터도 젊은 시절 친구와 나무 밑에서 비를 피하다가 그 나무에 벼락이 치자 "성 안나여, 나를 도우소서!"라고 외쳤다. 루터의 아버지는 광부였는데 성 안나는 광부의 수호성자였기 때문이다. 성인과 성물 숭배는 앞에서 지적한 바대로 그들이 은총의 매개 역할을 한다는 공적론에서 비롯되었다.

  교회에 이런 이교적인 요소들이 들어와서 자리를 차지하는 것에 대하여 반론이 전혀 없었던 것은 아니다. 버어나드(Bernard of Clairvaux, 1090~1153)는 이렇게 탄식했다.

저 불결한 큰 원숭이, 저 사나운 사자, 저 무서운 반인반마(半人半魔)의 괴물, 저 반(半)인간, 저 줄무늬 호랑이, 저 싸우고 있는 사자, 저 뿔피리 부는 사냥꾼, 저것들은 도대체 무슨 목적을 위한 것일까? 요컨대 갖가지 인간이 갖가지로 만든 것이 이렇게 많고 이렇게 기괴하기 때문에 우리는 책 속에서보다 대리석 속에서 무언가를 읽고 싶어지고, 하나님의 법도보다는 조각을 이상히 여기면서 하루를 보내고 싶어진다. 이런 어리석음을 설사 수치로 생각지는 않더라도 어째서 이런 것에 비용을 들이기를 서슴지 않는 것일까?

교회 내에서 성상(聖像)의 사용에 대하여 한 때 치열한 논쟁을 벌이다가 공회에서 다루기도 했었다. 1054년에 동방교회와 서방교회가 서로 결별한 직접적인 원인은 성상의 문제였다. 어쨌든 중세교회는 이런 전통을 계속 이어갔으며 가톨릭교회는 지금까지 유지하고 있다.

기독교 신앙을 조각과 그림, 문학, 음악, 연극 등으로 표현하는 것은 대단히 중요하며 그 필요성에 대하여서는 언급할 필요조차 없다. 그러나 중세기의 교회 속에 들어있는 장식품들은 그 내막을 들여다보면 '예술'이라는 이름을 붙이기에는 너무나 부끄럽다. 성직자들이 세속 권세에 집착하여 천년왕국을 세워놓고 온갖 사치와 향락에 젖어 있었고, 세상은 성경과는 반대로 양극화로 치닫게 하면서 온갖 예술품으로 교회를 장식한 것은 결국 예술을 자신들의 통치도구로 전락시킨 것에 불과했다.

4. 문학, 음악, 발레

1643년 다섯 살의 나이에 프랑스 왕위에 등극, 54년간 통치한 왕이 있었다. 나이가 어리므로 엄마와 후견인의 도움을 받으며 시작을 했지만 20여 세부터 강력한 왕권을 행사하기 시작하여 프랑스를 손아귀에 집어넣었다. '왕권신수설'과 "짐이 곧 국가다."라는 유명한 말을 남긴 그는 루이 14세보다는 '태양왕'으로 더 잘 알려져 있다. 루이 14세는 자신이 국가의 상징이며 권력의 화신임을 보여주기 위하여 베르사유 궁전을 건축했다. 전체 길이가 680m, 정문 현관이 415m이며, 대청인 '거울의 방'은 길이 73m 넓이 10m인데 세계사에 영향을 준 주요 조약들이 이곳에서 체결되었다.

루이 14세의 식사를 준비하기 위하여 498명의 요리사가 동원되었고, 5천여 명의 귀족들이 베르사유에 상주하며 왕의 비위를 맞추었다. 루이 14세는 정무에 시달리면서도 매일 사냥과 테니스를 쉬지 않아서 궁정 사냥개만 1,000여 마리가 있었고, 저녁에는 무도회, 오페라, 발레 등의 모임이 있었으며 항상 아름다운 음악이 흘러 넘쳤다. 저녁 모임에 초청된 사람들은 오후 6시부터 아침 8시까지 14시간 계속되는 무도회나 오페라 등에 자리를 지키고 있어야 했으며, 왕과 귀족들이 직접 배우의 역할을 해야 했으므로 낮에는 연기연습에 심혈을 기울여서 연기는 귀족의 필수 교양에 속했다. 매일 저녁의 초대형 만찬 준비와 값비싼 의상비, 공예품 등으로 인해 나라의 재정이 파탄나고 말았다.

이상은 루이 14세의 삶의 한 단면인데 이는 중세의 귀족들이 어떤 삶을 살고 있었는지를 잘 보여주고 있다. 이 시기에는 화려한 공예품, 희곡, 음악, 발레 등이 크게 발전했다. 그러나 이는 시민 전체의 예술적인 감각과 활동이 활발해서가 아니라 귀족들의 사치생활을 뒷바라지하기 위해서였다. 귀족들은 자신들의 사치와 향락을 위하여 이런 예술 활동에 몸담은 사람들을 적극 지원했다. 당시의 이런 예술은 일반 서민과는 아무런 상관이 없었으며 할 일 없는 귀족들이 시간을 보내기 위한 고급놀이였다.

교회는 교회대로 예술에 관심이 많았다. 종교개혁 이전에는 초대형 교회 건물과 숱한 조각, 그림, 모자이크, 색유리 등을 통하여 자신들의 체제를 유지하려는 의도를 지녔으며, 종교개혁 이후에는 프로테스탄트의 물결을 저지하기 위하여 종교 예술을 적극 장려했다. 이 시대의 바로크 예술[78]의 공통적인 특징은 반종교개혁의 성격을 띠고 있으며, 건축, 조각, 문학, 음악, 그림 등 모든 작품들을 보고 읽고 듣는 이에게 영향을 주어 그들에게 종교개혁에 대한 반대사상을 주입하려는 의도를 지니고 있다.

이런 배경들을 살펴볼 때 가톨릭교회 안에서 찾아볼 수 있는 소위 '예술품'들이 어떤 가치와 의미를 지니고 있는지 명확해진다. 훌륭한 예술품이라고 찬사를 받고 있는 이런 것들은 실상 그 시대를 파국으로 치닫게 한 증거물들이다.

어두움을 밝히려는 운동, 무엇이었나?

어느 시대든지 살펴보면 그 시대에 살았던 모든 사람들이 다 잘못되었던 것은 아니다. 정치적인 야심이 강한 소수가 주도권을 쥐고 자기들에게 이익이 되는 쪽으로 이끌어 가다보니 결국 그 시대를 도탄에 빠지게 했으나 옳고 바른 것을 추구하는 사람들은 언제나 있었다. 그러나 문제는 실권을 쥔 소수의 사람들이 일삼는 전횡에 대한 다수의 침묵에 있다. 스스로는 잘못을 범하지 않고 바른 길을 갔다 할지라도 소수의 실권자들의 잘못을 뻔히 알면서도 지켜보기만 하는 방관적인 태도는 잘못된 역사의 공범자라는 평가를 피할 수가 없다. 침묵하는 가장 큰

---

78) '바로크'라는 용어는 17세기 예술에 대하여 후세의 합리주의자들이 경멸적으로 부른 이름이다. 불규칙한 모양을 한 큰 진주를 뜻하는 포르투갈어 'Barroco' 혹은 중세의 복잡하고 난해한 논법을 뜻하는 'baroco'에서 유래되었다.

이유는 공적인 문제에 대한 무관심과 자칫 자신에게 임할 화가 두려워서다. 설교자의 첫 번째 의무는 흰 것은 희다하고 검은 것은 검다고 말할 수 있어야 한다. 이런 자세는 하나님만을 의식할 때 가능해진다. 사람을 의식하게 되면 사람의 비위를 맞추게 되어있다. 어느 시대가 실패하여 파국을 맞았다면 주도적으로 그런 오류를 범한 소수나 침묵으로 일관한 다수에게 동일한 책임이 있다. 그 책임에서 벗어날 수 있는 사람은 최선을 다하여 그 시대의 오류를 막으려고 애썼던 사람들뿐이다. 경우에 따라서는 방관자가 범죄자보다 더 악한 자일 수 있다.

중세기의 어두움을 밝히려던 몸부림들 어떤 것이 있었나?

1. 수도원의 몸부림

강력한 중앙집권을 행사하던 샤를마뉴 대제(Charlemagne; 742~814)의 제국이 붕괴한 이후 사회질서가 흔들리면서 봉건제도가 정착하게 되는데, 이 과정에서 교회도 큰 변화를 겪게 되었다. 교황은 몇몇 세도가의 손에 놀아났고, 주교, 수도원장 등 고위성직자를 세속 황제가 임명했으며, 교구 사제의 인사권은 봉건영주들이 행사했다. 이런 현상은 곧 성직매매와 성직자의 혼인 등 질적인 타락으로 이어졌다. 따라서 교구를 맡고 있는 사제들의 권위는 땅에 떨어지고 상대적으로 수도사들의 입지가 높아졌다.

이런 현실을 목격하면서 방관자로 머물지 않고 현실개혁을 위하여 침묵을 깨뜨린 사람이 있다. 아퀴테느의 윌리암(William of Aquitaine)공작이 그 사람이다. 그는 자신의 영지 클루니(Cluny)에 개혁적인 수도원을 설립한 후 수도사들이 베네딕트의 규칙에 따라 철저한 수도생활을 하도록 했으며, 수도원장은 수도사들이 선출하도록 했고, 고위성직자나 세속정치로부터 영향을 받지 않도록 교황의 직속관할을 받게 했다. 이후 클루니 수도원은 베르노(Berno; 910~927), 오도(Odo; 927~942)등 인격과 능력을 겸비한 유능한 원장들이 등장하면서 설립자의 이상을 실현하기 시작했고, 6대 원장 오딜로(Odilo; 994~1048)때에는 수도원단 즉 한 교단을 이뤄서 큰 영향력을 행사하게 되었다. 클루니 수도원의 영향력은 교황의 적극적인 지원에 힙입어 극대화되어 전 유럽으로 확산되었다. 개혁적인 교황 레오 9세(1049-1054)는 성직매매와 성직자의 혼인을 금하는 법을 만들었고, 개혁적인 고위성직자로 로마교회의 추기경단을 구성하여 교황을 선출하게 함으로써 교황 선출에 있어서 황제와 귀족들의 영향을 배제했다. 이후 클루니 수도원 출신의 교황 그레고리 7세(Gregory Vll; 1073-1080)가 등장하면서 교황권과 성직자들의 권위가 크게 회복되었다. 교황에게 파문당한 황제 하인리히 4세가 교황이 머물던 카노사에 찾아와 추운 겨울에 3일 동안 문밖에서 맨발로 참회한 유명한 일화는 교황의 권위가 회복되었다는 것을 보여주는 증거였다.

클루니 수도원의 개혁운동으로 말미암아 성직자들의 세속화된 모습이 많이 개선되기는 했으나 수도원이 비대해지면서 수도원 자체가 세속화되기 시작했다. 이에 분개한 베네딕트 계열의 수도사였던 로베르트(Robert; 1027~1111)는 시토(Citeaux)에 엄격한 수도원을 세웠다. 시토 수도원의 특징은 장원이나 농경지를 기부받는 것을 거부하고 황무지를 개간하여 자립했다는 데에 있다. 이는 곧 큰 호응을 얻어서 1130년에는 분원이 30개, 1168년에는 288개, 1세기 후에는 671개로 늘어났다. 시토 수도원의 발전에는 버어나드(Bernard; 1090~1153)의 공헌이 컸다. 그는 신비적인 명상은 물론 교회의 문제 해결에도 큰 영향을 끼친 사람이었다.

2. 평신도의 몸부림

교회와 수도원이 세속화 되어가는 것에 대한 반발이 세속의 평신도들 사이에서 일어났는데 이는 클루니 운동이나 시토 운동과는 다른 성격을 가진다. 성직자나 수도사들이 추진한 개혁 운동은 가톨릭 체제를 인정하고 또 교황청의 인준을 받아서 내부의 정화 운동으로 진행이 되었기 때문에 교회로부터 핍박을 받을 이유가 없었을 뿐만 아니라 지원을 받았다. 그러나 평신도들이 일으킨 운동은 성경에서 말하는 순수한 신앙을 실천하려는 운동이었기 때문에 가톨릭 체제와 교황 체제를 거부하는 입장이었다. 따라서 교회로부터 심한 박해를 받아야 했다. 다음의 두 저항운동이 대표적인 예이다.

❶ 알비파(Albi)

프랑스 남부에 있는 알비가 주요 활동 지역이어서 '알비파'라고 불리며, 이들은 순수성을 강조했기 때문에 순결(Cathari)을 의미하는 '카타리파'라고도 했다. 이들은 마리아 숭배, 유아세례, 십자가 숭배, 연옥, 죽은 자들을 위한 기도 등은 성경에 없는 것이라 하여 거부했다. 그뿐이 아니다. 가톨릭의 '미사'는 사탄에게 경배하는 의식이며, 성경에 무지한 '신부들'은 거짓 교사들이며,[79] 성경에서 벗어난 가톨릭 체제는 사탄적이며, 무오 등 신적인 권위를 내세우는 교황은 적그리스도라고 정면으로 공격했다. 따라서 이들은 종교재판을 통한 모진 박해의 표적이 되었고 수많은 사람들이 화형당했다. 그러나 박해는 여기서 멈추지 않고 이노센트 3세는 알비파를 근절하기 위하여 이들에 대해 십자군 전쟁을 선포했다. 그러자 기다렸다는 듯이 프랑스 북부의 기독교

---

79) 중세기에는 라틴어로 번역된 성경을 사용했기 때문에 라틴어에 능통하지 않으면 성경을 읽을 수가 없었고, 예배는 설교가 아닌 미사 중심이었기 때문에 성경을 몰라도 교구를 맡는 데에 별 지장이 없었다. 이런 까닭에 성경을 한 번도 읽지 않은 성직자들이 수두룩했다.

인 영주들이 자신들의 영역을 확장할 좋은 기회라고 여겨 남부로 내려와서 무자비하게 살인과 약탈을 일삼는 20년 전쟁(1209~1229)이 시작되었고 전쟁이 끝났을 때에 남부 프랑스는 철저하게 파괴되어 황폐해졌다. 이렇게 하여 알비파는 영원히 사라졌다.

알비파는 선과 악의 근원을 이원론적으로 설명하였기 때문에 마니교의 부활이라는 비판을 받고 있다. 이들은 평신도 운동이었기 때문에 신학과 교리 이해에 있어서 문제가 있었을 수도 있다. 그러나 교회가 이들에 대하여 민감하게 반응하여 철저한 응징을 가한 것은 교리적인 문제보다는 교회의 절대권에 대한 도전 때문이었다. 이런 사실은 다음에 다룰 '왈도파'에 대한 교회의 대처를 보면 잘 나타난다.

❷ 왈도파(Waldo)

프랑스의 리용에 단순하고 평범한 왈도(Peter Waldo; 1140~1218)라는 상인이 있었다. 어느 날 신부(神父)에게 "어떻게 하면 예수님처럼 살 수 있는가?"라고 묻자 신부는 예수님께서 부자 청년에게 하셨던 말씀을 대답으로 주었다. "네가 온전하고자 할진대 가서 네 소유를 팔아 가난한 자들을 주라. 그리하면 하늘에서 보화가 네게 있으리라. 그리고 와서 나를 좇으라."(마태복음 19:21)

이 말을 들은 왈도는 즉시 실천에 옮겼다. 두 딸을 수녀원에 맡기고 아내를 위한 재산을 제외한 나머지는 가난한 자들에게 나누어주고 청빈을 실천하는 삶을 살았다. 그의 삶에 감동을 받은 사람들이 모여들자 '심령이 가난한 자들'이라 자칭하며 회개의 설교를 시작했다. 왈도는 성경을 바로 알기 위하여 필요한 부분을 프랑스어로 번역하여 사용했다. 그는 1179년 3차 라테란(Lateran)회의에 야외 설교자격을 신청했으나 '평신도 무학자'라는 이유로 거절당했으며, 번역한 성경을 불태워 없애라는 지시가 내려졌다. 이에 대하여 왈도파는 '이는 하나님의 음성을 거절한 인간의 소리'라며 무시하고 계속 설교했고 1184년 파문을 받았다.

결국 80명의 왈도파 설교자들이 1212년 스트라스부르그에서 말뚝에 묶여 화형 당하였다. 앞에서 언급한 20년 전쟁의 대상에는 왈도파도 포함되어 있었다. 이런 박해에도 불구하고 왈도파를 따르는 사람들은 오히려 급증하여 프랑스 리용 지역은 물론 스페인 북부, 오스트리아, 독일까지 확산되었다가 후일 종교개혁 이후에 개신교에 합류한 이들이 많았다.

알비파와 왈도파에 대하여 교황청은 '이단'으로 정죄했다. 알비파에게는 교리적으로 문제가 될만한 소지가 있었으나 왈도파에게는 그런 문제가 없었음에도 이단이라 했다. '교회와 교황에 대한 도전'은 용서할 수 없는 죄목이었다. 교회 당국은 자신들의 체제에 도전하는 것을 근절하기 위하여 1229년 툴루스(Toulouse)에서 회의를 열었다. 평신도였던 알비파, 왈도파가 성경을 소유하고 있어서 문제가 되었으므로 이후로는 평신도들의 성경 소유를 금했고, 종교 재판소를 본격적으로 가동하여 성경을 소유한 자들을 대대적으로 색출하여 엄벌하고 성경을 불태웠다.

기독교 국가에서 교인들이 성경을 소유하여 읽는다고 잡혀가서 화형을 당하는 어처구니없는 사실을 어떻게 설명해야 할까? 교황과 그 체제보다 하나님의 말씀인 성경에 더 큰 권위를 둔 것이 죽어야 할 죄목이었다. 가톨릭 체제에 저항하는 자는 잘잘못을 떠나서 무조건 '이단'이라는 누명을 써야 했고, 자신들의 체제에 저항하는 기미가 보이기만 하면 상대를 가리지 않고 온갖 구실을 붙여서 죽여 없앴다.

3. 맨발과 탁발의 도전

알비파 문제가 처음으로 제기되었을 때 교회는 설교자를 파견하여 그들을 설득시키려고 했는데, 설교자로 파송되었던 사람 가운데 도미니쿠스 구즈만(Dominic Guzman; 1170~1221)이라는 스페인 출신의 신부가 있었다. 알비파와 접촉해 본 그는 곧 교회의 권위와 성직자의 위세로는 그들을 감화시킬 수 없음을 알게 되었다. 알비파들은 그런 것들을 전형적인 거짓 종교의 증거라고 생각하여 가장 싫어했기 때문이다. 고민하던 도미니쿠스는 그들을 바른 신앙으로 이끌기 위해서는 설교자인 자신이 알비파들이 실천하고 있는 것보다 더 나은 삶을 먼저 살아야 한다고 생각하여, 스스로 가난한 자가 되어 맨발과 탁발(구걸)을 실천하며 설교하기 시작했다. 그러나 도미니쿠스의 실천이 성과를 거두기 전에 교황의 박해가 시도되어 그의 노력은 무위로 돌아갔지만, 그는 이런 삶을 계속하였고 많은 사람들이 감동을 받아서 1216년 정식으로 교황청의 인가를 받아 도미닉 교단이 탄생했다. 이후 이 교단은 프란시스 교단과 더불어 중세 후기에 가장 큰 영향을 끼쳤다.

이탈리아 아시시 출신의 프란시스(1182~1226)는 널리 알려져 있다. 부유한 상인의 아들로 태어난 그는 기사(騎士)가 되어 출세하기를 기대하는 부모의 뜻을 저버리고 결혼 적령기에 접어들자 '가난'이라는 신부와 결혼하여 평생을 청빈과 그리스도의 사랑을 실천하는 삶을 살았다. 프란시스가 보여준, 주님을 모방하는 고결한 삶은 기독교 역사이래 최고의 사람으로 평가받고 있다. 살아있는 성자답게 그 주변에는 수많은 사람들이 몰려들어서 큰 교단이 만들어졌고 어렵지 않게 교황청의 인가를 받았다. 그는 제자들을 둘씩 짝 지어 보내면서 맨발과 탁발, 주님의 사랑을 실천하는 삶을 보여주게 했고, 이런 모습이 당시의 사람들은 물론 지금도 수많은 사람들에게 감화를 주고 있다.

도미닉 교단과 프란시스 교단은 중세의 어두움이 가장 깊었던 시대에 세속화되어가는 교회를 바로잡기 위하여 맨발과 탁발로 도전을 했다. 그러나 이들의 노력도 중세기의 흐름을 바꾸지는 못하고 말았다.

기독교 역사가 배출한 최고의 사람이라는 프란시스를 비롯한 수많은 수도사들의 운동이 왜 중세기의 어둠을 걷어내지 못했을까?

물음 45 중세 개혁운동, 왜 실패했나?

클루니와 시토 수도원, 도미니쿠스와 프란시스 교단, 중세기를 바로 잡기 위하여 온 힘을 기울였던 단체들이다. 이들 외에도 중세기에는 인격과 신앙에 있어서 흠잡을 것이 없는 초인적인 수도사들이 수없이 많았다. 유럽 전역 그 어디에도 수도원 없는 곳이 없었으며 수도사들이 지대한 영향을 끼치고 있었다. 성직자들은 대부분 수도사 출신이거나 수도사적인 삶을 살았으니 문자 그대로 중세기는 수도원 시대였다.

그런데 왜 이런 시대가 교황청 체제, 봉건주의, 십자군 전쟁, 종교재판, 면죄부 판매 등 도무지 상식에도 맞지 않는 일들을 저질렀을까? 놀라운 것은 이런 만행을 앞장서서 자행하는 사람들은 대부분 자신들이 하나님의 뜻을 실현한다고 생각하고 있었으며 자신들의 행위가 잘못일 수도 있다는 것에 대하여 조금도 의심치 않았다는 점이다. 더더욱 놀라운 것은 이런 기간이 천 년 이상이나 지속되었다는 점이다. 다시 말하면 중세기는 공동으로 착각의 잠에 빠져 있었던 셈이다.

어떻게 이런 믿기지 않는 일이 가능했을까?

이에 대하여 두 가지를 지적하고자 한다.

1. 바른 이해의 중요성

이스라엘 역사와 교회사 4천 년을 전체에서 바라보면서 얻을 수 있는 가장 큰 교훈은 "바른 이해가 없으면 바른 믿음을 가질 수 없다."라는 것이다. 신구약 중간기의 유대교와 중세기 기독교의 공통적인 오류는 '바른 이해의 결여'였다. 특수한 전문 분야가 아닌 모든 사람이 대상인 신앙의 문제 즉 진리에 있어서는 바른 이해에 도달하기 위해 어떤 전문적인 그 무엇이 필요한 것이 아니다. '상식'(常識), 이것이면 족하다. 중세기의 문제점은 어떤 특별한 기준에 부합하지 않아서가 아니라 상식에 맞지 않아서 빚어진 비극이었다.

사람에게는 이성과 감성이 주어져 있다. 이 둘은 다 하나님께서 필요해서 주셨다. 이성의 기능은 바른 이해와 판단을 내리기 위해 사용되며 감성은 하나님을 느끼고 체험하며 신앙을 가지는 데에 필요하다. 이성은 감성이 체험하고 느끼고 믿는 것이 옳은 것인가를 분별하는 역할을 한다. 이 두 기능은 서로 보완관계에 있다. 이성의 기능을 포기하고 감성 일변도의 신앙을 가지면 광신적인 신앙에 빠질 위험이 있다. 중세기는 이런 신앙의 한 표본이었다. 성경과 설교 없이 미사와 성물, 성지순례로 신앙생활을 했던 중세기는 감성에 의존하는 신앙이 얼마나 위험한가를 잘 보여주고 있다.

그렇다면 중세 신학자들의 이성적인 신학탐구는 어떻게 설명해야 할까? 아퀴나스의 신학은 아리스토텔레스의 합리석인 형이상학에 근거하여 이성과 계시의 조화를 시도하고 있지 않는가? 아퀴나스 이외에도 많은 신학자들이 합리적인 신학을 전개하지 않았는가?

이들이 합리적인 시도를 했다는 것은 사실이다. 그러나 이들은 이미 정해진 가톨릭 체제와 전통 안에서 그 체제와 전통을 유지하기 위하여 합리적인 설명을 시도하는 일종의 '변명의 신학', 또는 '체제 유지의 신학'을 전개하고 있을 뿐이다. 1300년 2월 22일 교황 보니페이스 8세는 새로운 세기를 맞아 역사상 최초로 희년(Jubilee)을 선포하면서 "이 희년 동안에 베드로와 바울 성당을 경건한 마음으로 방문하는 모든 이들에게 일체의 모든 죄를 아무런 보류 사항도 없이 사해준다."라고 선포했다. 그러자 곧 교황의 이런 사면권을 뒷받침하는 정교한 교리들이 만들어졌다. 이들의 합리적인 시도는 원점에서 가톨릭 체제와 전통이 성경과 상식에 부합한가에 대하여 그 진위(眞僞)를 합리적으로 묻고 있지 않다. 문제는 여기에 있었다. 이런 이유로 교황무오, 면죄부, 마리아 숭배, 십자군 전쟁 등의 교리를 만들거나 옹호하는 중세기 특유의 합리적인 신학이 생겨났다. 더 놀라운 것은 이런 시도가 중세기에나 있었던 것이 아니라는 점이다. 1300년으로부터 675년 뒤인 1975년 교황 바오르 6세는 '거룩한 해'(Holy Year)를 선포하면서 비슷한 조치인 '전면 면죄부'(Plenary Indulgence)를 선포했다.

이성적인 판단은 신앙에 관한 전체적인 이해와 시대적인 분별력으로 이어져서 그 시대가 나아갈 역사적인 방향을 지시하는 데까지 나아가야 한다. 이런 것들은 매시대마다 신앙의 전통과 관습에 대하여 진지하게 묻는 물음과 대답 즉 재해석이 있어야 가능해진다. 재해석을 중단한 채 물려받은 전통을 무슨 보물단지처럼 간수하면서 더 강화시키면 상식에도 맞지 않는 일들이 벌어진다.

가톨릭이 가장 잔인한 방법을 동원하여 박해한, 평신도들인 알비파와 왈도파가 주장했던 다음의 근본적인 요구에 우리 모두는 지금이라도 귀를 기울여야 한다.

성경의 말씀이 교회의 제도나 전통보다 더 위에 있는 유일한 권위이다.

2. 수도원 운동의 한계

수도사들 중에는 그들 개인의 인격과 신앙에서는 흠잡을 것이 없는 초인적인 삶을 산 사람들이 얼마든지 있다. 그러나 역사 전체의 흐름 속에서 보면 이들은 분명 '시대착오적인 오류'를 범한 사람들이었다는 비판적인 평가를 피할 길이 없다. 앞에서도(물음 36) 살펴본 바와 같이 이들의 근본적인 문제는 '이원론적인 사고'였다. 세상과 수도원을 구분하는 사고가 비극의 원인이었다. 이런 사고는 세상 윤리와 수도원 윤리를 구분하므로 세상 속에서 하나님나라의 윤리를 실현하려는 노력과 시도를 등한시하게 한다. 세상에서 떠나 수도원에서 이상적인 삶을 살겠다고 했으나 그것마저 실패하여 수도원이 개혁의 대상이 되고 말았다. 세상이 성경의 요구와 반대되는 봉건제도로 치달아도, 온갖 만행이 벌어져도 고쳐나가야 할 대상이 아니기에 방관하였다. 이들에게서는 어떤 역사성을 기대하기가 어렵다.

클루니 수도원이나 시토 수도원이 시도했던 개혁의 대상은 성직자나 수도사의 윤리나 도덕성이었으며 이를 해결하기 위하여 더 엄격한 수도원 규칙을 정하여 지킴으로써 감화를 주고자 했다. 그러나 이들은 그들이 살았던 사회나 교회의 구조와 체제의 오류에 대해서는 단 한마디의 말도 하지 않았다. 오히려 문제의 온상인 교황청 체제의 울타리에 안주하면서 단지 윤리와 도덕성만을 시비의 대상으로 삼았다. 따라서 이들은 당시의 지배자들로부터 아무런 제재를 받지 않았고 오히려 지원을 받았다. 그러나 세상의 삶을 살던 평민들, 상인들은 성경에 근거하여 근본적인 문제를 지적하며 시정을 요구하고 나섰다. 교황제도와 가톨릭교회의 체제 자체가 잘못되었다는 것이 이들의 주장이었다. 수도원 밖에 있는 평신도들은 근본 문제를 보고 지적하는 반면 수도원의 수도사나 교회의 성직자들은 이들을 이단으로 몰아 박해하는 모순을 범했다.

이런 모순은 탁발 교단을 이끈 도미니쿠스나 프란시스의 경우에도 발견된다. 이들 역시 당시의 사회나 교회의 구조적인 문제에는 철저하게 함구했다. 프란시스의 경우 제자들에게 교황에 대하여 절대 순복하도록 가르쳤으며 도미닉 교단은 종교 재판을 위임받아서 수도사들이 재판관으로 활약했다. 이들은 체제의 수호자였고 교황의 수족이었다.

수도사들이 실천했다는 '주님의 사랑' 역시 재검토할 필요가 있다.

잘못된 체제로 말미암아 생겨난 굶주린 자들과 병들어 죽어가는 자들을 돌보는 것과 그리스도의 사랑을 일치시켰다. 그러나 봉건제도나 교직체제의 정점에서 최상류의 삶을 누리는 영주나 사제 귀족들에 대하여서는 철저하게 함구했다. 그 결과 지배자와 백성 모두에게서 성자라는 칭호를 받았다. 이런 신앙적인 사고에서는 지배자들과 대지주들이 농노에게서 거둬드린 돈으로 하는 헌금에 대해 아무런 문제의식을 가지지 않는다. 나중에는 그들에게서 받은 돈으로 병자와 굶주리는 자들을 돌보고도 남아돌아 수도원 자체가 대 지주가 되었고 결국 개혁의 대상이 되어야 했다.

기독교 최고의 성자라는 프란시스는 '가난' 이라는 신부(新婦)와 결혼하여 극도의 청빈을 실천했다. 프란시스뿐만 아니라 수도의 길을 가던 사람들은 누구나 가난의 실천을 최고의 덕목으로 알았다. 그런데 과연 성경에서는 가난의 실천을 요구하는 것일까? 성경은 계약의 책이다. 시내산계약법은 무엇을 말하는가? 가난의 실천인가? 아니다. 가난의 실천이 아니라 가난의 청산과 퇴치이다. 구조적으로, 제도적으로 가난한 자가 없는 사회를 만들라는 것이 계약법의 요청이다. 가난은 결코 자랑이나 실천의 대상이 아니다. 가난한 자들을 짓밟으며 사치와 부귀영화를 누리려는 허영이 청산의 대상이며 적이지, 모두가 유복하게 살아가는 삶은 기독교가 가르치며 제도적으로 추구해야할 대상이다.

중세기의 개혁 운동이 왜 아무런 효력을 발휘하지 못했는가?

그 개혁 운동들은 스스로 자기 한계에 갇혔기 때문이다. 개혁 운동이 성과를 거두려면 물려받은 체제와 교리 등 전통을 그 시대의 입장에서 철저하게 재해석하는 작업이 선행되어야 하며, 이에 기초하여 그 시대가 나아갈 방향을 제시해야 한다. 이를 제외하고 어떤 윤리나 도덕 실천 운동을 전개하는 것으로는 그 시대의 흐름을 바꾸지 못한다.

선구자, 누구였나? 물음 46

어두움이 깊어간다는 것은 곧 새벽이 가까이 온다는 뜻이기도 하다. 1300~1500년 사이를 중세의 몰락기라고 한다. 중세기의 어두움이 깊어졌을 이 때 새벽을 알리는 이 시대의 세례요한들이 있었다. 새로운 시대를 알리는 광야의 소리는 어디서 들려왔는가?

1. 위클리프 (John Wycliffe. 1320?~1384)

중세기에 진정한 의미에서의 예언자 목소리는 위클리프에게서 처음 울려 퍼졌다. 그는 영국의 요크셔에서 태어나 옥스퍼드에서 공부하고 신학 교수로 재직했으며, 불의를 보고 침묵하지 않는 성격의 소유자였다. 각지에 산재해 있는 탁발과 나태에 젖은 수도사들의 위세와 간섭이 골칫거리였으나 교황청을 등에 업은 이들을 누구도 섣불리 나서서 비판하는 사람이 없었는데, 위클리프는 이들을 정면으로 공격하여 주목을 받게 되었다. 이후 그는 당시 가톨릭교회의 오류에 대하여 날카롭게 비판하기 시작하였으며 중세교회의 죄상을 지적하는 데에 독설을 아끼지 않았다. 그가 지적한 주요 항목은 다음과 같다.

❶ **성경의 권위**

위클리프는 교회의 전통, 교리, 의식 또는 교황의 교서보다 성경의 권위를 더 높게 보았으며, 성경의 말씀들을 신앙에 있어서 가장 중요한 기준으로 삼았다. 그리스도의 법인 성경이 최고의 권위이므로 모든 개인은 성경을 직접 읽고 해석할 권리가 있으며, 만일 어거스틴이나 제롬 등 그 어느 누구의 주장이라도 성경과 어긋나면 받아들일 수 없다고 했다. 당시 교회의 잘못을 바로잡기 위해서는 누구나 성경을 읽는 것이 무엇보다 시급하다고 생각하여 말년에 위클리프는 영어 성경 번역에 온 힘을 기울였다. 그의 예상은 빗나가지 않아서 영어 성경이 보급되기 시작하자 위클리프를 지지하는 세력이 급증했다.

❷ 교회론

위클리프는 '보이지 않는 교회'를 강조했다. '눈에 보이는 제도와 조직을 갖춘 형식적인 교회가 참 교회가 아니며, 그런 교회와의 관계가 중요한 것이 아니라 하나님과의 관계가 중요하다. 하나님과의 개인적인 관계가 회복된 사람들의 모임이 진정한 교회이며, 그들이 선택받은 사람들이다.'라고 주장했다. 개인이 직접 하나님과 관계를 맺는다는 것은 당시로서는 혁명적인 발상이었다. 교회의 성직자들이나 성인들, 고해성사, 희생의 미사 등의 중재가 있어야 한다는 것이 일반적인 가르침이었기 때문이다. 중세교회의 교회론, 은총론 등은 성직자들의 입지를 절대화시키기 위한 체제 유지의 신학이었다. 위클리프는 이에 대하여 정면으로 공격하고 나섰다.

❸ 교황제도

위클리프는 예수 그리스도만이 교회의 유일한 '머리'라고 주장했는데 이는 당시의 교황을 공격하기 위함이었다. 그는 교황제도 자체를 거부하지는 않았으나 교황이 베드로를 계승했다면 베드로처럼 금과 은을 소유하지도 탐하지도 않으면서 가난하고 겸손하게 양들을 섬기며 돌보는 인도자, 설교자여야 한다고 했다. 세속의 황제와 권력을 다투며 군림하는 교황은 목자가 아니라 '적그리스도'라고 했다. 교황을 향하여 적그리스도라고 공격한 사람은 위클리프가 처음이었을 것이다. 당시 교황청은 대 분열이 일어나서 프랑스의 아비뇽과 로마의 두 교황이 서로 파문을 선고하고 있는 것을 지켜보면서 둘이 서로 교황직을 가졌다고 주장한다면 적그리스도가 둘인 셈이라고 했다. 위클리프만큼 교황청을 향하여 정면으로 도전한 사람은 아직 없었다.

❹ 화체설

위클리프는 1380년 성찬식의 빵과 포도주가 성직자의 기도로 말미암아 실제로 예수님의 살과 피로 변한다는 '화체설'을 부정하는 12가지 이유를 발표하면서, 떡과 포도주가 예수님의 물리적인 살과 피로 변하는 것이 아니라 예수님께서 그 예식에 "성례적으로 임재하신다."고 했다. 화체설은 비성서적일 뿐만아니라 우상숭배라고 했다. 위클리프가 화체설을 공격의 대상으로 삼은 것은 화체설이 성직제도 오류의 근본이기 때문이었다. 화체설은 성직자의 중재와 절대권을 주장하는 근거였다. 가톨릭교회가 화체설을 중요시하는 이유는 화체설 그 자체 때문이 아니라 화체설을 부인하면 가톨릭 체제가 설 자리를 잃기 때문이다. 하지만 당시의 신앙인들은 아직 화체설을 신봉하고 있었기 때문에 위클리프의 이런 주장은 그를 지지하던 많은 사람들의 등을 돌리게 했다.

위클리프는 자신의 주장들을 효과적으로 전파하기 위하여 '가난한 설교자'(Poor Priests)들을 조직하여 전국으로 내보냈고 큰 효과를 거두었다. 대적자들은 이들을 '중얼거리는 자들'이라는 의미에서 '롤라드'(Lollards)라고 불렀는데, 길에서 만나는 사람의 절반은 롤라드였다고 한다.

교황청이 위클리프를 곱게 볼 리가 없었다. 수차 그를 처치하려고 했으나 실패했다. 다수의 영국인들은 교황의 징세(徵稅)를 거부한 그를 애국자로 여겼고, 성경에 근거하여 단순한 신앙을 강조한 그를 참 신앙의 수호자로 보고 있었다. 1382년 그의 저서들이 정죄받아 금서 목록으로 선포되었으나 그를 직접 해치지는 못했다. 그 해 중풍으로 쓰러진 그는 마지막 순간까지 글을 쓰다가 1384년 12월 숨을 거두었다. 위클리프가 죽고 나서도 그의 영향력이 계속 커가는 반면 그에 대한 정죄도 끈질기게 이어졌다. 그의 신조와 성서 번역에 대한 정죄(1407년), 그를 따르는 롤라드에 대한 수차례의 박해 등이 이어지다가 1415년 콘스탄스회의에서는 그의 260가지 사상을 정죄하고 그의 저서들을 불태울 것이며 그의 유골에 대한 화형을 선고했다. 1428년 위클리프의 유골은 화형에 처해진 후 스위프트강에 뿌려졌다.

가톨릭 당국은 위클리프의 저서와 유골을 불태워 없앴으나 그의 사상이 전해지는 것을 막을 수는 없었다. 그의 사상은 동유럽 쪽으로 확산되어 나갔고 후일 종교개혁의 예고편이 되었다.

위클리프.

그는 단신으로 교황청에 맞서는 용기를 지녔으며, 올곧은 길을 갔던 그 시대의 예언자요 주님을 따르던 사람이었다.

2. 요한 후스(Jan Hus. 1367-1415)

후스는 보헤미야(체코)의 시골 후시네츠(Husinetz)에서 농노의 아들로 태어났는데, 그의 부모는 어려운 환경에서도 최선을 다하여 후스를 교육시켰다. 그는 프라하대학에서 공부한 후 교수와 신부가 되었고 (1401년) 위클리프의 글들을 읽으면서 전적으로 공감하고 개혁자의 길을 걸어갔다.

프라하대학 옆에는 민족주의를 고양시키기 위하여 1391년에 세워진 베들레헴이라는 교회가 있었다. 교회 벽화에는 맨발로 걸어가는 예수님과 준마를 타고 가는 교황, 제자들의 발을 씻기시는 예수님과 자신의 발에 신자들의 입맞춤을 받고 있는 교황 등과 같이 예수님과 교황을 대조시켜 놓은 그림이 있었다. 위클리프의 입장에 선 후스의 불을 뿜는 설교는 이 교회 교인들은 물론 시민들을 열광시켰고, 학생들은 후스의 설교에 찬반으로 나뉘어져서 폭력 사태까지 빚어졌다.

　불안을 느낀 프라하의 대주교 즈비넥(Zbynek)이 위클리프 사상의 유포에 대한 우려를 교황에게 전하자 교황은 이단은 초기에 박멸해야 한다고 자신의 뜻을 전했다. 후스가 파문을 당하자 프라하에는 대규모 폭동이 일어났다. 마침 교황이 나폴리에 대한 전쟁 자금을 마련하기 위하여 면죄부를 판매하고 있었는데, 후스가 이것을 강력하게 비판하고 나서자 사태는 더 심각하게 번져나갔고, 결국 프라하에는 교황으로부터 금령(禁令)이 내려졌다. 그후 후스는 자신을 지원하던 왕 벤젤(Wenzel)의 권유에 따라 1412년 남부 보헤미야로 피신해 있으면서 주저「교회론」을 썼는데, 이 책은 위클리프 사상의 재현이었다.

　후스는 자신의 주장을 펼치기 위하여 황제의 거짓 안전통행 약속을 믿고, 죽은 위클리프를 재판했던 콘스탄스 회의에 참석했다가 체포되어 재판을 받고 화형을 당하기 위하여 끌려나왔다. 화형을 시키기 위하여 마귀의 그림과 '이단의 주동자'라는 글이 쓰여진 종이 모자를 씌우자

> **나의 주 예수 그리스도께서는 나를 위하여 가시관을 쓰셨다. 그렇다면 비록 굴욕적이긴 하나 그를 위하여 내가 이 가벼운 관을 쓰는 것이 당연하지 아니한가? 진정으로 나는 기꺼이 이것을 쓰겠다.**

라고 했으며, 모자를 씌운 후 집행관 주교가 "이제 우리는 네 영혼을 마귀에게 넘겨주노라."라고 하자 후스는 하늘을 우러러 보며 "오! 주 예수 그리스도여, 주님께서 대속하신 나의 영을 주님의 손에 의탁하나이다."라고 했다. 장작이 그의 목까지 쌓였을 때 자신의 신앙을 포기하

라고 하자 후스는 대답하기를 "나는 결코 악을 지향하는 교리를 설교한 적은 없다. 내가 내 입으로 가르쳤던 것을 이제는 나의 피로 인치게 되었다."라고 했다. 불이 나무에 붙자 후스는 크고 쾌활한 소리로 찬송을 불렀다. 그 소리가 나무들이 타는 소리를 뚫고 들리다가 마침내는 타오르는 불꽃에 가려 들리지 않게 되었다. 1415년 7월 6일, 후스는 이렇게 사라졌다.

이교도가 아닌 기독교인들 중에 후스처럼 죽어간 사람들은 수없이 많이 있었다. 후스와 프라하에서 같이 활동을 했고 후스에게 위클리프를 소개해주었던 제롬이라는 사람도 후스와 같은 길을 갔다. 이들에게 씌워진 죄목은 하나같이 '이단'이었다. 가톨릭 당국이 가장 잔혹하게 다룬 이단은 자신들의 체제에 도전한 위클리프, 후스와 같은 사람들이었다. 가톨릭 체제는 이런 이들의 피를 짓밟고 그 위에 세워져 있다.

물음 47 중세기, 무엇이 문제였나?

중세기의 기독교를 성경의 시각에서 바라보면 도대체 뭐하나 제대로 된 것이 없었다. 앞에서 살펴본 바와 같이 이 시대의 교회는 한마디로 '모순 대량생산 체제'였다. 예수님 당시의 서기관-바리새종교는 '죄인 대량생산체제'였던 것과 너무나 유사하다. 무엇이 어떻게 잘못되어서 없어야 했을 이런 비극이 교회사에서 반복되었을까?

1. 거룩함에 대한 오해

중세기의 가장 두드러진 특징은 열정이었다. 예수님처럼 거룩해지려는 순교적인 열정의 불길이 유럽대륙을 달구었다. 이런 젊은이들은 광야와 산속으로 몰려가서 평생을 바쳐 은둔의 길을 갔다. 이들에 관한 글들을 읽어보면 참으로 눈물겨운 이야기들이 많다. 피골이 상접한 채 독방에서 평생토록 침묵으로 일관하며 철야와 금식으로 사는 모습이 눈에 선하다.

왜 이들은 이런 고달픈 은둔 수도의 길을 갔을까? 이유는 단순했다. 그렇게 사는 것이 예수님을 닮는 거룩한 길이라고 믿었기 때문이다. 이 길을 간 사람들은 은둔수도의 길이 거룩한 삶이라는 것에 대하여 믿어 의심치 않았으며, 고행이 심할수록 십자가의 길을 따른다고 생각했다. 이런 은둔수도에 대한 기본적인 방법과 형태는 지금도 이어져서 많은 사람들이 따르고 있다. 300년대를 전후하여 이런 수도사 전통이 기독교에 들어와 자리 잡은 후 지금껏 이어지고 있기 때문에 기독교의 영성운동은 곧 수도원 운동이라는 등식이 성립되었고 누구도 의심하지 않고 있다.

이 부분을 진지하게 검토하는 것은 오늘의 영성운동의 방향 설정과 직접 관련되는 것이기 때문에 대단히 중요하다. 오늘날 영성운동을 하려면 이런 은둔수도를 극복하는 것에서 출발해야 한다. 이 문제를 해결하지 못하면 그 어떤 영성운동도 실패할 수밖에 없다. 이 책에서는 다시 간략히 다루지만 3부「비움의 길」에서 좀 더 세밀하게 다루게 될 것이다.

지금 여기서는 단지 '거룩함'이라는 것이 무엇인지를 간략히 다루고자 한다. 성경에서 말하는 거룩함이란 어떤 것일까? 구원의 역사 4천년을 돌이켜볼 때 이 물음은 '가장' 중요하다고 할 수 있다. 유대교의 실패는 곧 '거룩함'의 이해에 대한 실패였다. 결론부터 말한다면 중세 교회의 실패도 역시 '거룩함'에 대한 이해의 실패에서 비극이 시작되었다. 시내산계약의 법과 예언자들의 선포, 예수님의 말씀들에서 말하고 있는 거룩함이란 신분과 지위, 빈부의 격차가 해결되는 '평등과 공의가 실현되는 삶'이지, 어떤 제의(예배)나 헌금, 수도의 삶에 있지 않다는 것이다. 하나님께서 원하시는 구원은 죽은 다음에 천국에 오는 것만이 아니라. 타락한 인간의 세계를 지배하고 있는 짐승과 같은 약육강식의 상태를 극복하고, 이 세상에서 모두가 평화롭게 공평하게 살아가는 그런 삶을 살기를 원하신다. 죽은 다음에 천국에 가는 것 못지 않게 지금 여기서 구원받은 삶을 사는 것도 중요하다. 이런 삶이 곧 성경에서 말하는 거룩함이다. 예배와 기도, 안식일 준수는 이런 거룩한 삶을 위한 것이며, 삶이 그런 것들을 위하여 있는 것이 아니다. 세상이 속되다하여 세상에서 떠나서 구별된 장소인 독방이나 수도원에서 성적인 욕구와 식욕, 수면욕을 절제하며 성경 말씀 묵상과 기도, 거룩한 노동으로 짜여진 수도의 삶을 사는 것은 성서에서 말하는 거룩함과 전혀 관계가 없다.

수도사들은 세상의 삶과 구별되는 수도원의 삶을 거룩하다고 생각했다. 이런 생각은 세속과 수도원을 구별하는 성속(聖俗)이원론의 산물이다. 유대교와 중세교회는 성과 속을 구분하면서부터 비극의 길로 들어섰다. 유대교의 서기관 바리새인들은 안식일 법, 정결법, 음식구별, 할례 등 형식적인 조항으로 만들어진 유대교 율법을 지키면 거룩하다고 생각을 했고, 그런 법들을 지키지 않으면 속되다고 했다. 이들은 이것에 기초하여 의인(義人)과 죄인(罪人)을 구별해 놓았다. 중세교회는 수도적인 삶의 여부로 성인(聖人)과 속인(俗人)을 나누었다.

성과 속을 구별하여 수도적인 삶과 형식화된 율법의 준수를 거룩하다고 생각하며 그렇지 못한 것은 속되다는 생각이 유대교와 중세교회가 실패하게 된 가장 큰 원인이다. 구약의 시내산계약법, 예언자들의 선포, 예수님의 말씀 그 어디에도 수도적인 삶을 언급한 곳은 단 한 구절도 없다.

서기관-바리새인과 수도사들은 하나님처럼 거룩해지려는 열망에 사로잡혔던 사람들이다. 그런데 안타깝게도 본래의 의도와는 달리 전혀 잘못된 길로 가고 말았다. '거룩함'에 대한 이해가 잘못되었기 때문이다.

2. 죄인의식의 실종

성경은 두 계약의 책이다. 구약인 시내산계약의 대상은 하비루들이었고 신약, 즉 새로운 계약의 대상은 죄인들이었다. 이들이 계약의 대상인 이유는 세상에서 버림받은 가장 낮고 천한 사람들, 섬기는 종들이었기 때문이다. 이들에 대해서 하나님께서는 "너희는 영원한 하비루, 죄인임을 잊지말고 내가 너희에게 땅과 재산을 맡기었을 때, 그 때도 반드시 낮은 자리에서 섬기는 자가 되어야 한다."라고 누누이 당부하셨다. "내가 거룩하니 너희도 거룩하라."는 말씀은 이런 의미이다.

이스라엘 왕정기의 제사장들과 왕들, 유대교의 제사장들과 랍비들은 이 사실을 망각해서 계약이 파기되었다. 중세교회의 성직자들도 같은 길을 가고 말았다. 로마제국, 유럽 대륙이 그들에게 맡겨졌을 때 섬기는 자리에 서서 백성들로 하여금 신분, 지위, 빈부의 격차가 없는 삶을 살도록 했어야 했다. 그런데 그들은 백성을 착취하며 부귀영화를 누리다가 비참하게 버림받고 말았다.

하비루의식과 죄인의식, 이는 하나님을 섬기는 사람이 반드시 지켜야 할 계약 의식이다. 이를 잊고 높아지려는 순간 나락의 구렁텅이로 내동댕이쳐지기 마련이다.

3. 가진 자의 종교

하비루의식과 죄인의식을 상실한 성직자들의 가르침은 성경을 왜곡하게 된다. 왕정기 이스라엘의 성직자들은 왕조신학, 성전신학, 제의신학을 만들어내어 왕의 비위를 맞추었으며, 신구약 중간기의 서기관-바리새인들은 인과응보 교리를 만들어내어 신앙을 지배자, 가진 자의 논리로 전락시켰다. 이들은 자신들의 입지를 강화하기 위하여 성전 체제를 강화시켜서 성전을 절대시하며, 신앙생활의 중심에 성전을 두었다. 이런 변조 작업을 하는 사람들은 반대급부로 그 시대의 최고의 귀족층을 형성했다.

중세기에도 같은 비극이 반복되었는데 '베드로 수위권'(首位權)이라는 것을 이용했다. 예수님께서 베드로에게 하셨던 말씀 "내가 천국열쇠를 네게 주리니……"(마태복음 16:19)를 확대 해석하여 베드로를 초대교황이라고 주장하였으며, 베드로의 무덤 위에 거대한 성전(성당)을 지어놓고, 성전에서 절대 권력을 휘둘렀다. 베드로 수위권에 기초한 교황을 정점으로 추기경, 주교, 신부로 이어지는 성직제도는 교회의 체제유지를 위한 방편이었다.

이런 변조 작업이 진행되면 그 신앙을 가진 사회는 빈부의 양극화 현상이 일어나서 대지주들이 탄생한다. 성경의 가르침과 어긋나는 이런 모순을 덮어두기 위하여 구약의 성직자들은 '제의신학'을 발명하여 제사(예배)가 곧 하나님을 섬기는 것이라고 했다. 이렇게 되면 부자들은 자신들의 아픈 곳을 싸매기 위하여 예배와 헌금에 열심을 내게 된다. 성전신학은 가진 자와 성직자를 위한 상생의 법이었다.

중세기에는 '구제신학'이 있었다. 하나님의 사랑을 실천하는 최고의 행위는 헐벗고 굶주리며 병든 사람들을 돕는 것이라 했다. 이것은 예수님의 사랑을 실천하는 것처럼 느껴지지만 전혀 다른 결과를 가져왔다. 왕들과 봉건영주들, 부자들은 이를 실천하기 위하여 수도원과 교회에 재산을 기부하여 수도원과 교회는 대지주가 되어서 중세 유럽의 절반 이상의 땅을 차지했다. 중세기에 있어서는 구제신학이 활개를 쳐서 사랑의 실천이 수도적인 삶과 더불어 곧 구원에 이르는 길이라 하여 부자들이 면죄부를 받는 길을 열어놓았다. 후일 루터가 "행위가 아닌 믿음으로 구원을 얻는다."라고 한 것은 이런 배경을 가지고 있다. 가난한 자를 돕는 구제행위보다 더 중요한 것은 가난한 자가 나오지 않고 공평하게 잘 사는 체제와 제도를 정착시키는 것이다. 거룩한 삶은 이런 삶이다.

4. 잘못된 체제

신구약 계약법에서는 신분, 지위, 빈부의 격차가 없는 평등과 공의의 실현을 거룩한 삶이라고 했다. 공의와 사랑은 상반된 개념이 아니라 공의의 실천이 사랑이다. "내가 거룩하니 너희도 거룩하라."는 말씀은 이를 일컫는다. 그런데 중세기 교회가 빚어낸 체제는 이와 정면으로 위배된다.

성직자들이 성경을 왜곡하면 그 사회는 빈부의 격차가 심화되어 성경의 가르침과는 결코 양립할 수 없는 사회의 양극화 현상이 설 자리를 얻게 된다. 이런 현상이 사회체제로 고착된 것이 '봉건주의'이다. 기독교 역사의 가장 큰 수치는 기독교왕국 시대가 봉건제도를 탄생시켰다는 점이다. 절대 권력을 가진 영주와 농노로 양분되는 사회는 후일 사회혁명과 공산주의의 빌미가 되었다.

최고의 지배 계급에 안착한 성직자들은 자신들의 체제를 지속시키기 위한 여러 가지 장치를 고안해냈다. 그 첫 번째 발명품이 성직자와 평신도를 구별짓는 '성직제도'다. 성직제도는 성직자들을 수직적인 상명하복의 군대조직으로 엮어서 다른 목소리가 나올 가능성을 차단시켰다. 이것으로도 부족하여 언로를 차단하는 완벽한 보완 장치를 만들었는데, 교회의 수장(首長)인 교황의 '무오설'과 이에 근거한 무오한 '교서'(敎書)가 그것이다. 세상왕국을 유지하기 위한 또 하나의 장치가 마련되었는데 '종교재판'이 그것이다. 교서나 종교재판의 본래 목적은 성경에 대한 그릇된 해석이나 이단을 막기 위한 것이었지만 시간이 지나면서 전혀 다른 목적에 사용되었다. 안전 장치는 이것으로 끝나지 않는다. 성직자와 평신도를 질적으로 구별을 지어서 성직자는 하나님과 직접 교통이 되지만 평신도는 성직자를 통해서만 가능하다고 했다. 고해성사는 이것을 잘 보여주는 증거이다. 평신도는 회개와 용서를 하나님과 직접 해결하지 못하고 반드시 사제를 통해서만 가능하다. 이런 은총론은 성직자와 가톨릭 체제를 떠받치는 기둥이었다.

'기독교 왕국'(Christendom)이라 불리던 중세기는 하나님나라를 보여주는 하나님의 왕국이 아니라 하나님의 이름을 빙자한 범죄자의 왕국이었다.

5. 재해석 차단

구약의 에스라-느헤미야서를 읽어보면 참으로 눈물겹다. 바벨론 포로에서 돌아온 사람들이 천신만고 끝에 성전과 성벽 공사를 끝내고 새로 출발하는 결단식을 거행했다. 말귀를 알아들을 수 있는 사람들은 모두 성문 광장에 모여서 아침부터 저녁까지 금식과 회개와 성경 공부를 한 달 가까이 진행한 후 오직 말씀대로만 살기로 작정했다. 독특한 신앙을 가진 유대교는 이렇게 시작되었다. 이렇게 순수하게 시작한 유대교였지만 시간이 지나면서 서서히 변질되었다. 그 이유는 계속되는 개혁과 재해석이 없이 물려받은 전통에 머물러버렸기 때문이다. 신구약 성경의 역사를 보면 초기에는 올바르게 출발하지만 잘못되는 경우가 반복되고 있다. 이런 비극을 막으려면 물려받은 전통을 끊임없이 해석하면서 그에 맞추어 개혁을 해야 한다.

중세기는 제도적으로 이런 재해석과 개혁을 차단하고 있었다. 수직적인 성직자 제도에서 비롯된 교황의 절대 권력과 교서의 무오설, 성직자와 평신도의 지배와 종속 관계 등은 변화를 거부하는 철옹성이었다. 어느 한 시대에 필요했던 신학, 교리, 전통은 세대가 바뀌고 다른 시대가 오면 다시 해석을 해야 하며, 새술(재해석)은 새부대(새방법)에 담아야 한다.

중세 성직자들은 이런 재해석에 실패한 제2의 서기관-바리새인들이었다.

6. 신 바알체제

어떤 종교의 진위(眞僞)는 그 종교를 믿는 사람들이 만들어 놓은 교리나 종교의식에 있지 않다. 그런 것들은 이론과 논리를 동원하여 얼마든지 포장해 놓을 수 있기 때문이다. 그 종교를 믿는 사람들이 어떤 삶을 사는가에서 그 종교의 참 모습이 드러나게 마련이다. 이는 열매로 나무를 아는 이치와 같다. 구약성경에서 하나님께서는 왜 그토록 바알을 멀리하라고 하셨을까? 바알이라는 신을 믿지 말고 오로지 당신 자신만을 믿으라는 단순한 신앙의 요청일까? 아니다. 완전하신 하나님께서 그런 의도로 말씀하셨을 리가 없다. 그렇다면 무엇일까? 대답은 단순하다. "네가 이 세상에 사는 동안 행복하게 살려면 바알을 믿지 말고 나를 믿어야 한다."는 뜻이다. 왜 바알을 믿으면 불행해지고 하나님을 믿으면 행복해질까?

바알은 가진 자, 통치자를 위한 종교요, 하나님은 고아, 과부, 나그네 즉 하비루의 하나님이시며 신분, 지위, 빈부의 격차를 용납지 않으시기 때문이다. 열왕기에 등장하는 이스라엘의 왕들이 하나님을 믿지 않고 바알에 기울어지는 이유는, 바알을 믿으면 왕 노릇하기가 쉽지만 여호와 하나님을 믿으면 왕이 통치자가 아니라 종이 되어 섬겨야 하기 때문이다. 중세기도 같은 길을 갔다. 따라서 중세기는 제2의 유대교라고 할 수 있다.

성직자가 범하는 용서빋지 못할 죄는 하나님의 이름을 팔아서 자기 이익을 챙기는 것이다. 서기관-바리새인을 향하여 예수님께서 저주를 퍼부은 것은 신앙을 가진 자의 노리개로 전락시켰기 때문이다. 중세기의 성직자들도 마찬가지의 길을 갔다. 이들은 이름으로는 여호와 하나님을 소리 높여 외쳤지만 신앙과 사회의 체제는 바알의 체제로 대체했다. 성직자들 가운데 예리한 자는 자신이 하는 일을 알고 있었을 것이요. 우둔한 자는 전통의 굴레에 갇혀서 자신이 하는 일과 말이 무엇인지조차 몰랐을 것이다. 그러나 용서받을 수 없는 죄를 지었다는 점에서는 동일하다.

물론 중세기의 장점을 찾아내어 변명을 늘어놓을 수도 있을 것이다. 그러나 그렇게 하기에는 근본과 핵심에서부터 잘못된 오류가 너무나 많다. 기독교인이 가져야 할 자세는 변명보다는 책임을 절감하며 잘못을 뉘우치고 바로잡으려는 마음가짐이다.

7. 지도자 부재

지도자, 인도자가 해야 할 가장 큰 임무는 그 시대, 그 공동체가 나아갈 방향과 길을 바로 제시하는 것이다. 방향 설정을 바로하려면 거시적인 안목이 있어야 한다. 설교자가 미시적인 안목에 머물면 그보다 더 큰 불행이 없다. 다른 분야라면 몰라도 신앙의 문제에서 미시적인 안목의 소유자는 최고의 위치에 서지 말아야 한다. 그 자리는 고매한 인격이나 신실한 신앙의 소유만을 요구하지 않는다. 하나님의 입장에서 과거와 현재 역사의 흐름을 명확히 꿰뚫어 보면서 미래에 나아갈 방향과 해야 할 일의 청사진을 제시해야 하는 자리다. 이 일을 하는 사람이 큰 지도자다. 구약의 예언자들이 인류 역사가 배출한 최고의 지도자로 평가받는 이유는 여기에 있다. 예언자의 출발점은 하나님체험이며, 여기서 얻은 하나님의 시각(심정)으로 세상을 바라보면서 진단하고 책망하며 갈 길을 제시했다.

중세기를 들여다보면 신앙과 인격, 지식, 삶에 있어서는 존경할만한 사람들이 많았으나, 시대의 방향을 제시하는 지도자는 참으로 적었다. 수도사, 신학자는 넘쳐났으나 예언자는 찾아볼 길이 없었던 시대가 중세기였다. 큰 지도자는 수도사에 머물러서는 안된다. 예언자여야 한다. 그 시대를 분석하여 잘못된 부분들을 지적하며, 통렬히 책망하고 회개를 촉구할 뿐만 아니라 역사의 전체를 꿰뚫어 보면서 나아갈 방향을 제시하던 사람들, 그들을 가리켜 예언자라 한다. 단순히 지배 권력에 도전하는 저항자들이 아니다.

오늘 우리 교회가, 나라가, 이 시대가 사는 길, 구원받는 길은 오직 하나, 이런 지도자가 있어야 한다. 우리가 할 일은 이런 지도자가 등장할 수 있는 길을 열어놓고 기다리며 준비하는 것이다.

큰 지도자여!
큰 예언자여!
언제나 오시렵니까?
그대를 심히 목말라 하오니 어서 오소서!

중세교회, 어디로 가야했나?

지나간 시대였던 기독교왕국, 어디로 가야했을까?
왜 이런 물음을 물어야 할까?
필요하다면 어떤 이유에서일까?
하나님의 입장에서 4천 년 역사를 돌이켜보는 이유는 지나간 과거를 말하자는 것이 아니라 과거를 통해서 지금을 말하려는 것이다. 따라서 "중세교회, 어디로 가야했나?"라는 물음은 "지금 우리는 어디로 가야 하나?"라는 물음과 같다.

1. 하나님의 심정

죽어가는 자식을 바라보는 부모에게 있어서 자식을 살리는 것보다 더 중요한 관심이 있을 리가 없다. 세상을 향한 하나님의 심정이 바로 이와 같다. '세상구원'이 하나님의 가장 큰 관심사이다.

하나님을 믿는 사람들, 예수님의 대속으로 말미암아, 믿음으로, 은혜로 구원받았다고 고백하는 사람들이 가져야 할 자세는 어떤 것일까? 하나님의 입장에서 세상을 바라보는 것이다. 기독교인은 이것을 위해서 부름받은 사람들 즉 사명자들이다. 선교가 지상 명령인 이유는 여기에 있다.

중세교회, 그토록 많은 교회, 그토록 많은 수도원, 그토록 많은 수도사들이 있었음에도 불구하고 하나님의 심정으로 세상을 바라보지 못하고 말았다. 교회는 세상 위에서 군림하는 자세로 내려다보았고, 수도사들은 세상을 등지고 수도원에 앉아서 하나님을 바라보는 관상의 상태에 이르려고 안간힘을 썼다. 하나님께서 우리에게 원하시는 것은 세상을 하나님의 입장에서 하나님의 심정으로 보는 것이다. 사람의 입장에서 사람의 심정으로 하나님을 보려고 하면 언제나 실패한다. 하나님을 보려고 하지 말고 세상을 보려고 해야 한다. 수도사들이 그토록 모진 고초를 감내하면서 극기의 길을 갔지만 하나님을 뵈옵는 관상에 이른 이들이 거의 없는 이유는 여기에 있다. 방법을 바꿔야 한다. 내 입장에서 하나님을 바라보며 만나주시기를 바라지 말고, 내가 하나님 편에 서서 세상을 바라보려고 하는 사람은 세상 속에서 하나님을 만나고 그분을 뵈옵게 된다.

중세교회, 하나님의 입장에서 하나님의 심정으로 세상을 바라다보았어야 했다.

2. 거룩한 나라 건설

4천 년의 역사는 하나님께서 당신의 계약 공동체에게 땅을 주시는 역사이다. 가나안은 아브라함의 후손 이스라엘에 주어진 땅이며, 로마제국은 초대교회 공동체에, 유럽대륙은 중세기독교에 주어진 땅이었다. 왜 하나님께서 땅을 주시는가? 그 땅에다 하나님나라의 모형을 만들기 위해서이다. 하나님의 선교 방식은 보여주는 선교다. 개인은 자신의 가정과 사회적인 삶을 통하여 하나님을 보여주어야 하고, 교회 공동체에 땅이 주어지면 거룩한 문화와 제도가 정착된 나라를 만들어야 한다.

기독교국가란 모든 국민이 오직 하나님만을 믿으며 곳곳에 세워진 교회에서 주일이 되면 모두가 모여서 예배를 드리는 그런 것만을 말하지 않는다. 이런 것이라면 중세교회는 이상적으로 성취했었다. 각 지역에 교회와 수도원들이 세워지고, 그 지역의 주교가 행정과 사법권을 가지고 있었기 때문에 하나님을 믿지 않고서는 출생 신고, 결혼식, 장례식조차 할 수가 없었다.

그런데 무엇이 문제였나?

개인적으로, 정신적으로 하나님만을 믿는 거룩한 신앙생활은 있었지만, 사회적으로, 국가적으로 거룩한 체제를 만드는 데에는 실패했다. 거룩한 삶이란 수도사적인 삶이 아니라 신분, 지위, 빈부의 격차가 없이 공평하게 사는 삶을 말한다. 성경의 요청은 이런 삶을 공동체 내에서 제도적으로 실천하는 장치를 만들어서 구조적인 병폐를 근원적으로 차단하라는 것이다. 이렇게 보면 중세교회의 문제가 무엇이었는지 명료해진다.

로마제국이 기독교 국가가 되기 전과 후에 무엇이 달라졌는가? 온갖 이교 신들을 믿던 사람들이 하나님만을 믿는 신앙으로 개종되었고, 이교 신전들은 교회당으로 바뀌었다. 그 외에는 무엇이 달라졌나? 왕들은 기독교인이었으면서도 이교 국가의 왕들과 다를 바 없었고, 귀족들과 대지주들, 노예와 농노 등 사회제도는 무엇 하나 달라진 것이 없었다. 오히려 신분과 지위, 빈부의 격차는 더 굳어지고 말았다. 중세교회는 가진 자의 이념(이데올로기) 역할을 충실하게 해냈다. 교회의 최고 수장인 교황이 권력과 부귀영화의 정점에 서 있었고 추기경을 비롯한 성직자들이 최고의 귀족층이었으므로 이런 비판에 대하여 변명할 여지가 없다.

중세 유럽은 겉으로는 기독교 국가였지만 안으로는 바알 종교의 국가였다. 구약의 예언자들이 질타하는 제왕들의 문제점은 그들이 하나님을 믿지 않거나 예배를 드리지 않아서가 아니라 하나님의 이름만 있을 뿐 내용은 바알이라는 데에 있었다. 구약성경의 고아와 과부와 나그네, 신약의 소자들을 하나님께서 당신 자신과 일치시키시는 말씀들은 거룩한 삶이 어떤 것인가를 잘 보여주고 있다. 고아와 과부와 나그네, 소자문제를 구제와 자선사업으로 해결하려는 것은 기독교 신앙을 근본적으로 훼손할 위험성이 있다. 중세교회가 그 표본이었다. 그 시대에 성자라 불리던 프란시스를 비롯한 수도사들은 이런 일을 하는 것이 그리스도의 사랑을 실천하며 그분을 닮는 것이라 생각했다. 잘못된 체제와 제도에 대해서는 아무런 이해와 감각이 없었을 뿐만 아니라 그런 체제의 옹호자들이었다. 교황청의 인가를 받는 일에 급급했고, 교황에 대한 비판을 엄금했기 때문이다. 그리스도의 '사랑'에 초점을 맞춘 이들에게는 그리스도의 '공의'는 개념조차 없었다. 진정한 그리스도의 사랑을 근본적으로 실천하는 길은 신분과 지위, 빈부의 격차가 없는 하나님의 공의를 실현하는 문화와 제도를 만드는 데에 있다. 이런 것들이 왜 중요한가는 곧 다루게 될 사회혁명과 공산주의의 등장을 보면 알 수 있다.

중세교회, 하나님의 공의를 실현할 거룩한 문화와 제도, 나라를 만들었어야 했다.

3. 보여주는 선교

구약성경의 가나안 입주 최초의 사건인 여리고 전투는 하나님의 문화와 바알 문화의 대결장이었다. 여리고를 지배하던 바알이라는 우상종교는 가진 자의 종교였다. 우상종교는 성주를 비롯한 소수의 지배 계급이 권력을 앞세워 부귀영화를 독점하고 다수의 국민들은 노예의 삶을 사는 것을 허용할 뿐만 아니라 종교적으로 지원한다. 그런데 법궤를 앞세운 이스라엘은 여기에 정면으로 도전했다. 칼과 창의 무력이 아니라 이스라엘이 보여주는 거룩한 삶 앞에 여리고의 체제는 무너졌다.

왜 성경은 보여주는 선교를 말하는가? 이 선교가 하나님 그분의 본성에 맞으며 또 현실적으로 가장 효과적이기 때문이다. 이스라엘이 여리고와 가나안을 무너뜨릴 수 있었던 것은 우세한 군사력이 아니었다. 군사 작전으로 점령을 시도했다면 여리고성을 점령할 방법이 없었을 것이다. 예루살렘 당국과 로마제국이 무너진 것도 마찬가지다. 복음선교는 결코 칼의 전쟁이 아니라, 거룩한 삶을 보여주는 문화의 전쟁이다.

선교는 보고 듣는 이로 하여금 현실적으로 기쁜 소식, 즉 복음이어야 한다.

4. 도미노

성경의 계약법이 말하는 하나님나라의 모형은 단순히 정신적인 면에서 뿐만이 아니라 인간의 현실 사회의 제도와 체제, 문화에서 가장 좋은 것이며, 세상의 사람들이 세운 사회 제도, 국가 체제와는 비교가 되지 않는다. 이는 마치 빛과 어두움의 관계와 같다. 빛과 어두움은 경쟁의 대상이 아니다. 빛이 있으면 어두움은 견디지 못하고 물러가게 되어있다. 성경에서는 하나님의 나라와 세상나라를 빛과 어두움의 관계로 비유한다. 빛이 가는 곳에 어두움이 물러가듯이, 하나님나라가 세워지는 곳에 세상나라는 견디지 못하게 마련이다.

 하나님 나라의 모형이 지상에 올바로 세워지기만 하면 주변의 나라는 무너지게 되어있다. 이는 마치 민주주의 국가가 세워지면 주변의 독재국가가 무너지는 이치와 같다. 사람은 본능적으로 더 좋은 것을 받아들이기 때문이다. 하나님나라의 전파는 누룩이 번져나가듯이 퍼져나가야 한다. 이를 흔히 도미노 현상이라고 한다.

보여주는 선교는 도미노현상을 일으키게 되어 있다.

여덟 번째 전환기 : A.D. 1500~2000년
〈 근대와 현대 〉

PART

8

| 르네상스 | 동로마 멸망(1453년)
| 종교개혁(1517년) | 시민혁명과 공산주의

| 지난 내용 요약 |

유럽대륙을 다스리던 성직자들,
곳곳에 세워졌던 수많은 수도원들,
초인적인 수도에 전념하던 구도자들,
전설적인 사랑을 실천하던 수도사들,
고매한 인격과 높은 지식을 지닌 신학자들,
중세기에 넘쳐났던 이름들이다.

그런데,
그런데,
그 시대는 인류 역사이래 가장 잘못된 시대로 평가받고 있다.

왜?
왜 그랬을까?

지도자 부재,
이해의 오류,
방향의 상실,

중세기가 잘못되게 한 주범들이다.

중세기만 그랬을까?
오늘 우리는?

교회사의 대상은 무엇일까?

물음 49

 이제부터는 500년을 주기로 전개되는 4천 년 역사의 마지막 여덟 번째 전환기에 접어들게 된다. 이 시기를 흔히 근대-현대라고 하는데 인류 역사상 가장 큰 영향을 미친 사건들이 여기에 들어있다. 르네상스, 종교개혁, 시민혁명, 과학의 등장과 산업혁명, 공산주의 혁명, 제국주의와 1~2차 세계대전, 핵무기를 비롯한 대량살상무기, 포스트모더니즘 등 낯익은 이름들이 그것들이다.

 이런 것들과 교회사는 무슨 관련이 있는가? 그동안 교회사를 다루던 입장에서 본다면 종교개혁을 제외한 다른 사건들은 세속사의 대상일 뿐 교회사와는 아무런 관련이 없다고 생각할 수 있다. 그러나 기독교의 하나님을 역사의 주관자라고 인정한다면, 하나님을 정말로 그렇게 고백한다면 이런 엄청난 사건들이 아무런 의미 없이 어쩌다 일어난 사건들일까? 우리가 믿는 하나님은 교회 안에서 일어난 일에만 관심이 있으시고 교회 밖의 사건에는 관여하지 않으시다가 종말에 심판이나 하시는 그런 분일까?

 "교회사의 대상은 무엇인가?"라고 물으면 도대체 그런 물음이 왜 필요하냐고 되물을 것이다. 교회사의 대상은 당연히 교회 안에서 일어났거나 또 교회와 관련된 일들과 인물들의 이야기라고 단정 짓는다. 교회사 책들을 보면 거의 대부분 교회와 관련된 사건, 사상, 인물들을 나열하고 있다. 과연 교회사의 대상이 이런 것들뿐일까? 이런 관점은 편협한 사람의 입장에서 바라본 것이다. 그런 측면에서 보면 교회사와 세상사, 구원받은 자와 아직 구원받지 못한 자, 의인과 죄인, 먼저 된 자와 나중 된 자가 구분이 된다. 그러나 시작과 끝이요 알파와 오메가 되시며, 만물의 창조주, 선한 자와 악한 자에게 동일하게

전환기8 근대와 현대 389

햇빛과 비를 내리시는 만인의 아버지이신 하나님께도 그럴까? 아니다. 그럴 수 없다. 그분에게는 그런 구분이 없다. 단지 사람들이 그렇게 구분할 뿐이다.

그렇다면 교회사를 어떤 입장에서 보아야 하는가? 당연히 하나님의 입장에서 보아야 한다. 왜 그런가? 하나님께서 역사의 주인이시기 때문이다. 그렇다면 어떻게 인간이 하나님의 관점을 가질 수 있는가? 사실 이 부분이 가장 어려운 문제라고 생각될 수 있다. 그러나 생각처럼 어려운 것도 아니다. 하나님체험을 깊이 음미하면 그분의 심정이 주어지는데 그 심정이 곧 그 관점이 된다. 결국 기독교인의 역사 해석은 단순히 세속적인 역사 이론이나 사관의 문제가 아니라 하나님체험 즉 영성의 문제가 된다. 따라서 기독교의 영성과 역사성은 분리되지 않고 만난다. 진정한 기독교 영성가는 곧 역사 해석자여야 한다.

이제 다시 "교회사의 대상은 무엇인가?"라는 물음으로 돌아가 보자. 교회 안의 사건과 인물, 그들의 사상만을 다루고, 세상을 뒤바꾼 사건들인 르네상스, 시민혁명, 과학의 등장과 산업혁명, 공산주의 혁명, 제국주의와 1~2차 세계대전, 핵무기를 비롯한 대량살상무기, 포스트모더니즘 등을 교회사의 대상으로 삼지 않는다면 하나님을 역사의 주관자로 인정하지 않는 것이며 좀 더 심하게 말하면 신성모독에 해당된다.

이제 이런 문제의식을 가지고 이 사건들을 교회사의 가장 중요한 사건들로 만나보고자 한다.

중세교회, 어떤 재앙을 몰고 왔나? 물음 50

심는 대로 거둔다. 이것은 하나님께서 만드신 세상의 이치이며 이스라엘 역사와 교회사에서 겪은 일이다. 가나안에 세워졌던 하나님나라의 모형이 실패했을 때 이스라엘에는 계약의 파기에 따른 징계의 재앙이 몰려왔다. 그러나 그 대상은 가나안의 이스라엘에 국한되었기 때문에 그리 넓지 않았다. 하지만 중세교회의 실패는 이스라엘의 실패와는 차원이 달랐다. 교회 공동체에 주어졌던 로마제국과 유럽대륙은 지역적으로도 대단히 방대할 뿐만 아니라 세계 전체에서 차지하는 비중이 워낙 컸기 때문에 미치는 파장도 그만큼 컸다. 따라서 중세 이후의 근대-현대에는 이전 역사가 미처 경험하지 못한 숱한 재앙들이 몰려왔다.

이런 재앙들은 어떤 의미를 지니는가? 교회사 2천 년의 역사를 펼쳐 놓고 보면 이런 재앙은 중세교회의 실패에 대한 하나님의 징계와 채찍의 성격을 가진다.

중세교회에 주어진 하나님의 징계는 어떤 것들이 있었는가?

1. 제국과 교회의 분열

로마제국이 기독교 국가가 된 이후 찾아온 첫 번째 징계는 국가와 교회의 분열이었다. 이교신앙을 말살하고 기독교를 국교로 정착시킨 황제 데오도시우스(Theodosius, 347~395)는 395년에 죽으면서 두 아들에게 동로마와 서로마를 각각 나누어 다스리게 했다. 로마제국 당시에 나라를 분할 통치하는 경우는 흔히 있었다. 그 큰 제국을 혼자서 다 관리한다는 것이 현실적으로 어려웠기에 기독교를 공인한 콘스탄티누스 직전에는 로마제국을 4명의 황제가 분할하여 다스리고 있었다. 이런 경우 실세끼리의 권력 다툼은 있었지만 분할 통치가 국가의 분열로 이어진 경우는 없었다. 그런데 이번에는 동로마와 서로마는 서로 분열로 치닫고 말았다. 왜 그랬을까?

로마제국의 분열이 굳어진 이유는 교회에 있었다. 제국을 두 황제가 다스리면 정치적인 갈등과 경쟁이 있게 마련인데 정치적인 갈등은 서로 다투다가 한 쪽이 패배하면 끝이 난다. 그런데 교회가 개입하면서 양상이 달라졌다. 로마를 중심으로 하는 서방교회와 콘스탄티노플을 중심으로 하는 동방교회는 서로 양보하지 않았다. 겉으로는 교리 문제라고 주장했지만 내심은 교회의 주도권 다툼이었다. 동방과 서방 교회가 끝까지 서로 양보하지 않는 바람에 결국 제국이 둘로 나누어지고 말았다.

교회 분열의 가장 큰 원인은 '교리논쟁'이었다. 교리논쟁이 얼마나 심각한 문제였는지는 콘스탄티누스 황제가 기독교를 공인한 후 서둘러 최초의 교회회의를 325년 니케아에서 개최한 것을 보면 알 수 있다. 이 회의의 개최를 주선하고 직접 사회를 본 황제의 관심은 교리 문제 해결이 아니라, 교리논쟁이 교회의 분열로 이어지면 자칫 제국까지 분열될 수 있는 위험이 있었기 때문이었다. 콘스탄틴의 이런 우려는 그의 사후 현실로 드러난 셈이다.

교리 문제는 단순히 논쟁으로 그치지 않고 교권 싸움으로 이어져서 로마와 콘스탄티노플의 대결로 치달았다. 로마는 베드로와 바울의 순교지 등을 앞세워서 자신들이 교회의 중심이라고 우겼고, 콘스탄티노플은 자신들의 영역에 기독교의 발상지인 예루살렘이 있고, 정통교리를 소유하고 있으므로 자신들이 원교회(原敎會)라고 우겼다. 사실 교리논쟁은 주로 동방지역에서 관심을 가졌으며 서방지역은 교회의 제도와 조직, 신앙체험을 강조했다. 이는 각각 그리스문화와 라틴문화의 특징이 반영된 결과이기도 했다. 또한 서로마는 게르만 민족의 침략으로 말미암아 정치적으로 급격한 변화를 겪으면서 황제의 세력이 약화되어 로마감독(교황)이 실질적으로 제국을 이끌게 되었고, 황제가 주도권을 가진 동로마와의 교권 대결 양상이 더 굳어져서 395년 이후 동-서제국과 교회는 사실상 결별하고 말았다. 교리논쟁을 촉발한 도화선은 성자의 유물이나 동상 즉 성상(聖像) 문제였다. 이후 1054년 7월 16일 동방교회와 서방교회는 공식적으로 서로 파문함으로써 결별을 선언했다.

제국이 분열된 후 동로마제국이 회교의 침략을 받아 위기에 처하게 되자 서로마에 도움을 요청했다. 이런 요청을 받은 교황은 동로마를 지배할 좋은 기회가 왔다고 생각하여 십자군 전쟁을 일으켰는데, 앞에서 살펴본 바와 같이 십자군들이 재물에 눈이 멀어 콘스탄티노플을 공격, 약탈하여 동로마의 세력을 더 약화시켜서 1453년 회교도 오스만 트루크에 멸망당하는 어이없는 일이 벌어졌다.

이 과정을 지켜보면 구약공동체인 이스라엘이 솔로몬 이후 국가와 종교가 분열하여 외우내환(外憂內患)에 시달리다가 각각 멸망하던 것과 너무나 유사하다. 이스라엘에 대한 하나님의 징계가 나라의 분열로 시작되었듯이 새계약 공동체인 교회에 주어진 최초의 채찍도 같은 수순이었다.

2. 회교의 등장

아라비아 서부는 사람이 살기에는 지극히 열악한 불모지인데 그곳에 사막의 사람들인 베두인들이 살고 있었다. 이들은 오아시스 지역을 중심으로한 소규모 농업과 유목만으로는 살 수가 없기 때문에 낙타를 이용하여 먼 지역을 오가며 상업과 약탈로 고단한 삶을 살아가고 있었다. 이 지역의 교통 중심지인 '메카'에서 유복자로 태어난 마호메트(Mahomet, 570?~632)는 6살에 어머니마저 잃고 할아버지 손에 맡겨졌으나 몇 년 뒤 할아버지가 돌아가심에 따라 다시 큰아버지에게서 자라났다. 대상(隊商)이었던 백부를 따라 20여 년 동안 각지를 여행하면서 견문을 넓히던 그는 상인이던 '하디자' 라는 미망인 밑에서 일을 하게 되었는데, 마호메트의 성실함에 감명을 받은 15세 연상의 하디자가 구혼을 하여 595년 결혼하여 3남 4녀를 두었다.[80]

40세가 되던 610년 그는 메카 인근에 있는 히라산의 한 동굴에서 명상 생활을 하던 중 천사(가브리엘)를 통하여 여러 차례 '알라' 신의 계시를 받으면서 자신이 마지막 선지자로 선택되었다는 확신을 갖게 되어 613년경부터 포교 활동을 했다. 마호메트의 사상은 유대교와 기독교에서 영향을 많이 받았으며, 기타 사상들을 종합한 유일신 신앙이었는데 이는 정령신앙(精靈信仰)에 머물던 메카의 사람들과 정면으로 부딪혔다. 포교 활동을 시작한 후 첫 번째 신자는 아내 하디자였고, 3년 동안 40여명, 10년이 되어서야 100여명의 신자들이 생겼을 뿐이었다.

메카에서 저항에 부딪혀 선교가 어렵게 되자 인근 도시 메디나로 활동무대를 옮긴 마호메트는 당시 아라비아인들의 전통적인 생활 방식인 '대상습격' 등과 같은 약탈을 통해서 세력을 키워나갔는데, 이런 무력사용을 성전(聖戰;지하드)이라 하며 이후 회교의 한 특징이 되었다. 우여곡절 끝에 메디나에서 세력을 확장한 마호메트는 630년 전쟁을 통하여 결국 메카를 점령함으로써 중요한 전기를 맞게 되었다. 마호메트는 메카의 전통적인 신전 '카바' 에 있던 우상 360여 개를 파괴하고 카바를 알라신의 신전으로 삼았다. 마호메트가 교통과 상업, 전통 신앙의 중심지인 메카를 무력으로 굴복시켜 힘의 우세를 보이자 인근 부

---

[80] 15년 연상이던 하디자가 죽고난 후 마호메트는 9명의 아내를 맞았다. 코란은 아내를 4명까지 허락하지만 예언자(마호메트)의 경우는 예외였다. 그는 자신을 즐겁게 해주는 것이 방향(芳香)과 기도와 여자라고 말했으며, 실제로 대단한 호색가였다고 한다. 마호메트가 숨을 거둘 때 무릎을 내어주었던 아내 아시샤는 그의 가장 친한 친구이며 조언자였던 아부 바크르의 딸인데 결혼할 당시 10세도 되지 않은 소녀였다.

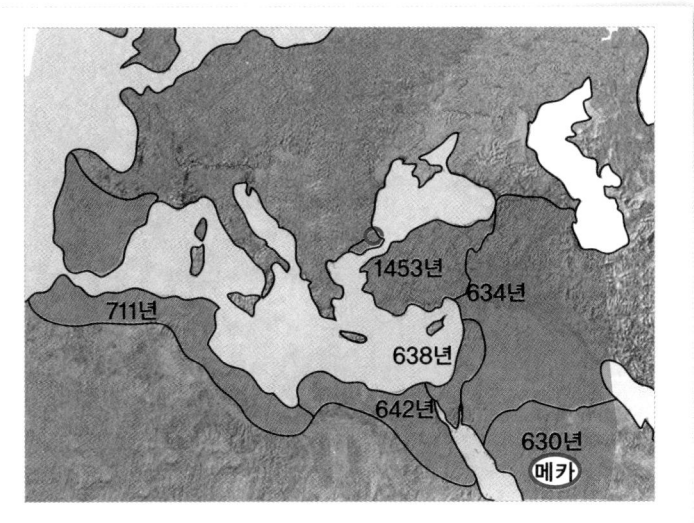

〈그림10 : 회교의 확산과정〉

족들이 자발적으로 항복하기 시작하여 회교는 아라비아 지역에 급속히 확산되어 나갔다. 632년 마호메트가 젊은 아내의 무릎에서 숨을 거둔 후 회교는 한 때 위기를 맞이했지만 유능한 칼리프(후계자) 아부 바크르에 의해 수습이 되었고, 이어 본격적인 정복 전쟁에 돌입하여 아라비아 반도를 비롯한 인근 지역을 순식간에 휩쓸었다.

 회교의 가장 큰 특징은 종교, 정치, 문화의 결합인데, '한 손에는 코란, 한 손에는 칼'이라는 글귀가 이를 잘 나타낸다. 초기 약탈 전쟁 때부터 무력 사용은 종교적인 행위로써 신성하게 여겨졌으며, 본격적인 정복 전쟁에 나서면서부터는 "산 자에게는 전리품이, 이교도와 싸우다 죽은 자에게는 낙원이 약속되어 있다."라고 했다. 아라비아 사막에서 베두인으로 살던 이들에게는 사막 문화이외는 문화라는 것이 없었다. 회교의 사원 모스크는 비잔틴 성당 양식을 모방한 것이며, 회교 신학을 만들어내기 위해서 고대 그리스 철학을 집중적으로 받아들였다. 특히 813년에서 833년까지 칼리프로 있던 마문은 아리스토텔레스의 유령이 나타나서 "이성과 종교는 대립하는 것이 아니다."라고 말하는 꿈을 꾸고 나서 바그다드에 '지혜의 관(館)'이라는 학술 센터를 세워 그리스 철학서들을 아랍어로 번역하는 데에 심혈을 기울였는데, 번역료로 책의 무게만큼 금을 주었다고 한다. 이런 노력으로 말미암아 그리스의 철학을 비롯한 과학, 수학, 의학 등의 학문이 아라비아에서 다시 태어나서 꽃을 피웠다. 이들이 재발견한 그리스 철학은 십자군 전쟁을 통하여 유럽에 다시 전해져서 스콜라 신학과 대학의 발전에 큰 영향을 미쳤다. 회교의 신비주의인 수피즘(sufism)의 영향이 없었다면 가톨릭이 배출한 최고의 영성가인 스페인의 아빌라의 테레사, 십자가의 요한 등이 있을 수 없었다는 평가도 나오고 있다. 스페인은 수세기 동안 회교의 지배하에 있었기 때문에 수피즘의 영향을 많이 받았다.

회교의 세력은 마호메트 사후에 급속히 팽창되었다. 20년도 안 되는 사이에 시리아와 페르시아 지역, 팔레스티나, 이집트 지역을 휩쓸었고, 우마이야드(661~750) 때는 영토가 동쪽으로는 인도와 중국의 국경과 마주 닿았고, 서쪽으로는 스페인과 북아프리카에 이르렀다. 현재는 인도와 동남아, 아프리카 지역 등 전세계 6대륙에 걸쳐 인구 6명중 1명이 회교도이며 가장 큰 영향을 미치는 종교 중 하나가 되었다.

회교의 내용을 들여다보면 세계적인 종교가 될만한 특징을 발견하기가 어렵다. 창시자 마호메트의 생애나 사생활 또는 경전인 코란을 보아도 그렇다. 알라의 유일신 사상도 마호메트가 유대교와 기독교에서 가장 큰 영향을 받아서 생겨났다. 또 문화적으로는 동로마(비잔틴)를 모방했던 사막의 베두인들에 불과했던 회교도들이 어떻게 세계를 제패했을까? 몇 가지 이유를 생각해볼 수 있다.

첫째, 국제정세

회교가 발흥하던 당시는 동로마인 비잔틴제국과 페르시아가 200여 년 동안 대립하고 있었다. 또한 아라비아 반도는 아직 미미한 베두인 문화에 불과했으므로 로마제국이 전혀 관심을 가지지 않았는데 회교는 이런 틈새를 파고들었다.

둘째, 종교와 정치의 혼합

회교는 종교적으로 무력 사용을 장려하고 있다. 마호메트가 초기에 대상들을 습격하는 약탈전쟁을 통해서 세력을 확장한 것이나 본격적인 정복전쟁을 통하여 회교의 세력을 넓힌 것은 종교적으로 무력을 용납하기 때문이다. "알라는 많은 전리품을 너희들에게 약속했다. 자, 그것을 얻을 수 있다."라고 코란은 명시하고 있다. 전쟁에서 얻은 전리품의 1/5은 국고에 넣고 나머지 4/5는 병사들에게 나누어 주었다. 지하드라고 불리는 성전(聖戰)은 지금도 테러리스트들을 신앙적으로 무장시키고 있다.

회교의 종교 정책은 타종교를 용납하지 않는다. "이교도아 싸우다 죽으면 낙원이 준비되어 있다."라고 가르치고 있기 때문에 지금도 회교권에서 매년 20여 만 명의 기독교인들이 죽어가고 있으며 회교와 종교적으로 혼합을 이룬 지역에서는 종교 전쟁이 끊이지 않는다. 무력 사용을 종교적으로 허용하기 때문에 빚어지는 일이다.

셋째, 식민지 정책

회교는 평화적으로 항복한 자에게는 단지 세금을 요구할 뿐 토지와 재산의 보호를 약속했지만, 저항한 자의 토지와 재산은 몰수하여 코란에 명시된 대로 전리품으로 처리했다. 이런 정책은 많은 지역을 평화적으로 투항하게 했다.

이런 식의 평가들은 역사서에서 흔히 지적하는 방식이다. 그러나 이런 것만으로는 설명할 수 없는 그 무엇이 있다. 하나님께서 역사를 주관하신다면 회교의 등장과 득세 역시 우연이 아니라 신앙적인 어떤 이유가 있다. 게다가 회교의 세력이 급속도로 번져 나간 초기의 지역은 기독교가 지배하던 곳이었다. 이런 현상을 어떻게 설명해야 할까?

❶ 회교가 기독교 지역을 휩쓴 이유

회교가 발생지인 아라비아 사막을 건너서 처음 진출한 곳은 시리아와 팔레스티나, 이집트, 북아프리카 지역이었는데 놀랍게도 이 지역을 10여 년 남짓한 기간에 점령했다. 이미 언급한 바와 같이 이 지역은 기독교의 발상지이며 신앙의 열기가 가장 뜨거웠던 곳이다. 박해받던 당시에 수많은 순교자들이 이 지역에서 나왔고, 죽음을 불사하는 수도원 운동이 여기서 시작되었으며, 예루살렘과 시리아의 안디옥, 이집트의 알렉산드리아는 콘스탄티노플과 더불어 동방교회의 중심지 역할을 하고 있었다. 그런데 어떻게 순식간에 회교에게 무너지고 말았을까? 당시의 기독교와 회교를 비교해보면 신앙과 신학에 있어서 비교의 대상이 아닐 만큼 우열이 드러난다. 도대체 10여 년의 기간 동안에 기독교의 발상지들을 다 내어주고 이어서 북아프리카 전역과 스페인, 소아시아, 콘스탄티노플 등 주요 지역까지 빼앗긴 이유가 무엇일까? 우연히 또는 정치적인 이런 저런 이유 때문이라고 말해야 하는가?

교회사에서 가장 심각하게 다뤄야 할 문제는 바로 이런 것이다. 일반 역사서에서는 이 문제에 대하여 정치, 경제, 사회, 문화적인 분석과 해답을 시도한다. 그러나 기독교인이 교회사에서 이 문제를 다루려면 이런 분석에 한 가지를 덧붙여야 한다. 그 사건에 들어있는 '하나님의 의도'가 그것이다. "하나님의 뜻을 어떻게 알 수 있느냐?"라는 문제가 제기될 수 있다. 일반인에게는 이런 물음이 아예 관심의 대상이 아니겠지만, 기독교인이 이 문제를 다룰 때에는 하나님의 뜻을 알 수 있느냐 없느냐의 문제가 아니라 반드시 하나님의 입장에서 말을 해야 한다. 하나님을 역사의 주관자로 보는 것은 기독교 신앙의 기본이기 때문이다. "하나님께서 역사를 주관하시지만 사람으로서는 그 뜻을 알 수 없다."라는 대답도 가능할 수 있다. 그러나 그런 대답은 역사해석을 포기하겠다는 말과 같다. 역사서는 사건에 대한 단순한 기록이 아니라 해석이다. 따라서 교회사는 과거의 사건, 사람, 사상의 단순한 나열이 아니라 역사의 주관자이신 그분의 입장에서의 해석이어야 한다.

그렇게 역사서를 쓴 예가 있는가? 있었다. 구약의 예언자들이 그런 사람들이었다. 그들이 역사를 하나님의 입장에서 볼 수 있었던 것은 독특한 하나님체험 때문이었다. 즉 그들의 영성이 역사 해석을 가능하게 했다. 예언자들에게 있어서 영성과 역사성은 뗄 수 없는 관계다. 하나님의 입장 즉 영성으로 교회사를 본다면 무슨 신학, 사상, 제도, 인물보다는 당시의 신자들의 삶에 더 관심을 가지게 된다. 영성은 곧 삶이기 때문이다.[81]

다시 물음으로 돌아가서 영성(삶)의 시각으로 볼 때, 10여 년 남짓한 기간에 기독교의 중심지를 회교에 빼앗긴 어처구니없는 이유는 무엇일까?

대답은 단순하다. 당시 기독교인들이 회교에 대하여 전혀 저항하지 않았기 때문이다. 회교도들이 몰려왔을 때에 성문을 걸어 잠그고 방어했더라면 그렇게 짧은 시간에 점령당했을 리가 없다. 당시의 기독교인

---

[81] 삶이 곧 영성인 이유는 다음과 같다. 삶을 지배하는 것은 문화이고 문화를 지배하는 것은 종교이며 종교의 중심에는 영성이 들어있다. 따라서 삶=영성이며, 영성은 삶으로 표현되고 삶은 영성의 본 모습이다.

이었던 주민들이 회교에 저항하는 경우는 드물었고 오히려 성문을 기꺼이 열어주며 환영하는 일이 벌어지기도 했다. 왜 그랬을까? 그 이유는 단순하다. 자신들의 종교인 기독교보다 회교가 더 낫다고 생각했기 때문이다. 이 시기에 회교에 저항하다가 순교했다는 이야기를 거의 찾아볼 수 없는 이유가 그 증거다. 사람은 본능적으로 더 좋은 것을 선택하게 마련이다. 초대교회 교인들이 모진 박해를 받으면서도 신앙을 지킨 이유는 자신들의 신앙이 '진짜' 라는 확신 때문이었고, 믿음의 신념을 세상의 그 무엇과도 바꿀 수 없다고 생각하여 생명을 아끼지 않았다. 같은 이유로 그들은 세상의 모든 것을 버리고 은둔수도라는 극단적인 고행의 길을 마다하지 않았었다. 그런데 수백 년이 지나면서 상황은 반전되어 기독교를 버리고 회교를 선택하고 말았다. 그 이유가 무엇일까? 이런 이유들이 교회사에서 가장 중요하게 다루어지지 않은 것이 안타까운 비극이다. 이런 것을 교회사에서 중요시하지 않으면 이런 일이 또 반복된다. 회교가 기독교보다 더 낫다고 생각한 이유들을 지적해보고자 한다.

첫째, 당시의 교인들은 교리논쟁과 교권싸움에 넌덜머리를 냈다.
수세기 동안 교회들은 교리 문제로 서로 분열되어 있었고 성직자들의 설교는 자신들의 입장을 변호하는 교리와 신학의 선전에 초점이 맞추어져 있었으며, 자신들의 정치적인 목적을 달성하기 위하여 교인들을 몽둥이로 무장시켜 상대편 교회로 쳐들어가는 일이 비일비재했다. 교리논쟁 때문에 로마제국이 분열되었다는 사실은 당시의 교리논쟁이 얼마나 치열했는가를 잘 보여준다.

고단한 삶을 사는 교인들에게는 교리와 신학보다 삶의 현실이 훨씬 더 중요하게 느껴진다. 교리와 신학은 교인들의 삶의 현장에서 만나는 문제를 해결하는 것과 연관이 있어야 한다. 신앙의 체험들을 교리와 신학으로 바르게 정리하는 것은 반드시 필요하며, 이를 위해서 성직자들은 진지하게 토의하고 심사숙고해야 한다. 그러나 교리논쟁이 교권싸움으로 이어지고 상대편을 서로 이단으로 정죄하며, 자신들의 뜻을 관철하기 위하여 교인들을 끌어들여 서로 싸우게 하면 신앙 그 자체가 종말을 고하고 만다.

교리논쟁, 교권싸움, 이단정죄 등에 몰두하고 있는 성직자의 모습에 대하여 교인들은 염증을 느끼고 있었다. 기독교가 국교였기 때문에 교회 이외에는 선택의 여지가 없어서 교회 안에 머물고 있었지만 다른 종교를 선택할 여지가 주어지자 그것이 무엇이냐를 가리지 않고 받아들이고 말았다. 회교의 신학과 교리가 기독교보다 더 나아서가 아니라 교회가 회교보다 더 악한 일을 하고 있어서 회교를 선택한 것이다. 십자군 전쟁에서 보았듯이 기독교인들이 하는 만행은 회교도들과는 비교가 되지 않을 만큼 더 저질이었다.

둘째, 회교의 삶이 교회의 삶보다 훨씬 나았다.

자신들의 교권을 지키기 위하여 혈안이 되었던 당시의 성직자들은 교인들의 열악한 삶의 환경을 개선하는 데에는 전혀 무관심했다. 콘스탄틴 황제 이후 로마제국은 기독교 국가가 되었지만 다른 신을 믿을 때보다 민초들의 삶은 전혀 나아지지 않았고 오히려 더 열악해졌다. 황제가 기독교인이었지만 예전대로 세금을 거둬들이며 지배하고 군림했고, 교황은 세속적인 황제 수준의 영화를 누리기 위하여, 고위 성직자들은 귀족의 부귀와 영화를 누리기 위하여 세금(헌금)을 거둬들이다 보니 민초들은 봉건제도의 농노들로 전락하고 말았다. 낮에는 영지에서 채찍에 맞아가며 짐승처럼 일을 하거나 귀족들의 놀이를 위해 사냥에 동원되어 짐승몰이를 해야 했고, 의무적으로 주일에는 하루종일, 밤에도 수시로 교회에 불려가 무슨 교리, 무슨 신학 세뇌를 당하거나,

세상의 고단한 삶에 충실한 보상은 저 천국에 보장되어 있다는 무마성(撫摩性) 위로를 받고 와야 했다. 이것이 당시 기독교 국가에 살던 민초들의 실상이다. 그들에게 있어서 기독교 국가란 황제가 하나 더 늘어난 것 이외에는 아무것도 아니었다.

이 당시의 기라성같은 신학자들, 예수님을 빼닮았다는 그 수많은 성자(수도사)들 가운데 기독교가 지배하는 이런 사회구조가 하나님의 뜻과 성경의 가르침에 정면으로 어긋난다는 것을 지적하고 있는 사람은 눈을 씻고 찾아봐도 없다. 예전에만 그랬던 것이 아니다. 중세기를 벗어난 시대에 출판된 교회사를 들여다보면 하나같이 이들의 위대한(?) 신학과 하늘의 별처럼 빛나는 거룩한(?) 삶을 지금도 예찬하면서 민초들의 고단한 삶에 대해서는 언급조차 없다. 중세교회는 겉포장은 하나님이요 기독교였지만 내용으로는 바알종교요 우상종교였다. 그 시대에 살았던 민초들의 삶이 그것을 말하고 있다. 무엇을 위한 교리(신학)이며 무엇을 위한 수도였던가? 삶이 교리와 수도를 위해서 있어야 하는가, 아니면 교리와 수도가 삶을 위해서 있어야 하는가? 대답은 자명하다. 그런데, 그런데도, 교회사가 어떤 시각에서 무엇을 어떻게 말해야 하는지 아직도 그 길을 모르고 있다.

중세교회의 이런 구조적인 모순에 대하여 최초로 언급하며 시정을 촉구하고 바로잡기 위하여 직접 뛰어든 사람들은 잠시 뒤에 만날 인문(계몽)주의자들이었고, 철저한 혁명으로 해결을 시도한 것이 공산주의였다. 이들로 말미암아 중세교회가 빚어낸 사회의 구조적인 모순이 해결되었다. 이런 기막힌 사실을 기독교인들은 어떻게 설명해야 할까? 그동안 해 왔듯이 이들을 '인본주의', '무신론자' 등의 이름으로 등장한 악마의 세력이라고 몰아붙이는 것이 세상을 향해서 과연 설득력이 있을까? 세상은 고사하고 생각있는 교인들에게도 설득력을 잃고 있다. 교회가 이렇게 반응한 것은 이들이 교회를 타도의 대상으로 삼았을 뿐만 아니라 그 기세가 워낙 컸기 때문에 나타난 위기의식의 발로였다. 늦었지만 이제라도 솔직하게 과오를 인정하고 참회를 하는 것이 떳떳하며 과거를 청산하는 지름길이 아닐까? 무엇이 옳은지, 어떤 자세를 가져야 하는지 상식 수준에서 알 수 있다. 전혀 어려운 일이 아니다.

당시의 회교도들은 저항하는 사람들의 토지와 재물은 몰수했지만 항복하는 사람들에게는 토지와 재산을 그대로 인정해주고 일정량의 세금만 요구했는데, 이들이 요구한 조건들이 당시 기독교 국가가 요구하는 것보다 훨씬 유리했다. 이런 현실적인 이유 때문에 기독교 지역의 주민들은 회교도들이 몰려오는 것을 오히려 환영했다. 알렉산더가 수만 명의 군사를 이끌고 페르시아 제국으로 침입하여 10여 년의 기간 동안에 인도 접경까지 진출할 수 있었던 것도 페르시아의 학정에 시달리던 백성들이 알렉산더의 군사들을 해방군으로 여겨서 쌍수를 들고 받아들였기 때문에 가능했다. 하나님께서 이스라엘에게 법궤를 앞세우고 가나안의 여리고로 가서 한 주일 동안 성 주위를 돌라고 하신 것은 하나님을 믿는 공동체의 삶이 바알(우상)종교의 삶과 질적으로 어떻게 다른지를 자신 있게 보여주라는 뜻이었다. 사람은 어떤 희생을 치루더라도 더 좋은 것은 받아들이게 마련이다. 이는 인간의 본능이며 누구도 막을 수가 없다. 그런데 삶의 현장에서 일어난 기독교와 회교의 대결에서 기독교는 완패를 당했다.

❷ 회교의 등장, 무엇을 말하는가?
기독교의 주요 지역 대부분을 회교에게 내어준 것은 삶의 경쟁에서 회교에게 진 것이다. 하나님께서 말씀하시는 '보여주는 선교'는 현실적으로 가장 효과적인 전략이다. 성경에서 말하는 거룩함이란 신분,

지위, 빈부의 격차가 없는 즉 하나님의 공의가 실현되는 '삶'을 말한다. 성경에서 "내가 거룩하니 너희도 거룩하라."는 것은 이렇게 해석되어야 한다. 유대교 수도사들인 바리새인과 기독교 수도사들은 이 거룩함을 오해하여 율법의 형식 준수나 수도원 수도로 거룩해지고자 했다. 이런 시각에서 본다면 유대교와 중세기의 오류가 어디에 있는지 명확해진다. 이들의 용서받을 수 없는 범죄행위는 이교의 수직적인 사회체제를 수평적인 체제로 전환하기는커녕 자신들이 수직체제의 정점에 서서 최고의 지위와 사치를 누렸다는 데에 있다.

중세 초기부터 회교는 기독교의 주요 지역을 점령하고 있었다. 이는 무엇을 말하는가? 두 가지 의미를 지닌다.

첫째, 중세 교회에 대한 하나님의 징계와 경고를 말한다. 하나님께서는 계약 공동체에게 땅을 주시며 거룩한 나라를 만들라고 하셨다. 그런데 땅이 상실되고 세워졌던 성전(교회)이 파괴되며 기독교인들이 사라지는 것은 계약파기의 증거들이다. 성지순례라는 명목으로 이집트에서 출발하여 이스라엘, 요르단, 터키 등을 둘러보면 예전의 교회들이 단 하나도 남아있지 않고 돌무더기만 남아있는 것을 볼 수 있다. 온전한 건물은 소피아 성당이 남아있지만 그것도 이미 성당이 아니다. 회교도들이 부숴버리기가 아까워 자신들의 사원으로 쓰고 있다. 예루살렘 성전의 통곡의 벽과 교회가 무너진 돌무더기들은 무엇인가? 계약파기의 증거물들이다. 이것들을 돌아보는 것은 거룩한 성지순례가 아니라 '계약 파기의 현장' 답사이며 눈물로 통곡하며 회개해야 할 참회순례여야 한다. 계약의 땅을 더럽히면 땅은 토해낸다. 성경은 이렇게 말하고 있다.

> 너희는 나의 모든 규례와 법도를 지켜 행하라. 그리하여야 내가 너희를 인도하여 거하게 하는 땅이 너희를 토하지 아니하리라.(레

위기 20:22)
너희의 전에 있던 그 땅 거민이 이 모든 가증한 일을 행하였고 그 땅도 더러워졌느니라. 너희도 더럽히면 그 땅이 너희 있기 전 거민을 토함같이 너희를 토할까 하노라.(레위기 18:27~28)

둘째, 구약의 이스라엘 멸망사를 보면 B.C. 721년 북이스라엘이 멸망하고 나서 남유다에게 B.C. 586년까지 150여 년 동안 돌이킬 기회를 주셨던 것을 볼 수 있다. 중세교회에도 같은 시각이 적용될 수 있다. 지중해 지역의 절반이 회교에게 넘어가고 나머지가 남아있었던 것은 돌이키고 회개할 시간을 주시는 하나님의 배려였다. 그런데 중세기에 회교의 사건을 이렇게 받아들인 사람들은 아무도 없었다. 오히려 악마적인 이교도들의 득세라고 보아 십자군전쟁이라는 무력으로 격퇴하려고 하다가 자충수가 되어 자멸하고 말았다.

교회사는 하나님의 입장에서 해석되어야 한다. 하나님의 관점에서 보면 회교의 등장은 대단히 중요한 의미를 지닌다. 중세교회는 이런 관점에서 역사를 해석하는 사람이 없어서 멸망했다. 그런데 더 놀라운 것은 지금도 하나님의 시각에서 회교의 등장을 해석하는 이가 없다. 회교의 등장 자체는 세속사의 대상 일뿐 교회사의 대상으로 여겨지지도 않고 있다. 십자군전쟁과 관련된 부분만 교회사에서 다루고 있다. 구약의 예언자들은 앗수르와 바벨론의 등장 이전부터 돌이켜야한다는 경고의 메세지를 보냈고, 앗수르와 바벨론의 등장을 이스라엘 역사에서 가장 중요한 사건으로 다뤘다. 이들로 말미암아 이미 죽어 썩은 마른 뼈와 같던 이스라엘은 다시 살아났다. 오늘 우리 교회가 사는 데에 필요한 것은 하나님의 심정에서 쏟아내는 예언자적인 설교와 역사 해석이다.

교회사, 다시 써야 한다.
교회사, 눈물로 써내려가는 참회록이어야 한다.

3\. 르네상스와 인문주의의 등장

14세기 중반, 이탈리아는 10여 개 이상의 작은 나라들로 분열되어 있었다. 이렇게 된 가장 큰 이유는 교황청이 프랑스 아비뇽으로 이사를 가서 중앙 통치력에 공백이 생겼고, 또 십자군 전쟁으로 말미암아 동서의 문물 교류가 활발해지고 상인들의 비중이 커짐에 따라 대지주 중심의 귀족 사회는 큰 변화를 겪으면서 도시국가들을 탄생시켰기 때문이다. 이때에 등장한 대표적인 도시들이 베네치아, 제노바, 피렌체 등이다.

전통적인 귀족들이 몰락하고 새로 등장한 상인들이 중심축을 이루면서 이들은 자치도시가 되어갔다. 베네치아의 경우 200여명의 시민들이 평의회를 구성, 이들 중에서 원로원을 조직하고 또 총독1인과 참사관 6명을 선출하여 행정 기구를 구성하게 했다. 상업과 공업이 발달하고 주민 자치가 실시되자 부기(簿記), 수학, 법률 등의 교육을 실시하게 되었는데, 상인들 중심의 중산층은 교육에 대해 지대한 관심을 가지게 되었고 그 결과 많은 지식인들을 양산해내는 지식의 혁명이 일어났다. 이들 지식인들은 수도사적인 명상을 요구하는 당시의 스콜라 철학에 염증을 느껴서 고대로 눈을 돌렸다. 이런 과정을 거쳐서 다시 발견된 것이 고대 로마와 그리스의 고전들이었고, 이 시기에 등장했던 수많은 천재들이 천 년 이상 잠들었던 옛 문화를 화려하게 다시 부활시켜 놓았다.

이 일에 앞장선 도시는 단연 피렌체였는데 단테, 보카치오, 마키아벨리, 레오나르도 다 빈치, 미켈란젤로 등과 같은 천재들을 배출했다.[82] 이들은 중세기를 뛰어넘어서 고대 그리스-로마시대를 다시 살려내려는 시도를 했기 때문에 이 시대를 '재생'을 뜻하는 르네상스(Renaissance)시대라고 부른다. 이 르네상스 정신은 이들 천재들에 의하여 문학, 미술, 건축, 음악 등 다방면에서 성공적으로 부활했고 이탈리아 각지로 펴져나갔으며, 이어서 15세기부터는 프랑스, 영국, 독일, 스페인 등으로 전해졌는데, 북부 유럽이 낳은 최고의 인문주의자는 에라스무스(Erasmus)였다.

르네상스가 낳은 지식인들이 고대 그리스와 로마의 고전에 대해 지대한 관심을 가지고 접근하여 얻어낸 성과 중 가장 중요한 것은 '인간과 우주에 대한 재발견'이었는데 이것들이 이후 서양은 물론 세계사에 지대한 영향을 주었다. 인간의 가치에 대한 재발견은 흔히 '인문주의'(Humanism)[83]라고 불리는 운동으로 이어졌고, 우주에 대한 재발견은 과학문명이라는 결실을 얻어냈다.

인문주의와 과학의 등장이 기독교와 관련하여 주목해야 할 특징은 이들이 모두 기독교에 대하여 강한 거부감을 보였다는 점이다. 초기의 인문주의자들은 중세교회에서 출발했기 때문에 반기독교적인 시각을 가지지 않았었다. 그러나 점차 그리스와 로마의 법률, 정치, 철학, 문학, 예술 등에 심취하면서 하나님 중심의 시대였던 중세기의 분위기와는 전혀 다른 세계, 즉 인간 중심의 세계에 눈을 뜨면서 중세사회의 모

---

82) 피렌체가 배출한 인물 중 중요한 사람만 살펴보면 다음과 같다. 시(詩)분야는 단테(Dante, Alighieri), 폴리치아노(Poliziano, Angelo), 산문분야는 복카치오(Boccaccio, Giovanni), 마키아벨리(Machiavelli), 회화에는 지옷토(Giotto), 레오나르도 다 빈치(Leonardo da Vinci), 조각에는 미켈란젤로(Michelangelo), 건축에는 브루넬레스코(Brunellesco), 미켈로초(Michelozzo), 철학자로는 피치노(M. Ficino), 역사에는 레오나르도 브루니(Leonardo Bruni), 물리학자 갈릴레오(Galileo Galilei) 등이 있고 14세기에 유럽에서 가장 유명했던 은행인 바르디 가(家)와 페룻치가, 15세기의 메디치 가 등이 모두 여기 출신들이었다.

83) 인문주의는 인간성의 해방과 옹호를 이상으로 하는 사상 또는 심적 태도다. 인간과 인간성을 존중하고, 인간을 억압하고 구속함으로써 인간성을 말살시키려는 모든 장애로부터 인간을 해방시키려는 것으로써, 인간주의·인본주의·인도주의 등으로도 불리는데, 여기서는 르네상스시대에 교회의 권위나 신 중심의 세계관으로부터 인간을 해방시키고, 그리스·로마의 고전 문화에 대한 연구를 통하여 인간의 가치와 존엄을 되찾고자 한 시도를 말한다.

순을 알게 되었고, 중세기를 '암흑기'라고 불렀다. 중세기의 신학 특히 스콜라신학 일변도의 학문보다는 고전 강독, 문법, 수사학, 역사, 도덕 철학 등 인문주의적인 학문이 인기를 끌었으며, 르네상스시대에는 '현대적'이라는 의미가 그리스-로마시대의 사고를 가지는 것을 뜻했다. 하나님, 신학, 계시, 신앙은 중세 암흑기의 산물로 평가절하되고 인간, 이성, 철학, 합리적인 사고가 중요시되면서 인간주의, 인본주의, 이성주의시대를 향한 문을 열어 놓았다.

인간주의와 이성주의는 과학적인 성과와 더불어 상승작용을 일으켰다. 이 시기에 중세기의 오류를 지적하는 데에 가장 크게 공헌한 것은 '렌즈'였다. 안경에 사용되는 렌즈를 만드는 기술자들 사이에서는 이미 알려져 있던 망원경의 원리를 처음으로 기계 장치에 적용한 사람은 레오나르도 다 빈치였다고 한다. 피렌체의 피사 출신인 갈릴레이(Galileo Galilei; 1564~1642)는 자신이 직접 만든 망원경을 사용하여 천체를 관측한 결과, 당시 관심을 끌고 있던 천동설(150년경 그리스의 프톨레마이오스의 주장)과 지동설(폴란드의 천문학자 코페르니쿠스가 1543년 주장) 중 지동설이 옳다는 것을 밝혀냈다. 천동설을 주장하고 있던 중세교회는 종교재판을 통하여 갈릴레이의 지동설을 막으려 했으나 결국 역사의 웃음거리가 되었으며, 천동설의 입장에서 성경을 해석하여 제시했던 세계관과 우주관이 잘못되었다는 것이 밝혀짐으로써 기독교 신앙 전체가 불신을 당하는 결과를 초래했다. 현미경도 망원경처럼 렌즈를 이용하는 것이기에 비슷한 시기에 만들어졌지만 본격적으로 사용되기까지는 시간이 걸렸다. 세균의 세계를 볼 수 있는 현미경은 망원경과 더불어 중세교회를 또 한 번 궁지에 몰아넣었다. 흑사병(페스트)과 같은 전염병이 교회에서 가르치는 것처럼 죄에 대한 하나님의 징계가 아니라 세균의 감염에 의한 것이라고 증명되었기 때문이다. 고대로부터 안경에 사용되었던 렌즈는 과학의 발전에 지대한 영향을 주었고, 과학의 발전은 중세교회가 주장하던 우주관과 질병 해석이 허구라는 것을 증명해냄으로써 천 년 이상 서양을 지배해오던 하나님과 신앙은 하루아침에 세상의 웃음거리가 되어 설 자리를 잃었고, 인간과 이성이 그 자리를 차지하게 되었다.

이제 교회는 세상에 대한 주도권을 인문주의자들에게 완전히 넘겨주어야 했다.

4. 계몽주의자들의 등장

이탈리아 북부에서 시작된 르네상스 운동이 점차 북유럽으로 전해지는데 가장 크게 공헌한 것은 인쇄술이었다. 이탈리아 최고의 인쇄업자는 알두스 마누티우스였는데 르네상스 운동을 전하고자 하는 그의 열정은 "책의 공급이 원활해질 때까지 나는 쉴 수가 없다."라는 그의 말에서 잘 나타난다. 르네상스 시대에 이탈리아는 유럽의 교사였다. 초기에는 북유럽의 국가들이 이탈리아 출신의 교사들을 초빙하였으나 곧 유럽의 학생들이 이탈리아식으로 연구하여 스승을 앞질러서 르네상스의 인문주의는 북유럽에서 개화되어 이른바 '계몽주의' 시대를 열었다.[84] 계몽주의는 프랑스와 영국에서 먼저 시작되었고 독일은 300여 개의 약소국가로 분열되어있던 관계로 늦게 출발했다.

계몽주의에 지대한 영향을 준 것은 물리학과 산업혁명이었다. 뉴우튼(I. Newton; 1642~1727)은 우주와 지구가 같은 법칙에 의해 지배를 받는다는 것을 밝혀냄으로써 코페르니쿠스에서 시작된 우주물리학의 혁명을 완성시켰다. 우주가 어떤 조화와 법칙의 지배를 받는다는

---

[84] 계몽주의(啓蒙主義)는 16세기 말에서 18세기 말에 거쳐 프랑스·영국·독일 등에서 일어났던 사상·문화운동인데, '계몽' 즉 민중의 몽매함을 이성에 의해 깨우치려는 운동이다. 대표적인 계몽주의 사상가들로는 영국의 베이컨·로크·골드윈, 프랑스의 데카르트·볼테르·디드로, 독일의 라이프니쯔·칸트 등을 들 수 있다.

것이 밝혀지자 당시의 지식인들은 이것을 신학과 인간 이해에 적용시켜서 '이신론'(理神論)과 '심리학'(心理學)이 등장했는데, 이는 하나님과 인간을 과학적-이성적으로 설명하려는 시도였다.[85] 과학의 발전은 의학은 물론이고 농업과 산업에 적용되어 인간생활 전반에 혁명을 일으켜서 전염병과 기아의 문제를 해결하기에 이르렀고, 이는 인간이 지상에 천국을 건설할 수 있다는 자신감을 가지게 했다.

이와 같은 시대적인 배경을 가지고 등장한 당시의 지식인들은 하나같이 정치, 경제, 철학, 문학, 문화, 교육, 예술 등 모든 분야에서 중세기의 암흑을 걷어내는 '계몽'을 부르짖었는데 이들의 공통점은 기독교에 대한 공공연한 적대감이었다. 지성인들의 교회에 대한 반감은 르네상스에서 시작되어 인문주의, 계몽주의를 거치면서 점점 더 격화되었다. 이들이 시도하는 것은 '인간해방'이었다. 무엇으로부터의 해방인가? 가톨릭교회의 권위와 교회가 만들어낸 비인간적인 사회 구조로부터의 해방이었는데, 이들의 경전은 그리스-로마시대의 고전문화였다. 계몽주의자들이 시도한 것은 기독교의 세계관과 역사관, 가치관을 허물어내는 일이었다. 천동설이라는 세계관에 젖어있는 사람들에게 갈릴레이는 자신이 직접 만든 망원경으로 우주를 바라보게 하면서 헛된 망상에서 벗어나라고 설교했으며, 하나님의 나라와 세상의 나라를 구별하며 세상나라를 천시하는 아우구스티누스의 이원론적인 역사관에 반대하여 세상의 가치를 강조했고, 수도원적인 상아탑(스콜라철학)과 가치관을 거부하고 실용적인 학문과 현실적인 가치를 추구했다. 바

---

[85] 우주의 질서와 조화에 최초로 눈을 뜬 지식인들은 우주를 마치 정교한 '시계'로, 창조주는 시계공으로 이해했다. 시계공이 시계를 만든 후에는 시계가 가는 것에 개입하지 않듯이 하나님도 세상을 창조한 후 간섭하지 않는다는 이론을 '이신론'이라 하는데, 기독교에 대하여 반감을 가지고 있던 당시 지식인들은 대부분 이런 입장을 취했다.
이런 풍토는 인간의 행동 또한 기계적인 원리로 설명하려고 시도하였으며 인간의 정신에 대한 과학적인 연구가 시도되어 심리학이 등장했다.

꾸어 말하면 중세교회가 추구하던 것과는 매사에 정반대의 방향으로 갔다고 할 수 있다.

왜 기독교 국가에서 이런 계몽주의가 등장했을까?
당시 지성인들이 교회에 대하여 실망한 이유는 신학이나 교리에 있지 않았다. 교회를 맡고 있는 성직자와 수도사들이 말로는 천국을 지향하면서도 세상의 부귀영화를 누리고 있는 이율배반적인 모습과, 교회가 세속 권력자들과 결탁하여 만들어낸 봉건적인 체제가 절대다수의 사람들을 정신적, 육체적인 노예로 전락시키고 있는 모순이 지성인들을 분개하게 했다. 이들이 이런 상황에서 '인간해방'을 부르짖고 나선 것은 지성에 먼저 눈뜬 사람으로서 의당 가져야 할 양심의 발로였다. 강도 만나 죽어가는 사람을 제사장, 레위인, 유대인은 지나쳐 버리고 오히려 이방인 사마리아 사람이 돌보았던 유대교의 비극이 중세교회에서도 반복되고 말았다.

'계몽'(啓蒙)이라는 용어를 교회의 말로 바꾸면 '설교'라고 할 수 있다. 교회의 성직자는 세상을 향하여 설교, 즉 계몽하여 세상의 어두움을 몰아내고 바른 길을 알려주어야 하는 사람들이다. 그런데 성직자들이 세상의 부귀와 영화에 취하여 세상을 구렁텅이로 몰고 가자 하나님께서는 보다 못하여 세상의 사람들로 하여금 교회를 향하여 설교하게 하신 것이 계몽주의였다. 주객이 전도된 모습이 계몽주의의 등장이다. 즉 계몽주의자들은 세속 설교자인 셈이다. 구약에 보면 제사장들이 제 역할을 못하자 하나님께서는 평신도인 사사와 예언자들을 통하여 성직자들에게 설교하게 하셨다. 같은 비극이 교회사에서 반복되었다. 더 가슴 아픈 일은 이런 비극과 수치가 오늘도 반복되고 있다.
요즘 한국의 언론 매체와 지식인들은 교회를 향하여 '길 잃은 목자'

라는 제목으로 설교(계몽)하기에 바쁘다. 그러나 성직자들은 '모르쇠'로 일관하고 있다. 세상이 교회를 향하여 설교하는 것은 가볍게 넘길 사안이 아니다. 이는 하나님과의 계약이 파기되어 교회가 자취를 감추는 파국이 일어나기 직전에 나타나는 말기적인 현상이기 때문이다.

과거의 비극은 지금도 반복되고 있다.

5. 시민혁명

르네상스에서 시작된 개화운동은 인문주의자들과 계몽주의자들이 등장하여 활발하게 활동함으로써, 급물살을 타기 시작하여 사회의 구조를 바로잡는 놀라운 결실을 맺었다. 사회 각 분야에서 가히 혁명이라고 할 만한 변화들이 일어나서 인류 역사에 전혀 새로운 시대가 열렸다. 18~19세기에 일어난 변화는 사회전반에 거쳐서 인간의 삶을 근본적으로 바꾸어 놓았다.

인류 역사 이래로 지배계급과 피지배계급, 신분의 차이는 계속되어 왔고 이는 곧 빈부의 차이로 이어졌다. 지배자, 가진 자들은 자신들의 지위를 누리기 위하여 '신분'이라는 지속적인 장치를 고안해냈고 교육을 독점했다. 무지몽매한 밑바닥 사람들이 저항을 한 경우는 종종 있지만 시대적인 흐름을 바꾸어 놓은 적은 없었다. 그런데 이번에는 달랐다. 초기에는 프랑스와 영국에서 시작되었으나 국지적으로, 한시적으로 끝나지 않고 계속 번져나가 유럽 전 지역에서 신분 제도가 무너지며 전혀 새로운 제도와 체제가 정착되기에 이르렀다. 이에 대한 과정과 특징들을 간략히 살펴보고자 한다.

전제왕권이 무너지고 민주주의가 등장하는 정치 혁명은 영국의 청교도혁명(1649년), 미국의 독립선언(1776년), 프랑스혁명(1789년) 등을 통하여 전개되었는데, 수많은 사람들이 혁명의 과정에서 피를 흘려야 했지만 결국은 국민들이 국가 지도자를 직접 뽑는 '공화정', 즉 민주주의가 등장하여 유럽을 비롯한 전 세계에 퍼져나갔다. 이후 '민주주의'는 정치제도 가운데서 가장 발달한 것으로 받아들여지고 있다.

계몽운동과 더불어 사회 변혁에 가장 큰 영향을 준 것은 과학의 발전에 따른 '산업혁명'이었다. 영국에서 증기기관이 발명되어 가축이나 자연(수력, 풍력)이 아닌 기계에서 최초로 동력을 얻게 된 것이 결정적인 계기가 되었다. 이 기계는 채탄 광산의 배수 장치, 기관차, 면직물 공장에 사용되면서 세상을 바꾸기 시작했다. 공업화는 수많은 산업 인력을 요구하므로 일자리를 찾아 농촌에서 신흥 산업 도시로 인구 이동을 촉진시켰고, 농업의 기계화는 봉건제도를 붕괴시키는 데에 크게 일조했다. 이전까지 농노의 신분으로 살아오던 사람들이 이제 도시로 이주하여 공장 노동자로 살아가게 되었다. 산업화는 수많은 노동자들이 있어야만 가능했는데, 의료와 농업에서의 기술 혁명은 유럽의 인구를 급증시켜서 노동력 문제가 해결되었다. 영국에서 시작된 이런 공업화는 프랑스와 독일을 비롯하여 전 유럽으로 확산되어갔다. 이후 과학 기술과 산업의 발전은 가속도를 더하여 인간의 삶을 문자 그대로 완전히 변모시켜 놓아서 오늘에 이르고 있다.

태고로부터 시작된 인류 역사에 있어서 18~20세기의 짧은 시간 내에 이룩한 업적은 많은 부작용이 있음에도 불구하고 참으로 놀랄만하다. 절대 다수의 사람들을 노예 수준의 삶으로 내몰던 전제왕권과 봉건주의 제도들이 타파되고 백성들의 손으로 국가 지도자를 선출하게 되었으며, 귀족과 천민으로 구분되던 신분제도가 사라졌고, 빈부의 양극화 현상도 상당 부분 해소되었다. 과학의 발달로 전염병을 비롯한 질병과 식량 부족으로 인한 기아의 문제도 어느 정도 해결되었고 평균수명은 3배 가까이 늘어났다. 겉으로 본다면 역사 이래 지속된 인류의 간절한 소망의 대부분이 이루어졌다고 할 만하다. 현대를 살아가는 사람치고 싫든 좋든 인문주의와 계몽주의의, 이성주의의 혜택을 누리지 않는 자는 단 한사람도 없을 것이다.

도대체 무엇이 이것을 가능하게 했을까?

교육

그렇다. 교육이 바로 이 모든 것을 가능하게 했다. 국민교육의 보편화로 말미암아 사람들의 의식 수준이 높아지고 기술 문명이 발달한 결과 이런 놀라운 기적들이 일어났다. 이런 이유로 근대와 현대의 가장 큰 업적을 '교육의 대중화' 라고 평가한다. 1868년에서 1886년 사이에 영국, 프랑스, 벨기에, 독일을 비롯한 유럽 대부분의 지역에서 초등교육이 의무화되었으며, 1900년에 이르러서는 문맹률이 5%이하였다. 고대사회에서는 최상류층만이 교육을 받을 수 있었다. 지배자들이 자신들의 기득권을 지키기 위하여 교육의 보편화를 억제했고 또 가난한 자들은 현실적으로 교육을 받을 방법이 없었다. '무지' 는 '죄악' 이라고 할 만큼 무서운 것이다. 고대사회에 빚어졌던 모든 비극들은 다 무지의 소산이었다. 4천 년 역사의 교훈을 통하여 이렇게 말할 수 있다.

바로 알지 않고는 바로 믿을 수가 없다.
한 시대의 성직자들이 무식하면 그 시대는 물론 다음 시대까지 불행해진다.
성직자의 무지보다 더 큰 죄악은 있을 수 없다.

역사 흐름의 여기쯤에서 멈추어 돌이켜 보면 기독교인의 한 사람으로서 안타까운 마음과 흐르는 눈물과 통곡과 오열을 감출 수가 없다. 르네상스, 인문주의, 계몽주의가 타도의 대상으로 삼았던 당시 유럽의 전제정권의 왕들과 봉건영주들은 하나같이 기독교인들이었기 때문에 기독교는 곧 타도의 대상이 되었다. 어릴 때는 신실한 기독교 신자들이었던 이들이 대학을 다니면서 사리분별을 하게 되자 스스로 기독교인이라는 것을 수치스럽게 여기고 기독교 타도에 앞장을 섰다. 이런 안타까운 일은 요즘 우리나라에서도 흔히 있는 일이다. 왜 이런 비극이 일어날까? 무엇이 문제였을까? 누가 이 문제에 책임을 져야하나? 교회사에서 다루는 대상 중 이보다 더 중요한 문제가 있을 수 있을까?

인류 문명의 아직 초창기였던 약 3천 5백여 년 전에 세계구원을 위하여 선택받았던 이스라엘 사람들에게 주어진 최초의 성경 모세오경 속에 들어있는 시내산계약법은 무엇을 말하고 있었던가? 시내산계약법은 인간을 가장 불행하게 하는 신분과 지위, 빈부의 격차를 근본적으로 해결하는 법을 담고 있었으며, 이 법의 실천을 가리켜 '거룩한 삶'이라고 했고, 가난하고 불행한 자의 대명사인 고아와 과부와 나그네를 위한 대책을 제도로 정착시키라고 명령하고 있다. 시내산계약법 해석에 있어서 가장 중시해야 할 부분은 '레위지파의 구별'이다. 제사장과 레위인들을 단순히 제사를 집례하고 성막을 돌보는 사람들로 해석한다면 이보다 더 비극적인 착오는 없다. '레위지파 성별'은 '교육을 위한 성별'이요, '교육 제도'이며, 인구대비 12:1을 교사로 세워 전 국민에게 그 시대가 줄 수 있는 최고 양질의 교육을 제공하기 위한 대책이었다.

근대와 현대에 이르러 성취한 업적의 이상적인 모습을 시내산계약에서는 이미 제시하고 있었다. 예수님께서 주신 신약의 복음서의 말씀들은 시내산계약법의 형식이 아닌 정신의 실천을 요구하고 있다. "내가 율법이나 선지자나 폐하러 온 줄로 생각지 말라. 폐하러 온 것이 아니요 완전케 하려 함이로다."(마태복음 5:17)라는 말씀은 이를 일컬음이다. 이스라엘 역사와 교회사의 비극은 성경 해석의 오류에서 빚어졌다.

성경과 신앙 해석에서 빚는 오류의 근본은 세상과 하나님나라를 구분해놓고 하나님나라에 초점을 맞추는 데에 있다. 가정-직장-사회생활과 교회생활-예배-기도-전도-영혼구원을 분리하여 후자를 더 중요시하게 되면 반드시 비극이 찾아온다. 신앙생활은 죄악이 지배하는 세상으로 들어가 변화의 불꽃을 지펴서 하나님나라를 확장해가는 삶, 즉 세상의 빛과 누룩이어야 한다.

사람은 누구나 본능적으로 좋은 것을 받아들이게 되어있다. 이를 잘 아시는 하나님께서는 이스라엘로 하여금 세상에서 가장 좋은 공동체를 가나안에 만들어 온 세상에 보여주라고 하셨다. 시내산계약법은 이를 위한 법이었는데, 그들이 실패하자 교회 공동체에 그 사명을 주셨고 로마제국을 맡기셨다. 그러나 중세교회는 로마제국을 맡아서 하나님나라의 모형 즉 세상에서 가장 좋은 국가 제도를 만들기는커녕 온 세상에서 지탄을 받는 '암흑기'를 만들어내고 말았다. 이는 결코 용서받을 수 없는 범죄 행위이다. 왜냐하면 세상의 구원은 고사하고 세상을 멸망의 구렁텅이로 몰고 갔기 때문이다.

그런데 더 안타까운 것은 지금도 또 그 오류를 반복하고 있으면서도 도대체 무슨 짓을 하고 있는지조차 모르고 있다는 사실이다.

6. 공산주의 혁명

유사 이래 최초로 산업화 시대가 등장하자 인간의 이기심이 적나라하게 드러났다. 공장 주인들은 자신들의 욕심을 채우기 위하여 힘없는 노동자들을 사람이 아닌 일하는 기계로 취급하여 가혹하게 부려먹었다. 6~7살 된 어린이들이 새벽 2~4시에서부터 밤 10~12시까지 중노동에 시달렸다는 사실은 도무지 믿어지지 않지만 사실이었다. 이 시대에 영국의 상류 가정에 태어난 아이는 평균 38세까지 살 수 있었지만 도시의 노동자 자식으로 태어나면 평균 17세를 살았다. 산업화의 선두

주자였던 벨기에서 1885년 작성된 한 보고서에 의하면, 죄수 한 사람에게 지출되는 의식주 비용이 부부와 자녀들로 구성된 한 가족의 생계비보다 많았다는 사실은 당시의 노동자들이 얼마나 저임금에 시달렸는가를 잘 보여주고 있다. 주거 환경은 더말할 수 없이 열악했다. 런던의 슬럼가의 어떤 집에서는 침대가 한 개씩 있는 9개의 방으로 구성된 집에서 73명이 살았다. 다락에서, 지하실에서, 방 하나에서 혹은 방 한 구석에서 한 가족이 살아야 했는데, 창문 수에 따라 세금을 매기므로 대부분의 방에는 창문조차 없었다. 하수 시설이 없었으므로 주거 지역은 늘 오수로 질퍽거렸고 악취와 전염병의 온상이었다.

농촌에 남아있는 농노의 형편도 마찬가지였다. 독일의 농노는 1910년까지도 하루 18시간을 노예처럼 일해야 했으며, 영국에서도 주부는 물론 6살 된 아이까지 일을 해야 했고, 10여 살 된 여자아이들이 하루에 14시간 일을 하고 받는 보수는 7펜스였다. 이들은 사람이 아니라 일하는 짐승이었다. 견디다 못해 항의하면 그 순간 그는 감옥으로 끌려갔다. 러시아에서 1855년부터 1861년까지 500회의 농민 폭동이 일어났다는 사실은 당시 농노들이 얼마나 고단한 삶을 살았는가를 말해주는 확실한 증거물이다.

산업화는 엄청난 양의 소득을 얻어냈다. 그러나 절대다수의 공장 노동자들과 농노들(프롤레타리아)에게 돌아가는 몫은 짐승 수준의 삶을 겨우 연명하는 정도였고 대부분은 소수의 자본가(부르주아)들에게 돌아갔다. 도시가 공해와 슬럼가로 오염이 되자 부자들은 한적한 교외에 별장을 짓고 여유 있는 삶을 즐겼다. 철도는 이런 삶을 가능하게 해주었다. 이 시기에 유럽은 '부자'와 '빈자'라는 두 민족으로 양극화되어 있었다.

이런 현실의 모순을 예리하게 꿰뚫어보며 프롤레타리아의 편에서 그들의 아픔을 몸으로 느끼며 치를 떨고 분개하던 한 젊은이가 있었다. 명석한 두뇌의 소유자였던 그는 이 문제 해결에 일종의 사명감을 느끼고 역사 자체를 '경제'의 입장에서 새롭게 해석해 나갔다. 인간에게 가장 큰 영향을 주는 것은 경제, 즉 먹고사는 문제라는 데에 초점을 맞추어서 역사를 정리했는데, 헤겔의 변증법(정·반·합의 이론)과 포이에르바하의 유물론을 이용하여 '변증법적 유물론'을 완성한 후, 역사를 부자와 가난한 자라는 두 계급의 투쟁으로 보는 '경제사관'을 발전시켰다. 이 사람이 잘 알려진 칼 마르크스(Karl Heinrich Marx, 1818~1883)였다.

마침 같은 시기에 찰스 다윈의 '진화론'이 발표되자 마르크스는 쾌재를 불렀다. 적자생존 즉 약육강식의 논리에 기초한 진화론은 기독교 신앙의 기초를 이루는 '창조론'을 정면으로 반박했는데, 이것이 마르크스의 구미에 딱 맞아떨어졌다. 인문주의자들이 가졌던 기독교에 대한 반감은 마르크스에게서 절정에 이르러서 기독교는 만악의 근원이었고, 반드시 타도해야 할 적중의 적이었다. 마르크스가 기독교에 대하여 이런 악감정을 가진 이유는 중세 기독교가 가진 자의 정점에 서서 최고의 부귀와 사치를 누리고 있었기 때문이다. 유럽에서 제1의 귀족은 기독교 성직자들이었고, 왕과 봉건영주들을 비롯하여 가진 자들은 모두 기독교인이었다. 심은 대로 거뒀고 부메랑으로 돌아왔다.

적자생존, 약육강식의 논리가 짐승의 세계를 지배하듯이 인간의 세계에서도 부자와 빈자가 서로 투쟁을 해왔는데, 지금까지는 가진 자들이 일방적으로 승리했지만 이제는 반대로 가난한 자들이 힘을 모아 부자들을 타도할 때라고 마르크스는 목청을 돋우었다. 가난한 마르크스를 지성으로 돕던 부자 친구 엥겔스는 "다윈은 생물의 세계에서 진화의 법칙을 발견했고, 마르크스는 인간의 역사에서 진화의 법칙을 발견했다."라고 찬사를 아끼지 않았다.

마르크스의 이론들은 1848년 런던에서 「공산당 선언」이라는 이름으로 출간되었다. 이 책은 서문에서 다음과 같이 소름끼치는 선언을 하고 있다.

하나의 유령이 유럽에 출몰하고 있다. 공산주의라는 유령이.

그는 계속해서 이렇게 말한다.

공산주의자는 그 목적이 현존하는 모든 사회 질서를 힘으로 뒤엎음으로써만 달성된다는 것을 공공연히 선언한다. 지배계급을 공산주의 혁명 앞에 전율케 하라. 프롤레타리아는 쇠사슬 외에 잃을 것이란 아무것도 없다. 그리고 그들 앞에는 쟁취해야할 세계가 있다.

사람은 본능적으로 좋은 것을 찾는다. 따라서 좋은 것, 괜찮은 것이 만들어지면 틀림없이 누군가가 써먹게 되어있다. 「공산당 선언」역시 예외는 아니었다. 「공산당 선언」이 발표된 후 많은 논란이 있었지만 급진적인 인사들에게 프롤레타리아들을 위한 혁명 이론으로 지지를 받고 있었다. 그런데 이것을 실제로 러시아에서 현실에 적용시킨 사람이 나타났으니 레닌(Vladimir Ilich Lenin 1870~1924)이 그 사람이다.

러시아는 1890년에 가서야 뒤늦게 산업화에 뛰어들었으나 풍부한 자원을 바탕으로 놀라울 정도로 진보가 빨라서 1891년에 시베리아 횡단철도(9,280km) 공사가 시작되었으며, 철, 석탄, 석유, 면화 등은 세계 4위의 생산국이 되었고, 산업화 성장률이 영국, 독일 등 선발 유럽 국가들보다 앞섰다. 1902년에 이르러서는 러시아 노동자의 약 50%가 1천 명 이상의 종업원을 가진 공장들에 고용되어 있었다. 이쯤 되자 선발 국가들이 겪었던 각종 사회문제가 등장했다. 다른 나라들은 여러 홍역을 겪으면서 노동법, 복지정책 등을 통하여 문제를 해결해 나갔으나 유독 러시아는 이런 문제에 무관심하여 급진 세력이 발을 붙일 환경을 마련해주었다.

본격적인 민중봉기에 불이 붙은 것은 1905년 1월 22일 사건이었다. 페테르스부르크(Sankt Peterburg)86)에서 파업에 돌입한 노동자들과 그 가족, 시민들 20여 만 명이 일요일을 맞아 산보하듯이 평화적으로 황제의 궁을 향해 시위를 벌였으나 경비병들이 총과 칼로 무자비하게 진압하여 1천여 명이 사망하고 수 천 명이 부상하는 사태가 발생했다. 이를 역사에서는 '피의 일요일'의 사건이라 부르는데 레닌은 '위대한 혁명의 예행연습'이라 했다. 이후 러시아의 다른 도시 지역은 물론 농촌에도 격렬한 투쟁이 걷잡을 수 없이 일어났으며, 흑해 함대의 병사들도 합세하여 상관을 살해하고 "전제정치 타도하라! 국민의회 만세!"를 부르짖었다.

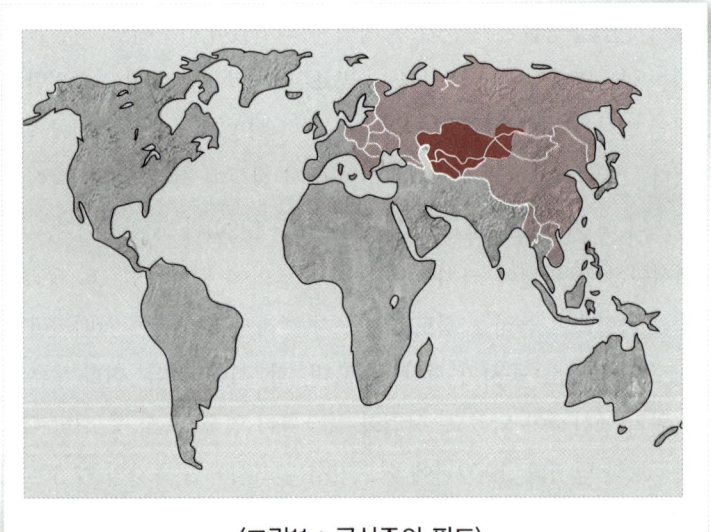

〈그림11 : 공산주의 판도〉

---

86) 공산주의 혁명이 시작된 도시이며, 스탈린그라드, 레닌그라드 등으로 불리다가 소비에트 연방이 붕괴한 후는 다시 본래의 이름으로 불리고 있다.

혁명의 과정에서 레닌은 온건파에 밀려서 수 차례 망명생활을 해야 했으나 결국 1917년 다시 이 도시로 돌아와서 혁명으로 러시아를 장악하여 역사 이래 최초로 '프롤레타리아 국가'를 탄생시켰다. 러시아에 공산주의 국가가 들어서자 그 여파는 실로 컸다. 〈그림11〉에서 보듯이 30여년 만에 유럽, 아시아 등 전 세계의 태반이 공산화되었다. 어떻게 이렇게 짧은 순간에 공산주의가 확산되어갈 수 있었을까?

항상 이치는 단순하다. 사람은 더 좋은 것을 받아들이기 때문이다. 공산주의가 이렇게 순식간에 지구의 절반을 휩쓴 이유는 가난한 사람들에게 그것이 복음으로 받아들여졌기 때문이다. 역사 이래로 약 90%의 사람이 짐승처럼 살았고 나머지 10% 정도의 사람들은 부귀영화를 누렸다. 지배자들은 자신들의 기득권을 유지하기 위하여 신분제도를 비롯한 각종 제도를 만들어 냄으로써 대다수의 민초들은 늘 인간 이하의 삶에 시달려야 했다. 공산주의자들은 이들을 향하여 이렇게 외쳤다.

> **여러분은 모르는가! 놈들이 먹고 있는 빵 조각은 여러분의 자녀들로부터 빼앗은 것이다! 놈들이 마누라에게 사치스러운 선물을 할 수 있게 하기 위해 여러분이 빈곤에서 허덕이고, 굶주림에 시달리고, 추위에 떨고, 심지어는 몸까지 팔지 않을 수 없다!**

그러면 이제 어떻게 해야 하는가? "농민들은 합세하여 지주를 처단하고 땅을 나누어 가져라! 공장노동자들은 공장 주인을 죽여 없애고 공동으로 공장을 차지해라!" 공산주의자들의 이런 선언은 소수의 지주들과 자본가들인 부르주아에게는 사형 선고로 들렸겠지만 다수의 프롤레타리아에게는 감동 그 자체였다. 대대손손 노예의 삶을 살아왔던 한을 풀 기회가 찾아왔으니 그냥 넘어갈 리가 없었다. 대국 러시아에서 먼저 이런 혁명이 성공하자 도미노현상으로 번져나간 것이다.
  공산화의 물결이 미치지 못한 곳은 산업화의 부작용을 노동법, 복지법 등을 동원하여 적극적으로 대처한 소위 선진국들이었다. 유럽에서도 동유럽과 같이 아직 선진화되지 못한 나라들은 공산화라는 도미노의 파도를 견뎌내지 못하고 무너져 버렸다.

  이런 공산주의를 이제 우리 기독교인들은 어떻게 이해해야 할까? 이에 대한 이해를 위해서는 성경전체와 그 역사 4천 년을 전체에서 바라볼 필요가 있다.
  잘 아는 바대로 구약성경의 중심은 두 '출애굽' 이다. 이스라엘 사람들에게 있어서 하나님은 어떤 하나님이었는가? 출애굽의 하나님, 즉 이스라엘 사람들이 애굽에서 종살이할 때 아무런 조건없이 해방시켜 주신 하나님이셨다. 율법서나 예언서에서 하나님께서 이스라엘에게 중요한 말씀을 하실 때는 "나는 너를 애굽 땅, 종 되었던 집에서 인도하여 낸 너의 하나님 여호와로라."(출애굽기20:2, 신명기5:6)라고 하셨으며, 이런 말씀은 율법서와 예언서에서 수없이 반복되고 있다. 그러면 이스라엘에 대한 하나님의 요청은 무엇인가? "너희가 남의 노예가 되어 인간이 아닌 짐승의 삶을 400년이나 살아보니 어떻더냐? 그 삶이 얼마나 인간을 비참하게 하는지를 뼈에 사무치도록 겪어보지 않았느냐? 어느 누구도 너희를 돌보지 않을 때 나 여호와가 종살이하던 너희를 아무런 조건없이 구출해주었으니 너희도 인간 이하의 삶을 사는 노예들을 구출해 내라. 이것이 내가 너희를 구원해주는 조건이다." 구약의 율법에서 말하려는 중심은 바로 이것이다. 가나안 땅은 이런 삶, 하나님나라를 보여주는 삶을 실현하기 위하여 주신 땅이었다. 그러나 이스라엘이 왕정기에 접어들면서 세상나라와 다를 바 없이 부자와 빈자로 양극화 되어가자 예언자들이 등장하여 하나님의 이름으로 그들을 책망했다. 무엇을 책망했는가? 애굽에서 종살이하던 너희를 인도하여 내신 하나님을 배반하지 말라는 것이었다. 이스라엘이 듣지 않자 그들에게 내려진 징벌은 다시 종살이로 돌아가는 것이었다. 바벨론 포로 생활은 이것을 말하며 다시 노예살이를 하면서 뉘우치자 이스라엘에게 다시 한 번 기회를 주셨는데 포로 귀환이 그것이다. 이를 이사야서에서는 '새 출애굽'이라 불렀다. "다시 노예 생활에서 벗어날 기회를 줄 테니 가난한 자들을 돌보는 삶을 살아라." 그러나 신구약 중간기를 지나면서 이스라엘은 또 양극화 사회로 가고 말았다. 유대교(서기관-바리새 종교)는 인간을 의인과 죄인으로 구분하여 신앙을 가진 자의 이념(이데올로기)으로 전락시킨 것이다. 그 대가로 다시 비참하게 패망하여 나라를 잃고 전 세계에 떠돌이 생활을 해야 했다. 여기까지가 구약성경이다.

그렇다면 신약성경은 무엇을 말하는가? 한 마디로 요약하면 이스라엘이 실패한 것을 다시 시작하는 이야기가 신약이다. 이 목적은 예수님께서 하신 다음의 말씀에 잘 나타나 있다.

내가 율법이나 선지자나 폐하러 온 줄로 생각지 말라. 폐하러 온 것이 아니요 완전케 하려 함이로다.(마태복음 5:17)

주의 성령이 내게 임하셨으니 이는 가난한 자에게 복음을 전하게 하시려고 내게 기름을 부으시고 나를 보내사 포로된 자에게 자유를, 눈먼 자에게 다시 보게 함을 전파하며 눌린 자를 자유케 하고 주의 은혜의 해를 전파하게 하려 하심이라.(누가복음 4:18~19)

예수님께서는 율법과 선지자를 완성하러 오셨다. 율법과 선지자의 완성이란 무엇을 말하는가? 출애굽목적의 성취를 말한다. 예수님께서 오신 목적은 '주님의 은혜의 해' 라는 이름으로 다시 선포되고 있다. 주님의 은혜의 해란 무엇인가? '희년'을 말한다. 희년은 무엇을 말하는가? 노예들, 즉 하비루들을 위한 법의 완성을 말한다. 이는 「하비루의 길」과 이 책의 앞에서 다룬 바와 같다. 즉 예수님께서 오신 목적은 이스라엘이 실패한 것을 완성하시는 데에 있다. 오순절에 성령님이 초대교회 교인들에게 임하여 3천 명, 5천 명이 회심한 후 그들은 무엇을 했는가? 희년의 법을 실천에 옮겼다. 인간의 힘으로 자신의 재산을, 타락한 이기심을 극복하는 것은 불가능하다. 그런데 성령님이 임하자 가능해졌다. 부자가 천국에 들어가는 것, 즉 사람의 힘으로 자신의 재산을 포기하는 것은 불가능하지만 하나님으로서는 다 하실 수 있다. 진정으로 성령님을 받은 증거는 타락한 죄성의 두드러진 열매인 이기심을 극복하는 데에 있다. 성령님의 주요 사역은 이기심을 비롯한 죄성의 지배로부터 해방시키심이다. 오순절 이후 초대교회는 성령님의 지배를 받는 삶을 살았고, 그 결과 유사 이래 가장 강대한 나라였던 로마제국을 굴복시켰다. 그런데 중세기로 접어들면서 길을 잘못 들었다. 유대교와 마찬가지로 이원론적인 사고에 빠진 것이 가장 큰 원인이었다. 하나님나라와 세상나라, 수도원과 세속, 수도사와 세속인을 구분한 결과 수도를 위한 수도, 교회를 위한 교회, 신앙을 위한 신앙이라는 함정에 빠졌고, 기독교 신앙은 또 다시 가진 자를 위한 이념(이데올로기)이 되어버렸으며, 봉건주의 체제 속에서 농노들의 비참한 삶은 철저하게 외면당했다.

육체를 가지고 세상의 삶을 살아야 하는 평범한 사람에게 가장 중요한 것이 무엇일까? 하나님을 섬기는 가족들이 감사하는 마음으로 한상에 둘러앉아 배부르게 먹으며 오순도순 다투지 않고 사는 것 이상의 행복은 없다. 간혹 철인들이 있어서 먹고사는 문제를 초월할 수도 있겠지만 그것은 인구의 절대다수를 차지하는 평범한 사람들에게는 해당 사항이 아니다. 인간의 육체적인 현실을 잘 아시는 하나님께서는 이런 문제를 지극히 현실적으로 해결하는 방안을 율법으로 주셨다. 즉 성경은 이런 현실적인 문제에 대한 하나님의 해결 방법을 담고 있다. 하나님께서는 인간의 육체적인 현실뿐만 아니라 영적인 현실 또한 너무나 잘 아신다. 타락한 인간의 끝없는 이기심은 쉽게 해결될 수 없기에 이 문제를 단순히 법이나 제도로 묶어놓지 않으시고 신앙적인 차원에서 해결하라고 하셨다. 출애굽 당시에 경험한 10가지 재앙, 홍해도하, 광야생활 등을 통하여 하나님을 직접 체험하게 하신 것은 살아계신 하나님을 신뢰할 때만 율법을 실천에 옮길 수 있다는 사실을 하나님께서는 잘 아셨기 때문이다.

그러나 가나안에 입주한 이스라엘의 지도자들은 결국 하나님을 배반하고 자신들의 이기심에 따라 부귀영화를 누리기 위하여 힘없는 백성들을 노예 계층으로 전락시켰다. 교회 공동체 역시 중세기로 접어들면서 같은 길을 갔다. 수천 년을 참고 기다리시던 하나님께서는 이제 더 이상 절대다수의 인간들이 짐승 이하의 삶을 살아가는 것을 묵과하실 수가 없었다. 약한 자들을 담보로 사치를 누리는 지배자들에 대한 징계를 시작하셨다.

누가복음 4:18~19에 기록된 말씀은 구약 이사야 61:1~2의 인용인데, 두 본문을 비교해보면 미묘한 차이를 발견하게 된다.

주의 성령이 내게 임하셨으니 이는 가난한 자에게 복음을 전하게 하시려고 내게 기름을 부으시고 나를 보내사 포로된 자에게 자유를, 눈먼 자에게 다시 보게 함을 전파하며 눌린 자를 자유케 하고 주의 은혜의 해를 전파하게 하려 하심이라.(누가복음 4:18~19)

주 여호와의 신이 내게 임하셨으니 이는 여호와께서 내게 기름을 부으사 가난한 자에게 아름다운 소식을 전하게 하려 하심이라 나를 보내사 마음이 상한 자를 고치며 포로된 자에게 자유를, 갇힌 자에게 놓임을 전파하며 여호와의 은혜의 해와 우리 하나님의 신원의 날을 전파하여 모든 슬픈 자를 위로하되(이사야 61:1~2)

본문에 차이가 있는 이유는, 신약에 인용된 구약의 본문은 당시에 쓰이던 구약이 히브리어 성경이 아니라 그리스어 번역본(이를 '70인역' 이라 부름)이었기 때문인데, 누가복음에는 이사야에 있는 '우리 하나님의 신원(伸冤)의 날' 이란 부분이 빠져있다. 신원은 '원수 갚음' 이다. 즉 '하나님의 원수 갚으심' 이 예수님께서 선언하신 누가복음에 없음을 어떻게 이해해야 할까? 단지 번역상의 차이로만 지적하고 말아야 할까? 하나님의 원수 갚으심은 가난한 자들을 착취한 부자들에 대한 비참한 도륙을 말한다. 누가복음에 이 구절이 빠진 것은 이런 비참한 일이 일어나지 않기를 바라는 주님의 심정이 반영된 섭리라고 본다면 무리일까? 분명한 것은 하나님께서는 교회가 신분, 지위, 빈부의 격차를 없애는 구원사역을 온전히 해내서 온 세계가 하루라도 빨리 가난한 자들의 한 맺힌 원한이 신앙적으로 해결되기를 바라셨다는 점이다. 하나님께서 원하시는 것은 구원이지 심판이 아니다. 그러나 구약과 신약 공동체가 이 일에 실패하자 할 수 없이 채찍을 드셨다.

〈그림12〉에서 보는 바와 같이 레닌이 높이 걸어 놓은 공산주의 깃발은 무엇을 말하고 있는가? 붉은 색 바탕은 '파리의 코뮌'(Paris Commune)[87]에서 시작된 '피의 혁명' 을 뜻하며 망치와 낫은 '노동자와 농민의 피맺힌 한' 을, 5각 별은 '5대륙' 을 상징하고 있다. 전 세계 5대륙에서 역사 이래 지속된 노동자와 농민의 한을 피의 혁명 즉 가진

〈그림12 : 공산주의 국기〉

자들에 대한 무자비한 학살을 통하여 풀자는 섬뜩한 선언이다. 바꾸어 말하면 공산주의는 극단적으로 치달은 '세속적인 하비루 해방운동'이다. 레닌이 프롤레타리아 해방운동의 깃발을 내걸자 기다렸다는 듯이 급속도로 전파되어 세계의 절반 정도를 순식간에 점령했고, 가는 곳마다 지주들, 지배자들은 인민의 적으로 몰려 모조리 비참하게 학살을 당했다. 더더욱 놀라운 것은 공산주의자들이 숙청해야 할 1순위는 기독교 성직자들이었다는 점이다. 그들에게 있어서 기독교는 인민의 아편이요 성직자들은 아편을 팔아서 치부하는 장사꾼이므로 반드시 없애야 할 대상이었다. 중세 천 년 동안 성직자들이 봉건제도를 만들어놓고 농노들에게는 천국의 보상을 약속하고 그들이 현실에서 당하는 고통을 외면하면서 자신들은 최고의 귀족 생활을 했으니 이런 비판에 할 말이 없다.

기독교 국가였던 유럽에서 인문주의와 공산주의가 등장하여 전제왕권과 봉건주의를 타파하고 기독교를 파괴하며 지배자들을 잔인하게 학살한 일이 우연일까? 구약의 이스라엘 성직자와 지배자들을 앗수르,

---

87) 1871년 파리에서 독재정권에 대해 반발한 민중혁명이 일어나서 2개월 동안 지배했던 것을 말한다. 민중정부를 두려워한 보수파는 외세(프러시아)를 끌어들여 혁명을 잔학하게 분쇄했는데 이 과정에서 살해된 사람만 약 2만 5천명이었다. 이 사건은 마르크스와 레닌에게 큰 영향을 주었다. 마르크스는 "파리의 노동자는 그 코뮌과 함께 새 사회의 빛나는 선구자로 영원히 찬양받으리라."라고 평가했고, 레닌은 파리코뮌에 대한 연구에 많은 시간을 보냈는데. 실패 원인을 지배자들을 보다 과격하게 살해하지 않고 관대하게 대했기 때문이라고 했으며, 1924년 레닌이 죽었을 때 파리코뮌의 붉은 기로 그의 관을 덮었다.

바벨론, 로마 사람을 동원하여 도륙하시던 하나님께서, 중세 기독교 성직자들의 만행에 대하여 "공산주의자들을 동원하여 이와 같이 심판하셨다."라고 말한다면 억지이며, 터무니없는 주관적 해석이라고 해야 할까?

오리엔트 시대에 메소포타미아 지역으로부터의 가나안 침략은 흔히 있는 일이었다. 그런데 앗수르와 바벨론의 등장을 지켜보면서 당시의 예언자들은 하나님의 징계의 수단으로 해석했다. 예언자들이 이렇게 볼 수 있었던 것은 그들이 '하나님의 입장'에 서 있었기 때문이다. 이들의 역사관은 '하나님의 관점'이었다. 사람의 입장에서 바라보는 세상 학문의 여러 사관들이 있다. 그러나 기독교인들이 가져야할 사관은 하나님의 입장이어야 한다. 어찌 보면 이는 지극히 당연한 일이다. 그런데 정작 교회사에서는 이런 작업에 너무나 소홀했다. 근대와 현대에 가장 큰 영향들을 준 르네상스, 인문주의, 시민혁명, 공산주의, 제국주의, 세계대전 등은 직접 교회사에서 다루어야할 대상이라고 여기지도 않고 있다. 앗수르와 바벨론 포로, 귀환은 이스라엘 역사와 구약신학의 가장 중요한 주제 중 하나이다. 그런데 교회사에서 교회의 존폐와 관련된 회교의 등장과 인문주의, 공산주의 등은 왜 관심 밖으로 밀려나 있을까? 사람의 관점에서 볼 뿐 하나님의 관점에서 보지 못했기 때문이다. 중세는 물론이요 현대교회의 비극은 '하나님의 관점의 부재'이다. 사람의 관점에서 사람의 사상과 의견인 신학, 교리, 사상들만 중요한 그 무엇으로 여기며 보수와 진보 등으로 나뉘어 자기들의 의견이 옳다고 사생결단의 싸움을 벌이다가 서로 이단이라고 저주를 퍼붓고 있다. 지나치게 교리논쟁을 일삼다가 회교의 등장으로 말미암아 교회의 흔적 자체가 사라지고 말았다는 교훈은 그 어디에서도 찾아볼 수가 없으니 이보다 더 한심한 노릇이 어디 있는가?

하나님의 심판은 죽은 다음에만 있는 것이 아니다. 지금 여기에서도 일어난다. 하나님께서는 천국은 물론이고 이 세상에서도 주인이시기 때문이다. 흔히 우리는 하나님의 심판의 대상을 아직 하나님을 믿지 않는 세상 사람들이라고 생각한다. 그러나 이는 착각 중에서도 심각한 착각이다. 이스라엘 역사와 교회사를 똑똑히 들여다보라. 구약역사에서 하나님의 심판의 대상은 이방인이 아니라 이스라엘이었고, 교회사에서는 회교도들과 인문주의, 계몽주의, 공산주의자들을 통하여 성직자와 교회를 심판하셨다. 세상을 구원할 자로서의 사명을 받고서 그 역할을 다하지 못하니 그들이 먼저 심판을 받아야 한다. 이는 당연한 이치다. 그런데 구원자의 역할을 제대로 하지 못하면서 자신은 구원받은 자요 세상은 심판받으리라고 말하는 것은 직무유기이자 책임 회피이며 하나님의 입장에서 보면 용서받지 못할 범죄 행위이다.

이런 시각으로 교회의 발자취를 뒤돌아 볼 때 우리는 너무나 잘못된 길로 너무나 깊숙이 들어왔다. 너무 늦었다는 느낌을 지울 수 없지만 이제라도 돌이켜야 한다. 아무리 잘못했어도, 아무리 늦었어도 뉘우치기만 하면 생각을 고치시고 받아주시는 하나님의 긍휼하심이 있으니 아직 소망은 있다.

그러나 마지막 기회가 남아있다. 더 이상은 없다.

7. 제국주의

역사 이래 인간이 당면한 문제는 물자의 부족이었다. 식량을 비롯한 필수품의 부족 때문에 풍요를 기원하는 자연종교들이 생겨났다. 그런데 산업사회가 정착되면서 '물자가 남아돌아서' 문제가 되는 기막힌 시대가 시작되었다. 나날이 과학기술이 발전함에 따라 공장에서 너무 많은 물자들을 생산하면서, 소비가 미처 생산을 따라가지 못하자 '재고처리'라는 예기치 못한 일이 생겼다. 해결책을 모색하던 그들은 기발한 방법을 찾아냈다.

아직 산업화되지 않은 나라에다 남는 물자들을 팔아먹는 방법이 그것이었는데 일석삼조의 효과가 있었다. 남는 물건을 비싸게 팔 수 있는 소비시장이 생기고, 공업 원료와 식량을 싼 값에 확보할 수 있으며, 막대한 이익이 남았기 때문이다. 그런데 문제는 그 나라들이 고분고분 말을 듣지 않는다는 점이었다. 그러나 이것 역시 간단하게 해결했다. 앞선 기술문화로 만들어 낸 군함과 현대식 무기들을 앞세워 그 나라를 아예 식민지로 삼아 자국의 영토에 병합을 시켜버렸던 것이다.

산업혁명을 기반으로 근대 자본주의를 최초로 확립한 영국은 제1차 세계대전이 발발하기 이전까지 자국 영토의 100배에 달하는 55개의 식민지를 확보하여 가히 '해가 지지 않는 나라'를 건설했다. 19세기 중반부터 시작된 이런 제국주의의 등장은 영국에 이어 프랑스, 벨기에, 독일 등을 비롯한 후발주자들이 가세하여 지구촌 곳곳에서는 식민지 쟁탈전이 벌어졌는데, 아프리카는 이디오피아를 제외한 모든 나라가 식민지가 되었으며, 아시아, 아메리카, 오대양의 국가들도 거의 대부분 희생양이 되었다. 가해자들인 선진국이라 불리던 유럽의 국가들은 식민통치를 통하여 미개발국을 문명화시킨다는 명분을 내세웠지만 사실상 날강도들이었다.

문명의 전파라는 자본주의 국가의 구실은 '노예사냥'이라는 비인간적인 처사 앞에서는 변명의 말이 필요 없다. 돈이 곧 신이 되어버린 사냥꾼들은 돈이 되는 일이면 무엇이든지 가리지 않았다. 가혹한 식민지 정책과 경제 수탈, 문화재 파괴와 도굴, 약탈 등은 물론이고, 원시적인 삶을 살던 아프리카의 흑인들을 붙들어다가 노예로 팔아먹었다. 이들을 사서 부려먹는 최대의 인간 시장은 미국이었다. 개신교 신앙이 주류를 이루던 미국에서는 결국 흑인노예 문제 때문에 남북전쟁이라는 곤욕을 치루었을 뿐만 아니라 지금도 흑백문제라는 사회적인 문제를 안고 있다.

이런 제국주의는 가해자와 피해자 모두를 불행하게 했다. 피해 국가들은 식민통치의 고통과 수치를 감내해야 했고, 가해자들은 서로 이권을 확보하기 위해 맹수처럼 먹이를 놓고 서로 으르렁거리다가 자기들끼리 싸움판이 벌어졌다. 짐승의 세계에서나 있어야 했을 약육강식의 논리는 결국 '부메랑'이 되어 힘을 사용하던 자들에게 되돌아 왔다. "칼을 쓰는 자는 칼로 망한다."는 말씀은 제국주의 운동을 진단하는 데에 정확하게 들어맞는 말이다. 유럽 이외의 국가 중 유일하게 식민지 쟁탈전에 뛰어든 나라는 일본이었다. 일본역시 통상 압력의 희생자였지만 재빨리 수십 년 동안에 유럽의 앞선 기술문화를 흡수하여 한국과 중국, 동남아 지역을 점령해나갔으나 돌아온 것은 원자탄이라는 부메랑이었다.

고대로부터 강대국이 주변 나라를 정복하여 식민지로 삼고 대제국을 형성하는 일은 늘 있어왔다. 그러나 자본주의 국가가 등장한 이후의 제국주의는 인근 지역과 상관없이 전 세계를 대상으로 했는데 이는 과학의 발전 때문에 가능했다. 증기기관을 사용하여 계절풍에 상관없이 오대양을 누빌 수 있는 초대형 선박의 건조와 소수의 병력으로도 정복이 가능한 현대식 총포 등은 제국주의의 일등공신이었다.

서양인들은 선진국이라는 자부심에서 먼저 개발한 과학기술을 앞세워 전 세계를 영원히 지배하겠다는 야심에 차있었지만 그들의 이런 시도는 이기심 때문에 실패하고 말았다. 약탈을 일삼는 식민지 정책은 현지인들에게 씻을 수 없는 증오심을 심어놓음으로써 반발을 불러일으켰고, 침략자들은 자기들끼리 이권을 다투다가 자멸했다. 마음속으로부터 감동을 주지 못하는 강압 정책은 언제나 실패할 뿐만 아니라 가해자 역시 그 대가를 치르게 되어있다.

8. 세계대전

　제국주의가 등장한 이후 전 세계는 산업 선진국이라는 돈에 굶주린 맹수들이 후진국이라는 힘없는 먹이를 찾아다니는 '사냥터'였다. 영국을 선두로 산업화 된 나라들은 서로 앞을 다투어 과학기술로 만들어 낸 대형 군함에 현대식 무기로 무장한 군사를 싣고 전 세계를 샅샅이 뒤지며 사냥을 하다 보니 곧 먹잇감이 바닥나고 말았다. 그러자 이번에는 먹이를 놓고 맹수들끼리 서로 으르렁거리다가 싸움판이 벌어졌다. 초기에는 일부에서 일어났으나 점차 규모가 커져서 전 세계의 맹수들이 두 패로 나누어 싸우고 말았다.

　근대화와 산업혁명에서 후발주자였던 독일은 영국과 프랑스 등의 선발주자들이 식민지를 다 차지하고 자신에게는 돌아올 몫이 없는 것에 대하여 늘 불만이었다. 1910년대에 들어서면서 유럽은 영국, 프랑스, 러시아 3국 동맹과 독일, 오스트리아(헝가리), 이탈리아 동맹국 등으로 구성된 양대 진영의 대립이 격화되고 있었다. 긴장 관계가 무너지고 아직 경험하지 못했던 세계 전쟁의 뇌관은 발칸반도의 사라예보에서 터졌다. 이 지역은 오스만 터키가 오랫동안 지배해오다가 지배력이 약화되어 오스트리아의 영향 아래 있었는데, 오스트리아의 후계자 프란쯔 페르디난트가 사라예보를 방문했다가 암살을 당한 것이 도화선이 되어 1914년 7월 28일 제 1차 세계대전이 일어났다. 이후 1918년 11월 11일 종전이 되기까지 만 4년 동안 6대륙에서 30여 개국, 14억의 인구가 치열한 전투를 벌였으며, 군인 전사자 약 1천만 명, 민간인 사상자 약 1천만 명, 부상자 약 2천만 명이었다. 독일과 프랑스는 15~50세 인구의 각각 12%와 14%가 사망했으며, 격전지였던 프랑스 북부와 벨기에는 문자 그대로 폐허가 되었고, 영국과 프랑스는 국가 재산의 30%가 전쟁 비용으로 쓰였다.

　전쟁이 끝났을 때 전 세계적인 전쟁이 유래가 없었던 것과 같이 그 영향력도 컸다. 독일, 오스트리아, 터키, 러시아 등 4개의 제국에서는 군국주의 국가가 사라졌고, 특히 러시아에서는 전쟁 중에 레닌의 혁명이 성공하여 공산주의 국가가 등장하는 기회를 만들어주었다. 레닌이 등장한 1917년은 20세기의 분기점이라고 할 수 있다. 같은 해에 중립을 지키던 미국이 전쟁에 참여함으로 말미암아 전쟁은 조기에 종결되었으며, 미국의 윌슨대통령이 전쟁과 사후 수습을 주도함으로써 세계의 무게 중심은 유럽에서 미국으로 기울어졌고 이후 세계를 움직이는 두 인물은 레닌과 윌슨이었다. 인종과 피부색, 국력과 상관없이 모든 국가, 모든 인간은 평등하다는 것을 주장하는 데에서는 두 사람의 의견이 같았으나, 레닌은 프롤레타리아 중심의 계급 타파를 외쳤고, 윌슨은 자유주의, 민족자결(독립)을 주장했다. 이런 의견 차이로 말미암아 이념(이데올로기)의 대립과 냉전이 시작되었다. 제국주의로 말미암은 1차 대전은 제국주의 그 자체에 지대한 영향을 미쳐서 제국주의가 힘을 잃고 민주주의가 등장하는 길을 열어놓게 되었다. 1차 대전의 피해와 영향이 컸지만 그러나 이런 것들은 아직 장난 수준이었다. 이와는 비교될 수 없는 재앙들이 기다리고 있었다.

  전쟁이 그치고 얼마 지나지 않아 그 상처는 잊혀졌다. 공장에서는 각종 물건들을 부지런히 만들어냈고, 농부들은 기계를 동원하여 열심히 농사를 지었다. 전쟁으로 말미암아 폐허가 되어있었기 때문에 만드는 제품들은 날개 돋힌 듯이 팔려나갔고, 소득은 늘어났으며, 주가는 계속 상승하고, 전쟁의 소리는 들려오지 않고……. 모든 것이 다 잘되고 있으며 아무런 문제도 없어 보였고 언제까지나 이런 태평성대가 계속될 것 같았다. 그런데 전쟁이 끝난 지 10여년 된 1929년 10월 24일, '어두운 목요일'(Black Thursday)로 불리는 이날 날벼락이 떨어졌다. '경제공황'이라는 낯선 손님이 주가 폭락이라는 현상으로 찾아온 것이다. 경제공황의 이유가 여러 가지 있겠지만 가장 중요한 요인은 '과잉생산'이었다. 너무나 많은 물건이 쏟아져 나와 가격이 폭락하여 시장의 순환기능에 심각한 문제가 발생했는데, 미국에서 시작된 이런 현상은 곧 전 세계로 파급되어 세계 경제가 마비되고 말았다.

경제공황의 여파는 유럽의 자본주의국가를 대상으로 맹위를 떨쳤으나, 공산주의 체제인 소련에는 별로 영향을 미치지 못하였다. 이 시기에 소련은 아직 공업화가 달성되지 않았기 때문이었다. 1928년 권력을 장악한 스탈린은 '선진 사회주의 건설'이라는 표어를 내걸고 몇 차례의 5개년 경제 계획을 세워 공업화를 추진했다. 반대 세력에 대한 무자비한 숙청과 더불어 국가 주도의 강력한 계획 경제를 추진한 결과 소련은 외국 자본이나 민간기업의 도움없이 자력으로 공업화가 달성되어 1939년에는 미국과 독일 다음가는 수준으로 성장했다. 스탈린의 철권 정책에는 교육 개혁도 포함되어 있어서 1941년에는 문맹율이 15%이하로 달성되었다. 유럽이 경제공황으로 말미암아 몸살을 앓고 있는 동안 소련이 이처럼 비약적인 성장을 하자 유럽을 비롯한 전 세계에 대한 소련의 영향력이 그만큼 커졌다.

1차 대전의 혼란을 틈타 러시아에서 시작된 공산주의는 소비에트 연방이라는 강대국을 탄생시키면서, 동유럽과 아시아를 중심으로 확산되어 나갔다. 공산주의가 가는 곳마다 지배층들은 대대적으로 숙청을 당하여 처참하게 죽어갔고, 아직 공산화되지 않은 지역에서는 경제공황으로 말미암아 사회가 불안정해진데다가 사회주의에 매력을 느낀 농민, 노동자 등이 농지 탈취, 파업 등의 과격한 행동을 하자 자본가와 시민계급, 지주들은 불안해졌다. 이런 현상은 이탈리아의 파시즘, 독일의 나치즘, 일본의 군국주의가 등장하는 배경이 되었다. 이들의 공통점 중 하나가 반사회주의, 반공산주의인 이유는 여기에 있다. 이와 더불어 강력한 국가주의와 애국, 영토확장 정책 등을 내세워 강력한 독재정권을 수립했다.

무솔리니는 지중해를 '우리들의 바다'(Mare Nostrum)라고 부르면서 옛 로마제국의 부활을 꿈꾸며 북아프리카와 발칸반도를 침략하기 시작했고, 히틀러는 반유대주의를 통하여 국민들을 결속시킨 후 독일어 사용권에 대한 통일을 외치면서 오스트리아, 체고슬로바키아, 폴란드 등을 점령했으며, 일본의 군벌들은 유럽으로부터 아시아를 해방시키자는 구호아래 '대동아공영권'(大同亞共榮圈)을 기치로 내걸고 만주와 중국연안, 동남아시아 등을 차지하기 시작했다. 이들 세 나라가 서로 연합하여 세계 전체를 지배할 야심을 불태우자 반대진영들은 서로 결속하였고 1939년 전 세계는 다시 전쟁에 휘말려들게 되었다. 1차 대전이 끝난 지 겨우 20여 년만의 일이다.

1945년까지 지속된 2차 대전의 피해는 상상을 초월했다. 7천여 만 명이 전투에 참가했고, 사상자는 민간인 포함 약 4천여 만 명에 이르렀으며, 독일은 총인구의 8%를 소련은 약 10%를 잃었다. 일본은 히로시마와 나가사키에 원자폭탄이 투하되어 순식간에 10여 만 명이 목숨을 잃었다.

2차 대전의 피해가 컸던 만큼 영향도 컸다. 앞선 기술문명을 무기로 세계를 식민지로 삼아 지배하려던 유럽의 제국주의는 2차 대전을 통하여 종말을 맞았고, 종전과 더불어 대부분의 나라들은 독립을 했다. 서양인들로부터 식민통치를 경험한 나라들은 유럽의 앞선 기술문화와 민주주의는 적극적으로 받아들였지만 유럽인들에 대해서는 강한 증오심을 가지게 되어 이 지역에서 서양의 영향력은 사라지고 말았다. 이는 무자비한 식민지 정책이 얻은 당연한 결과이다. 제국주의는 두 차례의 전쟁으로 이어지면서 온 세상을 피로 물들였고 그 스스로도 무덤 속으로 사라지고 말았다.

2차대전을 통하여 세계에 대한 주도권은 유럽에서 미국으로 완전히 기울어졌으며, 동시에 소련이 급부상했다. 전쟁을 일으킨 독일, 이탈리아, 일본 등은 반공을 앞세웠지만 결과적으로 공산주의 국가인 소련이 득세하는 기회를 마련해주고 말았다. 이후 세계는 미국과 소련을 두 축으로 재편되어 냉전체제가 굳어졌다. 하지만 언제까지나 지속될 것 같던 이런 이념 전쟁도 1985년 소련에 고르바초프가 등장하면서 공산주의가 스스로 무너지면서 허무하게 끝나고 말았다. 공산주의는 결국 실패한 셈인데 가장 큰 이유는 '경제의 실패'였다. 강제력으로 부의 균형을 실현하려고 하면 결국 가난의 평준화에 도달한다는 교훈을 공산주의는 남겨주었다.

두 차례의 세계대전의 피해가 컸던 만큼 그 전쟁이 남긴 파장도 커서 제국주의는 사라졌으며, 인간의 이성으로 지상낙원을 건설할 수 있다는 환상도 깨지고 그 자리에는 회의주의가 찾아왔다. 이성을 신봉하던 이성주의는 그 한계에 도달하여 이성의 시대, 유럽의 시대, 1900년대는 서서히 저물어가고 2천 년대라는 새로운 시대를 맞이하게 되었다.

물음 51 이 사건들의 특징은 무엇인가?

기독교와 현대사에 지대한 영향을 준 앞의 물음에서 다룬 사건들이 지니는 가장 두드러진 특징 두 가지만 살펴보고자 한다.

1. 반기독교(反基督敎)

회교, 르네상스(인문주의), 공산주의 등의 공통점은 기독교에 대하여 극단적인 거부감을 가진다는 점이다. 인문주의자들은 반기독교적인 성향을 보이면서도 온건한 편이어서 '종교의 자유'를 허락했지만 회교와 공산주의가 가는 곳에는 교회의 흔적이 사라졌다. 특히 공산주의자들에게 있어서 기독교는 민중의 아편이었고, 기독교인들은 숙청의 대상 중에서도 첫 번째 순위였다. 기독교인의 입장에서 본다면 이런 사실이 참으로 안타까울 뿐이다.

중세교회가 바른 길을 가지 못하자 온 세상이 교회에 대하여 강한 반감을 가질 뿐만 아니라 교회 자체를 말살시키려고 했다. 지금도 마찬가지다. 교회가 제 역할을 못하면 교회를 박멸하려는 세력이 등장하게 마련이다. 이는 마치 소금이 짠 맛을 잃고 제 역할을 못하면 누군가가 나서서 내다 버리는 것과 같다.

2. 기독교 중심지에서 자생

반기독교 세력이 등장하는 과정을 살펴보면 더 놀라운 사실을 발견하게 된다. 회교는 아라비아사막의 서쪽 외진 메카에서 출발을 했지만 10여 년 만에 오리엔트 지역과 팔레스타인 즉 예루살렘을 점령하고는 이곳을 성지로 삼았다. 바꾸어 말하면 기독교의 발상지에서 회교가 등장한 셈이다. 중세의 신본주의에 반대하여 등장한 인본주의(인간주의)는 중세교회의 중심지인 이탈리아였다. 인문주의자들과 계몽주의자들이 주로 활동한 지역은 프랑스와 영국, 독일이었는데 당시 이들 국가는 가톨릭과 개신교의 중심지였다. 전제왕권과 봉건제도를 무너뜨리는 시민혁명 역시 프랑스, 영국 등에서 시작되었다. 공산주의 이론은 독일인 마르크스가 만들어냈는데, 출판은 영국에서 했으며, 공산주의 혁명이 일어나서 최초의 공산주의 국가가 세워진 러시아는 동방교회(정교회)의 중심지였다. 제국주의를 시작한 나라들을 보면 하나같이 가톨릭이나 개신교를 국교로 가지고 있는 나라들이었으니, 제국주의는 물론 제국주의의 열매인 세계대전 또한 교회의 산물이라고 할 수 있다.

극단적인 반기독교 세력이 교회 안에서 생겨나는 이런 사실들을 어떻게 설명해야 할까? 전혀 의외로 느껴지지만 곰곰이 생각해보면 그리 놀랄 일도 아니다. 교회를 다니던 사람이 교회에 대하여 실망을 하고 상처를 받으면 그 후로는 교회에 대하여 적대감을 품고 교회를 말살하려드는 이치와 같다.

교회는 세상을 향하여 감동을 주는 곳이어야 한다. 감동을 주는 것보다 더 좋은 선교는 없다. 보여주는 선교는 감동을 주는 선교를 말한다.

물음 52 인간주의, 어디에 이르렀나?

지금까지 살펴본 기원후 2천 년의 역사는 크게 세 흐름으로 볼 수 있다. 첫 번째 흐름은 교회가 로마제국의 박해를 받던 시기였으며, 두 번째 흐름은 기독교가 로마제국의 국교가 된 후 유럽 전 지역을 주도적으로 이끌어가던 중세기였다. 세 번째는 천 년 이상 지속된 중세교회의 지배에 대한 세속의 반발이었다. 세 번째 시기는 르네상스 이후 5백여 년 동안 지속되어 왔는데, 이 시기의 특징을 간략히 살펴보고자 한다.

첫째, 기독교에 대한 거부감이 팽배한 인간의 시대였다.
이 시대의 문을 연 르네상스운동 자체가 반기독교적인 성격을 가진다. 고대 그리스-로마문화를 통하여 인간을 재발견하였고 기독교가 지배했던 중세사회의 구조적인 모순을 지적하면서 중세기를 암흑기라는 이름으로 불렀다. 이 시대가 기독교에 대하여 거부감을 가진 것은 기독교 신학이나 교리의 문제에서 비롯된 것이 아니다. 기독교가 1천

5백여 년 동안 지배한 사회가 신분, 지위, 빈부의 격차로 말미암아 양극화되었고, 절대다수의 사람들이 인간이 아닌 짐승과 같은 삶을 살아야 했기 때문에 기독교를 거부한 것이다. 이 시기의 지식인들에게 있어서 하나님, 신앙, 계시를 강조하는 기독교의 신본주의(神本主義)에서 벗어나는 것과 인간의 해방은 같은 것으로 받아들여졌다. 그 결과 인간의 이성과 합리적인 사고를 중요시하는 인본주의(人本主義) 시대가 오게 되었고 기독교는 설 자리를 잃었다.

둘째, 인간의 해방을 추구한 시대였다.

중세기에는 하나님, 교회, 신앙을 강조하여 인간이 노예의 상태가 되었다고 생각한 인문주의자들은 하나님으로부터 인간의 해방을 추구하였다. 따라서 이 시대의 정신은 자유, 평등, 박애였다. 이런 시대정신을 구현하기 위해서는 먼저 전제왕권과 봉건제도를 뜯어 고쳐야 했으므로 격렬한 시민혁명과 공산주의 혁명이 일어났고, 시행착오를 거듭하면서 '민주주의'와 '사회주의'라는 제도가 생겨났다. 이로써 인간을 계급화 시키는 신분제도가 사라지고 정치와 교육의 분야에서 평등을 실현하게 되었다.

셋째, 인간 스스로 멸망을 자초한 시대였다.

이 시기에 가장 큰 영향을 준 사상은 지동설과 진화론이었다. 기독교의 하나님중심 사고와 창조론을 거부하는 이들의 주장이 반기독교적인 시대 분위기와 맞아떨어졌기 때문이다. 인간주의는 과학기술의 발전에서 에너지를 얻어냈다. 인간의 힘으로 전염병을 퇴치하고, 농업기술이 발전하여 기아로부터 해방이 되고, 기관차와 증기선이 등장하여 수송의 혁명이 일어나고, 문화적인 혜택을 주는 온갖 상품들이 쏟아져 나왔기 때문이다. 진화론은 인간의 힘으로 지상에서 이상적인 사회를 건설할 수 있다는 '진보'와 '발전'이라는 환상을 가지게 했다.

그러나 제국주의는 식민지 쟁탈전 과정에서 서로 싸우다가 자멸해 버렸고, 힘으로 세계를 지배하려던 서양에 대한 증오심만 남겨놓고 말았다. 제국주의와 세계대전, 대량살상 무기와 환경오염 등은 이런 환상에서 깨어나게 하면서 동시에 절망감과 불안감에 빠지게 했다.

넷째, 인간의 욕심이 지배한 시대였다.

르네상스운동이 인간의 자유와 평등, 박애를 부르짖었지만 결과는 그 반대로 가고 말았다. 과학기술은 현대식 무기제조에 가장 먼저 사용되었고, 군사력을 앞세워 식민지 건설에 나서게 되었다. 인문주의자들이 가장 활발하게 활동한 국가들이 식민지 건설에 앞장을 섰으며, 자유, 평등, 박애를 부르짖은 인문주의 정신은 제국주의 물결 앞에서 아무런 힘도 없었다. 인간의 욕심은 식민지 쟁탈전과 노예사냥으로 나타났고 세계대전으로 이어졌으며, 지금도 첨단기술은 최첨단 무기제조에 가장 먼저 쓰여 지고 있다. 노동자와 농민을 위한 나라 건설을 추진한 공산주의 역시 인간의 욕심 때문에 실패했다. 정치인들은 독재자들이 되었고, 공장과 농지를 공동으로 운영한 결과 생산성 저하로 말미암아 빈곤의 평준화가 실현되었다. 자본주의 국가에서는 빈부의 격차를 좁히기 위하여 각종 복지 정책으로 보완하고 있으나 과다한 복지 비용은 기업과 국가의 경쟁력 약화로 이어져서 그 역시 한계를 드러내고 있다.

인간주의가 지배한 지난 500여 년 동안 고안해낼 수 있는 방법을 다 실험해보았으나 결국은 한계에 부딪혔다. 인간이 하나님으로부터 독립하여 스스로 이상적인 나라를 만들어 보려고 하면서 나름대로의 성과를 거두었지만 결국은 스스로 무덤을 판셈이다. 세계 전쟁의 경험과 재발 가능성, 대량 살상 무기, 환경오염이 그 증거물들이다.

인간 '욕심'의 문제가 근본적으로 해결되지 않는 한 인간이 시도하는 일은 결국 멸망을 자초하게 된다. 이는 지난 500년이 주는 교훈이다.

욕심.

어떻게 해결해야 하나? 인간 스스로에게는 인간 본성인 '욕심'을 해결할 능력이 없다. 교양과 윤리 교육으로는 이 문제가 해결되지 않는다. 이에 대한 성경의 대답은 '하나님'이다. 부자가 천국에 들어가는 것 즉, 부자가 스스로 자신의 재산을 가난한 자들에게 나누어주는 것은 낙타가 바늘구멍으로 나가는 것 보다 힘들지만, 하나님의 도우심으로는 충분히 가능하다. 성경이 제시하는 하나님 나라의 모형인 거룩한 나라는 신분·지위·빈부의 차별이 없는 것을 말하는데, 이것은 바로 인문주의자들이 추구하는 이상적인 나라의 모습이다. 성경은 하나님의 도우심, 즉 신앙의 차원에서만 인간의 욕심을 극복하고 이런 이상을 이룰 수 있다고 말하고 있다.

중세교회에 대한 반발, 무엇을 말하나?

앞에서 살펴본 바와 같이 르네상스 이후의 시대는 동서양을 막론하고 기독교에 대한 거부감이 팽배했던 시대였다. 서양에서는 중세기독교의 만행을 인문주의자들이 고발함으로써 기독교에 대해 거부감을 가지게 했으며, 식민통치를 받은 아프리카, 아시아, 아메리카의 원주민들은 기독교 국가들의 제국주의적인 식민통치와 더불어 제국주의적으로 진행된 선교로 말미암아 기독교에 대해 거부감을 갖게 되었다. 이런 현상을 어떻게 설명해야 할까?

계약파기.

이것이 그 대답이다. 신구약 성경의 이름은 '계약'을 뜻한다. 구약은 세상을 구원하기 위하여 선택된 이스라엘과 하나님께서 맺으신 계약이며, 신약은 예수님께서 이스라엘을 대신하여 선택하신 교회공동체와 맺으신 새로운 계약이다. 계약은 계약의 당사자가 의무를 다하지 않으면 파기될 수 있다. 이스라엘 역사에는 두 번의 계약파기가 들어있다. 르네상스 이후에 전개된 역사는 교회공동체와 맺은 계약파기라고 할 수 있다. 왜냐하면 계약이 파기될 때 나타나는 결과와 맥을 같이 하기 때문이다. 계약파기의 증거는 다음과 같다.

1. 땅의 상실

하나님께서 세상을 구원하시는 방법은 구원사역을 할 공동체와 계약을 맺으시고 그들에게 땅을 주시며, 그 땅에다 하나님나라의 모형을 만들게 한 후, 세상에 그 나라를 보여주어, 세상 사람들이 보고 구원에 이르게 하시는 데에 있다. 이스라엘 공동체에 주어진 땅은 가나안이었고, 교회 공동체에 주어진 땅은 로마제국이었다. 중세기 때에 지중해 세계와 유럽 전체를 교회가 다스리며 주도권을 행사한 것은 이런 연유에서다. 계약 공동체에 주어진 땅을 성경에서는 '거룩한 땅', '약속의 땅', '젖과 꿀이 흐르는 땅'이라고 말한다. 계약의 땅은 계약을 맺은 사람에게 주어지며, 계약을 준수할 때만 유지된다. 모세의 유언인 신명기에서 "너희 하나님 여호와께서 너희에게 명하신 모든 도를 행하라. 그리하면 너희가 삶을 얻고 복을 얻어서 너희의 얻은 땅에서 너희의 날이 장구하리라."(신명기5:33)라는 내용의 말씀이 수없이 반복되고 있는 이유는 여기에 있다. 예언자들의 선포에 의하면 이스라엘이 나라를 잃고 땅을 빼앗기는 것은 계약파기의 증거였다.

교회에 주어졌던 지중해 세계와 유럽 대륙의 땅은 계약이 파기되면서 사라지기 시작했다. 제일 먼저 땅을 잃어버리는 사건은 '회교의 등장' 이었다. 기독교의 발상지이며 기독교가 가장 활발했던 오리엔트 지역과 북아프리카, 스페인, 소아시아 지역이 회교에게 넘어간 것은 우연이 아니다. 교회가 보여주는 선교의 역할을 해내지 못하자 땅을 회수하신 것이며 이는 계약파기의 명확한 증거다. 유럽 지역이 아직 남아있었던 이유는 그들이 계약을 지켜서가 아니라 회교에 의해 멸망한 지역의 교훈을 살려 계약을 지킬 기회가 주어지고 있었던 것인데, 중세교회가 사명을 다하지 못하자 르네상스 이후 땅이 회수되고 말았다. 유럽 전체가 하나로 통일되어 교회의 지배를 받고 있었으나 르네상스 이후 민족주의와 국가주의가 득세하면서 다 흩어지고 말았다. 현재는 바티칸의 베드로 성당 하나만 남아있다. 면죄부를 기초로 지어진 이 건물은 계약파기가 어떤 것인가를 보여주는 역사적인 교훈의 증거물이다.

2. 성전(교회)파괴

구약에 등장하는 '언약궤' 는 문자 그대로 계약서 상자를 말하며 성전은 계약서를 두는 곳이다. 성전에서 제사를 드린다는 것은 곧 계약을 기억하며 지키고 있다는 뜻이다. 따라서 법궤와 성전, 제사의 존재는 계약이 살아있다는 증거물이다. 바꾸어 말하면 어떤 이유로든지 성전(교회)이 파괴되고 제사(예배)가 멈추면 계약이 파기되었다는 뜻이 된다.

회교와 공산주의가 등장한 곳에는 교회가 다 파괴되고 말았다. 현재 성지순례라는 이름으로 현지를 돌아보면 간혹 돌무더기만 남아있는 곳을 볼 수 있는데, 그나마 돌무더기조차 남아있지 않은 곳이 훨씬 더 많다. 이 지역들은 이미 성지가 아니다. 단지 '계약파기의 현장' 일 뿐이다. 기독교인들에게 신앙의 발상지인 성지란 남아있지 않다. 계약이 파기된 증거물로서 돌무더기만 남아있을 뿐이다. 성지순례가 아닌 계약파기의 증거물인 돌무더기를 돌아보면서 '돌무더기의 교훈'을 얻어야 한다. 그 교훈을 얻지 못한다면 지금 우리도 똑같은 처지를 당하게 된다.

3. 자유(역사의 주도권) 상실

역사의 주관자이신 하나님께서는 사람을 통해서 일하시기 때문에 구원의 사명을 받은 공동체에게 역사의 주도권을 맡기신다. 중세시대는 이것을 잘 보여주고 있다. 교회가 그 시대를 지배했었고 교회의 권위는 곧 하나님의 권위였다. 그런데 르네상스 운동 이후 교회는 권위를 상실했으며 범세계적으로 교회에 대한 적대감이 팽배해졌다. 교회가 자리 잡았던 지역에서는 중세교회의 실패 때문에 반발이 일어났고, 제국주의와 더불어 진행된 식민지역에서는 선교는 곧 제국주의의 침략이라는 인상을 주어서 기독교에 대한 반발이 일어났다. 무엇을 말하는가? 왜 이런 일이 벌어졌는가? 우연일까? 아니다. 계약이 파기되었다는 뜻이다.

계약이 파기될 때 나타나는 현상이 있다. 땅의 상실, 교회의 폐지, 주도권 상실이 그것이다.

누구의 책임인가? 54

르네상스시대의 지식인들은 기독교가 지배하던 중세 유럽을 '암흑기'라고 불렀다. 이런 평가는 교황청의 만행, 떠돌이 수도사들의 비행, 가혹한 전제왕권, 인간을 계급으로 나누는 신분제도, 절대다수의 사람들을 농노로 전락시킨 봉건제도 등에서 비롯된 것이다. 그들은 인간의 자유와 평등, 박애를 부르짖으며 하나님으로부터 인간의 해방을 선언했다. 신본주의와 대립되는 인본주의가 등장한 원인도 중세교회에 있다.

중세기에 살았던 농노들의 비참한 현실은 물론, 회교의 등장과 인간주의, 제국주의, 세계대전, 공산주의 등에 대한 책임 역시 중세교회에 있다는 것을 인정하지 않을 수 없다. 좀 더 구체적으로 누구에게 책임이 있는가?

중세교회의 성직자들이다.

이들에게 모든 책임이 있다. 4천 년 역사를 돌이켜 보면서 얻어야 할 가장 큰 교훈은 성직자가 주어진 책임을 다하지 못하면 그 자신과 그 시대는 물론 그 다음 시대까지 비극이 일어난다는 사실이다. 성직자의 위치는 그만큼 중요하다. 그에게 그 시대와 그 다음 시대의 운명이 걸려있다. 지난 4천 년을 돌이켜 보면 이에 대한 증거가 몇 차례 등장하고 있다.

구약의 시내산계약법에 의하면 12지파 중 하나인 레위지파를 구별하여 성직을 맡겼다. 전 국민 대비 12:1이 성직자인 셈인데 왜 이토록 많은 사람이 필요했을까? 이들의 억할이 그만큼 중요했기 때문이다. 제사장들은 단순히 제사(예배)의 집례자가 아니었다. 전국에 흩어져 살면서 백성들을 신앙으로 지도하며 교육을 시켜야하는 중요한 역할이 주어졌기에 생업에 종사하지 않아도 되는 제도를 만들어 놓았다. 지배자 등 특수층에서만 교육을 받던 고대의 상황에 비추어 본다면 이스라엘의 교육제도는 출발 당시인 3,500여 년 전부터 전 국민을 대상으로 무상교육을 실시한 셈이다. 성직자의 임무는 백성들을 무지에서 일깨워 최고의 지성인으로 키워내며 신앙생활을 바르게 하도록 지도하며 그 시대의 나아갈 바를 제시하는 최고의 정신적인 지도자이다.

이스라엘이 가나안에 입주한 이후인 사사시대에는 제사장들이 제 역할을 하지 못하여 제 3의 인물인 '사사'들이 등장해야 하는 비극을 맞았다. 지도자 없이 방황하던 이스라엘은 결국 세상나라의 정치제도인 왕정을 도입했다. 왕정으로 말미암아 이스라엘의 비극은 더 심해졌다. 다윗 이후 세습왕조가 이어지면서 왕정의 폐해가 노출되어 고위관리와 대지주들이 등장했고 제사장들 역시 왕의 참모가 되어 최고의 신분과 귀족의 삶을 누렸다. 반면에 일반 백성들은 소작농으로 전락하여 사회의 양극화가 첨예화되고 말았으니 이는 전적으로 제사장들의 직무 유기의 결과였다. 이에 하나님께서는 다시 제3의 인물인 '예언자'들을 통하여 제사장들을 책망하며 본연의 임무로 돌아갈 것을 촉구했으나 권력과 부귀영화에 젖은 성직자들은 듣지 않았고 그 결과 북이스라엘과 남유다는 멸망했는데 예언자들은 이를 '계약파기'라고 규정지었다.

바벨론 포로에서 귀환한 것은 파기되었던 계약의 회복이었고 이스라엘은 다시 시작했다. 에스라와 느헤미야가 유대교의 기초를 놓았고 랍비라 불리는 서기관들이 그 전통을 이어갔다. 그러나 신구약 중간기라 불리는 500여 년을 보내면서 유대교 지도자들인 제사장(사두개인)들과 서기관-바리새인들이 또 오류를 범하여 계약이 다시 파기되고 이스라엘은 로마제국에 비참하게 멸망된 후 유대인들은 전 세계에 흩어져 떠돌이 생활을 해야 했다.

구약의 이스라엘 역사에는 성직자들의 직무유기로 말미암은 비극이 세 차례가 있었으며, 교회사에서는 천 년 이상 지속된 중세교회의 성직자들이 제 역할을 해내지 못해서, 근대와 현대에 엄청난 비극이 일어났다. 그런데 더 안타까운 것은 지금도 성직자의 직무 유기는 또 반복되고 있다는 점이다. 이사야의 탄식의 소리가 지금도 울려 퍼지고 있다.

하늘이여 들으라! 땅이여 귀를 기울이라!

무엇을 어떻게 잘못했나? | 물음 55

중세의 성직자들이 무엇을 어떻게 잘못하여 이런 비극이 일어났을까? 앞에서도 누누이 지적했지만 이는 중요한 문제이므로 다시 간략히 정리해보고자 한다.

1. 잘못된 이해

구약 공동체인 이스라엘과 신약공동체인 교회의 역사 4천 년을 돌이켜보면서 얻을 수 있는 가장 큰 교훈은 무엇일까? 보는 시각에 따라 다르게 보일 것이다. 그런데 지금까지 지켜본 바에 의하면 그 대답은 다음과 같다.

바른 이해 없이 바른 신앙을 가질 수 없다.

열심히 믿는 것과 바르게 믿는 것, 이 둘은 마치 자전거의 두 바퀴와 같다고 할 수 있는데, 열심히 믿는 것도 중요하지만 바르게 믿는 것이 더 중요하다. 왜냐하면 바르게 믿지 않으면서도 열심히 믿을 수는 있겠지만 바르게 믿으면서 열심히 믿지 않을 수는 없기 때문이다. 유대교와 중세교회에서 계약이 파기될 당시 신앙의 열심이 없었던 것이 아니다. 서기관과 바리새인들은 교인 하나를 얻기 위하여 바다와 육지를 두루 돌아다닐 만큼 전도에 열심이 있었고, 유대인들은 신앙을 지키기 위하여 목숨을 초개같이 여겼다. 중세교회의 십자군전쟁을 살펴보면 '소년 십자군'이 등장했을 만큼 열의가 있었다. 유대교와 중세교회의 공통적인 비극은 '바른 이해 없는 열심 신앙'이었다.

신앙에 대한 바른 이해는 일반 평신도의 몫이 아니다. 전적으로 지도자들의 직무요 책임이다. 사사기와 왕정기의 제사장, 유대교의 서기관-바리새인, 중세시대의 신부들의 잘못된 이해가 문제였다. 잘못된 이해의 주요 사례들은 앞에서 지적한 바와 같은데, 오류를 범하게 한 근본 원인은 무엇이었는가?

이원론적인 사고.

이것이 문제였다. 성경에 근거한 헤브라이즘과 세속문화의 상징인 헬레니즘의 차이는 일원론과 이원론의 차이이다. 초대교회 수도사들이 아무런 문제의식 없이 그리스 은둔자들의 수도방식을 받아들인 것이 기회가 되어 세상과 수도원을 둘로 구분하는 이원론적인 사고가 교회 내에 자리 잡았다. 교회가 범한 가장 큰 오류는 이원론적인 사고에 근거한 기독교의 역사관의 정립이었다. 역사를 세상나라와 하나님나라의 갈등관계로 보는 어거스틴의 역사관은 중세사회에 심대한 영향을 끼쳤고, 르네상스 이후 지성인들은 바로 이 이원론적인 역사관에 반기를 들었다.

중세 성직자들의 오류는 성속을 분리하는 이원론적인 윤리관과 역사관에서 비롯되었다. 이런 이원론적인 사고는 유대교의 서기관-바리새인들이 범했던 오류였는데 중세교회에서 다시 등장했다. 유대교는 의인과 죄인, 선민과 이방인 등을 구분하여 길을 잘못 들었다.

2. 잘못된 영성운동

잘못된 이해는 잘못된 영성운동으로 이어지고 현실의 삶에 잘못 적용하여 잘못된 제도를 만들어낸다. 유대교와 중세교회는 이런 점에서 공통성을 가지고 있다.

❶ 유대교

유대교 랍비들의 최대 관심은 "내가 거룩하니 너희도 거룩하라."는 말씀을 철저하게 지키는 데에 있었다. 이 말씀을 어겨서 나라를 잃고 전쟁포로가 되어 바벨론 종살이라는 쓰라린 경험을 했기 때문에 다시는 그런 비극이 없어야 한다고 생각했다. 거룩해져야 한다는 생각은 옳았지만 무엇이 거룩한 것인가라는 문제에는 접근을 잘못했다. 그들은 그리스의 알렉산더 이후에 몰아닥친 세속화 앞에서 신앙의 기초가 흔들리자 신앙의 정체성을 확립하기 위하여 '율법의 형식'을 중요시했다. 형식을 강화하지 않고서는 내용을 지킬 수가 없어서였고 이런 판단은 옳았다. 그런데 문제는 시간이 지나면서 내용과 정신은 사라지고 형식만 남았으며, 인과응보의 교리로 말미암아 병들고 가난한 사람, 힘없는 사람은 율법을 지키지 못하는 '죄인'들이 되고 말았다. 건강한 사람, 가진 자, 성공한 사람만이 율법을 지킬 수 있는 '의인'이 되었고, 그 결과 유대교는 우상종교의 논리인 가진 자의 종교로 전락했다.

❷ 중세교회

순교적인 신앙을 가졌던 초대교회의 순수한 신앙인들은 순교적인 삶을 동경한 나머지 극단적인 고행의 길을 가는 은둔자의 삶을 실천에 옮겼다. 은둔의 삶을 '거룩한 삶'이라고 단순하게 생각하여 거룩함에 대한 오해에 빠지고 말았다. 그 결과 성속, 즉 수도원과 세상은 분리되었고 사회가 가진 자와 가지지 못한 자로 양분되는 것을 방조했을 뿐만 아니라 신앙의 지도자들은 지배자의 자리에 서서 기독교를 가진 자를 위한 종교로 전락시키고 말았다.

유대교와 중세교회는 거룩해지려는 열망이 없어서가 아니라 '거룩함'에 대한 바른 이해가 없어서 잘못된 길로 갔다. 신분과 지위, 빈부의 격차가 없는 공의와 평등을 실현하는 삶이 거룩함이라는 것을 이해하지 못한 것이 모든 비극의 가장 큰 원인이었다.

'지도자들의 바른 이해' 그 중요성은 아무리 강조해도 지나치지 않다.

3. 잘못된 적용

성속이원론은 영성운동에 적용되어 은둔수도사들이 등장했으며 이들의 영향력이 커짐에 따라 사회는 수도원 윤리와 세상 윤리로 구분이 되었다. 하나님의 말씀을 따르며 신앙생활을 제대로 하려면 수도원에 들어가 수도원 규칙을 지켜야 했고 세상에 남은 사람은 세상의 방식대로 살았다. 교회와 세상은 같이 만날 길이 없었다.

4. 잘못된 제도

이원론적인 사고에 근거한 교회는 하나님나라인 교회와 수도원에 치중한 나머지 세상나라를 변화시키고 개혁하려는 데에는 관심을 가지지 않았다. 단지 세상에서 농노로 살고 있는 사람들로 하여금, 교회 중심의 신앙생활을 하다가 죽은 다음에 영혼이 구원을 받도록 하는 데에만 관심을 가졌을 뿐이다. 이렇게 되어 그 사회는 양극화되었다. 소수의 권력자인 대지주들과 다수의 소작농(농노)들로 사회는 양분되었고, 신앙의 지도자들은 가진 자의 정점에서 최상류의 삶을 누리면서 이런 모순을 해결하려기보다는 체제를 유지하는 데에 관심을 기울였다. 유대교의 제사장들이나 정통유대인들(서기관-바리새인)이 최고의 권력과 재산을 소유했고 중세교회에서는 교황과 추기경, 주교들이 또한 첫 번째 귀족들이었다. 신앙은 이들을 제도적으로 뒷받침하기 위한 도구요 방편이었다.

5. 역사성의 상실

예수님께서 유대교 지도자인 서기관-바리새인들을 책망하신 가장 큰 죄목은 '역사성의 상실'이었다. "너희가 저녁에 하늘이 붉으면 날이 좋겠다하고 아침에 하늘이 붉고 흐리면 오늘은 날이 궂겠다하나니 너희가 천기는 분별할 줄 알면서 시대의 표적은 분별할 수 없느냐?"라는 말씀은 이를 뜻한다. 이런 책망은 중세 성직자들에게도 동일하게 적용될 수 있다. 중세교회 지도자들의 가장 큰 문제는 역사성의 상실이다. 역사의식이 없다보니 회교의 등장과 십자군전쟁, 마녀사냥 등에 대하여 광신적이요 비인간적으로 대처하면서도 아무런 문제의식을 느끼지 못하고 말았다. 지도자가 갖추어야 할 필수적인 자질은 역사적인 안목이라는 것은 상식이다. 그런데 왜곡된 신앙은 역사에 대한 이해를 차단한다.

역사성을 상실하면 두 가지 측면에서 문제가 생긴다. 물려받은 신앙전통을 재해석하려는 시도와 기준을 상실하는 것이 하나요, 다른 하나는 그 시대가 나아갈 방향을 상실하는 것이다. 이 둘을 상실하는 결과는 파국이다.

물음 56 현대 500년은 무슨 시대였나?

중세기는 교회가 모든 면에서 주도권을 가진 시대였다. 종교재판을 통하여 신앙과 관련된 문제들을 처리했으며, 십자군 전쟁에서 보았듯이 선전 포고는 물론 전쟁 수행까지 교황이 주도했다. 세상의 황제와 왕들, 영주들도 모두가 기독교인이었으며, 최고의 정치인과 참모들은 추기경 또는 주교였다. 교회 안이나 밖 전부를 기독교인이 지배했던 시대가 중세 유럽이었다.

그러나 르네상스 이후 사정이 반전되었다. 중세기를 '암흑기'라고 부른 르네상스인들은 고대 로마와 그리스 고전에 탐닉했고 이런 전통은 이후의 인문주의자들과 계몽주의자들을 비롯한 세속적인 지성인들에게 이어졌다. 과학의 발달과 산업화, 시민혁명을 통한 민주화, 공산화 과정을 통해 세상은 기독교와 더욱 거리가 멀어지고 말았다. 회교와 공산주의 지역에서는 기독교에 대한 적대감 때문에 교회가 흔적도 없이 사라져버렸고, 본래 기독교 지역이었던 유럽에서는 인문주의자들이 '종교의 자유'를 강조하여 기독교가 명맥을 유지할 수는 있었지만 전반적인 반응은 반기독교적인 정서였다. 아프리카와 아시아 등 기독교 제국의 식민통치를 받은 지역에서는 반서양적인 태도 때문에 기독교를 적대시했다.

따라서 세계 어느 곳에서도 중세기에 누렸던 것과 같은 교회의 주도권은 찾아볼 수 없게 되었다. 비록 수적으로 우세하기는 했지만 기독교는 회교, 힌두교, 유교 등 세계적인 종교들 가운데 하나에 불과했다. 과학의 등장이 기독교와 대립된 배경에서 출발했기 때문에 과학적인 사고를 가진 현대의 지성인들은 동서양을 막론하고 기독교신앙에 대하여 호의적이기보다는 비판적인 시각을 가지게 되었다.

르네상스 이후에 나타난 이런 현상을 기독교의 입장에서는 어떻게 받아들여야 할까?

신약의 바벨론 포로기.

교회가 절대권을 가지고 있던 중세기와 비교해 본다면 인간의 이성이 지배하던 지난 500년 동안은 기독교의 바벨론 포로기라고 할 수 있다. 이스라엘 사람들이 하나님과 맺은 계약을 어김으로써 계약이 파기되고 전쟁포로가 되어 바벨론에서 주도권을 잃어버린 노예생활을 했던 것처럼 교회는 르네상스를 맞으면서 궁색하게 살아남는 데에 급급해야 했다.

교회의 포로기, 어떻게 지냈나? 물음 57

기독교를 흔적도 없이 사라지게 한 회교와 공산주의 정책은 이스라엘을 말살한 앗수르와 비슷하다. 따라서 이 지역에서는 허물어진 교회의 돌무더기와 숙청당한 기독교인들에 대한 핏자국 이외의 것은 찾아 볼 수가 없다. 반면에 종교의 자유를 허락한 자유주의 국가의 정책은 유대인들에게 자치를 허락했던 바벨론의 정책과 유사했다. 비록 기독교에 대하여 차가운 눈초리를 보냈지만 인간의 자유를 중요시하는 르네상스 정신에 따라 종교적인 활동을 법으로 금하지 않았으므로 힘겹게 살아남을 수 있었다. 남왕국 유다가 바벨론에 멸망을 당하여 포로로 잡혀갔을 때 신명기 사학자라고 불리는 사람들이 등장하여 이스라엘의 신앙을 다시 회복시켰던 것처럼 이 시기에 전면에 나서서 신앙을 새롭게 해석한 사람들이 있었다.

1. 저항(Protestant) 운동

　가톨릭교회가 전권을 휘두르던 중세기에는 앞에서 살펴본 바와 같은(물음 46) 종교개혁 선구자들이라 불리는 몇 명의 사람들 이외에는 교황의 절대권력에 저항다운 저항을 한 흔적을 찾아보기 어렵다. 이들을 교회사에서는 '종교개혁자'라고 부르고 있다. 그런데 르네상스 시기에 이르러 교황청을 향하여 정면으로 맞서는 도전적인 사람을 만나게 된다.

　교회는 물론 세계사의 흐름을 바꾸는 이 역할을 해낸 사람은 잘 아는 바와 같이 독일의 마르틴 루터(Martin Luther, 1483~1546)였다. 아버지의 권유에 따라 법학을 공부하던 루터는 친구와 길을 가다가 나무 밑에서 소나기를 피하고 있었는데 하필 벼락이 그 나무에 떨어져 친구가 그 자리에서 즉사했다. 친구의 죽어가는 모습에 충격을 받은 루터는 법률을 공부하여 출세하려던 생각을 버리고 수도원에 들어가 모범적인 수도사 생활을 했다. 수도원에서 가톨릭교회의 가르침과 수도 생활에 충실했음에도 불구하고 루터는 내면의 문제 즉 구원과 죄의 문제로 심각한 갈등과 고민이 생겨 오랫동안 방황의 시간을 보내다가 로마서를 통하여 해답을 발견하였다. 루터의 이런 신앙 체험은 그 자신은 물론이고 종교개혁에 지대한 영향을 끼쳤다. 그의 개인적인 신앙 경험이 종교개혁의 원동력이 된 것이다. 당시 가톨릭교회는 면죄부 판매를 통하여 베드로 성당의 건축 자금을 확보하고 있었는데 마침 루터가 거주하던 비텐베르크에서도 면죄부를 판매하려고 하자 이에 격분한 루터는 교황과 가톨릭교회의 오류를 낱낱이 고발하는 95개 조항의 격문을 비텐베르크 성문에 게재했다. 그 날이 1517년 10월 31일이었는데, 역사는 이 날을 종교개혁의 시발점으로 보고 있다.

　교회사는 물론 세계사에서도 루터가 차지하는 비중이 워낙 크고 또 그에 대해서는 잘 알려져 있다. 그렇다면 여기서 다루는 시각에서 보앞을 때 루터는 어떤 위치를 차지하고 있을까?

❶ 제2의 바울

　루터신학의 핵심이 '신앙의인'(信仰義認) 즉 "행위가 아닌 믿음으로 의롭다하심을 얻는다."라는 것은 개신교인이면 다 아는 사실이다. 루터는 이 교리를 바울의 로마서와 갈라디아서를 읽으면서 발견했다. 즉 루터는 바울이 1천 5백 년 전에 했던 이야기를 다시 한 셈이다. 그렇다면 루터는 왜 바울의 주장을 반복했을까? 바울과 루터가 당면했던 시대적인 배경이 비슷했기 때문이다. 바울은 유대교의 형식적인 율법주의 때문에 신앙의인을 강조해야 했다. 즉 안식일 법을 비롯한 유대교 율법의 형식을 지키면 의롭다함을 얻는다는 교리에 반대하여 예수님의 구속하심에 대한 믿음과 하나님께서 베푸시는 용서의 은총으로 구원을 얻는다고 했다. 바울의 이런 주장은 유대교의 가르침에 따라 율법의 행위로 의로워지려던 자신의 경험에 근거한 것이었다.

　루터 역시 비슷한 문제에 봉착했다. 수도원이 중세에 미친 영향은 가히 절대적이었으며, 그에 따라 인간의 수도행위가 구원문제에 중요한 비중을 차지한다고 생각하였다. 즉 속죄를 위한 여러 가지 수도의 행위들을 실천하면 죄 용서함을 받으며 구원에 이른다는 것이 당시의 가르침이었다. 친구가 벼락을 맞아 죽는 모습을 보고 수도의 길을 선택한 루터는 모범적인 수도생활을 통하여 구원에 이르려고 온 힘을 기울였다. 그러나 그런 노력을 기울일수록 구원에 대한 확신과는 오히려 거리가 멀어져서 구원의 확신을 얻기 위하여 몸부림쳐야 했다. 그의 이런 내면의 갈등과 고통은 바울의 서신 특히 갈라디아서와 로마서를 읽으면서 해결이 되었다. 바울과 루터는 같은 문제를 가지고 씨름을 한 셈이다.

　바울이 예수님을 만난 후 복음의 관점에서 유대교를 재해석했다면 루터는 바울의 로마서를 통하여 신앙의인의 교리를 발견한 후 그 관점에서 중세교회를 재해석했다. 바울의 재해석이 초대교회와 기독교를 가능하게 했다면 루터의 재해석은 개신교를 통한 본래적인 기독교의 회복을 가능하게 했다.

루터, 그는 제2의 바울이었다.

❷ 헤브라이즘 전통의 회복

신앙의인 교리와 더불어 루터의 가장 큰 공헌은 천 년 이상 지속된 수도원의 폐지였다. 신앙의 세속화에 반발한 1세대 수도사들이 보여준 순수한 신앙의 열의는 그리스의 은둔사상과 결합되면서 기독교 신앙이 잘못된 길로 가는 오류를 범하고 말았다. 이에 대해서는 앞에서 누누이 언급한 바와 같다. 모범적인 수도사였던 루터는 수도의 옷을 벗고 세속의 옷으로 갈아 입었으며, 수도는 수도원이 아니라 세상 속에서 해야 한다는 생각에서 자신을 따르던 수도사와 수녀들을 결혼시켜 세속으로 내려 보냈다.

루터의 이런 행동은 단순히 수도원의 문제에 국한되지 않는다. 세속 수도를 강조하여 세상의 삶을 중요시한 것과 현실의 문제를 소홀하게 여기는 스콜라신학을 배격한 것은 천 년 이상 지탱해 온 중세교회의 흐름에 대한 거부이며 새로운 세계를 향한 발돋움이었다. '일원론'이 특징인 헤브라이즘이라는 흐름은 시내산계약법이 원천이며 예언자전통을 통해 흘러내리다가 유대교의 이원론적인 신앙 때문에 흐름이 중단되었다. 그러다가 율법과 선지자를 완성시키러 오신 예수님으로 말미암아 다시 흐르기 시작하여 사도들을 통해 초대교회에 줄기차게 흘러가기 시작했다. 그러나 이원론적인 사고에 기초한 수도원 운동이 주류였던 중세기를 맞으면서 다시 흐름이 중단되었는데 이제 루터로 인하여 다시 그 물꼬가 트이게 된 것이다.

루터를 비롯한 종교개혁자들의 주요 업적은 '헤브라이즘 전통의 회복'이라고 할 수 있다.

❸ 예언자 전통의 회복

헤브라이즘 전통의 두드러진 특징은 예언자적인 신앙이다. 헤브라이즘의 흐름이 차단되었던 유대교나 중세 기독교에 예언자적인 활동을 찾아볼 수 없는 이유는 여기에 있다. 예언자적인 활동의 특징들은 다음과 같다.

첫째, 말씀 선포다.

하나님의 영에 사로잡힌 예언자들의 주된 활동은 하나님의 말씀 선포 즉 설교였다. 수도사 전통의 중세교회가 미사 중심의 예배였던 반면에 루터는 설교 중심의 예배를 강조했다. 구약의 예언자들은 설교를 통하여 세상의 이권과 쾌락에 취해있는 이스라엘 사람들로 하여금 하나님의 말씀 즉 시내산계약법으로 돌아가야 한다고 부르짖었고 루터 역시 하나님의 말씀 즉 성경으로 돌아가야 한다고 외쳤다. 이는 수도원의 공적주의와 스콜라 신학, 교황의 교서가 성경을 대신하는 풍토에 대한 전면적인 거부였다. 중세교회는 사실상 성경없는 신앙생활을 했다. 라틴어 이외의 성경은 금지하여 읽지 못하게 했고, 예배에서는 라틴어로 진행되는 미사가 중심이어서 알아들을 수도 없었다. 루터가 종교개혁의 초창기에 독일어로 성경을 번역하는 일에 역점을 둔 것은 하나님의 말씀을 중요시하는 예언자적인 전통의 회복과 맥을 같이한다.

둘째, 현실 개혁에 대한 관심이다.

구약의 예언자들은 세상의 삶에서 하나님의 말씀을 실천하는 데에 지대한 관심을 기울였다. 그들은 죄악이 지배하는 현실을 외면하지도, 도피하지도 않고 바로잡으려는 사명감에 불타는 사람들이었다. 버림받고 소외된 이웃을 돌보는 단순한 사회사업가들이 아니라 세상의 구조적인 모순을 뜯어고치려는 개혁가들이었다. 중세기에서 상실되었던 이런 전통은 루터에게서 회복되었다. 그는 중세교회의 구조적인 모순을 결코 묵과하지 않고 바로잡기 위하여 발벗고 나섰다.

셋째, 정면 도전이다.

구약의 예언자들은 하나님의 말씀을 어기고 있는 사람이면 권력자이건 서민이건 가리지 않고 책망하며 돌이킬 것을 요구했다. 그러나 제사장들이나 수도사들은 권력층에 빌붙거나 아니면 힘있는 자들의 만행에 대하여 외면 내지 방관했으며, 정면으로 맞서지 않았다. 그러나 종교개혁 선구자들과 루터는 예언자의 길을 선택하여 교황을 향하여 '적그리스도'라고 정죄했으며, 루터는 아무런 대책 없이 단신으로 교황청의 문제점을 95개 조항으로 정리하여 자신이 거주하는 비텐베르크의 성문에 내걸었다. 최고의 권력층에 맨손으로 혼자 맞섰는데 이는 예언자들의 전형적인 모습이다.

넷째, 하나님과의 직접적인 관계 강조이다.

하나님과의 깊은 영적인 체험을 통하여 등장한 예언자들은 하나님의 말씀을 직접화법으로 선포했다. 그들에게 있어서 하나님께로 직접 나아가는 데에 걸림돌이 되는 것은 아무것도 없었다. 마찬가지로 루터는 성경을 통해 하나님과의 직접적인 만남을 체험한 후 미사의 화체설과 고해성사, 성자들의 은총매개 등 인간이 직접 하나님께 나아가는 길을 가로막는 장애물들을 거부했다. 이로 말미암아 사제의 중재역할 없이 누구나 하나님께 직접 나아가 사죄의 은총을 받으며 기도와 예배를 드릴 수 있는 길이 열렸다. 이를 '만인제사장설'(萬人祭司長說)이라고 한다.

❹ 교사의 기능회복

성직자의 가장 중요한 기능은 예전의 집례가 아니라 '교사'의 역할이라는 사실은 앞에서 이미 여러 차례 지적한 바와 같다. 이스라엘 역사의 비극은 진정한 교사의 부재에서 비롯되었는데, 사사기와 왕정기, 신구약 중간기 내내 그러했다. 모세 이후 제사장으로서 교사다운 교사 역할을 한 사람은 사무엘과 에스라 이외에는 찾아보기가 어렵다. 왕정기와 포로기에 활동했던 예언자들과 유대교의 랍비들은 제사장이 아니라 평신도들이었다. 교회사에서 중세기의 비극은 그 시대의 교사들인 성직자들의 무능에 있었다. 물론 중세기에도 유명한 신학자들이 많이 있었으나 이들의 학문은 사회현실의 문제와는 동떨어진 채 형이상학적인 학문의 여왕을 추구했고, 대다수의 성직자들은 성경과 신학에 대하여 무지했다. 중세교회는 미사 중심의 의식(儀式)에 치중한 나머지 교인들에게 성경을 가르치는 일은 전무하다시피 했다. 라틴어 이외의 성경을 소유하거나 읽는 행위는 화형의 대상이었다. 에라스무스를 비롯한 인문주의자들과 종교개혁자들은 중세기가 암흑기로 전락한 원인으로 성직자들의 무식을 가장 먼저 지적했다.

성직자의 기능은 물려받은 전통을 답습하여 전달해주는 데에 있지 않다. 전해 받은 전승을 현재의 입장에서 분석, 재해석하여 가르쳐서 다음 세대에 전달해주며 나아갈 방향을 제시해야 한다. 중세기에는 이런 교사의 기능이 상실되어 있다가 종교개혁자들에게 와서 다시 회복되었다. 루터에게 이르러 중세교회 신앙에 대한 재해석이 본 궤도에 올랐는데, 루터는 성경에서 바울을 재발견하고 신학에서는 어거스틴을 재발견하여 새로운 해석의 관점을 얻었다. 루터가 재발견한 주요 항목을 살펴보면 다음과 같다.

첫째, 성경의 재발견이었다.

당시는 교회회의와 교회의 수장인 교황의 권위와 위세가 성경을 능가하고 있었으며, 교회는 교인들에게 성경을 읽지 못하노록 제도적인 장치를 마련해 놓았다. 따라서 성경에 대하여 일반인의 관심은 멀어질 수밖에 없었다. 중세교회는 교회회의를 성경보다 더 중요하게 생각했는데, 성경을 결정한 것이 교회회의였다는 것이 이유였다. 이에 반하여 종교개혁자들은 신앙의 가장 큰 권위를 성경에 두었고, 성경으로 돌아가자고 외쳤다. 위클리프를 비롯한 루터 등 종교개혁자들이 개혁을 시도하면서 성경을 자국어로 번역한 이유는 당시의 교회가 성경의 가르침과는 너무나 거리가 멀었기 때문에 신자들에게 성경을 읽게 하는 것이 개혁의 지름길로 보았기 때문이다. 종교개혁으로 말미암아 성경중심의 신앙생활이 가능해졌다.

둘째, 가톨릭교회의 교리를 다시 해석했다.

지금 개신교에서 "행위가 아닌 믿음으로 구원을 얻는다."라고 믿고 있는 구원에 대한 이해는 당시 교회에서는 생소한 것이었다. 수도의 행위와 선행의 실천, 신부들의 속죄와 보속(補贖;고해성사때 신부가 내리는 일종의 형벌선언) 미사(주님의 살과 피) 등으로 구원을 얻는다는 생각이 지배하던 시대였다. 이런 구원교리는 젊은 루터로 하여금 고민에 빠지게 했다. 아무리 선행과 고해성사, 미사에 힘을 기울여도 구원을 얻으리라는 확신은 고사하고 회의와 심판의 불안에서 벗어날 수가 없었기 때문이다. 당시 루터는 하나님의 의(義)를 '죄인을 심판하시는 의'로 이해하고 있었다. 오랜 기간 동안 방황하던 루터는 로마서 1:17절"복음에는 하나님의 의가 나타나서 믿음으로 믿음에 이르게 하나니 기록된바 오직 의인은 믿음으로 말미암아 살리라 함과 같으니라."를 통하여 하나님의 의는 죄인을 심판하시는 의가 아니라 '은혜로 죄인을 용서하시는 의'로 깨달으면서 긴 갈등에서 벗어날 수가 있었다. 이로써 구원에 대한 새로운 해석과 재발견의 길이 열렸다.

성경을 신앙의 가장 큰 권위로 받아들이자 십자군전쟁 때부터 등장한 면죄부, 고해성사, 일곱 성례, 화체설 등 성경과는 상관이 없는 교리들은 자연히 공격의 대상이 되었고 개신교에서는 설 자리를 잃었다.

셋째, 전통과 제도에 대해서도 대대적인 재해석이 가해졌다.

성경에 없는 교황제도와 교서, 수도원제도, 고해성사제도 등도 직격탄을 맞아 개신교 내에서는 폐지되었고, 개신교에 합류한 수도사와 수녀는 각기 짝을 찾아 가정을 꾸렸다. 이로 말미암아 평신도도 누구든지 성직자들의 중재(고해성사) 없이도 하나님께 직접 나가서 죄를 용서받는 길이 열렸으며, 세속 정치인으로 전락한 주교제도도 폐지의 대상이 되었다.

이로써 성경의 최고 권위가 회복되었다.

2. 루터의 한계

루터를 비롯한 종교개혁자들이 내건 표어는 "성경으로 돌아가자."였으며, 종교개혁은 루터의 로마서 재발견에서 시작되었다. 성경을 가장 큰 권위로 여기는 것은 앞에서 지적한바와 같은 중세교회의 오류를 바로잡는 데에 크게 공헌했다.

그러나 큰 흐름으로 볼 때 루터의 종교개혁은 몇 가지의 아쉬움을 남기고 있는데 다음과 같다.

❶ 이원론적인 사고의 잔재

어거스틴이 정리한 역사의 이해인 「하나님의 도성」의 오류는 '세상 나라'와 '하나님나라'를 이원화 시킨 데에 있었음은 앞에서 살펴본 바와 같다.(물음33) 이로 인해 중세는 수도원(교회)과 세상, 성직자와 평신도, 교황과 황제가 서로 분리되고 말았는데 중세교회 비극의 원인은 여기에서 비롯되었다고 할 수 있다. 그런데 루터가 중세교회를 과감하게 개혁하면서 세속수도, 만인제사장설, 교황제폐지 등 이원론적인 문제점들이 많이 해결되었으나 아쉽게도 청산되지 않은 주요 문제들이 남아있다.

루터의 '두 왕국설'이 대표적인 경우이다. 루터가 '가이사의 것은 가이사에게, 하나님의 것은 하나님에게'라는 성서의 원리를 적용하여 정치와 종교의 분리를 강조하게 된 배경은 황제와 교황이 서로의 영역에 간섭하여 갈등을 일으키는 것을 막기 위함이었는데 실제로 두 왕국설은 교황이 세속권력에서 손을 떼게 하는 데에 크게 기여했다. 루터는 세속국가를 하나님의 '왼손 왕국'으로, 교회는 '오른손 왕국'으로 표현했으며, 로마서 13:1~7과 베드로전서 2:13~14[88]에 근거하여 세속국가 역시 사탄의 영역이 아니라 하나님의 공의를 실현하는 도구이므로 그 권위에 복종해야 한다고 했다. 루터는 정치와 종교뿐만 아니라 세속적인 일과 영적인 일을 명확하게 구분 지었다.

루터의 이런 이해는 정의와 사랑, 율법과 복음을 구분 짓는다. 세속국가는 율법과 정의로 다스리며 정치적인 강제력을 동원하여 죄를 통제하고 질서와 평화를 유지해야하는 반면, 교회는 사랑과 복음으로 다스리며 이를 위해서는 사람이 선한 사람으로 변화되어야 함을 강조한다. 그는 마태복음 7:17~18에 근거하여 선한 나무가 선한 열매를 맺는다고 했다.[89] 그리스도인은 하나님나라의 시민으로서 산상수훈에서

---

[88] "각 사람은 위에 있는 권세들에게 굴복하라 권세는 하나님께로 나지 않음이 없나니 모든 권세는 다 하나님의 정하신 바라. 그러므로 권세를 거스리는 자는 하나님의 명을 거스림이니 거스리는 자들은 심판을 자취하리라. 관원들은 선한 일에 대하여 두려움이 되지 않고 악한 일에 대하여 되나니 네가 권세를 두려워하지 아니하려느냐? 선을 행하라. 그리하면 그에게 칭찬을 받으리라. 그는 하나님의 사자가 되어 네게 선을 이루는 자니라. 그러나 네가 악을 행하거든 두려워하라. 그가 공연히 칼을 가지지 아니하였으니 곧 하나님의 사자가 되어 악을 행하는 자에게 진노하심을 위하여 보응하는 자니라. 그러므로 굴복하지 아니할 수 없으니 노를 인하여만 할 것이 아니요 또한 양심을 인하여 할 것이라. 너희가 공세를 바치는 것도 이를 인함이라 저희가 하나님의 일꾼이 되어 바로 이 일에 항상 힘쓰느니라. 모든 자에게 줄 것을 주되 공세를 받을 자에게 공세를 바치고 국세 받을 자에게 국세를 바치고 두려워할 자를 두려워하며 존경할 자를 존경하라."(로마서 13:1~7)
"인간에 세운 모든 제도를 주를 위하여 순복하되 혹은 위에 있는 왕이나 혹은 악행하는 자를 징벌하고 선행하는 자를 포장하기 위하여 그의 보낸 방백에게 하라."(베드로전서 2:13~14)
[89] "이와 같이 좋은 나무마다 아름다운 열매를 맺고 못된 나무가 나쁜 열매를 맺나니 좋은 나무가 나쁜 열매를 맺을 수 없고 못된 나무가 아름다운 열매를 맺을 수 없느니라."(마태복음 7:17~18)

말하는 사랑의 법을 지켜야할 뿐만 아니라 또한 세상나라의 시민으로서 세속적인 법질서를 따라야 한다.

　루터의 이런 이중적인 윤리는 현실적인 문제에 부딪혔을 때 모순을 드러내는데, 루터의 생전인 1524년에 일어난 '농민전쟁'에서 이런 한계가 여실히 나타났다. 독일의 봉건제도에 시달리던 농노들의 상황은 오래전부터 심각하게 악화되어 소규모의 반란이 끊이지 않고 있었는데, 루터가 쓴 "크리스챤의 자유"를 읽은 농노들은 종교개혁자들이 자신들의 입장을 지지하고 있다고 생각한 나머지 대규모로 궐기하여 12가지 개혁안을 요구하고 나섰다. 루터는 초기에는 농노들의 주장에 정당성을 인정했으나 농노들이 점차 과격해져서 반란을 일으키자 입장을 바꾸어 1525년에 "농민폭도들의 만행에 반대함", "농민을 가혹하게 적대한 논문에 반대함" 등의 글을 통하여 귀족들에게 농민들을 무자비하게 진압하도록 촉구하였고 결국 이로 말미암아 10만여 명의 농노들이 처참하게 살해되었다. 이후 귀족들은 루터를 적극적으로 지지했으나 농민들은 루터에게서 등을 돌려 가톨릭으로 개종을 하거나 보다 과격한 형태의 종교개혁에 합류했다. 루터의 이런 그릇된 저사는 종교개혁이 성공하기 위해서는 귀족들의 도움이 절실했고 또 농민반란은 종교개혁을 그르칠 위험이 있다는 현실의 입장을 반영했다고 할 수도 있겠지만 그에 앞서 '하나님 앞에서의 평등'이라는 개념은 영적인 분야에나 적용되는 것이지 정치, 경제의 분야에서는 적용될 수 없다는 평소의 소신이 반영된 결과였다.

　종교개혁의 과정에서 농노들이 버림받은 것은 이후 대단히 비싼 대가를 치러야 했다. 종교의 영역에서는 개혁이 일어났으나 정치·경제·사회분야에서는 아무런 변화도 일어나지 않고 있다가 3백여 년이 지난 후 농노들과 도시 노동자들이 겪고 있는 짐승 이하의 삶에 분노한 한 젊은이가 이들을 구출할 방법에 골몰하여 '공산주의 이론'을 만들어내어 프롤레타리아의 이름으로 부르주아를 사냥하는 일이 벌어졌기 때문이다. 루터와 같은 독일인에 의해서 「공산당선언」이 쓰여 진 것을 단지 우연이라고 할 수 있을까? 아니다. 뿌린 대로 나고 심은 대로 거둔 것이다.

또 다른 비극은 루터가 죽은 후 수백 년이 지난 뒤에 일어났다. 독일에서 히틀러 정권이 등장하여 천인이 공노할 만행을 저지르고 있을 때 루터교회를 비롯한 독일의 개신교는 이에 대하여 아무런 저항을 하지 않았을 뿐만 아니라 복종하고 말았다. 루터의 두 왕국설이 맺은 결실이었다. 2차 대전이 끝난 후 히틀러의 나찌즘에 일조한 개신교는 의식 있는 현대인들에게 외면을 당해 설자리를 잃어버렸다. 루터신학의 한계가 여실히 드러난 증거였다.

❷ 믿음과 행위의 분리

법학도의 길을 걷다가 죽음의 공포에 부딪혀 수도사의 길을 간 루터는 충실하게 수도에 전념했다. 당시 수도원의 가르침대로 수도의 행위를 통하여 구원에 이르려던 그는 아무리 수도에 전념해도 자신의 구원에 대한 해답을 찾을 수 없어 오랜 기간 동안 방황했다. 결국 루터는 하나님의 의가 심판하시는 의가 아니라 용서하시는 의라는 것을 로마서에서 발견하면서 돌파구를 찾았다. 이후 그는 인간의 구원은 수도행위를 비롯한 인간의 그 어떤 행위가 아니라 하나님의 용서하시는 의에 대한 전적인 믿음으로 구원에 이른다는 것을 줄기차게 강조했고, 이는 루터 개인의 신앙은 물론 종교개혁의 원동력이 되었다. 루터가 구원의 문제에 있어서 믿음과 행위를 대비시켜 믿음을 강조한 것은 충분히 이해가 되며 그래야할 이유가 있었다.

그러나 믿음을 지나치게 강조한 결과 자신의 의도와는 달리 행위의 문제가 평가절하 되어 그의 사후 루터교는 심각한 후유증에 시달려야 했다. 믿음으로 구원을 얻었다고 자처하는 신자들이 실제 삶은 세속적인 사람들의 모습과 별반 다르지 않으면서 교리중심의 신앙생활로 전락하여 또 개신교 스콜라주의에 빠지고 말았다. 결국 루터교 내에서는 종교개혁 이후 100여년 만에 다시 개혁운동이 일어났는데, '경건주의'는 루터교 내에서 일어난 개혁운동이었다.

❸ 전체에 대한 안목과 이해의 결여

성경과 그 역사의 전체에 대한 안목과 이해.

이것을 루터에게 기대하는 것은 무리일까? 아브라함에게서 시작되는 구속사 전체에 대한 흐름과 그 핵심의 파악, 이에 기초한 성경해석, 당면한 문제에 대한 적용, 그리고 나아갈 방향의 제시, 이런 것들이 전환기의 교회 지도자가 갖추어야할 기본적인 조건들이다. 돌이켜볼 때 루터가 살았던 시기는 중세기를 마감하고 새 시대를 여는 중요한 전환기였다. 그러나 그는 1500년대를 살던 그 시대의 아들이었기에 그 한계이상을 넘어서지 못하고 말았다. 루터가 농민문제를 처리한 것을 지켜보면서 구속사와 복음사역의 중심에 '하비루'가 놓여있으며, 하비루들이 당면한 현실적인 문제를 성경의 방식으로 해결하는 것이 진정한 개혁이며 선교의 근본이라는 사실에 대한 이해가 결여되어 있음이 못내 아쉽다. 성경에서 말하는 거룩함이란 공의와 평등의 실현이며, 기독교 신앙에서 사랑과 정의는 둘이 아니며, 정의의 실현이 사랑이라는 이해는 아직 기대할 수가 없었다. 루터에게는 아쉽게도 '평등'이라는 개념이 없었다.

역사에서 가정을 말한다는 것은 부질없는 일이라지만 이 시대를 살았던 종교개혁자들에게 이런 안목이 있었더라면 세계역사에 대한 주도권이 세속적인 인문주의자들에게 넘어가지 않았을 것이며, 이후에 전개되는 피비린내 나는 혁명과 부끄러운 제국주의, 그로 말미암은 처참한 세계대전 등을 막을 수 있었을 것이다.

우리는 이에 대하여 책임감을 가지고 세상과 역사를 향해 지금이라도 진정한 참회를 해야 한다. 이제 교회사를 사건이나 사상의 나열이 아니라 눈물의 참회로 써내려가야 한다.

3. 개신교 신정정치 운동

기독교가 로마제국의 국교가 된 이후 교회와 국가는 서로 뗄 수 없는 관계였다. 교회와 국가는 세상의 구원과 하나님나라의 확장을 위하여 서로 협력해야하는 것이 당연하게 받아들여졌다. 교회는 성례와 설교를 통하여 구원의 은혜 즉 내세를 준비시켜주고, 국가는 기독교적인 법률과 정치 질서를 유지하여 세상에서의 행복한 삶을 유지시켜주어야 한다고 생각했다. 종교개혁의 전면에 나섰던 루터는 교황청과 정면 충돌하면서 개신교의 입지를 만들어 내느라 다른 일에 신경 쓸 여력이 없었다. 그러나 개혁의 소용돌이에서 한발 비켜서 있던 다른 개혁자들은 루터와는 다른 각도에서 개신교 신앙을 정착시키고자 했는데, 개신교 신정정치 운동이라고 할 수 있다. 그 흐름을 살펴보면 다음과 같다.

❶ 쯔빙글리

쯔빙글리(Ulrich Zwingli, 1484~1531)는 루터와 비슷한 시기에 스위스에서 태어나서(쯔빙글리가 두 달 정도 늦음) 개신교 종교개혁가로 활동했다. 루터가 수도사로서 내면의 죄와 구원의 문제로 갈등을 겪다가 회심을 한 것과는 달리 쯔빙글리는 일찌감치 인문주의에 심취하였는데, 성경을 깊이 연구하면서 당시 가톨릭교회가 성경의 가르침과 동떨어진 것을 발견하게 된 것이 동기가 되어 개신교적인 신앙을 가지게 되었다. 따라서 쯔빙글리는 루터와 거의 같은 시기에 개신교신앙을 가지게 되었으나 인문주의적인 색채가 짙어서 루터보다 더 과격한 성향을 보였다. 루터는 "성경이 금하지 않은 것은 허락된다."는 입장이었으나 쯔빙글리는 "성경이 허락하지 않는 것은 금해야 한다."는 생각에서 촛불, 성상, 음악 등을 배격했으며, 논란이 많았던 성만찬 문제에서도 화체설이나 공재설(consubstantialism)을 배격하고 '상징설'(symbolism)을 주장했으며, 미사 자체를 폐지했다. 쯔빙글리는 루터보다 훨씬 더 엄격하게 성경에 충실하고자 했다.

쯔빙글리가 부각되기 시작한 것은 1519년에 쥐리히의 신부로 초청되어 활동하면서부터였다. 이때쯤 그는 루터와 유사한 결론에 도달해 있었다. 그는 면죄부 판매와 미신적인 신앙, 성지순례가 구원에 도움이 된다는 믿음, 성자에게 하는 기도의 효력, 연옥, 독신제도, 고해성사 등 가톨릭의 주요 교리들을 거부했으며, 성직자들의 부패와 타락과 무지를 질타하는 설교는 시민들을 열광시켰다. 쥐리히에서 면죄부를 팔려고 하자 쯔빙글리가 시의회를 동원하여 면죄부 판매자들이 짐을 풀기도 전에 축출하도록 영향력을 행사했다는 사실은 그의 인기를 잘 반영하고 있다.

이런 일련의 사태들이 쥐리히를 관장하던 콘스탄스 주교를 자극하여 마찰이 생기자 시의회는 이 문제를 해결하기 위하여 공개토론의 자리를 마련했는데, 이 자리에서 쯔빙글리의 주장이 잘못된 것이 없음이 증명되었다. 이후 쯔빙글리는 의회의 전폭적인 지원 아래 대대적인 개혁과 신정정치를 추진해나갔다. 그의 목표는 성경에 기초한 신앙생활을 복원하는 것이었다. 당시 스위스는 명목상으로는 제국의 일부였으나 사실상 독립국가였는데 이는 당시 스위스의 13개주는 연방 자치제를 유지하고 있었기 때문에 이런 일이 가능했다. 쯔빙글리가 쥐리히에서 추진한 개혁운동이 성공을 거두자 독일어를 사용하는 스위스지역인 베른(Bern), 바젤(Basel) 등은 물론 루터교의 영향권인 독일의 스트라스부르크(Strasbourg)에까지 급속히 퍼져나갔다. 쯔빙글리의 영향력이 커지자 쮜리히는 자연히 가톨릭 진영의 공격대상이 되었다. 쯔빙글리는 개혁을 찬성하는 지역과 연합하여 대처하려고 했으나 의도대로 되지 않아 결집이 지지부진해졌다. 이 틈을 타서 1531년 10월 11일 가톨릭 군대가 기습하자 쯔빙글리는 수비하기 위하여 전투에 참여했다가 전사함으로써 그의 원대한 꿈은 날개를 접었다.

❷ 칼빈

쯔빙글리의 노력은 헛되지 않아서 그가 품었던 뜻은 존 칼빈(John Calvin, 1509~1564)으로 이어졌다. 루터나 쯔빙글리보다 한 세대 뒤에 프랑스의 노용(Noyon)에서 태어난 칼빈은 어린 시절부터 아버지의 배려에 따라 상류사회 경험을 쌓았으며, 또 인문주의 교육을 충실하게 받는 과정에서는 학문적으로 남다른 재질을 보였다. 아버지의 권고로 법학을 공부하던 그는 부친이 죽은 후 자신의 뜻에 따라 학자의 길을 가기 위하여 파리에서 고전학에 전념했다. 그런데 파리에서 공부하던 중 1534년경 종교개혁사상을 접하면서 개신교 신앙으로 회심하게 되었고 그 후 칼빈은 하나님께 전적으로 헌신하기 위하여 고전학 공부를 포기하고 프랑스 종교개혁에 투신하게 되었다.

칼빈과 절친하던 친구 콥(Nicholas Cop)이 파리 대학장 취임사에서 종교개혁을 강력하게 호소하여 큰 소동이 일어나는 사건이 발생했는데, 칼빈은 연설문의 초안자로 지목되어 박해를 받게 되었다. 이로 인해 칼빈은 가톨릭을 떠날 결단을 하게 되었고 옥고를 치룬 후 바젤로 피신했다. 그러나 프랑스에서는 개신교파가 무정부주의로 몰려 계속 박해를 받았고 그의 동료는 죽임을 당했다. 이에 칼빈은 터무니없는 비난을 받는 동지들을 변호하기 위하여 얼마 전에 시작한 「기독교 강요」(Institutio)를 서둘러 마무리 지은 후 죽은 친구의 입장을 정중하게 변호하는 서문을 첨부하여 친구를 죽인 왕(Fransis I)에게 보냈다.

1536년 3월에 라틴어로 발간한 516페이지의 「기독교 강요」 초판은 9개월만에 매진되었고 26세의 칼빈은 일약 국제적인 유명인사가 되었으며, 또 프랑스의 개신교 지도자로 등장했다. 이후 「기독교 강요」는 여러 차례 수정판이 발간되다가 1560년에 최종판이 나왔다. 이 책은 이후 종교개혁사에 가장 큰 영향을 끼쳤는데 루터가 시작한 종교개혁의 신학을 체계적으로 정리한 까닭이다.

「기독교 강요」를 출간한 후 칼빈은 프랑스에서 가산을 정리하여 바젤이나 스트라스부르크로 가서 조용히 학자의 삶을 살기 위해 길을 떠났다. 그러던 중 프랑스와 스페인의 전쟁 때문에 길이 막혀 제네바를 거쳐야 했으므로 1537년 7월 제네바의 여인숙에서 하루 저녁을 머무르게 되었다. 그런데 그날 밤 파렐(Guillaume Farel)이라는 사람이 그 유명한 「기독교 강요」의 저자가 우연히 제네바에 들렀다는 소문을 듣고 칼빈을 찾아왔다.

파렐은 파리에서 공부한 후 설교자가 되어 정열적으로 개혁신학을 선포하다가 쫓겨나서 바젤로 갔으나 그곳에서 또 개혁적인 설교 때문에 추방당한 후 이곳저곳을 떠돌다가 제네바에 와서 개혁을 추진하고 있었다. 파렐은 제네바에서 천신만고 끝에 개혁이 정착될 단계에 이르렀지만 자신의 능력의 한계를 절감하고 있던 차였다. 이런 파렐이 제네바에 들른 칼빈을 그냥 보낼 리가 없었다. 자신보다 15살이나 어린 칼빈을 찾아와 개혁의 동참을 권유했다. 그러나 학자의 삶을 동경할 뿐 개혁가의 험난한 삶을 생각한 적이 없던 칼빈이 받아들이려고 하지 않았다. 아무리 권해도 듣지 않자 파렐은 칼빈을 다음과 같이 협박했다. "당신이 오직 자기가 하고 싶은 일만 생각하고 이곳에서 주님의 일을 돕지 않는다면 당신이 학문 속에서 찾고자 하는 평안과 휴식에 하나님의 저주가 있을 것이다." 젊은 칼빈은 이 말에 공포감을 느껴 가던 길을 멈추고 제네바에 머무르고 말았다. 이런 과정을 거쳐 칼빈은 제네바의 종교개혁자로서 이름을 남기게 되었다.

칼빈의 제네바 개혁이 순탄한 것은 아니었다. 수많은 우여곡절을 겪으면서도 칼빈은 제네바를 이상적인 신정정치를 실현하는 모델이며, 박해받는 개신교인의 피난처, 전 유럽의 목회자 훈련원으로 만들기 위하여 온 힘을 기울였다. 주일마다 9시, 12시, 3시에 예배가 있었고, 월요일, 화요일, 금요일에도 예배가 있었으며 어린이들은 교리문답을 공부하였다. 예배 결석, 음주, 간음, 도박, 춤 등은 법으로 엄금했으며, 목회자가 각 가정을 돌며 신앙을 일일이 점검했다. 극형을 집행하여 부모를 때린 소녀를 참수했으며, 당나귀가 우는 것을 보고 "아름다운 시편을 읊고 있다."라고 농담한 사람은 추방되었고, 1545년에는 25명의 사람을 마녀라는 죄목으로 화형을 시키기도 했다. 결혼과 이혼, 맹세, 극장, 공공축제, 공공장소에서의 행동 등 까지도 법으로 규정했다. 1559년에는 칼빈의 평생소원이던 '제네바 학당'(Genevan Academy)을 열어 청년들을 칼빈주의 원리에 따라 교육을 시켰는데, 곧 유럽의 젊은이들이 이곳으로 몰려들어서 칼빈주의 확산에 중요한 역할을 했다. 스코틀랜드의 종교개혁자인 존 낙스(John Knox)는 이 학교를 '사도시대 이후 지상에서 가장 완전한 그리스도의 학당'이라고 했다.

칼빈이 제네바에 정착하게 된 과정을 살펴보면 그는 마지못해 종교개혁자의 길을 간 것 같은 인상을 받는다. 그의 타고난 성품이 조용하고 온순하여 남 앞에 나서기를 싫어하고 학자의 삶을 동경한 것은 사실이지만 종교개혁은 칼빈의 소신이었다. 이런 사실은 그가 쓴 「기독교 강요」가 종교개혁의 신학을 정리했을 뿐만 아니라, 그후의 종교개혁에도 영향을 주어 루터교회와 대비되는 '개혁교회'(Reformed, 또는 칼빈주의)라는 전통을 탄생시킨 것에서도 잘 나타난다.

루터와 칼빈은 여러 면에서 대비가 된다. 독일의 루터는 유럽대륙에 절대권을 행사하던 교황청 세력과 정면으로 충돌하여 혁명의 회오리바람에 휘말려 있었기 때문에 다른 것을 생각할 겨를이 없었다. 그의 저술들은 당면한 문제에 대한 논쟁에 대답하기 위한 것들이었다. 그러나 루터보다 한 세대 뒤에 태어난 프랑스의 칼빈은 젊은 나이에 개신교 신앙을 접한 후 이에 대하여 깊이 생각할 수 있는 여유를 가질 수 있었고 그의 성격 또한 혁명가보다는 조용한 학자에 맞아서 종교개혁 신학을 체계적으로 정리할 수 있었다. 루터가 종교개혁 '혁명가'라면 칼빈은 종교개혁 '신학자'였다.

이런 이유로 칼빈은 루터신학을 보완하고 있다. 앞에서 살펴본 바와 같이 루터의 두드러진 특징이 신앙의인과 두 왕국설이라면 칼빈의 경우는 '성화론'과 '예정론'이다. 칼빈에게 있어서 의인화(義認化) 즉 회심(거듭남)은 그리스도 안에서 일어나는 하나님과의 화해의 사건으로 단번에 일어나지만 '성화'(聖化)는 겨자씨가 자라나듯 점진적인 진보의 과정이기에 끊임없는 노력과 자기 자신을 향한 채찍질이 필요하다. 따라서 게으름은 가장 위험한 악이다. 또한 그는 성화를 '구원의 확증과 소명'으로 해석하여 경건한 노동(직업 소명설)과 금욕적인 삶을 강조한다. 칼빈의 이 성화론은 개인의 차원을 넘어 '사회의 성화'를 추구한다.

루터는 율법의 역할을 단지 죄를 발견하고 깨닫게 하는 기능으로 보는 반면 칼빈은 직업과 정치의 분야에서 하나님나라를 실현해야할 적극적인 기능으로 보았다. 또 칼빈은 창조주이시며 역사의 주관자이신 하나님의 절대적인 주권에 지대한 관심을 기울였다. 흔히 말하는 '예정론'은 하나님의 절대적인 주권을 강조한 결과라고 할 수 있다. 흔히 칼빈의 예정론을 인간의 구원 문제에 초점을 맞춤으로써 많은 논란을 야기한다. 그러나 칼빈의 진정한 관심과 의도는 예정론을 통하여 '하나님의 주권'을 강조하려는 데에 있다.

루터의 두 왕국설은 정교 분리의 입장에서 세속권력에 순복하거나 소극적으로 대처하게 한다. 루터교내에서는 독재나 식민정권에 저항하거나 사회개혁을 추진하는 예가 거의 없는 것은 이런 연유다. 그러나 역사의 주관자이신 하나님에 대한 신앙과 성화를 사회적인 차원에서 실현하는 것이 기독교인들에게 주어진 사명으로 받아들인 칼빈주의 계열에서는 달랐다. 제네바에서 칼빈주의로 교육을 받은 젊은이들은 조국으로 돌아가면서 칼빈주의의 원칙을 사회 속에서 실현하겠다는 다짐을 했다. 흔히 위그노(Huguenots)로 알려진 프랑스의 칼빈주의자들은 정부에 영향을 미칠 정도의 세력으로 성장했으나 1572년 바돌로매 축제일에 수천 명이 학살당함으로써 기세가 꺾이고 말았다. 네덜란드를 비롯한 북유럽에서는 칼빈운동이 식민통치에 대한 독립운동으로 전개되었고, 스코틀랜드에서는 군주 메리여왕과 다른 종교인 개신교를 신봉하는 국가가 탄생하였다. 칼빈주의자들은 그들이 가는 곳마다 독재정권과 식민통치에 저항하여 신정정치를 시도하거나 교회개혁을 추진했다.

루터가 강조하는 성경구절이 "의인은 믿음으로 살리라."였다면 칼빈은 "뜻이 하늘에서 이루어진 것처럼 땅에서도 이루어지이다."를 중요시 했다. 칼빈에게 있어서 하나님의 나라가 지상에서 실현되는 것은 하나님의 약속이면서 동시에 기독교인들이 해야 할 사명이었다.

4. 청교도 운동

영국의 종교개혁운동은 국왕 헨리8세(1491~1547)가 후계자를 얻기 위하여, 6번의 복잡한 결혼을 한 것과 밀접한 관련이 있다. 본래 그는 충실한 가톨릭신자였으며, 개신교의 종교개혁운동을 반대하는 글을 써서 교황으로부터 '신앙의 수호자'라는 칭호를 얻었으나 결혼문제로 갈등이 생기자 교황청과 단교하고 스스로 교회의 수장이 되었다. 이로써 영국에는 흔히 '성공회'라 불리는 '국교회'가 탄생했다. 헨리를 계승한 에드워드6세가 병약하여 6년 만에 후계자 없이 죽자 최초로 여왕이 등장했는데 그가 헨리의 장녀 메리(Mary Tudor, 재위 1553~1558)였다. 그녀는 개신교 박멸책을 써서 300여 명을 죽이고 수많은 사람들을 투옥하여 일명 '피의 메리'(Bloody Mary)라고 불리고 있는데, 박해한 이유는 개신교를 인정할 경우 아버지의 복잡한 결혼 관계로 인해 자신은 사생아가 되기 때문이었다.

유럽에서 전개된 종교개혁운동은 영국에도 전해져서 영국의 토착 종교개혁 선구자 위클리프의 후예들과 결탁하여 저변이 확대되어가고 있었으나 메리의 박해를 받으면서 지도자들은 유럽대륙으로 망명을 떠나야 했다. 이들 망명객은 성만찬에 대한 견해 차이 때문에 루터파에게는 냉대를 받고 칼빈파에게 환영을 받아 주로 칼빈이 신정정치를 시도했던 제네바에 모여들어 조국의 종교개혁을 꿈꾸며 때를 기다리게 되었다. 이들은 제네바에 머무는 동안 영역성경인 「제네바성경」(Geneva Bible)을 발행했고, 또 존 폭스는 「순교서」(Book of Martyrs)를 썼는데 이들은 후일 영국의 종교개혁운동에 지대한 영향을 미쳤다. 특히 「순교서」는 청교도들로 하여금 자신들을 '새이스라엘'로 생각하며, 영국이라는 나라에 역사의 주관자이신 하나님의 특별한 계획이 주어졌다고 믿게 했다.

개신교를 박해하던 피에 젖은 메리가 죽고 개신교를 선호하는 엘리자베스여왕(1558~1603)이 즉위하여 이번에는 가톨릭을 박해하자, 유럽 곳곳에 망명해 있던 청교도들은 귀국하여 쯔빙글리나 칼빈의 성시화(聖市化)의 모범을 따라 영국 국교회를 정화(purify)시키는 종교개혁 운동을 주도했다. '청교도'(puritan)라는 명칭은 여기에서 유래했다.

청교도의 특징은 그리스도의 대속의 은총을 개인적으로 경험하는

'회심'의 강조였는데 이를 기초로 명목상의 기독교인들과 진정한 신자를 구별했다. 이는 거듭남(Born Again)을 강조하는 복음운동의 선구라고 할 수 있다. 이 경험은 개인에 머물지 않고 그들이 살고 있는 사회를 성경의 요청대로 변화시키는 것이 그들에게 주어진 사명이라고 생각했다. 이런 신앙은 '역사의 주관자이신 하나님'을 중요시하기 때문인데 청교도들이 교회에서 더 나아가 국가적인 차원에서 종교개혁을 시도하는 것은 이런 신앙에 근거한다. 세익스피어에 버금가는 문학가로 평가되며 「실낙원」(Paradise Lost)의 저자로 잘 알려진 밀턴(John Milton, 1608-74)은 신실한 청교도로서 문학활동으로 청교도 혁명을 지지한 사람이었다.

청교도들의 기대와는 달리 영국교회의 개혁은 헨리의 여러 자녀들이 돌아가면서 왕위를 차지할 때마다 교회에 대한 정책이 바뀌어 지지부진하게 진행되었다. 이런 와중에 기다리다 못한 일단의 용기있는 사람들이 신대륙에서 자신들의 꿈을 펼치기 위하여 1620년 9월 메이플라워(Mayflower)라는 배를 타고 먼 길을 떠난 것은 잘 알려진 사실이다. 이후 신대륙으로 건너가는 청교도들은 줄을 이었고 이로 인해 영국과 더불어 신대륙은 청교도들의 이상을 펼칠 대상이 되었다.

노심초사하며 때를 기다리던 청교도들에게 드디어 기회가 왔다. 찰스 1세(Charles I, 1600~49)때 의회를 장악하였을 뿐만 아니라 영국을 움직일 실권을 획득했기 때문이다. 이 시기에 유명한 '웨스트민스터 신앙고백서'가 만들어졌다. 청교도 혁명의 중심에는 무명의 올리버 크롬웰(Oliver Cromwell, 1599~1658)이 있었다. 의회파와 왕정파 사이에 전쟁이 일어나자 크롬웰은 1642년 최초의 전투에 지휘관으로 참여한 후 곧 군사적인 천재성을 발휘하여 단 한 차례도 패하지 않는 기록을 수립했는데, 크롬웰은 철저한 청교도 신앙의 입장에서 군사들에게 자신들은 '불의와 싸우는 군대'라는 사명감을 고취시켜 기도하고 찬송하며 전투에 임했다. 크롬웰이 이끄는 군대를 '신모범군'(New Model Army)이라고 했는데 이들은 자신들을 '불의를 무찌르는 하나님의 군대'라는 믿음으로 전쟁에 임하여 모든 전쟁을 승리로 이끌었다. 그는 정권을 장악한 후 호민관(Lord Protector)이 되어 청교도의 이상을 국가적인 차원에서 실현하기 위하여 주일성수 등 신앙과 관련된 여러 법들을 만들었으나 국민들의 지지를 받는 데에 실패하여 성과가 미미했고 그의 사후 영국은 다시 전제왕권으로 복귀하고 말았다.

신대륙으로 건너간 청교도들은 현재 미국의 북동부인 뉴잉글랜드를 중심으로 신앙 이상을 실현할 국가건설에 박차를 가했다. 버지니아주 등 일부에서는 하루 두 차례의 예배, 주일엄수, 욕설, 야한 옷차림에 대한 처벌 등을 엄격한 칼빈주의에 입각하여 법으로 정하여 시행했다. 그러나 유아세례를 비롯한 교회의 구성원 문제들에 대하여 청교도들 사이에도 의견이 엇갈렸고, 청교도가 아닌 이민자들이 몰려들면서 신앙일변도의 사회유지가 어려워졌으며, 법제화된 도덕에 대한 거부반응 때문에 거룩한 나라 건설은 실패하고 말았다.

쯔빙글리와 칼빈이 스위스에서 한 도시를 대상으로 입법을 통한 신정정치를 시도한 후 그 전통은 청교도들에게 이어져 영국과 신대륙에서 이상국가의 실현을 시도했으나 신앙은 법으로 강요할 수 없다는 것을 확인하는데 그쳤다. 중세교회는 국교정책으로 신앙의 일체성을 추진했고, 개신교에는 입법에 의한 성시화 운동을 추진했으나 주민의 자발적인 감동의 뒷받침 없이 추진되는 법제화된 신앙과 윤리는 실패할 수밖에 없다는 것을 보여주었다.

이런 경험을 바탕으로 개신교에서는 국가권력이나 법에 의존하지 않는 자발적인 신앙운동이 일어나게 되었다.

5. 심령부흥 운동

르네상스 이후 유럽은 '이성 종교'의 시대였다. 특히 천문학과 과학의 발전으로 말미암아 우주와 자연을 지배하는 질서정연한 법칙들이 발견되면서 우주와 지구는 어떤 '정교한 기계'처럼 생각되었다. 예전에는 신비와 계시의 영역이라고 느껴지던 것들이 '자연의 법칙'에 불과했다는 것이 밝혀지자 기독교의 신앙은 '이성의 한계 내에서의 종교'로 전락되고 말았다. 이런 시도를 하던 사람들은 하나님과 우주의 관계를 시계공과 시계의 관계로 흔히 설명했다. 하나님은 완벽한 시계공으로 세상을 정밀한 시계처럼 만들어 놓았기 때문에 시계는 만들어진 법칙대로 움직이므로 더 이상 시계공(하나님)의 간섭이 필요없다는 식의 설명이었다. 이를 가리켜 흔히 '이신론'(理神論)이라고 한다. 기독교신앙에 대한 이성주의자들의 견해가 서로 일치하는 것은 아니지만 '합리주의적인 종교'를 추구했다는 점에서는 일치한다.

이와 같은 이성의 시대에 기독교 특히 개신교 내에서는 전혀 새로운 차원의 운동이 전개되었는데, 사람의 감성을 깨우는 감성운동이 그것이다. 이를 가리켜 흔히 '복음주의'(evangelicalism)라고 하는데, 독일의 경건주의, 영국의 감리교, 미국의 각성운동 등이 큰 흐름을 형성하고 있다. 신정정치운동은 국가와 교회를 뗄 수 없는 관계로 보아 법과 제도로써 종교개혁신앙을 실현하려고 했으나, 심령부흥운동은 국가나 정치권력의 도움을 배제한 채 순수하게 교회와 신앙의 힘으로 종교개혁신앙을 실현하려고 했다. 이를 간략히 살펴보면 다음과 같다.

❶ 경건주의(Pietism) 운동

중세교회에 대항하여 일어났던 종교개혁운동의 생명력은 시간이 지나면서 퇴색되어지고 대신 형식화된 신앙이 그 자리를 차지하게 되었다. 그리스도와의 개인적인 관계는 등한시되고 교리 위주의 지적인 신앙과 교회 출석이 중요시되는 형식적인 신앙으로 굳어진 것이다. 이를 가리켜 '프로테스탄트 스콜라주의'(Protestant Scholasticism) 또는 '신앙고백주의'(Cofessionalism)라고 한다. 신앙의 이런 퇴조에 반발하는 운동이 일어났는데 이를 '경건주의'(Pietism)라고 한다. 즉 경건주의는 종교개혁교회에서 100여년 만에 다시 일어난 개혁운동인데, 이들이 중요시하는 것은 다음의 두 가지로 압축된다.

첫째, 개인적인 신앙체험의 중요성을 강조했다.

이는 가톨릭과 청교도들이 국가적인 차원에서 국법으로 추진한 신정정치 체제를 포기함을 말한다. 기독교 신앙은 국가의 법에서 출발하지 않고 회심한 개인으로부터 시작이 되며 신앙의 핵심은 개인적으로 하나님의 은혜를 직접 경험하는 것이라고 주장했다. 따라서 이들은 기독교 문화가 양산해내는 명목상의 세례받은 신자와 거듭남을 경험한 신자를 구분했으며, '세례받은 사람의 회심'이라는 개념을 기독교 역사상 처음으로 제시했다. 영적인 거듭남은 어떤 교리의 수용이 아니라 신앙적인 경험이며, 이것이야말로 교리논쟁의 병폐로 말미암아 중단된 종교개혁의 진정한 성취라고 믿었다. 이후 경건주의는 현대의 복음주의와 부흥운동의 근원이 되었고 지대한 영향을 끼쳤다.

둘째, 회심한 사람들의 교제와 선교를 강조했다.

이로 인해 국가교회의 조직보다는 소규모의 자발적인 모임인 '교회 안의 교회' 운동으로 전개되었다. 이런 작은 모임을 통하여 영적인 삶을 계발시킬 수 있도록 성경 공부를 비롯하여 여러 가지 훈련프로그램을 전개하였다. 변화된 삶을 추구하는 이들은 교회와 세상 속에서 누룩이 되어야 한다고 생각했으므로 자연스럽게 선교를 중요시 했다.

'경건주의'라고 불리는 운동의 출발은 스페너(Philip Jacob

Spener, 1635~1705)였다. 그는 독일 신비주의자 요한 아르트(Hohann Arndt)의 영향을 받았으며, 대학생 시절, 루터의 신앙의인 교리를 신조가 아닌 중생의 경험을 통해서 받아들이게 되었다. 1670년쯤부터 그의 설교를 통해서 교인들과 그 가정들이 변화되는 일들이 일어났는데 그는 이들을 정기적으로 모이게 하여 신앙적인 대화의 시간을 가지게 했다. 이것이 '경건한 사람들의 모임'(Collegia Pietatis)으로 불리게 되어 '경건주의'라는 명칭이 생겨났다. 이 모임은 '교회 안의 교회'(ecclesioloe in ecclesia)라는 성격을 가진다. 1675년 그가 쓴 「경건에의 열망」(Pia desideria)은 큰 호응을 불러일으켜서 경건주의 운동이 본격적으로 시작되었다. 스페너의 역할은 할레대학의 프랑케(A. H. Franke, 1663~1727)에게 이어져서 할레는 경건주의운동의 중심이 되었다.

경건주의 운동의 후기 지도자는 진젠도르프(Nicholas Ludwig von Zinzendorf, 1700~1760) 백작이었는데 그는 스페너에게 감화를 받아 경건주의자가 되었다. 그에게 이르러서 경건주의 운동은 새로운 국면을 맞이했는데 경건주의와 모라비안교도들의 만남이 이루어졌기 때문이다. 종교개혁의 선구자 중의 하나인 요한 후스의 후예들은 모라비아나 보헤미야에 주로 거주하여 '모라비안 교도'(Moravian Church), 또는 '보헤미아 형제단'(Bohemian brethren)이라고 불렸는데, 30년 전쟁을 겪으면서 박해의 대상이 되어 피난처를 찾아 헤매다가 진젠도르프의 영지에 정착하게 되었다. 이들의 삶을 가까이서 지켜보던 진젠도르프는 자신의 영지를 기꺼이 내어주어 정착촌 '헤른후트'(Herrnhut, '주님의 집'이라는 뜻)를 건설하게 했을 뿐 아니라 그들과 같이 생활을 했고 이어서 그들의 지도자가 되었다. 진젠도르프의 지도하에 모라비안교도들은 기독교 역사에서 그 유례가 없는 선교공동체가 되어 많은 성과를 거두었다.

경건주의가 루터교 안에서 일어났음에도 정작 루터교로부터는 정교한 의인신학을 훼손한다는 이유로 많은 비판을 받은 것과는 달리 오히려 개혁교회(칼빈파) 쪽에서는 적극적으로 수용했기 때문에 경건주의는 루터교 보다는 개혁교회 쪽에 더 많은 영향을 주었다. 경건주의는 메마른 신앙과 신학논쟁에서 벗어나 진정한 영적신앙을 가지게 하여 교회에 활력을 불어넣어 복음주의 부흥운동의 길을 열었으며, 교회음악과 평신도 훈련 등에도 관심을 가지게 했다. 그러나 이런 흐름은 신앙생활이 감성에 치우친 나머지 이성의 역할이 위축되었고 그로 말미암아 역사 속에서의 하나님의 역할에 대하여 아무런 대답을 하지 못함으로써 곧 현대의 세속주의의 파급에도 속수무책이 될 수밖에 없는 한계를 가지고 있었다.

❷ 감리교(Methodist)운동

앞에서 살펴본 루터의 종교개혁과 신정정치 운동은 대단히 중요한 역할을 했지만 동시에 그 시대적인 한계를 가지고 있었다. 그런데 시기적으로 후대에 등장한 감리교 운동은 이런 한계를 다방면에서 보완하고 있다.

감리교 운동은 18세기 초에 영국의 옥스퍼드 대학을 다니던 몇 명의 학생들에 의해서 시작되었다. 이들은 순수한 신앙생활에 지대한 관심을 가지고 별도로 모여서 기도와 성경읽기 등의 시간을 매일 가졌는데 이는 '이신론'이 지배적이던 당시의 상황에서는 매우 특이한 일이어서 곧 조롱의 대상이 되고 말았다. 이들에게 붙혀진 이름이 '거룩한 모임'(Holy Club), 또는 '메도디스트'(Methodist, 규칙주의자들)였는데 이는 "천하의 옥스퍼드에 이런 고리타분한 자들이 있다니!"라는 뜻으로 빈정거린 명칭이었으며, '메도디스트'는 후일 감리교 운동의 공식 명칭이 되었다. 이 모임은 찰스 웨슬리(Charles Wesley)가 시작했으나 그의 형인 존 웨슬리(John Wesley, 1703~1791)와 친구인 죠지 휫필드(G. Whitefield, 1714~1770)가 중심적인 활동을 했다.

감리교 운동의 특징은 **'회심을 통한 변화된 삶'** 인데, 이는 이 운동을 주도한 사람들의 '회심경험'과 직접 관련이 있다. '회심'이란 루터가 제시한 신앙의인(信仰義認)의 교리를 단순히 교리로 받아들이는 것이 아니라 신앙의 경험으로 받아들이는 것 즉 자신의 죄가 용서받음을 개인적으로 경험하는 것이다. 이런 회개와 사죄(赦罪)의 경험은 죄를 미워하며 죄의 지배에서 벗어나게 하는 성화은총이 주어지기에 삶의 변화로 이어진다. 제일 먼저 이것을 경험한 감리교인은 옥스퍼드 대학시절부터 경건한 신앙을 추구하던 죠지 휫필드였고 존 웨슬리가 뒤를 이었다. 후일 감리교 운동을 주도한 웨슬리는 회심과정에서 경건주의자들과 접촉을 하였기에 경건주의가 그의 회심에 영향을 준 것으로 평가되고 있다. 그러나 먼저 회심한 휫필드의 경우에는 경건주의와 만난 흔적을 찾아보기 어렵다. 그는 투병생활을 하다가 회심을 경험한 것으로 알려지고 있다. 어쨌든 경건주의에서 시작된 회심운동은 감리교 운동에 이르러 완성적인 모습을 보여주었다. 뚜렷한 회심을 경험한 휫필드의 설교에는 수천, 수만의 사람들이 몰려들기 시작하였는데, 이들을 수용할 방법이 없어서 야외집회로 모여야 했다. 전통적인 국교회 전통에 익숙한 웨슬리는 야외집회에 대한 거부감 때문에 초기에는 야외집회 참여를 망설였으나 휫필드의 간곡한 권유에 힘입어 이 운동에 적극 가담하게 되었다. 이후 이 야외집회는 영국 전역으로 번져나가서 수많은 사람들이 회개하며 변화되었다.

1738년 5월 24일 회심을 경험한 웨슬리는 1739년 2월 탄광지대 브리스톨의 야외에서 삼천여 명의 사람들에게 설교한 이후 전 세계를 교구라고 생각하며 말을 타고 복음전도의 길에 나섰다. 50여 년 동안 연평균 4,500마일을 다녔는데 이는 지구를 열 바퀴 도는 거리에 해당되며 매일 평균 3-4번 설교를 했다. 18세기의 영국은 산업혁명으로 말미암아 인구가 농촌에서 공업도시와 탄광지대로 유입되면서 도덕부재의 타락상을 보이고 있었는데 때맞추어 시작된 감리교 운동은 타락한 사회를 정화시키기에 충분한 역할을 해냈다. "산업혁명 이후 사회혁명으로 치달을 수밖에 없던 영국은 감리교 운동으로 말미암아 유혈혁명이 일어나지 않았다."라는 평가가 나올 만큼 감리교 운동은 영국에 지대한 영향을 미쳤다.

감리교 운동이 전도 다음으로 심혈을 기울인 것은 사회 사업이었다. 빈곤한 교인들에게 재정적인 지원과 직업을 알선하고 병자를 도왔으며, 학교를 세워 교육에 힘썼을 뿐만 아니라 값싼 도서를 공급하였다. 이런 일들을 통하여 하층민의 추잡한 만행을 일소하는 데에 심혈을 기울인 결과 많은 결실을 맺었고 이후에 전개되는 복음주의 운동에 큰 영향을 끼쳤다. 웨슬리는 또한 당시에 만연하던 노예제도에 대해서도 강력하게 반대하여 노예폐지 운동에도 일조했다.

이런 감리교 운동은 예언자 영성운동의 한 표본적인 모델이라고 할 만하다. 그 이유는 다음과 같다.

첫째, 하나님체험이다.

감리교 운동은 '하나님 체험'에서 비롯되었고 개신교의 핵심 교리인 신앙의인을 지식이 아닌 신앙체험으로 받아들였다. 따라서 감리교 운동은 하나님체험 운동이었다.

둘째, 말씀선포다.

감리교인들은 하나님 체험을 근거로 성경을 다시 해석하여 그 말씀을 선포했고 큰 결실을 이끌어 냈다. 예언자 영성의 주된 특징은 하나님의 말씀 선포다.

셋째, 변화된 삶이다.

모여든 사람들은 설교를 듣고 변화가 되었다. 웨슬리는 전국을 떠돌아 다녔기 때문에 설교를 듣는 사람들의 대부분은 설교를 주기적으로, 반복해서 들을 기회가 없었음에도 몇 번의 설교를 듣고서도 놀라울 정도의 변화된 삶을 살았다.

넷째, 대중성이다.

영성운동의 대상이 어떤 특정인이 아니라 설교를 듣는 모든 사람이었고 설교와 회개가 성화의 가장 중요한 역할을 했으며 변화된 삶으로 이어졌다. 변화된 삶을 위한 무슨 수련이나 특별 프로그램이 따로 있지 않았다.

이런 감리교 운동은 종교개혁사에서 중요한 위치를 차지하고 있다고 할 수 있는데, 그 이유는 그 이전의 운동들을 완성시키고 있기 때문이다. 감리교 운동은 루터의 의인신학을 완성시켰다. 신앙의인을 교리로 받아들여 감성이 메말라 버리고 변화된 삶이 결여되어 또 하나의 개신교 스콜라주의가 등장하는 시점에서, 신앙의인을 체험으로 받아들여 변화된 삶을 보여주었기 때문이다. 또한 감리교 운동은 쯔빙글리, 칼빈, 청교도에서 시도했던 성시화(聖市化)운동 즉 신정정치를 완성했다. 이전의 신정정치 운동은 의회를 장악하여 법을 제정하고 국가 권력에 의지함으로써 특정 지역을 변화시키려 했으나 결국 실패했다. 법제화된 도덕을 주민들이 자발적으로 받아들이며, 그들의 삶을 변화시키는 영적인 능력이 뒷받침되지 않는 한 이런 운동은 실패할 수밖에 없다. 그런데 감리교 운동은 법이나 정치 권력에 의지하지 않고 오직 단순한 설교 하나에 의지하여 영국이라는 나라의 삶의 질을 바꾸어 놓았다. 경건주의의 회심운동은 그들 공동체와 제한된 영역에 영향을 주었으나 감리교 운동은 영국 전역뿐만 아니라 각성운동을 통하여 미국 전 지역과 세계로 확산되어 나갔다.

그러나 이런 감리교 운동도 한계는 있었다. 대중 변화의 바람을 이끌어냈으나 이를 기초로 사회와 국가의 제도의 변혁에까지 이르지는 못했다. 또, 하나님체험과 말씀 선포, 변화된 삶 등 예언자 영성운동의 주요 특징을 드러냈지만 이것을 체계적으로 신학화시켜서 교회가 나아갈 방향을 제시하지는 못하고 말았다. 감리교 운동의 주역인 웨슬리 자신은 50여 년 동안 말을 타고 전국을 순회하는 설교자였기에 이런 것을 해낼 여유가 없었고, 그 후예 가운데서는 이를 뒷받침할 신학적 작업을 한 사람이 없었다.

❸ 각성운동(Awakening Movement)

흔히 '대각성'(The Great Awakening)이라 불리는 운동은 청교도들이 거주하던 신대륙의 동북부 뉴저지의 개혁파 목사 프렐링후이젠(T. J. Frelinghuysen)에게서 최초의 조짐이 나타났으나 조나단 에드워즈(Jonathan Edwards, 1703~1758)에 의하여 뚜렷한 특징을 보였다. 철저한 칼빈주의자이며 회심의 경험을 중요시하던 에드워즈는 미국이 배출한 최고의 신학자로 평가받고 있다. 그가 목회하던 메사추세츠주의 노스햄프턴에서 술취함과 방탕함, 음란한 타락상을 목격하면서 늘 탄식하고 있던 중 1734년 12월부터 그의 설교에 성령님이 임하셔서 듣는 이들이 회개하며 변화되기 시작했다. 교인들의 반응이 워낙 뚜렷했기 때문에 지나치게 감정에 치우친다는 비판이 일어나서 이에 대한 의견이 찬반으로 양분되기도 했다.

그러나 에드워즈가 시작한 각성운동이 미국의 13개주 전역으로 확산이 된 것은 1739년 영국의 감리교 운동가 죠지 휫필드가 가세하면서부터였다. 에드워즈 조나단의 동역자가 된 휫필드의 설교는 가는 곳마다 문자 그대로 회심의 폭발을 일으켰고 군중들이 구름처럼 몰려들어서 대각성이라 불리는 운동으로 번져나갔다. 휫필드가 다녀간 이후 에드워즈와 이에 동조하는 설교자들이 가는 곳에는 같은 현상이 일어났다.

식민지 시대에 일어난 각성운동의 영향은 교회 내에만 국한되지 않았다. 당시 미국에는 각양각색의 다양한 사람들이 모여들면서 어떤 일체감을 가질 수가 없어서 사분오열되어 있었는데, 각성운동으로 말미암아 사람들 사이에 신앙의 일체감을 부여함으로써 후일 각 주들을 미합중국으로 연합시키는 데에 크게 공헌했다. 또 각성운동은 이후 등장하는 복음주의 부흥운동의 한 모델이 되어 세계 전역으로 퍼져나갔다.

독일의 경건주의에서 시작된 회심을 강조하는 심령부흥운동은 영국의 감리교운동을 통하여 개화했고 미국의 각성운동을 통하여 열매를 맺었으며 이후 각종 부흥운동의 이름으로 전 세계에 퍼져나갔다. 교회 밖에서는 이성주의에서 비롯된 이신론이, 교회 내에서는 자유주의 신학과 교리중심의 신앙으로 말미암아 감성이 메말라가고 있을 때 심령부흥운동은 교회에 생명력을 불어넣었다. 또한 기독교 전통을 가진 서양에서 국가 권력에 의지한 교회와 신앙이 사라지고 이제는 신앙이 개인의 선택의 문제가 되어 자칫 교회가 쇠퇴할 위기에 처했을 때, 회심운동은 사람들로 하여금 자발적으로 신앙생활에 열심을 내게 하여 교회의 명맥을 유지하게 했다. 따라서 그 공헌은 아무리 강조해도 지나치지 않다고 할 수 있다. 그러나 개인의 신앙적인 체험을 강조한 이 운동은 역사의 주관자이신 하나님과 복음의 사회적인 기능을 강조하는 데에는 한계를 보였다.

6. 신앙의 자유

고대 사회에서 개인에게 신앙의 자유란 생각할 수가 없었다. 씨족, 부족, 민족의 일원으로 태어나면 공동체가 믿는 신앙을 수용할 수밖에 없었다. 기독교가 로마제국의 국교로 자리를 잡은 이후 기독교 신앙 역시 선택의 대상이 아니라 당연히 받아들여야할 대상이었다. 그런데 종교개혁기에 이르러 신앙생활에 대한 대전환이 일어났는데, 이제는 종교가 국가의 선택의 문제가 아니라 개인의 선택의 몫이 된 것이다. 비록 선택의 대상이 구교와 신교 사이의 문제에 불과했지만 이는 사회적으로 대단히 큰 혼란을 야기했다. 역사이래로 국가신앙이라는 전통에 젖어있었기 때문에 '신앙의 자유' 라는 개념을 도무지 받아들일 수가 없었다. 결국 신교와 구교는 서로 자신들의 신앙을 강요하기 위하여 30년 전쟁[90]을 비롯한 수많은 분쟁을 치렀지만 전쟁으로는 결판이 나지 않자 어쩔 수 없이 상대방의 신앙을 인정해야 했다. 그러나 아직 개인에게는 신앙의 선택권이 주어지지 않았다. 가톨릭과 개신교 중에서 영주와 군주가 선택하는 대로 주민은 따라야 했다. 개신교 내에서 일어난 신정정치 운동 역시 개인의 신앙의 자유를 인정하지 않는데서 출발했다. 쯔빙글리와 칼빈, 청교도들은 한 지역이나 정부를 장악하여

---

[90] 1618~1648년 독일을 무대로 그리스도교와 가톨릭교 간에 벌어진 종교전쟁을 말하는데, 사상 최대의 종교전쟁으로 평가되고 있다. 초기에는 신성로마제국을 이끄는 합스부르크 왕가의 페르디난트 2세가 가톨릭신앙을 일방적으로 강요하자 프로테스탄트 신앙을 가지고 있던 귀족들이 저항하는 것으로 전쟁이 시작되었으나, 시간이 지나면서 주변 국가들의 이해관계가 얽혀서 유럽 전역이 전쟁에 휘말려 들었다. 당시의 군대는 주로 용병으로 구성되었는데, 급료와 보급품이 제대로 지원되지 않자 약탈로 이 문제를 해결하여서 이를 '늑대전략' 이라 했다. 그 결과 전쟁의 중심지였던 독일은 인구의 2/3정도가 희생될 정도로 황폐화되었으며, 교황과 황제가 주도하던 가톨릭제국(신성로마제국)은 종말을 고함으로써 유럽의 판세는 지각변동(地殼變動)을 일으켰고, 독일 영내에서는 가톨릭과 개신교(루터파, 칼빈파)가 동등한 지위를 확보했다. 아무리 싸워도 결말이 나지 않자 1648년 베스트팔렌조약이 성립되어 30년간의 종교전쟁은 종지부를 찍었다.

신앙의 이상을 실현할 법을 제정한 후 강제로 지키게 했으나 실패하고 말았다.

그런데 심령부흥운동이 크게 확산되면서 이 문제에 대한 사고에 큰 전환이 일어났다. 신앙생활에 있어서 가장 중요한 것은 국가의 법이 아니라 '개인의 신앙체험'이라고 말하기 시작했기 때문이다. 이는 신앙의 문제에서 국가의 간섭을 배제하고 개인의 선택을 중요시하는 것으로써 혁신적인 사건이었다. 지금은 이런 문제가 당연하게 생각되지만 당시에는 아직 이런 개념이 없었다. 이런 문제가 크게 부각된 곳은 미국이었다. 뉴잉글랜드(동북부)에 자리 잡은 청교도들이 시도했던 국가신앙은 이런 개인주의적인 신앙이 확산되면서 입지가 좁아질 수밖에 없었다. 그러나 개인의 회심을 중요시하던 부흥운동가들이 국가신앙을 포기한 것은 아니었다. 개인의 회심이 확산되어 자발적으로 하나님의 법에 순종하면 하나님의 왕국(국가신앙)이 당연히 이루어지리라고 기대했다. 그러나 이는 기대로 끝나고 말았다. 회심운동이 큰 영향을 끼치기는 했지만 국가신앙으로 이루어질 만큼 확산되지도 않았고 다양한 신앙의 견해들을 국가의 강제력 없이 하나로 결집시킨다는 것이 현실적으로 불가능했다.

이에 국가의 공권력이 배제된 '신앙의 자유'라는 개념이 등장하기 시작했다. 이런 개념은 교회의 안팎에서 동시에 저변을 확대해 나갔다. 교회 안에서 이런 개념을 확산시키는 데에 앞장선 사람들은 주로 침례교도들이었다. 이들은 국가 권력이나 기독교 문화가 양산해내는 명목상의 기독교인이기를 거부하고 신앙에 있어서의 개인의 결단을 중요시 했는데, 이런 생각은 자연히 개인의 의지와는 상관없이 주어지는 유아세례를 거부하고 재세례를 주장하게 되었다. 이들은 국가교회를 거부했기 때문에 구교와 신교 모두로부터 모진 박해를 받았지만 신앙에 있어서 개인의 결단을 끝까지 포기하지 않았다. 교회 밖에서 이런 운동을 펼친 사람들은 인문주의자들이었다. 이들은 개인의 의사와 결정을 중요시하는 합리주의자들이었기 때문에 신앙은 국가가 통제할 수 없으며, 개인의 선택의 문제라고 생각했다. 이와 같은 교회 안팎의 노력으로 말미암아 결국 '국교'라는 개념은 청산되기에 이르렀다.

이런 과정을 거쳐서 인류 역사에 최초로 새로운 질서가 성립되었다. 국가와 교회는 서로 간섭하지 않는다는 원칙이 성립되면서 정교분리의 시대가 막을 열었고 동시에 교회는 국가의 지원없이 홀로 서야했다.

7. 세계선교 운동

복음주의 부흥운동의 뜨거운 불길은 '세계선교 운동'을 통하여 세계 각지로 퍼져나갔다. 세계선교운동이야말로 부흥운동이 거둔 가장 큰 결실이라고 할 수 있다. 개신교 내에서 세계선교라는 개념을 처음 도입하여 실천에 옮긴 것은 경건주의자들이었는데 이후 전개된 부흥운동을 통하여 복음에 대한 새로운 각성과 세계선교를 가장 중요한 사명으로 인식하게 되었다.

기독교가 로마제국의 국교가 된 이후 전개된 선교활동은 국가의 지원 아래 전개되었고 선교의 결실 역시 대부분 권력자를 통한 집단개종의 성격을 띠었다. 고대에는 개인의 회심은 생각할 수가 없던 시대였기 때문이다. 선교에 앞장 선 사람들은 대부분 수도사들이었다. 중세에 이르러서는 도미닉 교단과 프란시스 교단이 선교의 중심이 되었고 16세기에는 로욜라(Ignatius of Loyola, 1491~1556)가 세운 예수회가 중요한 역할을 했다. 이 시기는 포루투갈, 스페인 등이 앞장서서 신대륙을 발견하고 우수한 무기를 앞세워 세계 각지에 식민지를 건설하던 시기여서 가톨릭의 확장기였다고 할 수 있다. 즉 식민지 건설과 선교가 같이 진행된 것이다.

그런데 18세기에 이르러 세계적으로 전개된 개신교 선교는 이와는 판이하게 다른 성격으로 진행되었다. '신앙의 자유'라는 전제에서, 국가나 통치자의 지원에 의한 강제력의 동원 없이 설득과 이해라는 방법으로 선교를 했다. 부흥운동을 통하여 결단한 젊은이들이 사명감을 가지고 선교에 헌신했고 선교비 또한 신자 개인들의 자발적인 헌금으로 마련했으며 이를 위하여 수많은 선교단체들이 생겨났다. 또 선교활동은 각종 인도적인 사역들, 즉 학교, 병원, 직업 교육 등과 병행이 되었다. 이런 개신교 선교는 세계 각지에서 활발하게 전개 되었다.

그러나 안타깝게도 이런 순수한 선교운동은 많은 성과에도 불구하고 빛이 바래고 말았다. 개신교의 세계선교운동 역시 '제국주의'가 기승을 부리던 시기와 맞물려 진행이 되었기 때문이다. 19세기에 이르러 현대식 무기로 무장한 군사력을 동원하여 세계를 대상으로 식민지를 건설하며 경제적인 수탈을 일삼던 유럽의 국가들은 대부분 개신교 신앙을 가진 나라들이었다. 이런 제국주의에 반대하며 비판에 앞장 선 사람들은 선교사들이었다.

그러나 서양인들이 식민지배와 경제적인 수탈을 일삼는 곳에서 서양인 선교사가 선교하는 것은 아무리 그 뜻이 선하다 할지라도 '선교사들은 식민-제국주의의 앞잡이'라는 비판을 면할 길이 없었다. 게다가 제국주의자들과 선교사들이 서로 협력한 경우도 허다했다. 또 선교사들의 문화적인 우월의식은 피식민지인들의 반발을 불러왔고, 선교사들이 서양의 문화와 복음을 명확하게 구분하지 못함으로써 피식민지인들은 기독교를 서양의 한 문화로 여겨 복음에 대해 거부감을 갖게 되었다. 이 시기에 집중적으로 선교했던 인도, 중국, 일본 등에 선교의 성과가 지극히 미미했던 이유는 여기에 있으며, 이 시기에 식민지배를 받은 나라들은 지금도 기독교에 대한 반감이 깊이 뿌리내려 있다. 기독교는 제국주의자들의 종교라는 인식 때문이다.

개신교의 한계는 무엇인가? 물음 58

위클리프와 후스 등 종교개혁 선구자들이 꿈꾸던 개혁은 루터에 의해 본격적으로 시작되었고 쯔빙글리와 칼빈에 의해 마무리 되었으며, 이후 개신교가 등장을 하여 교회의 한 흐름을 형성했다. 개신교의 등장은 당시의 시대적인 흐름과 맥을 같이 했기 때문에 단시간내에 가톨릭교회보다 더 큰 교세와 영향력을 가질 수 있었다. 개신교가 중세교회의 오류 중 많은 부분을 바로잡기는 했지만 종교개혁기는 물론 그 후에 전개된 세계사를 보면 개신교가 한 일에 대하여 많은 아쉬움이 남는다. 이를 정리해보면 다음과 같다.

1. 시대의 요청 외면

르네상스 시기에 중세교회 개혁은 시대적 요청이었고 종교개혁자들은 이런 요청에 적절하게 부응하여 대단히 중요한 역할을 해냈다. 그러나 교회의 개혁은 그 시대의 여러 요구 중 하나였을 뿐이며 사회의 중요한 문제들은 여전히 남아 있었다. 그 시대에 지식인들이 교회 개혁을 요구한 것은 교회에 대한 관심보다는 교회가 지배하던 중세기에 많은 사회적인 문제들이 있었기 때문이다. 따라서 종교개혁은 교회를 바로잡은 후 그 시대의 문제를 해결하는 데로 나아가야 했다. 그렇다면 교회가 관심을 가져야 했던 그 시대의 가장 시급한 문제는 무엇이었는가?

거룩한 나라 건설.

바로 이것이었다.
그러면 '거룩한 나라'란 무엇을 말하는가? 공의와 평등이 실현되는 것을 의미하는데 이는 시내산계약법과 예언서, 복음서 즉 성경에서 말하고 있는 핵심이다. 시내산계약법에서 말하는 '거룩함'의 개념을 오늘의 용어로 바꾼다면 공의가 실현된 '평등'이라고 할 수 있다. 성경에서 말하는 사랑이란 공의의 실천이며, 공의가 실천된 사랑이 거룩함이다. 그러나 안타깝게도 앞에서 살펴본 바와 같이 종교개혁자들에게는 아직 '평등'이라는 개념이 없었다. 단지 그들의 주요 관심은 가톨릭교회와의 갈등과 같은 교회안의 문제였고, 개신교 내에서도 성만찬을 비롯한 유아세례 등의 교리논쟁에 몰두한 나머지 교회 밖의 문제는 관심도, 생각할 겨를도 없었다. 즉 교회에만 관심이 있었을 뿐 거룩한 나라 건설에는 관심은 고사하고 그 개념조차 가지고 있지 않았다.

그렇다면 교회 밖의 문제는 누가 관심을 가졌는가? 인문주의자들이었다. 이들은 그 시대가 당면한 문제 즉 인권과 정치·경제적인 불평등의 문제에 지대한 관심을 기울였고 해결책에 골몰했다. 그들은 경제 불균형의 근본적인 구조악인 중세기의 봉건제도와 인권유린의 온상인 황제와 교황의 절대 권력에 맞서 온갖 시련을 겪으면서도 굽히지 않고 저항하여 결국 봉건제도와 왕정을 물리치고 민주주의라는 평등사회를 등장시켰다. 즉 기독교 종교개혁자들이 교회 안의 문제에 갇혀있는 동안 기독교 신앙에는 별로 관심이 없거나 반기독교적인 성향을 띤 세속 인문주의자들이 인류 역사 이래로 가장 큰 사회 문제를 해결했다. 이로써 시대적인 주도권은 인문주의자들에게 넘어가고 말았다.

종교개혁자들이 교회문제에 치중한 나머지 성경의 핵심인 자유와 평등의 실현에 소홀했던 것은 치명적인 오류였다. 이로 말미암아 교회는 현대라는 시대에서 설 자리가 궁색해지고 말았다. 르네상스와 프랑스 혁명의 정신은 자유, 평등, 박애라고 평가되고 있는데 이는 곧 성경의 정신이다. 그런데 역사 속에서 이것을 실현하는 사람들은 교회 안의 사람들이 아니라 교회 밖의 사람들이었다. 중세교회는 자유와 평등

즉 성경의 정신에 반대되는 방향으로 나아갔고 종교개혁자들에게는 그런 개념조차도 없었다. 성경의 정신을 실현한 사람들은 중세교회에 염증을 느끼고 세상으로 나아간 세상 사람들이었다.

4천 년 역사를 돌이켜 보면서 가장 안타까운 것은 바로 이 대목이다.

2. 교권과 교리에 치중

가톨릭과 개신교 사이에 벌어진 여러 소규모 분쟁과 전면전인 30년 전쟁을 살펴보면 초기에는 신앙적인 문제로 시작을 했다. 가톨릭이나 개신교 모두 자신들의 신앙만이 옳다고 믿었기 때문에 상대방의 신앙을 인정할 수가 없었다. 그러나 시간이 지나면서 정치적인 이해관계가 개입을 하게 되었고, 그 결과 교권 즉 교회의 주도권 다툼으로 변질되었다. 민족의식이 싹트기 시작했던 유럽의 여러 나라들은 두 진영으로 나뉘어 독일을 전쟁마당으로 하여 수십여 년 동안 치열한 싸움을 벌였으나 서로 세력이 엇비슷하여 결판이 나질 않자 휴전을 할 수밖에 없었다. 휴전은 곧 상대방의 신앙을 인정하는 것이므로 이로 인해 교회는 공식적으로 분열이 되었다. 이후 가톨릭과 개신교는 각기 자신들의 신앙이 옳다는 것을 입증하기 위하여 교리적인 문제에 치중했다. 즉 칼의 전쟁에서 교리전쟁으로 국면이 바뀐 것이다.

교리적인 갈등은 구교와 신교 사이에만 있었던 것이 아니다. 개신교 내에서도 교리적인 문제로 첨예하게 맞섰다. 특히 성만찬 문제가 그러했는데 이 문제로 말미암아 개신교 진영은 사분오열되고 말았다.[91] 이런 분열은 후일 개신교 내에 수많은 교단과 교파가 등장하는 원인을 제공했다. 다른 또 하나의 문제는 '유아세례'였다. 유아세례가 중요한 문제로 떠 오른 이유는 신앙에 있어서 개인적인 결단을 중요시하는 사람들이 유아세례를 거부했기 때문인데, 이는 단순히 세례받는 시기와 관련된 문제가 아니다. 유아세례는 기독교 국가가 유지되기 위한 기초였기 때문에 유아세례 논쟁은 국가신앙의 존폐를 좌우하는 심각한 문제로 대두되었다.

르네상스라는 대 전환기를 맞이하여 교회가 그 시대의 요청에 어떻게 부응할 것이냐, 세상 속에서 무엇을 해야 하느냐, 어떤 삶을 살아야 하느냐라는 문제는 관심사가 되지 못하고 말았다. 단지 "우리가 믿는 것이 무엇이냐?"라는 교리문제에 집중하여 자신들의 신앙이 옳다는 것을 입증하려는 데에 치중하고 말았다.

3. 독단

30년 전쟁의 결과 가톨릭과 개신교는 서로 상대방의 신앙을 인정하지 않을 수 없었으며, 이로 인해 기독교 내에는 가톨릭 신앙과 개신교 신앙이 양립하게 되었다. 교회사에서 처음으로 개인에게 '신앙의 자유'가 주어졌지만 이 신앙의 자유는 아직 불완전한 것이었다. 영주와 군주에게만 신앙의 선택권이 주어졌을 뿐 주민에게도 주어진 것은 아니었기 때문에 주민들은 자기가 속한 군주나 영주가 선택한 신앙을 받아들여야 했다. 영주에게는 자신의 영지에서 자신의 신앙과 다른 것을 선택하는 자를 박해할 권리가 주어졌다. "한 지역에는 한 종교만이 있어야

---

91) 성만찬에 대한 견해의 차이 때문에 종교개혁자들은 심각한 갈등을 겪었다. 가톨릭의 전통적인 일곱 성례전을 거부하고 성만찬과 세례만을 성례로 인정하는 것과 가톨릭의 화체설(化體說, transubstantiation:성만찬을 진행할 때 사제의 기도로 떡과 포도주가 맛과 모양과 색깔은 그대로 있지만 본질은 실제로 예수님의 살과 피로 변화된다는 주장)을 거부하는 데에는 일치했으나, 성만찬에 대해서는 서로 견해가 조금씩 달랐다. 루터는 '공체설'(共體說, consubstantiation)을 주장했는데 이는 성만찬시 떡과 포도주가 예수님의 살과 피로 변화되는 것이 아니라 주님께서 떡과 포도주에 실재(實在)로 임하신다는 '임재'를 강조했다. 이에 반해 쯔빙글리는 성만찬에서 사용되는 떡과 포도주에 예수님께서 육체로 임하신다는 루터의 주장을 거부하고 떡과 포도주는 단순히 예수님의 살과 피를 상징한다는 '상징설'을 주장했다. 또 칼빈은 루터의 육체적인 임재를 거부하고 쯔빙글리의 상징설을 받아들이면서 '영적 임재설'을 말했다.
종교개혁자들의 견해를 일치시키기 위해 1529년 마르부르크(Marburg)에서 모였던 회의는 결국 루터와 쯔빙글리가 서로의 주장을 굽히지 않음으로써 결렬되고 말았다. 이 분열은 개신교에 가장 뼈아픈 상처를 남겨주어서 이후 개신교는 교리문제로 서로 뿔뿔이 흩어지는 전통을 만들고 말았다.

한다."는 국가교회 전통이 아직 살아있었기 때문이다. 그런데 군주는 자신의 정치적인 이해관계에 따라 수시로 개종을 하는 경우가 비일비재했고 동시에 그 영지의 주민들은 영주가 선택한 종교를 강요당했다.

가톨릭과 개신교는 어쩔 수 없이 서로 상대방의 신앙을 인정했지만 다른 신앙에 대해서는 전혀 용납하려하지 않았다. 이로 인해 후스파, 모라비안교도, 재세례파 등은 이단이라는 명목으로 무자비한 박해를 받았다. 특히 재세례파에 대해서 가톨릭은 물론 개신교 역시 철저하게 박해를 했다. 재세례파들은 물을 뿌리는 세례를 거부하고 물속에 잠기는 침례 의식을 강조했는데, 이를 빌미로 이들은 주로 수장을 당했다. "유아세례를 거부하고 침례 받기를 원한다면 소원대로 물에 실컷 빠뜨려 주겠다."라는 의미였다. 재세례파만 4,000내지 5,000여명이 수장, 화형 등으로 죽었다. 종교개혁기에 박해로 숨진 사람의 전체 숫자는 초대교회 때 로마제국에 박해를 당해 죽은 사람보다 더 많았다고 한다. 놀랍게도 가톨릭교회에 저항을 하여 많은 어려움을 겪었던 개신교가 이번에는 재세례파에 대해 더 모진 박해를 가했는데, 이를 지켜보던 당시의 지성인들은 교회에 대하여 등을 돌리고 말았다. 교회끼리 싸움을 벌인 30년 전쟁과, 자신과 다르게 믿는다는 이유로 가장 처참한 방법으로 죽이는 박해는 교회가 스스로 세상을 향해 문을 닫은 자살행위와 같았다.

내가 믿는 것만이 옳으며 나와 다르게 믿는 것은 절대 용납할 수 없다는 신앙의 독단은 가장 위험한 것이며 무서운 결과를 초래한다는 것이 이 시기를 마무리 지으면서 얻어야할 교훈이다.

4. 분열

종교개혁 이후 개신교가 걸어온 길을 보면 '분열'의 역사라고 할 수 있다. 이런 현상은 1세대 종교개혁자들에서부터 시작되었다. 성만찬 문제로 루터와 쯔빙글리가 의견이 엇갈려 각자의 길을 간 이후 개신교인들은 서로 의견이 다르면 나뉘는 것이 일상사가 되고 말았다. 이런 분열의 원인은 다음의 세 유형에서 두드러진다.

❶ 국가와의 관계 문제

앞에서 살펴 본 바와 같이 이 문제는 크게 두 갈래로 나뉘었다. 하나는 쯔빙글리와 칼빈, 청교도 운동에서처럼 국가와 교회를 일치시켜서 교회의 이상을 국가 권력을 통해 성취하려는 신정정치적인 시도였고, 다른 하나는 경건주의, 감리교운동, 각성운동에서처럼 국가 권력에 의지하지 않고 순수한 신앙의 힘에 의해 교회의 이상을 실현하려는 복음주의의 심령부흥운동이었다.

전자는 개인의 신앙적인 결단과 자발적인 참여를 유도해내지 못함으로써 실패했고, 후자는 개인적인 신앙의 역동성이 사회제도로 이어지지 못함으로써 한계에 빠지고 말았다. 개인의 변화는 시도했지만 흔히 말하는 사회의 변화에는 미치지 못한 셈이다.

❷ 보수와 진보의 문제

현대에 접어들어 교회에 태풍이 몰아쳤는데, '성경해석'의 문제가 그것이었다. 중세에는 사실상 성경없는 신앙생활을 했다고 할 수 있다. 예배 자체가 미사 중심이었고, 라틴어성경 이외의 번역을 금했기 때문이다. 그러나 종교개혁 이후는 사정이 달라졌다. 개신교에서는 성경을 유일한 신앙의 권위로 생각했기 때문에 각국의 언어로 성경을 번역했으며, 또 성경 읽기를 권장하였다. 그런데 성경에 관심을 가지고 원문을 연구하면서 전혀 예기치 못한 사실이 발견되었다. 창세기에는 창조에 관한 두 이야기가 있다는 것이 밝혀지면서 모세 오경은 모세가 혼자 쓴 것이 아니라 오랜 편집의 과정이 있었다는 사실이 그것이다.

이로 인해서 성경의 절대적인 권위는 손상이 되었다. 또 과학에 대한 지식이 늘어나면서 성경에 기록된 초자연적인 사건들에 대해서도 의문을 품기 시작했다. 이런 입장을 받아들인 성경 해석을 '고등비평', 혹은 '역사비평'이라고 한다.[92] 이런 문제가 제기되자 교회는 큰 혼란에 빠졌다. 성경의 고등비평과 신앙의 문제들에 대한 진보적인 해석을 적극적으로 받아들이는 사람들과 이에 대하여 완강히 거부하는 사람들로 나뉘어 서로 이단이라고 몰아 세웠다.

전자를 자유주의라 하는데 이들은 사회적인 문제에 관심을 기울였고, 후자는 보수주의 또는 근본주의라 하는데 개인의 신앙적인 경험과 회심, 경건한 삶에 비중을 두었다. 교회사에서 신학적인 문제에 대해서 입장과 견해의 차이는 늘 있게 마련이고 또 있을 수밖에 없다. 그러나 이 시기처럼 교회가 양분되어 치열한 내전을 겪은 예는 없었다. 초대교회에서 교리논쟁이 일어났다면 현대에는 신학 논쟁으로 말미암아 의견이 사분오열되었다.

❸ 교리에 대한 의견차

루터와 쯔빙글리가 교리문제로 분열한 이후 개신교에 등장한 병폐는 사소한 교리문제로 끊임없이 분열이 거듭되고 있다는 사실이다. 현대를 맞아 시급히 해결해야할 심각한 문제들이 산적해있는데, 교회는 사소한 문제로 사분오열되어 서로 자신만이 옳다고 우기고 있다. 초대교회 후기에 지나친 교리논쟁으로 말미암아 파멸을 자초했던 경험을 까마득히 잊고 있다. 아마도 잊었다라고 하기 보다는 그런 사실이 있었다는 사실조차 모르고 있다는게 더 정확한 표현일 것이다.

---

92) '고등비평'은 '하등비평'이라는 용어와 대조된다. 성경의 하등비평은 성경의 사본들이 조금씩 차이가 있으므로 여러 사본을 비교하면서 본래의 원문을 찾아내는 연구를 말한다. 고등비평이란 현재의 성경은 여러 편집 과정을 거쳐서 완성되었다는 것을 인정하면서 그 과정을 추적하는 것인데, 성경이 쓰여진 역사와 편집자의 의도 등 역사성을 묻기 때문에 '역사비평'이라고도 한다.

물음 59 교파의 난립, 어떻게 이해해야 하나?

"교회에는 무슨 교단과 교파가 그렇게 많은가?"라는 질문을 흔히 듣게 된다. 이 문제를 간단히 살펴보고자 한다.

사도행전에 기록된 오순절 사건 후 교회는 '하나' 였다. 간혹 이단과 사이비신앙을 가진 자들이 있었으나 곧 사라졌다. 교회는 그리스도의 몸이라고 생각되었기 때문에 교회의 분열은 생각할 수가 없었다. 교회의 1차 분열은 로마제국이 동로마와 서로마로 나뉘면서 시작되었다. 제국의 분열이 교회의 분열로 이어진 이유는 콘스탄티노플과 로마의 교회가 서로 주도권 싸움을 벌이다가 승부가 나지 않자 서로 각자의 길을 갔기 때문이다. 그리스문화가 중심이던 동로마 교회의 그리스정교회, 라틴문화 중심인 서로마교회의 로마 가톨릭교회가 등장했다.

그리스정교회는 7세기에 등장한 회교도들에게 대부분의 땅을 내주고 소아시아에서 겨우 지탱하고 있다가 15세기에 오스만 터키에게 콘스탄티노플이 함락된 후 러시아로 이주했다. 그러다가 공산주의 혁명이 일어나면서 쇠락의 길을 갔는데 근래 공산주의가 사라지면서 다시 회생하고 있다. 반면에 유럽의 대부분을 차지한 로마 가톨릭은 중세 1천여 년 동안 절대적인 영향력을 행사했다.

그러나 르네상스시대를 맞아 비상식적인 만행을 일삼던 가톨릭교회는 지탄의 대상이 되다가 결국 종교개혁으로 말미암아 개신교가 등장하게 되었다.[93] 가톨릭교회는 개신교의 분열을 도무지 인정하지 않으려 했고, 종교개혁자들은 가톨릭의 오류를 더 이상 묵과할 수 없었으므로 결국 양측은 정면으로 충돌하여 30년 전쟁이 일어났다. 그러나

---

93) 종교개혁자들을 '저항자'(protestant)라고 부르는데 이는 가톨릭에 저항을 했기 때문이며, '개신교' 또는 '신교' 라고 번역한다.

전쟁으로는 해결이 되지 않았고 협상을 통해 서로 인정하지 않을 수 없었다. 이로 말미암아 교회에는 다시 분열이 일어났다. 유럽에서의 신-구교의 대체적인 판세를 보면 남부 지역인 이탈리아, 프랑스, 스페인, 포르투갈 등은 가톨릭이고, 독일, 영국, 벨기에 등 북유럽은 개신교가 자리를 잡았다. 신대륙 발견과 식민지 건설에 앞장을 선 나라들이 포르투갈, 스페인 등이었기에 이들이 정복한 지역인 남미와 아프리카, 아시아의 일부는 가톨릭 국가가 되었고 뒤늦게 이 대열에 합류한 개신교 국가들이 영향을 끼친 북미, 아시아, 아프리카의 일부 지역은 개신교가 전파되었는데 개신교의 교세가 훨씬 앞서 있다.

종교개혁 이후에도 가톨릭은 한 교단을 유지했다. 그러나 개신교는 사정이 달랐다. 초기에는 루터파, 개혁파(칼빈), 성공회(영국), 재세례파(침례교) 등 네 교파가 있었다. 그러나 20세기에 들어서면서 미국에만 200여 개의 교파가 난립을 했다. 한국에도 수백여 개의 교파가 있는데 장로교회에만 150여 개 이상의 교파가 있다고 한다. 도대체 이런 현상을 어떻게 설명해야 할까? 몇 가지 이유가 있다.

1. '신앙의 자유' 때문이다.

기독교가 로마제국의 국교가 된 이후에 '같은 교회', '같은 신앙' 은 일관된 신조였다. 국가권력과 교회의 지배하에 개인에게는 신앙의 자유가 없었다. '자기 나름대로' 믿는 사람들은 이단으로 몰려 죽임을 당했고 '종교재판소' 라는 감별 기구가 있어서 이 일을 담당했다. 그러나 종교개혁과 30년 전쟁을 겪으면서 이런 전통은 무너지기 시작했다. 개신교 역시 초기에는 아직 국가종교라는 입장에서 '다른 신앙' 을 용납하지 않았고 가톨릭 못지않은 박해를 가했다. 그러나 인문주의자들에 의해 개화된 사람들은 더 이상 국가종교의 강요를 받아들이려 하지 않았고, 교회 내에서도 국가권력에 의지하여 교회를 유지하는 것을 포기함으로써 '신앙의 자유'가 설 자리를 얻었다. 이후 어떤 형태의 신앙을 가지느냐는 것은 전적으로 개인의 판단에 맡겨지게 되었다.

2. 통제 기구가 없기 때문이다.

신앙의 문제가 국가 관할에서 개인의 선택과 판단의 문제로 전환되자 신앙의 문제를 통제할 기구가 사라졌다. 신앙의 자유가 법으로 허락되어 있기 때문에 특별히 사회적인 문제를 일으키지 않는 한 정부는 여기에 개입할 수가 없게 되었다. 신앙의 자유를 처음으로 강력하게 주장한 사람들은 재세례파였다. 이들은 모진 박해를 받으면서도 유아세례를 부정했는데 유아세례는 국가신앙의 상징이었기 때문이다. 신앙의 자유가 허락되자 크고 작은 문제를 빌미로 수많은 교단과 교파들이 생겨났다.

이런 현상은 통제할 기구가 없는 개신교 쪽에서 주로 일어났다. 가톨릭에서는 개인의 신앙의 자유는 물론 성경해석의 자유까지 차단되어 있기 때문에 분열이 일어날 수가 없었고 또 교황체제의 전통이 견고하여 그럴 필요성을 못 느꼈다. 현대로 접어들면서 신앙의 자유를 허락하는 것이 일반화되어 갈 무렵 오히려 가톨릭은 정반대의 길로 갔다. 교황청이 유럽의 모든 영지를 잃고 현재의 바티칸으로 축소되던 해인 1870년의 제1차 바티칸회의에서 유명한 '교황무오설'을 공식적으로 인정했다. 당시의 교황 피우스 9세는 1864년에 주교들에게 발송한 회칙(encyclical)을 통하여 현대사회의 오류 80여 개를 지적한 바 있었는데, 그 가운데에는 '사회주의', '이성주의', '언론의 자유', '종교의 자유', '공립학교', '성서공회', '교회와 국가의 분열' 등이 포함되어있다.

가톨릭에는 중앙 통제 기구가 있어서 교파의 분열을 막을 수 있었으나 그런 기구가 없는 개신교에서는 막을 방법이 없었다.

3. 잘못된 전통 때문이다.

개신교의 교파 난립의 이유가 중앙 통제 기구의 부재가 중요 이유이기는 하지만 이것으로 다 설명이 되지 않는다. 더 중요한 이유가 있다. '분열 전통'이 그것이다. 가톨릭에 분열이 없었던 주요 이유는 '분열하지 않는 전통'이 확립되어 있어서 누구도 분열을 생각할 수가 없었다. 그러나 개신교는 시작 초기부터 '분열하는 전통'을 만들어 놓았다. 1세대 종교개혁자들은 주요 문제에서는 대체적으로 일치했으나 부차적인 문제 때문에 분열의 조짐을 보였다. 그러자 이를 지켜보던 헤세의 영주 필립(Landgrave Philip of Hesse)은 종교개혁자들간의 화합을 시도하여 1529년 비텐베르크의 루터와 멜란히톤, 취리히의 쯔빙글리, 스트라스부르크의 부처(Bucer), 바젤의 오외콜람파디우스(Oecolampadius)등을 마르부르크(Marburg)에 모이게 하여 의견을 조정하는 기회를 가졌다. 대부분의 문제에서는 어렵지 않게 합의에 도달했으나 앞에서 지적한 성만찬 문제에서는 쯔빙글리의 '상징설'과 루터의 '공체설'이 서로 맞섰다. 루터는 상징설을 받아들이면 독일의 가톨릭신자들을 설득시키기 어렵다는 '현실' 때문에 "우리는 서로 영이 다르다."라는 말과 더불어 등을 돌리고 말았다. 농민혁명이 일어났을 때 농민들을 모질게 대한 것도 자신의 지지기반인 영주들을 의식한 때문이었다. 이로써 개신교 지도자들에게는 "서로 교리가 다르면 분열할 수 있다."는 전통이 생겨났고 이후 거듭되는 분열을 막을 길이 없었다.

어떤 일을 시작한 최초의 지도자들이 어떤 전통을 확립해 놓느냐는 대단히 중요하다. 감리교 운동의 최초의 지도자는 죠지 횟필드와 존 웨슬리였다. 옥스퍼드 학생 시절부터 같이 활동했던 이들은 감리교 운동의 두 기둥이 되었는데, 구원론에 대한 이해가 서로 달랐다. 웨슬리는 만인구원설을, 횟필드는 예정설을 주장했고 이로 인해 교단이 분열될 위기에 처했다. 분열을 막기 위해 먼저 나선 사람은 횟필드였다. 그는 "감리교인은 사소한 교리문제 때문에 나뉠 수 없다."라며 자신을 따르던 사람들에게 "죠지 휫필드의 이름은 영원히 사라지게 하라."는 말을 남긴 후 활동 무대를 영국에서 미국으로 옮겼다. 이로 인해 두 가지의 결실이 맺혀졌다. "감리교에는 분열이 일어나지 않는다."는 전통으로 말미암아 전 세계적으로 단일 교단을 유지하고 있는 것이 첫 열매이며, 휫필드의 활약으로 미국에서 각성운동이 본궤도에 오른 것이 다음의 열매였다.

교회에서는 법의 규제보다 전통의 확립이 더 중요한 역할을 한다는 좋은 선례이다.

4. 교권 싸움 때문이다.

최초의 교회 분열이 교권 싸움 때문에 일어났다는 것은 앞에서 살펴본 바와 같다. 분열된 이후의 로마 가톨릭과 그리스 정교회는 모두 강력한 중앙 통제 기구가 있어서 분열이 생겨날 수가 없었다. 그러나 중앙통제 기구가 없는 개신교는 교회의 지도자들간에 주도권 다툼이 있을때 마다 '교리 수호'라는 명분을 앞세워 분열을 거듭했다. 한국의 장로교회가 공식적으로 확인되는 교파만 150여 개라는 사실은 그 어떤 변명으로도 설명이 되지 않는다. 변명 그 자체가 부끄럽기 짝이 없는 일이요 자기 얼굴에 침 뱉기다.

이런 분열을 주도한 자들은 사소한 교리의 차이를 성경의 말씀보다 더 중요시하며 서로 이단으로 몰아붙인다. 겉으로는 진리수호를 외치고 있지만 이면에는 주도권에 대한 욕심으로 눈이 먼 이리와 늑대들이다. 분열이 거듭될 때마다 자신들의 세력을 확산하기 위하여 신학교를 세워놓는 바람에 불량품 대량생산 체제가 완벽하게 갖추어져서 가동되고 있다. 예수님의 몸인 교회를 갈기갈기 찢어놓은 교권에 눈 먼 자들은 올망졸망한 교단의 우두머리가 되기 위해서 온갖 수단과 방법을 가리지 않고 있다.

예언자들에게 하나님의 말씀이 일인칭화법으로 주어지는 독특한 상태가 있습니다. 이 글은 위의 교권싸움에 대한 부분을 써 내려갈 때 그런 상태가 되었고 그때 주어졌던 말씀입니다.

여호와께서 가라사대,
양의 탈을 뒤집어 쓴 뱀들아 독사의 새끼들아,
네 놈들이 나를 눈먼 등신으로 아느냐?
내가 불꽃같은 눈으로 네 놈들의 짓거리를 똑똑히 지켜보고 있다.
네 놈들이 힘없는 내 양들의 피를 빨아 먹으냐,
나도 네 놈들에게 흡혈귀를 보내리라!
네 놈들이 권세를 얻기 위해 골몰하느냐?
나도 네 놈들을 능지처참할 묘안을 찾으리라!
네 놈들이 내 교회를 망하게 하려고 동분서주 하느냐?
나도 네 놈들에게 내릴 재앙을 쉬지 않고 찾아내리라!
네 놈들이 더러운 감투를 쓰고 모가지에 힘을 주며 활보하느냐?
나도 네 놈들의 모가지를 비틀며 다리몽둥이를 꺾으리라!
네 놈들이 대를 이어 내 이름을 팔아 배를 불리려느냐?
나도 네 놈들에게 대대로 저주를 쏟아부으리라!
똑똑히 들어두어라.
네 놈들이 하는 대로 내가 갚아 주리라.
이는 나 여호와가 하는 말이다.

아홉 번째 전환기 : A.D. 2000~
〈현대이후〉

PART 9

| 새로운 밀레니엄 | 2천년대
| 포스트모더니즘 | 아시아시대
| 영성의 시대

| 지난 내용 요약 |

거룩한 나라를 건설하라는 요청을 저버린 중세교회와 계약파기,
이로 말미암아 일어난 수많은 얼룩과 핏자국의 이름들.

회교,
르네상스와 인간주의,
시민혁명과 공산주의 혁명,
제국주의와 세계대전,
이 모든 것은 중세교회가 거둔 열매였다.

교회 안에서도 종교개혁이 일어났다.
그러나 교회 안의 문제에만 관심을 가졌을 뿐
교회 밖의 문제는 관심을 가질 여력도 마음도 없었다.

세상으로부터 따돌림 받은 교회,
교리와 신학논쟁으로 사분오열된 교회,
대책없이 방황하던 500년의 포로생활.

그러던 어느 날 뜻밖의 손님이 찾아왔다.

아시아 시대,
영성의 시대,

우리는 지금 어디에 있는가? 물음 60

새로운 천년을 맞은 오늘 우리 기독교인들은 대단히 중요한 시대를 살아가고 있다. 그 이유는 다음과 같다.

1. 새로운 전환기

지금까지 살펴본 아브라함 이후의 구속사 4천 년 즉 이스라엘 역사 2천 년과 교회사 2천 년을 돌이켜 보면 대략 500년을 주기로 새로운 전환기가 전개되었음을 알 수 있다. 지난 전환기는 1500년을 전후로 진행된 르네상스와 종교 개혁기였는데 이후 근대와 현대라 불리는 시대가 5백여 년 동안 전개되었다. 그런데 2천 년을 맞으면서 새로운 전환기가 찾아왔다. 2천 년을 전후로 대전환기가 도래했다고 말할 수 있는 근거는 다음의 사실들에서 찾아볼 수 있다.

2. 현대후기(post-modernism)

르네상스는 고대 그리스와 로마시대로 다시 회귀하자는 복고(復古) 운동이었다. 이런 운동이 일어난 이유는 교회가 지배하던 중세기에 대한 반발 때문이었다. 하나님으로부터의 계시에 근거한 신학이 지배하던 중세기는 앞에서 살펴본 바와 같이 인류사에 등장했던 최악의 시대였다. 르네상스시대에는 인간의 이성에 근거한 철학이 지배하는 시대가 열렸다. 고대 그리스-로마시대의 철학과 문화가 주목받은 이유는 거기에 들어있는 합리적인 사고 때문이었다.

르네상스 시대가 다시 찾아낸 합리적인 사고는 과학의 발전으로 이어졌고 과학의 발전은 인류에게 가장 큰 적이었던 질병(전염병)과 식량의 문제를 해결하여 인간의 이성에 대한 절대적인 신뢰와 지상낙원에 대한 환상을 품게 했다. 이성의 시대를 주도한 유럽은 르네상스 이후 전 세계를 정신적, 물질적으로 지배했다.

그런데 이성의 시대가 500여 년을 지나면서 한계에 빠졌다. 두 번에 거친 세계대전, 우라늄과 화학, 세균을 이용한 대량살상무기를 비롯한 첨단무기의 등장, 자연환경 훼손과 오염의 문제, 물질만능주의로 인한 인간성의 피폐, 과학기술의 과도한 발전에 대한 불안감 등 인간의 힘으로서는 도저히 해결할 수 없는 문제들이 산적해지자 이성절대주의에 대하여 심각한 반성과 더불어 이성의 한계를 인정하지 않을 수 없게 되었다.

이성주의자들은 스스로 이성의 시대가 저물어가고 새로운 시대가 오고 있음을 수용하면서 '현대후기' 또는 '탈현대'라 번역되는 포스트모더니즘(postmodernism)이라는 용어를 등장시켰다.[94] 이 용어는 이성이 지배하던 현대에 대한 고별선언이라고 할 수 있다.

3. 동양의 시대

르네상스, 인문주의, 이성주의, 산업혁명, 과학기술 등은 유럽 즉 서양의 산물이었기 때문에 서양이 세계를 지배해왔다. 그런데 20세기 말에 이르러 서양의 세력이 점차 퇴조하는 현상이 명확해졌다. 지난 시대에는 서양인들이 자신들의 우월감에 젖어 다른 세계는 개화의 대상으로 여기고 있었다. 그런데 이성의 시대가 한계에 부딪히고 다원주의

---

94) '포스트모던'이라는 개념을 처음으로 사용한 사람은 토인비(Toynbee, Arnold Joseph, 1889~1975)였다. 헬레니즘의 합리성에 기초한 서구의 이성주의와 과학정신은 세계대전을 겪으면서 큰 도전을 받게 되었는데 1950년대에 토인비는 이것을 '포스트모던'이라는 개념으로 설명했다. 이후 1960년대를 맞이면서 포스트모더니즘은 한 문예사조로서 논란의 대상이 되었는데, 모더니즘에 대한 저항, 또는 심화라는 양면성을 지닌다. 흔히 다원성, 상대성, 비결정성 등의 의미로 사용되고 있는 포스트모더니즘은 좁은 의미로는 20세기 후반에 나타난 새로운 문예사조를 뜻하지만 넓은 의미로는 세계대전 이후 등장한 새로운 시대정신이다.
여기서는 포스트모더니즘을 넓은 의미로 받아들이며, 이성과 과학 일변도로 흐르던 모더니즘에 저항하여 이성주의에 내포된 한계를 극복하려는 새로운 시대정신으로 보았다.

를 표방하는 포스트모더니즘이 등장하면서 서양 이외의 세계를 보는 눈이 달라졌다. 이와 더불어 아시아 국가들이 발전하여 경제 비중이 커지고 아시아 즉 동양이 세계의 중심축으로 부상하고 있다.

2천 년대에 접어들면서 지난 500여 년간 독주하던 서양의 시대가 물러가고 동양의 시대가 열리고 있다.

4. 영성의 시대

서양과 동양은 사고(思考)의 토양이 다르다. 서양은 헬레니즘의 합리적인 사고에 기초해 있으므로 합리적인 철학과 과학 등이 발전했다. 반면 동양의 고대문화인 중국과 인도 등의 문화에는 영성적인 사고가 지배하고 있다. 세계의 주요 종교들이 모두 동양에서 출현한 것은 결코 우연이 아니다. 사고방식이 신앙적이기 때문에 가능했던 일이다. 합리적인 사고의 한계에 부딪힌 서양인에게 동양의 종교적인 사고는 충격적으로 다가가고 있으며, 합리적인 사고의 한계를 극복할 대안으로 여겨지고 있기 때문에 예전에는 미개한 문화라고 평가절하 되었던 동양의 문화가 근래에 서양에 급속히 파급되고 있다. 불교의 선이나 인도의 요가 등은 서양인들에게 대단한 관심을 불러일으키고 있는데 이는 일시적인 현상이 아니라 시대적인 흐름이다.

서양이 지배하던 시대가 이성의 시대였다면 동양이 지배하게 될 미래의 시대는 영성의 시대다. 지금 우리 앞에는 영성의 시대가 펼쳐지고 있다. 근래에 들어서 '영성'이라는 용어가 홍수처럼 밀려들고 있는 것은 이런 이유 때문이다.

포스트모더니즘이 몰고 오는 새로운 시대사조의 두드러진 특징 중의 하나는 영성이다.

5. 교회의 포로귀환기

르네상스가 추구한 인간주의 운동은 중세교회에 대한 반발이었다. 하나님을 대신하여 세상을 통치하던 교회가 역사에서 평가하는 '암흑기'로 전락하고 시대의 요청에 역행하다가 인간주의(이성주의) 시대가 열렸다. 이후 교회는 설 자리를 잃어버렸다. 세상의 주도권은 인문주의자들에게 넘어갔고 교회는 궁색하게 살아남기에 급급했다. 이성적인 사고에 짓눌려 영성적인, 신앙적인 사고는 빈사상태에 이르렀던 것이다.

그런데 새로운 시대가 찾아왔다. 이성의 시대가 '진보'를 거듭하여 지상낙원을 건설할 수 있다고 기고만장하다가 세계대전과 대량살상무기, 환경오염의 문제에 부딪혔다. 그러자 자멸의 위기에 처하면서 이성이, 철학이, 인간이 지배하던 자리가 공석이 되었다. 그 자리를 무엇으로 채워야 하는가? 계시가, 신학이, 하나님이 이제 다시 자기 자리를 찾을 때가 된 것이다.

도무지 예상할 수 없었던 놀라운 일이 벌어지고 있다. 이런 사실을 창조주, 역사의 주인이신 하나님을 믿는 그리스도인들은 어떻게 받아들여야 할까? 우연히 어쩌다 일어난 일일까? 바벨론에서 전쟁포로 생활을 하던 이스라엘 사람들에게 어느 날 느닷없이 고레스 칙령을 통하여 '귀환령'이 내려졌었다. 누구도 예상할 수 없었던 일이다. 그런데 지금 그와 버금가는, 아니 그와는 비교될 수도 없는 큰 사건이 벌어졌다.

이성의 시대(서양의 시대)가 저물고 영성의 시대(동양의 시대)가 밝아오는 것을 무엇이라고 해야 하나?

지난 5백 년 동안 교회(신앙)는 사실상 세상(이성)에 포로가 되어 있었다. 그런데 이제 귀환령이 내려진 것이다.

교회에 내려진 포로 귀환령.

우리는 지금 이처럼 큰 환희의 순간을 맞고 있다. 그런데 정작 교회는 이런 사실을 모르고 있다. 일기는 보면서 때는 보지 못하던 서기관-바리새인과 같다. 그들은 수백 년 동안 메시아를 기다리고 있었지만 정작 메시아가 왔을 때는 전혀 알아보지 못하고 말았다.

오늘 우리는 자다가 깰 때가 되었다. 새로운 고레스칙령을 반포하는 소리가 온 세상을 울리고 있다.

하나님, 역사의 주관자이신가? 물음 61

우리 그리스도인들은 하나님께서 세상을 만드신 창조주이실 뿐만 아니라 세상의 모든 역사를 주관하시는 '역사의 주인'이라고 믿고 고백한다. 특히 창조에 대해서는 창조를 부정하는 진화론 때문에 많은 관심을 기울이고 있으며, 진화론에 맞서서 과학적인 방법으로 창조를 증명하려고 하지만 현재로서는 창조를 과학적으로 입증하기란 쉽지 않다. 하지만 역사의 주관자이신 하나님에 대해서는 상무적인 신앙의 고백만 있을 뿐 하나님께서 실제로 세상의 역사를 어떻게 지배하시는 가에 대해서는 아무런 관심조차 없다. 지나온 인류의 역사에 들어있는 수많은 사건들을 어떻게 이해해야 하나? 역사가들이 생각하듯이 정치, 경제, 문화의 여러 요인들이 어우러져서 흥망성쇠가 진행되고 있을까? 아니면 그냥 우연히 그렇게 된 것일까? 기독교인들은 우연이 아니라 하나님의 뜻에 의해 역사가 흘러가고 있다고 주장한다. 그렇다면 지난 과거의 역사가 하나님께서 인도하신 역사라는 것을 무엇으로 입증할 수 있을까? 과연 입증이 가능하기는 할까?

하나님께서 역사를 지배하신다는 것을 역사적인 사건을 통하여 강변한 사람들은 구약의 예언자들이다. 따라서 역사의 주관자이신 하나님을 역사적으로 입증하려면 예언자들에 대하여 관심을 기울여야 한다. 미흡하기는 하지만 「하비루의 길」과 「죄인의 길」은 예언자들이 역사를 보던 방식으로 지나온 4천 년 역사를 더듬어 보았다. 이것이 가능해지려면 예언자들이 하나님을 체험한 정도의 영적 경험이 뒷받침되어야 한다.

지금까지 다룬 4천년 역사를 다시 간략히 돌이켜 보면서 하나님께서 역사의 주관자이시라는 해석에 접근해보고자 한다. 〈그림13〉은 지금까지 다룬 역사의 흐름을 압축한 것이다. 이 그림을 보면서 설명하고자 한다.

1. 세계사의 흐름

〈그림13 : 문명지의 흐름〉

❶ 오리엔트시대

인류사에서 최초의 문명이 시작된 곳은 메소포타미아지역인데 수메르인들이 이 문명을 일으켰다고 한다.[95] 이어서 생겨난 문명지인 이집트와 더불어 이 지역을 오리엔트(동쪽)라고 하는데, 이 문명이 세계에서 가장 앞서 시작되었고 또 가장 큰 영향을 미쳤다.[96] 따라서 세계사에 최초로 세계적인 주도권을 잡은 것은 오리엔트 문명이라고 할 수 있다.

❷ 그리스-로마시대

수천 년간 지탱해 온 오리엔트 문명이 힘을 다하자 그 뒤를 이어 그리스시대가 찾아왔다. 그리스 변방 마케도니아의 왕자였던 알렉산더에 의해 그리스와 오리엔트지역이 통일되어 헬레니즘시대를 열었고 이로 인해 그리스어가 이 지역에서 통영되는 시대가 왔다.

그러나 헬레니즘시대는 로마가 등장함으로써 막을 내렸다. 로마에 의해 지중해 전 지역은 최초로 통일이 되었다. 그러나 정치적으로는 로마가 통일을 했지만 문화적으로는 헬레니즘의 영향력이 더 컸다. 그리스문화와 로마문화는 서로 조화를 이뤘으며, 이로 말미암아 로마제국은 역사에 등상한 가상 상대한 나라라는 펑가를 듣고 있다. 오리엔트에 이어 세계를 지배한 문화는 그리스-로마였다.

❸ 유럽시대

통일을 유지하던 로마제국은 동서로 나뉘어 졌는데, 지중해 동쪽지역인 동로마 지역의 대부분은 회교에 넘어가 버리고 말았다. 서로마는 라틴민족의 지배에서 게르만민족으로 주도권이 넘겨졌으나 제국의 형

---

95) 수메르는 "머리가 검다."라는 뜻이다.
96) 중국, 인도 등의 문명도 오랜 역사를 가지고 있으나 문명의 출현 시점이 오리엔트보다는 뒤졌으며 또 국지적인 영향에 그쳤다. 그러나 오리엔트 문명은 그리스-로마, 유럽으로 이어져 세계적인 영향을 미쳤다.

태는 유지되어 중세기로 넘어갔다. 중세 이후 르네상스, 종교개혁, 산업혁명, 시민혁명 등이 유럽을 중심으로 전개되어 유럽이 세계를 지배하는 시대가 왔다.

❹ 북아메리카시대

식민지배 등을 통하여 전 세계를 영원히 지배하려던 유럽인들의 꿈은 서로 주도권 다툼을 벌이다가 1차, 2차 세계대전을 거치면서 물거품이 되고 말았다. 특히 2차 대전을 치루면서 세계에 대한 주도권이 미국으로 넘어감으로써 북아메리카 시대가 열렸다. 2차 대전 이후 미국과 맞서 양강체제를 유지하던 소련이 붕괴하자 미국이 사실상 독주하고 있다.

❺ 아시아시대의 개막

근래에 들어 유럽과 미국 등 서양이 지배하던 시대는 서서히 저물어가고 아시아의 시대가 오고 있다는 징후가 뚜렷이 나타나고 있다. 이는 거역할 수 없는 세계사의 흐름이다. 오리엔트에서 시작된 세계 주도권의 역사는 서쪽으로 무대가 옮겨져서 그리스-로마, 유럽을 거쳐 대서양을 건너 미국으로 이어졌다. 결국 서쪽으로 지구를 한 바퀴 도는 셈인데 이제 미국에서 태평양을 건너 아시아로 올 채비를 하고 있다.

2. 세계 지배와 복음 선교

오리엔트, 그리스-로마, 유럽, 북아메리카로 이어진 지금까지의 세계사를 우연히 흘러온 역사가 아니라 창조주 하나님께서 주도하신 역사라는 근거를 어떻게 말할 수 있을까? 기독교인들은 "하나님은 역사의 주관자이시다."라는 사실에 대하여 아무런 의심을 품지 않는다. 그런데 실제 역사 해석에서는 이런 사실에 대하여 아무런 관심이 없으며 또 입증하려는 시도를 하지 않는 모순을 범하고 있다. 역사의 주관자이신 하나님을 단순히 신앙고백의 대상으로 여긴다면 몰라도 정말로 하나님께서 역사를 주관하신다고 생각한다면 역사 해석을 통하여 확인을 해야 한다. 이것이 불가능하다면 이는 단지 신앙고백에 불과하게 된다.

세계사가 성경의 하나님께서 주관하신 역사인가?
하나님, 그분은 역사의 주관자이신가?

그렇다. 하나님은 역사의 주관자이시다. 무슨 근거로 그렇게 말할 수 있는가? 신앙의 고백인가? 아니다. 역사적인 사실이다. 앞에서 간략히 살펴본 세계사의 흐름 속에 그 증거가 들어있다. 세계사가 하나님께서 주도하신 역사인 이유는 다음의 사실에서 명확해진다.

❶ 왜 오리엔트였는가?

유프라테스-티그리스 두 강의 틈바구니에서 생겨난 메소포타미아 문명[97]과 나일강 유역의 이집트문명, 그 사이의 가나안을 배경으로 하는 메소포타미아 문명이 최초로 주도권을 차지한 이유는 이 지역을 중심으로 '세계를 구원하시려는 하나님의 계획'이 진행되었기 때문이다. 왜 메소포타미아 지역에서 구원사를 시작하셨는지는 1부 「하비루의 길」에서 살펴보았다. 인류사에서 최초로 문자가 활용되어 구원사를 시작할 지적인 준비가 되어졌기 때문에 이 지역에 살던 아브라함을 부르시어 가나안으로 이주시키셨다. 가나안에다 하나님나라의 모형을 만들기 위하여 이스라엘 사람들을 애굽의 고센에서 400여 년 훈련을 시킨 다음 시내산에서 계약을 맺으시고 가나안에 입주하게 하셨다. 구

---

97) 메소-포타미아는 '두 강 사이의 땅'이라는 뜻.

약성경의 주요 무대는 오리엔트지역이다.

오리엔트지역에서 구원사가 시작되었기 때문에 이 시대가 세계를 주도했다고 말해도 되는 근거는 어디에서 찾을 수 있을까? 구약의 예언자들은 메소포타미아나 이집트에 등장하는 대제국들은 하나님의 도구에 불과하다고 선언하고 있다. 즉 하나님께서 오리엔트의 역사를 지배하신다는 것을 당시에 일어나고 있는 사건을 통하여 해석하고 있다. 역사 해석을 통하여 하나님을 역사의 주관자라고 말한 최초의 사람들은 예언자들이었다. 인류사에 '역사'라는 개념을 처음 제시한 것은 성경이다. 그런데 예언자들과 예수님 이후 역사 속에서 역사의 주관자이신 하나님을 해석하는 것이 단절되고 단지 신앙의 고백으로 전락하고 말았다. 예언자들의 역사 해석 전통을 다시 회복해야 한다.

❷ 왜 그리스-로마시대였는가?

"세상의 보화가 열 개라면 로마제국이 아홉 개를 가졌고 나머지 지역이 한 개를 나누어 가지고 있다."라고 탈무드는 말하고 있으며, 인류사에 등장했던 나라 중 로마제국이 가장 강대했다고 평가하고 있다. 유럽의 국가들은 세계의 주도권을 탈환하기 위하여 EC공동체를 구성하여 옛 로마제국의 재현을 시도하고 있다. 그러면 왜 로마제국이 그 시대를 주도했는가?

앞에서와 같은 이유로 설명할 수 있다. 예수님을 통한 세계구원의 사역이 예루살렘에서 시작하여 지중해 전 지역으로 퍼져나갔기 때문이다. 300년대 초에 로마제국은 기독교 국가가 되었다. 이것이 우연일까? 아니다. 두 번째 계약공동체인 교회에 하나님나라의 모형을 세울 땅을 주시는 사건이었다. 이런 일을 위해서는 땅과 돈이 필요하다. 인간의 사정을 잘 아시는 하나님께서는 복음사역이 진행되는 지역으로 하여금 그 시대를 이끌어갈 환경을 허락하시며 현실적인 주도권을 주신다. 이런 증거는 여기서 끝나는 것이 아니다. 계속된다.

❸ 왜 북유럽이었는가?

중세 이후 왜 유럽이 현대를 지배했는가? 같은 이유로 설명할 수 있다. 유럽 중에서도 북유럽의 독일과 영국의 영향력이 가장 컸다. 이 역시 우연이 아니다. 독일에서는 종교개혁이, 영국에서는 청교도혁명이 일어났으며, 이후 전개되는 세계 선교 운동에서 두 나라가 가장 많은 선교사를 파송했고 선교비를 지출했다.

❹ 왜 북아메리카였는가?

2차 대전 이후 유럽의 주도권은 미국으로 넘어갔다. 독일, 영국을 이어서 미국이 세계 선교의 중심에 섰기 때문이다. 미국이 세계 선교의 주도권을 가진 배경은 건국사에서 찾아볼 수가 있다. 영국과 유럽에서 설 자리를 잃어버린 청교도들은 북아메리카를 새로운 정착지로 삼았다. 남아메리카는 이미 스페인, 포르투갈 등 남유럽 사람들이 차지하고 있었기 때문이다. 그들은 현재의 미국 동북부에 정착하여 청교도 국가건설을 시도했다. 그들의 구상대로 다 되지는 않았지만 이후 전개된 각성운동 등을 통하여 미국에는 개신교정신이 주류를 이루게 되었고 이는 곧 세계선교 운동으로 이어져서 세계 선교를 주도하게 되었는데, 이는 미국의 국력이 뒷받침되었기 때문에 가능했다. 현재 선교사 숫자와 선교비 지출이 가장 높은 나라는 미국이다.

❺ 왜 남유럽, 남아메리카는 아닌가?

유럽과 아메리카를 보면 대체적으로 북부는 개신교가, 남부는 가톨릭 세력이 지배하고 있다. 세계선교운동을 먼저 시작한 것은 가톨릭국가였다. 신대륙과 식민지정책을 먼저 추진한 스페인과 포르투갈이 가톨릭국가였기 때문이다. 이들은 아메리카에서도 남미에 관심을 가져서 브라질, 아르헨티나 등 남미는 대부분 가톨릭 문환권이다. 가톨릭 국가들은 유럽에서도 그렇고 남미에서도 두각을 드러내지 못하고 말았다.

그 이유는 정치, 경제적인 이유 이전에 종교에 있다. 가톨릭과 개신교는 같은 기독교이지만 그 성격에서는 판이하게 다르다. 가톨릭 신앙은 중세기를 암흑기라는 도탄에 빠지게 했으며, 가톨릭 신앙을 유지하는 국가들은 현재도 빈국에 머물러 있다. 이는 우연이 아니다.[98]

이상에서 간략히 살펴본 바와 같이 세계 선교가 진행되는 지역에 세계 지배의 주도권이 주어진다는 것을 알 수 있다. 이는 일시적, 국지적 현상이 아니라 4천 년 역사의 흐름이 그러했다. 이는 무엇을 말하는가? '복음사역=세계지배' 라는 등식이 세계사 속에 진행되고 있다는 뜻이다. 성경에 나타난 하나님의 가장 큰 관심사는 '세상구원' 이다. 창조주이시며 역사의 주관자이신 하나님께서는 당신의 가장 큰 관심인 세상을 구원하기 위한 복음사역이 진행되는 곳에 세계 지배를 맡기신다. 4천 년 역사가 그것을 증거하고 있다.

3. 세속사(世俗史)와 예언사(預言史)

일반인들은 정치 · 경제 · 문화 등의 문제에 관심을 가지면서 기록하는 목적에 맞는 사관(史觀)으로 역사를 기술한다. 성경에서는 즉 구약의 예언자들과 예수님은 어떻게 역사를 이해했는가? 세속사와 같은 방식으로 역사를 말했는가? 아니다. 하나님의 심정을 가지고 하나님의

---

[98] 이 문제에 대해서는 독일의 사회학자 막스 웨버(Max Webber, 1864~1920)가 「개신교 윤리와 자본주의 정신」이라는 책에서 개신교 신앙을 가진 국가는 선진국이 되었지만 같은 기독교이면서도 가톨릭 신앙을 가진 나라들은 빈국이 되었다고 지적했다.

입장에서 역사를 보고 해석했다. 세속사와 예언사는 역사에 대한 접근 방식이 판이하게 다르다.

성경과 역사는 뗄 수 없는 관계임에도 불구하고 교회는 역사 해석에 너무 무관심했다. 누구보다도 역사의 해석에 민감해야 할 기독교인들이 세속사가들의 역사 이해에 의존하고 있는 것이 오늘 우리의 현실이다. 기독교인은 기독교인의 역사 해석을 가져야 한다.

기독교인들에게 역사가 왜 그토록 중요한가? 하나님의 뜻을 나타내 보여주기 위하여 성경은 문자로 기록된 말씀으로 표현하는 경전이고, 피조물(자연)세계는 만들어진 모습으로 만드신 분을 나타내고 있는 성경이며,

역사는 하나님의 뜻이 사건으로 진행되는 성경.

이라고 할 수 있다. 역사에서 진행되는 사건들은 지금 우리에게 말씀하시는 하나님의 언어라고 할 수 있다. 따라서 설교자는 성경뿐만 아니라 역사 속에 담겨진 하나님의 뜻을 감지하여 바르게 해석해내야 한다.

> "너희가 저녁에 하늘이 붉으면 '날이 좋겠다.' 하고 아침에 하늘이 붉고 흐리면 '오늘은 날이 궂겠다.' 하나니, 너희가 천기는 분별할 줄 알면서 시대의 표적은 분별할 수 없느냐?"(마태복음 16:2~3)

2천 년 전 서기관-바리새인들에게 하셨던 이 말씀은 오늘 우리 그리스도인 모두에게 하시는 말씀이다.

2천 년대, 무엇을 말하는가?

　서양인들이 전 세계를 식민지로 지배하던 시대가 있었다. 2차 대전 이전 즉 20세기 초의 이야기다. 비록 전후에 대부분의 나라가 독립되어 식민통치가 종식되었다고 해도 서양의 정치·경제·군사적인 지배는 계속되었고 끝이 날 조짐은 보이지 않았다.

　그런데 21세기를 맞으면서 놀라운 일이 벌어지고 있다. 세계대전의 경험과 대량살상무기, 환경오염 등의 등장은 서양의 합리적인 사고에 심각한 회의를 느끼게 하였고, 이로 말미암아 500여 년을 지속하던 '현대'라는 시대가 저물어 가고 있으며 이와 더불어 서양의 시대가 가고 동양의 시대가 오고 있다. 모더니즘에 대한 반발로 생겨난 포스트모더니즘의 등장은 단순히 이성의 시대에 대한 고별을 의미하는 것이 아니라 이성 즉 합리적인 사고로 세계를 지배하던 서양의 시대가 물러가고 영성적인 사고를 바탕으로 한 동양의 시대가 오고 있음을 선언하고 있다.

　1천 년대가 가고 2천 년대를 맞이하던 날, 서양인들은 새로운 밀레니엄을 맞는 성대한 축제들을 거행했다. 이 행사들은 무엇을 말하고 있는가? 서양(이성)의 시대에 대한 환송식이었고 동시에 동양(영성)의 시대에 대한 대대적인 환영식이었다. 기독교인들, 특히 동양의 기독교인들에게는 이보다 더 중요한 의미가 있다. 이성의 시대가 가고 영성의 시대가 왔음을 알리는 역사의 주관자의 칙령 즉 포로 귀환령이었다.

　2천 년대, 무엇을 말하는가?

　동양의 기독교인들에게 새로운 기회가 왔음을 말한다.

아시아의 어느 나라인가?

　동양의 시대는 곧 아시아 시대를 말한다. 미국의 패권이 아시아로 넘어오고 있다는 판단은 중국의 경제적인 부상을 염두에 두고 말하는 것이다. 현재의 추세대로라면 머지않아 중국의 경제규모가 미국을 앞지를 것이므로 아시아 시대가 온다는 것은 곧 중국의 시대가 온다는 뜻으로 통하고 있다. 정치·경제·문화를 염두에 두는 세속적인 판단에 의하면 이는 부정할 수 없는 현실이라고 할 수 있다.

　광야의 이스라엘이 가나안 입주를 앞두고 12명의 정탐꾼을 보내 알아보게 했을 때 10명의 판단은 세속사에 근거했다. 현실적인 판단에 의하면 그들이 옳았다. 이스라엘이 가나안을 압도한다는 것은 현실적으로 불가능한 일이었다. 그런데 두 명의 판단은 달랐다. 잘 아는 바와 같이 여호수아와 갈렙은 충분히 가능하다고 주장했다. 이들은 무엇을 근거로 정반대의 판단을 내리고 있는가? 사람의 입장인 세속사(世俗史)에 근거한 판단이 아니라 역사를 주관하시는 하나님의 입장인 예언사(預言史)에 의한 판단이었다.

　예언사의 판단 기준은 세속사와 판이하게 다르다. 선교의 사명, 즉 복음사역을 하는 나라에 하나님께서 함께 하시며 그 나라로 하여금 세계를 경영하게 하신다는 것이 예언사의 판단이다. 이런 판단은 합리적인 사고에서는 불가능하다. 영성적인 사고 즉 역사의 주인이신 하나님에 대한 신앙에서나 가능하다. 그런데 이런 판단은 현실과 상관없는 신앙적인 확신에 불과한 것이 아니라 앞에서 살펴본 바와 같이 지난 4천 년 역사가 이를 증거하고 있다.

　따라서 예언사에 의하면 중국이 아시아시대의 중심이라는 세속사의 단정을 재고해 볼 여지가 있다. 예언사의 입장에서 본다면 아시아의 어느 나라인가?

1. 준비된 나라

역사의 주관자이신 하나님께서는 준비된 때, 준비된 지역, 준비된 사람을 통하여 일하신다. 이런 사실은 4천년 구속사를 통하여 확인할 수 있으며 앞에서 이미 살펴봤다. 예언사에서 가장 중요시하는 것은 '준비'다. 따라서 아시아의 수많은 나라 중 준비된 나라가 아시아 시대의 중심에 서서 세계를 이끌어 나가게 된다. 아시아의 준비된 나라는 어디인가?

2. 준비물

한 시대를 이끌어 나가려면 그 시대의 요청에 맞는 준비물이 있어야 한다. 유럽이 지난 전환기 500년을 이끌어 온 것은 중세기에 대한 반발에서 비롯된 시대적 요청인 합리적인 정신을 그리스문화를 통해서 발굴했기 때문이다. 합리적인 사고를 준비함으로써 유럽은 지난 시대를 이끌어 왔다.

2천 년대의 시대정신은 무엇인가? 앞에서 본 바와 같이 '영성'이다. 이성의 시대가 가고 영성의 시대가 왔다. 이런 이유로 수많은 서양인들이 영성을 배우기 위하여 동양을 찾고 있고 동양의 영성문화(선문화)가 서양에 급속도로 파급되고 있다. 한 시대를 이끌어가려면 경제력만으로는 불가능하다. 정신문화가 뒷받침되어야 한다.

영성의 시대를 이끌어 갈 가장 중요한 준비물은 새 시대에 맞는 영성이다. 이 영성을 먼저 발굴하는 나라가 2천 년대를 이끌어 가게 될 것이다. 포스트모더니즘의 특징 가운데 하나가 다원성이다. 지구촌시대와 더불어 다원성은 종교간의 경쟁 즉 각 종교의 영성이 치열하게 경쟁할 수밖에 없다. 이미 그 경쟁은 시작되었다.

동양 영성의 진원지는 인도와 중국이어서 이 지역들이 주목을 받고 있다. 동양의 영성은 이들이 전부인가? 아니다. 이들 외에 또 하나 있다. 성경의 영성, 즉 기독교 영성이다. 기독교가 탄생한 오리엔트지역은 동양에 속한다. 기독교 역시 동양에서 출발했다. 단지 활동 무대가 서양이었을 뿐 뿌리는 동양이며, 서양의 종교가 아니다. 2천 년 동안 서양에 있었기 때문에 서양화되었을 뿐이다. 동양에서 출발하여 서양화된 기독교 영성을 서양의 옷을 벗기고 본래대로 동양화해야 한다. 이런 일은 서양인으로서는 불가능하다. 동양인이어야 한다.

서양인에 의해서 그리스의 합리적인 사고로 덧입혀진 기독교영성을, 영성적인 사고로 옛 모습을 회복하여 성경의 순수한 영성으로 돌아가는 것, 이것이 영성의 시대에 필요한 준비물이다. 이것을 준비할 수 있는 나라는 어디일까?

3. 적임자 한국

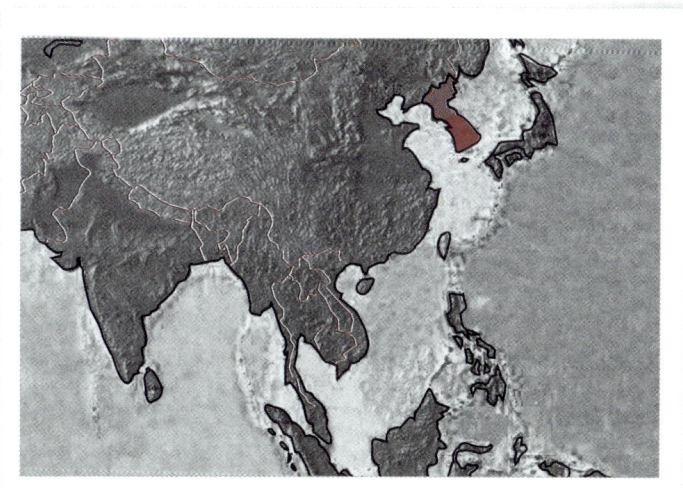

〈그림14 : 동아시아 국가들〉

아시아에서 이런 일에 적합한 나라는 어디일까? 〈그림14〉의 아시아 지도를 보면서 생각해 보자. 아시아에서도 극동에 자리 잡은 조그만 반도국가, 유사 이래 단 한번도 세계무대에 발을 들여놓은 적이 없는 은둔의 나라, 부존자원을 비롯하여 대국(大國)이 될만한 현실적인 조건을 찾아볼 수 없어서 아무런 평가나 주목을 받지 못하는 나라, 이런 것들이 한국이 처한 상황이다. 정치와 경제, 군사력을 중요시하는 세속사의 입장에서 본다면 한국이 아시아 시대, 2천 년대를 이끌어 간다는 것은 불가능하다.

그러나 예언사의 입장에서 본다면 전혀 다르게 보인다. 하나님께서 일하시는 방법은 사람의 그것과 너무나 다르기 때문이다. 하나님의 입장에서 본다면 한국에 주어진 불가능한 조건들은 오히려 가능한 조건들이 될 수 있다. 2천 년대가 한국의 시대가 될 수 있는 조건들은 무엇일까? 그 조건들을 짚어보고자 한다.

❶ 고난의 역사

성경의 영성과 고난은 뗄 수 없는 관계다. 영성은 고난의 산물이기 때문이다. 세상 구원을 위하여 선택된 이스라엘 사람들이 애굽의 고센에서 400여년 고난과 40년 광야생활을 해야 했던 이유와, 그들에게 주어진 땅 가나안이 세계에서 찾을 수 있는 가장 큰 고난의 땅이었던 까닭은 여기에 있다. 욥기의 주인공은 사람이 당할 수 있는 가장 호된 시련을 통하여 가장 깊은 영성, 즉 하나님을 뵈옵는 단계에 이르렀다. 욥이 겪은 그 험한 시련들은 영성수련이었던 셈이다.[99] 이런 시련은 구약의 공동체인 이스라엘에게만 있었던 것이 아니다. 신약의 공동체에

---

99) 숱한 고난을 겪은 욥은 자신의 고난이 영성수련이었음을 이렇게 고백한다. "내가 주께 대하여 귀로 듣기만 하였삽더니 **이제는 눈으로 주를 뵈옵나이다.**"(욥기 42:5)

도 똑같이 해당된다. 예수님께서는 십자가의 길을 가셨으며, 주님을 따르던 초대교회 교인들은 300여 년 동안 모진 박해를 겪어야 했다. 기독교 신앙은 고난의 신앙이며, 기독교 영성은 고난의 영성이다.

고난이 왜 필요한가? 그 이유는 단순하다. 훌륭한 운동선수, 무적의 군대, 위대한 사상가들은 모두 그에 상응하는 고된 훈련과 노력을 통해서 만들어지기 때문이다. 이런 이치는 사람에게만 해당되는 것이 아니다. 도자기, 강철 등은 높은 온도의 단련을 받아야 하며, 같은 재료이지만 높은 온도와 강한 압력을 받으면 다이아몬드가 되고 그렇지 않으면 흑연이 된다. 고난없이 탄생되는 '명품' 이란 있을 수 없다. 영성이란 인간의 정신문화가 만들어내는 가장 고차원적인 것이기 때문에 여기에는 가장 큰 고난이 따를 수밖에 없다.

우리 나라에 오랫동안 거주한 외국인들은 한국인의 심성이 가지는 특징이 '한'(恨)이라고 말한다. 이는 결코 과장이나 틀린 말이 아니다. 우리 나라의 역사가 한 많은 역사이기 때문이다. 열강에 둘러싸인 약소국가라는 지정학적인 조건 때문에 우리 나라는 수많은 침략을 당하면서 민초들에게는 한이 유산으로 남겨졌다.[100] 한국인으로서 한국의 역사를 읽어나가다 보면 실망을 넘어서 절망을 느끼지 않을 수 없다.

성경의 입장에서 본다면 이런 고난은 어떤 의미를 가질까? 대단히 중요한 의미를 가진다. 우리는 우리도 모르는 사이에 고센살이를, 그것도 400년이 아닌 반만 년 동안이나 했다. 오랜 동안의 시련을 통하

---

100) 우리나라가 침략을 당한 횟수는 말하는 사람에 따라 다르다. 어떤 이는 931회, 또는 3천여 회로 주장하기도 한다. 우리가 침략한 역사도 있다. 이는 주로 고대 즉 고구려시대에는 만주벌판을 중심으로 주변 나라와 빈번한 전쟁이 있었기 때문이다. 그러나 전체적으로 볼 때 특히 고려시대부터는 우리는 주로 침략을 당했으며 외침을 감행한 적은 거의 없다. 북방의 여진이나 대마도 등을 침략했지만 이는 이들의 침략을 저지하거나 소탕하기 위해서였지 그들을 식민지배하기 위함은 아니었다.

여 우리는 영성의 시대에 새 시대를 이끌어갈 영성을 위한 철저한 준비를 한 셈이다. 그동안 우리 민족이 겪은 숱한 수난들과 한 많은 역사는 2천 년대, 즉 영성의 시대를 맞아 이제 그 한을 풀 절호의 기회를 맞았다. 오랫동안 응축된 한의 잠재력을 세계무대에 펼칠 것인가, 아니면 그냥 한 많은 역사로 끝낼 것인가는 전적으로 우리 세대의 손에 달려있다. 우리의 선조들이 당했던 그 숱한 고난을 헛되게 하지 말아야 할 역사적인 사명이 오늘을 살아가는 우리 한국인에게 주어져 있다.

침략한 역사보다는 침략당한 역사를 가진 나라가 복음의 사역에 맞는다. 이런 이유로 무력이나 폭력을 사용하여 당신의 뜻을 성취하지 않으시는 하나님께서는 항상 작은 사람, 변두리 사람, 고난당하는 사람을 통해서 당신의 뜻을 실현하신다. 따라서 하나님께서 쓰실 나라가 갖추어야할 가장 중요한 조건 가운데 하나는 이름 없는 변두리의 조그만 나라, 남의 나라를 침략하여 고통을 안겨준 역사를 가진 나라보다는 남에게 시련과 고난을 당한 나라이다. 이렇게 본다면 한이 서리도록 고난을 받은 한국이야말로 하나님께서 쓰실 조건이 갖추어진 나라이다.

우리는 변방에서 중국과 일본의 틈새에 끼여 늘 시달려야 했다. 그런데 이제 갚을 때가 왔다. 하지만 우리가 갚아야 할 것은 칼이 아니다. 우리는 수천 년 동안 그들의 칼에 당했지만 칼을 칼로 갚는 것이 아니라 복음으로 갚아야 한다. 복음의 사랑으로, 시대를 이끌어갈 위대한 정신문화로 갚아야 한다. 우리가 아시아를, 세계를 이끌어간다는 것은 무력이 아니다. 칼보다 더 위대한 것이 있음을 보여주어야 한다.

고난의 역사.

결코 부끄러운 역사가 아니다. 자랑스러운 역사로 바꾸어갈 준비였다. 이제 그동안 준비한 것을 나타내 보여줄 때가 되었다. 우리는 힘없는 부끄러운 조상을 둔 것이 아니라, 숱한 고난을 당하면서도 결코 남을 침략한 적이 없는 자랑스러운 조상을 두었다. 남의 나라를 무력으로 침략하여 수많은 고통을 준 역사, 그런 조상은 결코 자랑스러운 역사가 아니다. 부끄러워하고 사죄해야할 자들은 침략한 그들이지 고통당한 우리가 아니다.

❷ 약소국

 신라가 최초의 통일국가를 이룬 후 우리나라는 약소국으로 전락했다. 영토와 인구 등 국력이 주변 열강과 비길 수가 없었기 때문이다. 우리는 주로 침략을 당했으며 단 한 번도 대제국을 세워본 적이 없다. 이런 이유로 우리에게는 '세계경영'이라는 생각이 낯설게 느껴지며 불가능하다고 생각한다. 정치 · 경제 · 군사력을 기준으로 삼는 세속사의 입장에서는 당연한 결론이다.

 그러나 예언사의 입장에서 보면 정반대의 접근이 가능하다. 하나님께서는 항상 어리석은 사람을 통하여 지혜로운 사람을 부끄럽게 하시며, 칼로 전쟁을 하시는 분이 아니기에 작은 나라를 통하여 큰 나라를 이기게 하시며, 칼과 창과 방패로 중무장한 거인 골리앗을 어린 소년의 돌팔매로 쓰러뜨리셨다. 작은 것이 큰 것을 이기는 것이 성경의 원리이다. 천국을 겨자씨와 누룩으로 비유하신 주님의 말씀은 역사의 주인이신 하나님께서 역사 속에서 일하시는 방식과 원리라고 할 수 있다.

 또, 이런 예는 세속사에서도 찾아볼 수 있다. 역사상 가장 강대한 나라인 로마제국을 일군 사람들은 로마의 일곱 구릉에서 출발한 라틴민족이었고 작은 이탈리아 반도가 중심지였다. 유럽을 지배한 헬레니즘은 그리스의 조그만 도시국가 아테네에서 시작되었다. 세계사에서 가장 큰 땅을 소유했던 몽골제국은 초원에서 말을 몰던 작은 부족이 이룬 것이며, 만주벌판을 비롯한 변두리에서 떠돌던 이름 없던 부족들이 중원을 장악한 역사가 중국 역사의 태반을 차지하고 있다. 세계에 가장 큰 영향을 준 문화인 헬레니즘과 헤브라이즘은 아테네와 가나안에서 시작되었으며, 불멸의 대작들이 이름없는 골방에서 만들어진 경우는 허다하다.

작은 나라, 힘이 없기 때문에 세계경영은 불가능하다는 것은 역사의 교훈과 맞지 않는다. 세속사에서 불가능하다는 이유들은 예언사에서는 가능하다는 조건들이 된다. 불가능하다는 생각이 불가능하게 만든다. 불가능한 조건과 현실은 존재하지 않는다. 단지 그런 생각이 있을 뿐이다. 그 생각에 갇히면 불가능해진다. 성경의 말씀들은 이런 갇힌 생각에서 해방과 자유를 준다.

❸ 민족의 우수성

인류 최초의 문화인 메소포타미아 문명은 수메르인들에 의해 시작되었다. '수메르'는 '머리가 검다'라는 뜻이다. 이 지역의 인종을 살펴볼 때 머리가 검은 사람들이 없으므로 이들은 외부에서 이주한 사람들인데 어디서 온 사람들인지 알 수가 없었고, 문화사에서 이 문제는 큰 관심사였다. 그런데 수메르인들이 사용하던 고대 도서관이 발견되면서 그 실마리가 풀렸다. 그들은 쐐기문자를 사용했는데, 이들 문자를 해독하여 전세계에서 사용되는 언어와 비교분석한 결과 한국인이 가장 근접하다는 결과들이 발표되고 있다.[101]

영국을 비롯한 유럽인들은 전 세계 민족들의 지능지수를 여러 차례 조사하여 발표했는데, 대부분 한국인이 1위를 차지하고 있다. 한국인의 두뇌가 세계에서 가장 우수하다고 한다.[102] 한국인이 우수하다는 사실은 스포츠, 예능, 현대의 첨단기술 분야 등 여러 방면에서 확인할 수 있다.

---

101) 이런 주장은 한국인이 말하는 것이 아니라 독일을 비롯한 유럽인들의 연구 결과인데, 언어가 교착어라는 점과 풍습 등에서의 유사점 등을 근거로 제시하고 있다.
102) 이 역시 우리의 연구결과나 주장이 아니다. 유럽인들의 연구결과이다.

문화의 역사는 곧 문자의 역사라고 할 수 있다. 문자 없이 고도의 문화가 발달한다는 것은 불가능하기 때문이다. 고대의 주요 문명지에서는 고유의 문자들을 만들어 사용했는데 그 문자들은 모두 상형문자에서 시작되어 오랜 발달 과정을 겪었다. 지금 서양을 중심으로 쓰이는 알파벳이 현재의 모양으로 만들어지는 데에는 수천 년이 걸렸다.[103] 중국의 한자도 비슷한 역사를 가지고 있다. 그러나 우리가 사용하고 있는 '한글'은 세종대왕 한 사람이 몇 명의 도움을 받아 당대에 만들어내서 사용했을 뿐만 아니라 세계적으로 가장 과학적이고 우수하다는 평가를 받고 있는데 이는 문자의 역사에서 그 유례가 없다. 한글을 만들었다는 사실보다 더 중요한 것이 있다. 고대로 올라갈수록 지배계급들은 우민정책을 써서 백성들이 교육받을 길을 차단했다. 그런데 왕이 앞장서서 백성들의 문맹과 무지를 깨우치기 위하여 쉽게 배울 수 있는 문자를 만들어서 보급한 예는 그 어디에도 없다.

이런 사실들은 한국인이 세계에서 가장 우수하다는 것을 보여주는 예들이다.

❸ 한류(韓流)

우리 나라는 4대 문명의 발상지 중의 하나인 중국에 인접해있다 보니 늘 중국으로부터 문화적인 영향을 받아야 했다. 우리나라 역사에 우리의 고유한 문화가 다른 나라에 영향을 준 경우를 찾아 보기가 힘들다. 단지 우리보다 후방에 있는 일본에 중국문화의 전달자 역할을 한 것이 전부일 것이다. 그런데 근래에 들어서 '한류'(韓流)라는 생소한 단어가 등장했다. 한국에서 만들어진 드라마와 영화, 대중가요가

---

103) 알파벳의 기원은 멀리 이집트문자까지 거슬러 올라가며, 이집트문자-시나이문자-페니키아문자-그리스문자-에트루리아문자-라틴문자의 순으로 변천되어 내려온 것으로 보인다. 그리고 알파벳 체계 중 가장 오래된 것은 페니키아인에 의하여 만들어진 것이라고 한다.

중국과 일본, 동남아 지역으로 퍼져나가고 있으며 아시아를 넘어 세계의 벽을 두드리고 있다. 문화의 영원한 수입국에서 수출국으로 변모하는 놀라운 현상을 목격하고 있다. 한국인도 세계를 움직일 수 있다는 증거가 문화적인 측면에서 나타나는 고무적인 사실이다.

무엇이 한류를 가능하게 했을까? '고난'이 그것이다. 수천 년의 고난을 통해서 만들어진 '한'과 끈끈한 '정'이 한류를 가능하게 했다. 우리가 만드는 드라마나 영화가 보는 사람을 울게 하는 것은 이런 한국인 특유의 정서 때문이다.

피어오르기 시작한 한류가 시들지 않고 세계 속으로 뻗어나가 자리를 잡으려면 고차원적인 정신문화로 자리매김을 해야 한다. 정신문화의 최고봉은 영성문화다. 따라서 한국인의 정서로 영성문화를 만들어내야 한다. 영성문화는 이성이 아닌 감성의 산물이다. 수천 년의 고난이 낳은 '정'과 '한'이 서린 한국인의 정서는 영성문화를 만들 더 없이 좋은 조건이다. 우리보다 더 좋은 조건을 갖춘 나라는 어디에도 없다.

❹ 기독교 수용성

기독교 선교의 역사를 보면 한국에만 있었던 몇 가지 특이한 사실들이 있다.

이조 후기에 중앙정권에서 밀려나 낙향하여 독서로 소일하던 선비들이 있었다. 마땅히 읽을 만한 것이 없자 중국에 가는 사람들에게 부탁하여 조선에 없는 책들을 구해다가 읽었는데 그중에 한문으로 번역된 성경과 신학서적들이 있었다. 이 책을 읽다가 감화를 받은 이들은 자기들끼리 신앙생활을 실천하다가 중국에 머물러 있던 선교사에게 요청하여 세례를 받고 정식으로 기독교인이 되었다. 서학(西學)이라 불리는 학문을 하던 실학자들이 이들이다. 기독교 선교 역사에 최초의 자생적인 기독교인은 한국에서 등장했다.[104]

선교에 있어서 성경 번역은 가장 중요한 비중을 차지하지만 대단히 어려운 작업 중의 하나다. 선교지의 언어를 익혀야 가능한데 이는 쉽지 않은 일이다. 성경번역은 늘 선교사들이 선교지의 언어를 익혀서 번역에 착수했다. 그런데 선교사가 가기 전에 이미 성경이 번역되어 있어서 선교사가 이를 사용한 예가 있다. 이 또한 선교역사에서 유례가 없는 놀라운 일이었다.[105] 이런 일을 한 사람은 이수정(李樹廷, 1842~1886)인데, 그는 성경을 번역했을 뿐만 아니라 미국의 선교사들에게 한국선교를 적극적으로 요청하여 개신교 선교사들이 1885년 한국에 오도록 하였다.

한국이 선교역사에 세운 기록은 또 하나 있다. 한국이 기독교 선교 역사상 가장 적극적으로 복음을 수용하여 최단시간에 놀라운 성장을 했다고 한다. 선교 1세기만에 전국 각지에 많은 교회들이 세워져 있고, 복음에 대한 사명감을 가지고 신학교에 몰려드는 사람들이 너무 많아서 정규 신학교에서 감당을 하지 못해 각종 신학교가 생겨나고, 수급 균형에 심각한 문제가 될 정도로 목회자가 양산되고 있으며, 부정적인 결과를 거둘 만큼 교회들이 경쟁적으로 전도에 열심을 내고 있다. 이런 현상은 한국에만 있는 것이어서 세계선교 전문가들의 관심의 대상

---

104) 1779년 이벽, 권철신, 권일신, 이승훈, 정약용, 정약종, 정약전, 이총억, 등은 경기도 광주에 있는 작은 암자 천진암(天眞菴)에서 천주교 서적을 강독하면서 주일을 성수하고 찬양을 직접 지어 부르는 등 자발적으로 신앙생활을 실천했다. 1783년 이승훈을 중국 북경에 보내 세례를 받고 오게 했다.

105) 구한말 개화당에 속한 이수정은 일본에 머무는 동안 기독교 신앙을 접하고 1883년 세례를 받았다. 이후 이수정은 일본 유학생들에게 적극적으로 전도를 했을 뿐만 아니라 본국의 복음화에 지대한 관심을 가지고 성경번역에 착수했다. 초기에는 한문 성경에 한국식 토를 단 「현토한한신약성서」(懸吐韓漢新約聖)를 번역했으나(1884년 간행), 이어서 한글성경 번역에 착수하여 복음서와 사도행전까지 번역해냈다.(이수정역) 이수정은 또 일본에 머물던 장로교 선교사 녹스목사와 감리교 선교사 매클레이목사에게 미국선교사를 파견해 줄 것을 요청했으며, 1884년에는 미국 선교잡지에 "한국의 사정"이라는 선교 호소문을 실었으며, 이어서 세계선교평론지에 한국선교의 중요성을 강조하는 글을 기고했다. 드디어 미국에서 선교사 언더우드와 아펜셀러를 파견하자 이들이 일본에 머무는 동안 직접 한국어를 가르치고 한국의 사정을 상세히 알려주었으며, 자신이 번역한 한글성경을 가지고 가도록 했다.

이 되고 있다.

  한국교회가 세운 이런 세계적인 기록들은 세계 선교에 대한 관심으로 이어진다. 현재 세계 선교에 있어서 가장 큰 비중을 차지하는 나라는 미국이다. 선교사 수와 선교비 지원에서 그렇다. 그런데 미국에 이어 그 다음이 한국교회다. 한국 교회의 파송 선교사 숫자와 선교비 지출이 2위를 차지하고 있다. 세계에서 유일한 분단국가인 한국의 남한에서 이런 일을 하고 있다는 사실이 도무지 믿겨지지를 않는다. 복음을 받아들인 나라에서 불과 한 세기만에 복음을 보내는 나라, 세계 선교의 중심에 서 있는 나라가 되어있다.

  어떻게 이런 일이 가능했을까? 몇 가지 이유를 생각할 수 있다.

  첫째, 조선말기와 개화기에 나라의 장래를 염려하던 우국지사와 선각자들은 유교의 한계를 깨닫고 나라가 살기 위해서는 기독교를 받아들여야 한다고 생각하여 적극적으로 기독교 신앙을 받아들였다. 조선 후기의 실학자들과 구한말, 일제식민지, 대한민국 건국 초기의 국가 지도자들 거의 대부분이 기독교 신자들이었던 이유는 여기에 있다.

  둘째, 서양의 기독교 국가들이 아시아지역에 집중적으로 선교를 했음에도 다 실패하고 한국에서만 선교의 꽃을 피운 것은 당시의 국가 지도자들뿐만 아니라 일반 백성들에게도 기독교는 환영을 받았기 때문이다. 여러 가지 이유가 있겠지만 가장 큰 이유는, 한국은 기독교 국가가 아닌 일본의 식민통치를 받았기 때문에 기독교에 대한 아무런 거부감이 없었을 뿐만 아니라 기독교와 더불어 전해지는 서양의 개화된 문화에 대단한 호감을 느꼈던 것이다. 하나님의 섭리라고 밖에는 달리 설명할 길이 없다. 세계선교는 제국주의 물결과 더불어 진행이 되었는데, 제국주의 국가들은 하나같이 기독교 국가들이었다. 이런 사실은 식민지인들에게 기독교가 제국주의 국가의 종교로 느껴져서 거부감을 가지게 했다. 세계선교운동이 아시아를 비롯한 아프리카 등지에서 별로 성과가 없었던 가장 큰 이유는 여기에 있다. 과거에 기독교 국가의 식민통치를 받은 경험이 있는 나라들은 지금도 서양인 선교사에 대하여 혐오감을 가지고 있다.

세계 선교역사에 기록을 세운 이런 현상들을 어떻게 이해해야 할까? 아시아 시대에 아시아를 비롯한 세계를 경영하기 위한 하나님의 섭리의 손길이었다고 보는 것은 지나친 무리일까? 아시아 시대는 오고 있으며 준비된 나라가 그 주역을 맡게 된다. 지금까지의 4천 년 역사는 복음사역이 진행되는 곳에 그 시대의 주도권이 역사의 주관자이신 하나님으로부터 주어졌다. 아시아 지역에서 유일하게 선교 역사에 기록을 남길 만큼 복음의 불길이 뜨겁게 타오른 한국, 우연이 아니었다.

이 작은 나라에 세계 경영의 기회가 주어져 있다.

4. 지식산업 시대

인류 역사의 대부분의 기간은 농업을 주로 하던 농경산업 시대였다. 그러다가 산업혁명으로 말미암아 농경산업에서 공장산업으로 바뀌면서 역사의 대변혁이 일어났다. 과학의 발전과 더불어 찾아온 산업혁명은 인간이 사는 형태를 근본적으로 바꾸어 놓고 말았다. 농경사회의 숙적이었던 기아와 질병으로부터의 해방, 수명의 증가, 문화적인 생활, 수평적인 사회 등 고대사회에서는 상상도 못하던 일들이 일어났다.

과학기술의 영향이 너무 큰 나머지 공장산업은 언제까지나 이어지리라고 생각했다. 그런데 기술이 비약적으로 발전하면서 산업 분야에 또다시 혁명이 일어나고 있다. 현대 기술의 총아인 컴퓨터의 등장으로 말미암아 기계(하드웨어)와 프로그램(소프트웨어)이 분리되는 현상과 인터넷이라는 가상세계와 디지털이라는 저장 방식이 등장하면서 정보통신 분야가 획기적으로 발달하여 산업 분야에서 차지하는 비중이 획

기적으로 늘어났다. 아날로그 시대가 저물어 가고 디지털 시대가 찾아 오면서 지식의 혁명이 일어나서, 지식이라는 개념조차 달라지고 말았다.106) 수많은 공장에서 온갖 물건을 만들어내는 것이 중심이던 공장산업 시대에서 '지식산업' 시대로 서서히 진입하고 있다.

유럽에서 일어났던 산업혁명에 이어 지식혁명이 일어나고 있다는 사실은 우리 한국인에게 무엇을 말하는가? '절호의 기회'가 왔다는 뜻이다. 지식(정보)의 가공이 중심인 지식산업은 강대국보다는 약소국에게 유리할 수 있다. 디지털시대의 특징은 '급변'이어서 몇 년 후를 도무지 예측할 수가 없다. 선진화·차별화·틈새공략이 급변하는 시대에 살아남는 적응력이기 때문에 공룡보다는 개미가 훨씬 더 유리한 시대가 이미 왔다. 공장에서 물건을 만들어 파는 시대라면 약소국이 대국을 이길 가능성이 없지만 지식산업 시대에는 머리가 우수한 민족이 가장 유리하다.

요즘 들어서 '정보기술'(I.T.; Information Technology)이라는 단어를 듣게되는데, 이 단어가 지식산업시대를 잘 표현하고 있다. 그런데 한국이 아이티 강국이 되었다. 이는 결코 우연이 아니다. 소국인 한국이 대국들 보다 유리할 수 있다는 증거다. 한국은 지식산업 시대에 적응할 유리한 조건들을 선점하고 있다. 지식산업 시대에는 무엇보다도 우수한 두뇌와 변화에 대한 적응력이 필요한데 우리는 이런 것들을 다 갖추고 있다. 이제 우리는 지식산업시대에 '첨단산업'으로도 선두 주자가 될 기회를 맞았다.

---

106) 예전에는 어떤 분야에 대하여 아는 것을 '지식'이라고 했으며 책에 담겨있었다. 그러나 지식의 폭발이 일어나면서 알 수도 없고 또 알 필요도 없어졌다. 기록매체도 책이 아닌 디지털방식으로 기록되며, 유무선 인터넷을 통하여 언제 어디서나 필요한 정보(지식)을 얻을 수 있게 되었다. 2010년이 되면 디지털 정보가 지금까지 인류가 책에 담아놓은 정보의 1840만 배에 이를 것으로 예상되는데, 이것을 책에 담아놓으면 지구에서 태양을 37번 왕복하는 거리에 해당된다고 한다. 지식의 폭발, 디지털시대라는 것을 잘 나타내주는 예이다.

지식산업시대라는 환경은 약소국으로 분류되던 우리로 하여금 소강국(小强國)으로 발돋음할 수 있는 기회를 제공하고 있다. 급변하는 지식산업시대에 적응하려면 대국보다는 오히려 소국이 더 유리하기 때문이다.

5. 한국의 시대

2천 년대는 '영성의 시대'이며 또 '지식의 시대'이다. 영성과 지식을 선점하는 나라가 이 시대를 이끌어 간다. 그런데 우리 한국이 불리할 이유가 없다. 영성과 선교에 있어서 우리는 가장 유리한 고지를 점령하고 있으며 또 I.T.에서도 이미 강국으로 평가받고 있다.

이런 사실들은 무엇을 말하는가? 2천 년대는 한국의 시대라는 것을 말해주고 있다.

물음 64. 한국교회, 무엇을 준비해야 하나?

포스트모더니즘, 2천 년대, 동양의 시대, 아시아 시대, 영성의 시대.

근래 들어 흔히 들을 수 있는 단어들이다. 이런 단어들은 지금 우리에게 무엇을 말하는가? 한국의 시대가 오고 있음을 말하고 있다. 한국에게 세계경영의 기회가 주어져 있음을 말하고 있다. 한국의 역사에 전무후무할 일이 눈앞에 펼쳐져 있음을 말하고 있다. 새로운 시대를 맞을 새로운 준비를 하라고 말하고 있다.

기회는 준비하는 자의 몫이다. 아무리 좋은 기회가 와도 준비하지 않으면, 준비가 되어있지 않으면 그냥 지나가 버린다. 준비해야 한다. 아니, 벌써 준비에 들어갔어야 한다. 속히 서둘러야 한다. 지체할 시간이 없다. 우리가 머뭇거린다면 이 기회는 다른 나라에 넘어갈 것이며 기회를 놓친 우리는 파멸이라는 대가를 치러야 한다.

이 중요한 시점에 무엇을 준비해야 하나?

1. 자각

이런 사실을 하루 속히 깨달아야 한다. 누가 이런 선각자의 역할을 할 것인가? 교회여야 한다. 교회가 나서야 한다. 이 나라에서 교회 외에는 이런 일을 할 기관이 없다. 권력에 집착하는 정치인, 돈에 몰두하는 경제인, 자기잇속 챙기기에 급급한 기타 단체들이 이런 일에 관심을 기울일 리가 없다. 교회마저 이 일에 무관심한다면 이 기회를 놓치고 만다. 창조의 주인이신 하나님, 역사의 주인이신 하나님, 그 하나님을 섬기는 교회가 이 일의 유일한 선각자여야 한다.

한국교회, 이제 깨어나야 한다. 눈을 크게 뜨고 멀리 봐야 한다. 이 시대적인 요청의 음성을 들어야 한다.

2. 유일한 자원 발굴

하나님께서 선택하셨던 가나안, 어떤 땅이었나?

열강에 둘러싸인 협소한 땅, 부존자원이 전혀 없는 메마른 황무지였다. 이 땅에서 이스라엘이 어떻게 세계를 경영하는 나라가 되라고 하셨을까?

'두뇌'

머리였다. 신앙에 기초한 세계 최고의 두뇌 집단이 되라고 하셨다. 이를 위해 당시뿐만 아니라 지금의 수준에서 평가할 때도 세계 최고의 교육 제도를 주셨다. 시내산계약법에 명시한 레위지파의 역할은 교사의 임무였다. 이스라엘이 현재 세계 최고의 두뇌들이 된 것과 실질적으로 미국을 지배하고 있는 것은 우연이 아니다. 세계에서 가장 우수한 교육 제도를 가지고 있기에 가능한 일이다.

한국.

협소한 땅, 열강에 둘러싸인 약소국, 천연자원은 물론 식량 자급률이 30%에도 미치지 못할 만큼 열악한 환경, 무엇으로, 어떻게 살아남아야 하나? 암담한 일이다. 그러나 길은 있다. 길은 언제나 있게 마련이다. 단지 모르고 있을 뿐이다. 이제 교회가 나서서 그 길을 찾아내야 한다.

한국인.

세계에서 가장 우수한 두뇌를 타고 났다. 이 두뇌를 활용해야 한다. 세계 최고의 신앙으로 무장된 세계최고의 두뇌, 이것을 계발해야 한다.

교육.

이것만이 한국이 살 길이다. 살아남을 수 있는 길일뿐만 아니라 세계를 경영할 수 있는 유일한 길이다. 그런데 안타깝게도 우리는 입시교육을 위한 주입, 전달, 암기식 교육에 치중해있다. 지금 우리에게는 창의력, 상상력을 키우는 교육이 시급히 필요하다. 정부에서 나서서 이런 교육 제도를 실시한다는 것은 현실적으로 기대하기 어려우며 공교육 기관이나 사교육 업체에서 이런 운동을 일으킬 수도 없다. 누가 나서야 하나? 교회가 나서야 한다. 교회는 할 수 있다. 성경의 교육 제도가 질문과 답변을 통한 토론 교육을 지향하고 있기 때문에 자연히 창의력, 상상력, 학문적인 소양을 키워주게 마련이다. 또 교회는 전국적인 조직과 교육 체제를 갖추고 있다. 이 교육 체제를 전면적으로 개편하여 이 시대가 필요로 하는 교육의 모델을 제시해야 한다. 이런 시도는 교회는 물론 이 나라를 구원하며 살리는 지름길이다.

다행히 우리에게는 세계 최고의 교육열이 있다. 이 열기를 잘 활용해야 한다.

3. 새로운 신명기 운동

이스라엘 역사에서 가장 중요한 역할을 한 사람들은 바벨론 포로 이후에 활동한 신명기 예언자들이었다. '전쟁포로'는 당시에 당면할 수 있는 최악의 상황을 말한다. 이미 옛 전쟁터에서 바람에 뒹구는 마른 뼈처럼 회생 가능성을 완전히 상실한 이스라엘을 다시 살려낸 사람들은 바로 이들이었다. 이들은 전쟁포로가 되어 이국에 끌려간 사람들을 찾아가서 무슨 일을 했나? 참회의 운동을 일으켰다. 자신들의 과오를 인정하고 회개하며 눈물로 참회록을 쓰게 했다. 이 참회는 하나님의 마음을 움직였고 이미 죽었던 이스라엘은 다시 살아날 수 있었다.

한국교회가 이 나라와 시대를 이끌어 가려면 참회운동으로 시작해야 한다. 매스컴에서 지적하고 있는 교회의 문제점들, 안티교회사이트에서 넘쳐나는 온갖 욕설들, 무엇을 말하는가? 한국교회가 이 사회 속에서 소금의 역할이 아닌 구정물의 역할을 했다는 반증이다. 구차한 말로 변명을 늘어놓지 말고 솔직하게 인정하며 철저하게 회개하며 참회록을 써야 한다. 한국교회가 해야 할 일은 한국사회를 향한 눈물의 참회만이 아니다. 지난 날 기독교를 독점했던 서양인들이 기독교 간판을 들고 다니면서 저지른 온갖 만행들에 대하여 대신 참회해야 한다. 그들이 자발적으로 돌이키지 않으니 우리가 대신 세상을 향하여 용서를 빌어야 한다. 사건, 사상, 인물 중심으로 서양인들이 쓴 교회사, 우리 손으로 다시 써야 한다. 사건, 사상, 인물을 나열하는 교회사가 아니라 눈물의 참회록으로 써 내려가야 한다.

교회가 저지른 죄악사,
교회를 향하여 닫힌 세상의 마음을 녹이고
하늘의 하나님을 감동시킬 수 있는
참회의 눈물로
우리 한국인이 다시 써야 한다.
한국인의 몫이다.

4. 재해석

가나안에서 시작된 복음이 서양으로 들어가서 그리스의 합리적인 사고로 만들어진 서양의 옷을 2천 년 동안 입고 있었다. 그런데 이제 동양의 시대를 맞아서 우리가 해야 할 일은 복음 본래의 옷을 되찾아 주는 것이다. 복음은 본래 성경의 사고 즉 영성의 사고로 지어진 옷을 입고 있었다. 이 일은 이성의 문화를 가진 서양인으로서는 불가능하므로 영성의 문화를 가진 동양인이 해야 한다.

이 일의 적임자는 누구일까? 한국인이다. 한국인보다 더 적임자는 없다. 서양교회가 범한 오류와 만행에 대하여 우리가 참회 운동을 펼쳐야 하며, 참회 운동은 물려받은 신앙에 대하여 새로운 해석을 내리는 것으로 이어져야 한다. 이제 한국인에 의하여 이성적인 사고가 아닌 영성적인 사고로 복음을 다시 해석해내야 한다.

5. 보여주는 선교

서양인이 해오던 '전하는 선교'의 개념을 '보여주는 선교'의 개념으로 전환시켜야 한다. 성경에서 제시하는 본래의 선교는 '보여주는 선교'이다. 초대교회 이후 보여주는 선교의 능력이 사라지고 제국주의 물결과 더불어 서구문화의 우월감에 젖은 제국주의적인 선교가 대세를 이어왔다. 서양의 기독교인들이 해온 이런 모순을 동양의 시대를 맞아 우리 손으로 차단하고 본래적인 선교로 돌아가야 한다.

새 시대는 새 방법을 요구한다. 매스컴과 통신이 극도로 발달된 시대, 지구촌 시대, 이 시대가 요구하는 선교는 보여주는 선교다. 기독교의 본질, 세상을 향한 하나님의 심정을 보여줌으로써 세상을 구원하며 변화시키는 역할을 해내야 한다.

선교 2위의 한국교회,

이제 보여주는 선교에 눈을 떠야 한다.

6. 영성(靈性)의 한류(韓流)

한국이 세계를 구원하려면, 세계를 경영하려면, 이 시대를 이끌어 가려면, 말이나 확신, 구호로 되지 않는다. 현실적으로 가능한 일을 해야 한다. 그 중에서 가장 중요한 것은 시대적인 요청에 맞는, 시대를 이끌어 갈 정신문화를 만들어 내야 한다.

2천 년대에 세계를 이끌어갈 정신문화, 한국인이 만들어야 한다. 그래야 세계 경영이 가능하다.

그 문화가 무엇인가?

영성문화.

이것이다. 이성의 시대가 가고 영성의 시대가 왔으며, 영성은 이 시대의 사조이며 흐름이다. 모든 문화의 중심에는 종교가 있고 그 종교의 중심에는 그 종교의 영성이 있다. 결국 영성이 정신문화의 중심인 셈이다. 따라서 이 시대를 이끌어갈 영성을 발굴하는 나라가 이 시대를 경영하게 되어있다.

이 일이 가능한가?

충분히 가능하다. 영성의 시대는 방금 시작되었으므로 다 출발선상에 서 있다. 서양인들이 유리한 것이 아니다. 그들은 합리적인 사고에 젖어있으므로 영성적인 사고는 그들에게 생소하다. 서양인들이 영성을 익히기 위하여 동양을 찾는 이유가 여기에 있다. 따라서 서양인보다 우리가 불리한 것이 아니라 오히려 유리하다. 동양의 다른 국가들은 자연종교의 영성 수준에 머물러 있다. 동양에 속해 있으면서 동양에서 기독교가 가장 활발한 우리가 가장 유리한 셈이다. 성경의 중심인 영성, 성경에 근거한 순수한 영성, 이것을 우리 손으로 찾아내야 한다. 이것을 해내면 우리가 세계 경영의 유리한 고지를 선점하게 된다.

구체적으로 어떤 영성을 어떻게 만들어 내야 하나? 이는 여기서 간략히 다룰 수 있는 문제가 아니다. 3부 「비움의 길」은 이 문제를 다루게 되므로 여기서는 이 정도로 그치려고 한다.

일제 식민지배와 6.25의 참화를 딛고 경제의 기적을 일으켰으며, 근래에는 문화적인 한류(韓流)현상이 뚜렷이 나타나고 있다. 참으로 고무적인 일이다. 이런 한류 현상을 무엇으로 완성할 것인가? 정신문화의 정점에 서 있는 영성, 그 영성의 한류로 마무리 지어야 한다.

한국교회여! 한국교회여!
한국인이여! 한국인이여!
우리 앞에는 지난 역사에 아직 없었던,
그리고 앞으로도 다시없을 큰 기회가 왔습니다.
너무나 좋은 기회입니다.
이 기회를 놓칠 수 없습니다.
놓쳐서는 안됩니다.
놓치지 맙시다.
세계무대의 중심에 설 준비를 하십시다.
세상을 만드시고 이끌어 가시는 하나님께서
지금 우리에게 이것을 요청하고 계십니다.
놓치지 맙시다.
놓치지 맙시다.
이 기회를.
이 기회를.
⋯⋯.

케노시스 영성원 안내

새로운 패러다임을 요구하는 2천 년대의 시대적 요청을 직시하면서 케노시스 영성원은 다음과 같은 목표를 추구합니다.

1. 영성의 경험과 이론의 겸비
2. 성경과 역사에 대한 재해석
3. 고대영성에 대한 재해석
4. 실천가능한 수련 및 적용

▶소재지 : 경기도 군포시 둔대동 434
▶전　화 : 031-437-0592
▶Homepage : www.kenosis.or.kr
▶Email : kenosis@hanmail.net

케노시스 세미나 안내

- 1·2·3부 세미나 : 매주 월요일
- 복음서 세미나　 : 매주 토요일
- 3박 4일 세미나 : 년 4~6회

케노시스 영성원의 도서/DVD안내

자기비움의 길
- 2부 죄인의 길 : 신약성경과 교회사 재해석

- 1부 하비루의 길
  : 구약성경과
    이스라엘 역사 재해석

- 3부 비움의 길
  : 기독교 영성에 대한 재해석

DVD
- 자기비움의 길 : 1, 2, 3부 세미나 녹화, 녹음파일
- 복음서 재해석 : 복음서해석 녹화, 녹음파일
- 창세기해석　 : 녹화, 녹음파일

구입방법
- 홈페이지 구입안내 : www.kenosis.or.kr
- 전화 : 0502-111-1937　010-3311-1937
- 계좌 : 농협 211044-51-040266 케노시스영성원